Direito CONSTITUCIONAL

Flavia Bahia

Direito CONSTITUCIONAL

5ª edição | revista atualizada ampliada

2021

EDITORA *Jus*PODIVM

www.editorajuspodivm.com.br

EDITORA *Jus*PODIVM
www.editorajuspodivm.com.br

Rua Território Rio Branco, 87 – Pituba – CEP: 41830-530 – Salvador – Bahia
Tel: (71) 3045.9051
• Contato: https://www.editorajuspodivm.com.br/sac

Diagramação: Futura *(rogerio@futuraeditoracao.com)*

Capa: Ana Caquetti

• A Editora *JusPODIVM* passou a publicar esta obra a partir da 4.ª edição.

B151d Bahia, Flavia.
Direito Constitucional. / Flavia Bahia. – 5. ed. rev. ampl. e atual. – Salvador: Editora JusPodivm, 2021.
736 p.

Bibliografia.
ISBN 978-65-5680-648-8.

1. Direito constitucional. I. Bahia, Flavia. II. Título.

CDD 341.2

À minha querida avó Margarida, que ilumina a minha vida, ainda que me olhando das estrelas...

À Mariana, minha filha, fonte maior de amor. Por você, pra você, sempre.

Aos meus alunos, minha inspiração.

APRESENTAÇÃO À 5ª EDIÇÃO

É com muita alegria que apresento a quinta edição do livro *Direito Constitucional*. Nela foram acrescentados temas importantes, como, um capítulo sobre a Ordem Econômica, comentários detalhados sobre a Lei 12.517/2011, atualização da Jurisprudência do STF na seara de Direitos Fundamentais, Organização do Estado e Teoria dos Poderes, dentre outras inovações. A todos os meus alunos queridíssimos, espero que gostem desta quinta edição que foi planejada com muito carinho para vocês!

A Autora

A AUTORA

FLAVIA BAHIA MARTINS

- Doutoranda em Direito da Regulação na FGV Direito/RJ.
- Mestre em Teoria do Estado e Direito Constitucional pela Pontifícia Universidade Católica do Rio de Janeiro (PUC-Rio).
- Professora de Direito Constitucional.
- Advogada.
- Palestrante.
- Leciona nas seguintes instituições:
  - Complexo de Ensino Renato Saraiva (CERS Cursos Online)
  - Escola da Magistratura do Estado do Rio de Janeiro (EMERJ)
  - Associação do Ministério Público do Estado do Rio de Janeiro (AMPERJ)
  - Fundação Escola do Ministério Público do Estado do Rio de Janeiro (FEMPERJ)
  - Fundação Getulio Vargas (FGV)

PREFÁCIO

Sinto-me privilegiado por trazer uma boa nova no ano que se inicia, e que desejo seja a tônica dos anos vindouros: o compromisso com os direitos fundamentais e com os valores do Estado Democrático de Direito brasileiro. A talentosa professora Flavia Bahia nos revela este empenho ao promover, na quarta edição de seu bem-vindo *Manual de Direito Constitucional*, o conhecimento das grandes questões relativas ao "estatuto jurídico do político", na expressão de Gomes Canotilho.

O presente trabalho coroa uma dedicada trajetória no magistério de tão instigante disciplina em cursos preparatórios para concursos públicos e exame de ordem, na graduação do renomado curso de Direito da Fundação Getúlio Vargas no Rio de Janeiro e nos singulares cursos de pós-graduação do Complexo de Ensino Renato Saraiva, em especial naquele dedicado ao Direito Constitucional, o qual Flavia Bahia coordena com brilho ímpar.

Sua experiência docente a habilita a enfrentar com galhardia e percuciência o desafio de apresentar os diversos temas abordados pelo seu manual de forma clara e objetiva, sem, contudo, reduzir inadequadamente a complexidade inerente aos mesmos. Justamente por isso a obra dialoga com diversos públicos, seja o que está se iniciando nos estudos do Direito Constitucional, seja o que está revisitando a disciplina. A obra tem o efeito paradoxal de saciar as fomes mais brandas e estimular os apetites mais vorazes por conhecimento técnico da mais elevada qualidade.

Não escapou à autora nenhum tema relevante relacionado à teoria da Constituição, à teoria geral dos direitos fundamentais, aos direitos fundamentais em espécie, à nacionalidade, aos direitos políticos, ao controle de constitucionalidade, à organização do Estado e à separação de poderes.

Quem consultar este livro conhecerá os ensinamentos clássicos e as reflexões acadêmicas mais contemporâneas e profundas da doutrina constitucional, dominará o texto e o contexto das normas constitucionais e infraconstitucionais pertinentes à temática estudada e será apresentado às tendências jurisprudenciais do Supremo Tribunal Federal. E vai querer ir além, pois essa é a generosidade ínsita ao trabalho da professora Flavia Bahia.

Não podemos olvidar, por fim, o esforço, quase olímpico, que é a produção de uma obra acadêmica de fôlego quando se precisa conciliar a maternidade, o casamento e a atividade profissional intensa. A igualdade entre os gêneros é um belo objetivo de nosso texto constitucional. Como somos mais ricos quando homens e mulheres podem exercer todo o seu potencial! Como somos afortunados por podermos aprender com uma pessoa excepcional como é Flavia Bahia, que dá, com seu trabalho, uma importante contribuição para a afirmação do legado de nossa Constituição e da construção do espírito constitucional, em direção a uma sociedade justa, fraterna, solidária, igualitária e tolerante. Muito obrigado, Flavia!

São Paulo, 28 de janeiro de 2020.

Robério Nunes dos Anjos Filho

Doutor em Direito pela USP, Mestre em Direito pela UFBA, Professor de Direito Constitucional, Presidente do Instituto Brasileiro de Estudos Constitucionais – IBEC, Procurador Regional da República.

SUMÁRIO

PARTE II
TEORIA GERAL DOS DIREITOS FUNDAMENTAIS

PARTE III
TEORIA DO ESTADO

Parte IV
TEORIA DOS PODERES E PROCESSO LEGISLATIVO

Parte I

TEORIA GERAL DO DIREITO CONSTITUCIONAL

Capítulo

1

DIREITO CONSTITUCIONAL

1. DIREITO CONSTITUCIONAL: CONCEITO, OBJETIVO E OBJETO

O Direito Constitucional é um dos ramos do Direito Público que se diferencia dos demais pela natureza do seu objeto e pelos princípios peculiares que o informam. Destaca-se como eixo fundamental do ordenamento jurídico, pois se relaciona diretamente com a organização e funcionamento do Estado, com a articulação de seus elementos básicos e com o estabelecimento das bases da estrutura política. Nas lições de José Afonso da Silva[1], o Direito Constitucional pode ser definido como "o ramo de direito público que expõe, interpreta e sistematiza os princípios e normas fundamentais do Estado".

Tem, portanto, como objetivo maior estabelecer a estrutura do Estado, a organização de seus órgãos, o modo de aquisição e exercício do poder, os limites da sua atuação, assim como assegurar direitos e garantias fundamentais, fixar o regime político e disciplinar os fins socioeconômicos de um país.

O objeto principal do Direito Constitucional é o estudo sistematizado das Constituições, as quais revelam a maneira mais peculiar de ser dos Estados. Em maior análise, Manuel García-Pelayo[2] descreve três perspectivas de acordo com o objeto de estudo: o Direito Constitucional geral, o Direito Constitucional positivo (particular ou especial) e o Direito Constitucional comparado.

---

1 SILVA, José Afonso da. *Reforma constitucional e direito adquirido*. Revista de Direito Administrativo, n. 213, 1998.

2 GARCIA-PELAYO, Manuel. *Derecho constitucional comparado*. 3. Ed. Madrid: Alianza, 1993.

O primeiro visa sistematizar e classificar os conceitos, princípios e instituições para identificar as características essenciais das constituições e definir as normas gerais para o Direito Constitucional. O segundo critica e estuda a interpretação e a sistematização das atuais normas constitucionais de um Estado específico. Já o terceiro, realiza um estudo comparativo das normas constitucionais positivas de diversos Estados (ou de um mesmo Estado) para destacar singularidades e diferenças entre as distintas ordens constitucionais.

Importante asseverarmos que a disciplina mais essencial do ordenamento jurídico também se relaciona com todos os demais ramos do Direito, conforme analisaremos a seguir.

2. O DIREITO CONSTITUCIONAL E OS DEMAIS RAMOS DO DIREITO

A intensidade das normas constitucionais é sentida por todos os demais ramos do Direito que com elas se relacionam obrigatoriamente.

O Direito Constitucional e o Direito Administrativo têm uma ligação direta tendo em vista que este último estuda o funcionamento dinâmico da Administração Pública, cujos postulados principais se encontram inseridos no texto constitucional.

O Direito Penal encontra apoio nas normas da Constituição que estabelecem princípios e regras que irão nortear a proteção do indivíduo em face do Estado e a convivência pacífica em sociedade.

A Constituição estabelece, também, esteio fundamental para o Direito Tributário e para o Direito Econômico, como no caso do sistema de repartição de competência tributária, para o primeiro, e quando institui princípios que devem servir como guia para a ordem econômica do país, para o segundo.

As garantias do devido processo legal, da ampla defesa e do contraditório e o amplo acesso à justiça, presentes na Constituição, são vetores importantes dos quais não podem se desviar o Direito Processual Civil e o Penal.

Princípios constitucionalizados, como os da boa-fé e da função social da propriedade, promovem um encontro de qualidade entre o Direito Civil e o Constitucional, que também trazem proteção à família, à propriedade, dentre muitos outros institutos protegidos pela legislação civil.

Os Direitos Trabalhista e Previdenciário também se revelam presentes na Constituição em seus dispositivos acerca dos direitos dos trabalhadores e no próprio título em que trata do desenvolvimento da ordem social do país.

Em síntese, podemos dizer que a fonte constitucional é vivificada por todas as outras disciplinas jurídicas que se direcionam em torno do Direito Constitucional, haja vista este ramo do Direito cuidar do verdadeiro coração do ordenamento jurídico: a Constituição.

3. A IMPORTÂNCIA DA CONSTITUIÇÃO NO MUNDO PÓS-GUERRA. NOTAS SOBRE O PENSAMENTO CONSTITUCIONAL CONTEMPORÂNEO E O NEOCONSTITUCIONALISMO

Importante destacarmos nesse estudo inicial sobre a matéria, a importância da Constituição e, em consequência, do próprio Direito Constitucional no mundo contemporâneo, que será tratado em breves linhas a seguir expostas.

As mudanças acontecem em nossas vidas todos os dias, algumas por nós planejadas, a maioria nem tanto. A velocidade dos acontecimentos às vezes não nos permite refletir que o mundo é energia, transformação. As *polis*, *civitas* e *landers* foram transformadas em grandes metrópoles, que em nada lembram os tempos de uma sociedade primitiva. Fomos à lua, à luta, vivemos no Brasil da monarquia e república, anos de ditadura e de "pseudodemocracias". Essa força transformadora toma conta também do Direito e o obriga constantemente a rever as suas certezas, estimula-o a enfrentar novos desafios, acalora debates, sempre procurando se aprimorar, mas sem pretensão de verdade, e sim da busca de um ideal ainda mais caro, a justiça.

A análise do pensamento constitucional contemporâneo dentro dessa perspectiva não é algo já definido, sentenciado, pelo contrário, está em processo de construção e de reconstrução. Representa, na realidade, um momento de completas redefinições positivas dentro de Estados Constitucionais, impulsionados pela globalização, pela internacionalização dos direitos humanos e pela força irradiante que passa a ter a Constituição nesse novo contexto.

A avalancha de transformações vivenciadas pela sociedade após a Segunda Guerra marcou para sempre o Direito e, principalmente, o seu cérebro mais atuante: o homem.

As lições obtidas com a derrocada do fascismo motivaram inovações e releituras das normas constitucionais, inaugurando o direito constitucional contemporâneo. Diante do tratamento desumano vivenciado pelos regimes totalitários, o plano normativo consagrou a dignidade da pessoa humana como eixo central desta nova fase do Direito Constitucional. Essa construção teórica irradiou-se em outros grupos de direitos fundamentais, como os direitos à fraternidade, à democracia e à paz.

Na Europa, a reorganização do ordenamento jurídico aconteceu mais rapidamente do que no Brasil. As Constituições italiana (1947), alemã (1949), portuguesa (1976) e espanhola (1978) apresentaram modelos de Constituições abertas, destacadas pelo brilhantismo de seus princípios, permitindo uma verdadeira "constitucionalização do ordenamento jurídico", que, segundo Riccardo Guastini,[3] significa um processo de transformação que resultaria, ao final, com a sua impregnação de normas constitucionais, ou, como nas próprias palavras do jurista italiano: na própria invasão da Constituição!

Salientamos, igualmente, que o processo de constitucionalização do ordenamento jurídico constrói uma inegável relação constitutiva entre a Constituição e os direitos fundamentais, que não se resolve apenas pela constatação de que os direitos estão protegidos materialmente na Constituição, mas, sobretudo, que a Constituição se configura como uma efetiva técnica de salvaguarda dos direitos fundamentais, dando-lhes uma força ainda mais normativa e concreta.

Nesse sentido, o Direito Constitucional transbordou-se no sistema normativo, influenciando outros ramos do Direito e podendo ser aplicado com incidência direta e imediata a um caso concreto. A Constituição torna-se soberana em relação ao ordenamento jurídico, com a proteção aos direitos e garantias fundamentais, permitindo a utilização de suas normas como formas de resolução de conflito não apenas entre o Estado e os particulares (a *eficácia vertical dos direitos fundamentais*), como também entre particulares (a *eficácia horizontal dos direitos fundamentais*).

Por conta dos anos de retrocesso político, social e constitucional vivenciados pelo país durante os vinte e um anos de ditadura militar, o constitucionalismo pátrio se manifestou muito tempo depois do processo europeu. Como afirma Clèmerson Merlin Clève,[4] quando a Constituição de 1988 foi promulgada a experiência jurídica brasileira ainda era prisioneira do positivismo, não existindo no país um arsenal teórico, um corpo de categorias funcionais e operacionais que pudessem dar conta da nova realidade constitucional.

É inegável nesse cenário a importante reflexão a que se submetem as teorias clássicas do Direito diante da constitucionalização do ordenamento jurídico. Não há dúvidas de que a Constituição não é apenas um documento legal. Possui, em verdade, um intenso significado simbólico e ideológico e

---

3 GUASTINI, Riccardo. La Constitucionalización del ordenamiento jurídico: el caso italiano. In: CARBONELL, Miguel (Comp.). *Neoconstitucionalismo(s)*.Madrid: Trotta, 2003.

4 CLÈVE, Clèmerson Merlin. *Estado Constitucional, neoconstitucionalismo e tributação*. Texto resultante da degravação de conferência proferida no XVIII Congresso Brasileiro de Direito Tributário, promovido pelo Instituto Geraldo Ataliba – Idepe, sem data.

reflete tanto o que nós somos enquanto sociedade como o que nós queremos ser. A passagem do ordenamento jurídico para o centro da Constituição instaura, com grande ímpeto, a Constituição na paisagem jurídica do país e nos discursos dos operadores jurídicos.

Com o processo de constitucionalização do ordenamento jurídico o debate hodierno do Direito proclama uma universalidade maior para a compreensão do fenômeno jurídico, mais preocupado com a moral e com a ética do que tão somente com a letra da lei. E o aparecimento desse verdadeiro Estado Constitucional de Direito fez nascer, no início do século XXI, um dos pensamentos contemporâneos que ganha força diária como proposta de teoria de direito inovadora, o neoconstitucionalismo.

O neoconstitucionalismo, expressão cunhada por Susanna Pozzolo em 1997, designa um novo modelo específico de estruturas organizacional político-jurídica e constitucional. Em seus ensinamentos, Pozzolo advoga pela existência de uma conexão contingente e valorativa entre o direito e a moral, que leva a uma necessária busca pelo sentido concreto das normas e que permite a adoção de uma concepção dos princípios e dos direitos fundamentais.[5] Luís Roberto Barroso ao abordar os marcos fundamentais para se chegar ao neoconstitucionalismo, o define como:

> "[...] Em suma: o neoconstitucionalismo ou novo direito constitucional, na acepção aqui desenvolvida, identifica um conjunto amplo de transformações ocorridas no Estado e no direito constitucional, em meio às quais podem ser assinalados, (i) como marco histórico, a formação do Estado constitucional de direito, cuja consolidação se deu ao longo das décadas finais do século XX; (ii) como marco filosófico, o pós-positivismo, com a centralidade dos direitos fundamentais e a reaproximação entre Direito e ética; e (iii) como marco teórico, o conjunto de mudanças que incluem a força normativa da Constituição, a expansão da jurisdição constitucional e o desenvolvimento de uma nova dogmática de interpretação constitucional."[6]

A partir de suas pretensões, o neoconstitucionalismo permeia todo o ordenamento jurídico por meio de seus princípios e de suas regras com a

5 POZZOLO, Susanna. *Um constitucionalismo ambíguo*. Neoconstitucionalismo(s). Miguel Carbonell (coord.). 2. Ed. Madrid: Editorial Trotta, p. 187-210.

6 BARROSO, Luís Roberto. "Neoconstitucionalismo e constitucionalização do direito (O triunfo tardio do direito constitucional no Brasil)". *A constitucionalização do direito: Fundamentos teóricos e aplicações específicas*. Cláudio Pereira de Souza Neto e Daniel Sarmento (coords.). Rio de Janeiro: Lumen Juris, 2007.

utilização de instrumentos como a jurisdição constitucional e a autoaplicabilidade da Constituição. Na realidade, o vemos em situações como a declaração de inconstitucionalidade de normas e a interpretação das normas infraconstitucionais conforme a Constituição.

A "ductilidade constitucional", na expressão de Zagrebelsky,[7] representada pela abertura constitucional aos princípios e valores, que formam a base essencial da Constituição moderna, influenciada pelas teorias de Dworkin, Alexy, Canotilho, Paulo Bonavides e de tantos outros doutrinadores, reestruturou o olhar de todos sobre a Constituição. Neste contexto, ela deixa de ser analisada sob o prisma estritamente formal, como norma que reuniria apenas os preceitos caracterizadores do Estado (normas de organização do Estado, separação de poderes, repartição de competências etc.), para se expandir para todo o ordenamento jurídico.

Nesse sentido, o neoconstitucionalismo, em resumo, implica uma renovada visão de um Direito Constitucional que deve ser adequado a uma sociedade moderna, não apenas como um movimento ou um simples momento de deslocamento dos postulados teóricos, e sim como uma proposta inovadora que reúne, em uma mesma época, os elementos que contribuíram para a abertura do Direito sob o signo da Constituição.

---

7 ZABREBESLKY, Gustavo. *El derecho dúctil. Ley, derechos y justicia.* Madrid: Trota, 1995, p. 14.

Capítulo

2

A TEORIA DO PODER CONSTITUINTE

1. HISTÓRICO

No século XVIII, a França era cenário de uma sociedade completamente estratificada, dividida em três Estados. O 1º (primeiro) e o 2º (segundo) Estados, juntos, formavam o clero e a nobreza e representavam 2% (dois por cento) da população francesa. O 3º (terceiro) Estado era formado pela burguesia alta, média, baixa, proletariado e desempregados e totalizava os restantes 98% (noventa e oito por cento) da população francesa.

Nesse país, marcado pelo autoritarismo e completo desrespeito aos direitos fundamentais da população, o clero e a nobreza comandavam as decisões políticas fundamentais em nome de todo o povo francês e o 3º (terceiro) Estado ficava à margem de toda possibilidade de manifestação política importante para o país.

Nos idos de 1788, o Abade Emmanuel Joseph de Sieyès distribuiu um panfleto, na França, intitulado *Qu'est-ce que le Tiers État*?, ou seja, "O que é o Terceiro Estado?", que expressava as reivindicações da burguesia contra os privilégios e o absolutismo, incentivando o nascimento de um sentimento político na população discriminada no sentido de lutar pela sua posição na tomada das decisões políticas fundamentais da França. Esse documento, conforme a doutrina, foi lançado pouco tempo antes da Revolução Francesa de 1789.[1]

---

1 BULOS, Uadi Lammêgo. *Constituição Federal Anotada*. 8. ed., rev. e atual. até a Emenda Constitucional nº 56/2007. São Paulo: Saraiva, 2008, p. 45-46.

Nesse manifesto estava presente a necessidade de restauração da legitimidade da tomada das decisões políticas na França, com a substituição do Estado absolutista e dominador, para um Estado fundado pela vontade da Nação.[2] Para tanto, Sieyès identifica que a formação da sociedade política se inicia por meio da reunião e deliberação dos indivíduos para satisfazer suas demandas básicas compartilhadas. No entanto, com o crescimento e expansão dos indivíduos, houve a necessidade de se delegar as decisões a representantes legítimos. Por fim, a sociedade política é alcançada pela organização dos indivíduos por meio de uma Constituição, titularizada pela nação.

Daí nasceu a consagração de que a Constituição (a lei fundamental do Estado) deve nascer da vontade de todos, inspirando a convocação da Assembleia Nacional Constituinte para elaboração da Declaração de Direitos francesa de 1791.[3]

Pode-se concluir que a teoria de Sieyès foi importante para coroar o processo de resgate da legitimidade política e a despersonalização do poder, fundamento do Estado Constitucional moderno. O nascimento de uma Constituição com raízes populares marca, portanto, a Teoria do Poder Constituinte Originário.

Importante destacarmos que não é possível confundir o Poder Constituinte com a Teoria do Poder Constituinte. O primeiro acompanha o homem desde os primórdios da história, pois não há Estado sem uma força política, centro das decisões. Já o segundo representa o surgimento das Constituições modernas que expressam o Poder Político fincado no texto constitucional.

2. NATUREZA DO PODER CONSTITUINTE ORIGINÁRIO

- **Poder de direito (ou poder jurídico)**
- **Poder de fato**
- **Poder político**

---

2 Segundo Bulos, ob. cit., p. 46-47, para Sieyès, "Povo e nação não se confundiam. O povo seria o conjunto de pessoas reunidas e submetidas a um poder. A nação seria mais do que conjunto; seria a encarnação dos interesses dos indivíduos como um todo, na sua *generalidade e permanência*. *Generalidade*, no sentido de o poder soberano não se limitar, em seu exercício, a nenhuma parcela de indivíduos posto que a soberania pertence à comunidade inteira. *Permanência*, se se considerar o interesse permanente das gerações futuras, que não pode ficar renegado ao interesse transitório de um grupo de indivíduos".

3 BONAVIDES, Paulo. *Curso de Direito Constitucional*. 18. ed. São Paulo: Malheiros, 2006, p. 146.

Segundo o Abade Sieyès e os demais jusnaturalistas, o poder constituinte teria como fonte principal os valores que são superiores às leis escritas, ou seja, o direito natural, e, nesse sentido, seria um *poder de direito*. É como se a Constituição não fosse verdadeiramente formar direitos, e sim consolidar, em documento escrito, direitos que já foram formados antes da própria existência da lei, os direitos advindos do poder natural, do poder divino, a liberdade, a igualdade, a ideia da vida etc.

Nessa corrente, encontramos o pensamento de Manoel Gonçalves Ferreira Filho, para quem o Direito e o poder constituinte antecedem ao Estado. Para ele, o Direito natural é anterior e superior ao Direito do Estado e "[d]este Direito Natural decorre a liberdade de o homem estabelecer as instituições por que há de ser governado".[4]

Os juspositivistas, como Hans Kelsen, dentre outros, entendiam que o poder constituinte se legitimava nele próprio e que não havia nenhum alicerce prévio efetivo, seja em direito natural ou em direito positivo anterior. Com isso, o poder constituinte seria um *poder de fato*.

Segundo Paulo Bonavides,[5] o poder constituinte, em sua origem, é poder de direito, mas na sua aplicação seria um poder de fato, ou seja, seu nascimento é baseado nos valores de direito natural, mas na sua aplicação ele é um poder de fato, é um poder que não se discute, importante para o Estado e que deve ser cumprido pelos cidadãos sem questionamentos.

Para uma terceira escola, o poder constituinte tem uma natureza híbrida, pois em seu nascimento seria um *poder de fato*, mas em sua elaboração enquanto documento assumiria feições de um *poder de direito* ao consolidar direitos já existentes para a sociedade.

3. CONCEITO DE PODER CONSTITUINTE

Com o desenvolvimento da Teoria do Poder Constituinte ao longo da história do Direito Constitucional, o poder criador, originário, defendido por Sieyès, passou a ser analisado sob outros ângulos. Considerando-se que Constituição sem mecanismo de reforma é antidireito, e ainda com o surgimento do federalismo americano em 1787, que tem como principal vetor a autonomia dos Estados-membros com a sua auto-organização por meio de

---

4 FERREIRA FILHO, Manoel Gonçalves. *Curso de Direito Constitucional*. 27ª ed. atual. São Paulo. Saraiva, 2001, p. 23.

5 BONAVIDES, Paulo. Ob. cit., p. 149.

uma Constituição, a doutrina refletiu sobre outras necessárias manifestações do poder constituinte, derivadas do poder inicial.

Daí por que o poder constituinte pode ser conceituado, em síntese, como: o poder que fundamenta a criação de uma nova Constituição, a reforma desse texto constitucional e, nos Estados federativos, o poder que legitima a auto-organização dos Estados-membros por meio de suas próprias Constituições, bem como as respectivas reformas dos textos estaduais.

Como nos Estados Unitários não há divisão geográfica do poder político, podemos concluir que o poder constituinte na sua manifestação de criação das Constituições Estaduais só está presente nos Estados Federativos.

Lammêgo Bulos explica que, do ponto de vista material, sempre existiu e sempre existirá o poder constituinte para criar, estabelecer e estruturar a Constituição, entretanto, em uma análise eminentemente formal, o poder constituinte é algo novo, cuja formulação provém de Sieyès, que com originalidade, conseguiu exprimir a filosofia e o conteúdo desse poder, dissociando-o dos poderes constituídos.[6]

4. TITULARIDADE X EXERCÍCIO

A titularidade implica a detenção da capacidade de elaborar as normas de um Estado, definindo o conteúdo e a organização de seu ordenamento jurídico. O exercício, que não necessariamente corresponde à titularidade, significa quem pode exercer o poder.

Analisando o poder constituinte à luz da Constituição de 1988, encontramos a sua titularidade e o exercício no art. 1º, parágrafo único,[7] por meio do qual podemos afirmar que o titular do poder não se confunde sempre com o seu exercente.

De acordo com o dispositivo constitucional citado, a titularidade do poder está nas mãos do povo, mas a exteriorização desse poder pode ser direta ou indiretamente exercida pelo povo.

Em sua obra clássica, *Qu´est-ce que le Tiers État?*, o Abade Sieyès sustentou que a titularidade do Poder Constituinte reside na vontade da Nação, o que não se confunde com o Povo. Para o autor, o Terceiro Estado, representado pela burguesia, ao reivindicar sua participação política rompia com a legitimação

---

6 Bulos, Lammêgo Uadi. *Constituição Federal Anotada*. 8. ed. São Paulo: Saraiva, 2008, p. 47.

7 Art. 1º, parágrafo único, da CF: "Todo o poder emana do povo, que o exerce por meio de representantes eleitos ou diretamente, nos termos desta Constituição".

absolutista do poder e criava uma forma de poder. A nação, constituída pelo Terceiro Estado, era a verdadeira titular do poder e, por isso, legitimada a criar uma Constituição para organizar a estrutura e o conteúdo do ordenamento jurídico nacional. A nação, portanto, não equivale ao conceito do povo.

Segundo explica Uadi Lammêgo Bulos, o povo seria o conjunto de pessoas reunidas e submetidas a um poder, e a nação seria mais do que o conjunto; seria a encarnação dos indivíduos como um todo, na sua *generalidade* e *permanência*. Generalidade, pois o poder não estaria limitado, em seu exercício, a nenhuma parcela de indivíduos, posto que a soberania pertence à comunidade inteira. Permanência, no sentido de se considerar o interesse permanente das gerações futuras, que não poderá ficar renegado ao interesse transitório de um grupo de indivíduos.[8]

Movidos por seus direitos políticos, o povo toma decisões políticas diretas quando participa de plebiscito, de referendo, ajuíza ação popular, participa de projetos de lei populares etc. Em suma, quando o povo toma decisões políticas sem necessidade de intermediações, sem representação, diz-se que o exercício do poder constituinte está sendo realizado de forma direta.

Por sua vez, o exercício indireto é realizado pelos nossos representantes, que recebem o voto para, em nosso nome, tomar as decisões políticas fundamentais para o nosso país. Esse dispositivo constitucional expressa a base democrática brasileira, com um modelo de democracia semidireta ou participativa.

O exercício direto do poder constituinte também é possível em uma democracia representativa. Caso a eleição dos representantes constituintes ocorra de maneira prévia, como a formação da Assembleia Nacional Constituinte de 1986, há a participação do povo para a aprovação dos seus representantes. Ainda, caso ocorra a usurpação da titularidade do poder, a exemplo de uma Constituição outorgada, reconhece-se o seu valor jurídico por meio do exercício autocrático do poder.

5. PODERES CONSTITUÍDOS

O poder de tomada de decisões políticas fundamentais é uno e indivisível, entretanto, como será analisado em capítulo posterior, para evitar a concentração de poder, sua manifestação se dá por meio das funções legislativa, executiva e judiciária.[9]

---

8 BULOS, Lammêgo Uadi. *Constituição Federal Anotada*. 8. ed. São Paulo: Saraiva, 2008, p. 47.

9 Art. 2º da CF: "São Poderes da União, independentes e harmônicos entre si, o Legislativo, o Executivo e o Judiciário".

Essas manifestações do poder são consagradas como poderes constituídos porque foram desenhados pela vontade da Constituição, fruto do poder constituinte originário. Com isso, os trabalhos legislativo, executivo e judiciário estão subordinados ao texto constitucional. Como exemplos dessa sujeição dos Poderes à Constituição, poderíamos concluir: se o legislador elabora leis contrárias à Constituição, o juiz deverá declará-las inconstitucionais (ex.: art. 102, I, "a", da CF); se o chefe do Executivo descumpre a Constituição, deverá ser processado na forma do art. 85 da CF.

Dentre as características que podem ser observadas nesses poderes, temos: serem derivados (ou de 2º grau), pois derivam do poder originário, isto é, poderes de direito que são extraídos da Constituição; serem condicionados, por estarem vinculados ao que a Constituição determina; e, serem limitados, de acordo com os limites expressos e implícitos na Constituição, inclusive ao controle de constitucionalidade.

6. ESPÉCIES DE PODER CONSTITUINTE

Com base no conceito acima exposto, poderíamos dividir o Poder Constituinte em três manifestações: o poder originário (poder criador, de 1º grau, genuíno) e suas manifestações derivadas (de 2º grau, poder instituído, constituído ou remanescente); o poder reformador com base no art. 60 da CF (realizando a alteração formal do texto da Constituição); e o poder decorrente, de acordo com o art. 11 do ADCT (que permitirá, nos Estados federativos, a elaboração e reforma das Constituições Estaduais).

6.1 O Poder Constituinte Originário

O poder constituinte originário é o poder criador, o poder institucionalizador de uma Constituição central. Podemos dizer que a sua última manifestação no Brasil foi realizada no dia 5 de outubro de 1988, quando da promulgação da nossa atual Constituição.

É claro que se desenha um modelo ideal de um poder constituinte originário sempre pautado na vontade popular. Mas, aqui no país, nem sempre isso foi possível, diante da nossa história conturbada de ditadura e pseudodemocracias. Então é possível se dizer que o poder constituinte originário se manifestou no Brasil por meio de todas as Constituições, de 1824 a 1988.[10]

10 Com a ressalva ao texto da EC nº 1/69, fruto do poder reformador.

A doutrina também costuma diferenciar as espécies do poder constituinte originário quanto ao momento de sua manifestação e quanto às suas dimensões.

Sobre a primeira classificação, distinguimos entre o poder fundacional, ou seja, aquele que produz a primeira Constituição histórica de um Estado e o poder pós-fundacional, que abrange toda e qualquer nova Constituição que sucede e revoga a sua precedente. No Brasil, temos que a Constituição do Império, de 1824, é o nosso poder fundacional e, as demais Constituições (1891, 1934, 1937, 1946, 1967/1969, 1988) são pós-fundacionais.

Quanto às dimensões, consideramos o poder originário material quando determina os valores e o Direito que vigorará no novo ordenamento jurídico e o poder originário formal quando exterioriza a estrutura do Direito, formalizando as normas jurídicas de um dado momento histórico.

Por sua vez, em suas manifestações posteriores, o Poder Constituinte Originário se exterioriza de maneira derivada, dando ensejo ao Poder Constituinte Derivado, com as suas espécies, Reformador e Decorrente.

6.2 O Poder Constituinte Derivado Reformador

É o que possibilita a reforma formal da Constituição. Revigora-se pelo dualismo entre a estabilidade e a permanência, defendida pela função valorativa da Carta e a adaptabilidade e a mudança, defendida pelas mudanças sociais e evolução histórica da realidade a qual se vincula e pretende regular.

No texto da atual Lei Maior é exteriorizado por meio das espécies normativas: emendas revisionais (art. 3º do ADCT) e emendas constitucionais (art. 60 da CF), que serão estudadas em capítulo posterior.

6.3 O Poder Constituinte Derivado Decorrente

É o que permite, nos Estados federativos, a auto-organização dos Estados-membros na forma dos arts. 25 da CF e 11 do ADCT. Frise-se que essa manifestação de poder é peculiar aos Estados federativos diante da autonomia dos entes que os compõem, não existindo, em regra geral, nos Estados unitários, que não possuem Constituições Estaduais.

Oportuno ressaltar que, caso seja instituída nova ordem jurídica estadual, chama-se de "poder constituinte derivado decorrente instituidor". Por outro lado, caso apenas realize ajustes necessários para compatibilizar-se com a nova ordem, denomina-se "poder constituinte derivado decorrente reformador". Ambos têm como suas principais características o fato de constituírem um poder de direito, com natureza jurídica própria; e, ainda, de representarem um poder limitado, condicionado e secundário à Constituição Federal.

Observamos também, em respeito ao princípio da simetria, corolário do princípio federativo, limites a esse poder constituinte. Esses limites são defendidos pelo texto constitucional e pela jurisprudência. O artigo 34, VII, da Constituição elabora um rol de princípios constitucionais sensíveis, que devem ser seguidos pelos Estados e Distrito Federal. A jurisprudência também já consagrou outros princípios constitucionais extensíveis como a licença para o Chefe do Executivo ausentar-se do país[11]e as regras para a nomeação de advogados e representantes do Ministério Público pelo quinto constitucional[12].

Levando-se em consideração que, no Brasil, o Distrito Federal e os Municípios também fazem parte da nossa Federação, qual seria o poder a fundamentar a elaboração de uma Lei Orgânica Municipal e Distrital? No caso dos Municípios, a sua norma de auto organização é fruto de um poder constituído, mas não constituinte, já que a lei orgânica tem status de lei e não de Constituição. Diferente do que ocorre no Distrito Federal, cuja lei orgânica tem status de Constituição estadual e ainda serve como parâmetro de controle de constitucionalidade. Neste caso, teríamos manifestação de poder constituinte derivado decorrente semelhante ao que é reconhecido aos Estados.

Também não há que se falar em poder constituinte decorrente nos territórios, tendo em vista que são descentralizações políticas administrativas da União Federal e não possuem autonomia.

7. PODER CONSTITUINTE SUPRANACIONAL

Com o final da Segunda Guerra Mundial e a propagação de direitos humanos universais, a doutrina passou a defender a ideia de um Poder Constituinte que ultrapassa as fronteiras nacionais, um poder supranacional fundado na dignidade da pessoa humana. Com isso, não seríamos apenas titulares de poder político no âmbito circunscrito de uma Estado, mas onde quer que estejamos, devemos ter os nossos direitos respeitados.

Nesse sentido, Maurício Andreiuolo defende que se trata de um poder constituinte na medida que reorganiza a estrutura de cada um dos Estados que aderem ao direito comunitário para submeter suas constituições nacionais ao seu poder supremo.[13]

---

11 ADI 3.647-MA, Rel. Min. Joaquim Barbosa, noticiada pelo Informativo 480, STF.

12 ADI 4.150-SP, Rel. Min. Marco Aurélio, noticiada pelo Informativo 523, STF.

13 RODRIGUES, Maurício Andreioulo. *Poder constituinte supranacional:* esse novo personagem. Imprenta: Porto Alegre: S. A. Fabris, 2000.

8. CARACTERÍSTICAS DO PODER CONSTITUINTE ORIGINÁRIO

O poder constituinte originário tem como principais características, as de ser:

- **Inicial**
- **Ilimitado**
- **Incondicionado**
- **Permanente**

É inicial, pois inaugura uma nova ordem jurídica, nas Constituições pós-fundacionais romper com o ordenamento jurídico anterior, dando ensejo à importância de se analisar o que acontecerá com o ordenamento anterior constitucional e infraconstitucional, objeto do capítulo seguinte. A condição inicial é expressa, nos dizeres de Canotilho: "não existe, antes dele, nem de facto nem de direito, qualquer outro poder. É nele que se situa, por excelência, a vontade do soberano (instância jurídica-política dotada de autoridade suprema".[14]

Por iniciar uma ordem jurídica, não a integra e nem é submetido a ela ou qualquer outra anterior por ele rompida. É, por isso, ilimitado, pois não está de modo algum limitado pelo direito positivo anterior e, também, incondicionado, pois não tem que se submeter a nenhuma forma prefixada para sua manifestação. Nesse sentido, determina um novo ordenamento jurídico sem qualquer limitação imposta por um regramento anterior. Implica-se que a sua atuação é livre quanto à forma e ao conteúdo, sendo também incondicionado por não se submeter a qualquer convenção prévia, o que indica que ele pode surgir de uma revolução, de um golpe, de um plebiscito ou de um referendo.

Seria permanente por continuar existindo mesmo após concluir a sua obra, ou seja, não se esgotaria com a criação da nova Constituição. Em outras palavras, não se esgota com a promulgação ou outorga de uma nova Constituição. Ele permanece latente, podendo ser provocado e ativado para um novo momento constituinte, quando se mostrar necessária a ruptura da ordem estabelecida.

Nesse contexto, mostra-se relevante a decisão do Supremo Tribunal Federal no bojo da ADI nº 815/DF. No seu julgamento, o tribunal entendeu não existir hierarquia entre as normas constitucionais originárias. Isto é, não seria possível que o STF, na sua tarefa de zelar pela guarda da Constituição Federal, declarasse que determinadas normas promulgadas pelo constituinte originário

---

14 CANOTILHO, José Joaquim Gomes. *Direito Constitucional*. 6. ed. Coimbra: Almedina, 1993, p. 94.

eram eivadas de inconstitucionalidade, por terem conteúdo incompatível com o das demais normas constitucionais. Deste modo, o controle de constitucionalidade mostra-se possível, tão somente, em face do poder constituinte derivado.[15]

Alguns autores ainda acrescentam que é um poder autônomo, por caber apenas ao seu titular a escolha do conteúdo a ser consagrado na Constituição. Para Canotilho, por exemplo, essa característica liga-se com a capacidade de decidir se, como e quando deve ser elaborada uma nova Constituição à Nação.[16]

Os adeptos da teoria jusnaturalista afirmam que este poder seria ilimitado pelo direito positivo já que não é necessária a observância de qualquer regra anterior à nova constituinte, entretanto, existiriam limitações instituídas pelo direito natural. Dentre eles, destacam-se as limitações geográficas, pois o poder nasce vinculado a uma circunscrição territorial específica e as sócio-políticas, pois o poder deve corresponder aos valores compartilhados e buscados pela Nação na ocorrência de elaboração de uma Constituição.

Para Manoel Gonçalves Ferreira Filho: *(...) Todas correntes estão de acordo em reconhecer que ele é ilimitado em face do Direito positivo (no caso a Constituição vigente até sua manifestação). A este caráter os positivistas designam soberano, dentro da concepção de que, não sendo limitado pelo Direito positivo, o Poder Constituinte não sofre qualquer limitação de direito, visto que para essa escola de Direito somente é Direito quando positivo. Os adeptos do jusnaturalismo o chamam de autônomo, para sublinhar que, não limitado pelo Direito positivo, o Poder Constituinte deve sujeitar-se ao Direito natural.*[17]

Nesse mesmo sentido, Jorge Miranda distingue três categorias de limitações materiais (ou substanciais) possíveis: transcendentes, imanentes e heterônomos.[18]

Os limites transcendentes são os que se prendem aos direitos fundamentais, interligados com a dignidade da pessoa humana, advindos do direito natural. Com base nesses limites, é possível se estabelecer o princípio da vedação ao retrocesso ("efeito cliquet"), o qual impede retrocessos na seara de direitos fundamentais já consolidados. Conforme explica Luís Roberto Barroso, "entende-se que uma lei, ao regulamentar um mandamento constitucional, instituir determinado direito, ele se incorpora ao patrimônio jurídico da cidadania e não pode ser arbitrariamente suprimido. Nessa ordem de ideias, uma lei

---

15 STF, ADI nº 815/DF, Plenário, Rel. Min. Moreira Alves, j. 28.03.96, *DJ*10.05.96.

16 CANOTILHO, José Joaquim Gomes. Op. Cit. p. 94.

17 FERREIRA FILHO, Manoel Gonçalves. *Curso de Direito Constitucional*. 22. ed. São Paulo: Saraiva, 1995, p. 23.

18 MIRANDA, Jorge. *Manual de Direito Constitucional*. 4. ed. Coimbra: Ed. Coimbra, 2000. t. II.

posterior não pode extinguir um direito ou garantia, especialmente os de cunho social, sob pena de promover um retrocesso, abolindo um direito fundado na Constituição".[19] Exemplo: instituir na atual Constituição a proibição do voto feminino, presente no constitucionalismo brasileiro desde 1934.

Já os limites imanentes são impostos ao Poder Constituinte no que tange à estrutura principal do Estado, à sua soberania e forma. Por esses limites, impede-se a transformação de um Estado Federal, que assim deseja se manter, em um Estado Unitário.

Os limites heterônimos estão relacionados com o direito internacional, ou seja, às relações internacionais estabelecidas pelo país, bem como aos princípios, tratados e regras e demais obrigações que devem ser respeitadas.

9. CARACTERÍSTICAS DO PODER CONSTITUINTE DERIVADO

O poder constituinte derivado, por sua vez, possui as seguintes características principais:

- **Subordinado**
- **Condicionado**
- **Limitado**

É subordinado, pois as suas manifestações (reformadora e decorrente) encontram fundamento de validade na Constituição Federal e devem respeitá-la, sob pena de declaração de inconstitucionalidade. A exteriorização das espécies normativas baseadas nesse poder (emendas e normas constitucionais estaduais) deve ser realizada, em razão de seu condicionamento, em harmonia com a Constituição Federal e as suas limitações se fazem presentes de acordo com as normas que devem ser obedecidas para sua elaboração, bem como ao conteúdo, que não pode desrespeitar o do texto constitucional principal.

10. DIREITO ADQUIRIDO E AS NORMAS DO PODER CONSTITUINTE ORIGINÁRIO E DERIVADO

O § 2º do art. 6º da Lei de Introdução às Normas do Direito Brasileiro estatui: "Consideram-se adquiridos assim os direitos que o seu titular, ou alguém por ele, possa exercer, como aqueles cujo começo do exercício tenha termo prefixo, ou condição preestabelecida inalterável, a arbítrio de outrem".

---

19 BARROSO, Luís Roberto. *O Direito Constitucional e a Efetividade das Normas*. 5. ed. Rio de Janeiro: Renovar, 2001, p. 158 e 159.

Poderíamos então asseverar que o direito adquirido é aquele que já se incorporou definitivamente ao patrimônio e/ou à personalidade de seu titular e que, mesmo que ainda não desfrutado, é passível de fruição por ele.

De acordo com a liberdade jurídica do poder constituinte originário, não gera debates doutrinários ou jurisprudenciais a posição normalmente aceita de que não há direito adquirido em face das normas constitucionais originárias,[20] diante de suas inúmeras características de ilimitações jurídicas. O Ministro Aliomar Baleeiro, sobre o assunto, tem voto curioso: *Uma Constituição pode fazer do quadrado, redondo, do branco, preto, segundo a velha fórmula dos juristas antigos.*[21]

Corroboram com esse entendimento Daniel Sarmento e Cláudio Pereira de Souza Neto, que elucidam que "(...) o poder constituinte originário não é obrigado a respeitar o direito adquirido, o ato jurídico perfeito e a coisa julgada, podendo até mesmo dispor sobre o passado. (...). Contudo, não é preciso adotar a tese da ilimitação do poder constituinte originário para avalizar tal conclusão. É possível entender, como nós, que existem limitações jurídicas ao exercício do poder constituinte originário, mas não situar dentre elas o respeito a todos os direitos adquiridos ou judicialmente reconhecidos no passado".[22]

Segundo o Supremo Tribunal Federal, a Constituição se aplica de imediato, alcançando, sem limitações, os efeitos futuros de fatos passados. Essa eficácia recebe a denominação de "**retroatividade mínima**".[23] Nada impede, porém, haja retroação do texto constitucional, mas nesse caso deverá haver previsão expressa. Portanto, frise-se: o texto constitucional poderá retroagir, mas para isso é necessário que o legislador constituinte o determine expressamente;

---

20 STF, ADI nº 248/RJ, Plenário, Rel. Min. Celso de Mello, j. 18.11.93, *DJ* 08.04.94.STF, RE nº 140.894/SP, Primeira Turma, Rel. Min. Ilmar Galvão, j. 10.05.96, *DJ* 09.08.96.

21 STF, RE nº 74.284/SP, Rel. Min. Carlos Thompson, Plenário, j. 28.03.73; *DJ* 20.06.73, RTJ, 66/220.

22 SOUZA NETO, Cláudio Pereira de; SARMENTO, Daniel. *Direito constitucional: teoria, história e métodos de trabalho.*Belo Horizonte: Fórum, 2012.

23 EMENTA: – Foro especial. Prefeito que não o tinha na época do fato que lhe é imputado como crime, estando em curso a ação penal quando da promulgação da atual Constituição que outorgou aos Prefeitos foro especial (art. 29, VIII, da Constituição Federal). – **A Constituição tem eficácia imediata, alcançando os efeitos futuros de fatos passados (retroatividade mínima). Para alcançar, porém, hipótese em que, no passado, não havia foro especial que só foi outorgado quando o réu não mais era Prefeito – hipótese que configura retroatividade média, por estar tramitando o processo penal -, seria mister que a Constituição o determinasse expressamente, o que não ocorre no caso.** – Por outro lado, não é de aplicar-se sequer o princípio que inspirou a Súmula nº 394. Recurso extraordinário não conhecido. (Grifamos) (STF, RE nº 168.618 /PR, Primeira Turma, Rel. Min. Moreira Alves, j. 06.09.94, *DJ* 09.06.95.)

não havendo previsão expressa nesse sentido, o texto constitucional alcançará apenas os efeitos futuros de fatos passados (regulando, de imediato, as prestações futuras de um contrato celebrado no passado, p. ex.) – a chamada **retroatividade mínima**.

Como afirmam Gilmar Ferreira Mendes e Paulo Gustavo Gonet Branco: "O constituinte – e apenas ele – pode excepcionar a incidência imediata de alguma de suas normas, por meio de cláusulas de transição, se entender que isso melhor consulta ao interesse da ordem constitucional."[24] Nesse sentido, por exemplo, o art. 41, § 2º, ADCT ressalva determinados direitos adquiridos (quais sejam, aqueles que tiverem sido adquiridos em relação a incentivos concedidos sob condição e com prazo certo) da nova regra constitucional.

Diferente é saber se o direito adquirido existe diante do que estabelece o chamado constituinte derivado, de 2º grau, limitado, precisamente aquele que altera o ordenamento jurídico através das emendas constitucionais. Sobre o assunto, a doutrina e a jurisprudência não compartilham da mesma opinião.

Na doutrina, José Afonso da Silva e Raul Machado Horta firmam posicionamento no sentido da possibilidade de invocação de direito adquirido em face das emendas constitucionais. Para o primeiro doutrinador: *a reforma constitucional não pode ofender direito adquirido, pois está sujeita a limitações materiais expressas, entre as quais está precisamente a de que não pode pretender abolir os direitos e garantias individuais, e dentre estas está o direito adquirido.*[25] De acordo com o segundo jurista: *o poder constituinte originário poderá, em tese, suprimir o direito adquirido, de modo geral, incluindo nessa supressão a regra que veda a lei prejudicial ao direito adquirido. No caso do poder constituinte de reforma, será questionável a emenda ou revisão que propuser a supressão do direito adquirido assegurado pelo constituinte originário.*[26]

Em sentido contrário, Celso Ribeiro Bastos e José Pinto Ferreira entendem pela impossibilidade de invocação de direito adquirido em face das normas constitucionais derivadas. Para o primeiro jurista: *à emenda ou revisão, pela força de que está revestida de norma constitucional, cabe cassar os direitos*

24 MENDES, Gilmar Ferreira; BRANCO, Paulo Gustavo Gonet. *Curso de Direito Constitucional*. 10. Ed. São Paulo: Saraiva, 2015, p. 114.

25 SILVA, José Afonso da. "Reforma Constitucional e Direito adquirido". *Revista de Direito Administrativo*, n. 213, 1998, p.131.

26 HORTA, Raul Machado. "Constituição e Direito Adquirido". *Revista Trimestral de Direito Público* n. 1, 1993, p. 60.

adquiridos,[27] e para o segundo: *a reforma constitucional pode revogar o direito adquirido, visto que tem eficácia revogatória completa*.[28]

Em nosso entendimento, em que pese opinião de doutrina abalizada em sentido contrário, é inegável a existência do direito adquirido em face das emendas constitucionais, principalmente em razão de três argumentos, a saber: a) a Constituição de 1988, em seu art. 5º, XXXVI, assegurou o direito adquirido como uma garantia individual e a expressão "lei" deve ser entendida em sentido material, englobando todas as espécies normativas; b) os direitos e garantias individuais não podem ser abolidos ou sofrerem restrições por meio das emendas (art. 60, § 4º, IV, da CF), ficando clara a impossibilidade do poder de reforma violar tal preceito, por ser cláusula pétrea; c) como as emendas estão sujeitas ao controle de constitucionalidade, podem vir a ser declaradas inconstitucionais caso violem os direitos adquiridos.

O assunto, entretanto, não é também pacífico na jurisprudência. O Supremo Tribunal Federal, antes da promulgação da Constituição de 1988, decidiu pela inexistência de direito adquirido contra texto constitucional, resulte ele do poder constituinte originário ou do poder constituinte derivado.[29] Na vigência da atual Constituição, a Corte já se manifestou pela declaração de inconstitucionalidade de emenda constitucional que violasse direito adquirido.[30]

Atualmente, entendemos que o posicionamento do STF sobre essa questão não é claro, em que pese a Corte ter se posicionado em favor da proteção ao direito adquirido em detrimento do poder constituinte reformador. Isso se dá na medida em que o Tribunal, quando de julgamentos envolvendo conflito entre direito adquirido e emenda constitucional, costuma se esquivar da questão sob a alegação de que não há direito adquirido a regime jurídico.

Ao julgar a ADI nº 2.356/DF MC[31], o Supremo Tribunal Federal entendeu que a Emenda Constitucional nº 30/2000, ao alterar a forma de pagamentos dos precatórios (autorizando o poder público a fazê-lo não mais em até 18 meses, mas sim no período de até 10 anos), teria violado, dentre outros dispositivos constitucionais, o direito adquirido do beneficiário do precatório, o qual se revela uma espécie de direito e garantia individual. Tendo em vista que, ainda

---

27 BASTOS, Celso Ribeiro. *Comentários à Constituição do Brasil*. 1. ed. São Paulo: Saraiva, 1989, p. 191. v. II.

28 FERREIRA, José Pinto. *Comentários à Constituição Brasileira*. 1. ed. São Paulo: Saraiva, 1989, p. 148. v. I.

29 STF, RE nº 94.414/SP, Plenário, Rel. Min. Moreira Alves, j. 13.02.85, *DJ* 19.04.85.

30 STF, ADI 939/DF, Plenário, Rel. Min. Sydney Sanches, j. 15.12.93, *DJ* 18.03.94, *RDA* 198/123.

31 STF, ADI nº 2.356/DF MC, Plenário, Rel. Min. Néri da Silveira, j. 25.11.10, *DJ* 19.05.11.

que o poder constituinte originário seja (como visto anteriormente) ilimitado, o mesmo não se aplica ao poder constituinte derivado, que deve respeitar as limitações impostas pelo texto constitucional. Considerando que uma destas limitações está contida nas cláusulas pétreas, dentre as quais se encontram os direitos e garantias individuais (art. 60, § 4º, CF), não seria constitucional a emenda que afetasse os precatórios obtidos antes dela (e, portanto, o direito adquirido de seu beneficiário).

Em virtude de tal violação à cláusula pétrea, entendeu o STF ser possível a oponibilidade do direito adquirido em face de emenda constitucional, na medida em que o mesmo configura hipótese de limitação material ao poder de reforma do constituinte derivado. Entretanto, analisando a jurisprudência do Supremo quando confrontado exatamente com controvérsias que envolvem, de um lado, o direito adquirido e de outro, o poder de reforma constitucional, o Tribunal tem se desviado dessa questão, valendo-se do argumento de que não existe direito adquirido a regime jurídico.

É possível encontrar manifestações do STF em desconformidade com a decisão acima citada tanto em julgamentos anteriores quanto posteriores a ela. Em 2004 (portanto, anos antes do julgamento da ADI nº 2.356/DF MC), ao julgar a constitucionalidade da Emenda Constitucional nº 41/2003 ("a taxação dos inativos"), o Supremo analisou se a referida reforma seria contrária ao disposto no art. 5º, XXXVI, CF, ao violar o direito adquirido dos servidores inativos à não incidência de contribuição previdenciária[32]. Na defesa desta tese, argumentou-se que tanto os servidores públicos aposentados quanto aqueles que já haviam reunidos os requisitos necessários à inativação antes da promulgação da mencionada emenda estariam imunes ao regime previdenciário que determinava a contribuição para a Previdência Social.

Ao julgar as ações, contudo, o STF decidiu pela sua improcedência, diante do fato de que não existe direito adquirido a regime jurídico, não sendo assegurado aos servidores inativos o direito à norma de natureza tributária absoluta. Isto é, para o Supremo, não há que se falar em norma que, com o advento da aposentadoria, garantisse de maneira absoluta e irreversível a imunidade à tributação dos proventos e das pensões. Assim, a inexistência de direito adquirido a regime jurídico tributário obstou a que fosse declarada a inconstitucionalidade da Emenda Constitucional nº 41/2003 nesse tocante.

Por sua vez, mesmo após o julgamento da paradigmática ADI nº 2.356/DF MC, o STF manteve sua postura de contornar a questão relativa à oposição

32 STF, ADI nº 3.105/DF, Plenário, Rel. Min. Ellen Gracie, j. 18.08.04, *DJ* 18.02.05.STF, ADI nº 3.128/DF, Plenário, Rel. Min. Ellen Gracie, j. 18.08.04, *DJ* 18.02.05.

entre direito adquirido e emenda constitucional, ao se debruçar sobre as ADIs 5.062 e 5.065[33]. Tendo sido instado a se pronunciar acerca do alegado direito adquirido das associações arrecadadoras de direitos autorais às regras existentes quando da sua criação, o STF não discorreu acerca da possibilidade jurídica de que emenda constitucional afetasse (supostos) direitos adquiridos. Como fundamento para a sua decisão, o Supremo alegou que não existiria, por parte de tais associações, direito adquirido a regime jurídico (no caso, de natureza legislativa, de modo a autorizar que essas associações não tivessem que observar as mudanças legais promovidas pelo legislador, mas sim aquelas então vigentes quando da criação das mesmas).

Diante do exposto, é possível perceber que, embora o STF tenha efetivamente decidido uma questão relativa ao conflito entre direito adquirido e emenda constitucional, privilegiando aquele em detrimento desta, o Tribunal costuma recorrer à máxima de que não existe direito adquirido a regime jurídico como forma de decidir os casos a ele submetidos. Assim, ao invés de manter-se coerente com a sua paradigmática decisão, o Supremo tem por hábito imiscuir-se nas particularidades do caso concreto para identificar regime jurídico supostamente pleiteado e, com isso, negar provimento aos pedidos de declaração de inconstitucionalidade de certas emendas constitucionais.

Entretanto, é importante destacar que o STF já decidiu que não existe direito adquirido a regime jurídico, seja ele tributário, previdenciário, trabalhista, o qual diferencia do direito adquirido em si. Nesse sentido, explica em obra clássica, Carlos Maximiliano: *"Não há direito adquirido no tocante a instituições, ou institutos jurídicos. Aplica-se logo, não só a lei abolitiva, mas também a que, sem os eliminar, lhes modifica essencialmente a natureza. Em nenhuma hipótese granjeia acolhida qualquer alegação de retroatividade, posto que, às vezes, tais institutos envolvam certas vantagens patrimoniais que, por equidade, o diploma ressalve ou mande indenizar".*[34]

11. JURISPRUDÊNCIA DO STF SOBRE INEXISTÊNCIA DE DIREITO ADQUIRIDO A REGIME JURÍDICO

Apesar do conceito de regime jurídico não ser tão bem definido na doutrina, o STF já consolidou entendimento sobre a inexistência de direito adquirido a regime jurídico sobre inúmeros assuntos, abaixo relacionados.

---

33 STF, ADI nº 5.062/DF, Plenário, Rel. Min. Luiz Fux, j. 27.10.16, *DJ* 21.06.17. STF, ADI nº 5.065/DF, Plenário, Rel. Min. Luiz Fux, j. 27.10.17, *DJ* 21.06.17.

34 *Direito Intemporal ou Teoria da Retroatividade das Leis.* 2. ed. Rio de Janeiro, 1955, p. 62.

RECURSO EXTRAORDINÁRIO – EMBARGOS DE DECLARAÇÃO RECEBIDOS COMO RECURSO DE AGRAVO – SERVIDOR PÚBLICO ESTATUTÁRIO – INALTERABILIDADE DO REGIME JURÍDICO – DIREITO ADQUIRIDO – INEXISTÊNCIA – REMUNERAÇÃO – PRESERVAÇÃO DO MONTANTE GLOBAL – AUSÊNCIA DE OFENSA À IRREDUTIBILIDADE DE VENCIMENTOS – RECURSO IMPROVIDO. – **Não há direito adquirido do servidor público estatutário à inalterabilidade do regime jurídico pertinente à composição dos vencimentos, desde que a eventual modificação introduzida por ato legislativo superveniente preserve o montante global da remuneração**, e, em consequência, não provoque decesso de caráter pecuniário. Precedentes. (RE 710.558 ED / RS – RIO GRANDE DO SUL; EMB.DECL. NO RECURSO EXTRAORDINÁRIO; Rel. Min. Celso de Mello; Julgamento: 30.10.2012; Órgão Julgador: Segunda Turma) (Grifamos)

INSS. Aposentadoria. Contagem de tempo. Direito adquirido. Art. 3º da EC 20/1998. Contagem de tempo de serviço posterior a 16.12.1998. Possibilidade. Benefício calculado em conformidade com normas vigentes antes do advento da referida emenda. Inadmissibilidade. (...) Embora tenha o recorrente direito adquirido à aposentadoria, nos termos do art. 3º da EC 20/1998, não pode computar tempo de serviço posterior a ela, valendo--se das regras vigentes antes de sua edição. **Inexiste direito adquirido a determinado regime jurídico, razão pela qual não é lícito ao segurado conjugar as vantagens do novo sistema com aquelas aplicáveis ao anterior. A superposição de vantagens caracteriza sistema híbrido**, incompatível com a sistemática de cálculo dos benefícios previdenciários. (RE 575.089, Rel. Min. Ricardo Lewandowski, julgamento em 10.9.2008, Plenário, *DJE* de 24.10.2008, com repercussão geral.)No mesmo sentido: AI 745.215-AgR, Rel. Min. Joaquim Barbosa, julgamento em 24.4.2012, Segunda Turma, *DJE* de 22.5.2012;AI 654.807-AgR, Rel.ª Min.ª Ellen Gracie, julgamento em 23.6.2009, Segunda Turma, *DJE* de 7.8.2009; AI 682.270-AgR, Rel.ª Min.ª Cármen Lúcia, julgamento em 9.6.2009, Primeira Turma, *DJE* de 7.8.2009.(Grifamos)

Servidor público: é da jurisprudência do Supremo Tribunal que não há direito adquirido a regime jurídico, no qual **seinclui o nível hierárquico que o servidor ocupa na carreira**. (AI 598.229-AgR, Rel. Min. Sepúlveda Pertence, julgamento em 13.12.2006, Primeira Turma, *DJ* de 16.2.2007.) (Grifamos)

Capítulo

3

A NOVA CONSTITUIÇÃO E O DIREITO ANTERIOR

1. INTRODUÇÃO

Com a chegada de uma nova Constituição, inaugura-se um momento também novo na vida de um país e, por isso, faz-se imperiosa a análise sobre o que acontece com as normas preexistentes, constitucionais e infraconstitucionais. Em nome da supremacia constitucional e da importância que a Constituição desfruta no ordenamento jurídico, serão as normas que a precederam mantidas perante a nova ordem constitucional, ou perderão seus efeitos jurídicos?

Enquanto fundamento de validade de um ordenamento jurídico, a Constituição está no topo hierárquico deste e goza de superioridade em relação às demais normas. Por esse motivo, todas as normas devem guardar compatibilidade com a Carta Fundamental, de modo a serem válidas dentro do ordenamento.

Serão estudados, a seguir, os fenômenos da revogação global e da desconstitucionalização, acerca da influência da nova Constituição sobre o ordenamento constitucional anterior, e ainda a recepção (e a não recepção) e a repristinação, exemplos de fenômenos que podem ocorrer com as normas infraconstitucionais anteriores quando da chegada da nova Constituição.

2. A TEORIA DA REVOGAÇÃO GLOBAL

No Brasil, entre um ordenamento constitucional novo e as normas constitucionais anteriores sempre se operou o fenômeno da revogação global, que significa dizer que a Constituição nova revoga a Constituição que a antecedeu, deixando esta última de produzir seus efeitos jurídicos. Como são normas de mesma hierarquia e versam igualmente sobre matéria constitucional, aplica-se o princípio geral do direito no sentido de que a lei nova revoga completamente a anterior.

O fenômeno é simples de entender se considerarmos a instabilidade da vida política do país, num contexto que sempre oscilou entre regime ditatorial (civil ou militar) com a pseudodemocracia. Nada impede, entretanto, que com base na liberdade jurídica do poder constituinte originário, outro fenômeno venha a ser adotado no Brasil.

Em relação à forma, pode ser expressa ou tácita, como ocorreu com a Constituição de 1967/1969 na entrada da Constituição vigente. Quanto à extensão, a revogação poderá ser total (ab-rogação) ou parcial (derrogação). Portanto, quando uma nova Constituição é promulgada, salvo disposição em sentido contrário, haverá a revogação total no texto constitucional anterior.

O STF, ao se pronunciar sobre o tema, esclareceu que "A vigência e a eficácia de uma nova Constituição implicam a supressão da existência, a perda de validade e a cessação de eficácia da anterior Constituição por ela revogada, operando-se, em tal situação, uma hipótese de revogação global ou sistêmica do ordenamento constitucional precedente, não cabendo, por isso mesmo, indagar-se, por impróprio, da compatibilidade, ou não, para efeito de recepção, de quaisquer preceitos constantes da Carta Política anterior, ainda que materialmente não-conflitantes com a ordem constitucional originária superveniente. É que – consoante expressiva advertência do magistério doutrinário (Carlos Ayres Britto, 'Teoria da Constituição', p. 106, 2003, Forense) – 'Nada sobrevive ao novo Texto Magno', dada a impossibilidade de convívio entre duas ordens constitucionais originárias (cada qual representando uma ideia própria de Direito e refletindo uma particular concepção político-ideológica de mundo), exceto se a nova Constituição, mediante processo de recepção material (que muito mais traduz verdadeira novação de caráter jurídico-normativo), conferir vigência parcial e eficácia temporal limitada a determinados preceitos constitucionais inscritos na Lei Fundamental revogada, à semelhança do que fez o art. 34, caput, do ADCT/1988"[1].

3. A *VACATIO CONSTITUTIONIS*

A *vacatio constitutionis* é o período de tempo entre a publicação de uma nova Constituição e a sua entrada em vigor. Não é, em regra, adotado no país,

1 AI 386.820-AgR-ED-EDv-AgR-ED, Rel. Min. Celso de Mello, julgamento em 24-6-2004, Plenário, DJ de 4-2-2005.

muito embora a Constituição de 1967, promulgada no dia 24 de janeiro de 1967, o tenha estabelecido expressamente: "Art. 189. Esta Constituição será promulgada, simultaneamente, pelas Mesas das Casas do Congresso Nacional **e entrará em vigor no dia 15 de março de 1967"**.

Ressalte-se que a Constituição de 1988 entrou em vigor na data da sua promulgação, não estabelecendo o referido fenômeno. Não existindo uma cláusula estabelecendo a *vacatio*, entende-se que a vigência é imediata, a partir da sua promulgação.

Durante a *vacatio constitutionis* toda norma que tenha sido criada e que contrarie as normas constitucionais já existentes será inválida, ainda que esteja de acordo com a Constituição promulgada, mas não em vigor. De outro lado, as leis que tenham sido promulgadas nesse período em conformidade com as regras constitucionais vigentes valem enquanto durar a *vacatio*, mas ficam revogadas com a entrada em vigor do novo texto constitucional, caso não estejam em conformidade material com a nova Constituição.

4. A TEORIA DA DESCONSTITUCIONALIZAÇÃO

A desconstitucionalização ocorre quando a nova Constituição dispõe que alguns (ou até mesmo todos) dispositivos da ordem constitucional anterior serão mantidos válidos perante o novo ordenamento, mas não sob a forma de Constituição, e sim sob a forma de norma infraconstitucional. Não é um fenômeno automático e, para acontecer, deverá vir expresso no novo texto da Constituição. Ressalte-se que até o momento essa teoria não foi acolhida pelo Direito Constitucional brasileiro em âmbito federal, já havendo sido adotada pelo Direito português na Constituição de 1976.[2]

Muitos autores destacam que o fenômeno deverá recair sobre as normas formalmente constitucionais do ordenamento anterior, pois as materialmente constitucionais (as que representam as características essenciais do Estado) estarão naturalmente presentes na nova Constituição. Para Pontes de Miranda e Manoel Ferreira Filho, as normas formalmente constitucionais, com a revogação da Constituição pretérita, tornar-se-iam infraconstitucionais quando fossem materialmente compatíveis com a nova Carta, mas ao invés das normas constitucionais propriamente ditas, ainda existiriam.

---

2 Constituição de Portugal de 1976. Art. 290º (Direito anterior):

1. As leis constitucionais posteriores a 25 de abril de 1974 não ressalvadas neste capítulo são consideradas leis ordinárias, sem prejuízo do disposto no número seguinte.
2. O direito ordinário anterior à entrada em vigor da Constituição mantém-se, desde que não seja contrário à Constituição ou aos princípios nela consignados.

Sobre a possibilidade de adoção do fenômeno no plano das Constituições Estaduais, é importante destacar que a Constituição do Estado de São Paulo de 1967 adotou o fenômeno da Desconstitucionalização expressamente, no seu art. 147: "Consideram-se vigentes, com o caráter de lei ordinária, os artigos da Constituição promulgada em 9 de julho de 1947 que não contrariem esta Constituição".

5. A TEORIA DA RECEPÇÃO E DA NÃO RECEPÇÃO

Apesar da CF ter revogado toda a Constituição que a precedeu, não poderia jamais ter revogado todas as normas infraconstitucionais elaboradas antes da sua existência. Com a ausência de leis, teríamos, além de uma desconsideração completa à história legislativa do país, possivelmente um governo de tiranos. Então, o que de fato ocorre com as normas ordinárias preexistentes com a chegada da nova Constituição?

Segundo a teoria dominante no Brasil, se houver compatibilidade de conteúdo, assunto, com a nova Constituição, as normas do direito ordinário anterior serão bem-vindas e recebidas perante a nova ordem constitucional e continuarão a produzir completamente seus efeitos jurídicos. Se, por sua vez, não existir harmonia de matéria, as normas não serão recebidas. É o que tratam os fenômenos da recepção e da não recepção.

A recepção é um fenômeno de natureza material porque não analisa o processo legislativo que fundamentou a elaboração da norma, fixando-se na análise de seu conteúdo, pois, se o olhar da Constituição sobre o ordenamento anterior fosse muito rigoroso, pouquíssimas seriam as normas efetivamente recepcionadas. Além do que, a norma que vai reger o processo legislativo é a que existia no momento de sua elaboração (*tempus regit actum*), e não as normas de uma Constituição futura. Por isso, a recepção vai analisar o conteúdo da lei, se este for compatível com os princípios e as regras da nova Constituição, vai ser mantida, não sendo compatível, será afastada, deixando de produzir seus efeitos jurídicos. A recepção é um fenômeno automático, tendo sido previsto expressamente apenas na Constituição brasileira de 1937.[3]

As normas anteriores, incompatíveis formalmente com a nova Constituição, serão por ela recebidas se houver compatibilidade material e passarão a ter *status* formal determinado pelo novo ordenamento constitucional. Podemos

3 O art. 183 da Constituição brasileira de 1937 dizia: "Continua em vigor, enquanto não revogadas, as leis que explícita ou implicitamente não contrariarem as disposições desta Constituição".

citar como exemplos, o Código Tributário Nacional[4] – CTN, o Código Penal brasileiro[5] – CP e o Código de Processo Penal[6] – CPP. O CTN foi feito sob a forma de lei ordinária e a Constituição de 1988 determina que as normas gerais tributárias sejam tratadas por lei complementar.[7]Por sua vez, decreto-lei não é espécie normativa presente no novo ordenamento constitucional e as matérias do direito penal e processual penal devem ser cuidadas por leis ordinárias federais.[8] Com a nova determinação constitucional, as normas citadas foram recebidas naquilo que não contrariavam materialmente a nova Constituição e as suas alterações formais futuras só podem ser realizadas de acordo com o novo processo legislativo previsto na CF.

A doutrina também se ocupa em descrever hipóteses de incompatibilidade formal com a nova Constituição e consequente impossibilidade de recepção. Nos dizeres de Gilmar Mendes: "se o tema era antes da competência, por exemplo, dos Municípios e se torna assunto de competência federal com a nova Carta, não haveria como aceitar que permanecessem em vigor como se leis federais fossem – até por uma impossibilidade prática de se federalizar simultaneamente tantas leis acaso não coincidentes".[9]

As normas não compatíveis materialmente com a nova Constituição,[10] como já dissemos, não serão recepcionadas. Mas não serão mantidas dentro do novo sistema porque são inconstitucionais ou porque foram revogadas?

---

4 Lei nº 5.172, de 25 de outubro de 1966.

5 Decreto-lei nº 2.848, de 7 de dezembro de 1940.

6 Decreto-lei nº 3.689, de 3 de outubro de 1941.

7 Art. 146 da CF: "Cabe à lei complementar:

(...) III – estabelecer normas gerais em matéria de legislação tributária, especialmente sobre..."

8 Art. 22 da CF: "Compete privativamente à União legislar sobre:

I – direito civil, comercial, penal, processual, eleitoral, agrário, marítimo, aeronáutico, espacial e do trabalho".

9 MENDES, Gilmar Ferreira; BRANCO, Paulo Gustavo Gonet; COELHO, Inocêncio Mártires. *Curso de Direito Constitucional*. 5ª ed. São Paulo: Saraiva, 2010, p. 282.

10 Como exemplo de normas não recepcionadas por serem contrárias ao princípio da igualdade entre homens e mulheres presente no art. 5º, I, da CF: anulação de casamento por defloramento da mulher e a disposição que previa que o marido era chefe da sociedade conjugal, ambas presentes no Código Civil de 1916, a seguir expostas:

"Art. 218. É também anulável o casamento, se houver por parte de um dos nubentes, ao consentir, erro essencial quanto à pessoa do outro".

"Art. 219. Considera-se erro essencial sobre a pessoa do outro cônjuge:

(...) IV – o defloramento da mulher, ignorado pelo marido".

"Art. 233. O marido é o chefe da sociedade conjugal, função que exerce com a colaboração da mulher, no interesse comum do casal e dos filhos (arts. 240, 247 e 251) (redação dada pela Lei nº 4.121, de 27.08.1962)".

Segundo posição dominante no STF,[11] o momento de aferição da constitucionalidade/inconstitucionalidade que analisa o plano de validade da norma é realizado em sua origem, de acordo com a Constituição vigente à época de sua elaboração. Com isso, norma válida (constitucional), não se torna inválida (inconstitucional) com a superveniência de uma nova Constituição. Em face da incompatibilidade material da norma pré-constitucional com a nova Constituição, a lei anterior deixará de produzir seus efeitos jurídicos por força da revogação. Nesse mesmo sentido, Luís Roberto Barroso[12] e Gilmar Ferreira Mendes.[13]

De acordo com o trecho do voto do Min. Paulo Brossard, é possível se observar a jurisprudência que prevalece sobre o assunto no STF:

> *É cediço na doutrina quanto na jurisprudência que a inconstitucionalidade se afere em relação à Constituição contemporânea ao ato impugnado. A nova ordem constitucional* ***revoga*** *a norma por ela não recebida por motivo de incompatibilidade. Não torna, evidentemente, inconstitucional o que antes nascera sem esse vício...*[14]

No mesmo sentido, quando do julgamento da ADI nº 521/DF, o Supremo Tribunal Federal assentou que: "O vício da inconstitucionalidade é congênito à lei e há de ser apurado em face da Constituição vigente ao tempo de sua elaboração. Lei anterior não pode ser inconstitucional em relação à Constituição superveniente; nem o legislador poderia infringir Constituição futura. A Constituição sobrevinda não torna inconstitucionais leis anteriores com ela conflitantes, revoga-as."[15].

Desta feita, o STF, a um só tempo, não apenas nega vigência à teoria da inconstitucionalidade superveniente (posto que haveria impossibilidade prática de que o então legislador fizesse lei compatível com texto constitucional vindouro), como também garante que as normas pré-constitucionais materialmente incompatíveis com a nova Constituição sejam revogadas, deixando de existir no ordenamento jurídico pátrio. Isto é, não deixa o STF de zelar pela guarda da Constituição Federal. O que ocorre é que, no caso das normas pré-constitucionais questionadas, a sua eventual remoção da ordem jurídica brasileira ocorre por meio da sua não recepção e não, por meio da sua declaração de inconstitucionalidade.

---

11 STF, ADI nº 438/DF, Plenário, Rel. Min. Sepúlveda Pertence, j. 07.02.1992, *DJ*27.03.1992.

12 BARROSO, Luís Roberto. *O Controle de Constitucionalidade no Direito Brasileiro*. 4. ed., rev. e atual. São Paulo: Saraiva, 2009, p. 29.

13 MENDES, Gilmar Ferreira; COELHO, Inocêncio Mártires e BRANCO, Paulo Gustavo Gonet. *Curso de Direito Constitucional*. 5. ed. São Paulo: Saraiva, 2010, p. 1.178.

14 STF, ADI nº 2/DF; Plenário, Rel. Min. Paulo Brossard, j. 06.02 92, *DJ* 21.11.97.

15 STF, ADI nº 521/DF; Plenário, Rel. Min. Paulo Brossard, j. 07.02.92, *DJ* 24.04.92.

Lembramos que o parâmetro da recepção e da não recepção não se esgota com a Constituição originária, ou seja, as reformas que o texto recebe também servirão como parâmetro. Assim, as emendas constitucionais servem também como parâmetro de constitucionalidade para aferir a recepcionalidade de uma norma pretérita. Portanto, uma norma mesmo quando elaborada após 1988, pode não ser recepcionada diante de uma emenda constitucional que modifique o conteúdo constitucional do qual a norma extraía sua validade.

Para muitos autores, a Constituição Federal contempla hipótese configuradora do denominado fenômeno da recepção material das normas constitucionais, que consiste na possibilidade de a norma de uma Constituição anterior ser recepcionada pela nova Constituição, com status de norma constitucional. Como exemplo temos o art. 34, caput, e seu § 1º, do ADCT da CF, que asseguram, expressamente, a continuidade da vigência de artigos da Constituição anterior, com o caráter de norma constitucional, no novo ordenamento jurídico instaurado.

Como o ordenamento jurídico pátrio somente reconhece a inconstitucionalidade originária, haveria a possibilidade de modulação de efeitos na declaração de não recepção? Em seu voto no Agravo de Instrumento n.º 582.280 AgR/RJ, o Min. Gilmar Mendes defendeu a possibilidade de efeitos modulados na declaração de não recepção de uma norma: "No caso presente, não se cuida de inconstitucionalidade originária decorrente do confronto entre a Constituição e norma superveniente, mas de contraste entre lei anterior e norma constitucional posterior, circunstância que a jurisprudência do STF classifica como de não recepção. É o que possibilita que se indague se poderia haver modulação de efeitos também na declaração de não recepção, por parte do STF".[16]

Entretanto, a jurisprudência não é unânime quanto à modulação dos efeitos na não recepção. Relatando que os efeitos de uma decisão que declare a recepção ou não recepção de uma norma no ordenamento pátrio têm eficácia retroativa à edição da nova Constituição, o Ministro Celso de Mello assim explicou:

> A não-recepção de ato estatal pré-constitucional, por não implicar a declaração de sua inconstitucionalidade - mas o reconhecimento de sua pura e simples revogação (RTJ 143/355 - RTJ 145/339) -, descaracteriza um dos pressupostos indispensáveis à utilização da técnica da modulação temporal, que supõe, para incidir, dentre outros elementos, a necessária existência de um juízo de inconstitucionalidade. Inaplicabilidade, ao caso em exame, da técnica da modulação dos efeitos, por tratar-se de diploma legislativo, que, editado em 1984, não foi recepcionado, no ponto concernente à norma questionada, pelo vigente ordenamento constitucional.[17]

16 STF, AI nº 582.280- AgR/RJ, Rel. Min. Celso de Mello.Segunda Turma, julgado em 12/09/2006, DJ 06/11/2006.
Voto-vista: Min. Gilmar Mendes, Informativo 442, STF.

17 STF, AI nº 582.280 – AgR/RJ, Rel. Min. Celso de Mello, Segunda Turma, julgado em 12/09/2006, DJ 06/11/2006.

6. A TEORIA DA REPRISTINAÇÃO

Na repristinação, um ato normativo "A" é revogado por um ato normativo "B". O ato normativo "B" é revogado, posteriormente, por um outro ato "C". A repristinação ocorre se o ato normativo "C", expressamente, validar o retorno jurídico do ato normativo "A". É dizer que a mera revogação do ato "B" não acarreta a retomada do ato "A".

De acordo com o art. 2º, § 3º, da Lei de Introdução às Normas do Direito Brasileiro,[18] uma lei validamente revogada não volta a produzir efeitos jurídicos com a revogação da lei que a revogou. Esse é um fenômeno salutar de sucessão legislativa no país. A sociedade muda e as normas precisam acompanhá-la, sob pena de descompasso temporal entre a realidade e as leis.

Entretanto, conforme a parte inicial do dispositivo da lei sob nossa análise, é possível que mediante disposição expressa, a lei nova, revogadora de outra, que revogou a que a antecedeu "repristine" (restaure os efeitos jurídicos) de uma norma já revogada, realizando o fenômeno da repristinação, que é sempre um fenômeno expresso, ou seja, não se admite a repristinação tácita.

Não podemos confundi-lo com os efeitos repristinatórios presentes na Lei nº 9.868/99,[19] os quais serão estudados no capítulo referente ao controle de constitucionalidade.

---

18 "Salvo disposição em contrário, a lei revogada não se restaura por ter a lei revogadora perdido a vigência."

19 Art. 11, "§ 2º: A concessão da medida cautelar, torna aplicável a legislação anterior acaso existente, salvo expressa manifestação em sentido contrário".

Capítulo

4

CONCEPÇÕES SOBRE A CONSTITUIÇÃO

1. INTRODUÇÃO

Numa linguagem informal, todas as coisas materiais possuem a sua própria constituição: a mesa pode ser de ferro ou de madeira; o jarro, de vidro ou de plástico; a toalha, de tecido ou de papel... Enfim, os objetos normalmente possuem uma constituição que lhes define a própria estrutura, cor, profundidade e não é diferente com um Estado.

A Constituição, lei fundamental que é, coração de todo o ordenamento jurídico, tem como papel mais importante o de caracterizar as singularidades de um país, reunindo as suas principais feições, como por exemplo; a sua forma de Estado e de Governo, a organização dos poderes do Estado, os direitos e garantias fundamentais que devem ser protegidos ao seu povo ou até mesmo as metas que devem ser cumpridas pelos governantes.[1] É conhecendo a Constituição de um Estado que aprendemos um pouco mais sobre os seus costumes, política e a sua própria história.

O verdadeiro sentido ou concepção de uma "Constituição" sempre despertou muitas controvérsias e, na realidade, não temos uma única teoria chave, servindo as premissas a seguir apresentadas como fonte de maior destaque sobre o tema que ainda gera muitos debates.

---

1 Numa Constituição dirigente como a nossa, essas normas se fazem muito presentes.

2. SENTIDO SOCIOLÓGICO

Segundo Ferdinand Lassale, a Constituição seria resultado dos fatores reais do poder. Em sua obra *Qué es una Constitución*?, traduzida como *A Essência da Constituição*,[2] Lassale defende que a Constituição é a realidade, o somatório dos fatores econômicos, culturais, sociais e políticos de uma sociedade e se não obedecesse a esses fatores não passaria de uma mera folha de papel.

Com base em seus escritos, poderíamos fazer a seguinte análise: imagine que só há em um país dois textos escritos de uma Constituição, um, na casa do rei; e outro, na biblioteca pública. Num dado momento, a biblioteca pega fogo e a casa do rei inunda. Os textos constitucionais, os únicos naquele país, desaparecem. Bem, se essa Constituição tiver sido formada pelos fatores reais do poder, mesmo na inexistência do texto escrito ela vai ser seguida, porque o que a respalda não é o documento escrito, é a sua motivação popular. Mas se, em contrapartida, essa Constituição for filha da tirania, fruto unilateral apenas de quem estava no poder, com o desaparecimento desses textos escritos haverá uma desordem e ninguém irá cumprir os postulados do texto ilegítimo.

É uma visão mais marxista e social da concepção de Constituição. É como se uma Constituição que não traduzisse exatamente o que está na sociedade, não seria uma Constituição, não passaria de uma mera folha de papel! Em resumo, pelo sentido sociológico há a necessidade de compatibilidade entre o texto escrito e a realidade fática.

3. SENTIDO POLÍTICO

De acordo com Carl Schmitt, em sua obra *Teoria de la Constitución*,[3]a Constituição seria uma decisão política fundamental, que comporta matérias como a estrutura e órgãos do Estado, direitos individuais, entre outras. O referido autor distingue Constituição (decisão política fundamental) das leis constitucionais, que seriam os demais dispositivos do texto constitucional não relacionados a esse tema. Com base nesse conceito se visualiza normas materialmente constitucionais e formalmente constitucionais.

As normas materialmente constitucionais seriam aquelas que não poderiam deixar de estar presentes em um texto constitucional (a estrutura principal do país) e as demais seriam intituladas de leis constitucionais. O jurista alemão faz uma separação cartesiana: a Constituição é a norma hierárquica fundamental e

---

2 LASSALLE, Ferdinand. *A Essência da Constituição*. 6. ed. Rio de Janeiro: Lumen Juris, 2001.

3 SCHMITT, Carl. *Teoria de la Constitución*. Madrid: Alianza Editorial, 1992.

as outras leis constitucionais estão subordinadas a ela pela matéria. Se a norma trata de conteúdo político essencial é Constituição, se não, é lei constitucional.

Segundo o autor: "a distinção entre constituição e leis constitucionais só é possível, no entanto, porque a essência da constituição não está contida em uma lei ou em uma norma. No fundo de toda normação reside uma *decisão política do titular do poder constituinte*".[4]

Analisando a Constituição de 1988 pelo prisma de Schmitt, teríamos, por exemplo, dos arts. 1º ao 4º (princípios fundamentais) normas essencialmente (ou materialmente) constitucionais e, por sua vez, o art. 242, § 2º,[5] seria para o pensador, uma lei constitucional, não estando dentro do aparelho que o jurista alemão designava ser uma Constituição.

No Brasil, essa teoria foi acolhida apenas na Constituição de 1824, que, no seu art. 178,[6] fazia distinção entre a natureza das normas constitucionais.

4. SENTIDO JURÍDICO-NORMATIVO (POSITIVISTA)

Segundo a teoria positivista de Hans Kelsen, o fundamento do Direito não é transcendental ao homem e à sociedade, mas se encontra no pressuposto lógico (a norma fundamental) de que as leis são válidas e que devem ser obedecidas, quando forem editadas segundo um processo regular (isto é, organizadas por regras aceitas pela comunidade) e pela autoridade competente, legitimada de acordo com princípios também anteriormente estabelecidos e aceitos. É a explicação formal da validade do direito.

No início do século XX, Kelsen relata em sua famosa obra *Teoria Pura do Direito*,[7] uma concepção de ciência jurídica com a qual se pretendia finalmente ter alcançado, no Direito, os ideais de toda a ciência: objetividade e exatidão. Visando alcançar essa finalidade, o eminente jurista propôs como regra metodológica principal a extração de qualquer conteúdo valorativo da norma, com a finalidade de garantir autonomia científica para a disciplina

4 Idem.

5 Art. 242, § 2º, da CF/1988: "O Colégio Pedro II, localizado na cidade do Rio de Janeiro, será mantido na órbita federal".

6 Art. 178 da Constituição de 1824: "É só Constitucional o que diz respeito aos limites, e attribuições respectivas dos Poderes Politicos, e aos Direitos Politicos, e individuaes dos Cidadãos. Tudo, o que não é Constitucional, póde ser alterado sem as formalidades referidas, pelas Legislaturas ordinárias".

7 KELSEN, Hans. *Teoria Pura do Direito*. 5. ed. Trad. João Baptista Machado. São Paulo: Martins Fontes, 1996.

jurídica, que, segundo ele, vinha sendo, ao longo dos anos, deturpada pelos estudos sociológicos, filosóficos e políticos. É o próprio Kelsen que reconhece:

> ***A norma fundamental de uma ordem jurídica não é de forma alguma uma norma de justiça.*** *Por isso, o direito positivo, isto é, uma ordem coativa criada pela via legislativa ou consuetudinária e globalmente eficaz, nunca pode estar em contradição com a sua norma fundamental, ao passo que esta ordem pode muito bem estar em contradição com o direito natural, que se apresenta com a pretensão de ser o direito justo*[8] (grifos nossos).

A busca pela norma fundamental, enquanto ponto inicial da validade normativa de um ordenamento jurídico, é resultado de um pressuposto valorativo. Conforme o autor explica: "a norma que representa o fundamento de validade de outra norma é, em face desta, uma norma superior. Mas a indagação do fundamento de validade de uma norma não pode, tal como a investigação da causa de um determinado efeito, perder-se no interminável. Tem de terminar numa norma que se pressupõe como a última e a mais elevada. Como norma mais elevada, ela tem de ser pressuposta, visto que não pode ser *posta* por uma autoridade, cuja competência teria de se fundar numa norma ainda mais elevada. A sua validade já não pode ser derivada de uma norma mais elevada, o fundamento da sua validade já não pode ser posto em questão. Uma tal norma, pressuposta como a mais elevada, será aqui designada como norma fundamental (*Grundnorm*). [...] A norma fundamental é a fonte comum da validade de todas as normas pertencentes a uma e mesma ordem normativa, o seu fundamento de validade comum."[9]

Nesse sentido, devido à qualidade de norma fundamental hipotética, a Constituição jurídico-normativa serve como fundamento de validade que garante a presença das normas reguladoras da produção de outras normas. Essa relação resulta em um escalonamento hierárquico normativo em que uma norma extraí seu fundamento de validade de uma norma superior do mesmo ordenamento jurídico.

Essa concepção, que acaba retratando a supremacia formal da Constituição e que sempre foi de extrema importância para a ciência do direito, hoje é analisada à luz da abertura das Constituições pós- -guerra aos princípios, pois é inegável que os valores, a moral e a ética são também importantes para a análise e compreensão do Direito.

---

8 KELSEN, Hans. *A Justiça e o Direito Natural*. Trad. João Baptista Machado. Coimbra: Arménio Amado, 1963, p. 170.

9 Idem. p. 217.

5. CONCEPÇÃO CULTURALISTA

De acordo com a concepção culturalista, a Constituição encerra um "conjunto de normas fundamentais condicionadas pela cultura total, e ao mesmo tempo, condicionante desta, emanadas da vontade existencial da unidade política, e reguladora da existência, estrutura e fins do Estado e do modo de exercício e limites do poder político".

Com isso, a Constituição atua como a síntese dos diferentes elementos formadores da cultura. São considerados, de modo conjunto e unitário, os aspectos econômicos, sociológicos, jurídicos e filosóficos, o que permite que a Constituição também atue como elemento conformador do sentido de alguns aspectos dessa cultura.[10]

Conforme explica Dirley Cunha Júnior, "devemos, porém, confessar que a concepção de Constituição como fato cultural é a melhor que desponta na teoria da Constituição, pois tem a virtude de explorar o texto constitucional em todas as suas potencialidades e aspectos relevantes, reunindo em si todas as concepções – a sociológica, a política e a jurídica – em face das quais se faz possível compreender o fenômeno constitucional."[11]

6. OUTRAS CONCEPÇÕES

Além desses quatro sentidos clássicos de Constituição, é possível mencionarmos outros, vejamo-los:

a) conceito ideal de Constituição: de acordo com o art. 16 da Declaração Francesa de 1789, "A sociedade em que não esteja assegurada a garantia dos direitos nem estabelecida a separação dos poderes não tem Constituição. Essa é uma concepção de valor da Constituição, justamente em oposição à visão positivista formalista do ordenamento jurídico";

b) sentido jusnaturalista: a Constituição seria concebida de acordo com as leis naturais, anteriores à própria existência humana;

c) a concepção de Constituição Total: de acordo com Canotilho,[12] a Constituição é repleta de diferentes significados e não deve ser estu-

---

10 TEIXEIRA, J. H. Meirelles. *Curso de Direito Constitucional.* 16. ed. São Paulo: Malheiros, 2000.

11 CUNHA JUNIOR, Dirley. *Curso de Direito Constitucional.* 6. ed. Salvador: Juspodivm, 2012, p. 95.

12 CANOTILHO, J.J. Gomes. *Direito Constitucional e Teoria da Constituição.* 6. ed. Coimbra: Livraria Almedina, 2002, p. 39-40.

dada isoladamente, pois se relaciona com outras categorias políticas e conjuntos sociais;

d) a concepção de Konrad Hesse em *A Força Normativa da Constituição*[13] também contribui para o sentido axiológico de Constituição e destaca a peculiar força normativa que todas as normas do texto constitucional possuem para ordenar e conformar a realidade político-social de um país. Para tanto, faz-se imprescindível avaliar a "vontade da Constituição" e não só a "vontade do poder", de modo que a Constituição consiga impostar ordem e conformação à realidade política e social;

e) sentido estruturalista: a Constituição seria resultado das estruturas sociais, equilibradora das relações políticas e da sua transformação (Spagna Musso).

13 HESSE, Konrad. *A Força Normativa da Constituição*. Porto Alegre: Sérgio Antônio Fabris Editor. Trad. Gilmar Ferreira Mendes, 1991.

Capítulo

5

CLASSIFICAÇÃO E ELEMENTOS DAS CONSTITUIÇÕES

1. A IMPORTÂNCIA DA CLASSIFICAÇÃO

Da mesma maneira que destacamos no capítulo anterior a importância da análise das diversas concepções da Constituição, a sua classificação ou tipologia é assunto de grande destaque na Teoria Geral do Direito Constitucional. Ao conhecermos um pouco mais sobre as características das normas constitucionais de um país, também aprendemos um pouco mais sobre a história, a cultura, os poderes, as funções estatais e as suas peculiaridades.

Podemos adotar, com apoio na doutrina prestigiada, vários parâmetros classificatórios, mas escolhemos como principais, sem esgotar o tema, os seguintes: forma, sistematização, origem, modo de elaboração, extensão, alterabilidade, conteúdo, finalidade, quanto à correspondência com a realidade, quanto à ideologia e quanto à origem de sua decretação, a seguir expostos.

2. QUANTO À FORMA

- **Escritas (instrumentais ou positivas)**
- **Não escritas (costumeiras, consuetudinárias ou inorgânicas)**

A forma é a maneira pela qual se exterioriza alguma coisa, o seu próprio estereótipo. Sob esse prisma, as Constituições se dividem em escritas e não escritas. As primeiras estariam inteiramente codificadas e sistematizadas em um documento único intitulado de Constituição. Tem como principais objetivos a estabilidade, o efeito racionalizador e a publicidade das normas jurídicas, contribuindo com maior segurança jurídica. A maior parte dos países com organização constitucional traz Constituições escritas. São exemplos dessas Constituições as de: Portugal, Espanha e Alemanha.

As não escritas possuem muitas vezes documentos escritos, mas que não estão codificados e sistematizados em um único texto, possuindo como fonte de Constituição, os tratados, convenções, usos e costumes. Também podem ser denominadas como inorgânicas, costumeiras ou consuetudinárias, por estarem espalhadas em documentos e jurisprudências de um país. Assim, não significa que as normas não estão escritas, mas sim que não são convalidadas em um texto formal e solene, se baseando em usos e costumes, convenções e textos esparsos, além da jurisprudência constitucional.[1] Como exemplos dessas Constituições mais raras, teríamos as da Inglaterra, Israel e da Nova Zelândia.

As primeiras Constituições escritas do mundo foram a dos Estados Unidos da América (1787) e a da França (1791).

3. QUANTO À SISTEMATIZAÇÃO

- **Unitárias (reduzidas, unitextuais ou codificadas)**
- **Variadas (não codificadas)**

Essa classificação se refere apenas às Constituições escritas. As unitárias são aquelas em que a sistematização das matérias é apresentada por meio de um documento único que apresenta todo o seu conteúdo. Isso significa que não existem dispositivos constitucionais fora do documento único que forma a Constituição. Exemplos: todas as Constituições brasileiras. Já as variadas são as que possuem o seu texto espalhado em vários diplomas normativos, como por exemplo as Cartas da Bélgica de 1830 e francesa de 1975.

4. QUANTO À ORIGEM

- **Promulgadas (democráticas ou populares)**
- **Outorgadas**
- **Cesaristas**
- **Pactuadas**

---

1 MENDES, Gilmar Ferreira; BRANCO, Paulo Gustavo Gonet; COELHO, Inocêncio Mártires. *Curso de Direito Constitucional.* 5ª ed. São Paulo: Saraiva, 2010, p. 62.

As Constituições promulgadas são chamadas de democráticas ou populares, porque advêm da vontade do povo, manifestada diretamente ou indiretamente por uma Assembleia Nacional Constituinte. Essas são Constituições que, em nossa opinião, seguem exatamente a Teoria do Poder Constituinte Originário, do Abade Sieyès. As Constituições promulgadas são as Constituições legítimas, que expressam a vontade do povo. As Constituições outorgadas, por sua vez, são impostas, autocráticas e frutos de ato unilateral de quem está no poder, sem prévia consulta popular. Para Paulo Bonavides, "A Constituição outorgada representa, na tela do constitucionalismo, um largo esboço de limitação da autoridade do governante, o rei, príncipe ou Chefe de Estado, enfeixa em suas mãos poderes absolutos, mas consente unilateralmente em desfazer-se de uma parcela de suas prerrogativas ilimitadas em proveito do povo, que entra assim no gozo de direitos e garantias, tanto jurídicas como políticas, aparentemente por obra apenas em graça da munificência real."[2]

O Brasil já vivenciou os dois modelos. As Constituições de 1824, 1937, 1967 e a EC nº 1/69 foram outorgadas pelos dirigentes à época, e os demais textos, de 1891, 1934, 1946 e 1988, foram promulgados pelas respectivas Assembleias Nacionais Constituintes.

José Afonso da Silva[3] ainda cita a existência de Constituições cesaristas, que não seriam nem propriamente promulgadas, nem outorgadas, pois a participação popular visaria apenas a ratificar a vontade do detentor do poder. Destaca como exemplos os plebiscitos napoleônicos e ainda o plebiscito de Pinochet, no Chile.

As Constituições pactuadas são as que se originam mediante pacto entre o soberano e a organização nacional. Dessa forma, são as Constituições elaboradas pelo pacto entre a monarquia decadente, por um lado e a nobreza e a burguesia em progresso, por outro. Como exemplo, podemos citar a Magna Carta de 1215 na Inglaterra.

5. QUANTO AO MODO DE ELABORAÇÃO

- **Dogmáticas**
- **Históricas**

Quanto ao modo de elaboração, uma Constituição pode ser: dogmática ou histórica. A primeira é uma Constituição momentânea, que reflete o máximo de ideais políticos predominantes no momento de sua elaboração. É a

2 BONAVIDES, Paulo. *Curso de Direito Constitucional*. 15. ed. São Paulo: Malheiros, 2004, p. 89.

3 AFONSO DA SILVA, José. *Curso de Direito Constitucional Positivo*. 23. ed. São Paulo: Malheiros, 2004, p. 42.

Constituição chamada normalmente pela doutrina de instável. Normalmente, essas Constituições são também escritas, pois são contemporâneas ao próprio surgimento das Constituições escritas.

Já as Constituições históricas são construídas e sedimentadas ao longo da vida de um país, têm compromisso com as tradições e história de um determinado povo. Enquanto produto da evolução jurídica de uma Nação, são consideradas mais estáveis e normalmente não escritas (a da Inglaterra, por exemplo).

6. QUANTO À EXTENSÃO

- **Analíticas (prolixas, complexas)**
- **Sintéticas (breves, concisas, sucintas)**

As Constituições mais extensas são consideradas analíticas, como é o caso da CF, que possui 250 (duzentos e cinquenta) artigos no corpo fixo e, ainda, 114(cento e quatorze), na parte transitória[4], A Constituição da Índia também seria um exemplo desse modelo, possuindo 395 (trezentos e noventa e cinco) artigos apenas no seu corpo fixo. Normalmente esses textos extrapolam as matérias consideradas essencialmente constitucionais e versam sobre tantos outros assuntos que entendem relevantes para o país.

Em contraposição, as Constituições sintéticas ou breves são mais concisas e tratam, em regra, apenas de matéria essencialmente constitucional, por isso possuem um número reduzido de dispositivos (a Constituição norte-americana de 1787, por exemplo, que possui sete artigos). Para alguns autores, essas Constituições seriam mais estáveis por sua adaptabilidade em relação à realidade, devido a seu caráter principiológico.[5]Contudo, não podemos nos esquecer que as Constituições devem refletir as crenças, costumes e valores de um povo, não podendo estes serem alterados por uma realidade estranha à sociedade.

7. QUANTO AO CONTEÚDO

- **Materiais**
- **Formais**

As Constituições materiais são aquelas que consagram como normas constitucionais todas as leis, tratados e convenções desde que tratem de

4 Até a edição desta obra.

5 CARVALHO, Kildare Gonçalves de. *Direito Constitucional.* 11. ed. Belo Horizonte: Del Rey, 2005, p. 203.

assunto essencialmente constitucional (ou materialmente constitucional), estejam ou não consagradas em um documento escrito. A Constituição inglesa é um exemplo, pois reconhece como fonte constitucional as disposições que versam sobre decisão política fundamental presentes em tratados, usos e costumes. A Constituição da Austrália, apesar de ser uma Constituição escrita, quanto ao conteúdo podemos dizer que é material, porque vários assuntos importantes relativos à nacionalidade, direitos políticos e demais direitos fundamentais estão espalhados nos diversos "Acts", fora do corpo escrito da Constituição.

No Brasil, pode-se dizer que a única Constituição material foi a de 1824, de acordo com a separação entre as normas constitucionais feita no já citado art. 178,[6] porque trazia uma clara distinção entre o conteúdo de suas normas e privilegiava as decisões políticas fundamentais ainda que em detrimento do teor dos demais dispositivos.

A partir de 1891, o país passou a adotar Constituições formais, sem divisão entre as suas normas, privilegiando a forma, o estereótipo, em relação ao conteúdo de seus dispositivos. É claro que se analisa a essência das normas, mas não há distinção hierárquica entre as normas que estão em nossa Constituição. A Constituição é um todo harmônico que não possibilita verdadeiras antinomias entre os seus dispositivos. Em regra, as Constituições escritas são também formais.

Assim, normas com assuntos não constitucionais, mas consagradas no documento constitucional são apenas formalmente constitucionais. Exemplo notório na Constituição de 1988 é a norma que mantém o Colégio Pedro II da cidade do Rio de Janeiro na órbita federal (art. 242, § 2º, CF). Pode-se dizer que normas materialmente constitucionais quando elaboradas por processos solenes também são formalmente constitucionais, ainda que não sejam encontradas no texto da Constituição.

8. QUANTO À ALTERABILIDADE (OU ESTABILIDADE)

- **Imutáveis**
- **Fixas**
- **Super-rígidas**

6 Art. 178 da Constituição de 1824: "É só Constitucional o que diz respeito aos limites, e atribuições respectivas dos Poderes Políticos, e aos Direitos Políticos, e individuais dos Cidadãos. Tudo, o que não é Constitucional, pode ser alterado sem as formalidades referidas, pelas Legislaturas ordinárias".

- **Rígidas**
- **Semirrígidas (semiflexíveis)**
- **Flexíveis (plásticas)**

Nesse subitem, analisaremos qual o processo de alteração da Constituição, que classicamente promoveu a divisão tripartida: flexíveis, semirrígidas ou rígidas.

Se as normas constitucionais puderem ser alteradas pelo procedimento simplificado, por um procedimento legislativo comum ordinário, ela vai ser classificada como flexível. Logo, as normas de uma Constituição flexível são normas legais, sem qualquer supremacia sobre as demais normas da ordem jurídica. A flexibilidade é característica das Constituições não escritas, como a edição do *Human Rights Act*em 2000 pelo Parlamento inglês.

As Constituições rígidas só podem ser alteradas por um procedimento legislativo mais solene e dificultoso do que o existente para a elaboração das demais normas jurídicas e se vinculam, em regra, a Constituições escritas. A rigidez constitucional está associada à hierarquia das leis, à supremacia formal da Constituição e ao controle de constitucionalidade, como analisaremos em capítulo destinado ao tema. Entretanto, é imperioso não confundir rigidez com estabilidade. A Constituição de 1988 é rígida porque o seu mecanismo de reforma é diferenciado do processo legislativo ordinário, na forma do art. 60, entretanto, até o momento,[7] já sofreu em sua jovem história, 109 (cento e nove) emendas constitucionais e 6 (seis) emendas de revisão, não podendo ser considerada estável.

Alexandre de Moraes[8] adota ainda a teoria da super-rigidez constitucional, assim classificando quanto à alterabilidade a CF em razão de suas cláusulas pétreas (art. 60, § 4º), que tornariam o processo de reforma ainda mais difícil.

Já as Constituições semirrígidas adotam um modelo híbrido de alteração porque parte do texto, normalmente os dispositivos materialmente constitucionais, só podem ser alterados por um procedimento mais rigoroso e a parte flexível geralmente é formada pelas normas formalmente constitucionais. Vale dizer que normalmente, as Constituições flexíveis estão associadas às não escritas e, como no Brasil nunca tivemos uma Constituição não escrita, então a rigidez sempre esteve presente em nosso ordenamento jurídico (ainda que a Constituição de 1824 tenha adotado uma semirrigidez, presente no dispositivo supracitado, art. 178).

---

7 Até o fechamento dessa edição.

8 MORAES, Alexandre de. *Direito Constitucional*. 25. ed. São Paulo: Atlas, 2010, p. 10.

As imutáveis são as Constituições não passíveis de qualquer modificação. Na verdade, poderíamos considerá-las antidireito, pois sem mecanismo de reforma não possuem oxigênio suficiente para acompanhar as diversas mudanças que um país enfrenta ao longo de sua história.[9] Como exemplos históricos, temos o Código de Hamurabi e a Lei das XII Tábuas.

As Constituições fixas são aquelas que só podem ser modificadas por uma nova manifestação do poder constituinte originário e não temos exemplos delas no direito contemporâneo. Na história, as Constituições Napoleônicas da França marcam esse tipo de estabilidade constitucional.

9. QUANTO À FINALIDADE (FUNÇÃO OU ESTRUTURA)

- **Dirigentes (sociais ou programáticas)**
- **Garantias (negativas ou liberais)**

As Constituições dirigentes nascem com a evolução dos Estados Sociais, são textos mais compromissórios e determinam atuação positiva por parte do Estado na concretização das políticas públicas. Em regra, são também analíticas. Por sua vez, as negativas cuidam apenas daquelas normas que não poderiam deixar de estar expressas numa Constituição, destacando-se no período inicial da consagração dos direitos relativos às liberdades públicas e políticas nos textos constitucionais, já que impunham a omissão ou negativa de ação por parte dos países. São normalmente sintéticas.

Desse modo, as Constituições dirigentes mostram-se fortemente marcadas por ideais de justiça social, prescrevendo ao poder público o dever de promover determinadas funções e atingir certos objetivos, sobretudo de natureza socioeconômica. Neste sentido, a Constituição Federal de 1988, por estar revestida de caráter notadamente direcionador da atuação pública[10], pode ser vista como exemplo de Constituição dirigente.

Na lição de Canotilho, a Constituição dirigente impede que a política seja juridicamente desvinculada. "A vinculação jurídico-constitucional dos

---

9 Pode-se dizer que durante quatro anos, contados de sua publicação, a Constituição de 1824 foi imutável: "Art. 174. Se passados quatro annos, depois de jurada a Constituição do Brazil, se conhecer, que algum dos seus artigos merece reforma, se fará a proposição por escripto, a qual deve ter origem na Camara dos Deputados, e ser apoiada pela terça parte delles".

10 Exemplo disso está consagrado no art. 3º da CF, que ao tratar dos objetivos fundamentais que norteiam a atuação do poder público, elenca entre eles: a construção de uma sociedade justa e solidária (inciso I) e a erradicação da pobreza e a redução das desigualdades sociais e regionais (inciso III).

atos de direção política não é apenas uma vinculação material que exige um fundamento constitucional para esses mesmos atos. Neste sentido, a Constituição programático-dirigente não substitui a política, mas torna-se premissa material da política".[11] Em atualização de sua tese, o autor comenta que o texto Constitucional dirigente assume o "papel de legitimador da socialidade estatal do que a função de um direito dirigente do centro político".[12]

De outra forma, as Constituições garantias são norteadas por um espírito mais liberal, de maneira que a sua preocupação reside mais em definir precisamente os limites da atuação estatal – privilegiando, desta forma, a liberdade econômica dos agentes privados em detrimento de políticas públicas voltadas à realização de justiça social – do que em determinar aos representantes públicos que atuem de modo a alcançar determinados objetivos sociais, econômicos e culturais traçados pelo próprio texto constitucional.

Parte da doutrina traz ainda a classificação da Constituição registro como sendo aquela que descreve, registra e atualiza o grau de organização política e das relações reais de poder. Zulmar Fachin traz como exemplo dessa Constituição, as Constituições de 1923, 1936 e 1977 da extinta União Soviética.[13]

10. QUANTO À CORRESPONDÊNCIA COM A REALIDADE (CLASSIFICAÇÃO ONTOLÓGICA)

- **Normativas**
- **Nominativas (nominalista ou nominal)**
- **Semânticas**

Segundo o constitucionalista alemão Karl Loewenstein,[14] as Constituições podem ser classificadas ainda de acordo com a sua correspondência ou não com a realidade de um país. As normativas estão em consonância com a vida do Estado e conseguem, efetivamente, regular a sua vida política. Segundo o autor alemão, tais constituições não só devem ser observadas por todos os interessados, mas também devem estar integradas na sociedade estatal.

---

11 CANOTILHO, José Joaquim Gomes. *Constituição dirigente e vinculação do legislador: contributo para a compreensão das normas constitucionais programáticas.* Coimbra: Coimbra, 1994.

12 CANOTILHO, José Joaquim Gomes. *Direito constitucional e teoria da Constituição.* 4. ed. Coimbra: Almedina, 2000.

13 FACHIN, Zulmar.*Curso de direito constitucional.* 3. ed. São Paulo: Método, 2008.

14 LOEWENSTEIN, Karl. *Teoría de la Constitución.* Barcelona: Editorial Ariel, 1976.

As nominativas não conseguem, efetivamente, cumprir o papel de regular a vida política do Estado, apesar de elaboradas com esse intuito. Assim, não possuem força normativa, por serem desconexas com a realidade experimentada. De acordo com Loewenstein, a sua função é primordialmente educativa, com o objetivo futuro de "converter-se em uma constituição normativa e determinar realmente a dinâmica do processo de poder no lugar de se submeter a ele".

As semânticas, desde a sua elaboração, não têm o objetivo de regular a vida política do Estado, limitando-se apenas em dar legitimidade formal aos atuais detentores do poder. Como exemplo, temos a Constituição cubana de 1952 e a Constituição brasileira de 1967/1969.

A Constituição brasileira de 1988 é classificada por muitos autores como normativa (Pedro Lenza, Dirley da Cunha Júnior) e, por outros, como nominativa (Uadi Lammêgo Bulos, Marcelo Novelino). Ficamos com a última classificação, pois entendemos que ainda há uma ponte entre esse belo texto ideal e a sua realização.

11. QUANTO À IDEOLOGIA (DOGMÁTICA)

- **Ortodoxas**
- **Ecléticas**

As Constituições ortodoxas são elaboradas com base em apenas uma ideologia e não admitem o pluralismo político. Já as Constituições ecléticas admitem pluralidade ideológica e são formadas de acordo com vários pensamentos antagônicos que acabam se conciliando. São procedimentos de barganha e argumentação para formular acordos que se traduzem, geralmente, em uma constituição principiológica com a forte presença da textura aberta.

São exemplos de Constituições ortodoxas: a Constituição da extinta União Soviética (URSS) e a da China de 1982. Por sua vez, Portugal e Espanha possuem Constituições ecléticas.

12. QUANTO À ORIGEM DE SUA DECRETAÇÃO (JORGE MIRANDA)

- **Heteroconstituição**
- **Autoconstituição (homoconstituição)**

A heteroconstituição é aquela elaborada por um país ou organismo internacional para vigorar em outro país. Essas Constituições são feitas fora do Estado em que irão vigorar. Como exemplo, podemos apontar a Constituição do Chipre (acordo entre Grécia e Turquia) e a primeira Constituição canadense (feita na Inglaterra). A autoconstituição (ou, ainda, homoconstituição) é elaborada em um país para nele vigorar, o que ocorre na maior parte dos casos, sendo as Constituições elaboradas pelos próprios órgãos do Estado em que irão vigorar.

13. A CLASSIFICAÇÃO DA CONSTITUIÇÃO DE 1988

Com base nas explicações acima desenvolvidas, pode-se classificar a Constituição de 1988 como: escrita, unitária, promulgada, dogmática, analítica, formal, rígida (ou super-rígida), dirigente, nominativa, eclética e autoconstituição.

14. ELEMENTOS DAS CONSTITUIÇÕES

Como as Constituições contemporâneas apresentam-se repletas de normas de naturezas diversas, que tratam desde direitos e garantias fundamentais até a ordem econômica do país, José Afonso da Silva[15] decidiu agrupá-las em cinco categorias de elementos, abaixo listadas:

- **Elementos organizacionais ou orgânicos**
- **Elementos limitativos**
- **Elementos socioideológicos**
- **Elementos de estabilização constitucional**
- **Elementos formais de aplicabilidade**

Os elementos orgânicos são as normas que cuidam da estrutura do Estado e as que definem a forma de exercício e aquisição do poder. Na atual Constituição concentram-se, predominantemente, nos Títulos III (Da Organização do Estado), IV (Da Organização dos Poderes) e no VI (Da Tributação e do Orçamento).

Já os elementos limitativos são assim denominados porque restringem a atuação do poder do Estado e fundamentam o próprio Estado Democrático de Direito, são materializados nos chamados *direitos negativos*. Estão representados no Título II, sob a rubrica de Direitos e Garantias Fundamentais, divididos em quatro capítulos (Direitos Individuais e Coletivos, Nacionalidade, Direitos Políticos e Partidos Políticos). O capítulo II (Direitos Sociais) entra na categoria seguinte.

Consubstanciados nas normas de conteúdo social, os elementos socioideológicos revelam as prestações positivas e o compromisso do Estado com a justiça social. São direitos positivos, que exigem uma prestação do Poder

---

15 AFONSO DA SILVA, José. *Curso de Direito Constitucional Positivo*. 23. ed. São Paulo: Malheiros, 2004, p. 44-45.

Público. Como exemplos, podemos citar: os Direitos Sociais (capítulo II do Título II); os Títulos VII e VII (respectivamente intitulados de Ordem Econômica e Financeira e Ordem Social).

No que se refere aos elementos de estabilização constitucional, estão consagrados nas normas destinadas a assegurar a solução de conflitos constitucionais, a rigidez constitucional, a defesa do Estado e das instituições democráticas. Citamos como exemplos as normas presentes nos artigos: 102, I, *a* (ação direta de inconstitucionalidade), 34 a 36 (intervenção nos Estados e Municípios), 60 (processo de emendas à Constituição) e o título V, Capítulo I.

Quanto aos elementos formais de aplicabilidade, são os que se encontram nas normas que apresentam regras de aplicação das Constituições, como, por exemplo, o Preâmbulo, as disposições constitucionais transitórias e o art. 5º, § 1º.

Capítulo

6

EFICÁCIA E APLICABILIDADE DAS NORMAS CONSTITUCIONAIS

1. A INFLUÊNCIA DA SEGUNDA DIMENSÃO DE DIREITOS FUNDAMENTAIS SOBRE O TEMA

O sociólogo inglês T. H. Marshal,[1] em seus estudos sobre cidadania e classes sociais, foi responsável pela realização de uma análise empírica acerca da conexão existente entre os direitos políticos, civis e sociais na formação do cidadão, dentro de uma concepção política e histórica. O tema inspirou Norberto Bobbio,[2] que muitas vezes é citado pela doutrina brasileira como o precursor do assunto, ao escrever sobre as gerações ou dimensões dos direitos fundamentais, classicamente divididas em: direitos políticos e civis (1ª geração), direitos sociais, econômicos e culturais (2ª geração) e direitos difusos (3ª geração), que serão estudadas em capítulo específico.

Sob a inspiração da Constituição Mexicana de 1917, a Declaração Soviética dos Direitos do Povo Trabalhador e Explorado, de 1918 e a Constituição de Weimar, de 1919, nasce a denominada segunda geração de direitos fundamentais, que traz proteção aos direitos sociais, econômicos e culturais, onde do Estado não mais se exige uma abstenção, mas, ao contrário, impõe-se a sua intervenção, visto que a liberdade do homem sem a sua participação não

---

1 Disponível em: <http://www.lse.ac.uk/resources/LSEHistory/marshall.htm>. Último acesso em: 15 ago. 2019.

2 BOBBIO, Norberto. *A Era dos Direitos*. Rio de Janeiro: Campus, 1992.

seria protegida integralmente. Essa necessidade de prestação positiva do Estado corresponderia aos chamados direitos sociais dos cidadãos, direitos não tão somente considerados individualmente, mas sim de caráter econômico e social, com o objetivo de garantir à sociedade melhores condições de vida. Nesse diapasão, seriam exemplos clássicos desses direitos: o direito à saúde, ao trabalho, à assistência social, à educação, o direito de greve.

Em descompasso com a evolução do constitucionalismo, os Estados não estavam aparelhados para cumprir essas grandes missões, porque para garantir saúde e educação precisa de investimento e vontade política. E aí começou a crise que até hoje o Direito Constitucional enfrenta: a da alta programaticidade de suas normas, gerando a sina sobre a juridicidade da Constituição.[3]

O questionamento acerca da produção de efeitos jurídicos de suas normas inspirou em 1927 Thomas Cooley, nos Estados Unidos, a desenvolver a divisão bipartida de produção de efeitos jurídicos entre as normas da Constituição, que será a seguir analisada.

2. TEORIA BIPARTIDA AMERICANA (THOMAS COOLEY, EM 1927)

- ***self executing provisions*** **(*mandatory*, autoaplicáveis)**
- ***not self executing provisions*** **(*directory*, não autoaplicáveis)**

As normas autoaplicáveis, segundo Cooley,[4] seriam aquelas que desde a sua entrada em vigor estariam plenamente aptas a produzir todos os seus efeitos jurídicos essenciais. As não autoaplicáveis seriam as que tratam de regulamentações, sugeririam programas a serem seguidos e funcionariam como uma espécie de proclamações políticas sem eficácia jurídica e que dependeriam, para a produção de algum efeito prático, de regulamentação pelo legislador. No Brasil, a teoria foi absorvida por Rui Barbosa ao comentar a Constituição Brasileira de 1891.[5]

3 Sobre o assunto afirma Paulo Bonavides: "Ali desaguaram todo o ímpeto as correntes políticas mais radicais. Quase todo o edifício jurídico das Constituições liberais erguido durante o século XIX veio abaixo. A *programaticidade* dissolveu o conceito jurídico de Constituição, penosamente elaborado pelos constitucionalistas do Estado liberal e pelos juristas do positivismo. De sorte que a eficácia das normas constitucionais volveu à tela em debate, numa inquirição de profundidade jamais dantes lograda". Ob. cit., p. 232.

4 COLLEY, Thomas. *Treatise on the Constitutional Limitations*. 6. ed., p. 93, traduzida por Rui Barbosa em *Comentários à Constituição Federal Brasileira*, II, 1933, Saraiva, p. 495, citado por Paulo Bonavides, ob. cit., p. 242.

5 BARBOSA, Rui. *Comentários à Constituição federal brasileira*. São Pauo: Saraiva & Cia. V. 2. 1933.

As normas não autoaplicáveis são as que mais se relacionam com os direitos sociais, frutos da segunda geração de direitos fundamentais acima mencionada.

3. TEORIA BIPARTIDA BRASILEIRA (PONTES DE MIRANDA) E TRIPARTIDA ITALIANA (GAETANO AZZARITI)

Influenciado pela teoria americana, Pontes de Miranda[6] desenvolveu estudo sobre as normas bastantes em si, as normas não bastantes em si e as normas programáticas. As primeiras são aplicáveis desde a sua entrada em vigor, independentes de normas regulamentadoras. Já as normas não bastantes em si, dependem ainda de regras jurídicas de regulamentação para serem juridicamente aplicadas. Por fim, as normas programáticas, definem as diretrizes a serem vistas e implementadas pelo Poder Público.

Segundo Paulo Bonavides,[7] Gaetano Azzariti, na Itália, também desenvolveu uma importante teoria tripartida sobre a eficácia e aplicabilidade das normas constitucionais, dividindo-as em: diretivas, preceptivas de aplicação direta e imediata e as normas preceptivas de aplicação direta, mas não imediata. As primeiras correspondem àquelas usualmente denominadas de programáticas, desprovidas de eficácia jurídica. As demais produziriam desde a sua entrada em vigor todos os seus efeitos jurídicos. Entretanto as preceptivas de aplicação não imediata poderiam sofrer restrições futuras por parte do Poder Público.

4. TEORIA TRIPARTIDA CLÁSSICA BRASILEIRA (JOSÉ AFONSO DA SILVA, EM 1968)

O assunto sobre a eficácia e aplicabilidade das normas constitucionais foi estudado com maestria por José Afonso da Silva, ensejando a publicação de uma monografia específica sobre o tema em 1968.[8] A sua proposta de classificação tripartida ainda continua sendo a de maior destaque na Teoria Geral da Constituição. Segundo o doutrinador, as normas se dividem em:

- **Plenas**
- **Contidas**
- **Limitadas: de princípio programático e de princípio institutivo**

---

6 MIRANDA, Pontes. *Comentários à Constituição de 1946*. vol. I, arts. 1º - 14. 2. ed., rev. e aum. São Paulo: Max Limonad, 1953.

7 BONAVIDES, Paulo. Ob. cit., p. 242.

8 AFONSO DA SILVA, José. *Aplicabilidade das Normas Constitucionais*. 7. ed. São Paulo: Malheiros, 2007.

As normas constitucionais de eficácia plena seriam aquelas que desde o momento de sua entrada em vigor na Constituição estariam plenamente aptas a produzir todos os seus efeitos jurídicos essenciais. São autoaplicáveis e têm incidência direta, imediata e integral. Exemplos na CF: arts. 1º e 2º, 5º, III. Os remédios constitucionais também são apresentados por meio de normas plenas (art. 5º, LXVIII a LXXIII).

Pela sua autoaplicabilidade, as normas que contenham proibições (art. 145, § 2º, CF), vedações (art. 19, CF), isenções (art. 184, § 5º, CF) e imunidades (art. 53 e 150, I a VI, CF). Para Virgílio Afonso da Silva, a aplicabilidade integral não é absoluta, pois toda restrição significa também uma regulamentação, bem como toda regulamentação precede de uma restrição. Assim, "o regular exercício de um direito implica excluir desse exercício aquilo que a regulação deixar de fora".[9]

À semelhança das normas plenas, as contidas também estão plenamente aptas a realizar todos os seus efeitos jurídicos essenciais desde a sua entrada em vigor, produzindo, igualmente, incidência direta, imediata, mas não integral, pois podem sofrer restrições ou condicionamentos futuros por parte do Poder Público. Na opinião de Marcelo Novelino, tais normas podem ainda ser denominadas como "normas de eficácia redutível (ou restringível)", devido a sua característica de autoaplicabilidade ser passível de restrição.[10] À guisa de exemplo, podemos citar: arts. 5º, XIII e XV, e art. 93, IX. É importante destacar que esse condicionamento pode ser feito por lei, por atos administrativos ou até mesmo por outra norma constitucional.

Já as normas constitucionais limitadas produzem efeitos jurídicos reduzidos, tendo em vista que dependem da atuação futura por parte do Poder Público. Possuem sua aplicabilidade indireta, mediata e reduzida, já que apenas incidem sobre os objetos de sua regulamentação se uma norma posterior lhe der eficácia. Dividem-se em: Programáticas ou Institutivas (ou organizatórias). As primeiras traçam objetivos, metas ou ideais que deverão ser delineados pelo Poder Público para que produzam seus efeitos jurídicos essenciais. Estão vinculadas normalmente aos direitos sociais de segunda geração. Exemplos na CF: arts. 196, 205 e 211. As últimas criam institutos, serviços, órgãos ou entidades que precisam de legislação futura para que ganhem vida real. Exemplos: art. 134, § 1º, e art. 93, *caput*, ambos da CF.

---

9 AFONSO DA SILVA, Virgílio. *Direitos fundamentais: conteúdo essencial, restrições e eficácia*. 2. ed. São Paulo: Malheiros, 2010.

10 NOVELINO, Marcelo. *Curso de Direito constitucional*. 13. ed. Salvador: Ed. JusPodivm, 2018. P. 137.

Sobre as normas programáticas, Celso Ribeiro Bastos[11] afirma que elas seriam extremamente generosas quanto às dimensões do direito que disciplinam e, por outro lado, são muito avaras nos efeitos que imediatamente produzem. A sua gradativa implementação, que é o que no fundo se almeja, fica sempre na dependência de resolverse um problema prévio e fundamental: quem é que vai decidir sobre a velocidade dessa implementação? Trata-se, portanto, de matéria, segundo o autor, insuficientemente juridicizada. O direito dela cuidou, sim, mas sem evitar que ficasse aberta uma porta para o critério político.

No ensinamento de José Afonso, que cunhou o termo, as normas programáticas "envolvem um conteúdo social e objetivam a interferência do Estado na ordem econômico-social, mediante prestações positivas, a fim de propiciar a realização do bem comum, através da democracia social."[12] Para Canotilho, essas normas seriam estranhas ao ordenamento jurídico, não devendo nele constar, por se tratarem de meros programas e apelos ao legislador, sem qualquer vinculatividade jurídica.[13]

A eficácia dessas normas de conteúdo programático é deveras complexa, por não apenas exigir a atuação efetiva do legislador, mas por depender de políticas públicas a serem desenvolvidas pelo Governo, com a fiscalização, orientação e pressão populares. Nesse tocante, uma questão recorrente diz respeito à exigibilidade de direitos consagrados por normas de natureza programática, de um lado, e a reserva do possível, de outro.

Em virtude da inevitável limitação dos recursos públicos, cabe aos agentes políticos, legitimados pelo sufrágio popular que os alçou a tal condição, decidir em que segmentos os recursos públicos que não tenham destinação previamente comprometida devem ser investidos. Como consequência, a sua escassez importa no privilegiamento de determinados fins em detrimento de outros. Em razão disso, não são poucas as ações judiciais ajuizadas com o intento de exigir do poder público a efetivação de algum direito instituído pelo texto constitucional.

Tendo em vista a impossibilidade prática de implementação completa de tais direitos fundamentais, doutrina e jurisprudência passaram a reconhecer a necessidade de garantia do mínimo existencial relativo aos direitos que requerem uma prestação

11 RIBEIRO BASTOS, Celso e BRITO, Carlos Ayres de. *Interpretação e Aplicabilidade das Normas Constitucionais*. São Paulo: Saraiva, 1982.

12 AFONSO DA SILVA, José. *Aplicabilidade das normas constitucionais*. 6. ed. São Paulo: Malheiros, 2004.

13 CANOTILHO, José Joaquim Gomes. *Constituição dirigente e vinculação do legislador: contributo para a compreensão das normas constitucionais programáticas*. Coimbra: Coimbra, 1994.

positiva da parte do Estado. Isto é, a escassez de recursos, embora impeça o poder público de efetivar de maneira completa os direitos de cunho social previstos na Constituição Federal (como a educação e a saúde, por exemplo), não o autorizam a deixar de fornecer aos cidadãos o grau mínimo de exercício desses direitos.

Nessa toada, é válida a análise do entendimento do Supremo Tribunal Federal sobre a questão. Tratando sobre o direito à vida e à saúde (artigos 196 e 197 da Constituição Federal), entendeu o Plenário que sempre que a invocação da reserva do possível, por parte do poder público, puder comprometer o núcleo básico que qualifica o mínimo existencial, tal argumento de ordem financeira não deve prosperar[14]. Dessa forma, consagra o STF a necessidade de observação do grau mínimo de efetividade de um determinado direito, ainda que às custas da (apenas em princípio) discricionariedade conferida ao Estado quanto à escolha dos setores a serem atendidos pelos recursos públicos.

Entretanto, é imperioso ressaltar que modernamente (às normas programáticas) a elas é reconhecido valor jurídico idêntico ao dos restantes preceitos da Constituição, como cláusulas vinculativas que são, contribuindo para o sistema através dos princípios, dos fins e dos valores que incorporam. Sua dimensão prospectiva é também uma dimensão de ordenamento jurídico, pelo menos no Estado Constitucional de Direito, em que toda norma constitucional é sempre obrigatória, pois deriva do Poder Constituinte, sendo dotada de supralegalidade, e todas apontam no ápice do ordenamento jurídico aos quais as demais normas devem respeito. Sem contar que a Constituição anuncia que todos os direitos fundamentais possuem aplicabilidade imediata, assim defendida pelo art. 5º, § 1º: "As normas definidoras dos direitos e garantias fundamentais têm aplicação imediata".

A classificação do professor José Afonso da Silva recebeu uma crítica importante de Luís Virgílio Afonso da Silva[15] quanto às normas de eficácia plena não se sujeitarem a restrições. De acordo com o segundo jurista, como não há direito fundamental de natureza absoluta, todas as normas constitucionais (inclusive as plenas) poderiam sofrer eventualmente relativizações, ao contrário do alegado na teoria clássica sobre a eficácia e aplicabilidade das normas.

5. TEORIA PROPOSTA POR MARIA HELENA DINIZ

Na visão da autora Maria Helena Diniz, as normas constitucionais com relação à produção dos seus efeitos concretos seriam divididas em: normas com

---

14 STF, STA nº 223 AgRg; Plenário, Rel. Min. Celso de Mello, j. 14.04.08, *DJ* 09.04.14.

15 AFONSO DA SILVA, Luís Virgílio. *O Conteúdo Essencial dos Direitos Fundamentais e a Eficácia das Normas Constitucionais*, 2005, p. 326-327, mimeografado.

eficácia absoluta (ou supereficazes); normas com eficácia plena, normas com eficácia relativa ou restringível, e normas com eficácia relativa complementável ou dependentes de complementação.[16]

Para a autora, as normas de eficácia absoluta seriam aquelas que não poderiam sofrer nenhum tipo de alteração, como as cláusulas pétreas do art. 60, § 4º, da CF.[17] Com efeito, possuem eficácia positiva, já que estão plenamente aptas para incidirem nos casos concretos. Ao mesmo tempo, possuem eficácia normativa, pois impedem, por sua "força paralisante total" a impedir a propagação de uma regra que, ainda que, implicitamente vier a contrariá-la.

As normas de eficácia plena são as que produzem seus efeitos jurídicos desde a entrada em vigor, mas distinguem-se das normas de eficácia absoluta pois podem sofrer emendas.

Já as normas com eficácia relativa restringível correspondem às normas de eficácia contida da classificação de José Afonso da Silva e podem ter os seus efeitos condicionados por atuação futura por parte do Poder Público. Possuem, portanto, aplicabilidade imediata e direta, embora possam sofrer restrições pelo Poder Público.

As normas de eficácia relativa complementável são aquelas que dependem de atuação futura por parte do Poder Público, como as normas limitadas, já analisadas. Também são divididas entre institutivas e programáticas.

6. TEORIA TRIPARTIDA MODERNA QUANTO AO CONTEÚDO DAS NORMAS CONSTITUCIONAIS (LUÍS ROBERTO BARROSO)

Segundo Barroso,[18] as normas constitucionais podem ainda ser divididas em: definidoras de organização, definidoras de direito e programáticas. As primeiras disciplinam o funcionamento do próprio Estado, a competência das entidades federativas, o mandato do presidente, ou ainda as normas inseridas nos arts. 1º, 2º e 18 da CF. As normas definidoras de direitos cuidam da estrutura básica do Estado e da definição dos direitos fundamentais. Como exemplo, teríamos as relativas aos direitos individuais e coletivos (art. 5º), aos

---

16 DINIZ, Maria Helena. *Norma Constitucional e seus Efeitos*. 3. ed. São Paulo: Saraiva, 1997.

17 Essa classificação peca por não reconhecer a mutabilidade das cláusulas pétreas para preservar os seus institutos.

18 BARROSO, Luís Roberto. *O Direito Constitucional e a Efetividade de suas Normas* – Limites e possibilidades da Constituição Brasileira. 8. ed. Rio de Janeiro, São Paulo e Recife: Renovar, 2006.

direitos políticos (art. 14) e aos direitos acerca da nacionalidade (art. 12). As normas programáticas são as que apontam finalidades, metas para o Poder Público, sem grau de detalhamento suficiente para a produção dos seus efeitos jurídicos essenciais. São as que tratam sobre a saúde, educação, moradia e lazer, por exemplo.

7. OUTRAS TEORIAS

Outros autores propuseram outras classificações ao texto constitucional, como Uadi Lammêgo Bulos. Para o autor, existiriam também as normas com eficácia exaurida (ou esvaída).[19] Essas normas seriam aquelas que já teriam produzido todo o efeito que estavam destinadas a fazer, como os artigos 2º, 3º, 14 e 15 do Ato das Disposições Constitucionais Transitórias (ADCT).

Para Celso Bastos e Carlos Ayres Britto, as normas estariam divididas entre as normas de aplicação e as normas de integração.[20] As primeiras são aquelas que possuírem capacidade de atuação, sem necessidade de regulamentação por normas infraconstitucionais. Incluem-se nestas, as normas de aplicação irregulamentáveis, isto é, aquelas que além de terem plena incidência na realidade que visa regular, não podem ser regulamentadas por outra espécie normativa. Já as normas de aplicação regulamentáveis, apesar de terem incidência imediata, precisam de maiores detalhamentos.

Por outro lado, as normas de integração, são aquelas que permitem a regulamentação ordinária e também se subdividem. As normas de integração restringíveis são aquelas que mediante previsão expressa podem ser configuradas. Em geral, tem como efeito restringir o âmbito de incidência de uma norma constitucional superabrangente. Já as normas de integração complementáveis são normas que, necessariamente por sua natureza, precisam de um tratamento infraconstitucional.

8. EFICÁCIA NEGATIVA DAS NORMAS CONSTITUCIONAIS

Importante destacar que toda e qualquer norma da Constituição, independente das classificações anteriores, está plenamente apta a produzir três efeitos jurídicos essenciais, que representam a sua eficácia negativa. Com isso, todas as normas servem como parâmetro no controle de constitucionalidade,

19 BULOS, Uadi Lammêgo. *Constituição Federal anotada.* São Paulo: Saraiva, 2000, p. 335.

20 BASTOS, Celso Ribeiro. *Hermenêutica e interpretação constitucional.* São Paulo: Celso Bastos e Instituto Brasileiro de Direito Constitucional. 1997.

como fonte de interpretação constitucional e também como parâmetro para a recepção ou não recepção das normas do direito ordinário anterior.

Independente desses efeitos jurídicos mínimos, a teoria dos princípios de efetivação da Constituição busca reascender os efeitos jurídicos de todas as normas constitucionais, mesmo as de conteúdo programático, como analisaremos em capítulo específico.

9. O PREÂMBULO DA CONSTITUIÇÃO

> Nós, representantes do povo brasileiro, reunidos em Assembleia Nacional Constituinte para instituir um Estado Democrático, destinado a assegurar o exercício dos direitos sociais e individuais, a liberdade, a segurança, o bem-estar, o desenvolvimento, a igualdade e a justiça como valores supremos de uma sociedade fraterna, pluralista e sem preconceitos, fundada na harmonia social e comprometida, na ordem interna e internacional, com a solução pacífica das controvérsias, promulgamos, sob a proteção de Deus, a seguinte CONSTITUIÇÃO DA REPÚBLICA FEDERATIVA DO BRASIL.

O belo texto acima reproduzido apresenta ao país uma Constituição compromissória, motivada pela esperança necessária ao povo brasileiro depois de 21 (vinte e um anos) de ditadura militar. Possui intenso significado político, relacionado à democracia e à liberdade, mas será que é provido de eficácia jurídica?

Segundo Jorge Miranda,[21] o preâmbulo seria uma proclamação mais ou menos solene, mais ou menos significante, anteposta ao articulado nacional, não sendo componente obrigatório em nenhuma Constituição, mas tão somente um elemento natural de Constituições feitas em momentos de ruptura histórica ou de grande transformação político-social. Sobre a eficácia jurídica, o jurista português sustenta a existência de três correntes: a) a tese da irrelevância jurídica; b) a tese da plena eficácia colocando o preâmbulo em pé de igualdade com quaisquer disposições constitucionais; c) a tese da relevância jurídica indireta, não confundindo preâmbulo com preceitos jurídicos. Esta última seria a melhor para o autor, em que pese reconhecer que o preâmbulo não cria direitos ou deveres e que também não é parâmetro para o controle de constitucionalidade das leis.

Para outra corrente,[22] todos os dispositivos residentes na Constituição são dotados de normatividade, servindo de parâmetro para a aferição da

21 MIRANDA, Jorge. *Manual de Direito Constitucional*. 4. ed. Coimbra, 1990, p.17. v.1.

22 MERLIN CLÈVE, Clèmerson. *A Fiscalização Abstrata de Constitucionalidade no Direito Brasileiro*. 1. ed. São Paulo: Revista dos Tribunais, 1995, p. 33-34.

constitucionalidade dos atos normativos. No caso particular do preâmbulo da CF, o texto ainda é indicador de importantes princípios que, agregados a outros tidos como fundamentais, dão conta da ideia de direito e de justiça que preside o Direito brasileiro.

Apesar de o tema ser controvertido na doutrina, a posição dominante no país, entretanto, segundo a própria orientação jurisprudencial do STF,[23] seria a de situar o preâmbulo no domínio da política, como reflexo da posição ideológica do constituinte no momento de sua elaboração, não sendo inclusive norma de reprodução obrigatória para as Constituições Estaduais, tampouco paradigma valorativo para a declaração de inconstitucionalidade das leis, ainda que seja fonte de interpretação constitucional.

Reiterando o posicionamento acima, o Ministro Celso de Mello assim afirmou:

> Como se sabe, há aqueles que vislumbram, no preâmbulo das Constituições, valor normativo e força cogente, ao lado dos que apenas reconhecem, no texto preambular, o caráter de simples proclamação, que, embora revestida de significado doutrinário e impregnada de índole político-ideológica, apresenta-se, no entanto, destituída de normatividade e cogência, configurando, em função dos elementos que compõem o seu conteúdo, mero *vetor interpretativo do que se acha inscrito no "corpus" da Lei* Fundamental.[24]

O Supremo Tribunal Federal também consolidou a orientação de que o princípio jurídico da solidariedade pode ser extraído também do preâmbulo constitucional.

> Devem ser postos em relevo os valores que norteiam a Constituição e que devem servir de orientação para a correta interpretação e aplicação das normas constitucionais e apreciação da subsunção, ou não, da Lei 8.899/1994 a elas. Vale, assim, uma palavra, ainda que brevíssima, ao Preâmbulo da Constituição, no qual se contém a explicitação dos valores que dominam a obra constitucional de 1988 (...). Não apenas o Estado haverá de ser convocado para formular as políticas públicas que podem conduzir ao bem-estar, à igualdade e à justiça, mas a sociedade haverá de se organizar segundo aqueles valores, a fim de que se firme como uma comunidade fraterna, pluralista e sem preconceitos (...). E, referindo-se, expressamente, ao Preâmbulo da Constituição brasileira de 1988, escolia José Afonso da Silva que "O Estado Democrático de Direito destina--se a assegurar o exercício de determinados valores supremos. 'Assegurar', tem, no contexto, função de garantia dogmático-constitucional; não, porém, de garantia dos valores abstratamente considerados, mas do seu 'exercício'. Este signo desempenha, aí, função pragmática, porque, com o objetivo de 'assegurar', tem o efeito imediato de prescrever ao Estado uma ação

23 STF, ADI nº 2.076/AC, Plenário, Rel. Min. Carlos Velloso, j. 15.08.2002, *DJ* 08.08.2003.

24 STF, MS nº 24.645-DF, Rel. Min. Celso de Mello, DJ 27.11.2003.

> em favor da efetiva realização dos ditos valores em direção (função diretiva) de destinatários das normas constitucionais que dão a esses valores conteúdo específico" (...). Na esteira destes valores supremos explicitados no Preâmbulo da Constituição brasileira de 1988 é que se afirma, nas normas constitucionais vigentes, o princípio jurídico da solidariedade.[25]

Ressalte-se que no Brasil as duas únicas Constituições que não trouxeram preâmbulos foram as de 1891 e 1937.

10. O ATO DAS DISPOSIÇÕES CONSTITUCIONAIS TRANSITÓRIAS (ADCT)

As normas apresentadas no ADCT garantiram a transição do regime constitucional antigo para a nova Constituição. Possuem eficácia exaurível com o tempo e muitas delas já perderam seus efeitos, como por exemplo, o art. 2º que determinava a realização de um plebiscito sobre a forma e o sistema de governo, o que ocorreu desde 1993.

Mas é importante frisar, como decidiu o STF no bojo do RE nº 160.486/SP, que não há hierarquia formal entre as normas do corpo fixo e as do ADCT e que ambas servem, em regra, como parâmetro para o controle de constitucionalidade das leis[26]. Em oportunidade semelhante, o STF já havia declarado que o "alcance de normas constitucionais transitórias há de ser demarcado pela medida da estrita necessidade do período de transição, que visem a reger, de tal modo a que, tão cedo quanto possível possa ter aplicação a disciplina constitucional permanente da matéria".[27]

Entretanto, é importante observar que, como algumas normas do ADCT perdem a eficácia depois de exaurido o prazo previsto para sua ocorrência, como a do art. "27, § 1º – Até que se instale o Superior Tribunal de Justiça, o Supremo Tribunal Federal exercerá as atribuições e competências definidas na ordem constitucional precedente", após a criação do STJ tal artigo perdeu por completo sua eficácia, passando a ser uma verdadeira declaração histórica e não mais parâmetro do controle de constitucionalidade das leis.

Tendo em vista que o ADCT é uma compilação de normas constitucionais transitórias (isto é, que se propõem a valer por apenas um período de tempo), poder-se-ia entender não ser possível a sua alteração, com a inclusão ou revogação de normas. Entretanto, o próprio STF já se manifestou no sentido de

25 STF, ADI nº 2.649-6/DF, Tribunal Pleno, Rel. Min. Carmen Lúcia, j. 08.05.2008, *DJE* 17.10.2008.

26 STF, RE nº 160.486/SP, Primeira Turma, Rel. Min. Celso de Mello, j. 11.10.94, *DJ* 09.06.95.

27 STF, ADI nº 644 MC/AP, Rel. Min. Sepúlveda Pertence, j. 04.12.1991, DJ 21.02.1992.

ser possível a reforma das normas previstas no ADCT, na medida em que as mesmas se assemelham às normas constitucionais previstas na parte dogmática da Constituição Federal. Conforme decidido pelo Supremo quando do julgamento da ADI nº 830, a reforma do art. 2º, ADCT, promovida pela emenda constitucional nº 2 de 1992, não se encontrava eivada de inconstitucionalidade, na medida em que a referida emenda respeitara as cláusulas pétreas[28].

Deste modo, não apenas se mostra possível a alteração das normas do ADCT, através da promulgação de emendas constitucionais, como também os requisitos para a sua constitucionalidade são os mesmos exigidos para fins de reforma das normas constitucionais elencadas na parte permanente da Constituição Federal.

28 STF, ADI nº 830/DF, Plenário, Rel. Min. Moreira Alves, j. 14.04.93, *DJ* 16.09.94.

Capítulo

7

A INTERPRETAÇÃO CONSTITUCIONAL

1. A DIFÍCIL TAREFA DE "INTERPRETAR"

A interpretação faz parte da realidade de cada um de nós desde o nascer do sol até o momento do descanso. Interpretamos símbolos relativamente fáceis, como os sinais e placas de trânsito, ou ainda, a forma e cor dos objetos. Em razão de seu vestuário (um símbolo), esperamos de um policial fardado o zelo pela segurança pública e, de um médico, normalmente com a roupa branca, proteção à saúde, e não o contrário.

A tarefa de interpretar a Constituição, entretanto, é muito diferente. Talvez se aproxime da própria interpretação dos sentimentos e emoções humanas, dotada de subjetivismo, abstração e inúmeras incertezas. Poderia ser inconclusamente definida como: um diálogo qualificado e atencioso com a norma, levando-se em consideração a riqueza dos seus valores, princípios e regras, coerentes com a realidade brasileira, que espera das normas constitucionais a máxima produção de seus efeitos jurídicos.

Os métodos clássicos de interpretação jurídica podem ser imputados a Savigny, fundador da Escola Clássica do Direito em 1840, e podem ser sintetizados em métodos: gramatical (ou literal), sistemático, histórico, lógico e teleológico, que serão analisados neste capítulo.

2. O CONFLITO DE NORMAS

A nossa Carta Constitucional é composta não só por regras, mas também por princípios, que são os que proporcionam a ponderação e sopesamentos indispensáveis à solução dos conflitos. Diante desses conflitos entre os mais diversos valores envolvidos, não raro nos deparamos com antinomias, que serão analisadas a seguir.

Marcelo Novelino, sobre o tema, assim preceitua:[1]

> "Quanto ao conteúdo, as antinomias podem ser *próprias*, quando duas normas impõem condutas inconciliáveis entre si (uma obriga e a outra proíbe; uma permite e a outra obriga; ou, uma proíbe e a outra permite), ou *impróprias*, quando envolvem o conflito entre princípios (antinomia de princípios), valores (antinomia de valorativa) ou meios e fins (antinomia teleológica).
>
> Quanto à forma de solução, podem ser *reais*, quando solucionáveis apenas com a exclusão de uma das normas envolvidas, ou *aparentes*, quando puderem ser resolvidas pela via interpretativa."

No conflito entre regras, denominado de primeiro grau, a solução é eliminar a contradição existente entre elas, efetuando uma verdadeira ponderação entre os princípios que as fundamentam, podendo se criar uma "cláusula de exceção" a fim de compatibilizar tais regras.

Nos conflitos de segundo grau, onde se exige o envolvimento de diversos critérios para solução, as antinomias podem ser resolvidas com base nos seguintes parâmetros, que são extraídos da Lei de Introdução às Normas do Direito Brasileiro:

> "Art. 2º Não se destinando à vigência temporária, a lei terá vigor até que outra a modifique ou revogue.
>
> § 1º A lei posterior revoga a anterior quando expressamente o declare, quando seja com ela incompatível ou quando regule inteiramente a matéria de que tratava a lei anterior.
>
> § 2º A lei nova, que estabeleça disposições gerais ou especiais a par das já existentes, não revoga nem modifica a lei anterior."

Os critérios são: o cronológico, segundo o qual lei posterior revoga lei anterior; o da especialidade, que preceitua que lei geral não revoga a lei especial; e o hierárquico, que prega que lei superior derroga lei inferior.

No conflito entre princípios envolvidos, devemos aplicar a ponderação, caso não seja possível a solução através dos elementos tradicionais de interpretação. Mais uma vez, nos valemos das palavras de Marcelo Novelino[2] para detalhar o procedimento:

---

1 NOVELINO, Marcelo. *Curso de Direito Constitucional*. 14. ed. Salvador: Juspodivm, 2019.

2 NOVELINO, Marcelo. Curso de Direito Constitucional. 14. ed. Salvador: Juspodivm, 2019.

> A solução para antinomias de princípios deve ser dada, à luz das circunstâncias fáticas e jurídicas de cada caso concreto, por meio da *ponderação* (*sopesamento* ou *balanceamento*), procedimento estruturado em três etapas: inicialmente, as (I) as normas aplicáveis ao caso são identificadas e agrupadas conforme a direção que apontam; em seguida, são analisadas as (II) circuntâncias fáticas e suas repercussões; após as duas etapas preparatórias, é atribuído o (III) peso relativo aos princípios envolvidos ("ponderação propriamente dita"). A *ponderação propriamente dita* também é subdividida em três momentos: (III.a) definição da instensidade da intervenção; (III.b) análise da importância dos fundamentos justificadores da intervenção; e (III.c) realização da ponderação em sentido estrito. Nos termos da *lei de ponderação,* formulada por Robert Alexy (1998), 'quanto mais intensa se revelar a intervenção em um dado direito fundamental, maiores hão de se revelar os fundamentos justificadores dessa intervenção.'"

Importante salientar que, em havendo conflitos entre normas e princípios, só se pode afastar aquelas se contiverem vício de inconstitucionalidade ou em hipóteses excepcionais, em que haja injustiça patente, posto que esse afastamento tem como consequência a derrotabilidade das normas.

3. MÉTODOS CLÁSSICOS DE INTERPRETAÇÃO CONSTITUCIONAL

3.1 Método Gramatical ou Literal

Segundo a análise gramatical, a norma significaria justamente o que nela está escrito, a sua própria literalidade. Aqui se faz imperiosa a distinção entre dispositivo ou texto e a própria norma. O dispositivo é o significante ou o enunciado que expressa o comando, de onde o mesmo é extraído, e a norma é a regra de conduta que se extrai do dispositivo, sendo, portanto, inconfundíveis. Os dispositivos traçam o roteiro para compreensão das normas.[3]

A título de exemplo, poderíamos mencionar a diferença entre o texto e a norma do art. 5º, LVI, da CF. O texto afirma que são inadmissíveis no processo as provas ilícitas, mas, de acordo com a jurisprudência do STF, em nome do princípio da proporcionalidade, excepcionalmente essas provas podem ser admitidas como, por exemplo, na hipótese de legítima defesa das liberdades públicas. Da mesma maneira, poderíamos analisar a titularidade dos direitos fundamentais de acordo com o art. 5º, *caput*, que afirma serem protegidos os brasileiros e os estrangeiros residentes no país. Não obstante, o STF entendeu que não seria possível a realização de uma interpretação literal

---

3 SLAIBI FILHO, Nagib. "A Norma Constitucional". Disponível em: <www.nagib.net/artigos>. Último acesso em: 25 ago. 2008.

do texto constitucional, estendo a sua titularidade inclusive aos estrangeiros não residentes (o que se convencionou chamar de "princípio da universalidade"). [4]Segundo a interpretação mais correta, todas as pessoas naturais (estrangeiros de passagem pelo território nacional, inclusive) e jurídicas que estejam submetidas ao ordenamento jurídico brasileiro devem ter os seus direitos respeitados. Essa é mais uma clara diferença entre o texto e a norma.

A interpretação gramatical seria o ponto de partida, sendo a guia inicial da tarefa do intérprete, mas não é normalmente o seu ponto de chegada, diante da pluralidade de normas que podem ser extraídas do mesmo dispositivo.

3.2 Método Sistemático

Esse método avalia a Constituição como um todo, realizando uma verificação completa do sistema constitucional para melhor compreensão de seus institutos. Isto é, a tarefa do intérprete constitucional não se restringe à leitura de um determinado dispositivo constitucional de maneira isolada, mas sim analisando o texto constitucional como um todo e dando ao dispositivo uma interpretação que seja harmônica em relação aos demais artigos. Analisando a proteção constitucional ao meio ambiente, que ganhou um papel de destaque na Constituição de 1988, é possível relacionar uma série de dispositivos que destacam o compromisso do país e da sociedade com a sua preservação, a saber: art. 5º, LXXIII (ação popular na defesa do meio ambiente); art. 186 (descumpre a função social da propriedade aquele que atentar contra o meio ambiente); art. 129, III (ação civil pública pode ser proposta em sua defesa); art. 23 (é matéria de competência comum da União, Estados, do Distrito Federal e dos Municípios, ou seja, cada ente da Federação é responsável pela preservação do meio ambiente); e ainda, o art. 225, quando afirma o compromisso na preservação do meio ambiente para as futuras gerações.

3.3 Método Histórico

O método histórico remonta à constituinte, à origem da nossa Constituição, e, sem dúvida, é um método importante, principalmente para uma Constituição jovem como a nossa, a qual surgiu da influência de vários movimentos sociais e políticos, que combateram a ditadura militar. Nesse sentido, o preâmbulo da Carta Magna ganha enorme relevância. Tendo em vista que ao mesmo não assiste, como dito anteriormente, normatividade, a sua redação tem o condão de apresentar ao

4 STA, RE nº 215.267/SP, Primeira Turma, Rel. Min. Ellen Gracie, j. 24.04.01, *DJ* 25.05.01.

intérprete constitucional os valores e ideais defendidos pelo constituinte originário e que devem nortear a leitura do seu trabalho. Assim, da sua leitura é possível compreender, sobretudo em momentos no qual o texto constitucional não seja claro ou quando se esteja diante de conflito entre direitos fundamentais, qual era a vontade do constituinte e qual decisão melhor se compatibiliza com ela.

É fácil compreender, com base nesse método histórico, por exemplo, a razão da disposição do art. 5º, III, da CF, que impede a tortura e o tratamento desumano ou degradante, justamente porque é sabido que muita tortura foi realizada no Brasil no período da ditadura militar. Nesse mesmo diapasão, o crime de tortura é considerado inafiançável na forma do art. 5º, XLIII. Também nos parece que a motivação do *habeas data* (art. 5º, LXXII) tenha sido a de permitir aos perseguidos do regime anterior o acesso a dados pessoais e demais informações recolhidas à época pelos órgãos do governo.

Importante destacar que o constituinte originário não pode aprisionar as futuras gerações, pois de fato o que é mais importante não é a *occasio legis* (a ocasião da elaboração da Constituição), e sim a *ratio legis*, ou seja, é o fundamento racional que vai acompanhar aquele texto constitucional ao longo da produção dos seus efeitos jurídicos,[5] porque a Constituição é maleável. O processo histórico deve ser analisado sobre o prisma mais evolutivo, não descuidando da atualidade.

3.4 Método Lógico

O método lógico foi muito criticado pelo realismo americano, porque pretende transformar a Constituição em silogismos matemáticos. Seria como se todo eventual conflito entre direitos fundamentais tivesse uma única resposta dos juízes.

Hoje em dia é possível se observar que para cada problema existe uma solução, sem que nenhuma delas esvazie (ou possa esvaziar) o comando constitucional restringido no caso concreto. Invariavelmente, por exemplo, os litígios que envolvem liberdade de imprensa x intimidade produzem decisões diferentes, em razão das provas que instruíram o processo e das situações concretas.

3.5 Método Teleológico

A teleologia é o estudo filosófico dos fins, isto é, do propósito, objetivo ou finalidade dos institutos. O método teleológico, então, reconhece que o

5 BARROSO, Luís Roberto. *Interpretação e Aplicação da Constituição*. 6. ed. Rio de Janeiro: Saraiva, 2004.

Direito não é um fim em si mesmo e que os meios são indispensáveis para a busca da justiça. Com isso, determina ao intérprete que analise mais a fundo as normas legais, sempre em busca da sua essência e verdadeiro ideal.

Como exemplo de aplicação do referido método podemos citar a decisão do TSE que reconheceu a inelegibilidade reflexa (art. 14, § 7º, da CF) numa relação homoafetiva, em que pese a Constituição até o momento não referendar expressamente essa forma de união estável.[6]

4. A ABERTURA DAS CONSTITUIÇÕES AOS PRINCÍPIOS E A NOVA INTERPRETAÇÃO CONSTITUCIONAL

Logo após a Primeira Guerra Mundial, as Constituições começaram a adotar em seus textos os chamados direitos sociais, inspirados na ideia de Estado Social, e os homens passaram a exigir do Estado determinadas prestações, tais como: educação, saúde, trabalho, assistência, previdência. Com o fim da Segunda Guerra Mundial, as Constituições modernas também passaram a defender a tutela dos chamados "direitos difusos" e o novo jogo de valores socioculturais apontou, diante desse novo cenário, os princípios frente às regras específicas, como se observa principalmente nas Constituições da Itália (1947), Alemanha (1949), Portugal (1976), Espanha (1978) e na brasileira de 1988.

Expressões como "dignidade da pessoa humana", "prevalência dos direitos humanos", "função social da propriedade", "valores sociais do trabalho", "boa-fé", "solidariedade" e tantas outras associadas ao caráter compromissório e diretivo das Constituições modernas ficam sem sentido algum se analisadas a partir das regras traçadas pela racionalidade do positivismo jurídico. O mito cartesiano clássico de que tudo pode ser explicado pela lei perde o seu valor diante da nova realidade constitucional. Dentro desse novo prisma forma-se o Estado Constitucional de Direito, no qual os princípios deixaram o papel de coadjuvantes das regras para serem os protagonistas nesse novo momento da história.

Hodiernamente, como nos ensina Canotilho,[7] embora tanto o princípio como a regra sejam espécies de norma, o princípio se diferencia da regra porque, em livre resumo, tem um maior grau de abstração, por trazer sempre um caráter de fundamentalidade dentro do sistema e um maior compromisso com a ideia de justiça e, enfim, por ser o próprio fundamento da regra, sendo

---

6 TSE, REspe 24.564/PA, Rel Min. Gilmar Mendes, j. em 1º.10.2004.

7 CANOTILHO, José Joaquim Gomes. *Direito Constitucional e Teoria da Constituição*. 3. ed. Coimbra: Almedina, 1999, p. 1.085 e ss.

esta um desdobramento casuístico do princípio. A abertura das Constituições aos princípios é assim captada pelo jurista português: *O direito do Estado de Direito do século XIX e da primeira metade do século XX é o direito das regras e dos Códigos: o direito do Estado Constitucional Democrático e de Direito leva a sério os princípios, é um direito de princípios.*

Tendo em vista que a condensação axiológica dos princípios dificulta a sua tradução em regras que os esgotem, os princípios passaram a "fulgurantes pilares no ordenamento jurídico",[8] e é nesse contexto que nasce também uma nova perspectiva sobre os direitos fundamentais, tão alicerçados e protegidos pelos princípios.

Um dos expoentes dessa importante teoria de princípios é Ronald Dworkin, que, em sua obra *Levando os Direitos a Sério*,[9] contribuiu para a abertura do ordenamento jurídico, colaborando para o nascimento do Estado Constitucional de Direito, bem marcado pela beleza dos princípios.

O jurista anglo-saxão começa a sua análise sobre o tema, definindo o esqueleto principal das proposições positivistas, catalogando-as, em síntese, da seguinte forma: (i) o direito de uma comunidade é um conjunto de regras especiais utilizado direta ou indiretamente pela comunidade com o propósito de determinar qual comportamento será punido ou coagido pelo Poder Público; (ii) o conjunto dessas regras jurídicas é coextensivo com o "direito", de modo que se o caso de alguma pessoa não estiver claramente coberto por uma regra dessas, não poderá ser decidido mediante a "aplicação do direito"; (iii) dizer que alguém tem uma "obrigação jurídica" é dizer que seu caso se enquadra em uma regra jurídica válida que exige que ele faça ou se abstenha de fazer alguma coisa.[10]

Em seus escritos, Dworkin frisa que o soberano não pode antecipar todas as contingências sociais por meio de um sistema de ordens, pois algumas de suas proposições serão inevitavelmente vagas ou pouco claras, e o postulado (i) restará, dessa forma, fragilizado. Em contrapartida, se não há regra clara protegendo o direito do indivíduo, abre-se passagem para uma ampla discricionariedade judicial para criar novas ordens, e o primado (ii) também fica prejudicado. No item final, significaria dizer que, na ausência de tal regra jurídica válida, não existiria obrigação jurídica, então, ao decidir uma matéria

---

8 SLERCA, Eduardo. *Os Princípios da Razoabilidade e da Proporcionalidade*. Rio de Janeiro: Lumen Juris, 2002.

9 DWORKIN, Ronald. *Levando os Direitos a Sério*. São Paulo: Martins Fontes, 2002.

10 DWORKIN, Ronald. Ob. cit., p. 27-28.

controversa exercendo a sua discrição, o juiz não estaria fazendo valer um direito jurídico correspondente a essa matéria?

Essas e outras críticas são lançadas pelo jurista americano para chegar ao que denominou de "ataque geral contra o positivismo",[11] e revela que a sua estratégia de combate se inicia em torno do fato de que, quando os juristas raciocinam ou debatem a respeito de obrigações jurídicas, eles recorrem a padrões que não funcionam como regras, mas operam de maneira diferente, como princípios, políticas e outros tipos de padrões, que são batizados em sentido genérico como "princípios". Nesse sentido, reitera que uma das diferenças entre princípios e regras seria de natureza lógica. Os dois padrões apontariam para decisões particulares acerca da obrigação jurídica em circunstâncias específicas, mas se distinguiriam quanto à natureza da orientação que oferecem. As regras seriam aplicadas à maneira do tudo ou nada, pois, presentes os fatos que uma regra estipula, será válida e, nesse caso, a resposta que ela fornece deve ser aceita, ou não será válida, e neste caso em nada contribui para a decisão.

Os princípios também possuem uma dimensão que as regras não retratam: a dimensão do peso e da importância. Quando os princípios se intercruzam (como por exemplo, a liberdade de imprensa e a intimidade), o intérprete deverá levar em consideração a força relativa de cada um. Em contrapartida, as regras seriam, nas palavras de Dworkin, funcionalmente importantes ou desimportantes, e dessa maneira: (...) *uma regra jurídica pode ser mais importante do que outra porque desempenha um papel maior ou mais importante na regulação do comportamento. Mas não podemos deixar de dizer que uma regra é mais importante que outra quando parte do mesmo sistema de regras, de tal modo que se duas regras estão em conflito, uma suplanta a outra em virtude de sua importância ser maior.*[12]

Acrescentaríamos, ainda, que, embora princípios e regras devam atender igualmente aos ideais de justiça, os princípios estão mais próximos dessa finalidade do que as regras, em razão de seu alto conteúdo axiológico e moral e ademais, por constituírem a própria *ratio* das normas jurídicas.

Essa distinção entre regras e princípios, lembra-nos Lenio Streck,[13] não pode significar que as regras sejam uma espécie de renegação do passado e de seus fracassos, tampouco que os princípios traduzam o ideal da "boa norma".

---

11 DWORKIN, Ronald. Ob. cit., p. 35.

12 DWORKIN, Ronald. Ob. cit., p. 43.

13 STRECK, Lenio. "A resposta hermenêutica à discricionariedade positivista em tempo de pós-positivismo", p. 285-315. In: *Teoria do Direito Neoconstitucional*, Ed. Método, São Paulo, 2008.

Regras e princípios são fontes do ordenamento jurídico, de onde se extraem normas. As primeiras são produzidas democraticamente e podem e devem, junto aos princípios, traduzir a institucionalização da moral no direito.

Dentro desse novo panorama, aqui sintetizado por não ser objeto principal deste trabalho, podemos asseverar que a nova interpretação constitucional se assenta em um modelo de princípios, aplicáveis mediante ponderação, cabendo ao intérprete proceder à interação entre fato e normas (divididas entre regras e princípios) e realizar escolhas fundamentadas, dentro das possibilidades e limites oferecidos pelo sistema jurídico, visando a uma solução justa para o caso concreto.

5. MÉTODOS MODERNOS DE INTERPRETAÇÃO CONSTITUCIONAL

Segundo Gilmar Mendes, são métodos modernos de interpretação constitucional os abaixo desenvolvidos.

5.1 Método Tópico-problemático

Esse método de interpretação tem por pressupostos: 1) que a Constituição é um sistema aberto de normas, o que significa dizer que cada uma das normas constitucionais admite interpretações distintas, que podem variar no tempo; 2) que um problema é uma questão que admite, também, respostas distintas; 3) que a tópica é uma técnica de pensar a partir do problema, ou seja, primeiro se avalia o caso em si para, posteriormente, se analisar a norma que será aplicada para resolver o conflito.

O seu principal idealizador, Theodor Vehweg, com sua obra *Topik und jurisprudenz* (1953), defendeu um processo aberto de argumentação jurídica, sendo a tópica uma grande "técnica de pensamento problemático". Os argumentos (*topoi*) são submetidos a opiniões favoráveis e contrárias, a fim de descobrir qual é a interpretação mais conveniente.[14]

5.2 Método Hermenêutico-concretizador

Esse método se assemelha ao tópico-problemático no ponto em que também considera que o intérprete deve exercer uma atividade concretizadora

14 VIEHWEG, Theodor. *Tópica e Jurisprudência*. Coleção Pensamento Jurídico Contemporâneo. Brasília; Departamento de Imprensa Nacional, 1979. v. 1.

("reconstruir" o Direito no caso prático, a partir de um procedimento argumentativo e racional, ao invés de procurar um sentido "inerente" à norma). Porém, diferencia-se daquele, por partir do pressuposto de que há necessidade de uma pré-compreensão da norma que deverá ser aplicada para solucionar o conflito, ou seja, o ponto de partida dos dois métodos é completamente diferente.

Sob a influência de Hans-Georg Gadamer a respeito da compreensão do texto normativo, Konrad Hesse desenvolveu o método em referência valendo-se de pressupostos subjetivos (as pré-compreensões do intérprete sobre o tema) e o seu papel de mediador entre a norma e o caso concreto, que surge da realidade social (pressupostos objetivos). Há um verdadeiro círculo hermenêutico, um vaivém até a decisão final.[15]

5.3 Método Científico Espiritual

As Constituições devem ser interpretadas de modo aberto e flexível, para que possam acompanhar o dinamismo do Estado, em constante processo de transformação (Rudolf Smend).

Desenvolvido por Rudolf Smend, esse método analisa o sistema de valores subjacentes à Constituição e o papel desta no processo de integração, tendo em vista que a Constituição não é apenas norma, mas também realidade social.[16]

Tal método vai ao encontro da ideia defendida por Ferdinand Lassalle de que a Constituição deveria refletir os valores daquela dada sociedade, sob risco de não ser mais do que uma mera "folha de papel". Nesse sentido, a possibilidade que o texto constitucional possa ser interpretado em favor do progresso daquela sociedade permitiria não apenas a sua constante atualização como também o seu caráter duradouro, posto que não haveria, em momento algum, um descompasso entre ela e os valores sociais.

5.4 Método Normativo Estruturante

Segundo esse método não haveria identidade entre a norma jurídica e o texto normativo. Com isso, a cada conflito caberá ao intérprete avaliar a concretização da norma à luz da sua realidade social. Segundo Friedrich Müller,

15 HESSE, Konrad. *Grundzüge des Verfassungrsrechts der Bundesrepublik Deutshland*. 13. ed. Heidelberg; C. E. Müller, 1986.

16 SMEND, Rudolf. *Verfassung und Verfassungsrecht in Staatrechtliche Abhandlungen und andere Aufsätze*. 3. ed. Berlim: Duncker & Humblot, 1955.

a norma não seria o ponto de partida da interpretação, mas sim, o produto final dessa atividade.[17]

5.5 Método da Comparação Constitucional

Esse método alia os métodos hermenêuticos clássicos propostos por Savigny ao direito comparado, de modo a buscar as melhores soluções jurídicas para os conflitos vivenciados no dia a dia de um Estado (Peter Häberle).

6. OS PRINCIPAIS PRINCÍPIOS DE INTERPRETAÇÃO CONSTITUCIONAL

6.1 Princípio da Supremacia da Constituição

Esse princípio deverá ser considerado como premissa para a interpretação constitucional, tendo em vista que não se admite nenhum tipo de interpretação que coloque em risco a supremacia formal e material do texto constitucional.

A sua supremacia material representa a supremacia do seu conteúdo frente ao das leis. Já a sua superioridade formal está relacionada com a sua rigidez e a sua hierarquia. A rigidez significa que a Constituição só pode ser alterada por um procedimento próprio (emenda constitucional, na forma do art. 60, CF) e mais exigente do que o de alteração da legislação infraconstitucional. A legislação infraconstitucional, por sua vez, retira a sua validade do texto constitucional e não pode alterá-lo. O controle de constitucionalidade pressupõe a existência dessa hierarquia, dessa superioridade formal, permitindo a verificação da compatibilidade das normas infraconstitucionais face à Constituição, que lhe é superior hierarquicamente. Enquanto a supremacia material é um atributo comum a todas as Constituições existentes, é a supremacia formal que permite a realização do controle de constitucionalidade.

Sobre esse importante princípio, núcleo essencial da interpretação constitucional, o Min. Celso de Mello assim se manifestou:

> "O princípio da supremacia da ordem constitucional - consectário da rigidez normativa que ostentam os preceitos de nossa Constituição - impõe ao Poder Judiciário, qualquer que seja a sede processual, que se recuse a aplicar leis ou atos estatais reputados em conflito com a Carta Federal. A superioridade normativa da Constituição traz, ínsita em sua noção conceitual, a ideia de um estatuto fundamental, de uma *fundamental law*, cujo incontrastável valor jurídico atua como pressuposto

17 MÜLLER, Friedrich. *Rechtsstaatliche Form, Demokratische Politik-Beitrage zu Öffentlichem Recht, Methodik Rechts – und Staatsstheorie*. Berlin: Duncker & Humblot, 1977.

de validade de toda a ordem positiva instituída pelo Estado dentro dessa concepção, reveste-se de nulidade o ato emanado do Poder Público que vulnerar os preceitos inscritos na Constituição. Uma lei inconstitucional é uma lei nula, desprovida, consequentemente, no plano jurídico, de qualquer conteúdo eficacial".[18]

6.2 Princípio da Unidade da Constituição

Segundo esse princípio, a Constituição formaria um sistema equilibrado de regras e princípios, não colidentes entre si, e o intérprete deveria observar essa unidade constitucional na hora de interpretá-la. Nesse diapasão, pode-se dizer que a posição já assentada pela jurisprudência do STF[19] é a de que não há hierarquia entre as normas constitucionais, competindo à Corte a defesa dessas normas, e não a fiscalização do poder constituinte originário.

As disposições idealizadas pelo constituinte originário devem ser analisadas harmoniosamente, pois não há verdadeira antinomia entre as normas constitucionais, por isso devemos utilizar a expressão "aparente conflito" entre normas constitucionais, e não "verdadeiro conflito". O intérprete deverá nas situações de litígio ora determinar a aplicação de um princípio, ora de outro, privilegiando um direito em detrimento de outro, mas jamais esvaziando o núcleo principal do direito fundamental que sofreu restrição.

É um princípio de natureza abstrata e estático.

6.3 Princípio da Concordância Prática (ou da Harmonização)

A concordância prática ou princípio da harmonização deriva do princípio da unidade e recomenda ao intérprete que, ao se deparar com situações concretas de concorrência entre bens constitucionalmente protegidos, adote a solução para otimizar a realização de todos, mas sem negar completamente um direito ou um princípio. Ex.: prisões processuais x princípio da presunção da inocência; ou ainda, liberdade de informação x proteção à vida privada.

É um princípio aplicável ao caso concreto e é dinâmico.

6.4 Princípio do Efeito Integrador (ou da Eficácia Integradora)

Esse princípio reforça a importância da integração política e social e conduz a decisões judiciais pluralisticamente integradoras. Não é utilizado em

---

18 STF, RE nº 107.869-SP, Rel. Min. Célio Borja, DJ 21.08.92.

19 STF, ADI nº 815/DF; Plenário, Rel. Min. Moreira Alves, j. 28.06.1996, *DJ* 10.05.96.

todos os casos de interpretação, mas concebe a Constituição como elemento inafastável de integração comunitária.

6.5 Princípio da Justeza (ou da Conformidade Funcional)

O Poder Judiciário não poderá interpretar a Constituição subvertendo o esquema organizatório-funcional nela estabelecido. Com isso, o significado das normas constitucionais não pode ser deturpado, sob pena de se colocar em risco o próprio Estado Democrático de Direito.

Podemos citar como exemplo de inobservância do princípio da conformidade funcional, o entendimento dos Ministros Eros Grau e Gilmar Mendes sobre o art. 52, X, da Constituição, o qual, segundo eles, serviria apenas para dar publicidade às decisões do STF, que, no controle difuso ou concentrado, produziriam efeitos *erga omnes*.[20]

O referido princípio é muito utilizado em sede de controle de constitucionalidade e visa a preservar a vontade do constituinte originário com relação ao pacto federativo e à separação de poderes. Para que haja equilíbrio da República Federativa é importante que cada ente da Federação e cada Poder estejam bastante conscientes das suas funções e de seus limites estabelecidos pelo texto constitucional. Podemos citar como exemplos de utilização do princípio da correção pelo STF o julgamento sobre a questão dos bingos e também a formulação da Súmula Vinculante nº 2 sobre o mesmo assunto, a saber: É inconstitucional a lei ou ato normativo estadual ou distrital que disponha sobre sistemas de consórcios e sorteios, inclusive bingos e loterias. Em face desse entendimento, leis estaduais que tratavam dos bingos foram declaradas inconstitucionais, considerando-se que a matéria deve ser tratada por lei federal, na forma do art. 22, XX, da CF.

6.6 Princípio da Força Normativa da Constituição e da Máxima Efetividade das Normas Constitucionais

Os dois princípios impõem que à norma constitucional, sujeita à atividade hermenêutica, deve ser atribuído o sentido que maior eficácia lhe conceda, sendo vedada a interpretação que lhe supra ou diminua a finalidade. São princípios que buscam o máximo de efeitos jurídicos que uma norma constitucional pode produzir, inclusive as normas de conteúdo programático.

20 STF, Rcl nº 4.335/AC, Plenário, Rel. Min. Gilmar Mendes, j. 20.03.14, *DJ* 22.10.14. Trataremos do tema de forma específica na parte relativa ao Controle de Constitucionalidade.

Em voto importante sobre a máxima efetividade da Constituição, o Min. Celso de Mello, em julgado sobre o direito à saúde, assim concluiu: *Cabe assinalar, presente esse contexto – consoante já proclamou esta Suprema Corte – que o caráter programático das regras inscritas no texto da Carta Política não pode converter-se em promessa constitucional inconsequente, sob pena de o Poder Público, fraudando justas expectativas nele depositadas pela coletividade, substituir, de maneira ilegítima, o cumprimento de seu impostergável dever, por um gesto irresponsável de infidelidade governamental ao que determina a própria Lei Fundamental do Estado.*[21]

E é nesse sentido que a sociedade espera que a sua Constituição seja interpretada, na busca pela exegese da norma que lhe confira mais efeitos práticos, ou seja, uma força concreta mais intensa. Com esses princípios iluminados, os direitos sociais (relacionados à saúde, à educação, à assistência, por exemplo) ganham ainda mais espaço e proteção jurídica no país.

6.7 Princípio da Interpretação Conforme a Constituição

A interpretação conforme a Constituição não é apenas um princípio de interpretação constitucional, mas também uma técnica de decisão em controle concentrado de constitucionalidade, na forma do art. 28, parágrafo único, da Lei nº 9.868/99, que será estudado em capítulo próprio. Em nome da presunção de constitucionalidade das leis, se a norma em questionamento permitir plúrimas interpretações, umas incompatíveis e pelo menos uma compatível com a Constituição, o intérprete poderá afastar as contradições, mantendo a norma no sistema jurídico desde que interpretada em conformidade com a Constituição, privilegiando-se o trabalho do legislador.

Nessa seara, uma decisão que pode ser considerada paradigmática é a que foi proferida pelo Supremo Tribunal Federal no bojo da ADPF nº 132/RJ e da ADI nº 4277/DF. Cuidavam as ações de determinar se deveria ser dada ao art. 1723, CC interpretação conforme a Constituição Federal, no sentido de excluir qualquer interpretação do artigo legal que vedasse o reconhecimento de união entre pessoas do mesmo sexo como sendo entidade familiar. Os ministros, com base na proibição de qualquer forma de discriminação (como aquela decorrente da preferência sexual) constante do art. 3º, IV, CF, entenderam pela procedência das ações, argumentando que a interpretação conforme a Constituição impediria o não reconhecimento dos casais homoafetivos como entidades familiares.[22]

---

21 STF, ADPF nº 45 MC/DF; Info 345, Min. Rel. Celso de Mello, j. 29.04.2004, *DJ* 04.05.2004.

22 STF, ADPF nº 132/RJ, Plenário, Rel. Min. Ayres Britto, j. 05.05.11, *DJ* 14.10.11. STF, ADI nº 4.277/DF, Plenário, Rel. Min. Ayres Britto, j. 05.05.11, *DJ* 14.10.11.

André Ramos de Tavares[23] faz lúcidas ponderações sobre a utilização do princípio quando destaca que não há permissão para a interpretação da Constituição a partir das leis em geral (de baixo para cima), tendo em vista que seria absolutamente vedada a interpretação dessa maneira, dada a supremacia constitucional.

6.8 Princípios da Razoabilidade e da Proporcionalidade

6.8.1 Histórico

O princípio da razoabilidade encontra guarida no direito norte-americano, principalmente na 5ª e na 14ª Emendas. A 5ª Emenda faz parte do *Bill of Rights* norte-americano, adicionado à Constituição Federal em 1789, que dispunha, no tocante ao nosso estudo, que nenhuma pessoa poderia ser privada de sua vida, liberdade ou propriedade sem o *due process of law*. Já a 14ª Emenda foi inserida com o intuito de estender a garantia do *due process of law* aos ex-escravos, após a *Civil War*, e ao direito dos Estados federados, acrescentando, no entanto, o primado do tratamento igualitário pela lei, também para o direito federal. É importante destacar que a cláusula do *due process of law* (que deve ser entendida nos seus contornos processual e substantivo) deve ser aplicada como meio de interpretação jurisprudencial da Suprema Corte norte-americana, e passou de uma simples garantia processual, para o controle de mérito das decisões estatais.

Em suma, a noção de razoabilidade guarda afinidade com a ideia de equilíbrio, moderação e harmonia. Busca aquilo que atende ao senso comum, aos valores vigentes em dado momento, em última análise, pretende alcançar a justiça. Carrega, portanto, forte elemento subjetivo e abstrato.

O princípio da proporcionalidade, por sua vez, é posterior à razoabilidade norte-americana e foi desenvolvido a partir da década de 1950, pelo Tribunal Constitucional Alemão. A Corte o desenhou como um método de interpretação e aplicação dos direitos fundamentais, empregado particularmente nos casos em que um ato estatal, destinado a promover a realização de um direito fundamental ou de um interesse coletivo, implica a restrição de um direito fundamental. É na Alemanha que o princípio da proporcionalidade ganha raízes mais profundas.

De acordo com a doutrina alemã defendida por Robert Alexy, o princípio seria composto por três sub-regras: a *adequação*, a *necessidade* e a

---

23 TAVARES, André Ramos. *Curso de Direito Constitucional*. 5. ed. São Paulo: Saraiva, 2007, p. 85.

proporcionalidade em sentido estrito. Adequada seria a medida capaz de fomentar e não obrigatoriamente atingir determinado fim; necessária, aquela que, quando comparada a outras tão eficazes quanto restringisse em menor escala o direito fundamental violado; e proporcional em sentido estrito à medida que promovesse a realização de um direito fundamental mais importante do que o que com ele colide.

A partir disso, a proporcionalidade passou a ser utilizada por diversos países, entre eles Portugal, onde foi incorporada ao conceito de razoabilidade, proveniente do Direito anglo-saxão, através do qual se examina a compatibilidade entre os meios e os fins. No Direito lusitano, o princípio da proporcionalidade em sentido amplo, também conhecido como princípio da proibição de excesso, foi erigido à dignidade de princípio constitucional, consagrando-se, no art. 18, do Texto Magno de 1976, que assim dispõe: "A lei só pode restringir os direitos, liberdades e garantias nos casos expressamente previstos na Constituição, devendo as restrições limitar-se ao necessário para salvaguardar outros direitos ou interesses constitucionalmente protegidos".

Na França, o princípio da proporcionalidade é compreendido apenas no âmbito da jurisdição administrativa, manifestando-se, todavia, a partir do denominado *pouvoir descritionnaire* (poder discricionário) que é limitado pelo *détournement du pouvoir* (desvio de poder) e, na Suíça, ele é definido sumariamente apenas como a necessidade de se respeitar uma relação entre os meios empregados para tomar uma medida e atingir o fim procurado.[24]

Segundo Suzana de Toledo Barros,[25] na Itália, a Corte Constitucional vem controlando de forma rigorosa se os limites aos direitos insculpidos na Constituição, estabelecidos pela lei, são razoáveis em face dos princípios consagrados na Carta. Segundo a autora, os juristas italianos já falam em *idoneità, necessità e proporzionalità del provvedimento,* sem, contudo, apresentar um estudo sistemático sobre o tema, que ainda se ressente da falta de unanimidade nas técnicas e terminologias utilizadas.

6.8.2 Previsão na CF

No texto aprovado pela Comissão de Sistematização da Assembleia Nacional Constituinte e excluído da redação final da Constituição de 1988, como

24 SLERCA, Eduardo. Ob. cit.

25 TOLEDO BARROS, Suzana de. *O Princípio da Proporcionalidade e o Controle de Constitucionalidade das Leis Restritivas de Direitos Fundamentais*. 3. ed. Brasília: Brasília Jurídica, 2003, p. 52-53.

podemos verificar, faz-se referência expressa ao princípio da razoabilidade: *A Administração Pública, direta ou indireta, de qualquer dos Poderes obedecerá aos princípios da legalidade, impessoalidade, moralidade e publicidade, exigindo-se como condição de validade dos atos administrativos, a motivação suficiente e como requisito de sua legitimidade, a razoabilidade.*

Atualmente, alguns doutrinadores, como Paulo Bonavides,[26] por exemplo, entendem que a proporcionalidade poderia ser extraída implicitamente do art. 5º, § 2º, da Carta Magna, que dispõe:

> Os direitos e garantias expressos nesta Constituição não excluem outros decorrentes do regime e dos princípios por ela adotados, ou dos tratados internacionais em que a República Federativa do Brasil seja parte.

É possível se verificar, entretanto, que no art. 5º, LIV e LV, da Constituição brasileira, a previsão do princípio da razoabilidade do direito norte-americano é disposta expressamente. Com a cláusula do *due process of law*, entendida no seu duplo aspecto - material e processual - encontramos um decisivo obstáculo à edição de atos normativos revestidos de conteúdo arbitrário ou irrazoável e um importante fundamento para a ponderação dos conflitos de interesses. Com isso, podemos concluir que os dois princípios, apesar de não estarem positivados na Constituição, são extraídos implicitamente do devido processo legal substantivo.

6.8.3 Aspectos comuns aos princípios e críticas

Hodiernamente, as atenções sobre o tema são controversas. A doutrina tem se ocupado com o estudo do princípio da proporcionalidade, ainda que de maneira confusa faça remissão ao princípio da razoabilidade. Podemos destacar as contribuições de Luís Roberto Barroso[27] (para quem os dois princípios teriam natureza fungível), Suzana de Toledo Barros[28] (que cuida expressamente do princípio da proporcionalidade) e Gilmar Ferreira Mendes[29]

---

26 BONAVIDES, Paulo. *Curso de Direito Constitucional*. 18. ed. São Paulo: Malheiros, 2006, p. 434-436, item nº 11.

27 BARROSO, Luís Roberto. *Interpretação e Aplicação da Constituição*. 6. ed. Rio de Janeiro: Saraiva, 2004.

28 TOLEDO BARROS, Suzana de. Ob. cit.

29 MENDES, Gilmar Ferreira. O princípio da proporcionalidade na jurisprudência do Supremo Tribunal Federal: novas leituras. *Revista Diálogo Jurídico*, vol. I, nº 5, Bahia, agosto de 2001. Disponível em: <www.direitopublico.com.br>. Acesso em: 5 nov. 2006.

(que os utiliza indistintamente), entre outros importantes e renomados juristas, que dedicam especial importância ao princípio da proporcionalidade em detrimento da razoabilidade.

Os esforços doutrinários feitos para assimilar em nosso sistema o princípio da proporcionalidade (com seus contornos técnicos tratados pelo modelo europeu) não têm encontrado apoio nos Tribunais, que se utilizam precipuamente da fluidez do princípio da razoabilidade na resolução dos conflitos de interesses, como é possível se identificar na orientação jurisprudencial do STF, por exemplo.[30]

Os princípios também despertam críticas na doutrina brasileira, como a que faz Luís Virgílio Afonso da Silva:[31] *A invocação da proporcionalidade é, não raramente, um mero recurso a um* topos, *com caráter meramente retórico e não sistemático. Em inúmeras decisões, sempre que se queira afastar alguma conduta considerada abusiva, recorre-se à fórmula "à luz do princípio da proporcionalidade ou da razoabilidade,* o ato deve ser considerado inconstitucional". (...) *Não é feita nenhuma referência a algum processo racional e estruturado de controle da proporcionalidade do ato questionado, nem mesmo um real cotejo entre os fins almejados e os meios utilizados.*

Nesse cenário, é de fato muito comum nas decisões judiciais a utilização das expressões "porque a lei ofende ao princípio da razoabilidade", "à luz da razoabilidade", sem contornos técnicos e nenhum desenvolvimento teórico-argumentativo. Importante ponderar, entretanto, que a utilização dos princípios com prudência, verificadas as hipóteses casuisticamente, pode representar importante ferramenta de controle no Brasil, funcionando como limite aos desmandos do Executivo e do Legislativo, e como garantidor das liberdades individuais presentes nesse Estado Democrático de Direito.

---

30 ADI nº 2.019/MS, Plenário, Rel. Min. Ilmar Galvão, j. 02.08.01, *DJ* 21.06.02.

RE nº 140.889/MS, Segunda Turma, Rel. Min. Marco Aurélio, Relator para acórdão: Min. Maurício Corrêa, j. 30.05.00, *DJ* 15.12.00.

RMS nº 24.901/DF,Primeira Turma,Rel. Min. Carlos Britto, j. 26.10.04, *DJ* 11.02.05.

ADI nº 1.511 MC/DF, Plenário,Rel. Min. Carlos Velloso, j. 16.10.96, *DJ* 06.06.03.

RE nº 194.952/MS, Primeira Turma, Rel. Min. Ellen Gracie, j. 11.09.01, *DJ* 11.10.01.

31 AFONSO DA SILVA, Luís Virgílio. "O Proporcional e o Razoável". ***Revista dos Tribunais*** 798, (2002): 23-50.

Capítulo

8

A "MUDANÇA" NA CONSTITUIÇÃO

1. MANIFESTAÇÕES DO PODER CONSTITUINTE DERIVADO REFORMADOR

O Poder Reformador é o responsável pelas alterações formais que a Constituição poderá sofrer ao longo de sua existência. Para substituir, revogar, adicionar ou renumerar dispositivo no texto constitucional será necessária a atuação dessa manifestação derivada de poder.

O núcleo da rigidez constitucional e, ao mesmo tempo, do poder de reforma é o art. 60 da CF, no qual se prevê a elaboração de emendas constitucionais para essa finalidade. De acordo com as limitações enfrentadas, diante da sua subordinação à Constituição, a alteração deverá seguir à risca o determinado pelo dispositivo mencionado, sob pena de que a norma constitucional derivada venha a ser declarada inconstitucional.

Além das emendas constitucionais, o art. 3º do ADCT ainda faz menção à outra espécie de norma reformadora, que diante da limitação temporal que lhe foi determinada pelo constituinte originário, não poderá mais promover mudanças na Constituição. Na verdade, emendas constitucionais e emendas de revisão traduzem expressões distintas de um mesmo fenômeno jurídico: a reforma da Constituição.

A seguir, faremos uma análise acerca das duas espécies normativas e das limitações por elas enfrentadas em nome da proteção da rigidez constitucional.

1.1 Emendas Constitucionais e Limitações

A emenda constitucional é classicamente a espécie normativa adotada pelo constitucionalismo brasileiro para fins de reforma à Constituição.[1] De acordo com o art. 60 da CF, as emendas devem obedecer a uma série de regras especiais para a sua elaboração (art. 60, I, II, III, § 2º, § 3º e § 5º), incluindo limitações circunstanciais (art. 60, § 1º), bem como matérias explícitas (art. 60, § 4º) e implícitas, sob pena de incidirem em violação à Constituição e consequente declaração de inconstitucionalidade.

De acordo com o art. 60 e com apoio na doutrina, é possível se observar, portanto, quatro categorias de limitações principais, a saber: a) de ordem temporal; b) circunstancial; c) formal; e d) material (explícitas e implícitas), que serão a seguir analisadas.

a) Limitação temporal

Por limitação de ordem temporal, devemos compreender a que se relaciona aos dias, meses ou anos durantes os quais a Constituição não poderia ser alterada. Numa análise simples, podemos observar da leitura do art. 60 da CF, que inexiste limitação de ordem temporal ao poder reformador, o que permitia a alteração constitucional desde a sua promulgação.[2]

A única Constituição brasileira que efetivamente trouxe limitação de ordem temporal ao Poder Reformador foi a de 1824, que, de acordo com seu art. 174, impedia o processo de reforma antes dos 4 (quatro) anos contados da outorga do texto.

b) Limitação circunstancial (art. 60, § 1º)

> § 1º A Constituição não poderá ser emendada na vigência de intervenção federal, de estado de defesa ou de estado de sítio.

As hipóteses de limitação circunstancial, devem ser entendidas como determinados eventos que, quando em curso, impedem que seja promovida qualquer reforma à Constituição Federal. Intervenção federal (arts. 34 e 35), estado de defesa e estado de sítio (arts. 136 a 141) configuram a proteção constitucional às situações de crise. Como nessas circunstâncias o Estado está vivendo

1 A denominação "emenda", como forma de alterar a Constituição, foi prevista nas Constituições de 1934 (art. 178), 1946 (art. 217) e 1967 (art. 50). A Constituição Imperial se referia à "reforma de artigo constitucional" nos arts. 174 a 178 e o texto republicano previa no art. 90 que a Constituição poderia ser "reformada".

2 Importante destacar que o STF decidiu recentemente que haveria uma limitação temporal ao poder de reforma presente no art. 60, § 5º, da CF. A nosso ver, é uma posição equivocada e que contraria a doutrina majoritária sobre o tema. (STF, RE nº 587.008, Plenário, Rel. Min. Dias Toffoli, j. 02.02.11, *DJ* 06.05.11.

um momento de exceção, protege-se a Constituição de eventuais violações que poderiam ser a ela deflagrados com reformas constitucionais descabidas.

Mas será que todos os atos do processo legislativo ficam impedidos de serem praticados durante essas situações de anormalidade? Em princípio, entendemos que não ofenderia o art. 60, § 1º, a simples apresentação de uma Proposta de Emenda (PEC), ou até mesmo a sua discussão nas casas do Congresso Nacional, não devendo ocorrer, de fato, a fase da votação, que consiste na própria deliberação sobre a PEC.

Sobre o tema, ainda é importante destacar que o Decreto 9522/2018, responsável pela promulgação do Tratado de Marraqueche com status de norma constitucional, é de 8 de outubro de 2018, data em que ainda estava em vigor a intervenção federal na área da segurança pública do Rio de Janeiro[3]. Como a promulgação apenas certifica formalmente a norma que já existe, foi consenso na doutrina que, como a fase de votação do referido tratado (realizada na forma do art. 5º, §3º, da CF) ocorreu no ano de 2013 (ano sem qualquer intervenção federal em vigor) não houve qualquer violação ao texto do art. 60, §1º, da CF.

c) Limitações de ordem formal, procedimental ou processual (art. 60, I, II, III e § 2º, § 3º e § 5º)

Dizem respeito ao processo legislativo especial previsto na Constituição para elaboração das emendas constitucionais. Podem se dividir entre: i) iniciativa; ii) votação/promulgação; e iii) vedação à reedição, na forma que estudaremos a seguir.

i) iniciativa

> Art. 60. A Constituição poderá ser emendada mediante proposta:
>
> I – de um terço, no mínimo, dos membros da Câmara dos Deputados ou do Senado Federal;
>
> II – do Presidente da República;
>
> III – de mais da metade das Assembleias Legislativas das unidades da Federação, manifestando-se, cada uma delas, pela maioria relativa de seus membros.

O art. 60, I, II e III, traz o rol de legitimados ativos que poderão, em conjunto ou separadamente (iniciativa concorrente), apresentar uma PEC ao Congresso Nacional, deflagrando o processo legislativo reformador. Pode-se dizer que o rol é taxativo, em nome da rigidez constitucional, não havendo sido

3 Decreto nº 9288/2018.

prevista pelo constituinte originário a iniciativa popular para o oferecimento da PEC, em que pese parte da doutrina defender essa possibilidade, com base na titularidade do poder constituinte (o povo) e a iniciativa popular do processo legislativo ordinário (art. 61, §2º da CF).

Como o art. 32, § 3º, da CF dispõe que à Câmara Legislativa aplica-se o disposto no art. 27, que faz referência à organização das Assembleias Legislativas, podemos concluir que o órgão legislativo do Distrito Federal também poderá participar do processo de reforma, se apresentar uma PEC em conjunto com os demais órgãos legislativos estaduais, na forma do art. 60, III.

Importante destacarmos também que, na ADI 825, o STF entendeu ser perfeitamente possível a previsão de iniciativa popular para apresentação da PEC no âmbito da Constituição do Estado. Segundo o Ministro Luiz Fux: "o princípio democrático conspira em prol da possibilidade de a iniciativa popular promover emendas constitucionais".[4]

ii) votação/promulgação

> § 2º A proposta será discutida e votada em cada Casa do Congresso Nacional, em dois turnos, considerando-se aprovada se obtiver, em ambos, três quintos dos votos dos respectivos membros.
>
> § 3º A emenda à Constituição será promulgada pelas Mesas da Câmara dos Deputados e do Senado Federal, com o respectivo número de ordem.

Em nome da rigidez constitucional, o constituinte estabeleceu um processo mais rigoroso para a votação das PECs no Congresso Nacional, consagrando a sua aprovação apenas após dois turnos positivos de votação em cada Casa do Congresso Nacional e ainda pelo voto de 3/5 dos respectivos membros.

Sobre esse ponto, interessante observar decisão do STF relativa ao período de tempo necessário entre os dois turnos de votação. Tendo em vista o silêncio do constituinte acerca dessa questão, os ministros entenderam não ser possível determinar judicial qual deve ser o lapso temporal mínimo a ser observado pelos parlamentares, ficando a cargo do Legislativo tal determinação.[5]

Normalmente, como ocorre em todo o processo legislativo, as alterações feitas pela segunda Casa serão revistas pela primeira, salvo se forem redacionais: "Não precisa ser reapreciada pela Câmara dos Deputados expressão suprimida

4 ADI 825/AP, rel. Min. Alexandre de Moraes, julgamento em 25.10.2018.

5 STF, ADI nº 4.425/DF, Plenário, Rel. Min. Luiz Fux, j. 14.03.13, *DJ* 19.12.13.

pelo Senado Federal em texto de projeto que, na redação remanescente, aprovada de ambas as Casas do Congresso, não perdeu sentido normativo".[6]

Também é importante destacar que o STF entendeu que o processo de reforma das Constituições estaduais deve seguir o modelo federal, com exceção da iniciativa de apresentação da PEC estadual, de acordo com o que apresentamos logo acima.[7]

Como na forma do art. 64 da CF, a Câmara dos Deputados é, via de regra, a casa iniciadora do processo legislativo, nela deverão ocorrer normalmente os dois primeiros turnos de votação, para, então, ser a PEC encaminhada para mais dois turnos de aprovação no Senado Federal.

De acordo com o Regimento Interno do Senado Federal, o interstício entre o primeiro e o segundo turno será de, no mínimo, cinco dias úteis (art. 362).

CD	(513 membros)	**SF**	(81 membros)
1º turno:	aprovada 3/5 (308)	1º turno:	aprovada 3/5 (49)
2º turno:	aprovada 3/5 (308)	2º turno:	aprovada 3/5 (49)

Após a sua votação positiva, na forma do art. 60, § 3º, as emendas serão promulgadas pelas duas Mesas do Congresso que trabalharam na sua elaboração, sendo, portanto, possível se concluir que não há sanção ou veto do presidente da República no processo legislativo reformador, restando a sua única participação configurada na faculdade de apresentar uma PEC (art. 60, II).

Registramos, mais uma vez, que a promulgação é o ato do processo legislativo que certificará a existência da emenda constitucional, comprovando que a norma foi validamente elaborada de acordo com as regras constitucionais vigentes.

Quanto à expressão "com o respectivo número de ordem" significa apenas atenção à sequência obedecida para a numeração das emendas.

---

6 STF, ADI nº 3.367, Plenário, Rel. Min. Cezar Peluso, j. 13.04.05, *DJ* de 22.09.06.

7 "Processo de reforma da Constituição estadual – Necessária observância dos requisitos estabelecidos na CF (art. 60, § 1º a § 5º) – Impossibilidade constitucional de o Estado-membro, em divergência com o modelo inscrito na Lei Fundamental da República, condicionar a reforma da Constituição estadual à aprovação da respectiva proposta por 4/5 da totalidade dos membros integrantes da Assembleia Legislativa – Exigência que virtualmente esteriliza o exercício da função reformadora pelo Poder Legislativo local – A questão da autonomia dos Estados-membros (CF, art. 25) – Subordinação jurídica do poder constituinte decorrente às limitações que o órgão investido de funções constituintes primárias ou originárias estabeleceu no texto da Constituição da República (...)." (ADI 486, Rel. Min. Celso de Mello, julgamento em 3.4.1997, Plenário, *DJ* de 10.11.2006.)

iii) vedação à reedição

> § 5º A matéria constante de proposta de emenda rejeitada ou havida por prejudicada não pode ser objeto de nova proposta na mesma sessão legislativa.

Sessão legislativa é o ano integral de trabalho legislativo, que se inicia em 2 de fevereiro, na forma do art. 57 da CF. Durante a sessão legislativa, temos as sessões ordinárias (02/02 a 17/07 e 1º/08 a 22/12) e as extraordinárias (convocação durante os períodos de recesso). Portanto, de acordo com o dispositivo em tela, se a matéria da PEC for rejeitada (vício no processo legislativo) ou se tiver sido prejudicada (perda de objeto) em sessão ordinária ou em sessão extraordinária, ela só poderá ser novamente oferecida a partir do início da sessão legislativa seguinte. Esta limitação não se aplica na hipótese de rejeição do substitutivo.[8]

É possível, entretanto, que a matéria da PEC rejeitada (ou prejudicada) seja reapresentada no mesmo ano ou na mesma legislatura (art. 44, parágrafo único da CF)? Sim, desde que em sessões legislativas distintas (ex.: PEC rejeitada em janeiro de 2021 pode ser reapresentada a partir de 2 de fevereiro do mesmo ano).

d) Limitações de ordem material (explícitas e implícitas)

> § 4º Não será objeto de deliberação a proposta de emenda tendente a abolir:
>
> I – a forma federativa de Estado;
>
> II – o voto direto, secreto, universal e periódico;
>
> III – a separação dos Poderes;
>
> IV – os direitos e garantias individuais.

As limitações materiais expressas do art. 60, § 4º, recebem o nome na doutrina de cláusulas pétreas, mas na verdade, não significa que são dispositivos alheios a qualquer tipo de reforma. Pelo contrário, as emendas mais protetoras são muito bem-vindas.[9] Como as cláusulas pétreas evitam a ruptura com os princípios e estrutura essenciais da Constituição, o que não se permite é a alteração que vise restringir ou abolir os direitos protegidos pelos dispositivos, que serão a seguir analisados.

---

8 O que não pode ser votado na mesma sessão legislativa é a emenda rejeitada ou havida por prejudicada, e não o substitutivo, que é uma subespécie do projeto originariamente proposto. (STF, MS nº 22.503/DF, Plenário, Rel. Min. Marco Aurélio, j. 08.05.96, *DJ* 06.06.97).

9 Foi o caso da EC nº 45/2004, que acrescentou ao art. 5º a razoável duração do processo como garantia fundamental (LXXVIII).

De igual forma, como já se manifestou o STF, as limitações materiais ao poder de reforma não importam na intangibilidade literal do que foi consagrado pelo constituinte originário, mas sim na preservação do núcleo essencial dos princípios e institutos protegidos pelo art. 60, § 4º, CF.[10] Assim, o que a Constituição efetivamente veda é a proposta tendente a abolir, isto é, a comprometer o núcleo essencial destas matérias.

I – a forma federativa de Estado

Consagrada como cláusula pétrea desde a Constituição de 1891, a forma federativa de Estado é uma das principais características do Estado brasileiro e representa a divisão geográfica do poder político no território nacional.

São características de destaque das Federações: o sistema de repartição de competências e a autonomia de seus entes federativos, sendo esse, portanto, o núcleo principal da proteção desse dispositivo. Mas será que todas as PECs que visem a modificar uma regra da repartição de competência ofenderão a forma federativa de Estado? A resposta é negativa, desde que a reforma mantenha a autonomia do ente federativo inabalada. Um exemplo é o da EC 69/12, que destinou ao Distrito Federal a responsabilidade pela organização da sua Defensoria Pública, matéria esta até então sob a responsabilidade da União Federal.

Conceituando em que consiste a autonomia dos entes federativos, José dos Santos Carvalho Filho afirma que a autonomia significa ter capacidade de (i) auto-organização, (ii) autogoverno e (iii) autoadministração. A primeira caracteriza-se pela prerrogativa de elaborar sua própria Constituição (no caso dos estados) ou lei orgânica (no caso dos municípios), enquanto a segunda é marcada pela possibilidade de organizar seu governo e eleger seus representantes. Por fim, a terceira representa a capacidade de tais entes para organizar e gerir os serviços públicos de sua competência.[11] Nesse sentido, ademais, a autonomia financeira dos entes se caracteriza como imprescindível para a manutenção do pacto federativo, haja visto que a sua ausência implicaria na incapacidade do ente de se organizar, governar e administrar, criando uma dependência financeira para com outros entes (sobretudo a União).

Poderíamos, em síntese, afirmar que fere cláusula pétrea a PEC que vise a: extinguir o Senado Federal, que é o órgão federativo por excelência; transferir competências de uma esfera da Federação para a outra, sem que se resguarde a autonomia da entidade federativa; violar o princípio da imunidade tributária recíproca entre os entes da Federação,[12] transformar o Brasil em um Estado

---

10 STF, ADI nº 2.024/DF, Plenário, Rel. Min. Sepúlveda Pertence, j. 03.05.07, *DJ* 22.06.07.

11 FILHO, José dos Santos Carvalho. *Manual de direito administrativo*. 29. Ed. São Paulo: Atlas, 2015.

12 STF, ADI nº 939/DF, Plenário, Min. Rel. Sydney Sanches, j. 15.12.1993, *DJ* 18.03.94.

unitário, instituir a secessão dos entes, entre outras reformas que agridam às características federativas principais.

Também nesse sentido de preservação do pacto federativo, o STF decidiu que: "Na espécie, cuida-se da autonomia do Estado, base do princípio federativo amparado pela Constituição, inclusive como cláusula pétrea (art. 60, § 4º, I). Na forma da jurisprudência desta Corte, se a majoração da despesa pública estadual ou municipal, com a retribuição dos seus servidores, fica submetida a procedimentos, índices ou atos administrativos de natureza federal, a ofensa à autonomia do ente federado está configurada" (RE 145.018/RJ, Rel. Min. Moreira Alves; Rp 1.426/RS, Rel.ª Min.ª Néri da Silveira; AO 258/SC, Rel. Min. Ilmar Galvão, entre outros).

II – o voto direto, secreto, universal e periódico

O voto é uma das expressões mais significativas do direito de participação política (o "sufrágio") e de acordo com a proteção constitucional presente nesse dispositivo, é possível concluir que: em nome do princípio da liberdade de convicção política o voto não pode se tornar aberto, o que facilitaria pressões políticas e econômicas ao eleitor e também não poderia estabelecer discriminações arbitrárias ao exercício desse importante direito político, o que vedaria, por exemplo, em nome do voto universal, fixação de restrições à alistabilidade do analfabeto ou das pessoas mais humildes.

O nosso voto é direto, portanto, qualquer tentativa de inserir na Constituição um Colégio Eleitoral para eleger os nossos representantes não será bem-vinda.[13]

O voto também é periódico, numa estreita vinculação à forma de governo existente no país, pois a República é caracterizada pela temporariedade dos mandatos, consagrada em eleições periódicas. Então, eventual PEC que venha a restringir o voto periódico, estabelecendo, por exemplo, a forma monárquica de governo, não deverá ser aceita.

Será que há impedimento jurídico a que uma proposta de emenda constitucional venha a instituir o voto facultativo no Brasil? Em princípio não, porque a obrigatoriedade formal do comparecimento do eleitor às urnas não é cláusula pétrea, estando presente apenas no art. 14, § 1º, da CF.

Também é importante frisar que o voto protegido como cláusula pétrea se refere ao que é realizado pelo eleitor no exercício dos seus direitos políticos. Com isso, nada impede que o voto a que se refere o art. 55, § 2º, da Constituição

13 Destacamos que há uma hipótese apenas de votação indireta no país, prevista em caso de vacância nos dois últimos anos do período presidencial, na forma do art. 81, § 1º, da CF.

venha a se tornar aberto por meio de uma reforma constitucional, não ferindo, dessa maneira, cláusula pétrea.

III – a separação dos Poderes

A teoria da separação dos poderes será analisada em capítulo específico, mas destacaremos nesse ponto a decisão do STF no julgamento da ADI 3.367,[14] no que tange à criação do Conselho Nacional de Justiça (CNJ). A Associação dos Magistrados do Brasil (AMB) ingressou com a ação direta de inconstitucionalidade em destaque, contrariando o art. 103-B, que criou o CNJ, alegando, entre diversos fundamentos, que a composição híbrida do Conselho,[15] com representantes que não pertencem ao Poder Judiciário, feriria a separação e harmonia entre os Poderes. O STF não acolheu o pedido de inconstitucionalidade da norma entendendo que a criação do referido órgão não ofendeu a cláusula pétrea questionada, pois não afetou o núcleo das funções jurisdicionais típicas do Poder Judiciário. Além do que, segundo a Corte, as funções do advogado e do membro do Ministério Público são atividades consagradas em sede constitucional e a sua participação no Conselho só reforça a natureza democrática do instituto.

Como as imunidades parlamentares (arts. 53 a 56 da CF) e as prerrogativas do Executivo (art. 86) estão relacionadas ao exercício independente das suas funções constitucionais, podemos concluir que abolir as cláusulas que dispõem sobre esses institutos seria inconstitucional por violar a separação de poderes.

---

14 STF, ADI nº 3.367/DF, Plenário, Min. Rel. Cezar Peluso, j. 13.04.2005, *DJ* 17.03.2006.

15 Art. 103-B. O Conselho Nacional de Justiça compõe-se de quinze membros com mais de trinta e cinco e menos de sessenta e seis anos de idade, com mandato de dois anos, admitida uma recondução, sendo: (Incluído pela Emenda Constitucional nº 45, de 2004.)

I – um Ministro do Supremo Tribunal Federal, indicado pelo respectivo tribunal;

II – um Ministro do Superior Tribunal de Justiça, indicado pelo respectivo tribunal;

III – um Ministro do Tribunal Superior do Trabalho, indicado pelo respectivo tribunal;

IV – um desembargador de Tribunal de Justiça, indicado pelo Supremo Tribunal Federal;

V – um juiz estadual, indicado pelo Supremo Tribunal Federal;

VI – um juiz de Tribunal Regional Federal, indicado pelo Superior Tribunal de Justiça;

VII – um juiz federal, indicado pelo Superior Tribunal de Justiça;

VIII – um juiz de Tribunal Regional do Trabalho, indicado pelo Tribunal Superior do Trabalho;

IX – um juiz do trabalho, indicado pelo Tribunal Superior do Trabalho;

X – um membro do Ministério Público da União, indicado pelo Procurador-Geral da República;

XI – um membro do Ministério Público estadual, escolhido pelo Procurador-Geral da República dentre os nomes indicados pelo órgão competente de cada instituição estadual;

XII – dois advogados, indicados pelo Conselho Federal da Ordem dos Advogados do Brasil;

XIII – dois cidadãos, de notável saber jurídico e reputação ilibada, indicados um pela Câmara dos Deputados e outro pelo Senado Federal.

IV – os direitos e garantias individuais

Numa leitura literal e minimalista dos direitos fundamentais tutelados por cláusula pétrea, seria possível afirmar que a extensão dessa tutela se encerraria nos direitos de 1ª geração (liberdades públicas clássicas), cuja titularidade é indubitavelmente do indivíduo. Mas essa visão não é a que predomina na doutrina mais garantista.

Sustentar que apenas as liberdades clássicas estariam protegidas como cláusulas pétreas seria estabelecer primazia não prevista na própria Constituição entre os próprios direitos fundamentais, segundo Ingo Sarlet.[16] Da mesma maneira, não se pode desconsiderar que os direitos sociais pertencem de início ao indivíduo e não à coletividade, como o direito à saúde, por exemplo.

Sobre a saúde, apesar de ser importante analisá-la sob o prisma coletivo, principalmente com o desenvolvimento de políticas públicas para a construção de hospitais, contratação de médicos e enfermeiros especializados, não podemos deixar de destacar que saúde é antes de tudo vida, individualmente considerada. Como podemos negar a natureza de cláusula pétrea ao direito à saúde? Se emendas constitucionais fossem apresentadas no sentido de diminuir os limites orçamentários para os gastos com a saúde, ou mesmo desobrigando o Estado da função de protegê-la, seriam essas reformas válidas?

O assunto é tão polêmico que, em âmbito judicial,[17] ainda não há uma posição uniforme sobre a proteção dos direitos sociais como cláusulas pétreas, simplesmente pela análise restrita da expressão *direitos e garantias individuais* (típicos de primeira geração). Sem falar que os Estados, em suas defesas nos diversos litígios que envolvem a prestação dos medicamentos gratuitos, aproveitam-se da suposta natureza unicamente coletiva do direito à saúde, para se eximirem da prestação dos serviços públicos essenciais garantidos pela Constituição.[18]

---

16 SARLET, Ingo Wolfgang. "Os Direitos Fundamentais Sociais como 'Cláusulas Pétreas'". *Cadernos de Direito*; Cadernos do Curso de Mestrado em Direito da Universidade Metodista de Piracicaba, v. 3, nº 5, dezembro de 2003, p. 88 a 94.

17 O STF indicou tendência à proteção dos direitos sociais como cláusulas pétreas no julgamento da ADI 1.946/DF, Min. Rel. Sydney Sanches, Plenário. j. 03.04.2003; *DJ* 16.05.2003, quando defendeu que o direito à licença-maternidade (art. 7º, XVIII, CF) é protegido pela imutabilidade.

18 STF, SS 3.205/AM. j. 31.05.2007; Decisão da Presidência, Ministra Ellen Gracie, decisão publicada no *DJU* em 08.06.2007. Vale a pena ler trecho da defesa do Estado do Amazonas na Suspensão de Segurança sob comento: (...) ao ser compelido a adquirir medicamentos fora de suas atribuições como elemento de um sistema único, objeto da Lei nº 8.080/90, toda a coletividade será prejudicada, pois, valendo-se do exemplo do caso concreto, estar-se-ia atendendo uma necessidade **individual** em detrimento do equilíbrio financeiro do sistema em relação à **coletividade** (fls. 10-11), sendo certo que essa foi a conclusão das decisões proferidas nas mencionadas STA 91/AL e SS 3.073/RN; b.2) **o art. 196 da Constituição**

Nesse ponto, importante destacar que, uma vez que os direitos sociais guardam relação com os próprios indivíduos (eis que, ao fim e ao cabo, são por eles exercidos e de forma individual), a proteção de tais direitos culminaria, afinal, na proteção de direitos individuais. Em outro sentido, caso se entendesse que os direitos sociais não configurariam cláusulas pétreas, correr-se-ia o risco de que emenda constitucional que os abolisse refletisse tal prejuízo exatamente em um direito individual. Seria o caso, por exemplo, de emenda que, ao revogar o direito à saúde, colocasse em risco o próprio direito à vida.

Em razão disso, como consta do Ementário nº 1730-10/STF, o ministro Celso de Mello ressalta que, uma vez que os direitos e garantias expressos no texto constitucional não se limitam àqueles previstos no art. 5º (conforme o § 2º do mesmo artigo), tem-se que mesmo os direitos sociais se revelam cláusulas pétreas, eis que advindos de direitos individuais.

Quanto à proteção dos direitos individuais se esgotarem ou não nas disposições do art. 5º da CF, doutrina e jurisprudência convergem para o entendimento de que todos os dispositivos constitucionais que tratam desses direitos configuram cláusulas pétreas, como na decisão[19] do STF, que consagrou o princípio da anterioridade em matéria tributária (art. 150, III, "b") como cláusula pétrea.

Na interpretação da CF é possível se identificar institutos e direitos importantes que não foram consagrados como cláusulas pétreas expressas, mas que diante de sua relevância também deveriam receber um tratamento especial pelo constitucionalismo pátrio. É a doutrina das limitações materiais implícitas.

Para Nelson de Souza Sampaio seriam exemplos de tais limitações: a) a titularidade do poder constituinte; b) as relativas ao titular do poder de reforma e, ainda, c) ao processo da própria emenda.[20]

Manoel Jorge e Silva Neto indica que todo o núcleo dos princípios fundamentais do Título I da Constituição (arts. 1º a 4º) são limitações implícitas, levando-se em consideração que fariam parte da própria razão ontológica da unidade estatal brasileira.[21]

---

da República, ao assegurar o direito à saúde, se refere, em princípio, à efetivação de políticas públicas que alcancem a população como um todo, não garantindo situações individualizadas, como o fornecimento de remédios excepcionais e de alto custo que estão fora da lista do Sistema Único de Saúde – SUS (grifos nossos).

19 STF, ADI nº 939/DF, Plenário, Min. Rel. Sydney Sanches, j. 15.12.93, *DJ* 18.03.94.

20 SAMPAIO, Nelson de Souza. *O poder de reforma constitucional*. Salvador: Livraria Progresso, 1954, p. 93 e ss.

21 SILVA NETO, Manoel Jorge e. *Curso de Direito Constitucional*. 3. ed. Rio de Janeiro: Lumen Juris, 2008, p. 22.

Guilherme Peña de Moraes destaca que são exemplos de cláusulas tácitas a forma e o sistema de governo, que não poderiam ser modificadas por uma reforma constitucional após o resultado do plebiscito de 21 de abril de 1993, quando o povo confirmou a vontade de viver em uma república-presidencialista.[22]

Ressaltando a limitação implícita que veda a alteração do próprio art. 60, com o intuito de facilitar o processo de reforma, nasce a vedação à dupla reforma ou à dupla revisão. Tal instituto significaria, em sentido simples, realizar, por meio de duas emendas constitucionais, o que não seria possível de se conseguir com uma só. Exemplificando: se a EC X pudesse retirar o § 1º do art. 60, a EC Y poderia livremente ser promulgada durante a intervenção federal, hipótese esta não desejada pelo constituinte por colocar em risco a própria Constituição; ou então, se a EC W pudesse retirar o § 4º do art. 60, a EC J poderia estabelecer pena de morte para crimes hediondos, situação também não defendida pelo constituinte originário.

Manoel Gonçalves Ferreira Filho, em sentido contrário, defende a possibilidade da dupla revisão, tendo em vista a inexistência de vedação constitucional expressa que a proíba.[23]

2. AS EMENDAS CONSTITUCIONAIS "AVULSAS"

As Emendas Constitucionais denominadas avulsas são aquelas que, apesar de observarem todo o procedimento estabelecido no art. 60 da CF, servirem de parâmetro para o controle de constitucionalidade das normas e, objeto de controle de constitucionalidade, não efetuam qualquer alteração formal em qualquer dispositivo constitucional, portanto, a título de crítica, podemos afirmar se tratar de emenda atécnica.

Como grandes exemplos dessas emendas, podemos citar a EC 67 de 2010, que prorrogou, por tempo indeterminado, o prazo de vigência do Fundo de Combate e Erradicação da Pobreza, e a EC 91 de 2016, que estabeleceu a possibilidade, excepcional e em período determinado, de desfiliação partidária, sem prejuízo do mandato e também a EC 106 de 2020, que instituiu regime extraordinário fiscal, financeiro e de contratações para enfrentamento da calamidade pública decorrente de pandemia.

22 PEÑA DE MORAES, Guilherme. *Curso de Direito Constitucional*. 2. ed., rev. e atual. Rio de Janeiro: Impetus, 2008, p. 34-35.

23 FERREIRA FILHO, Manoel Gonçalves. "Significação e Alcance das Cláusulas Pétreas". *Revista de Direito Administrativo*, nº 202, 1995, p. 17.

2.1 Emendas de Revisão

As emendas de revisão, trazidas casuisticamente[24] pelo constituinte originário com inspiração no direito português,[25] na forma do art. 3º do ADCT, possuem um mecanismo próprio de elaboração, mais simplificado do que o previsto para a criação das emendas constitucionais, ainda que, como iremos constatar, estivessem subordinados ao "núcleo do poder reformador" do art. 60.

2.2 Correntes sobre a Revisão Constitucional e Limitações

Em razão da discussão acerca da vinculação ou não da revisão constitucional ao resultado do plebiscito de 1993, em que o povo confirmou a vontade do constituinte originário com a forma de governo republicana e o sistema de governo presidencialista, o governador do estado do Paraná ajuizou ação direta de inconstitucionalidade[26] em face da Resolução nº 01/93 (de 18.11.1993) do Congresso Nacional, que determinava a abertura dos trabalhos da revisão constitucional, entendendo que os arts. 2º e 3º do ADCT estariam juridicamente atrelados, e como o plebiscito não alterou a vontade do constituinte, não haveria então mais possibilidade de reforma por meio do mecanismo simplificado destinado às emendas de revisão. No julgamento da referida ação, pode-se observar, nos votos dos ministros, o nascimento de duas posições:

- **Restritiva**
- **Moderada**

A primeira, defendida por Geraldo Ataliba e Paulo Bonavides, entendia que os dois dispositivos sob comento do ADCT estariam atrelados e, com isso, em razão do resultado do plebiscito, não haveria mais possibilidade de alteração da Constituição por meio das emendas revisionais.

A segunda tese, defendida por Raul Machado Horta[27] e acolhida pelo STF,[28] defendia a desvinculação dos dois dispositivos, diante da normatividade própria de cada um. Entretanto, em razão da escassez do texto do art. 3º acerca do

24 Para serem elaboradas após o resultado do plebiscito, sobre forma e sistemas de governo do art. 2º do ADCT.

25 De acordo com o art. 284 da Constituição portuguesa de 1976: "A Assembleia da República pode rever a Constituição decorridos cinco anos sobre a data da publicação da última lei de revisão ordinária".

26 STF, ADIN 981/PR MC, Plenário, Min. Rel. Néri da Silveira, j. 17.12.93, *DJ* 05.08.94.

27 MACHADO HORTA, Raul. "Permanência e Mudança na Constituição." *Revista Brasileira de Estudos Políticos*, vol. 74/74, janeiro/julho de 1992, p. 260 a 262.

28 STF, ADIN 981/PRMC, Plenário, Min. Rel. Néri da Silveira, j. 17.12.93, *DJ* 05.08.94.

processo e limites sobre a revisão constitucional, esta deveria respeitar o núcleo das cláusulas pétreas e demais aplicações subsidiárias com esteio no art. 60 da CF.

Podemos, com base na corrente vencedora, estabelecer as seguintes limitações para as emendas de revisão: a) de ordem temporal, tendo em vista que só poderiam ser instituídas após 5 (cinco) anos contados da promulgação da CF; b) restrições de ordem formal, que, com base no art. 3º do ADCT, seriam: exigência de maioria absoluta e observância ao princípio do unicameralismo; promulgação pela Mesa do Congresso Nacional e, com espeque no art. 60, obediência ao rol taxativo de legitimados ativos dos incisos I, II e III; c) de ordem circunstancial, com a impossibilidade de revisão na vigência de intervenção federal, estado de defesa ou estado de sítio, com aplicação subsidiária do art. 60, § 1º; e d) de ordem material, com o respeito às cláusulas pétreas do art. 60, § 4º, além das limitações implícitas de criação doutrinária.

2.3 Quadro Comparativo entre as Emendas Constitucionais e as Emendas de Revisão

Em face das limitações enfrentadas pelas emendas constitucionais e também pelas emendas de revisão, em nome da rigidez constitucional é possível se traçar um paralelo entre as duas espécies normativas, como podemos verificar do quadro abaixo.

PODER REFORMADOR (art. 60, CF)		
Limitações	**Emenda Constitucional (art. 60 da CF)**	**Emenda de Revisão (art. 3º do ADCT)**
Temporais	Não	5 (cinco) anos, contados da promulgação da CF
Circunstanciais	Art. 60, § 1º	Art. 60, § 1º
Formais	Art. 60, I, II e III,	Art. 60, I, II e III
(processo legislativo)	§ 2º, § 3º, § 5º	Votação em sessão unicameral por maioria absoluta dos membros do CN; Promulgação – Mesa do Congresso Nacional.Não se aplica o disposto no § 5º do art. 60
Materiais (conteúdo)	Expressas: art. 60, § 4º. Implícitas	Expressas: art. 60, § 4º. Implícitas

3. MUTAÇÃO CONSTITUCIONAL

3.1 Conceito. Definições

Ao lado do processo formal de mudança da Constituição, que hoje consiste na elaboração das emendas constitucionais com espeque no art. 60 ora analisado, a mutação constitucional vai dar oxigênio ao texto constitucional, permitindo a sua releitura à luz da sociedade atual, dos fatos econômicos, históricos e políticos, existentes no momento da interpretação da Constituição. A mutação não realiza mudanças formais na Constituição, por isso se diz que seria uma reanálise do sentido e alcance das normas constitucionais, sem mudança de texto. Pode ainda ser denominada, segundo a doutrina, transição constitucional, manifestação de poder constituinte difuso, mudança constitucional silenciosa, transição informal[29], vicissitude constitucional tácita[30] ou revisão informal do compromisso político.[31]

Com bem salienta Uadi Lammêgo Bulos, o caráter dinâmico e prospectivo da ordem jurídica propicia o redimensionamento da realidade normativa, onde as Constituições, sem revisões ou emendas, assumem significados novos, caracterizados por um renovar-se, um refazer-se de soluções que, muitas vezes, não promanam de reformas constitucionais, e sim, de mudanças informais.[32]

Com base nas lições de George Burdeau, haveria um poder constituinte difuso que, por não ser registrado pelos mecanismos constitucionais, seria realizado por meios difusos, ou seja, não seguem formalidades ou procedimentos expressos.[33]

Para o Min. Gilmar Mendes, as mutações constitucionais nada mais seriam do que as alterações semânticas dos preceitos da Constituição, em decorrência de modificações no prisma histórico-social ou fático-axiológico em que se concretiza a sua aplicação. Segundo o autor, as palavras das leis conservam-se imutáveis, mas a sua acepção sofre um processo de erosão ou, ao contrário, de enriquecimento, em virtude da transferência de fatores diversos que vêm

---

29 BARROSO, Luís Roberto. Curso de Direito Constitucional Contemporâneo: os conceitos fundamentais e a construção do novo modelo. São Paulo: Saraiva, 2009, p. 124.

30 MIRANDA, Jorge. Manual de Direito Constitucional. 2. ed., vol. II. Coimbra: Coimbra Editora, 1988, p. 131- 132.

31 CANOTILHO, José Joaquim Gomes. Direito Constitucional e Teoria da Constituição. 3. ed. Coimbra: Almedina, 1999, p. 1.153.

32 BULOS, Uadi Lammêgo. *Constituição Federal Anotada*. 8. ed., rev. e atual. São Paulo: Saraiva, 2008, p. 53-55.

33 BURDEAU, George. *Droit constitutionnel et institutions politiques*. 16. ed. Paris: LGDJ, 1974.

amoldar a letra da lei a um novo espírito, a uma imprevista *ratio juris*, que atribui nova direção aos enunciados jurídicos.[34]

Anna Cândida da Cunha Ferraz define a mutação como: "um processo indireto, processos não formais ou processos informais, para designar todo e qualquer meio de mudança constitucional não produzida pelas modalidades organizadas de exercício do Poder Constituinte Derivado".[35]

Segundo Guilherme Peña de Moraes[36], a mutação constitucional é limitada pelas possibilidades semânticas do relato da norma e preservação dos princípios fundamentais que dão identidade à Constituição, é instrumentalizada pela interpretação administrativa ou judicial, bem assim pela atividade legislativa e costumes, com vistas à superação da clássica antinomia entre a normatividade e a faticidade ou realizabilidade, imposta pelo positivismo jurídico.

Ainda para o autor, o recurso à mutação constitucional pelo Supremo Tribunal Federal tem demonstrado cinco características: papel contramajoritário, modelo de bricolagem, intensificação do uso, igualdade de reconhecimento e limite semântico.

Papel contramajoritário, porque a Corte tem decidido sobre questões políticas ou moralmente relevantes que muito dificilmente seriam objeto de proposições submetidas à cognição dos Poderes Legislativo e Executivo, legitimados democraticamente pelo voto popular.

Modelo de bricolagem, porque o Tribunal tem recorrido à mutação constitucional de forma mais ou menos aleatória. Nesse enfoque, os magistrados desenvolvem um trabalho de oferecer razões como um *bricoleur*.

Intensificação do uso, porque a Corte tem aumentado significativamente a utilização da mutação constitucional no último biênio, durante o qual podem ser identificadas 57,33% das decisões que abordam o processo informal de mudança constitucional.

Igualdade de reconhecimento, porque o Tribunal tem recorrido à mutação constitucional em questões que giram em torno de minorias, sua identidade e diferenças, inclusive raciais. Nesse sentido, os magistrados desenvolvem um trabalho de concretizar os direitos fundamentais de grupos vulneráveis.

---

34 MENDES, Gilmar Ferreira; COELHO, Inocêncio Mártires e BRANCO, Paulo Gustavo Gonet. *Curso de Direito Constitucional*. 2. ed. São Paulo: Saraiva, 2008.

35 FERRAZ, Anna Cândida da Cunha. *Processos Informais de Mudança da Constituição:* Mutações Constitucionais e Mutações Inconstitucionais. São Paulo: Max Limonad, 1986.

36 Constitucionalismo Brasileiro: passado, presente e futuro da Constituição Cidadã". Publicado no livro "30 Anos da CF e o Direito Brasileiro" (Rio de Janeiro: Forense, 2018), item 4.2.

Limite semântico, porque a Corte tem deliberado, em algumas hipóteses, sobre o sentido, alcance e conteúdo de normas introduzidas no texto constitucional sem, no entanto, apego às possibilidades semânticas do relato da norma constitucional.

3.2 Manifestações

A mutação pode ser fruto de novos usos ou costumes, de atuações administrativas ou legislativas, e ainda, como é mais comum no Brasil, manifestar-se por meio de novas interpretações judiciais acerca do texto constitucional, ou seja, verdadeiras "viradas jurisprudenciais".

Consoante o ensinamento de Anna Cândida da Cunha Ferraz, em obra específica sobre o assunto,[37] a mutação constitucional por via interpretativa é claramente perceptível numa das situações seguintes: a) quando há um alargamento do sentido do texto constitucional, aumentando-se-lhe, assim, a abrangência para que passe a alcançar novas realidades; b) quando se imprime sentido determinado e concreto ao texto constitucional; c) quando se modifica interpretação anterior e se lhe imprime novo sentido, atendendo à evolução da realidade constitucional;[38] d) quando há adaptação do texto constitucional à nova realidade social, não prevista no momento da elaboração da Constituição; e) quando se preenche, por via interpretativa, lacunas do texto constitucional.[39]

3.3 Limitações à Mutação e a "Mutação Inconstitucional"

Como os limites da mutação não estão delineados de maneira expressa na Constituição – porque desconfiguraria a própria natureza informal da reforma – poderão existir mutações (ou deturpações constitucionais sob essa denominação) que violem seu texto e seu espírito, sendo manifestamente inconstitucionais. Por isso mesmo é que podem ser facilmente percebidas por quem as analise quanto à ausência de cuidado de compatibilizá-las com o sentido da Carta Magna.

---

37 FERRAZ, Anna Cândida da Cunha. *Processos Informais de Mudança da Constituição*: Mutações Constitucionais e Mutações Inconstitucionais. São Paulo: Max Limonad, 1986.

38 Em nossa opinião, o julgamento do STF sobre a fidelidade partidária dos candidatos eleitos pelo sistema eleitoral proporcional manifesta uma mutação constitucional por meio de releitura dos arts. 1º, II e V, 14, § 3º e 45 da CF, modificando a interpretação anterior dos mesmos dispositivos que não resultavam na tal fidelidade. Cf. STF, MS nº 26.603/DF, Rel. Min. Celso de Mello, Plenário, j. 04.10.07, *DJ* 19.12.08.

39 Seria o caso do cancelamento da Súmula nº 394 do STF, que previa a prorrogação de competência da Corte para julgamento criminal de ex-parlamentares, na interpretação do art. 53, § 1º, da CF.

Poderíamos dizer que além de respeito à própria essência da Constituição, a mutação não poderá contrariar as cláusulas pétreas do art. 60, § 4º, da CF, sob pena de se transformar numa verdadeira "quebra da Constituição".

3.4 Exemplos do Fenômeno

Como exemplos de mutações constitucionais, de acordo com a jurisprudência do STF, podemos citar:

a) A decisão da Corte no MS 26.603-1, que reconheceu a fidelidade partidária no país, realizando uma releitura dos arts. 14, § 3º, e 55 da CF;

b) O entendimento sobre a prisão civil do depositário infiel (art. 5º, LXVII), representado pela Súmula Vinculante nº 25;

c) A decisão do STF acerca da relação homoafetiva e da entidade familiar em que considerou cabível o mecanismo da integração analógica para que sejam aplicadas às uniões homoafetivas as prescrições legais relativas às uniões estáveis heterossexuais, excluídas aquelas que exijam a diversidade de sexo para o seu exercício, até que o Congresso Nacional lhe dê tratamento legislativo (releitura do art. 226, § 3º, da CF);[40]

d) A redefinição do papel do AGU no controle concentrado de constitucionalidade – ADI 3.916/DF. O Tribunal, por maioria de votos, entendeu que o art. 103, § 3º, da CF deve ser alvo de uma interpretação sistemática, pois o que o referido dispositivo pretende garantir é que o AGU emita seu parecer e não estabelecer obrigatoriedade deste em defender o ato normativo impugnado;[41]

e) O cancelamento da Súmula nº 394 do STF, que previa a prorrogação de sua competência para processar ex-parlamentares;

f) A criação da Súmula Vinculante nº 13 que, ao vedar o nepotismo, fez uma sadia releitura dos princípios da Administração Pública previstos no art. 37, *caput*, da CF;

---

40 STF, ADI nº 4.277/DF,Plenário, Rel. Min. Ayres Britto, j. 05.05.11, *DJ* 14.10.11 e STF, ADPF nº 132/RJ, Plenário, Rel. Min. Ayres Britto, j. 05.05.11, *DJ* 14.10.11.

41 Anteriormente, inclusive, o STF já havia relativizado o dever de atuação do AGU quando do julgamento da ADI 1.616/PE, Plenário, Rel. Min. Maurício Corrêa, j. 24.05.01, *DJ* 24.08.01. Nela, o Supremo entendeu que quando já houver reiterada jurisprudência da Corte no sentido de reconhecer a inconstitucionalidade do ato normativo impugnado, não é necessária a sua defesa por parte do AGU.

g) A decisão do STF no HC 124.306/RJ, que deu interpretação conforme o art. 5º, caput, da CF, aos arts. 124 a 126 do Código Penal, que tipificam o crime de aborto, para excluir do seu âmbito de incidência a interrupção voluntária da gestação efetivada no primeiro trimestre;
h) O entendimento da Corte no RE 646.721/RS, no qual a norma ventilada pelo art. 1.790 do Código Civil, que estabelece a diferenciação de regimes sucessórios entre os cônjuges e os companheiros, foi declarada inconstitucional em face do art. 226, § 3º, *in fine*, da CF.

Capítulo

9

NOTAS SOBRE AS CONSTITUIÇÕES BRASILEIRAS

Neste capítulo será apresentada uma análise sistematizada dos principais aspectos relacionados às Constituições anteriores, como os relativos à sua forma de estado, de governo, direitos e garantias fundamentais e suas demais características essenciais.

1. CONSTITUIÇÃO DE 1824

- Forma de Governo: monárquico, hereditário, constitucional e representativo;
- Forma de Estado: unitário. As províncias não tinham autonomia;
- O Estado é confessional, ou seja, adota uma religião oficial, que é a Católica Apostólica Romana;
- O voto é censitário, baseado em bens de raízes, ou seja, tudo que tivesse valor financeiro. Desse modo, não só a aristocracia votaria, mas o comércio também poderia votar;
- Contém um extenso rol de liberdades públicas;
- Os Poderes Políticos reconhecidos pela Constituição do Império do Brasil são quatro: o Poder Legislativo, o Poder Moderador, o Poder Executivo e o Poder Judicial.

O Poder Moderador, base de toda a organização política, era delegado ao Imperador Constitucional, para que velasse sobre a independência e harmonia dos demais Poderes do Império. A despeito das garantias dos direitos individuais, como, por exemplo, a igualdade de todos perante a lei, o *status libertatis* era restringido às pessoas livres, ingênuas ou libertas, o que evidenciava a contradição entre o liberalismo e a escravidão.[1]

- São excluídos de votar nas Assembleias Paroquiais os que não tiverem renda líquida anual de cem mil réis por bens de raiz, indústria, comércio ou empregos;
- A Constituição serviu bem a uma sociedade pouco dinâmica, em que a participação política era baixa – e por isso a mais longeva do país.

2. CONSTITUIÇÃO DE 1891

- Forma de Estado: Federal. O Brasil copia não só o modelo político dos EUA como a estrutura do nome "Estados Unidos do Brasil" (federalismo atípico);
- Forma de Governo: República;
- O Estado é leigo ou laico, ou seja, mantém neutralidade religiosa em matéria constitucional. O Brasil passa por um processo de Laicização ou Secularização, em razão da separação entre Estado e Igreja em 1890;
- Os Poderes Políticos reconhecidos pela Constituição Republicana são três: o Poder Legislativo, o Poder Executivo, e o Poder Judicial, harmônicos e independentes entre si;
- Não podem alistar-se eleitores para as eleições federais ou, para as dos Estados, os mendigos e os analfabetos. As mulheres também não votavam;
- Fica abolida a pena de morte, reservadas as disposições da legislação militar em tempo de guerra;
- Trouxe o *habeas corpus* sempre que o indivíduo sofresse ou se achasse em iminente perigo de sofrer violência ou coação por ilegalidade ou abuso de poder;

---

1 A Constituição de 1824 não aludia à escravidão. O cotejo do art. 6º, inc. I – "são cidadãos brasileiros os que no Brasil tiverem nascido, quer sejam ingênuos, ou libertos, ainda que o pai seja estrangeiro, uma vez que este não resida por serviço de sua nação", – e art. 94, inc. II – "podem ser eleitores, e votar na eleição dos Deputados, Senadores e membros dos Conselhos de Província todos, os que podem votar na Assembleia Paroquial, excetuando-se os libertos" –, no entanto, denota que a *servitutem* era tolerada pelo Império. MATTOS, Hebe Maria. Escravidão e Cidadania no Brasil Monárquico. Rio de Janeiro: Zahar, 2000, p. 14, 19-20, 34 e 37).

- É concedida à D. Pedro de Alcântara, ex-Imperador do Brasil, uma pensão que, a contar de 15 de novembro de 1889, garanta-lhe, por todo o tempo de sua vida, subsistência decente.

3. CONSTITUIÇÃO DE 1934

- Inspirada na Constituição Alemã de 1919 (Weimar);
- Forma de Estado: Federal;
- Forma de Governo: República;
- Implanta a Justiça do Trabalho, a Justiça Eleitoral e o voto secreto;
- Primeira Constituição a consagrar os direitos dos trabalhadores, como a jornada de oito horas e a proibição do trabalho infantil;
- Prevê o direito de voto às mulheres na Constituição;
- Não podem alistar-se como eleitores os mendigos e os analfabetos;
- Introduz o mandado de segurança individual e a ação popular no texto da Constituição.

4. CONSTITUIÇÃO DE 1937

- Inspirada num modelo fascista da Carta ditatorial polonesa de 1935, foi extremamente autoritária. Conhecida por Constituição "polaca";
- Além dos casos previstos na legislação militar para o tempo de guerra, a lei poderá prescrever a pena de morte para alguns crimes, inclusive os de homicídio cometido por motivo fútil e com extremos de perversidade;
- Centralizou poderes nas mãos do presidente, que indicava os governadores de Estado e podia interferir no Judiciário;
- Perdem-se os direitos políticos pela recusa motivada por convicção religiosa, filosófica ou política, de encargo, serviço ou obrigação imposta por lei aos brasileiros;
- A lei pode prescrever censura prévia da imprensa, do teatro, do cinematógrafo, da radiodifusão, facultando à autoridade competente proibir a circulação, a difusão ou a representação;
- A greve e o *lock-out* são declarados recursos antissociais nocivos ao trabalho e ao capital e incompatíveis com os superiores interesses da produção nacional;
- São dissolvidos a Câmara dos Deputados, o Senado Federal, as Assembleias Legislativas dos Estados e as Câmaras Municipais;
- É declarado, em todo o País, o estado de emergência.

5. CONSTITUIÇÃO DE 1946

- É restabelecida a democracia;
- O Distrito Federal é a capital da União;
- O alistamento e o voto são obrigatórios para os brasileiros de ambos os sexos, salvo as exceções previstas em lei;
- Não podem alistar-se eleitores os analfabetos;
- É livre a manifestação do pensamento, sem que dependa de censura, salvo quanto a espetáculos e diversões públicas;
- É estabelecida a função social da propriedade, prevendo-se desapropriação com indenização;
- Não haverá pena de morte, de banimento, de confisco nem de caráter perpétuo. São ressalvadas, quanto à pena de morte, as disposições da legislação militar em tempo de guerra com país estrangeiro;
- É reconhecido o direito de greve, cujo exercício a lei regulará.

6. CONSTITUIÇÃO DE 1967

- Militares preparam o projeto de Constituição e impõem que o Congresso Nacional vote;
- Privilegia a função executiva em detrimento das funções legislativa e judiciária;
- Preocupa-se fundamentalmente com a segurança nacional;
- Estabelece eleição indireta para o presidente, aumenta o controle federal dos gastos públicos e dá ao governo poderes de reprimir crimes contra a segurança nacional;
- Cria a ação de suspensão de direitos individuais e políticos;
- Modifica rigidamente o sistema tributário nacional e a discriminação de rendas;
- Ficam aprovados e excluídos de apreciação judicial os atos praticados pelo Comando Supremo da Revolução de 31 de março de 1964;
- Em 1968, instituiu-se o AI-5.

7. EMENDA CONSTITUCIONAL Nº 1, DE 1969

- A Constituição de 1967 é novamente escrita, sendo denominada Emenda Constitucional nº 1/69;

- Nesse texto emendado, o poder ficou cada vez mais centralizado, tanto horizontalmente (Legislativo, Executivo e Judiciário), quanto verticalmente (União, Estados e Municípios), nas mãos do Presidente da República;
- Elimina as imunidades parlamentares materiais e processuais;
- Determina a liberdade de criação de partidos políticos;
- A Emenda Constitucional nº 26, em 27 de novembro de 1985, convocou a Assembleia Nacional Constituinte, que iniciou os seus trabalhos em fevereiro de 1987.

Parte II

TEORIA GERAL DOS DIREITOS FUNDAMENTAIS

Capítulo

10

TEORIA DOS DIREITOS FUNDAMENTAIS

1. BREVE HISTÓRICO SOBRE OS DIREITOS HUMANOS, SUA IMPORTÂNCIA NO MUNDO PÓS-GUERRA E A DIGNIDADE DA PESSOA HUMANA

As primeiras formulações históricas dos direitos humanos na segunda metade do século XVIII (*Bill of Rights* da Declaração de Virgínia, em 1776, e a Declaração Francesa dos Direitos do Homem, de 1789), movidas por ideais iluministas, retratavam a importância do direito natural (resguardando-se a existência de valores superiores aos das leis escritas), invocando-o expressamente em seus textos.[1]

O direito natural é, muitas vezes, associado à moral, elemento subjetivo, desconsiderado no estudo da ciência jurídica pelos positivistas. Direito positivo era o não natural, o estabelecido por arbítrio, sem permanência, mutável de acordo com condições sociais variáveis. Para Nino,[2] os direitos humanos são, ao menos em sentido originário, direitos morais. Sua existência independe do reconhecimento pelo direito positivo, pois são concebidos como direitos outorgados pelo direito natural.

---

1 A título de exemplo, o primeiro parágrafo da Declaração de Virgínia, expressa os direitos inatos, naturais de cada pessoa, como podemos visualizar a seguir:

"Que todos os homens são, por natureza, igualmente livres e independentes e têm certos direitos inatos, dos quais, quando entram em estado de sociedade não podem por qualquer acordo privar ou despojar seus pósteros e que são: o gozo da vida e da liberdade com os meios de adquirir e de possuir a propriedade e de buscar e obter felicidade e segurança".

2 Nino, Carlos Santiago. *Ética y derechos humanos*. Buenos Aires: 1984, p. 24.

Tal concepção também é compartilhada de certa forma por Boaventura de Sousa Santos.[3] Para o autor, o conceito de direitos humanos seria baseado em um conjunto de pressupostos ocidentais, designadamente pautados em uma natureza universal, que pode ser reconhecida racionalmente. A natureza humana seria essencialmente diferente e superior à restante realidade e, nesse sentido, o indivíduo possuiria uma dignidade absoluta e irredutível que teria que ser defendida da sociedade ou do Estado.

Segundo Eugenio Bulygin,[4] no transcurso do século XIX a fundamentação jusnaturalista perdeu sua força em razão do positivismo jurídico ter se convertido na concepção jusfilosófica dominante. Nesse momento, os direitos humanos são recebidos pelos países civilizados (para a época, precisamente, Europa e Estados Unidos) sob a forma de direitos e garantias constitucionais. Contudo, as duas Grandes Guerras Mundiais vieram espalhando o horror e o caos; institucionalizaram a morte, a fome, o preconceito e a dor, marcando para sempre o século XX com a separação dos direitos fundamentais e a desconfiança de todos sobre as leis que não conseguiram evitar os massacres. O mundo sentiu uma necessidade urgente de proporcionar aos direitos humanos uma fundamentação mais sólida do que a prevista pelo direito positivo, que não os protegeu dos regimes totalitários.

Nesse contexto, a reconstrução da dignidade perdida nas guerras foi pilar fundamental desse momento de releitura do direito e, como bem afirma Flávia Piovesan:[5] *Sob o prisma histórico, a primazia jurídica do valor da dignidade da pessoa humana é resposta à profunda crise sofrida pelo positivismo jurídico, associada à derrota do fascismo na Itália e do nazismo na Alemanha. Esses movimentos ascenderam ao poder dentro do quadro da legalidade.*

E foi com a motivação da necessária proteção aos direitos humanos e consequente abertura das Constituições do mundo pós-guerra a valores e princípios, que se propôs o diálogo entre o direito positivo e o direito natural, permitindo a revisão das antigas "verdades jurídicas positivistas", conforme observamos das sábias palavras de Dworkin,[6] para quem os princípios incor-

---

3 Sousa Santos, Boaventura de. "Por uma concepção multicultural de direitos humanos". In: ______. (Org.). *Reconhecer para libertar: os caminhos do cosmopolitismo cultural.* Rio de Janeiro: Civilização Brasileira, 2003, p. 429-461.

4 BULYGIN, Eugênio; ALCHOURRON, Carlos E. *Analisis lógico y derecho.* Madrid: Centro de Estudios Constitucionais, 1991, p. 620.

5 PIOVESAN, Flávia. *Direitos humanos e o direito constitucional internacional.* 7. ed. São Paulo: Saraiva, 2006, p. 28.

6 Dworkin, Ronald. *Levando os direitos a sério.* São Paulo: Martins Fontes, 2002, p. 1 a 120.

poram as exigências de justiça e dos valores éticos ao ordenamento jurídico, como já tratamos em capítulo específico.

Com a ascendência da valorização da ética e da moral, a dignidade da pessoa humana reaparece como unidade axiológica do ordenamento jurídico, irradiando a sua força para a concretização dos direitos humanos. Nessa relação simbiótica, poderíamos dizer que os direitos humanos constituem revelações da dignidade da pessoa humana, pelo menos de início.

Consagrado como valor jurídico universal, principalmente após a Declaração Universal dos Direitos Humanos de 1948, quando passou a receber contornos jurídicos, a dignidade da pessoa humana – entendida como o atributo imanente ao ser humano para exercício da liberdade e de direitos como garantia de uma existência plena e saudável – passou a ter amparo como um objetivo e uma necessidade de toda humanidade, vinculando governos, instituições e indivíduos. Nesse momento da história, o valor fundante da dignidade da pessoa humana se irradiou para as novas Constituições do mundo pós-guerra, permitindo-lhes inaugurar novas ordens jurídicas professando a dignidade humana como fim a ser atingido, verdadeiro substrato de valor de todo o ordenamento jurídico.

São exemplos desses novos textos constitucionais, o da República italiana, editado em 27 de dezembro de 1947, que afirmou, em seu art. 3º: "todos os cidadãos têm a mesma dignidade social e são iguais perante a lei", e o da Lei Fundamental de Bonn (Alemanha), de 23 de maio de 1949, no seu art. 1.1: "A dignidade do homem é intangível. Os Poderes Públicos estão obrigados a respeitá-la e a protegê-la". Mais tarde, a Constituição da República Portuguesa, promulgada em 1976, determinou, em seu art. 1º, que: "Portugal é uma República soberana, baseada, entre outros valores na dignidade da pessoa humana e na vontade popular e empenhada na construção de uma sociedade livre, justa e igualitária". Um pouco depois da queda do regime de exceção, comandado pelo generalíssimo Franco, a nova Constituição espanhola de 1978 seguiu na mesma trilha de seus contemporâneos: "A dignidade da pessoa, os direitos invioláveis que lhe são inerentes, o livre desenvolvimento da personalidade, o respeito pela lei e pelos direitos dos outros são fundamentos da ordem pública e da paz social".

Hoje em dia, praticamente todas as Constituições do mundo ocidental remetem à dignidade da pessoa humana uma das esperanças de sua concretização, sem dúvida ali constando uma das mais saudáveis quimeras dos legisladores respectivos. Na esteira da nova ordem internacional, a Constituição brasileira de 1988 acolheu a dignidade da pessoa humana como um fundamento da República Federativa brasileira (art. 1º, III), um princípio fundamental (incluído no Título I) e um direito fundamental (art. 5º, III).

A dignidade da pessoa humana, segundo Maria Celina Bodin,[7] possui raízes filosóficas e foi com o cristianismo que primeiro se concebeu a ideia de uma dignidade pessoal, atribuída a cada indivíduo. Nesse sentido, a doutrinadora complementa que Kant consolida filosoficamente a dignidade da pessoa humana com o primado de que o ser humano jamais seja visto, ou usado, como um meio para atingir outras finalidades, mas sempre como um fim em si mesmo. Daí decorre o imperativo categórico de orientar-se, então, pelo valor básico e universal da dignidade da pessoa humana.

A definição do princípio da dignidade da pessoa humana é um dos mais fáceis de ser compreendido, mas, sem dúvida, um dos mais difíceis de ser conceituado. Talvez por ser o mais carregado de sentimentos. Como unidade mais fundamental de valor do sistema jurídico, esse princípio universal funciona como paradigma, fundamento, limite e desiderato de um ordenamento jurídico, de um Estado e de uma sociedade aos quais confere legitimidade. Apesar de difícil conceituação, podemos compreender que o conteúdo do princípio diz respeito ao atributo imanente a todo ser humano e que justifica o exercício da sua liberdade e a perfeita realização de seu direito à existência plena e saudável.

Acreditamos que o importante princípio signifique a elevação do ser humano ao patamar mais alto das considerações, com a finalidade de impedir a sua degradação e a sua redução a um mero objeto de manipulação. Compreende a proteção e a promoção das condições fundamentais para uma vida adequada, o respeito à igualdade entre os indivíduos, a garantia da independência e de sua autonomia e a coibição de qualquer obstáculo que impeça o desenvolvimento do potencial de sua personalidade.

1.1 Direitos Humanos e Direitos Fundamentais

A carga axiológica que lastreia o vértice dos direitos humanos ou dos direitos fundamentais é a mesma, é o centro dos direitos mais valiosos que nós temos. A vida, a liberdade, a propriedade, a segurança e a igualdade, com todos os seus desdobramentos, encontram-se protegidas por ambas as expressões, entretanto, a denominação "direitos humanos" é utilizada pela Filosofia do Direito e ainda pelo Direito Internacional Público e Privado. Já os "direitos fundamentais" seriam os direitos humanos positivados em um sistema constitucional. Os direitos humanos, sob a análise do Direito Constitucional, podem ser denominados de direitos fundamentais. A título de exemplo, o Título

---

7 Bodin de Moraes, Maria Celina. *Danos à Pessoa Humana:* Uma Leitura Civil Constitucional dos Danos Morais. São Paulo/Rio de Janeiro: Renovar, 2003, p. 76-93.

II da Constituição de 1988 se refere aos "direitos e garantias fundamentais" (tutelados pelo constituinte brasileiro), enquanto o art. 5º, § 3º, que trata da constitucionalização dos tratados, refere-se aos tratados sobre direitos humanos, fazendo referência aos documentos internacionais, dos quais o Brasil é signatário perante a comunidade jurídica internacional.

1.2 Direitos e Garantias Fundamentais

"Direito", em sua acepção clássica, seria a disposição meramente declaratória que imprime existência legal ao direito reconhecido. É a proteção ao bem, ao interesse tutelado pela norma jurídica configurando verdadeiro patrimônio jurídico. Ao lado dos direitos encontramos os deveres, que são normas de caráter limitativo, que buscam impor comportamento de respeito às normas que definem a proteção ao direito fundamental. A todo direito corresponde um dever. Exemplo: ao lado da norma que declara a liberdade de expressão (art. 5º, IV), encontramos o dever de exercício dessa liberdade sem ofensa a terceiros, sob pena de aplicação de sanção a quem dele abusa (art. 5º, V).

As "garantias", por sua vez, traduzem-se no direito dos cidadãos de exigir dos Poderes Públicos a proteção de seus direitos. Servem para assegurar os direitos através da limitação do poder, possuindo caráter instrumental, atuando como mecanismos prestacionais na tutela dos direitos.

As garantias constitucionais, segundo a visão bipartida[8] da doutrina, classificam-se em gerais e específicas:

a) garantias fundamentais gerais: são aquelas que vêm convertidas em normas constitucionais que proíbem os abusos de poder e todas as espécies de violação aos direitos que elas asseguram e procuram tornar efetivos. Realizam-se por meio de princípios e preceitos constitucionais como o princípio da legalidade, o princípio da liberdade, princípio do devido processo legal, e pelas cláusulas de inviolabilidade (art. 5º, VI, X, XI, XII etc.);

b) garantias fundamentais específicas: são aquelas que instrumentalizam, verdadeiramente, o exercício dos direitos, fazendo valer o conteúdo e a materialidade das garantias fundamentais gerais. Por elas, os titulares do direito encontram a forma, o procedimento, a técnica, o meio de exigir a proteção incondicional de suas prerrogativas, como por

8 SILVA, José Afonso da. *Curso de Direito Constitucional Positivo*. 23. ed. São Paulo: Malheiros, 2004, p. 187-188.

exemplo o *habeas corpus*, o mandado de segurança, o *habeas data*, o mandado de injunção, a ação popular, o direito de petição etc. São chamados de "remédios constitucionais" por designar um recurso aquilo que combate o mal, qual seja, o desrespeito ao direito fundamental.

1.3 Titularidade

De acordo com o art. 5º, *caput*, são destinatários dos direitos fundamentais os brasileiros e os estrangeiros residentes no Brasil, ou seja, literalmente, a Constituição de 1988 não adotou o sentido universalista na defesa dos direitos fundamentais. Entretanto, não há dúvidas de que a interpretação gramatical do texto não encerra toda a essência da norma, pois, segundo orientação da doutrina e da jurisprudência, todas as pessoas naturais, independente de sexo, idade, nacionalidade ou de quaisquer outros fatores de discriminação, também possuem os seus direitos fundamentais garantidos. Nesse sentido, ressalte-se uma vez mais, o STF entendeu não ser possível a realização de uma interpretação literal do art. 5º, *caput* e inciso LXIX da Constituição Federal, consagrando o chamado "princípio da universalidade", através do qual se garantiu a titularidade dos direitos e garantias fundamentais inclusive aos estrangeiros não residentes no Brasil.[9] Além do mais, as pessoas jurídicas também encontram proteção a certos direitos fundamentais, como a honra e a imagem, por exemplo.[10]

1.4 Positivação

1.4.1 *Na Constituição de 1988*

Sob o prisma da Constituição Federal de 1988, os direitos fundamentais se classificam em:

a) direitos individuais, que são aqueles que delimitam a esfera de autonomia dos indivíduos, estabelecendo as áreas onde estão a salvo da interferência do Estado e de outros homens (art. 5º);

b) direitos coletivos, que representam os direitos do homem integrante de uma coletividade (art. 5º);

c) direitos sociais, reguladores das relações sociais e culturais, dividindo-se em direitos sociais propriamente ditos (art. 6º) e direitos trabalhistas (arts. 7º a 11);

9 STF, RE nº 215.267/SP, Primeira Turma, Rel. Min. Ellen Gracie, j. 24.04.01, *DJ* 25.05.01.

10 Como exemplo, podemos citar a Súmula nº 227, do STJ: "A pessoa jurídica pode sofrer dano moral".

d) direitos à nacionalidade, definidores da forma de obtenção, exercício e perda da nacionalidade (arts. 12 e 13);

e) direitos políticos e partidos políticos, que definem a forma de participação no exercício do poder político (arts. 14 a 17).

Importante destacar que eles não se esgotam no Título II da CF, pois estão espalhados em vários dispositivos constitucionais, como por exemplo: arts. 196, 205, 211, 225 etc.

1.4.2 *Nas normas infraconstitucionais*

Além da proteção constitucional efetiva, os direitos fundamentais também estão tutelados por normas infraconstitucionais, como, por exemplo: no Código de Defesa do Consumidor (Lei nº 8.078/90), no Estatuto da Criança e do Adolescente (Lei nº 8.069/90), no Estatuto do Idoso (Lei nº 10.741/2003) e no Código Civil brasileiro (Lei nº 10.406/2002), entre vários outros diplomas normativos que ajudam a fortalecer a proteção.

1.4.3 *Tratados sobre direitos humanos já ratificados pelo país*

Na órbita internacional, o Brasil vem participando de uma série de declarações e pactos firmados pós-Segunda Guerra Mundial com a intenção de promover uma proteção maior aos direitos fundamentais. O marco legal inicial, em sentido global, ocorre com a ratificação da Carta das Nações Unidas,[11] de 1945, cujas manifestações de intenções apregoavam a reafirmação da fé nos direitos fundamentais do homem, na dignidade e no valor da pessoa humana, na igualdade de direitos entre homens e mulheres, na promoção do progresso social e nas melhores condições de vida dentro de um conceito mais amplo de liberdade.

A Declaração Universal dos Direitos Humanos,[12] de 1948, possibilitou a abertura para uma série de convenções internacionais que estabelecem estatutos comuns de cooperação mútua e mecanismos de controle que garantam a não violação e o exercício pelo cidadão de um elenco de direitos considerados básicos à vida digna e, em 1966, a Assembleia Geral das Nações Unidas adotou

---

11 Adotada e aberta a assinatura pela Conferência de São Francisco, em 26.06.45. Aprovada no Brasil pelo Decreto-lei nº 7.935, de 4.9.45 e promulgada pelo Decreto nº 19.841, de 22.10.45.

12 Adotada e proclamada pela Resolução nº 217-A (III) da Assembleia Geral das Nações Unidas em 10.12.48.

o Pacto Internacional dos Direitos Civis e Políticos[13] e o Pacto Internacional dos Direitos Econômicos, Sociais e Culturais,[14] ambos aprovados pelo Brasil em 1991 e já incorporados ao direito interno desde 1992.[15] Em 22 de março de 1989, por meio do Decreto nº 97.590, o chefe do Executivo promulgou o Adendo para o Acordo de funcionamento do Escritório da Organização Pan-Americana da Saúde/Organização Mundial da Saúde (Opas/OMS) em Brasília, Distrito Federal.

O Brasil também manifestou adesão em 1992,[16] no plano interamericano, à Convenção Americana de Direitos Humanos,[17] marco importante na proteção dos direitos sociais.[18]

1.5 Dupla Dimensão dos Direitos Fundamentais

Os direitos fundamentais sob a perspectiva subjetiva significam que as pessoas podem exigir de outrem (particulares e Estado) uma determinada prestação, que pode ser comissiva ou omissiva.

Além da natureza facultativa de sua exigência, os direitos fundamentais encontram uma tutela também objetiva. É como se todo direito fundamental trouxesse um valor que deverá se irradiar pelo ordenamento. É a chamada força irradiante dos direitos fundamentais. Com base nesse conceito, fala-se também na teoria dos deveres de proteção aos direitos fundamentais. O Estado,

---

13 Adotado pela Resolução nº 2.200-A (XXI) da Assembleia Geral das Nações Unidas em 06.12.66.

14 Adotado pela Resolução nº 2.200-A (XXI) da Assembleia Geral das Nações Unidas em 06.12.66.

15 O Pacto Internacional dos Direitos Civis e Políticos foi aprovado no Brasil pelo Decreto Legislativo nº 226, de 12.12.91, e promulgado pelo Decreto nº 592, de 06.07.92, enquanto o Pacto Internacional de Direitos Econômicos, Sociais e Culturais foi aprovado em mesma data, pelo mesmo Decreto Legislativo, entretanto, promulgado internamente pelo Decreto nº 591, de 06.07.92.

16 Aprovada no Brasil pelo Decreto Legislativo nº 27, de 25.09.92, e promulgada pelo Decreto nº 678, de 06.11.92.

17 Adotada e aberta a assinatura na Conferência Especializada Interamericana sobre Direitos Humanos, em São José da Costa Rica em 22.11.69.

18 A Convenção Americana de Direitos Humanos dispõe em seu art. 26:

"Os estados-partes comprometem-se a adotar as providências, tanto no âmbito interno, como mediante cooperação internacional, especialmente econômica e técnica, a fim de conseguir progressivamente a plena efetividade dos direitos que decorrem das normas econômicas, sociais e sobre educação, ciência e cultura, constantes da Carta da Organização dos Estados Americanos, reformada pelo Protocolo de Buenos Aires, na medida dos recursos disponíveis, por via legislativa ou por outros meios apropriados".

mesmo em relação aos direitos fundamentais de caráter clássico, individuais, que eram vistos tradicionalmente como direitos a uma abstenção, deve agir, manifestando-se objetivamente para proteger o direito diante de ameaças vindas de terceiros.

1.6 Eficácia Vertical e Horizontal dos Direitos Fundamentais

A aplicação dos direitos fundamentais na relação Estado-indivíduo (eficácia vertical) é inquestionável. O Poder Público está vinculado à Constituição e caso a viole o Poder Judiciário deverá ser acionado para decidir sobre a situação em conflito. Como o princípio da supremacia do interesse público deve nortear toda a ação estatal, também existem situações em que os particulares são colocados em situações desvantajosas, que se justificam em nome do bem da coletividade (no caso da desapropriação ou da requisição administrativa, por exemplo).

Entretanto, a violação a direitos fundamentais não ocorre somente no âmbito das relações entre o cidadão e o Estado, mas igualmente nas relações travadas entre pessoas naturais e jurídicas de direito privado, ou seja, nas relações intersubjetivas.

Surgida na Alemanha pós-guerra[19] a teoria da eficácia horizontal dos direitos fundamentais já encontra vasta jurisprudência e posição consolidada na doutrina, ainda que as situações concretas devam ser analisadas à luz do método da ponderação, em respeito à autonomia da vontade das partes, que é também direito fundamental.

Sobre o assunto, é possível se observar nas decisões do STF que quanto mais desigualdade existir entre as partes, maior será a possibilidade de intervenção judiciária para evitar o predomínio dos arbítrios, como nas relações trabalhistas e do consumidor, pois a autonomia privada não pode ser exercida em detrimento ou com desrespeito aos direitos e garantias de terceiros, especialmente aqueles positivados em sede constitucional. A autonomia da vontade não confere aos particulares, no domínio de sua incidência e atuação, o poder de transgredir ou de ignorar as restrições postas e definidas pela própria Constituição, cuja eficácia e força normativa também se impõem, aos particulares, no âmbito de suas relações privadas, em tema de liberdades fundamentais.

Em importante decisão sobre a eficácia direta nas relações privadas, o STF decidiu pela reintegração de associado excluído do quadro de uma sociedade

---

19 Devido às tensões nas relações de trabalho entre empregadores e empregados na exploração do mundo capitalista.

civil, sob o entendimento de que foram violadas as garantias constitucionais do devido processo legal, do contraditório e da ampla defesa e de que a sociedade havia extrapolado a liberdade do direito à associação.[20]

2. FUNDAMENTAÇÃO

Entre algumas teorias que pretendem definir os alicerces principais dos direitos fundamentais, poderíamos destacar três, quais sejam: a juspositivista, a jusnaturalista e a culturalista, a seguir expostas.

a) Positivista

Segundo essa visão mais formal do ordenamento jurídico, os direitos fundamentais estariam protegidos na medida em que estivessem presentes nas normas escritas do país. Como a lei é, para essa corrente, a norma pura desprovida de critérios valorativos, éticos e morais, a positivação dos direitos fundamentais daria aos mesmos a natureza constitutiva, o que nos faz concluir que o que não está na lei, não estaria no ordenamento jurídico.

b) Jusnaturalista

A crença de que existem valores superiores à própria existência humana, baseados no direito natural é o vetor principal dessa corrente, que entende que as normas positivas seriam meramente declaratórias de direitos já garantidos antes das leis escritas.

c) Culturalista

De acordo com a visão culturalista, os direitos fundamentais possuiriam base sociológica e histórica, e seria papel de cada sociedade a construção de seus próprios direitos fundamentais, independentemente de normas escritas, desde que consagradas como valores importantes para cada comunidade.

3. CARACTERÍSTICAS

As características a seguir expostas identificam algumas peculiaridades do núcleo dos direitos fundamentais, ou seja, do direito à vida, à liberdade, à

20 STF, RE nº 201.819/RJ, Segunda Turma, Rel. Min. Ellen Gracie, Rel. p/ acórdão Min. Gilmar Mendes, j. 11.10.05, *DJ*27.10.06.Sobre o assunto, ver ainda: STF, RE nº 161.243/DF, Segunda Turma, Rel. Min. Carlos Velloso, j. 29.10.96, *DJ* 19.12.97; STF, RE nº 158.215/RS, Segunda Turma, Rel. Min. Marco Aurélio, j. 30.04.96, *DJ*07.06.96 e STF, AgRg nº 1.008.625/SP, Segunda Turma, Rel. Min. Luiz Fux, j. 17.03.17.

igualdade, à segurança e à propriedade, e não de suas manifestações concretas. Por exemplo, a pessoa pode renunciar à herança – que é um dos desdobramentos concretos da propriedade – mas não poderá renunciar ao direito que tem à propriedade.

a) Relatividade

Os direitos fundamentais não são absolutos, pois podem ser relativizados diante de situações em conflito, como por exemplo: apesar de o Estado brasileiro proteger o direito à vida como direito fundamental, vedando-se, como exemplo, a pena de morte, é possível que num caso excepcional, de guerra, a vida seja sacrificada em prol de outras vidas e dos valores da nação. É esse o entendimento do STF, nas palavras do Min. Celso de Mello, abaixo transcritas: *Os direitos e garantias individuais não têm caráter absoluto. Não há, no sistema constitucional brasileiro, direitos ou garantias que se revistam de caráter absoluto, mesmo porque razões de relevante interesse público ou exigências derivadas do princípio de convivência das liberdades legitimam, ainda que excepcionalmente, a adoção, por parte dos órgãos estatais, de medidas restritivas das prerrogativas individuais ou coletivas, desde que respeitados os termos estabelecidos pela própria Constituição. O estatuto constitucional das liberdades públicas, ao delinear o regime jurídico a que estas estão sujeitas – e considerado o substrato ético que as informa – permite que sobre elas incidam limitações de ordem jurídica, destinadas, de um lado, a proteger a integridade do interesse social e, de outro, a assegurar a coexistência harmoniosa das liberdades, pois nenhum direito ou garantia pode ser exercido em detrimento da ordem pública ou com desrespeito aos direitos e garantias de terceiros*[21] (grifamos).

Segundo a Declaração Universal dos Direitos Humanos[22] existiriam alguns direitos fundamentais que não poderiam em hipótese alguma ser desrespeitados, como por exemplo, a vedação à escravidão e à tortura. Não há posicionamento formal do STF a respeito do assunto, então prevalece o entendimento de que a sua natureza, apesar de especial, é relativa.

---

21 STF, MS nº 23.452/RJ, Plenário, Rel. Min. Celso de Mello, j. 16.09.99, *DJ* 12.05.00.

22 Adotada e proclamada pela Resolução nº 217-A (III), da Assembleia Geral das Nações Unidas em 10 de dezembro de 1948. Assim dispõe sobre o assunto:

"Artigo IV Ninguém será mantido em escravidão ou servidão, a escravidão e o tráfico de escravos serão proibidos em todas as suas formas.

Artigo V Ninguém será submetido à tortura, nem a tratamento ou castigo cruel, desumano ou degradante".

b) Complementariedade

Os direitos fundamentais não são analisados sob o prisma isolado, pois estão numa relação de complementação, ou seja, os direitos sociais reforçam os direitos individuais, os direitos difusos ampliam as garantias para a tutela coletiva e é nessa simbiose que eles devem ser compreendidos e respeitados.

c) Indisponibilidade

Como não possuem natureza econômico-financeira, o núcleo dos direitos fundamentais não poderá ser transacionado por inteiro, ainda que alguns aspectos concretos dos direitos fundamentais possam ser eventualmente passíveis de negociação, como nos contratos de *reality show*, por exemplo.

d) Imprescritibilidade

Os direitos fundamentais não estão sujeitos ao decurso do tempo, por isso se diz que são imprescritíveis, o que não quer dizer que algumas manifestações concretas dos direitos não possam prescrever, como por exemplo, a reclamação trabalhista que deverá ser ajuizada no prazo fatal de até dois anos após extinto o contrato de trabalho (art. 7º, XXIX, CF).

e) Universalidade

Essa característica está em harmonia com o envolvimento dos países com a comunidade jurídica internacional depois da Segunda Guerra Mundial de uma maneira muito contundente e pode ser analisada sob dois enfoques. Inicialmente, a titularidade deverá proteger o maior número de destinatários, sem preconceitos de raça, cor, sexo, idade, nacionalidade ou condição social. Em segundo lugar, podemos falar na relativização do próprio conceito de soberania estatal, em prol da soberania do indivíduo. Quando o Estado estiver prejudicando os direitos fundamentais do seu povo, da sua gente, a comunidade jurídica internacional poderia se organizar para atuar naquele Estado, para tentar restabelecer e resgatar a dignidade das pessoas que lá habitam, independente da vontade do governante do país. Esse assunto está em harmonia com o próprio art. 4º, II, da CF, quando pela primeira vez o Brasil inseriu o princípio da prevalência dos direitos humanos como guia nas relações internacionais.

f) Irrenunciabilidade

Não há possibilidade de alguém renunciar ao núcleo do seu direito fundamental, esvaziando-o por completo. Com isso, o Estado estaria protegendo o indivíduo contra si mesmo, quando, por exemplo, proíbe a eutanásia.

g) Historicidade

Os direitos fundamentais não têm natureza definitiva, pois continuam sendo construídos ao longo da história e se encontram em constante processo de modificação. Enfrentaram guerras, morte, lutas, ficaram no ápice e em verdade as gerações dos direitos fundamentais explicam justamente isso, o ganho pontual que os direitos foram recebendo ao longo da história.

h) Aplicabilidade imediata

Na forma do art. 5º, § 1º, da CF, os direitos fundamentais possuiriam aplicação imediata, daí se infere que não podem ser entendidos como meras proclamações retóricas, devendo o intérprete extrair o máximo de efeitos jurídicos que eles podem produzir para a sociedade.

4. GERAÇÕES OU DIMENSÕES DOS DIREITOS FUNDAMENTAIS

De acordo com a sua natureza histórica, os direitos foram sendo garantidos pelos ordenamentos jurídicos de maneira gradual. Em alguns momentos, receberam tratamento jurídico adequado e à altura de sua natureza e importância, em outros, foram completamente desconsiderados, como durante o período das grandes guerras mundiais.

Em que pese os momentos de involuções enfrentados pelos direitos fundamentais, pode-se dizer que formam uma categoria aberta e potencialmente ilimitada, não são estanques, imutáveis, pois seu conteúdo é entendido de formas diferentes dependendo do período histórico em que houve a sua evolução ou retrocessos.

Dentro dessa perspectiva transformadora, a doutrina[23] resolveu dividi-los em gerações para apontar quando e como foram sendo consagrados na história do constitucionalismo. O termo "gerações" recebe algumas críticas tendo em vista que pode gerar uma visão errônea de substituição de direitos com o tempo, ou de superação de direitos, e hoje o termo mais aceito seria o que traz a ideia de "dimensões".

Tradicionalmente as dimensões se dividem em 1ª – a das liberdades públicas, civis e políticas, 2ª – a dos direitos sociais, econômicos e culturais,

23 Como exemplo a teoria de T. H. Marshal, disponível em http://www.lse.ac.uk/resources/LSEHistory/marshall.htm e os escritos de Norberto Bobbio em *A era dos Direitos*, Rio de Janeiro: Campus, 1992.

3ª – a da proteção aos direitos difusos, e modernamente, ainda se fala em 4ª e 5ª dimensões, todas tratadas em seguida.

a) Direitos de primeira dimensão

A primeira dimensão é conhecida por inaugurar o movimento constitucionalista, fruto dos ideários iluministas do século XVIII. Os direitos defendidos nessa dimensão cuidam da proteção das liberdades públicas e dos direitos políticos. Atualmente, quase todas as Constituições existentes os consagram, mesmo aquelas de Estados onde impera a sua escancarada violação como, por exemplo, os ditatoriais. Os titulares são os indivíduos, que os exercem contra os poderes constituídos dos Estados. Nessa fase, o Estado teria um dever de prestação negativa, isto é, um dever de nada fazer, a não ser respeitar as liberdades do homem. Seriam exemplos desses direitos: o direito à vida, à liberdade, à propriedade, à manifestação, à expressão, ao voto, ao devido processo legal.

b) Direitos de segunda dimensão

Sob a inspiração da Constituição Mexicana de 1917, a Declaração Soviética dos Direitos do Povo Trabalhador e Explorado, de 1918, e a Constituição de Weimar, de 1919, nasce a denominada segunda dimensão de direitos fundamentais, que traz proteção aos direitos sociais, econômicos e culturais, em que do Estado não mais se exige uma abstenção, mas, ao contrário, impõe-se a sua intervenção, visto que a liberdade do homem sem a sua participação não é protegida integralmente. Essa necessidade de prestação positiva do Estado corresponderia aos chamados direitos sociais dos cidadãos, direitos que transcendem a individualidade e alcançam um caráter econômico e social, com o objetivo de garantir a todos melhores condições de vida. Nesse diapasão, seriam exemplos clássicos desses direitos: o direito à saúde, ao trabalho, à assistência social, à educação e os direitos dos trabalhadores.

c) Direitos de terceira dimensão

Marcada pelo espírito de fraternidade entre os povos com o fim da Segunda Guerra Mundial, a terceira geração representa a evolução dos direitos fundamentais para alcançar e proteger aqueles direitos decorrentes de uma sociedade já modernamente organizada, que se encontra envolvida em relações de diversas naturezas, especialmente aquelas relativas à industrialização e densa urbanização. Nesta perspectiva, são exemplos desses direitos: direito ao desenvolvimento, direito à paz, e direito ao meio ambiente ecologicamente equilibrado.

d) Direitos de quarta e quinta dimensões

Sob a influência da globalização (política e de direitos fundamentais), Paulo Bonavides ainda sustenta a existência de uma quarta geração de direitos, que seria formada pelos avanços tecnológicos, pluralismo político, informação, sedimentação do modelo político democrático e pelo próprio futuro da cidadania.[24] Poderíamos, ainda, incluir nessa análise a manipulação do patrimônio genético, como os advindos da clonagem, da fertilização *in vitro*, entre outros avanços da ciência e da tecnologia.

Segundo o autor, o direito à paz traria uma quinta dimensão de direitos fundamentais, sendo condição indispensável ao progresso de todas as nações, grandes e pequenas, em todas as esferas.

4.1 Críticas às Dimensões

Entre algumas críticas que poderíamos fazer à divisão fragmentada dos direitos fundamentais em categorias,[25] destacamos as seguintes: *i*) todas as gerações de direitos envolvem, em certa medida, prestações positivas e negativas, não sendo correto as taxarmos sob rótulos; *ii*) não subsiste o argumento de que os direitos de primeira geração seriam apenas individuais e os de segunda geração, estritamente coletivos; *iii*) a divisão de gerações de direitos fundamentais influenciou a doutrina americana que escreveu sobre a existência de normas constitucionais não autoaplicáveis (as quais se referem normalmente às de caráter social, e o direito à saúde, por exemplo, acaba sendo prejudicado com isso).

O caráter negativo (*non facere* estatal) atribuído aos direitos de primeira geração e às prestações positivas (*facere* estatal), associadas em regra aos de segunda geração, é facilmente desconstruído com exemplos cotidianos. Ressaltemos os direitos políticos, clássicos corolários de primeira geração: para solucionar a não participação política dos presos nas eleições, a Justiça Eleitoral tem se organizado em alguns municípios brasileiros para viabilizar o acesso dos que estão com a liberdade sacrificada, mas ainda em gozo dos direitos políticos, aos certames eleitorais; ou seja, para essa finalidade, um direito da geração "negativa", exige do Estado uma prestação positiva. Podemos também

24 BONAVIDES, Paulo. *Curso de direito constitucional*. 18. ed. São Paulo: Malheiros, 2006, item nº 6, p. 570-572.

25 Segundo o professor Antônio Augusto Cançado Trindade na apresentação do livro de Flávia Piovesan, *Direitos humanos e o direito constitucional internacional*. 7. ed. São Paulo: Saraiva, 2006, p. 28, a divisão dos direitos fundamentais em categorias teria prestado um verdadeiro "desserviço" aos próprios direitos trazendo uma natureza de fragmentação.

analisar o direito à saúde sob esse prisma dicotômico: no sentido de preservar a saúde da população, o Estado deve se preocupar em *não* poluir as águas dos rios, mares e lagos; também nesse sentido, quanto ao direito de greve, social por excelência, o Estado tem como missão principal a de *não* impedir a realização da manifestação da coletividade.

A fixação da titularidade dos direitos de primeira geração no indivíduo e dos de segunda na coletividade, de certa forma, atrapalham a concretização dos direitos sociais e, principalmente, o direito à saúde. É claro que é importante o desenvolvimento de políticas públicas em prol da coletividade, seja construindo mais hospitais, oferecendo a todas as pessoas medicamentos gratuitos, médicos e enfermeiros mais especializados, mas, como já dissemos, a saúde é antes de tudo vida, individualmente considerada. Como podemos sustentar que o direito à saúde é apenas coletivo se quem sofre, fica doente, precisa de medicamento, de amputações, de cadeira de rodas, de tratamento de HIV e de câncer é o cidadão individualmente considerado? A vida é assim, singularmente definida. É evidente que as políticas públicas coletivas precisam e devem ser realizadas a longo prazo, para que o direito à saúde de cada um dos membros dessa coletividade melhore de qualidade, mas isso não exclui a possibilidade de sua tutela individual.

O terceiro argumento contrário à tese da fragmentação dos direitos é a sabida natureza programática, normalmente atribuída aos direitos sociais, o que contribuiu para o surgimento de inúmeras doutrinas que, em síntese, denotam diferenças de grau e de aplicabilidade das normas constitucionais, tema já analisado em capítulo específico sobre o assunto.

5. O "BLOCO DE CONSTITUCIONALIDADE"

Ao prever pela primeira vez que nas relações internacionais o Brasil deverá observar a prevalência dos direitos humanos (art. 4º, II, da CF) o país fortalece a sua inserção na comunidade jurídica internacional na proteção aos direitos do homem e se mostra engajado na luta pela sua defesa, reconhecendo que esses direitos fazem parte de uma ordem jurídica supranacional e supraconstitucional de aplicação direta e imediata por juízes e demais órgãos nacionais do Estado.

Na esteira dessa proteção, influenciado pela Constituição portuguesa de 1976[26] o constituinte inseriu o art. 5º, § 2º, à Constituição pátria, que assim

26 De acordo com o art. 8º, 2: As normas constantes de convenções internacionais regularmente ratificadas ou aprovadas vigoram na ordem interna após a sua publicação oficial e enquanto vincularem internacionalmente o Estado Português.

dispõe: "Os direitos e garantias expressos nessa Constituição não excluem outros decorrentes do regime e dos princípios por ela adotados, ou dos tratados internacionais em que a República Federativa do Brasil seja parte", trazendo a incorporação imediata dos tratados sobre direitos humanos ao nosso país, diante de sua natureza de normas materialmente constitucionais.

Nesse sentido, teríamos uma cláusula geral de recepção plena, formando o que se pode chamar de "Bloco de Constitucionalidade", que seria o reconhecimento de proteção a normas constitucionais relativas aos direitos humanos fora do texto escrito da Constituição, privilegiando a essência das normas em detrimento do seu estereótipo.

Com isso, ao ratificar um tratado sobre direitos humanos o Brasil já se tornaria obrigado perante a comunidade jurídica internacional, e no plano interno, comprometido com o seu povo no sentido de fazer valer as normas constantes do tratado. Se houver eventual conflito entre as normas internas e as ratificadas perante a ordem internacional, deverá prevalecer a norma que melhor agasalhar a pessoa humana.

Face à teoria da recepção automática dos tratados sobre direitos humanos,[27] a partir do instante em que o Brasil manifestou adesão ao Pacto de San Jose da Costa Rica,[28] onde somente se faz previsão à prisão civil do devedor de alimentos, a norma do art. 5º, LXVII, que dispõe sobre a prisão do depositário infiel teria deixado de produzir efeitos jurídicos em razão da norma internacional mais benéfica.

Recentemente, o STF concluiu julgamentos sobre o tema,[29] entendendo que com a introdução do aludido Pacto no ordenamento jurídico nacional restaram derrogadas as normas estritamente legais definidoras da custódia do depositário infiel. Prevaleceu, no julgamento, por fim, a tese do *status* de supralegalidade, porém, de infraconstitucionalidade da referida Convenção[30]. Tão consolidada está essa jurisprudência que a Corte editou a Súmula Vinculante nº 25, com o seguinte teor: "É ilícita a prisão civil de depositário infiel, qualquer que seja a modalidade de depósito". Podemos, em síntese, afirmar que ao negar *status* constitucional ao tratado internacional até o momento a

---

27 Defendida, entre outros, por Flávia Piovesan. Ob. cit.

28 Aprovado pelo Brasil pelo Decreto Legislativo nº 27, de 25.9.92, e promulgado pelo Decreto nº 678, de 06.11.92.

29 STF, HC nº 87.585/TO, Plenário, Rel. Min. Marco Aurélio, j. 03.12.08, *DJ*26.06.09. Ver *Informativo* 531, STF. Recentemente, cite-se: STF, ADI nº 1.055/DF, Plenário, Rel. Min. Gilmar Mendes, j. 15.12.16, *DJE* 01.08.17.

30 STF, RE nº 466.343/SP, Plenário, Rel. Min. Cezar Peluso, j. 03.12.08, *DJE* 05.06.09, voto do Min. Gilmar Mendes.

Corte não se manifestou favoravelmente ao que preleciona a teoria do bloco de constitucionalidade.

6. A CONSTITUCIONALIZAÇÃO FORMAL DOS TRATADOS SOBRE DIREITOS HUMANOS. ART. 5º, § 3º

A EC nº 45/2004 ao inserir no art. 5º o § 3º trouxe uma nova possibilidade para os tratados sobre Direitos Humanos, que podem vir a ser constitucionalizados caso sejam submetidos ao procedimento previsto no próprio dispositivo. Segundo os defensores da teoria do bloco de constitucionalidade, esse dispositivo visaria formalizar o que materialmente já estaria consolidado em face do art. 5º, § 2º.

A partir daí, passamos a conviver com um processo híbrido de incorporação de tratados. O primeiro, aplicável a todos os tratados em geral, fruto da combinação do art. 84, VIII, com o art. 49, I, qual seja: o Presidente da República assina o documento perante a comunidade jurídica internacional, posteriormente o encaminha para o Congresso Nacional, tendo em vista a elaboração de um decreto legislativo que deverá ser promulgado por meio de um decreto presidencial, que terá força interna de norma infraconstitucional. O segundo, advindo da EC nº 45/2004, aplica-se apenas aos tratados sobre direitos humanos, e permitiria que, após a assinatura do presidente da República, os documentos internacionais fossem submetidos ao crivo dos legisladores com o intuito de sua incorporação constitucional formal com *status* de emenda constitucional, depois de seguido o processo previsto no art. 5º, § 3º.

Os primeiros Tratados constitucionalizados foram a Convenção Internacional sobre os Direitos das Pessoas com Deficiência e seu Protocolo Facultativo, assinados em Nova York, em 30 de março de 2007. O Congresso Nacional aprovou, por meio do Decreto Legislativo nº 186, de 9 de julho de 2008, conforme o procedimento do § 3º do art. 5º da Constituição a referida Convenção e seu Protocolo, promulgados pelo presidente da República por meio do Decreto nº 6.949/2009.

A Política Geral do Governo sobre Pessoas com deficiência, prevista no Decreto nº 3.298/99, já previa que às pessoas com deficiência assiste o direito inerente a todo e qualquer ser humano de ser respeitado, sejam quais forem seus antecedentes, natureza e severidade de sua deficiência. Elas têm os mesmos direitos que os outros indivíduos da mesma idade, fato que implica desfrutar de vida decente, tão normal quanto possível.

A referida Convenção, reconhecendo a necessidade de promover e proteger os direitos humanos de todas as pessoas com deficiência, previu a necessidade de os Estados signatários adequarem sua legislação interna em respeito aos direitos reconhecidos na Convenção, e reforçou a necessidade de adoção de políticas públicas efetivas para combater a discriminação das pessoas com deficiência. Tratou, ainda, da importante questão da acessibilidade, da prevenção contra a exploração, a violência e o abuso, e da educação, entre outros.

Esse Tratado marca uma mudança de paradigma nas atitudes e abordagens em relação às pessoas com deficiência. Sua ideia basilar é a de que essas pessoas não sejam vistas como meros objetos de proteção social, mas como sujeitos com direitos e capazes não só de exigir esses direitos, mas de tomar decisões como membros ativos da sociedade. A Convenção confere reconhecimento universal à dignidade das pessoas com deficiência.

O mais recente tratado sobre direitos humanos incorporado com status de emenda foi o de Marraqueche, assinado pelo Brasil em 27 de junho de 2013, na cidade de Marraqueche, localizada no Marrocos e promulgado pelo **Decreto nº 9.522/2018.**

Imperioso detacarmos que, no dia 18 de feveriro de 2021, o Congresso Nacional promulgou o Decreto Legislativo 1/2021, aprovando, nos termos do § 3º do art. 5º da Constituição Federal, o texto da Convenção Interamericana contra o Racismo, a Discriminação Racial e Formas Correlatas de Intolerância. Importante destacar que para começar a valer no Brasil, o texto precisa ser ratificado pelo presidente da República, o que até o fechamento desta edição ainda não ocorreu.[31]

Em nossa opinião, não há empecilho jurídico sobre a possibilidade de constitucionalização dos tratados sobre direitos humanos assinados antes da EC nº 45/2004, que por sinal formam o conjunto principal de documentos ratificados pelo país sobre esse importante tema.

7. O TRIBUNAL PENAL INTERNACIONAL. ART. 5º, § 4º

A necessidade de criação de um Tribunal Penal Internacional (TPI) é antiga e já era discutida desde o final da segunda guerra mundial. Entretanto, apenas em 17 de julho de 1998 foi aprovado o Estatuto de Roma, que prevê a criação do TPI vinculado à Organização das Nações Unidas (ONU). Foi ratificado por maioria de cento e vinte votos a favor, sete em contrário (da China, Estados Unidos, Filipinas, Índia, Israel, Sri Lanka e Turquia) e 21 abstenções. No dia 11 de abril de 2002, o Tratado alcançou sessenta e seis ratificações, ultrapassando o número de adesões exigido para sua entrada em vigor.

31 Fonte: Agência Senado.

A nova Corte, sediada em Haia, na Holanda, tem competência para julgar os chamados *crimes contra a humanidade*, assim como os *crimes de guerra, de genocídio* e *de agressão*. Sua criação constitui um avanço importante, pois essa é a primeira vez na história das relações entre Estados que se consegue obter o necessário consenso para levar a julgamento, por uma Corte Internacional permanente, políticos, chefes militares e mesmo pessoas comuns pela prática de delitos da mais alta gravidade, que até agora, salvo raras exceções, têm ficado impunes, especialmente em razão do princípio da soberania.

O Brasil assinou o pacto em 12 de fevereiro de 2000, ratificando-o em 12 de junho de 2002, por meio do Decreto Presidencial nº 4.388/2002. A adesão ainda ganhou mais força com a EC nº 45/2004, que constitucionalizou a importância da Corte Internacional da seguinte forma: "§ 4º O Brasil se submete à jurisdição de Tribunal Penal Internacional a cuja criação tenha manifestado adesão".

O TPI somente tem **competência** para processar e julgar quatro tipos de crime, os quais considera **imprescritíveis.**

- **Crimes de genocídio:** matar membros de um grupo ou comunidade étnica; provocar lesões a membros do mesmo grupo; submeter a maus tratos que comportam a destruição física total ou parcial do grupo étnico; impor medidas anticoncepcionais ou capazes de causar a esterilidade; transferir forçadamente grupos de crianças para um grupo diferente.
- **Crimes contra a humanidade:** homicídio; extermínio; escravidão; deportação; aprisionamento com violação das normas do direito internacional; torturas; estupro, escravidão sexual, prostituição forçada, violência sexual; perseguição de grupos ou comunidades por motivos políticos, raciais, culturais, religiosos; desaparecimento forçado de uma ou mais pessoas; *apartheid*; atos inumanos que provocam graves sofrimentos.
- **Crimes de guerra:** para tal definição, foram utilizados os instrumentos jurídicos de Direito Internacional Humanitário, em particular a Convenção de Genebra, de 12 de agosto de 1949.
- **Crimes de agressão:** esses crimes são de natureza política por excelência. Devido a isso, argumenta-se que a inclusão de tais crimes no Estatuto da Corte implicaria na "politização" dos seus trabalhos, colocando em risco a sua independência. Por isso, os Crimes de Agressão não tiveram, no Estatuto, em sua origem, uma definição precisa.

O Tribunal será integrado por 18 juízes, no mínimo, que se distribuirão por três *Seções*: a *Seção de Questões Preliminares*, incumbida de examinar a admissibilidade dos processos, a *Seção de Primeira Instância*, que proferirá os julgamentos, e a *Seção de Apelações*, responsável pela apreciação dos recursos.

A escolha dos juízes caberá à Assembleia dos Estados-partes, recaindo sobre pessoas que gozem de elevada consideração moral, imparcialidade e integridade, e que possuam as condições exigidas para o exercício das mais altas funções judiciárias de seu país, além dominarem uma das línguas oficiais da Corte (inglês, francês, espanhol, russo e árabe).

Estão sujeitos à jurisdição do Tribunal os Estados-partes e seus respectivos nacionais, assim como todos aqueles que se encontrem em seu território ou em navios e aviões que estejam sob sua bandeira. Também se incluem entre os jurisdicionados da Corte os Estados que submeterem à mesma algum caso específico, ainda que não tenham aderido ao Tratado.

O grande desafio, hoje, do Tribunal Penal Internacional, no país, não é relacionado a sua constitucionalidade ou não, mas sim a problemas de efetividade que enfrenta. Como não podia ser assinado com reservas[32], há muitas normas no Estatuto que diferem do tratamento jurídico pátrio. Senão, vejamos:

- O art. 27 do Estatuto prevê a irrelevância da qualidade oficial, ou seja, não há imunidades ou prerrogativas garantidas aos agentes políticos. De acordo com a CF, várias autoridades gozam de imunidades (Como ex.: arts. 53 e 86).
- O art. 29 do Estatuto prevê que os crimes da competência do Tribunal não prescrevem. Já a regra no direito brasileiro é a da prescritibilidade.
- O art. 77 do Estatuto dispõe sobre a possibilidade da pena de prisão perpétua, se o elevado grau da ilicitude do fato e as condições pessoais do condenado o justificarem. Em nosso país essa pena é vedada de acordo com o art. 5º, XLVII, *b*.

Ademais, a Constituição veda a extradição (a entrega de uma pessoa por um Estado a outro Estado, conforme previsto num tratado, numa convenção ou no direito interno) de brasileiro nato (art. 5º, LI) e não há previsão expressa sobre a "entrega" ou *surrender* (a entrega de uma pessoa por um Estado ao Tribunal, nos termos do Estatuto), o que gera, em nossa opinião, certa confusão sobre a possibilidade de um brasileiro (nato ou naturalizado) ser encaminhado ao TPI.

---

32 "Art. 120: Não são admitidas reservas a este Estatuto."

8. INCIDENTE DE DESLOCAMENTO DE COMPETÊNCIA PARA A JUSTIÇA FEDERAL

A previsão do art. 109, § 5º, da CF, acrescentado pela EC nº 45/2004, possibilita que inquérito ou processo criminal em curso perante a Justiça Estadual seja deslocado para a Justiça Federal, quando houver violação grave a direitos humanos.

> *Art. 109, § 5º Nas hipóteses de grave violação de direitos humanos, o Procurador-Geral da República, com a finalidade de assegurar o cumprimento de obrigações decorrentes de tratados internacionais de direitos humanos dos quais o Brasil seja parte, poderá suscitar, perante o Superior Tribunal de Justiça, em qualquer fase do inquérito ou processo, incidente de deslocamento de competência para a Justiça Federal.*

Ao examinar o Incidente de Deslocamento de Competência nº 02, o STJ fixou os pressupostos para o deslocamento da competência, nos termos do art. 109, § 5º, da CF:

- **Existência de grave violação a direitos humanos** - Para que seja acolhido o pleito de deslocamento da competência, não é qualquer violação que pode ser invocada. A violação deve ser grave, sendo que tal análise fica a cargo do Superior Tribunal de Justiça. Não são somente as condutas violadoras de direitos fundamentais, mas sim todas as condutas que violem direitos humanos. A Declaração Universal de Direitos Humanos reconhece expressamente alguns direitos como sendo direitos humanos (igualdade, prestação jurisdicional efetiva, prisão fundamentada, julgamentos públicos, princípio da anterioridade em matéria penal, inviolabilidade da intimidade própria e da família, liberdade de locomoção, livre locomoção, entre os países, asilo político, nacionalidade, matrimônio, família como núcleo essencial de uma sociedade, propriedade, liberdade de consciência política, religiosa, liberdade de opinião, liberdade de reunião, acesso ao serviço público, livre participação política, poder legítimo do povo, segurança social, igualdade remuneratória pela identidade de trabalho, remuneração justa e satisfatória, liberdade sindical, repouso e lazer, entre outros).
- **Risco de responsabilização internacional decorrente do descumprimento de obrigações jurídicas assumidas em tratados internacionais.**
- **Incapacidade das instâncias e autoridades locais em oferecer respostas efetivas** – seja pela inércia deliberada, seja pela limitação ou precariedade dos instrumentos colocados à disposição da Justiça Estadual.

Dos requisitos acima, os dois primeiros constam expressamente no art. 109, § 5º, da CF. O terceiro denota a excepcionalidade para a utilização do expediente processual, que somente será possível se demonstrada a necessidade e a imprescindibilidade, ante a incapacidade das instâncias e autoridades locais em oferecer resposta efetiva à violação de direitos humanos perpetrada.

Presentes os pressupostos, deve ser instaurado o **incidente de deslocamento de competência,** procedimento judicial a ser proposto perante o **STJ,** sendo que o único legitimado para tanto é o **Procurador-Geral da República**. O pedido de deslocamento pode ser formulado em qualquer fase do inquérito ou do processo. Dada a redação ampla do dispositivo, a doutrina sustenta que será possível o deslocamento da competência até mesmo na fase executiva, após o trânsito em julgado, porque é possível que a violação de direitos humanos somente ocorra nessa fase.

Sobre o tema, recentemente o STJ firmou o seguinte entendimento (transcrição longa, diante da importância sobre o assunto):

> *INCIDENTE DE DESLOCAMENTO DE COMPETÊNCIA. HOMICÍDIO INSERIDO EM CONTEXTO DE GRUPOS DE EXTERMÍNIO. GRAVE VIOLAÇÃO DE DIREITOS HUMANOS. CONFIGURAÇÃO. DESCUMPRIMENTO DE OBRIGAÇÕES DECORRENTES DE TRATADO INTERNACIONAL. ESTADO-MEMBRO. AUSÊNCIA DE CONDIÇÕES DE APURAR VIOLAÇÕES E RESPONSABILIZAR O(S) CULPADO(S). EXCEPCIONALIDADE DEMONSTRADA. DESLOCAMENTO DE COMPETÊNCIA QUE SE MOSTRA DEVIDO.1. A Emenda Constitucional n. 45, de 31.12.2004, relativa à reforma do Poder Judiciário, inseriu no ordenamento jurídico brasileiro a possibilidade de deslocamento da competência originária para a investigação, o processamento e o julgamento dos crimes praticados com grave violação de direitos humanos, com a finalidade de assegurar o cumprimento de obrigações decorrentes de tratados internacionais de direitos humanos dos quais o Brasil seja parte.2. A Terceira Seção deste Superior Tribunal explicitou que os requisitos do incidente de deslocamento de competência são três: a) grave violação de direitos humanos; b) necessidade de assegurar o cumprimento, pelo Brasil, de obrigações decorrentes de tratados internacionais; c) incapacidade – oriunda de inércia, omissão, ineficácia, negligência, falta de vontade política, de condições pessoais e/ou materiais etc. – de o Estado-membro, por suas instituições e autoridades, levar a cabo, em toda a sua extensão, a persecução penal (IDC n. 1/PA, Relator Ministro Arnaldo Esteves Lima, julgado em 8.6.2005, DJ 10.10.2005).3. A violação de direitos humanos que enseja o deslocamento de competência, além de grave, deve ser relacionada a obrigações decorrentes de tratados internacionais dos quais o Brasil seja parte.4. Para o deslocamento da competência, deve haver demonstração inequívoca de que, no caso concreto, existe ameaça efetiva e real ao cumprimento de obrigações assumidas por meio de tratados internacionais de direitos humanos firmados pelo Brasil, resultante de inércia, negligência, falta de vontade política ou de condições reais de o Estado-membro, por suas instituições e autoridades, proceder à devida persecução penal.5. A confiabilidade das instituições públicas envolvidas na persecução penal – Polícia, Ministério Público, Poder Judiciário -, constitucional e legalmente investidas de competência originária para atuar em casos como o presente, deve, como regra, prevalecer, ser apoiada e prestigiada.6. O incidente de deslocamento de competência não pode ter o caráter de prima ratio, de primeira providência a ser tomada em relação a um*

fato (por mais grave que seja). Deve ser utilizado em situações excepcionalíssimas, em que efetivamente demonstrada a sua necessidade e a sua imprescindibilidade, ante provas que revelem descaso, desinteresse, ausência de vontade política, falta de condições pessoais e/ou materiais das instituições – ou de uma ou outra delas – responsáveis por investigar, processar e punir os responsáveis pela grave violação a direito humano, em levar a cabo a responsabilização dos envolvidos na conduta criminosa, até para não se esvaziar a competência da Justiça Estadual e inviabilizar o funcionamento da Justiça Federal.7. A ideia de excepcionalidade do incidente não pode, contudo, ser de grandeza tal a ponto de criar requisitos por demais estritos que acabem por inviabilizar a própria utilização do instituto de deslocamento.8. O caso dos autos aponta fatores relacionados à região onde ocorreu a morte do Promotor de Justiça estadual Thiago Faria Soares, com indicativos de que o assassinato provavelmente resultou da ação de grupos de extermínio que atuam no interior do Estado de Pernambuco (como tantos outros que ocorreram na região conhecida como "Triângulo da Pistolagem", situada no agreste pernambucano), bem como ao certo e notório conflito institucional que se instalou, inarredavelmente, entre os órgãos envolvidos com a investigação e a persecução penal dos ainda não identificados autores do crime noticiado.9. A falta de entendimento operacional entre a Polícia Civil e o Ministério Público estadual ensejou um conjunto de falhas na investigação criminal que arrisca comprometer o resultado final da persecução penal, com possibilidade, inclusive, de gerar a impunidade dos mandantes e dos executores do citado crime de homicídio.10. O pedido de deslocamento de competência encontra-se fundamentado em afronta a tratado internacional de proteção a direitos humanos. O direito à vida, previsto na Convenção Americana de Direitos Humanos (Pacto de San Jose da Costa Rica), é a pedra basilar para o exercício dos demais direitos humanos. O julgamento justo, imparcial e em prazo razoável é, por seu turno, garantia fundamental do ser humano, previsto, entre outros, na referida Convenção, e dele é titular não somente o acusado em processo penal, mas também as vítimas do crime (e a sociedade em geral) objeto da persecução penal, dada a redação ampliativa dada ao inciso LXXVIII do artigo 5º da CF: "a todos, no âmbito judicial e administrativo, são assegurados a razoável duração do processo e os meios que garantam a celeridade de sua tramitação". Ademais, a Corte Interamericana de Direitos Humanos tem, reiteradamente, asseverado que a obrigação estatal de investigar e punir as violações de direitos humanos deve ser empreendida pelos Estados de maneira séria e efetiva, dentro de um prazo razoável.11. No caso vertente, encontram-se devidamente preenchidos todos os requisitos constitucionais que autorizam e justificam o pretendido deslocamento de competência, porquanto evidenciada a incontornável dificuldade do Estado de Pernambuco de reprimir e apurar crime praticado com grave violação de direitos humanos, em descumprimento a obrigações decorrentes de tratados internacionais de direitos humanos dos quais o Brasil é parte.12. Incidente de deslocamento de competência julgado procedente, para que seja determinada a imediata transferência do Inquérito Policial n. 07.019.0160.00158/2013-1.1 para a Polícia Federal, sob o acompanhamento e controle do Ministério Público Federal, e sob a jurisdição, no que depender de sua intervenção, da Justiça Federal, Seção Judiciária de Pernambuco. Ainda, determinação para que a tramitação do feito corra sob o regime de segredo de justiça, observada a Súmula Vinculante n. 14, do Supremo Tribunal Federal. (IDC 5/PE, Rel. Ministro ROGERIO SCHIETTI CRUZ, TERCEIRA SEÇÃO, julgado em 13/08/2014, DJe 01/09/2014)

O aresto acima, além de explicitar um bom exemplo de grave violação dos direitos humanos, minudencia os requisitos do IDC.

Capítulo

11

DIREITOS INDIVIDUAIS E COLETIVOS

1. ANÁLISE DOUTRINÁRIA E SELEÇÃO DE JURISPRUDÊNCIA SOBRE O ART. 5°

> Art. 5° Todos são iguais perante a lei, sem distinção de qualquer natureza, garantindo-se aos brasileiros e aos estrangeiros residentes no País a inviolabilidade do direito à vida, à liberdade, à igualdade, à segurança e à propriedade, nos termos seguintes.

O art. 5° ressalta o núcleo principal dos direitos fundamentais e os seus destinatários. O direito à vida, à igualdade, à liberdade, à segurança e à propriedade são desdobrados nos setenta e oito incisos e nos quatro parágrafos que com ele se relacionam e ainda em uma série de dispositivos constitucionais e infraconstitucionais que reforçam a proteção ao núcleo.

Apesar de o estrangeiro de passagem no país e as pessoas jurídicas carecerem de proteção na literalidade do dispositivo, não há dúvidas quanto a serem titulares de direitos fundamentais ao lado dos brasileiros e dos estrangeiros que aqui residem. Portanto, podemos dizer que a universalidade na titularidade não foi prevista expressamente na Constituição, mas é fruto da interpretação do STF e entendimento doutrinário. Como exemplo, podemos citar o direito à indenização por danos morais devido à pessoa jurídica que teve a sua imagem maculada.

O princípio da dignidade da pessoa humana lastreia um dos fundamentos principais da República Federativa do Brasil (art. 1°, III) e é carga axiológica presente em todos os direitos fundamentais, portanto, negar proteção constitucional a algum ser humano no país seria ir de encontro aos próprios alicerces da Constituição.

A seguir, faremos uma análise de cada um dos incisos do art. 5º, à luz, principalmente, da jurisprudência do STF.

2. PRINCÍPIO DA IGUALDADE

> I – homens e mulheres são iguais em direitos e obrigações, nos termos desta Constituição.

O constituinte originário expressou nesse dispositivo as lutas históricas travadas contra a discriminação do sexo feminino. Assim, homens e mulheres que se encontrarem em situação idêntica não poderão sofrer qualquer cerceamento em suas prerrogativas e nos seus deveres. As discriminações são toleradas apenas quando a finalidade pretendida for a diminuição dos desníveis entre homem e mulher, ou entre as pessoas em geral, tendo em vista as diferenças de idade, sexo, capacidade econômica etc.

Como as pessoas não são iguais, o respeito à diferença e às necessidades de cada um é um dos pilares mais importantes do conceito. Deve haver uma relação direta entre a desigualdade e a diferença observada, para que esta relação tenha pertinência.

A isonomia pode ser formal ou material:

a) Isonomia formal: fica proibida a discriminação arbitrária;

b) Isonomia material: do Poder Público é exigido que tome providências concretas que diminuam a desigualdade. Chama-se "política de ação afirmativa ou discriminação positiva" a providência que leve à diminuição da desigualdade. É atingida quando o Estado edita normas que privilegiam os desfavorecidos da sociedade e estas se tornam efetivas.

Além disso, a Constituição determina de forma expressa a igualdade perante a lei e de forma implícita a igualdade na lei. Significam:

a) Igualdade perante a lei: é um comando que se dirige a todos: legislador, juiz, administrador público na aplicação da norma jurídica ao caso concreto, para que esta seja aplicada de modo igual àqueles que se encontrem em posições idênticas ou substancialmente semelhantes;

b) Igualdade na lei: é o comando que se dirige especialmente ao legislador, no sentido de que ele tem que cuidar para que não se estabeleça, na lei, comportamentos abusivos, ilícitos, arbitrários, contrários à igualdade, diferenciando pessoas que se encontram em situações idênticas, salvo motivo razoável.

Ainda podem ser consideradas as dimensões subjetiva e objetiva dos direitos fundamentais. Sob a perspectiva subjetiva, podemos dizer que significam que as pessoas podem exigir de outrem (particulares e Estado) uma determinada prestação, que pode ser comissiva ou omissiva. Na tutela objetiva é como se todo direito fundamental trouxesse um valor que deverá se irradiar pelo ordenamento, é a chamada força irradiante dos direitos fundamentais.

Em termos histórico, o princípio da igualdade encontra-se celebrado no constitucionalismo ocidental, desde as primeiras Declarações de Direitos que surgem, no século XVIII, em especial a francesa, que tratou de universalizar os valores da liberdade, da igualdade e da fraternidade. Entretanto, a igualdade proclamada pelo constitucionalismo ocidental do século XVIII ainda se encontrava vinculada ao liberalismo clássico, dotado, portanto, de um conteúdo meramente formal que designava a igualdade perante a lei.

Essa igualdade puramente formal, não obstante a conquista alcançada de reconhecer a igualdade entre homens e mulheres, reduzia-se ao aspecto frio da lei. Sua incapacidade de reproduzir na realidade social o que no texto estava previsto refletia a marginalidade e a exclusão de inúmeros indivíduos e grupos que, apesar de serem formalmente iguais, contavam com a própria sorte para sentir-se como de fato iguais.

É somente com o advento do Estado Social e com as críticas ao modelo liberal de Estado que então vigorava, fruto da ampla contradição entre os princípios formalmente insculpidos nas Declarações de Direitos e a realidade vivida pela maioria da população que não tinha acesso aos direitos liberais básicos, que o valor da igualdade passa a adquirir novos contornos e um novo conteúdo: material, substancial, mais coadunado com a realidade social.

A igualdade material visa, portanto, à concretização da igualdade formal, aquela enunciada na lei. Segundo seu postulado, não basta uma ampla enunciação de direitos ou uma igualdade jurídica pautada em critérios estritamente formais sem que exista, em paralelo, uma intervenção do Estado no mundo concreto a fim de promover de fato essa igualdade. O conteúdo material da igualdade, portanto, corresponde a um Estado atuante, à presença efetiva de um Poder Público que implementa políticas públicas capazes de assegurar a plena realização deste princípio. Um exemplo de manifestação do princípio da igualdade na sua acepção material, substancial, em nosso ordenamento jurídico, são as políticas de ações afirmativas.

As ações afirmativas – ou *affirmative actions* – são medidas de cunho político implementadas pelo Estado ou pela iniciativa privada com o intuito de tornar efetivos os direitos de grupos tradicionalmente marginalizados ou excluídos. São exemplos de medidas de cunho afirmativo as cotas para negros, pardos e indígenas visando ao ingresso no ensino superior; as cotas para mulheres nas candidaturas partidárias; as cotas para portadores de deficiência física no serviço público e no setor privado; o sistema de pontuação; a reformulação de políticas de contratação e promoção de empregados, entre outros.

É de se notar que as políticas de ações afirmativas são o mais claro exemplo da concretização do princípio da igualdade material eis que visam transcender a mera igualdade formal, que reza que são todos iguais perante a lei, para atuar, mediante uma intervenção direta do Estado na realidade social, reduzindo as desigualdades sociais.

Nesse contexto, podemos falar do conteúdo democrático e dinâmico do princípio da igualdade no constitucionalismo contemporâneo, pois, com políticas públicas que buscam dar a efetividade necessária aos direitos constitucionalmente garantidos, promove-se a cidadania de minorias e grupos sociais marginalizados. Nesse sentido, a inércia inerente ao princípio da igualdade formal, que não mais responde às necessidades específicas de grupos sociais distintos, vai paulatinamente cedendo lugar ao dinamismo da igualdade material.

A igualdade, neste sentido, assume contornos de transformação, de mudança, mudança esta capaz de transformar a própria realidade social, econômica e política.

Aqueles que se colocam contrários às ações de cunho afirmativo são enfáticos ao afirmar o conteúdo nitidamente formal do princípio da igualdade. Se somos todos iguais perante a lei, e se a Constituição Federal veda qualquer ato discriminatório que viole essa igualdade formal, qualquer tentativa de implementação de políticas públicas voltadas para determinados segmentos da sociedade são considerados privilégios discriminatórios.

Por outro lado, quem se coloca favoravelmente às medidas afirmativas enfatiza o conteúdo material do princípio da igualdade, afirmando que é justamente essa intervenção estatal beneficiadora de determinados segmentos marginalizados que promove a igualdade em Estados democráticos de direito. Tal intervenção em prol de indivíduos e grupos socialmente excluídos não constituiria, portanto, um privilégio que discrimina, pelo contrário, uma necessidade real e concreta sem a qual a discriminação e a desigualdade é o único caminho que lhes resta.

De toda sorte, é imperioso que se observe que em Estados democráticos de direito, em que se pode considerar que os cidadãos são não apenas destinatários de suas leis, mas também os seus próprios autores, o princípio da igualdade deve ter o exato contorno daquilo que estes mesmos cidadãos, autônomos e conscientes de sua autonomia, estabeleçam para si, através de um amplo e participativo debate público.

Na seara das ações afirmativas, o STF decidiu pela constitucionalidade da Lei nº 11.340/2006 (Lei Maria da Penha).No julgamento, o Tribunal reiterou a ideia de que a aludida lei foi editada para conferir efetividade ao art. 226, § 8º, da CF. Consignou-se que o dispositivo legal em comento coadunar-se-ia com o princípio da igualdade e atenderia à ordem jurídico-constitucional, no que concerne ao necessário combate ao desprezo às famílias, considerada a mulher como sua célula básica. Asseverou-se que, ao criar mecanismos específicos para coibir e prevenir a violência doméstica contra a mulher e estabelecer medidas especiais de proteção, assistência e punição, tomando como base o gênero da vítima, o legislador teria utilizado meio adequado e necessário para fomentar o fim traçado pelo referido preceito constitucional. Aduziu-se não ser desproporcional ou ilegítimo o uso do sexo como critério de diferenciação, visto que a mulher seria eminentemente vulnerável no tocante a constrangimentos físicos, morais e psicológicos sofridos em âmbito privado.[1]

Ainda no que tange às ações afirmativas, o STF decidiu pela constitucionalidade da política de instituição de cotas raciais pela Universidade de Brasília (UnB), julgando improcedente a ADPF 186, ajuizada pelo Democratas (DEM)[2]. E também pela constitucionalidade da Lei 12.990/2014, que reserva

---

1 STF, ADC nº 19/DF, Plenário, Rel. Min. Marco Aurélio, j. 09.02.12. VIOLÊNCIA DOMÉSTICA – LEI Nº 11.340/06 – GÊNEROS MASCULINO E FEMININO – TRATAMENTO DIFERENCIADO. O artigo 1º da Lei nº 11.340/06 surge, sob o ângulo do tratamento diferenciado entre os gêneros – mulher e homem –, harmônica com a Constituição Federal, no que necessária a proteção ante as peculiaridades física e moral da mulher e a cultura brasileira. COMPETÊNCIA – VIOLÊNCIA DOMÉSTICA – LEI Nº 11.340/06 – JUIZADOS DE VIOLÊNCIA DOMÉSTICA E FAMILIAR CONTRA A MULHER. O artigo 33 da Lei nº 11.340/06, no que revela a conveniência de criação dos juizados de violência doméstica e familiar contra a mulher, não implica usurpação da competência normativa dos estados quanto à própria organização judiciária. VIOLÊNCIA DOMÉSTICA E FAMILIAR CONTRA A MULHER – REGÊNCIA – LEI Nº 9.099/95 – AFASTAMENTO. O artigo 41 da Lei nº 11.340/06, a afastar, nos crimes de violência doméstica contra a mulher, a Lei nº 9.099/95, mostra-se em consonância com o disposto no § 8º do artigo 226 da Carta da República, a prever a obrigatoriedade de o Estado adotar mecanismos que coíbam a violência no âmbito das relações familiares.

2 STF, ADPF no 186/DF, Plenário, Rel. Min. Ricardo Lewandowski, j. 26.04.12. EMENTA: ARGUIÇÃO DE DESCUMPRIMENTO DE PRECEITO FUNDAMENTAL. ATOS QUE INSTITUÍRAM SISTEMA DE RESERVA DE VAGAS COM BASE EM CRITÉRIO ÉTNICO-RACIAL (COTAS) NO PROCESSO DE SELEÇÃO PARA INGRESSO EM INSTITUIÇÃO PÚBLICA DE ENSINO SUPERIOR. ALEGADA OFENSA AOS ARTS. 1º, CAPUT, III, 3º, IV, 4º, VIII, 5º, I, II XXXIII, XLI, LIV, 37, CAPUT, 205, 206, CAPUT, I, 207, CAPUT, E 208, V, TODOS DA CONSTITUIÇÃO FEDERAL. AÇÃO JULGADA

20% das vagas oferecidas em concursos públicos para provimento de cargos efetivos e empregos públicos no âmbito da administração pública federal direta e indireta, no âmbito dos Três Poderes. A decisão na ADC 41 foi unânime[3].

Relacionada ao princípio da igualdade, também é importante discorrer sobre a "teoria do impacto desproporcional". Segundo o Ministro aposentado Joaquim Barbosa, a teoria do impacto desproporcional consiste em: "Toda e qualquer prática empresarial, política governamental ou semigovernamental, de cunho legislativo ou administrativo, ainda que não provida de intenção discriminatória no momento de sua concepção, deve ser condenada por violação do princípio constitucional da igualdade material se, em consequência de sua aplicação, resultarem efeitos nocivos de incidência especialmente

---

IMPROCEDENTE. I – Não contraria- ao contrário, prestigia – o princípio da igualdade material, previsto no caput do art. 5º da Carta da República, a possibilidade de o Estado lançar mão seja de políticas de cunho universalista, que abrangem um número indeterminados de indivíduos, mediante ações de natureza estrutural, seja de ações afirmativas, que atingem grupos sociais determinados, de maneira pontual, atribuindo a estes certas vantagens, por um tempo limitado, de modo a permitir-lhes a superação de desigualdades decorrentes de situações históricas particulares. II – O modelo constitucional brasileiro incorporou diversos mecanismos institucionais para corrigir as distorções resultantes de uma aplicação puramente formal do princípio da igualdade. III – Esta Corte, em diversos precedentes, assentou a constitucionalidade das políticas de ação afirmativa. IV – Medidas que buscam reverter, no âmbito universitário, o quadro histórico de desigualdade que caracteriza as relações étnico-raciais e sociais em nosso País, não podem ser examinadas apenas sob a ótica de sua compatibilidade com determinados preceitos constitucionais, isoladamente considerados, ou a partir da eventual vantagem de certos critérios sobre outros, devendo, ao revés, ser analisadas à luz do arcabouço principiológico sobre o qual se assenta o próprio Estado brasileiro. V- Metodologia de seleção diferenciada pode perfeitamente levar em consideração critérios étnico-raciais ou socioeconômicos, de modo a assegurar que a comunidade acadêmica e a própria sociedade sejam beneficiadas pelo pluralismo de ideias, de resto, um dos fundamentos do Estado brasileiro, conforme dispõe o art. 1º, V, da Constituição. VI- Justiça social, hoje, mais do que simplesmente redistribuir riquezas criadas pelo esforço coletivo, significa distinguir, reconhecer e incorporar à sociedade mais ampla valores culturais diversificados, muitas vezes considerados inferiores àqueles reputados dominantes. VII – No entanto, as políticas de ação afirmativa fundadas na discriminação reversa apenas são legítimas se a sua manutenção estiver condicionada à persistência, no tempo, do quadro de exclusão social que lhes deu origem. Caso contrário, tais políticas poderiam converter-se benesses permanentes, instituídas em prol de determinado grupo social, mas em detrimento da coletividade como um todo, situação – é escusado dizer – incompatível com o espírito de qualquer Constituição que se pretenda democrática, devendo, outrossim, respeitar a proporcionalidade entre os meios empregados e os fins perseguidos. VIII – Arguição de descumprimento de preceito fundamental julgada improcedente.

3 STF. Plenário. ADC 41/DF, Rel. Min. Roberto Barroso, julgado em 8/6/2017 (repercussão geral) (Info 868).

desproporcional sobre certas categorias de pessoas"[4]. A referida teoria também constou da petição inicial da ADI 4424, que tratou de disposições da Lei 11.340/2006, Lei Maria da Penha, cuja aplicação tal qual aprovada na origem implicaria em discriminação indireta em relação às mulheres. Apenas para mencionar um exemplo, a inicial da ADI abordou a situação de constrangimento da mulher em ter de fazer representação para fins de processamento da ação penal, quando, na verdade, a ação penal incondicionada seria melhor alternativa para resguardar a integridade física da agredida.

Outro exemplo que merece citação é o que envolve a emenda constitucional número 20, de 15 de dezembro de 1998. A norma instituiu, em seu artigo 14, que o salário referente ao período de maternidade, teria o limite de R$ 1.200,00 (um mil e duzentos reais), o qual deveria ser pago pela Previdência Social, cabendo ao empregador inteirar o salário caso fosse maior que o previsto.

Diante disso, o Partido Socialista Brasileiro propôs a Ação Direta de Inconstitucionalidade de nº. 1946-DF, alegando que tal dispositivo infringiu os artigos 3º, IV, 7º, XVIII, e 60, § 4º, todos da Constituição Federal, além do artigo 72, da Lei 8.213/91. Em outras palavras, buscava-se a declaração de inconstitucionalidade do dispositivo da emenda por causa de suas afrontas ao princípio da igualdade.

Em 4 de março de 2003, a ADI 1946-DF foi julgada procedente no sentido de que a determinação do artigo 14 da EC 20/98 não poderia se aplicar ao salário-maternidade previsto no artigo 7º, XVIII, da CF, uma vez que seus efeitos implicariam em "retrocesso histórico" no tocante à participação das mulheres no mercado de trabalho.

De acordo com os Ministros do Supremo Tribunal Federal, a exigência do teto máximo pago pela Previdência Social a título de salário-maternidade renderia efeitos não previstos pelo poder constituinte derivado, que resultariam na exclusão das mulheres do mercado de trabalho, o que caracterizaria o retrocesso, visto que a vida profissional das mulheres foi uma conquista histórica.

Os efeitos desproporcionais, então, se identificam ao evitar a obrigação do pagamento do benefício previsto na EC 20/98 pelo empregador, as mulheres seriam excluídas do mercado de trabalho, ferindo, portanto, o princípio da igualdade que autoriza a proteção das mulheres em razão de sua histórica segregação. Ao violar um direito fundamental, em afronta à cláusula pétrea, artigo 60, § 4º, da Constituição da República, reconhecida está a inconstitucionalidade

---

4 Barbosa, Joaquim. Ação afirmativa e princípio constitucional da igualdade, Renovar, 2001, p. 24.

da previsão da Emenda, contrária ao originariamente previsto pelo poder constituinte originário de 1988.

> **Súmula Vinculante nº 6:** *Não viola a Constituição o estabelecimento de remuneração inferior ao salário mínimo para as praças prestadoras de serviço militar inicial.*

Princípio da igualdade e concursos públicos I: *O limite de idade para a inscrição em concurso público só se legitima em face do art. 7º, XXX, da Constituição, quando possa ser justificado pela natureza das atribuições do cargo a ser preenchido (STF, Súmula nº 683).*

Princípio da igualdade e concursos públicos II: *Em se tratando de concurso público para agente de polícia, mostra-se razoável a exigência de que o candidato tenha altura mínima de 1,60m. Previsto o requisito não só na lei de regência, mas também no edital de concurso, não concorre a primeira condição do mandado de segurança, que é a existência de direito líquido e certo.*[5]

Princípio da igualdade e concursos públicos III: *A vedação constitucional de diferença de critério de admissão por motivo de idade (CF, art. 7º, XXX) é corolário, na esfera das relações de trabalho, do princípio fundamental de igualdade, que se entende, à falta de exclusão constitucional inequívoca (como ocorre em relação aos militares – CF, art. 42, § 1º), a todo o sistema do pessoal civil. É ponderável, não obstante, a ressalva das hipóteses em que a limitação de idade se possa legitimar como imposição da natureza e das atribuições do cargo a preencher.*[6]

Princípio da igualdade e concursos públicos IV: *Viola o princípio constitucional da isonomia norma que estabelece como título o mero exercício de função pública.*[7]

Princípio da igualdade e concursos públicos V: *Concurso público da polícia militar. Teste de esforço físico por faixa etária: exigência desarrazoada, no caso. Ofensa aos princípios da igualdade e legalidade. O Supremo Tribunal*

---

5 STF, RE nº 148.095/MS, Segunda Turma, Rel. Min. Marco Aurélio, j. 03.02.98, *DJ* 03.04.98.

6 STF, RMS nº 21.046/ RJ, Plenário, Rel. Min. Sepúlveda Pertence, j. 14.12.90, *DJ* 14.11.91. No mesmo sentido: STF, RE nº 141.357/RS, Primeira Turma, Rel. Min. Sepúlveda Pertence, j. 14.09.04, *DJ* 08.10.04; STF, RE nº 212.066/RS; Segunda Turma, Rel. Min. Maurício Corrêa, j. 18.09.98, *DJ* 12.03.99e STF, ARE nº 678.112/MG, Plenário, Rel. Min. Luiz Fux, j. 25.04.13, *DJE* 17.05.13.

7 STF, ADI nº 3.443/MA, Plenário, Rel. Min. Carlos Velloso, j. 08.09.05, *DJ* 23.09.05. No mesmo sentido: STF, ADI nº 3.522/RS; Plenário, Rel. Min. Marco Aurélio, j. 24.11.05, *DJ* 12.05.06; STF, ADI nº 4.178/GO MC-REF, Plenário, Rel. Min. Cezar Peluso, j. 04.02.10, *DJE* 07.05.10 e STF, AI nº 830.011/RG AgR, Primeira Turma, Rel. Min. Luiz Fux, j. 26.06.12, *DJE* 14.08.12.

Federal entende que a restrição da admissão a cargos públicos a partir da idade somente se justifica se previsto em lei e quando situações concretas exigem um limite razoável, tendo em conta o grau de esforço a ser desenvolvido pelo ocupante do cargo ou função. No caso, se mostra desarrazoada a exigência de teste de esforço físico com critérios diferenciados em razão da faixa etária.[8]

Princípio da igualdade e concursos públicos VI: *Agravo regimental em agravo de instrumento. Princípio da isonomia. Matéria devidamente prequestionada. Concurso público. Prova de esforço físico. Repetição do exame em outra oportunidade em decorrência de lesão muscular. Impossibilidade. Precedente. Agravo regimental a que se nega provimento.*[9]

Princípio da igualdade e concursos públicos VII: *É constitucional a Lei n° 12.990/2014, que reserva a pessoas negras 20% das vagas oferecidas nos concursos públicos para provimento de cargos efetivos e empregos públicos no âmbito da administração pública federal direta e indireta, por três fundamentos. Em primeiro lugar, a desequiparação promovida pela política de ação afirmativa em questão está em consonância com o princípio da isonomia. Ela se funda na necessidade de superar o racismo estrutural e institucional ainda existente na sociedade brasileira, e garantir a igualdade material entre os cidadãos, por meio da distribuição mais equitativa de bens sociais e da promoção do reconhecimento da população afrodescendente. Em segundo lugar, não há violação aos princípios do concurso público e da eficiência. A reserva de vagas para negros não os isenta da aprovação no concurso público. Como qualquer outro candidato, o beneficiário da política deve alcançar a nota necessária para que seja considerado apto a exercer, de forma adequada e eficiente, o cargo em questão. Além disso, a incorporação do fator "raça" como critério de seleção, ao invés de afetar o princípio da eficiência, contribui para sua realização em maior extensão, criando uma "burocracia representativa", capaz de garantir que os pontos de vista e interesses de toda a população sejam considerados na tomada de decisões estatais. Em terceiro lugar, a medida observa o princípio da proporcionalidade em sua tríplice dimensão. A existência de uma política de cotas para o acesso de negros à educação superior não torna a reserva de vagas nos quadros da administração pública desnecessária ou desproporcional em sentido estrito. Isso porque: (i) nem todos os cargos e empregos públicos exigem curso superior; (ii) ainda quando haja essa exigência, os beneficiários da ação afirmativa no serviço público podem não ter sido beneficiários das cotas nas universidades públicas;*

---

8 STF, RE nº 523.737/MT AgR, Segunda Turma, Rel. Min. Ellen Gracie, j. 22.06.10, *DJ* 06.08.10.

9 STF, AI nº 651.795/RN AgR, Segunda Turma, Rel. Min. Gilmar Mendes, j. 17.11.09, DJE 05.03.10.

e (iii) mesmo que o concorrente tenha ingressado em curso de ensino superior por meio de cotas, há outros fatores que impedem os negros de competir em pé de igualdade nos concursos públicos, justificando a política de ação afirmativa instituída pela Lei nº 12.990/2014. Ademais, a fim de garantir a efetividade da política em questão, também é constitucional a instituição de mecanismos para evitar fraudes pelos candidatos. É legítima a utilização, além da autodeclaração, de critérios subsidiários de heteroidentificação (e.g., a exigência de autodeclaração presencial perante a comissão do concurso), desde que respeitada a dignidade da pessoa humana e garantidos o contraditório e a ampla defesa.[10]

Princípio da igualdade e carreira militar: *Promoção de militares dos sexos masculino e feminino: critérios diferenciados: carreiras regidas por legislação específica: ausência de violação ao princípio da isonomia.*[11]

Princípio da igualdade e estrangeiros: *Tratamento igualitário de brasileiros e estrangeiros residentes no Brasil. O alcance do disposto na cabeça do art. 5º da Constituição Federal há de ser estabelecido levando-se em conta a remessa aos diversos incisos. A cláusula de tratamento igualitário não obstaculiza o deferimento de extradição de estrangeiro.*[12]

Princípio da igualdade e *habeas corpus* I: *A concessão de* habeas corpus *a determinados corréus, em situações processuais diversas, não implica violação ao princípio da isonomia.*[13]

Princípio da igualdade e *habeas corpus* II: *O súdito estrangeiro, mesmo aquele sem domicílio no Brasil, tem direito a todas as prerrogativas básicas que lhe assegurem a preservação do* status libertatis *e a observância, pelo Poder Público, da cláusula constitucional do* due process. *O súdito estrangeiro, mesmo o não domiciliado no Brasil, tem plena legitimidade para impetrar o remédio constitucional do* habeas corpus, *em ordem a tornar efetivo, nas hipóteses de persecução penal, o direito subjetivo, de que também é titular, à observância e ao integral respeito, por parte do Estado, das prerrogativas que compõem e dão significado à cláusula do devido processo legal. A condição jurídica de não nacional do Brasil e a circunstância de o réu estrangeiro não possuir domicílio em nosso País não legitimam a adoção, contra tal acusado, de qualquer tratamento arbitrário ou discriminatório. Precedentes. Impõe-se, ao Judiciário, o dever de*

10 STF, ADC nº 41/DF, Plenário, Rel. Min. Roberto Barroso, j. 08.06.17, *DJE* 17.08.17.

11 STF, AI nº 511.131 AgR/BA, Primeira Turma, Rel. Min. Sepúlveda Pertence, j. 22.03.05, *DJ* 15.04.05.

12 STF, Ext nº 1.028/Paraguai, Plenário, Rel. Min. Marco Aurélio, j. 10.08.06, *DJ* 08.09.06.

13 STF, HCnº 90.138/PR; Primeira Turma, Rel. Min. Ricardo Lewandowski, j. 11.09.07, *DJ* 28.09.07.

assegurar, mesmo ao réu estrangeiro sem domicílio no Brasil, os direitos básicos que resultam do postulado do devido processo legal, notadamente as prerrogativas inerentes à garantia da ampla defesa, à garantia do contraditório, à igualdade entre as partes perante o juiz natural e à garantia de imparcialidade do magistrado processante.[14]

O princípio da igualdade e o tratamento diferenciado para pessoas com deficiência: *O Tribunal, por maioria, julgou improcedente pedido formulado em ação direta ajuizada pela Associação Brasileira das Empresas de Transporte Rodoviário Intermunicipal, Interestadual e Internacional de Passageiros – ABRATI contra a Lei nacional 8.899/94, que concede passe livre no sistema de transporte coletivo interestadual às pessoas portadoras de deficiência, comprovadamente carentes. (...) Rejeitou-se, de igual modo, a apontada ofensa ao princípio da igualdade, ao fundamento de que a lei em questão teria dado forma justa ao direito do usuário que, pela sua diferença, haveria de ser tratado nesta condição desigual para se igualar nas oportunidades de ter acesso àquele serviço público. (...) Concluiu-se que a Constituição, ao assegurar a livre concorrência, também determinou que o Estado deveria empreender todos os seus esforços para garantir a acessibilidade, para que se promovesse a igualdade de todos, em cumprimento aos fundamentos da República de cidadania e dignidade da pessoa humana, o que se realizaria pela definição de meios para que eles fossem atingidos. Um desses meios se poria na lei analisada que dotaria de concretude os valores constitucionais percebidos e acolhidos pelos constituintes e adotados como princípios e regras da CF.*[15]

O princípio da igualdade e o visto de advogado: *A obrigatoriedade do visto de advogado para o registro de atos e contratos constitutivos de pessoas jurídicas (art. 1º, § 2º, da Lei nº 8.906/94) não ofende os princípios constitucionais da isonomia e da liberdade associativa.*[16]

O princípio da igualdade em sentido material e o direito à saúde: *O direito à saúde – além de qualificar-se como direito fundamental que assiste a todas as pessoas – representa consequência constitucional indissociável do direito à vida. O Poder Público, qualquer que seja a esfera institucional de sua atuação no plano da organização federativa brasileira, não pode mostrar-se indiferente ao*

---

14 HC nº 94.016/ SP, Segunda Turma, Rel. Min. Celso de Mello, j.16.09.08, *DJE* 27.02.09. No mesmo sentido: STF, HC nº 94.477/PR, Segunda Turma, Rel. Min. Gilmar Mendes, j. 06.09.11, *DJE* 08.02.12.

15 STF, ADI nº 2.649/DF, Plenário, Rel. Min. Cármen Lúcia, j. 08.05.08, *DJE* 17.10.08.*Informativo* 505.

16 STF, ADI nº 1.194/ DF, Plenário, Rel. Min. Maurício Corrêa, Rel. p/ acórdão Min. Cármen Lúcia, j. 20.05.09, *DJE* 11.09.09.

problema da saúde da população, sob pena de incidir, ainda que por censurável omissão, em grave comportamento inconstitucional. (...) O reconhecimento judicial da validade jurídica de programas de distribuição gratuita de medicamentos a pessoas carentes, inclusive àquelas portadoras do vírus HIV/AIDS, dá efetividade a preceitos fundamentais da Constituição da República (arts. 5º, caput, *e 196) e representa, na concreção do seu alcance, um gesto reverente e solidário de apreço à vida e à saúde das pessoas, especialmente daquelas que nada têm e nada possuem, a não ser a consciência de sua própria humanidade e de sua essencial dignidade.*[17]

3. PRINCÍPIO DA LEGALIDADE

> II – ninguém será obrigado a fazer ou deixar de fazer alguma coisa senão em virtude de lei.

O Estado Democrático de Direito (art. 1º, *caput*) repousa sob o signo da legalidade, exposto no dispositivo sob comento em seu sentido material ou amplo. O princípio da legalidade, portanto, expressa a sujeição ou subordinação das pessoas, órgãos ou entidades às prescrições emanadas do Legislativo, Executivo e Judiciário. Para o particular, ninguém é obrigado a fazer ou deixar de fazer algo, senão em virtude de lei (produzida pelo Legislativo e pelo Executivo), diante da sua autonomia da vontade. Já quanto ao administrador, deverá ser adotado o princípio da legalidade em sentido estrito, pois só é possível fazer o que a lei autoriza ou determina.

Desse dispositivo também deriva o princípio da reserva legal que determina que algumas matérias sejam regulamentadas exclusivamente por lei formal, ou seja, lei oriunda do processo legislativo constitucional, como é o exemplo das matérias penais, que não podem ser tratadas por medida provisória (editada por ato unilateral do chefe do Executivo), por expressa vedação constitucional (art. 62, § 1º, I, "b").

> **Súmula vinculante 44:** Só por lei se pode sujeitar a exame psicotécnico a habilitação de candidato a cargo público.

Princípio da legalidade e da reserva legal II: *A reserva de lei em sentido formal qualifica-se como instrumento constitucional de preservação da integridade*

17 STF, RE nº 271.286/RS AgR, Segunda Turma. Rel. Min. Celso de Mello, j. 12.09.00, *DJ* 24.11.00. No mesmo sentido: STF, STA nº 175/CE AgR, Plenário, Rel. Min. Gilmar Mendes, j. 17.03.10, *DJE* 30.04.10.

de direitos e garantias fundamentais. O princípio da reserva de lei atua como expressiva limitação constitucional ao poder do Estado, cuja competência regulamentar, por tal razão, não se reveste de suficiente idoneidade jurídica que lhe permita restringir direitos ou criar obrigações. Nenhum ato regulamentar pode criar obrigações ou restringir direitos, sob pena de incidir em domínio constitucionalmente reservado ao âmbito de atuação material da lei em sentido formal. O abuso de poder regulamentar, especialmente nos casos em que o Estado atua contra legem *ou* praeter legem, *não só expõe o ato transgressor ao controle jurisdicional, mas viabiliza, até mesmo, tal a gravidade desse comportamento governamental, o exercício, pelo Congresso Nacional, da competência extraordinária que lhe confere o art. 49, inciso V, da Constituição da República e que lhe permite "sustar os atos normativos do Poder Executivo que exorbitem do poder regulamentar (...)".*[18]

Princípio da legalidade e da reserva legal III: *O princípio constitucional da reserva de lei formal traduz limitação ao exercício das atividades administrativas e jurisdicionais do Estado. A reserva de lei – analisada sob tal perspectiva – constitui postulado revestido de função excludente, de caráter negativo, pois veda, nas matérias a ela sujeitas, quaisquer intervenções normativas, a título primário, de órgãos estatais não legislativos. Essa cláusula constitucional, por sua vez, projeta-se em uma dimensão positiva, eis que a sua incidência reforça o princípio, que, fundado na autoridade da Constituição, impõe, à administração e à jurisdição, a necessária submissão aos comandos estatais emanados, exclusivamente, do legislador.* ***Não cabe, ao Poder Executivo, em tema regido pelo postulado da reserva de lei, atuar na anômala (e inconstitucional) condição de legislador, para, em assim agindo, proceder à imposição de seus próprios critérios, afastando, desse modo, os fatores que, no âmbito de nosso sistema constitucional, só podem ser legitimamente definidos pelo Parlamento. É que, se tal fosse possível, o Poder Executivo passaria a desempenhar atribuição que lhe é institucionalmente estranha (a de legislador), usurpando, desse modo, no contexto de um sistema de poderes essencialmente limitados, competência que não lhe pertence, com evidente transgressão ao princípio constitucional da separação de poderes*** (grifamos).[19]

Princípio da legalidade e da reserva legal III: *Antiga é a jurisprudência desta Corte no sentido de que a exigência de avaliação psicológica ou teste psicotécnico, como requisito ou condição necessária ao acesso a determinados cargos públicos de carreira, somente é possível, nos termos da CF, se houver lei*

18 STF, ACO nº 1.048/RS QO, Plenário, Rel. Min. Celso de Mello, j. 30.08.07, *DJE* 31.10.2007.

19 STF, ADI nº 2.075/RJ, Plenário, Rel. Min. Celso de Mello, j. 07.02.01, *DJ* 27.06.03.

em sentido material (ato emanado do Poder Legislativo) que expressamente a autorize, além de previsão no edital do certame. Ademais, o exame psicotécnico necessita de um grau mínimo de objetividade e de publicidade dos atos em que se procede. A inexistência desses requisitos torna o ato ilegítimo, por não possibilitar o acesso à tutela jurisdicional para a verificação de lesão de direito individual pelo uso desses critérios.[20]

> **Súmula nº 711, STF:** *A Lei penal mais grave aplica-se ao crime continuado ou ao crime permanente, se a sua vigência é anterior à cessação da continuidade ou da permanência.*
>
> **Súmula nº 686, STF:** *Só por lei se pode sujeitar a exame psicotécnico a habilitação de candidato a cargo público.*
>
> **Súmula nº 636, STF:** *Não cabe recurso extraordinário por contrariedade ao princípio constitucional da legalidade, quando a sua verificação pressuponha rever a interpretação dada a normas infraconstitucionais pela decisão recorrida.*

4. PRINCÍPIO DA DIGNIDADE DA PESSOA HUMANA

> III – ninguém será submetido a tortura nem a tratamento desumano ou degradante.

A definição do princípio da dignidade da pessoa humana é um dos mais fáceis de ser compreendido, mas sem dúvida, um dos mais difíceis de conceituar. Como unidade mais fundamental de valor do sistema jurídico, esse princípio universal funciona como paradigma, fundamento, limite e desiderato de um ordenamento jurídico, de um Estado e de uma sociedade aos quais confere legitimidade. Apesar de difícil conceituação, podemos compreender que o conteúdo do princípio diz respeito ao atributo imanente a todo ser humano e que justifica o exercício da sua liberdade e a perfeita realização de seu direito à existência plena e saudável, como já tratamos em capítulo próprio.

Nesse diapasão, após os 21 anos de ditadura militar, o constituinte originário, inovando na história brasileira, resolveu consagrar expressamente a vedação à tortura, buscando assegurar a integridade física e psíquica do indivíduo, em nome do próprio direito à vida e à sua ampla dimensão.

Em sede de medida cautelar na ADPF 347, o Supremo Tribunal Federal sustentou o "estado de coisas inconstitucional", tendo em vista que a violação

20 STF, AI nº 758.533/MG QO-RG, Plenário, Rel. Min. Gilmar Mendes, j. 23.06.10, *DJE* 13.08.10.

dos direitos fundamentais dos presos alcançaria a transgressão à dignidade da pessoa humana e também ao mínimo existencial.[21] Tal expressão é utilizada pela Corte Constitucional Colombiana e sua primeira decisão reconhecendo o "estado de coisas inconstitucional" foi proferida em 1997 (*Sentencia de Unificación* – SU 559, de 6/11/1997), numa demanda promovida por diversos professores que tiveram seus direitos previdenciários sistematicamente violados pelas autoridades públicas. A Corte acabou por determinar às autoridades envolvidas a superação do quadro de inconstitucionalidades em prazo razoável.

Também em sede de medida cautelar na ADPF 527, a Corte Constitucional afirmou o direito de transexuais de cumprir pena em estabelecimento prisional compatível com identidade de gênero. Em sua decisão, o Ministro Luís Roberto Barroso ressaltou a incidência do direito à dignidade da pessoa humana, à autonomia, à liberdade, à igualdade, à saúde, vedação à tortura e ao tratamento degradante e desumano.

Dignidade da Pessoa Humana e uso de algemas I: *Só é lícito o uso de algemas em casos de resistência e de fundado receio de fuga ou de perigo à integridade física própria ou alheia, por parte do preso ou de terceiros, justificada a excepcionalidade por escrito, sob pena de responsabilidade disciplinar, civil e penal do agente ou da autoridade e de nulidade da prisão ou do ato processual a que se refere, sem prejuízo da responsabilidade civil do Estado (Súmula Vinculante nº 11).*

Dignidade da Pessoa Humana e uso de algemas II: *O uso legítimo de algemas não é arbitrário, sendo de natureza excepcional, a ser adotado nos casos e com as finalidades de impedir, prevenir ou dificultar a fuga ou reação indevida do preso, desde que haja fundada suspeita ou justificado receio de que tanto venha a ocorrer, e para evitar agressão do preso contra os próprios policiais, contra terceiros ou contra si mesmo. O emprego dessa medida tem como balizamento jurídico necessário os princípios da proporcionalidade e da razoabilidade.*[22]

Dignidade da Pessoa Humana e uso de algemas III: *O Tribunal julgou improcedente reclamação ajuizada contra ato de autoridade judiciária que, em decreto de prisão preventiva do reclamante, teria autorizado o uso de algemas. Entendeu-se que o juiz de primeiro grau não teria determinado, mas apenas autorizado o uso de algemas para o caso da autoridade policial deparar-se com*

---

21 STF, ADPF nº 347 MC/DF, rel. Min. Marco Aurélio, j. 9.9.2015.

22 STF, HC nº 89.429/RO, Primeira Turma, Rel. Min. Cármen Lúcia, j. 22.08.06, *DJ* 02.02.07. No mesmo sentido: STF, Rcl nº 9.468/RJ AgR, Plenário, Rel. Min. Ricardo Lewandowski, j. 24.03.11, *DJE* 11.04.11 e STF, Rcl nº 10.479/RJ AgR, Plenário, Rel. Min. Dias Toffoli, j. 23.05.13, *DJE* 01.08.13.

alguma das hipóteses previstas na Súmula Vinculante 11 (...). Ademais, considerou-se o fato de o reclamante não ter demonstrado que, durante o cumprimento do mandado de prisão, a autoridade policial efetivamente fizera uso das algemas, não havendo, ainda, provas nos autos nesse sentido, o que descaracterizaria a violação ao citado verbete.[23]

Dignidade da Pessoa Humana e Lei da anistia: *A chamada Lei da anistia veicula uma decisão política assumida naquele momento – o momento da transição conciliada de 1979. A Lei nº 6.683 é uma lei-medida, não uma regra para o futuro, dotada de abstração e generalidade. Há de ser interpretada a partir da realidade no momento em que foi conquistada. A Lei nº 6.683/79 precede a Convenção das Nações Unidas contra a Tortura e Outros Tratamentos ou Penas Cruéis, Desumanos ou Degradantes – adotada pela Assembleia Geral em 10 de dezembro de 1984, vigorando desde 26 de junho de 1987 – e a Lei nº 9.455, de 7 de abril de 1997, que define o crime de tortura; e o preceito veiculado pelo art. 5º, XLIII, da Constituição – que declara insuscetíveis de graça e anistia a prática da tortura, entre outros crimes – não alcança, por impossibilidade lógica, anistias anteriormente a sua vigência consumadas. A Constituição não afeta leis-medida que a tenham precedido.*[24]

5. MANIFESTAÇÃO DE EXPRESSÃO RESPONSÁVEL

> IV – é livre a manifestação do pensamento, sendo vedado o anonimato;
>
> V – é assegurado o direito de resposta, proporcional ao agravo, além da indenização por dano material, moral ou à imagem.

---

23 STF, Rcl nº 7.814/RJ, Plenário, Rel. Min. Cármen Lúcia, j. 27.05.10, *DJE* 20.08.10.*Informativo* 588.
EMENTA: RECLAMAÇÃO. PROCESSO PENAL. USO DE ALGEMA. ALEGAÇÃO DE CONTRARIEDADE À SÚMULA VINCULANTE N. 11 DO SUPREMO TRIBUNAL FEDERAL. PEDIDO DE REVOGAÇÃO DA PRISÃO CAUTELAR. AUSÊNCIA DE DETERMINAÇÃO JUDICIAL PARA O USO DE ALGEMAS. FALTA DE PROVA DA ALEGAÇÃO DE USO DE ALGEMA. RECLAMAÇÃO JULGADA IMPROCEDENTE. 1. Dispõe a Súmula Vinculante n. 11 que "Só é lícito o uso de algemas em casos de resistência e de fundado receio de fuga ou de perigo à integridade física própria ou alheia, por parte do preso ou de terceiros, justificada a excepcionalidade por escrito, sob pena de responsabilidade disciplinar, civil e penal do agente ou da autoridade e de nulidade da prisão ou do ato processual a que se refere, sem prejuízo da responsabilidade civil do estado". 2. Na espécie vertente, o juiz Reclamado apenas autorizou o uso de algemas, sem, contudo, determiná-lo, e deixou a decisão sobre a sua necessidade, ou não, à discrição da autoridade policial que efetivamente cumpriria o mandado de prisão, tendo em vista as circunstâncias do momento da diligência, acentuando a necessidade de acatamento da Súmula Vinculante nº 11 deste Supremo Tribunal. 3. Os documentos colacionados aos autos não comprovam o uso de algemas durante, ou após, a diligência que resultou na prisão do Reclamante, sendo certo que, se usadas, elas não o foram por determinação do ato reclamado. 4. Reclamação julgada improcedente.

24 STF, ADPF nº153/DF, Plenário, Rel. Min. Eros Grau, j. 29.04.10, *DJE* 06.08.10.

A manifestação do pensamento é um dos atributos da liberdade de expressão, entretanto deverá ser realizada de maneira responsável. A identificação da autoria da manifestação (seja em cartas, e-mails, artigos nos jornais) é indispensável para tentar coibir as manifestações que tenham como intuito apenas o prejuízo da moral ou do bom nome alheio.

Aquele que se sentir agredido pela expressão do pensamento do outro tem direito de resposta, que será proporcional ao agravo. O direito fundamenta-se, entre outros, no princípio da paridade de armas, como instrumento indispensável para reequilibrar a relação entre os cidadãos e os meios de comunicação. Revela-se como limitação externa à liberdade de imprensa, porquanto visa a compensar repercussão do exercício abusivo da livre comunicação. Nesse sentido, são oportunas as palavras de Daniel Sarmento:[25]

> [...] Embora envolva uma restrição à liberdade dos titulares dos meios de comunicação social, o direito de resposta opera também como um instrumento que proporciona o direito de acesso à mídia, viabilizando, em alguma medida, um contraditório perante a opinião pública. Neste sentido, pode-se afirmar que o direito de resposta, além de tutelar os direitos da personalidade do atingido pelos meios de comunicação, possibilita que ele exercite a sua liberdade de expressão de forma a participar da formação da opinião pública em tema que lhe concerne. Ademais, ele opera também a serviço do direito à informação do público em geral, que tem a chance de conhecer versões e visões diferentes sobre os mesmos fatos ou realidades.

O direito de resposta foi regulamentado pela Lei 13.188/2015, questionada em sede de Ação Direta de Inconstitucionalidade (5436) pela Associação Nacional de Jornais. Em 11 de março de 2021 o Tribunal Pleno, por maioria, conheceu do pedido formulado na ação direta e o julgou parcialmente procedente para (a) declarar a constitucionalidade dos arts. 2º, § 3º; 5º, §§ 1º e 2º; 6º e 7º da Lei nº 13.188/2015; e (b) declarar a inconstitucionalidade da expressão "em juízo colegiado prévio", do art. 10 da Lei nº 13.188/2015, e conferir interpretação conforme ao dispositivo, no sentido de permitir ao magistrado integrante do tribunal respectivo decidir monocraticamente sobre a concessão de efeito suspensivo a recurso interposto em face de decisão proferida segundo o rito especial do direito de resposta, em conformidade com a liminar anteriormente concedida, nos termos do voto reajustado do Relator, vencidos o Ministro Marco Aurélio, que julgava improcedente o pedido, e, parcialmente, o Ministro Edson Fachin, que julgava integralmente procedente a ação direta.

---

25 SARMENTO, Daniel. Comentário ao art. 5°, V. In: CANOTILHO, J. J. Gomes; MENDES, Gilmar F.; SARLET, Ingo W.; STRECK, Lenio L. (coords.) Comentários à Constituição do Brasil. São Paulo: Saraiva/Almedina, 2013, p. 261.

Ainda sobre o tema a ADI nº 5415 foi julgada procedente para declarar a inconstitucionalidade da expressão "em juízo colegiado prévio", do art. 10 da Lei nº 13.188/2015, e permitir ao magistrado integrante do tribunal respectivo decidir monocraticamente sobre a concessão de efeito suspensivo a recurso interposto em face de decisão proferida segundo o rito especial do direito de resposta.

A Constituição também assegura a ampla reparabilidade pelos prejuízos sofridos, sejam de natureza material (pecuniária), moral (que tenha ofendido a honra subjetiva) ou à imagem (que tenham ofendido a honra objetiva).

No julgamento do HC82424 (Caso Ellwanger), o STF ao analisar a temática da publicação de livros com apologia de ideias preconceituosas e discriminatórias sustentou que o direito à livre expressão não pode abrigar, em sua abrangência, manifestações de conteúdo imoral que implicam ilicitude penal, tendo em vista que as liberdades públicas não são incondicionais, e, devem, por isso, ser exercidas de maneira harmônica, observados os limites definidos na própria Constituição Federal (art. 5º, § 2º, primeira parte).

Sustentou-se, ainda, que a liberdade de expressão não consagra o "direito à incitação ao racismo", dado que um direito individual não pode constituir-se em salvaguarda de condutas ilícitas, como sucede com os delitos contra a honra, pois prevalece o princípio da dignidade da pessoa humana e da igualdade jurídica.

Ademais, a própria ausência de prescrição nos crimes de racismo se justifica como alerta grave para as gerações de hoje e de amanhã, para que se impeça a reinstauração de velhos e ultrapassados conceitos que a consciência jurídica e histórica não mais admitem. A liberdade de expressão não protege discursos racistas e antissemitas, ainda que eles não incitem a violência, de acordo com entendimento do STF.

Ainda, no que tange a liberdade de expressão e a apologia ao crime, a Corte já sustentou ser legítima a manifestação, por cidadãos da república, de duas liberdades individuais revestidas de caráter fundamental: o direito de reunião (liberdade-meio) e o direito à livre expressão do pensamento (liberdade-fim), destacando a liberdade de expressão como um dos mais preciosos privilégios dos cidadãos em uma república fundada em bases democráticas, no julgamento da ADPF 187, onde se discutiu sobre a "Marcha da Maconha" e se asseverou que o direito à livre manifestação do pensamento é um núcleo de onde se irradiam os direitos de crítica, de protesto, de discordância e de livre circulação de ideias.

Vedação ao anonimato e denúncia anônima:*(...) entendo que um dos fundamentos que afastam a possibilidade de utilização da denúncia anônima como ato formal de instauração do procedimento investigatório reside, precisamente, como demonstrado em meu voto, no inciso IV do art. 5º da Constituição da República. Impende reafirmar, bem por isso, na linha do voto que venho de proferir, a asserção de que os escritos anônimos não podem justificar, só por si,* *desde que isoladamente considerados, a imediata instauração da* persecutio criminis, *eis que peças apócrifas não podem ser incorporadas, formalmente, ao processo, salvo quando tais documentos forem produzidos pelo acusado, ou, ainda, quando constituírem, eles próprios, o corpo de delito (como sucede com bilhetes de resgate no delito de extorsão mediante sequestro, ou como ocorre com cartas que evidenciem a prática de crimes contra a honra, ou que corporifiquem o delito de ameaça ou que materializem o* crimen falsi, *p. ex.). Nada impede, contudo, que o Poder Público (...) provocado por delação anônima - tal como ressaltado por Nelson Hungria, na lição cuja passagem reproduzi em meu voto - adote medidas informais destinadas a apurar, previamente, em averiguação sumária, com prudência e discrição, a possível ocorrência de eventual situação de ilicitude penal, desde que o faça com o objetivo de conferir a verossimilhança dos fatos nela denunciados, em ordem a promover, então, em caso positivo, a formal instauração da* persecutio criminis, *mantendo-se, assim, completa desvinculação desse procedimento estatal em relação às peças apócrifas.*[26]

Vedação ao anonimato e denúncias ao TCU: *A Lei nº 8.443, de 1992, estabelece que qualquer cidadão, partido político ou sindicato é parte legítima para denunciar irregularidades ou ilegalidades perante o TCU. A apuração será em caráter sigiloso, até decisão definitiva sobre a matéria. Decidindo, o Tribunal manterá ou não o sigilo quanto ao objeto e à autoria da denúncia (§ 1º do art. 55). Estabeleceu o TCU, então, no seu Regimento Interno, que, quanto à autoria da denúncia, será mantido o sigilo: inconstitucionalidade diante do disposto no art. 5º, incisos V, X, XXXIII e XXXV, da Constituição Federal.*[27]

6. LIBERDADE RELIGIOSA

> VI – é inviolável a liberdade de consciência e de crença, sendo assegurado o livre exercício dos cultos religiosos e garantida, na forma da lei, a proteção aos locais de culto e a suas liturgias;
>
> VII – é assegurada, nos termos da lei, a prestação de assistência religiosa nas entidades civis e militares de internação coletiva;
>
> VIII – ninguém será privado de direitos por motivo de crença religiosa ou de convicção filosófica ou política, salvo se as invocar para eximir-se de obrigação legal a todos imposta e recusar-se a cumprir prestação alternativa, fixada em lei.

---

26 STF, Inq 1.957/PR,Plenário, Rel. Min. Carlos Velloso, voto do Min. Celso de Mello, j. 11.05.05, *DJ* 11.11.05.No mesmo sentido: STF, HC nº 84.827/TO, Primeira Turma, Rel. Min. Marco Aurélio, j. 07.07.07, *DJE* 23.11.07.

27 STF, MS nº 24.405/DF, Plenário, Rel. Min. Carlos Velloso, j. 03.12.03, *DJ* 23.04.04.

A liberdade de religião exterioriza-se pela manifestação de pensamento e pode ser apresentada sob duas formas: a) liberdade de consciência e de crença: é a liberdade de foro íntimo. Ninguém pode obrigar ninguém a pensar deste ou daquele modo ou a acreditar nisto ou naquilo. Ambas as liberdades situam-se no recanto mais profundo da alma humana e são invioláveis; b) liberdade de culto religioso: protege o conjunto de manifestações que levam o crente a expressar sua religião (ritos, cerimônias, cultos, manifestações, reuniões, hábitos, tradições etc.).

O Estado também incentiva a busca do amparo espiritual ao isentar de pagamentos de impostos os templos de qualquer culto (art. 150, VI, "b").

Importante ressaltar, em apertada síntese, que o estado laico (leigo ou não confessional) é aquele que adota uma posição neutra no que tange ao campo religioso, defendendo a liberdade religiosa a todos os cidadãos, enquanto o estado confessional reconhece uma religião oficialmente.

No que tange ao ensino religioso em escolas públicas, o STF julgou improcedente o pedido formulado na ADI 4439, onde se discutiu o ensino religioso nas escolas públicas do país, dando interpretação conforme à Constituição ao art. 33, caput, e §§ 1º e 2º (1), da Lei 9.394/1996 (Lei de Diretrizes e Bases da Educação Nacional - LDB), e ao art. 11, § 1º (2), do acordo Brasil-Santa Sé aprovado por meio do Decreto Legislativo 698/2009 e promulgado por meio do Decreto 7.107/2010, para assentar que o ensino religioso em escolas públicas pode ter natureza confessional.

Entendeu que o Poder Público, observado o binômio laicidade do Estado (art. 19, I da CF) e consagração da liberdade religiosa no seu duplo aspecto (art. 5º, VI da CF), deverá atuar na regulamentação integral do cumprimento do preceito constitucional previsto no art. 210, § 1º da CF, autorizando, na rede pública, em igualdade de condições, o oferecimento de ensino confessional das diversas crenças, mediante requisitos formais de credenciamento, de preparo, previamente fixados pelo Ministério da Educação, de forma que os alunos podem se matricular voluntariamente para que possam exercer o seu direito subjetivo ao ensino religioso como disciplina dos horários normais das escolas públicas.

Asseverou-se, ainda, que o ensino deve ser ministrado por integrantes, devidamente credenciados, da confissão religiosa do próprio aluno, a partir de chamamento público já estabelecido em lei para hipóteses semelhantes (Lei 13.204/2015) e, preferencialmente, sem qualquer ônus para o Poder Público.

Sustentou-se que os dogmas de fé são o núcleo do conceito de ensino religioso, de forma que o Estado violaria a liberdade de crença ao substituir os dogmas da fé, que são diversos em relação a cada uma das crenças, por algo neutro. A neutralidade no ensino religioso não existe, e o que deve existir é o respeito às diferenças no ensino religioso.

Em defesa da liberdade religiosa, o STF entendeu ser constitucional a lei de proteção animal que, a fim de resguardar a liberdade religiosa, permite o sacrifício ritual de animais em cultos de religiões de matriz africana. Para os Ministros a cultura afro-brasileira merece maior atenção do Estado, por conta de sua estigmatização, fruto de preconceito estrutural. A proibição do sacrifício negaria a própria essência da pluralidade cultural, com a consequente imposição de determinada visão de mundo.[28]

Consoante o inciso VII, a Constituição impede que as pessoas que se encontrem internadas em estabelecimentos como delegacias, cadeias, presídios, hospitais, asilos e manicômios, sejam cerceadas da assistência religiosa, principalmente se solicitada e independentemente da orientação religiosa predominante no local de internação coletiva.

O inciso VIII consagra a escusa de consciência, imperativo de consciência ou escusa absolutória. Essas três expressões servem para denominar o direito que nós temos de deixar de cumprir a obrigação legal a todos imposta (ser mesário nas eleições, cumprir serviço militar obrigatório etc.), que seja contrária à religião ou convicção filosófica ou política. Neste caso, o Estado determinará no lugar da obrigação principal, a realização de uma prestação alternativa, que se descumprida, gerará a privação de direitos políticos (do *status* de cidadão) na forma do art. 15, IV.

É importante ressaltar que para a ocorrência da restrição aos direitos políticos é necessária a concorrência de dois requisitos: o não cumprimento de uma obrigação legal a todos imposta e o descumprimento da prestação alternativa, fixada em lei.

Direito Fundamental de Liberdade religiosa e data alternativa para realização de Exame: *Agravo Regimental em Suspensão de Tutela Antecipada. Pedido de restabelecimento dos efeitos da decisão do Tribunal* a quo *que possibilitaria a participação de estudantes judeus no Exame Nacional do Ensino Médio (ENEM) em data alternativa ao Shabat. Alegação de inobservância ao direito fundamental de liberdade religiosa e ao direito à educação. Medida acautelatória que configura grave lesão à ordem jurídico-administrativa. Em mero juízo de delibação, pode-se afirmar que a designação de data alternativa para a realização dos exames não se revela em sintonia com o princípio da isonomia, convolando-se em privilégio para um determinado grupo religioso. Decisão da Presidência, proferida em sede de contracautela, sob a ótica dos riscos que a tutela antecipada é capaz de acarretar à ordem pública. Pendência de julgamento da ADI 391 e da ADI 3.714, nas quais esta Corte poderá analisar o tema com maior profundidade.*[29]

---

28 RE 494601/RS, rel. orig. Min. Marco Aurélio, red. p/ o ac. Min. Edson Fachin, julgamento em 28.3.2019.

29 STF, STA nº 389/MG AgR, Plenário, Rel. Min. Gilmar Mendes, j. 03.12.09, *DJE* 14.05.10.

Liberdade religiosa e discriminação: *A liberdade religiosa e a de expressão constituem elementos fundantes da ordem constitucional e devem ser exercidas com observância dos demais direitos e garantias fundamentais, não alcançando, nessa ótica, condutas reveladoras de discriminação. No que toca especificamente à liberdade de expressão religiosa, cumpre reconhecer, nas hipóteses de religiões que se alçam a universais, que o discurso proselitista é da essência de seu integral exercício. De tal modo, a finalidade de alcançar o outro, mediante persuasão, configura comportamento intrínseco a religiões de tal natureza. Para a consecução de tal objetivo, não se revela ilícito, por si só, a comparação entre diversas religiões, inclusive com explicitação de certa hierarquização ou animosidade entre elas. O discurso discriminatório criminoso somente se materializa após ultrapassadas três etapas indispensáveis. Uma de caráter cognitivo, em que atestada a desigualdade entre grupos e/ou indivíduos; outra de viés valorativo, em que se assenta suposta relação de superioridade entre eles; e, por fim, uma terceira, em que o agente, a partir das fases anteriores, supõe legítima a dominação, exploração, escravização, eliminação, supressão ou redução de direitos fundamentais do diferente que compreende inferior. A discriminação não libera consequências jurídicas negativas, especialmente no âmbito penal, na hipótese em que as etapas iniciais de desigualação desembocam na suposta prestação de auxílio ao grupo ou indivíduo que, na percepção do agente, encontrar-se-ia em situação desfavorável. Hipótese concreta em que o paciente, por meio de publicação em livro, incita a comunidade católica a empreender resgate religioso direcionado à salvação de adeptos do espiritismo, em atitude que, a despeito de considerar inferiores os praticantes de fé distinta, o faz sem sinalização de violência, dominação, exploração, escravização, eliminação, supressão ou redução de direitos fundamentais. Conduta que, embora intolerante, pedante e prepotente, se insere no cenário do embate entre religiões e decorrente da liberdade de proselitismo, essencial ao exercício, em sua inteireza, da liberdade de expressão religiosa. Impossibilidade, sob o ângulo da tipicidade conglobante, que conduta autorizada pelo ordenamento jurídico legitime a intervenção do Direito Penal.*[30]

7. LIBERDADE DE EXPRESSÃO ARTÍSTICA

IX – é livre a expressão da atividade intelectual, artística, científica e de comunicação, independentemente de censura ou licença.

---

30 STF, RHC nº 134.682/BA, Primeira Turma, Rel. Min. Edson Fachin, j. 29.11.16, *DJE* 29.08.17.

A liberdade de expressão do pensamento por meio da arte, da ciência e da comunicação não podem sofrer censuras ou submeter- se a qualquer licença por parte do Estado em nome da própria democracia instituída no país em 1988. Entretanto, como não há liberdade absoluta, é preciso que músicas, livros, poesias, inventos e quaisquer formas de exteriorização dessa modalidade de liberdade, estejam afinados com o princípio da dignidade da pessoa humana e de acordo com a legislação. Não são permitidos, portanto, livros com conteúdo racista, músicas que incitem a realização de crimes etc.

Importante registrar que censura e licença não podem ser confundidas com a classificação etária, que às vezes o Poder Público faz com relação aos programas teatrais, cinema e televisão, pois, o Estado tem a responsabilidade juntamente com a sociedade na educação das crianças e adolescentes e esta seria também forma de sua participação.

Sobre o gênero literário biografia, no julgamento da ADI 4815, o STF entendeu ser inexigível o consentimento de pessoa biografada relativamente a obras biográficas literárias ou audiovisuais, sendo por igual desnecessária a autorização de pessoas retratadas como coadjuvantes ou de familiares, em caso de pessoas falecidas ou ausentes, dando interpretação conforme à Constituição aos artigos 20 e 21 do CC ("Art. 20. Salvo se autorizadas, ou se necessárias à administração da justiça ou à manutenção da ordem pública, a divulgação de escritos, a transmissão da palavra, ou a publicação, a exposição ou a utilização da imagem de uma pessoa poderão ser proibidas, a seu requerimento e sem prejuízo da indenização que couber, se lhe atingirem a honra, a boa fama ou a respeitabilidade, ou se se destinarem a fins comerciais. Parágrafo único. Em se tratando de morto ou de ausente, são partes legítimas para requerer essa proteção o cônjuge, os ascendentes ou os descendentes. Art. 21. A vida privada da pessoa natural é inviolável, e o juiz, a requerimento do interessado, adotará as providências necessárias para impedir ou fazer cessar ato contrário a esta norma"), sem redução de texto, em consonância com os direitos fundamentais à liberdade de pensamento e de sua expressão, de criação artística, de produção científica, de liberdade de informação e de proibição de censura (CF, artigos 5º, IV, V, IX, X e XIV; e 220). (ADI 4815/DF, rel. Min. Cármen Lúcia, 10.6.2015).

Quando do julgamento da ADPF 130, que analisou a Lei de Imprensa (Lei 5.250/67), o STF, por maioria, entendeu, em síntese, que a Constituição Federal se posicionou diante de bens jurídicos de personalidade para, de imediato, fixar a precedência das liberdades de pensamento e de expressão lato sensu as quais não poderiam sofrer antecipado controle nem mesmo por força do Direito-lei, inclusive de emendas constitucionais, sendo reforçadamente protegidas se exercitadas como atividade profissional ou habitualmente jornalística e como atuação de qualquer dos órgãos de comunicação social ou de imprensa.

Preceituou que isso estaria conciliado, de forma contemporânea, com a proibição do anonimato, o sigilo da fonte e o livre exercício de qualquer trabalho, ofício, ou profissão; a posteriori, com o direito de resposta e a reparação pecuniária por eventuais danos à honra e à imagem de terceiros, sem prejuízo, ainda, do uso de ação penal também ocasionalmente cabível, nunca, entretanto, em situação de maior rigor do que a aplicável em relação aos indivíduos em geral, tendo, dessa forma, declarado como não-recepcionado pela Constituição Federal todo o conjunto de dispositivos da Lei 5.250/67.

Liberdade da ciência e Lei de Biossegurança: *Em conclusão, o Tribunal, por maioria, julgou improcedente pedido formulado em ação direta de inconstitucionalidade proposta pelo Procurador-Geral da República contra o art. 5º da Lei Federal nº 11.105/2005 (Lei da Biossegurança), que permite, para fins de pesquisa e terapia, a utilização de células-tronco embrionárias obtidas de embriões humanos produzidos por fertilização* in vitro *e não usados no respectivo procedimento, e estabelece condições para essa utilização (...). Prevaleceu o voto do Min. Carlos Britto, relator. (...) Considerou, também, que, se à lei ordinária seria permitido fazer coincidir a morte encefálica com a cessação da vida de uma certa pessoa humana, a justificar a remoção de órgãos, tecidos e partes do corpo ainda fisicamente pulsante para fins de transplante, pesquisa e tratamento (Lei nº 9.434/97), e se o embrião humano de que trata o art. 5º da Lei da Biossegurança é um ente absolutamente incapaz de qualquer resquício de vida encefálica, a afirmação de incompatibilidade do último diploma legal com a Constituição haveria de ser afastada. Por fim, acrescentou a esses fundamentos, a rechaçar a inconstitucionalidade do dispositivo em questão, o direito à saúde e à livre-expressão da atividade científica. Frisou, no ponto, que o § 4º do art. 199 da CF (...) faria parte, não por acaso, da seção normativa dedicada à saúde, direito de todos e dever do Estado (CF, art. 196), que seria garantida por meio de ações e serviços qualificados como de relevância pública, com o que se teria o mais venturoso dos encontros entre esse direito à saúde e a própria Ciência (CF, art. 5º, IX).*[31]

Liberdade de comunicação e censura: *O Tribunal, por maioria, referendou liminar deferida em arguição de descumprimento de preceito fundamental ajuizada pelo Partido Democrático Trabalhista – PDT para o efeito de suspender a vigência da expressão "a espetáculos de diversões públicas, que ficarão sujeitos à censura, na forma da lei, nem", contida na parte inicial do § 2º do art. 1º; do § 2º do art. 2º; da íntegra dos arts. 3º, 4º, 5º, 6º e 65; da expressão "e sob pena de decadência deverá ser proposta dentro de 3 meses da data da publicação ou*

31 STF, ADI nº 3.510/DF, Plenário, Rel. Min. Carlos Britto, j. 29.05.08, DJE 28.05.10. Ver *Informativo* 508.

transmissão que lhe der causa", constante da parte final do art. 56; dos §§ 3º e 6º do art. 57; dos §§ 1º e 2º do art. 60; da íntegra dos arts. 61, 62, 63 e 64; dos arts. 20, 21, 22 e 23; e dos arts. 51 e 52, todos da Lei nº 5.250/67 (Lei de Imprensa). Preliminarmente, tendo em conta o princípio da subsidiariedade, o Tribunal, também por maioria, conheceu da ação. (...). No mérito, entendeu-se configurada a plausibilidade jurídica do pedido, haja vista que o diploma normativo impugnado não pareceria serviente do padrão de democracia e de imprensa vigente na Constituição de 1988 (CF, arts. 1º; 5º, IV, V, IX e XXXIII e 220, caput *e § 1º). Considerou-se, ademais, presente o perigo na demora da prestação jurisdicional, afirmando-se não ser possível perder oportunidade de evitar que eventual incidência da referida lei, de nítido viés autoritário, colidisse com aqueles valores constitucionais da democracia e da liberdade de imprensa. (...). O Tribunal, empregando por analogia o art. 21 da Lei nº 9.868/99, estabeleceu o prazo de 180 dias, a contar da data da sessão, para retorno do feito para o julgamento de mérito.*[32]

Liberdade de comunicação e proteção da criança e do adolescente: *A própria CR delineou as regras de sopesamento entre os valores da liberdade de expressão dos meios de comunicação e da proteção da criança e do adolescente. Apesar da garantia constitucional da liberdade de expressão, livre de censura ou licença, a própria Carta de 1988 conferiu à União, com exclusividade, no art. 21, XVI, o desempenho da atividade material de " exercer a classificação, para efeito indicativo, de diversões públicas e de programas de rádio e televisão". A CF estabeleceu mecanismo apto a oferecer aos telespectadores das diversões públicas e de programas de rádio e televisão as indicações, as informações e as recomendações necessárias acerca do conteúdo veiculado. É o sistema de classificação indicativa esse ponto de equilíbrio tênue, e ao mesmo tempo tenso, adotado pela Carta da República para compatibilizar esses dois axiomas, velando pela integridade das crianças e dos adolescentes sem deixar de lado a preocupação com a garantia da liberdade de expressão. A classificação dos produtos audiovisuais busca esclarecer, informar, indicar aos pais a existência de conteúdo inadequado para as crianças e os adolescentes. O exercício da liberdade de programação pelas emissoras impede que a exibição de determinado espetáculo dependa de ação estatal prévia. A submissão ao Ministério da Justiça ocorre, exclusivamente, para que a União exerça sua competência administrativa prevista no inciso XVI do art. 21 da Constituição, qual seja, classificar, para efeito indicativo, as diversões públicas e os programas de rádio e televisão, o que não se confunde com autorização. Entretanto, essa atividade não pode ser confundida com um*

32 STF, ADPF 130/ DF, Plenário, DJE 26.02.2010. Rel. Min. Carlos Britto, j. 27.02.2008. Ver *Informativo* 496.

ato de licença, nem confere poder à União para determinar que a exibição da programação somente se dê nos horários determinados pelo Ministério da Justiça, de forma a caracterizar uma imposição, e não uma recomendação. Não há horário autorizado, mas horário recomendado.[33]

8. PROTEÇÃO À INTIMIDADE E À VIDA PRIVADA

> X – são invioláveis a intimidade, a vida privada, a honra e a imagem das pessoas, assegurado o direito a indenização pelo dano material ou moral decorrente de sua violação.

Intimidade e privacidade têm íntima ligação, embora possam ser distinguidas. Ambas tutelam a liberdade da vida privada. Cuidam da esfera secreta das pessoas, protegendo o modo de viver, as relações afetivas, hábitos, particularidades etc. As questões da intimidade, entretanto, são mais internalizadas (envolvem sentimentos, emoções) que as questões da privacidade.

Segundo orientação judicial já consolidada, a divulgação de informações colhidas em correspondências (cartas, telegramas e dados) fere o direito à intimidade da pessoa humana, como é possível se observar da jurisprudência ao final ressaltada.

A honra é valor humano que também veio a ser protegido pela Constituição, por estar muito próxima da dignidade, do respeito e da boa reputação. É um bem imaterial que consiste no apreço que uma pessoa goza na sociedade ou o respeito e a boa reputação que possui perante seus concidadãos. A imagem, por sua vez, pode ser compreendida no seu aspecto físico e social, este último muito próximo da honra objetiva. A reprodução da imagem pelos meios de comunicação (televisivos, radiodifusão, revistas, jornais) devem guardar atenção com o respeito ao indivíduo.

Eventual violação destes bens pode gerar indenização por danos materiais e morais. A reparação do patrimônio material e/ou moral atingidos pela violação da intimidade, privacidade, honra e imagem das pessoas pode ser determinada cumulativamente, segundo a Súmula nº 37 do STJ: *São cumuláveis as indenizações por dano material e dano moral oriundos do mesmo fato.*

Os direitos da personalidade da pessoa jurídica também podem ser ofendidos, cabendo neste caso a tutela, e nos mesmos moldes, ou seja, dando

33 STF, ADI nº 2.404/DF, Plenário, Rel. Min. Dias Toffoli, j. 31.08.16, *DJE* 01.08.17.

origem ao dever de reparação, notadamente, dos danos morais a ela causados, de acordo com o entendimento já sumulado pelo STJ: *A pessoa jurídica pode sofrer dano moral* (Súmula nº 227).

No tocante a esse tema, importante mencionar o Direito ao Esquecimento, também conhecido como "*the right to be let alone*"[34], "direito de ser deixado em paz" e, ainda, "direito de estar só", pode ser usado como uma garantia contra o chamado superinformacionismo, na medida em que funciona de modo a impedir que fatos passados sejam rememorados e expostos ao público mesmo depois de muito tempo da ocorrência, o que pode vir a causar sofrimento aos envolvidos, passível de reparação, a depender do caso concreto.

No campo penal, tal direito busca garantir que mesmo o condenado pela justiça na forma da lei e observando os preceitos constitucionais possa, depois de passado determinado tempo, ter as consequências penais apagadas, ficando o registro do fato apenas para fins de reincidência, observando os preceitos legais.

Os fundamentos para tal teoria podem ser extraídos não só do art. 5º, X da CF mas também da própria dignidade da pessoa humana (art. 1º, III da CF), e, ainda do que dispõe o art. 21 do Código Civil: "A vida privada da pessoa natural é inviolável, e o juiz, a requerimento do interessado, adotará as providências necessárias para impedir ou fazer cessar ato contrário a esta norma."

Não sendo diferente dos demais direitos fundamentais, o direito ao esquecimento não pode ser compreendido como sendo absoluto, devendo haver uma conciliação entre esse e o direito à liberdade de expressão e informação, considerando as peculiaridades do caso concreto.

Nesse sentido, o ministro Luis Felipe Salomão, do Superior Tribunal de Justiça, em julgamento[35] envolvendo o tema, salientou que o julgador pode reconhecer o direito ao esquecimento ao analisar casos de exacerbada exploração midiática, com o objetivo de não permitir que novos abusos ocorram. Porém, no caso examinado, considerou não ter ficado reconhecida a artificiosidade ou o abuso antecedente na cobertura do crime, inserindo-se, portanto, nas exceções decorrentes da ampla publicidade a que podem se sujeitar alguns delitos.

O STJ, em maio de 2018, proferiu julgamento em que reconhece o direito ao esquecimento, nos seguintes termos:

> RECURSO ESPECIAL. DIREITO CIVIL. AÇÃO DE OBRIGAÇÃO DE FAZER. 1. OMISSÃO, CONTRADIÇÃO OU OBSCURIDADE. AUSÊNCIA. 2. JULGAMENTO EXTRA PETITA. NÃO CONFIGURADO. 3. PROVEDOR DE APLICAÇÃO DE

---

34 Conforme é conhecido nos EUA.

35 STJ, REsp 1.335.153, Quarta Turma, julgado em 28/05/13.

> PESQUISA NA INTERNET. PROTEÇÃO A DADOS PESSOAIS. POSSIBILIDADE JURÍDICA DO PEDIDO. DESVINCULAÇÃO ENTRE NOME E RESULTADO DE PESQUISA. PECULIARIDADES FÁTICAS. CONCILIAÇÃO ENTRE O DIREITO INDIVIDUAL E O DIREITO COLETIVO À INFORMAÇÃO. 4. MULTA DIÁRIA APLICADA. VALOR INICIAL EXORBITANTE. REVISÃO EXCEPCIONAL. 5. RECURSO ESPECIAL PARCIALMENTE PROVIDO. 1. Debate-se a possibilidade de se determinar o rompimento do vínculo estabelecido por provedores de aplicação de busca na internet entre o nome do prejudicado, utilizado como critério exclusivo de busca, e a notícia apontada nos resultados. 2. O Tribunal de origem enfrentou todas as questões postas pelas partes, decidindo nos estritos limites da demanda e declinando, de forma expressa e coerente, todos os fundamentos que formaram o livre convencimento do Juízo. 3. A jurisprudência desta Corte Superior tem entendimento reiterado no sentido de afastar a responsabilidade de buscadores da internet pelos resultados de busca apresentados, reconhecendo a impossibilidade de lhe atribuir a função de censor e impondo ao prejudicado o direcionamento de sua pretensão contra os provedores de conteúdo, responsáveis pela disponibilização do conteúdo indevido na internet. Precedentes. 4. Há, todavia, circunstâncias excepcionalíssimas em que é necessária a intervenção pontual do Poder Judiciário para fazer cessar o vínculo criado, nos bancos de dados dos provedores de busca, entre dados pessoais e resultados da busca, que não guardam relevância para interesse público à informação, seja pelo conteúdo eminentemente privado, seja pelo decurso do tempo. 5. Nessas situações excepcionais, o direito à intimidade e ao esquecimento, bem como a proteção aos dados pessoais deverá preponderar, a fim de permitir que as pessoas envolvidas sigam suas vidas com razoável anonimato, não sendo o fato desabonador corriqueiramente rememorado e perenizado por sistemas automatizados de busca. 6. O rompimento do referido vínculo sem a exclusão da notícia compatibiliza também os interesses individual do titular dos dados pessoais e coletivo de acesso à informação, na medida em que viabiliza a localização das notícias àqueles que direcionem sua pesquisa fornecendo argumentos de pesquisa relacionados ao fato noticiado, mas não àqueles que buscam exclusivamente pelos dados pessoais do indivíduo protegido. 7. No caso concreto, passada mais de uma década desde o fato noticiado, ao se informar como critério de busca exclusivo o nome da parte recorrente, o primeiro resultado apresentado permanecia apontando link de notícia de seu possível envolvimento em fato desabonador, não comprovado, a despeito da existência de outras tantas informações posteriores a seu respeito disponíveis na rede mundial. 8. O arbitramento de multa diária deve ser revisto sempre que seu valor inicial configure manifesta desproporção, por ser irrisório ou excessivo, como é o caso dos autos. 9. Recursos especiais parcialmente providos. (STJ, REsp 1.660.168-RJ. DJE 05.06.18).

Sobre o tema, destacamos que por decisão majoritária, no dia 11 de fevereiro de 2021, o STF concluiu que é incompatível com a Constituição Federal a ideia de um direito ao esquecimento que possibilite impedir, em razão da passagem do tempo, a divulgação de fatos ou dados verídicos em meios de comunicação. Segundo a Corte, eventuais excessos ou abusos no exercício da liberdade de expressão e de informação devem ser analisados caso a caso, com base em parâmetros constitucionais e na legislação penal e civil.

Com isso, o Tribunal, por maioria dos votos, negou provimento ao Recurso Extraordinário 1010606, com repercussão geral reconhecida, em que familiares da vítima de um crime de grande repercussão nos anos 1950 no Rio de Janeiro buscavam reparação pela reconstituição do caso, em 2004, no programa "Linha Direta", da TV Globo, sem a sua autorização. A tese de repercussão geral firmada no julgamento foi a seguinte:

> "É incompatível com a Constituição Federal a ideia de um direito ao esquecimento, assim entendido como o poder de obstar, em razão da passagem do tempo, a divulgação de fatos ou dados verídicos e licitamente obtidos e publicados em meios de comunicação social – analógicos ou digitais. Eventuais excessos ou abusos no exercício da liberdade de expressão e de informação devem ser analisados caso a caso, a partir dos parâmetros constitucionais, especialmente os relativos à proteção da honra, da imagem, da privacidade e da personalidade em geral, e as expressas e específicas previsões legais nos âmbitos penal e civel".

Privacidade e Sigilo Fiscal: *O chamado sigilo fiscal nada mais é que um desdobramento do direito à intimidade e à vida privada. Aqui se cuida de pessoa jurídica que exerce atividade tributável. Contribuinte, portanto. Os documentos foram apreendidos no interior da sede da empresa e não no domicílio do seu responsável legal. A atividade da pessoa jurídica está prevista como crime contra a ordem econômica. Legítima, assim, a atuação do Fisco, com respaldo na legislação pertinente. Legítima, também, a atuação do Ministério Público instando a autoridade policial à instauração do inquérito policial, com vista a apurar a ocorrência de um fato típico (...).*[36]

Privacidade e gravação clandestina: *Paciente denunciado por falsidade ideológica, consubstanciada em exigir quantia em dinheiro para inserir falsa informação de excesso de contingente em certificado de dispensa de incorporação. Gravação clandestina realizada pelo alistando, a pedido de emissora de televisão, que levou as imagens ao ar em todo o território nacional por meio de conhecido programa jornalístico. (...)* ***A questão posta não é de inviolabilidade das comunicações e sim da proteção da privacidade e da própria honra, que não constitui direito absoluto, devendo ceder em prol do interesse público.***[37]

Privacidade e sigilo bancário: *O sigilo bancário, espécie de direito à privacidade protegido pela Constituição de 1988, não é absoluto, pois deve ceder diante dos interesses público, social e da Justiça. Assim, deve ceder*

36 STF, HC nº 87.654/PR, Segunda Turma, Rel. Min. Ellen Gracie, j. 07.03.06, *DJ* 20.04.06.

37 STF, HC nº 87.341/PR, Primeira Turma, Rel. Min. Eros Grau, j. 07.02.06, *DJ* 03.03.06 (grifo nosso).

também na forma e com observância de procedimento legal e com respeito ao princípio da razoabilidade.[38]

Sigilo bancário e dever de pagar tributos: *Do ponto de vista da autonomia individual, o sigilo bancário é uma das expressões do direito de personalidade que se traduz em ter suas atividades e informações bancárias livres de ingerências ou ofensas, qualificadas como arbitrárias ou ilegais, de quem quer que seja, inclusive do Estado ou da própria instituição financeira. Entende-se que a igualdade é satisfeita no plano do autogoverno coletivo por meio do pagamento de tributos, na medida da capacidade contributiva do contribuinte, por sua vez vinculado a um Estado soberano comprometido com a satisfação das necessidades coletivas de seu Povo. Verifica-se que o Poder Legislativo não desbordou dos parâmetros constitucionais, ao exercer sua relativa liberdade de conformação da ordem jurídica, na medida em que estabeleceu requisitos objetivos para a requisição de informação pela Administração Tributária às instituições financeiras, assim como manteve o sigilo dos dados a respeito das transações financeiras do contribuinte, observando-se um translado do dever de sigilo da esfera bancária para a fiscal.*[39]

Direito à imagem e publicação não consentida: *Dano moral: fotografia: publicação não consentida: indenização: cumulação com o dano material: possibilidade. Constituição Federal, art. 5º, X. Para a reparação do dano moral não se exige a ocorrência de ofensa à reputação do indivíduo. O que acontece é que, de regra, a publicação da fotografia de alguém, com intuito comercial ou não, causa desconforto, aborrecimento ou constrangimento, não importando o tamanho desse desconforto, desse aborrecimento ou desse constrangimento. Desde que ele exista, há o dano moral, que deve ser reparado, manda a Constituição, art. 5º, X.*[40]

Intimidade e exame de DNA: *Coleta de material biológico da placenta, com propósito de se fazer exame de DNA, para averiguação de paternidade do nascituro, embora a oposição da extraditanda. (...) Bens jurídicos constitucionais como "moralidade administrativa", "persecução penal pública" e "segurança pública" que se acrescem, – como bens da comunidade, na expressão de Canotilho, – ao direito fundamental à honra (CF, art. 5º, X), bem assim direito à honra e à imagem de policiais federais acusados de estupro da extraditanda, nas dependências da Polícia Federal, e direito à imagem da própria instituição, em confronto com o alegado direito da reclamante à intimidade e a preservar a identidade do pai de seu filho.*[41]

---

38 STF, AI nº 655.298/SP AgR, Segunda Turma, Rel. Min. Eros Grau, j. 04.09.07, *DJE* 28.09.07.

39 STF, RE nº 601.314/SP, Plenário, Rel. Min. Edson Fachin, j. 24.02.12, *DJE* 16.09.16.

40 STF, RE nº 215.984/RJ, Segunda Turma, Rel. Min. Carlos Velloso, j. 04.06.02, *DJ* 28.06.02.

41 STF, Rcl nº 2.040/DF QO, Plenário, Rel. Min. Néri da Silveira, j. 21.02.02, *DJ* 27.06.03.

> XI – a casa é asilo inviolável do indivíduo, ninguém nela podendo penetrar sem consentimento do morador, salvo em caso de flagrante delito ou desastre, ou para prestar socorro, ou, durante o dia, por determinação judicial.

Esse dispositivo consagra mais um desdobramento da vida privada, a inviolabilidade da "casa". Em regra geral, as pessoas só podem entrar nas casas alheias mediante permissão. Com consentimento válido, não há limite de hora para que alguém adentre em residência alheia. Sem consentimento, em regra geral, a casa não pode ser violada.

Entretanto, como não há inviolabilidade absoluta, essa fórmula cede espaço em algumas hipóteses. Nas situações de urgência, como flagrante delito, socorro ou desastre, é possível entrar na casa de alguém sem consentimento do morador, a qualquer hora do dia ou da noite, tendo em vista que a vida das pessoas está em risco.

Fora dessas situações urgentes, somente será possível adentrar a casa de alguém sem o consentimento do morador mediante ordem judicial, e com a limitação do horário. Segundo a Constituição, a determinação judicial só pode ser cumprida durante o dia, que, segundo a doutrina mais moderna, significa enquanto houver luz natural.[42]

É possível se perceber que a inviolabilidade domiciliar está protegida pelo princípio da reserva de jurisdição, ou seja, como já visto, salvo nas hipóteses excepcionais (que se exigissem a ordem judicial seria cometer a maior das injustiças), somente o juiz poderá determinar a restrição desse direito fundamental.

Importante ressaltar que o significado da palavra "casa" sofreu muitas mutações ao longo do tempo. A atual jurisprudência do STF (abaixo transcrita), influenciada pelos novos fatos sociais, considera "casa", para efeito da proteção do dispositivo em comento, os locais de trabalho onde as pessoas exercem profissão ou atividade privada (escritórios de advocacia, consultórios médicos etc.).

Não é possível, entretanto, segundo Grandinetti,[43] aproveitar-se a proteção ao domicílio para os veículos de transporte público ou particular. Em consequência, a proteção a quem transita em um automóvel deve ser a mesma de quem transita na rua a pé, estando regulada pelo art. 244 do CPP, que disciplina a busca pessoal. Com isso, é lícita a busca em automóveis pela polícia quando houver fundada suspeita de seu uso no transporte de armas e

42 Tradicionalmente, dia é o período que vai das 6h às 17:59h e a noite é o período que vai das 18h às 5:59h.

43 CARVALHO, L. G. Grandinetti de. *Processo Penal e Constituição*. 4. ed. Rio de janeiro: Editora Lumen Juris, 2006, p. 86.

de objetos que constituam corpo de delito, ou nos quais esteja sendo praticada alguma infração penal em estado de flagrância.

Importante ressaltar que o sigilo profissional constitucionalmente determinado não exclui a possibilidade de cumprimento de mandado de busca e apreensão em escritório de advocacia, pois o local de trabalho do advogado, desde que este seja investigado, pode ser alvo de busca e apreensão, observando-se os limites impostos pela autoridade judicial. Esse foi o entendimento do STF quando do julgamento HC 91.610, que sustentou a necessidade de especificação do âmbito de abrangência da medida, que não poderá ser executada sobre a esfera de direitos de não investigados.

Ampliação do conceito de casa I: *Garantia constitucional da inviolabilidade domiciliar (CF, art. 5º, XI). Consultório profissional de cirurgião-dentista. Espaço privado sujeito à proteção constitucional (CP, art. 150, § 4º, III). Necessidade de mandado judicial para efeito de ingresso dos agentes públicos. Jurisprudência. Doutrina. (...) Impõe-se destacar, por necessário, que o conceito de "casa", para os fins da proteção jurídico-constitucional a que se refere o art. 5º, XI, da Lei Fundamental, reveste-se de caráter amplo, pois compreende, na abrangência de sua designação tutelar, (a) qualquer compartimento habitado, (b) qualquer aposento ocupado de habitação coletiva e (c) qualquer compartimento privado onde alguém exerce profissão ou atividade. Esse amplo sentido conceitual da noção jurídica de "casa" – que abrange e se estende aos consultórios profissionais dos cirurgiões-dentistas (...) – revela-se plenamente consentâneo com a exigência constitucional de proteção à esfera de liberdade individual e de privacidade pessoal.*[44]

Ampliação do conceito de casa II: *Para os fins da proteção jurídica a que se refere o art. 5º, XI, da Constituição da República, o conceito normativo de "casa" revela-se abrangente e,* ***por estender-se a qualquer aposento de habitação coletiva, desde que ocupado (CP, art. 150, § 4º, II)****, compreende, observada essa específica limitação espacial, os quartos de hotel. Doutrina. Precedentes. Sem que ocorra qualquer das situações excepcionais taxativamente previstas no texto constitucional (art. 5º, XI), nenhum agente público poderá, contra a vontade de quem de direito (*invito domino*), ingressar, durante o dia, sem mandado judicial, em aposento ocupado de habitação coletiva, sob pena de a prova resultante dessa diligência de busca e apreensão reputar-se inadmissível, porque impregnada de ilicitude originária. Doutrina. Precedentes (STF).*[45]

44 STF, RE nº 251.445/GO, Rel. Min. Celso de Mello, j. 21.06.00, *DJ* 03.08.00.

45 STF, RHC nº 90.376/RJ, Segunda Turma, Rel. Min. Celso de Mello, j. 03.04.07, *DJ* 18.05.07 (grifamos).

Ampliação do conceito de casa III: *Para os fins da proteção jurídica a que se refere o art. 5º, XI, da Constituição da República, o conceito normativo de "casa" revela-se abrangente e, por estender-se a qualquer compartimento privado não aberto ao público, onde alguém exerce profissão ou atividade (CP, art. 150, § 4º, III),* ***compreende, observada essa específica limitação espacial (área interna não acessível ao público), os escritórios profissionais, inclusive os de contabilidade, "embora sem conexão com a casa de moradia propriamente dita"****(Nelson Hungria). Doutrina. Precedentes. Sem que ocorra qualquer das situações excepcionais taxativamente previstas no texto constitucional (art. 5º, XI), nenhum agente público, ainda que vinculado à administração tributária do Estado, poderá, contra a vontade de quem de direito (*invito domino*), ingressar, durante o dia, sem mandado judicial, em espaço privado não aberto ao público, onde alguém exerce sua atividade profissional, sob pena de a prova resultante da diligência de busca e apreensão assim executada reputar-se inadmissível, porque impregnada de ilicitude material. Doutrina. Precedentes específicos, em tema de fiscalização tributária, a propósito de escritórios de contabilidade (STF). O atributo da autoexecutoriedade dos atos administrativos, que traduz expressão concretizadora do* privilège du preálable, *não prevalece sobre a garantia constitucional da inviolabilidade domiciliar, ainda que se cuide de atividade exercida pelo Poder Público em sede de fiscalização tributária. Doutrina. Precedentes.*[46]

Flagrante delito e crime permanente: *Inviolabilidade de domicílio – art. 5º, XI, da CF. Busca e apreensão domiciliar sem mandado judicial em caso de crime permanente. (...) Fixada a interpretação de que a entrada forçada em domicílio sem mandado judicial só é lícita, mesmo em período noturno, quando amparada em fundadas razões, devidamente justificadas* a posteriori, *que indiquem que dentro da casa ocorre situação de flagrante delito, sob pena de responsabilidade disciplinar, civil e penal do agente ou da autoridade e de nulidade dos atos praticados.*[47]

Princípio da reserva de jurisdição: *A cláusula constitucional da reserva de jurisdição – que incide sobre determinadas matérias, como a busca domiciliar (CF, art. 5º, XI), a interceptação telefônica (CF, art. 5º, XII) e a decretação da prisão de qualquer pessoa, ressalvada a hipótese de flagrância (CF, art. 5º, LXI) – traduz a noção de que, nesses temas específicos, assiste ao Poder Judiciário, não apenas o direito de proferir a última palavra, mas, sobretudo, a prerrogativa de dizer, desde logo, a primeira palavra, excluindo-se, desse modo, por força e autoridade do que*

---

46 STF, HCnº 82.788/RJ, Segunda Turma, Rel. Min. Celso de Mello, j. 12.04.05, *DJ* 02.06.06 (grifamos).

47 RE 603.616, rel. min. Gilmar Mendes, j. 5-11-2015, P, *DJE* de 10-5-2016, Tema 280.

dispõe a própria Constituição, a possibilidade do exercício de iguais atribuições, por parte de quaisquer outros órgãos ou autoridades do Estado (...).[48]

CPI e busca domiciliar. Ofensa ao princípio da reserva de jurisdição: *Mandado de segurança contra ato do Presidente da Comissão Parlamentar de Inquérito destinada a investigar o avanço e a impunidade do narcotráfico. Apreensão de documentos e equipamentos sem fundamentação em locais invioláveis. Parecer da Procuradoria-Geral da República pela concessão da ordem. O fato da autorização judicial para a perícia dos equipamentos, oriunda de autoridade judiciária de primeiro grau, após a apreensão, sem mandado judicial, não legitima os resultados da perícia que se tenha realizado ou em curso. Mandado de segurança que se defere para determinar a devolução dos bens e documentos apreendidos, declarando-se ineficaz eventual prova decorrente dessa apreensão com infração do art. 5º, XI, da Lei Maior.*[49]

Escuta ambiental e escritório de advocacia: *Escuta ambiental e exploração de local. Captação de sinais óticos e acústicos. Escritório de advocacia. Ingresso da autoridade policial, no período noturno, para instalação de equipamento. Medidas autorizadas por decisão judicial. Invasão de domicílio. Não caracterização. (...) Inteligência do art. 5º, X e XI, da CF; art. 150, § 4º, III, do CP; e art. 7º, II, da Lei nº 8.906/94. (...) Não opera a inviolabilidade do escritório de advocacia, quando o próprio advogado seja suspeito da prática de crime, sobretudo concebido e consumado no âmbito desse local de trabalho, sob pretexto de exercício da profissão.*[50]

Inviolabilidade da casa e mandado genérico: *De que vale declarar a Constituição que "a casa é asilo inviolável do indivíduo" (art. 5º, XI) se moradias são invadidas por policiais munidos de mandados que consubstanciem verdadeiras cartas brancas, mandados com poderes de a tudo devassar, só porque o habitante é suspeito de um crime? Mandados expedidos sem justa causa, isto é, sem especificar o que se deve buscar e sem que a decisão que determina sua expedição seja precedida de perquirição quanto à possibilidade de adoção de meio menos gravoso para chegar-se ao mesmo fim. A polícia é autorizada, largamente, a apreender tudo quanto possa vir a consubstanciar prova de qualquer crime, objeto ou não da investigação. Eis aí o que se pode chamar de autêntica "devassa". Esses mandados ordinariamente autorizam a apreensão de computadores, nos quais fica indelevelmente gravado tudo quanto respeite à intimidade das*

48 STF, MS nº 23.452/RJ, Plenário, Rel. Min. Celso de Mello, j. 16.09.99, *DJ* 12.05.2000.
49 STF, MS nº 23.642/DF, Plenário, Rel. Min. Néri da Silveira, j. 29.11.00, *DJ* 09.03.01.
50 STF, Inq nº 2.424/RJ, Plenário, Rel. Min. Cezar Peluso, j. 26.11.08, *DJE* 26.03.10.

pessoas e possa vir a ser, quando e se oportuno, no futuro, usado contra quem se pretenda atingir.[51]

Ausência de mandado e crime permanente: Inviolabilidade de domicílio – art. 5º, XI, da CF. Busca e apreensão domiciliar sem mandado judicial em caso de crime permanente. (...) Fixada a interpretação de que a entrada forçada em domicílio sem mandado judicial só é lícita, mesmo em período noturno, quando amparada em fundadas razões, devidamente justificadas *a posteriori*, que indiquem que dentro da casa ocorre situação de flagrante delito, sob pena de responsabilidade disciplinar, civil e penal do agente ou da autoridade e de nulidade dos atos praticados.[52]

> XII – é inviolável o sigilo da correspondência e das comunicações telegráficas, de dados e das comunicações telefônicas, salvo, no último caso, por ordem judicial, nas hipóteses e na forma que a lei estabelecer para fins de investigação criminal ou instrução processual penal.

Esse dispositivo divide a proteção aos meios de comunicação, em algumas modalidades:

- **por correspondência (segredo epistolar)**
- **por telegramas**
- **por dados: cadastrais, fiscais, bancários, telefônicos**
- **por telefone**

Em que pese a má redação do dispositivo, que peca pela imprecisão na disposição de tão importante matéria, podemos inferir, em nome do desiderato maior da proteção à privacidade, que em regra geral todos esses meios de comunicação são invioláveis, ou seja, apenas excepcionalmente podem sofrer restrições, que devem vir precedidas de ordem judicial ou autorização legal.

O Supremo Tribunal Federal, por exemplo, já determinou a possibilidade de interceptar carta de presidiário, pois a inviolabilidade do sigilo epistolar não pode salvaguardar práticas ilícitas.[53]

Além do mais, a própria Constituição permite a restrição à inviolabilidade de correspondência durante o estado de defesa e de sítio, segundo prevê os arts. 136, § 1º, I, *b* e 139, III, respectivamente.

---

51 STF, HC nº 95.009/SP, Plenário, Rel. Min. Eros Grau, j. 06.11.08, *DJE* 19.12.08.

52 STF, RE nº 603.616/RO, Plenário, Rel. Min. Gilmar Mendes, j. 05.11.15, *DJE* 10.05.16.

53 STF, HC nº 70.814/SP, Primeira Turma, Rel. Min. Celso de Mello, j. 01.03.94, *DJ* 24.06.94.

Ressalte-se que a proteção do dispositivo se dirige à comunicação da correspondência (seja a carta, o telegrama ou dados) e, não à correspondência já aberta pelo seu destinatário (essa tem proteção do inciso X, ora analisado). Na mesma disciplina deve-se compreender a emissão de *e-mail*. Sua interceptação é ilícita, tanto pela proteção da correspondência postal, quanto pela proteção da comunicação de dados, mas, uma vez transmitido, torna-se dado estanque, semelhante à carta ou ao telegrama já recebidos, enquadrando-se na proteção do inciso X.[54]

A jurisprudência do STF permite que a Comissão Parlamentar de Inquérito determine, por ato próprio, a quebra de sigilo de dados bancários, fiscais e telefônicos do investigado, o que será estudado em capítulo próprio. Sobre a violação do sigilo bancário, a LC 105/2001 assim dispõe:

> *Art. 4ºO Banco Central do Brasil e a Comissão de Valores Mobiliários, nas áreas de suas atribuições, e as instituições financeiras fornecerão ao Poder Legislativo Federal as informações e os documentos sigilosos que, fundamentadamente, se fizerem necessários ao exercício de suas respectivas competências constitucionais e legais.*
>
> *§ 1º As comissões parlamentares de inquérito, no exercício de sua competência constitucional e legal de ampla investigação, obterão as informações e documentos sigilosos de que necessitarem, diretamente das instituições financeiras, ou por intermédio do Banco Central do Brasil ou da Comissão de Valores Mobiliários.*

Quanto à parte final do texto, o dispositivo contém uma exceção que se aplica apenas à comunicação telefônica. Assim, para que se tenha acesso ao conteúdo de uma comunicação telefônica ("a própria conversa") será necessário o cumprimento simultâneo de três requisitos:

- **ordem judicial (em nome do princípio da reserva de jurisdição)**
- **atender à finalidade de apuração de crimes, seja na fase do inquérito penal ou no curso da ação penal proposta em juízo**
- **cumprir os requisitos da Lei nº 9.296/96**[55]

54 CARVALHO, L. G. Grandinetti de. Ob. cit., p. 75.

55 "Art. 2º Não será admitida a interceptação de comunicações telefônicas quando ocorrer qualquer das seguintes hipóteses:
I – não houver indícios razoáveis da autoria ou participação em infração penal;
II – a prova puder ser feita por outros meios disponíveis;
III – o fato investigado constituir infração penal punida, no máximo, com pena de detenção."

Pode-se perceber que a interceptação das comunicações telefônicas só pode ser determinada por ordem judicial, de acordo com o princípio da reserva de jurisdição. Mas, como o texto não faz menção específica à imperiosa necessidade de ordem judicial para as demais violações (correspondências, por exemplo), podemos concluir que em havendo uma previsão legal, ou ordem judicial, será possível a realização da violação aos demais meios de comunicações, desde que se indique a necessidade de tal restrição, como podemos perceber da jurisprudência a seguir exposta.

CPI e quebra de sigilo de dados: *A quebra do sigilo fiscal, bancário e telefônico de qualquer pessoa sujeita a investigação legislativa pode ser legitimamente decretada pela Comissão Parlamentar de Inquérito, desde que esse órgão estatal o faça mediante deliberação adequadamente fundamentada e na qual indique a necessidade objetiva da adoção dessa medida extraordinária.*[56]

Quebra de sigilo de dados. Não incidência do princípio da reserva de jurisdição I:*O princípio constitucional da reserva de jurisdição – que incide sobre as hipóteses de busca domiciliar (CF, art. 5º, XI), de interceptação telefônica (CF, art. 5º, XII) e de decretação da prisão, ressalvada a situação de flagrância penal (CF, art. 5º, LXI) – não se estende ao tema da quebra de sigilo, pois, em tal matéria, e por efeito de expressa autorização dada pela própria Constituição da República (CF, art. 58, § 3º), assiste competência à Comissão Parlamentar de Inquérito, para decretar, sempre em ato necessariamente motivado, a excepcional ruptura dessa esfera de privacidade das pessoas.*[57]

Quebra de sigilo de dados. Não incidência do princípio da reserva de jurisdição II: *Proteção constitucional ao sigilo das comunicações de dados – art. 5º, XII, da CF: ausência de violação, no caso. Impertinência à hipótese da invocação da AP 307 (Pleno, 13.12.1994, Galvão,* DJ *13.10.1995), em que a tese da inviolabilidade absoluta de dados de computador não pode ser tomada como consagrada pelo Colegiado, dada a interferência, naquele caso, de outra razão suficiente para a exclusão da prova questionada – o ter sido o microcomputador apreendido sem ordem judicial e a consequente ofensa da garantia da inviolabilidade do domicílio da empresa – este segundo fundamento bastante, sim, aceito por votação unânime, à luz do art. 5º, XI, da Lei Fundamental. Na espécie, ao contrário, não se questiona que a apreensão dos computadores da empresa do recorrente se fez regularmente, na conformidade e em cumprimento de mandado judicial. Não há violação do art. 5º, XII, da Constituição que, conforme se acentuou na sentença, não se aplica ao caso, pois não houve "quebra de*

---

56 STF, MS nº 23.639/DF, Plenário, Rel. Min. Celso de Mello, j. 16.11.00, *DJ* 16.02.01.

57 STF, MS nº 23.652/DF, Plenário, Rel. Min. Celso de Mello, j. 22.11.00, *DJ* 16.02.01.

sigilo das comunicações de dados (interceptação das comunicações)", mas sim apreensão de base física na qual se encontravam os dados, mediante prévia e fundamentada decisão judicial.[58]

Quebra de sigilo de dados e autoridade incompetente: *A prova encontrada, fortuitamente, durante a investigação criminal é válida, salvo se comprovado vício ensejador de sua nulidade. Nulidade da interceptação telefônica determinada por autoridade judicial incompetente, nos termos do art. 102, I, b, da Constituição da República e do art. 1º da Lei 9.296/1996. Ausência de remessa dos autos da investigação para o Supremo Tribunal Federal, depois de apresentados elementos mínimos caracterizadores da participação, em tese, de ministro do Tribunal de Contas da União e de membro do Congresso Nacional na prática de ilícito objeto de investigação. Contaminação das provas produzidas, por derivação, por não configuradas as exceções previstas no § 1° e no § 2° do art. 157 do CPP. Denúncia rejeitada, por não estar comprovada, de forma lícita, a existência de justa causa para o exercício da ação penal, caracterizando a hipótese prevista no art. 395, inc. III, daquela lei processual.*[59]

Quebra de sigilo de dados e recursos públicos: *O sigilo de informações necessárias para a preservação da intimidade é relativizado quando se está diante do interesse da sociedade de se conhecer o destino dos recursos públicos. Operações financeiras que envolvam recursos públicos não estão abrangidas pelo sigilo bancário a que alude a LC 105/2001, visto que as operações dessa espécie estão submetidas aos princípios da administração pública insculpidos no art. 37 da CF. Em tais situações, é prerrogativa constitucional do Tribunal (TCU) o acesso a informações relacionadas a operações financiadas com recursos públicos.*[60]

Quebra de sigilo de dados e sua utilização em outros processos: dispõe o inciso XII do art. 5º da CF, mostra-se inadequado o compartilhamento de prova que, no campo da exceção – afastamento da privacidade –, implicou interceptação telefônica determinada por órgão judicial e para efeito específico, ou seja, investigação criminal ou instrução processual penal.[61]

Quebra de sigilo de dados e sua utilização em outros processos: *Prova emprestada. (...) Dados obtidos em interceptação de comunicações telefônicas e em escutas ambientais, judicialmente autorizadas para produção de prova em investigação criminal ou em instrução processual penal, podem ser usados em procedimento administrativo disciplinar, contra a mesma ou as mesmas pessoas*

58 STF, RE nº 418.416/SC, Plenário, Rel. Min. Sepúlveda Pertence, j. 10.05.06, *DJ* 19.12.06.

59 STF, Inq nº 3.732/DF, Segunda Turma, Rel. Min. Cármen Lúcia, j. 08.03.16, *DJE* 22.03.16.

60 STF, MS nº 33.340/DF, Primeira Turma, Rel. Min. Luiz Fux, j. 26.05.15, *DJE* 03.08.15.

61 STF, Inq nº 3.014/PR AgR, Plenário, Rel. Min. Marco Aurélio, j. 13.12.12, *DJE* 23.09.13.

em relação às quais foram colhidos, ou contra outros servidores cujos supostos ilícitos teriam despontado à colheita dessa prova.[62]

Quebra de sigilo de dados e legitimidade do Ministério Público: *(...) O poder de investigação do Estado é dirigido a coibir atividades afrontosas à ordem jurídica e à garantia do sigilo bancário não se estende às atividades ilícitas. A ordem jurídica confere explicitamente poderes amplos de investigação ao Ministério Público - art. 129, incisos VI, VIII, da Constituição Federal, e art. 8º, incisos II e IV, e § 2º, da Lei Complementar nº 75/93. Não cabe ao Banco do Brasil negar, ao Ministério Público, informações sobre nomes de beneficiários de empréstimos concedidos pela instituição, com recursos subsidiados pelo erário federal, sob invocação do sigilo bancário, em se tratando de requisição de informações e documentos para instruir procedimento administrativo instaurado em defesa do patrimônio público.*[63]

Violação de correspondência em penitenciárias: *A administração penitenciária, com fundamento em razões de segurança pública, de disciplina prisional ou de preservação da ordem jurídica, pode, sempre excepcionalmente, e desde que respeitada a norma inscrita no art. 41, parágrafo único, da Lei nº 7.210/84, proceder à interceptação da correspondência remetida pelos sentenciados, eis que a cláusula tutelar da inviolabilidade do sigilo epistolar não pode constituir instrumento de salvaguarda de práticas ilícitas.*[64]

9. LIBERDADE PROFISSIONAL

> XIII – é livre o exercício de qualquer trabalho, ofício ou profissão, atendidas as qualificações profissionais que a lei estabelecer.

Nessa norma de eficácia contida, a Constituição assegura a plena liberdade profissional, exceto quando a lei determinar a satisfação de certos requisitos, como é o caso da comprovação de três anos de atividade jurídica para quem pretender ingressar na carreira da magistratura ou do Ministério Público (arts. 93, I, e 129, § 3º, da CF, respectivamente), ou ainda, da prova exigida pela Ordem dos Advogados do Brasil para o exercício da advocacia. Ressalte-se que

62 STF, RMS nº 28.774/DF, Primeira Turma, Rel. Min. Marco Aurélio, Rel. p/ acórdão Min. Roberto Barroso, j. 22.09.15, *DJE* 25.08.16.

63 STF, MS nº 21.729/DF, Plenário, Rel. Min. Marco Aurélio, Red. p/ acórdão Min. Néri da Silveira, j. 05.10.95, *DJ* 19.10.01.

64 STF, HC nº 70.814/SP, Primeira Turma, Rel. Min. Celso de Mello, j. 01.03.94, *DJ* 24.06.94.

a restrição deve ser feita por lei (reserva de lei) e tem que ser proporcional à natureza da função que será exercida.

Sobre o Exame de Ordem, exigido para os bacharéis em Direito, o STF, no RE nº 603.583, decidiu que a cobrança mostra-se consentânea com a Constituição Federal, que remete a liberdade profissional às qualificações previstas em lei. O Plenário desproveu o recurso mencionado, onde se discutia a constitucionalidade dos artigos 8º, IV e § 1º; e 44, II, ambos da Lei 8.906/94, que versam sobre o exame de ordem e se alegava que o bacharel em Direito deveria ser considerado apto a exercer a advocacia até prova em contrário, bem como que a referida entidade teria condições de avaliar a capacidade do profissional, considerada a citada lei, que versa as sanções disciplinares para o advogado.

No RE 511.961, o STF afastou a exigência do diploma de jornalista para exercício da profissão, frisando que o Decreto-lei 972/69 foi criado em plena ditadura militar e não é mais compatível com o Estado Democrático de Direito implementado pela Constituição de 1988. Frisou-se que a doutrina constitucional consideraria que as qualificações profissionais a que se refere o art. 5º, XIII, da CF somente poderiam ser exigidas, pela lei, daquelas profissões que, de alguma forma, poderiam trazer perigo de dano à coletividade ou prejuízos diretos a direitos de terceiros, sem culpa das vítimas, como a medicina e as demais profissões ligadas à área da saúde, a engenharia, a advocacia e a magistratura, dentre outras. Dessa forma, a profissão de jornalista, por não implicar tais riscos, não poderia ser objeto de exigências quanto às condições de capacidade técnica para o seu exercício, sendo que eventuais riscos ou danos efetivos provocados por profissional do jornalismo a terceiros não seriam inerentes à atividade e, dessa forma, não seriam evitáveis pela exigência de um diploma de graduação.[65]

Requisitos concurso público. Compatível com o exercício profissional: *A exigência de especificidade, no âmbito da qualificação, para a feitura de concurso público não contraria o disposto no inciso XIII do art. 5º da Constituição Federal, desde que prevista em lei e consentânea com os diplomas regedores do exercício profissional.*[66]

Desregulamentação da profissão de músico: *O Plenário do STF, no julgamento do RE 414.426, rel. min. Ellen Gracie, DJE de 10-10-2011, firmou o entendimento de que a atividade de músico é manifestação artística protegida pela garantia da liberdade de expressão, sendo, por isso, incompatível com a CF de 1988 a exigência de inscrição na Ordem dos Músicos do Brasil, bem como de*

65 RE 511961/SP, rel. Min. Gilmar Mendes, 17.6.2009. (RE-511961)

66 STF, MS nº 21.733/RS, Plenário, Rel. Min. Marco Aurélio, j. 09.02.94, *DJ* 08.04.94.

pagamento de anuidade, para o exercício de tal profissão. Recurso extraordinário provido, com o reconhecimento da repercussão geral do tema e a reafirmação da jurisprudência sobre a matéria.[67]

Desnecessidade do registro do perito no órgão de classe: *Inexistindo previsão legal quanto à obrigatoriedade do registro do perito no órgão de classe, não cabe a exigência desse registro para a investidura no cargo de perito da Polícia Federal, tampouco para o exercício da função de perito oficial.*[68]

Exercício de atividade profissional e ausência de lei regulamentadora: *O art. 5º, XIII, da Constituição da República é norma de aplicação imediata e eficácia contida que pode ser restringida pela legislação infraconstitucional. Inexistindo lei regulamentando o exercício da atividade profissional dos substituídos, é livre o seu exercício.*[69]

10. LIBERDADE DE COMUNICAÇÃO

> XIV – é assegurado a todos o acesso à informação e resguardado o sigilo da fonte, quando necessário ao exercício profissional.

A liberdade de comunicação deve ser interpretada em coerência com a proteção constitucional à privacidade, e os excessos devem ser coibidos, sob pena de responsabilização do agente divulgador por todos os prejuízos causados (danos materiais e morais).

O sigilo da fonte visa a proteger a pessoa do informante ou a fonte das informações dos jornalistas, em nome da própria liberdade de imprensa e não se confunde com o anonimato, vedado pelo inciso IV, pois quem divulga as informações recebidas precisará se apresentar, assumindo a responsabilidade pelos excessos cometidos. Com isso, se um jornalista, um comentarista, um apresentador ou radialista for interpelado criminalmente, não estará obrigado a indicar o nome do informante ou mesmo o local onde conseguiu a notícia.

11. LIBERDADE DE LOCOMOÇÃO

> XV – é livre a locomoção no território nacional em tempo de paz, podendo qualquer pessoa, nos termos da lei, nele entrar, permanecer ou dele sair com seus bens.

67 STF, RE nº 795.467/SP, Plenário, Rel. Min. Teori Zavascki, j. 05.06.14, *DJE* 24.06.14.

68 STF, HC nº 95.595/RJ, Segunda Turma, Rel. Min. Eros Grau, j. 04.05.10, *DJE* 21.05.10.

69 STF, MI nº 6.113/DF AgR, Plenário, Rel. Min. Cármen Lúcia, j. 22.05.14, *DJE* 13.06.14.

Esse inciso protege a liberdade de ir, vir e permanecer, englobando: o direito de entrar e sair do território nacional, de permanecer e de se deslocar nesse território. Ressalte-se que o dispositivo faz referência à liberdade em tempo de paz.

Essa regra cede espaço em caso de legalidade extraordinária, como na hipótese de estado sítio (art. 139, I), quando a proteção da vida pode levar o Estado a determinar que as pessoas permaneçam em lugares determinados.

Ressalte-se que o genuíno remédio constitucional para salvaguarda desse direito à liberdade é o *habeas corpus* (art. 5º, LXVIII), que será estudado em capítulo específico.

12. DIREITO DE REUNIÃO

> XVI – todos podem reunir-se pacificamente, sem armas, em locais abertos ao público, independentemente de autorização, desde que não frustrem outra reunião anteriormente convocada para o mesmo local, sendo apenas exigido prévio aviso à autoridade competente.

A liberdade de reunião é um direito coletivo, se analisado em seu exercício conjunto, ou ainda um direito individual de expressão coletiva. Para a manifestação desse importante direito num país democrático, a Constituição apenas exige que a autoridade competente seja comunicada previamente sobre o dia, horário e local da reunião, a fim de que possa tomar providências necessárias à sua realização, que a reunião não frustre outra convocada para o mesmo local, e, ainda, que os manifestantes não estejam armados. Observe-se que não há necessidade de autorização e sim de comunicação.

São elementos da reunião:[70]

- **pluralidade de participantes**, pois a reunião é considerada manifestação coletiva;
- **tempo**, devido ao caráter episódico e temporário da reunião;
- **finalidade**, que demonstra o propósito da manifestação coletiva;
- **lugar**, locais públicos, em área certa e delimitada.

Também é importante destacar que a referida liberdade pode sofrer restrições nos casos excepcionais do Estado de Defesa e de Sítio, conforme prevê os arts. 136, § 1º, I, *a* e 139, IV, respectivamente.

---

70 MORAES, Alexandre de. *Direitos Humanos Fundamentais*. 6. ed. São Paulo: Atlas, 2005, p. 158.

O dispositivo fala em reunião pacífica e sem armas. No caso de reuniões não pacíficas a polícia deverá analisar o caso concreto, pois o direito de reunião pode ser ponderado com a garantia da segurança pública. O que não se pode fazer é impedir de antemão uma reunião sobre o argumento de que aquele grupo não é pacífico. O fato de existir um participante armado não é motivo suficiente para obstruir o direito de reunião.

O cerceamento da liberdade de reunião dá ensejo à impetração do mandado de segurança, na forma do art. 5º, LXIX, e não do *habeas corpus*, tendo em vista que o direito líquido e certo prejudicado se refere à liberdade de manifestação de expressão e não à de locomoção.

Sobre o direito de reunião, o STF decidiu que o exercício dos direitos fundamentais de reunião e de livre manifestação do pensamento devem ser garantidos a todas as pessoas e, com isso, o Plenário julgou procedente pedido formulado em ação de descumprimento de preceito fundamental para dar, ao art. 287 do CP, com efeito vinculante, interpretação conforme à Constituição, de forma a excluir qualquer exegese que possa ensejar a criminalização da defesa da legalização das drogas, ou de qualquer substância entorpecente específica, inclusive por meio de manifestações e eventos públicos. Enfatizou-se a multiplicidade de interpretações às quais a norma penal em questão estaria submetida, consubstanciadas em decisões a permitir e a não permitir a denominada "Marcha da Maconha" por todo o país. Ressaltou-se existirem graves consequências resultantes da censura à liberdade de expressão e de reunião, realizada por agentes estatais em cumprimento de ordens emanadas do Judiciário. Frisou-se que, diante do quadro de incertezas hermenêuticas em torno da aludida norma, a revelar efetiva e relevante controvérsia constitucional, os cidadãos estariam preocupados em externar, de modo livre e responsável, as convicções que desejariam transmitir à coletividade por meio da pacífica utilização dos espaços públicos.[71]

Restrição ao direito de reunião: *Decreto nº 20.098/99, do Distrito Federal. Liberdade de reunião e de manifestação pública. Limitações. Ofensa ao art. 5º, XVI, da Constituição Federal. A liberdade de reunião e de associação para fins lícitos constitui uma das mais importantes conquistas da civilização, enquanto fundamento das modernas democracias políticas. A restrição ao direito de reunião estabelecida pelo Decreto distrital 20.098/99, a toda evidência, mostra-se inadequada, desnecessária e desproporcional quando confrontada com a vontade da Constituição (*Wille zur Verfassung*).*[72]

71 STF, ADPF nº 187/DF,Plenário, Rel. Min. Celso de Mello, j. 15.06.11, *DJE* 29.05.14.

72 STF, ADI nº 1.969/DF, Plenário, Rel. Min. Ricardo Lewandowski, j. 28.06.07, *DJ* 31.08.07.

Importante destacarmos que no dia 13 de janeiro de 2021, o Supremo Tribunal Federal decidiu, por maioria de votos, que são permitidas reuniões ou manifestações em locais públicos, independentemente de comunicação oficial prévia às autoridades competentes. A decisão foi tomada no julgamento do Recurso Extraordinário (RE) 806339, com repercussão geral reconhecida (Tema 855).

Prevaleceu, no julgamento, o voto do ministro Edson Fachin, para quem deve ser afastada qualquer interpretação que condicione a realização de uma manifestação ao aviso prévio. "Dada a primazia do direito de expressão, não é possível interpretar a exigência como condicionante ao exercício do direito", afirmou, lembrando que não há previsão legal nesse sentido. Segundo o Ministro, o objetivo da exigência é apenas permitir que o poder público zele para que a manifestação seja pacífica e não impeça outra reunião no mesmo local. "Manifestações espontâneas não estão proibidas, nem pelo texto constitucional, nem pelos tratados de direitos humanos", afirmou. "Em uma sociedade democrática, o espaço público não é apenas um lugar de circulação, mas também de participação". Acompanharam seu voto os ministros Luís Roberto Barroso, Rosa Weber, Cármen Lúcia, Ricardo Lewandowski e Dias Toffoli.

13. DIREITO DE ASSOCIAÇÃO

> XVII – é plena a liberdade de associação para fins lícitos, vedada a de caráter paramilitar;
>
> XVIII – a criação de associações e, na forma da lei, a de cooperativas independem de autorização;
>
> XIX – as associações só poderão ser compulsoriamente dissolvidas ou ter suas atividades suspensas por decisão judicial, exigindo-se, no primeiro caso, o trânsito em julgado;
>
> XX – ninguém poderá ser compelido a associar-se ou a permanecer associado;
>
> XXI – as entidades associativas, quando expressamente autorizadas, têm legitimidade para representar seus filiados judicial ou extrajudicialmente.

A liberdade de associação é outro direito coletivo, ou individual de expressão coletiva, que deve ser exercido de maneira plena, desde que tenha fins lícitos, vedada a organização de caráter paramilitar, que seriam aquelas que se apresentam com características típicas de instituições oficiais, fardadas ou não, com organização hierárquica própria e ideologia contrária à ordem do Estado.

Importante assinalar, que a liberdade de associação tem uma dimensão positiva, pois assegura a qualquer pessoa (natural ou jurídica) o direito de associar-se e de formar associações e também possui uma dimensão negativa, pois garante, a qualquer pessoa, o direito de não se associar, nem de ser compelida a filiar-se ou a desfiliar-se de determinada entidade.

Em nome da preservação dessa importante liberdade, o constituinte determinou que tanto para a suspensão das atividades da associação, quanto para a sua dissolução será necessária ordem judicial, em nome do princípio da reserva de jurisdição. No caso da dissolução, ainda se exige que a decisão tenha transitado em julgado.

A Constituição ainda autoriza que uma associação represente os interesses de seus associados, facilitando a vida das pessoas. Chama-se representação processual o poder que uma entidade tem de ingressar em juízo em nome de seus filiados. Esta representação pode ser exercida também extrajudicialmente e a jurisprudência admite que a autorização possa ser extraída dos estatutos da entidade, ou tomada em assembleia geral.

Liberdade de associação e criação de sindicatos: *Não se há de confundir a liberdade de associação, prevista de forma geral no inciso XVII do rol das garantias constitucionais, com a criação, em si, de sindicato. O critério da especificidade direciona à observação do disposto no inciso II do art. 8º da Constituição Federal, no que agasalhada a unicidade sindical de forma mitigada, ou seja, considerada a área de atuação, nunca inferior à de um município.*[73]

Suspensão e dissolução das associações e princípio da reserva de jurisdição: *Cabe enfatizar, neste ponto, que as normas inscritas no art. 5º, incisos XVII a XXI da atual Constituição Federal protegem as associações, inclusive as sociedades, da atuação eventualmente arbitrária do legislador e do administrador, eis que somente o Poder Judiciário, por meio de processo regular, poderá decretar a suspensão ou a dissolução compulsórias das associações. Mesmo a atuação judicial encontra uma limitação constitucional: apenas as associações que persigam fins ilícitos poderão ser compulsoriamente dissolvidas ou suspensas. Atos emanados do Executivo ou do Legislativo, que provoquem a compulsória suspensão ou dissolução de associações, mesmo as que possuam fins ilícitos, serão inconstitucionais.*[74]

Representação das associações I: *A representação prevista no inciso XXI do art. 5º da Constituição Federal surge regular quando autorizada a entidade*

73 STF, RE nº 207.858/SP, Segunda Turma, Rel. Min. Marco Aurélio, j. 27.10.98, *DJ* 14.05.99.

74 STF, ADI nº 3.045/DF, Plenário, Rel. Min. Celso de Mello, j. 10.08.05, *DJ*01.06.07.

associativa a agir judicial ou extrajudicialmente mediante deliberação em assembleia. Descabe exigir instrumentos de mandatos subscritos pelos associados.[75]

Representação das associações II: *A impetração de mandado de segurança coletivo por entidade de classe em favor dos associados independe da autorização destes. (Súmula nº 629, STF)*

Representação das associações III: *A entidade de classe tem legitimação para o mandado de segurança ainda quando a pretensão veiculada interesse apenas a uma parte da respectiva categoria. (Súmula nº 630, STF)*

Representação das associações IV: *(...) reafirma-se o entendimento da jurisprudência do STF, corroborada pelo parágrafo único do art. 2º-A da Lei 9.494/1997, de que a autorização a que se refere o art. 5º, XXI, deve ser expressa por ato individual do associado ou por assembleia da entidade, sendo insuficiente a mera autorização genérica prevista em cláusula estatutária. Todavia, no caso concreto, a demanda foi proposta com base em autorizações individuais (não havendo notícia alguma sobre deliberação assemblear), sendo esses associados os únicos beneficiados pela sentença de procedência e, consequentemente, apenas eles dispõem de título jurídico para promover a execução.*[76]

Representação das associações V: *A eficácia subjetiva da coisa julgada formada a partir de ação coletiva, de rito ordinário, ajuizada por associação civil na defesa de interesses dos associados, somente alcança os filiados, residentes no âmbito da jurisdição do órgão julgador, que o fossem em momento anterior ou até a data da propositura da demanda, constantes da relação jurídica juntada à inicial do processo de conhecimento. Com base nesse entendimento, o Plenário, apreciando o Tema 499 da repercussão geral, por maioria, negou provimento ao recurso extraordinário e declarou a constitucionalidade do art. 2º-A da Lei 9.494/1997.*[77]

Representação e substituição processual: *O inciso LXX do art. 5º da Constituição Federal encerra o instituto da substituição processual, distanciando-se da hipótese do inciso XXI, no que surge no âmbito da representação. As entidades e pessoas jurídicas nele mencionadas atuam, em nome próprio, na defesa de interesses que se irradiam, encontrando-se no patrimônio de pessoas diversas. Descabe a exigência de demonstração do credenciamento.*[78]

---

75 STF, RE nº 192.305/SP, Segunda Turma, Rel. Min. Marco Aurélio, j. 15.12.98, *DJ* 21.05.99. No mesmo sentido: STF, MS nº 23.879/DF, Plenário, Rel. Min. Maurício Corrêa, j. 03.10.01, *DJ* 16.11.01.

76 STF, RE nº 573.232/SC, Plenário, Rel. Min. Ricardo Lewandowski, Rel. p/ acórdão Min. Marco Aurélio, j. 14.05.14, *DJE* 19.09.14.

77 STF, RE nº 612.043/PR, Plenário, Rel. Min. Marco Aurélio, j. 10.05.17. Ver Informativo 864.

78 STF, RMS nº 21.514/DF, Segunda Turma, Rel. Min. Marco Aurélio, j. 27.04.93, *DJ* 18.06.93.

Liberdade negativa de associação: *Art. 2º, IV, a, b e c, da Lei nº 10.779/2003. Filiação à colônia de pescadores para habilitação ao seguro-desemprego (...). Viola os princípios constitucionais da liberdade de associação (art. 5º, XX) e da liberdade sindical (art. 8º, V), ambos em sua dimensão negativa, a norma legal que condiciona, ainda que indiretamente, o recebimento do benefício do seguro-desemprego à filiação do interessado a colônia de pescadores de sua região.*[79]

14. DIREITO DE PROPRIEDADE

XXII – é garantido o direito de propriedade;

XXIII – a propriedade atenderá a sua função social.

O direito à propriedade configura um dos mais antigos direitos fundamentais na história das civilizações, mas sofreu muitas transformações até chegar a proteção dos dias de hoje. Não há propriedade atualmente analisada sob o ângulo meramente privado, com poderes ilimitados de uso e fruição do bem, tendo em vista que o direito foi remodelado em razão da função social da propriedade, que passa a integrar o seu próprio conceito. Com isso, o fato de a propriedade estar ligada a uma função social evita qualquer leitura absolutista do direito de propriedade.

A título de exemplo, o art. 186 da CF afirma que a função social da propriedade rural é cumprida quando atende, simultaneamente, aos seguintes requisitos: "I – aproveitamento racional e adequado; II – utilização adequada dos recursos naturais disponíveis e preservação do meio ambiente; III – observância das disposições que regulam as relações de trabalho; IV – exploração que favoreça o bem-estar dos proprietários e dos trabalhadores".

Para reiterar a importância da função social da propriedade, a Constituição prevê uma série de limitações, como, por exemplo, a desapropriação e a requisição administrativa.

A função social da propriedade: *O direito de propriedade não se reveste de caráter absoluto, eis que, sobre ele, pesa grave hipoteca social, a significar que, descumprida a função social que lhe é inerente (CF, art. 5º, XXIII), legitimar-se-á a intervenção estatal na esfera dominial privada, observados, contudo, para esse efeito, os limites, as formas e os procedimentos fixados na própria Constituição da República. O acesso à terra, a solução dos conflitos sociais, o aproveitamento racional e adequado do imóvel rural, a utilização apropriada dos recursos*

---

79 STF, ADI nº 3.464/DF, Plenário, Rel. Min. Menezes Direito, j. 29.10.08, *DJE* 06.03.09.

naturais disponíveis e a preservação do meio ambiente constituem elementos de realização da função social da propriedade.[80]

A função social da propriedade e a expropriação de glebas. *A expropriação de glebas a que se refere o art. 243 da CF há de abranger toda a propriedade e não apenas a área efetivamente cultivada (CF: "Art. 243. As glebas de qualquer região do País onde forem localizadas culturas ilegais de plantas psicotrópicas serão imediatamente expropriadas e especificamente destinadas ao assentamento de colonos, para o cultivo de produtos alimentícios e medicamentosos, sem qualquer indenização ao proprietário e sem prejuízo de outras sanções previstas em lei."). Com base nesse entendimento, o Tribunal proveu recurso extraordinário interposto pela União contra acórdão proferido pelo TRF da 1ª Região que concluíra que apenas a área onde efetivamente cultivada a planta psicotrópica deveria ter sido expropriada, pelos seguintes fundamentos: a) gleba seria parcela de um imóvel, tendo em conta a literalidade do art. 243 da CF; b) o art. 5º, LIV, da CF dispõe que "ninguém será privado da liberdade ou de seus bens sem o devido processo legal"; c) o perdimento da totalidade do imóvel violaria o princípio da proporcionalidade. Reputou-se insubsistente o primeiro fundamento, haja vista que gleba é uma área de terra, um terreno, e não uma porção dessa área. Asseverou-se, no ponto, que a linguagem jurídica prescinde de retórica e que cada vocábulo nela assume significado no contexto no qual inserido. Assim, no art. 243 da CF, gleba só poderia ser entendida como propriedade, esta sujeita à expropriação quando nela localizadas culturas ilegais de plantas psicotrópicas. Repeliu-se, de igual modo, o segundo argumento, porquanto o devido processo legal, no caso dos autos, teria sido observado, tendo em conta que a União propusera ação expropriatória contra o recorrido, regularmente processada. Por fim, afastou-se a terceira assertiva, visto que ela seria uma oposição ao que o poder constituinte estabeleceu, ou seja, que a expropriação da totalidade da gleba onde foram localizadas culturas ilegais de plantas psicotrópicas seria desproporcional, como se o TRF apontasse, corrigindo-o, um desvio do poder constituinte.*[81]

Direito de propriedade e confisco. *É possível o confisco de todo e qualquer bem de valor econômico apreendido em decorrência do tráfico de drogas, sem a necessidade de se perquirir a habitualidade, reiteração do uso do bem para tal finalidade, a sua modificação para dificultar a descoberta do local do acondicionamento da droga ou qualquer outro requisito além daqueles previstos expressamente no art. 243, parágrafo único, da CF.*[82]

80 STF, ADI nº 2.213/DF MC, Plenário, Rel. Min. Celso de Mello, j. 04.04.2002, *DJ* 23.04.2004.

81 STF, RE nº 543.974/MG, Plenário, Rel. Min. Eros Grau, j. 26.3.09, *DJE* 29.05.09.

82 STF, RE nº 638.491/PR, Plenário, Rel. Min. Luiz Fux, j. 17.05.17, *DJE*23.08.17.

A função social da propriedade e a desapropriação. *A própria Constituição da República, ao impor ao poder público o dever de fazer respeitar a integridade do patrimônio ambiental, não o inibe, quando necessária a intervenção estatal na esfera dominial privada, de promover a desapropriação de imóveis rurais para fins de reforma agrária, especialmente porque um dos instrumentos de realização da função social da propriedade consiste, precisamente, na submissão do domínio à necessidade de o seu titular utilizar adequadamente os recursos naturais disponíveis e de fazer preservar o equilíbrio do meio ambiente (CF, art. 186, II), sob pena de, em descumprindo esses encargos, expor-se a desapropriação-sanção a que se refere o art. 184 da Lei Fundamental.*[83]

XXIV – a lei estabelecerá o procedimento para desapropriação por necessidade ou utilidade pública, ou por interesse social, mediante justa e prévia indenização em dinheiro, ressalvados os casos previstos nesta Constituição.

A desapropriação é uma forma originária de aquisição de propriedade, por meio da qual o Poder Público transfere compulsoriamente um bem do patrimônio do particular para o patrimônio público. É forma de aquisição da propriedade. É também uma espécie de limitação administrativa ao direito de propriedade, tendo em vista a realização de obras e serviços públicos, em nome do interesse da coletividade, mas sempre realizada mediante o pagamento de indenização.

Nesse inciso, a desapropriação tem que observar o cumprimento simultâneo das seguintes exigências:

- **a indenização tem que ser justa:** equivale a dizer que o valor do bem deve ser aferido por peritos, de modo a atentar para o valor de "mercado do bem";
- **a indenização tem que ser prévia:** ou seja, anterior à transferência do bem pelo poder desapropriante;
- **a indenização tem que ser paga em dinheiro**: essa desapropriação, do inciso XXIV, não está relacionada diretamente ao cumprimento ou não da função social da propriedade, justifica-se pelo interesse público em jogo, diferente da situação dos art. 182, § 4º, III, e art. 184, que são exemplos de desapropriação-sanção, estreitamente relacionadas ao não cumprimento da função social. O art. 182 prevê o pagamento mediante títulos da dívida pública e o art. 184 determina que o pagamento será

83 STF, MS nº 22.164/SP, Plenário, Rel. Min. Celso de Mello, j. 30.10.95, *DJ* 17.11.95.

realizado por meio de títulos da dívida agrária, garantidos, em ambas as situações, a ampla defesa e o contraditório para a imposição da punição.

Devido processo legal e desapropriação-sanção: *O processo de reforma agrária, em uma sociedade estruturada em bases democráticas, não pode ser implementado pelo uso arbitrário da força e pela prática de atos ilícitos de violação possessória, ainda que se cuide de imóveis alegadamente improdutivos, notadamente porque a Constituição da República – ao amparar o proprietário com a cláusula de garantia do direito de propriedade (CF, art. 5º, XXII) – proclama que "ninguém será privado (...) de seus bens, sem o devido processo legal" (art. 5º, LIV).*[84]

Desapropriação e propriedade produtiva: *Caracterizado que a propriedade é produtiva, não se opera a desapropriação-sanção – por interesse social para os fins de reforma agrária –, em virtude de imperativo constitucional (CF, art. 185, II) que excepciona, para a reforma agrária, a atuação estatal, passando o processo de indenização, em princípio, a submeter-se às regras constantes do inciso XXIV, do art. 5º, da Constituição Federal, "mediante justa e prévia indenização".*[85]

Desapropriação e prazo para sua execução: *Declaração de imóvel rural como de interesse social para fins de reforma agrária. Decreto presidencial editado quatorze anos após a vistoria administrativa. Procedimento administrativo suspenso por mais de sete anos em razão de decisão liminar postulada pelo próprio impetrante. Restante do tempo utilizado na prática de atos indispensáveis para a conclusão do procedimento administrativo. Nulidades fundadas na demora da edição do ato impetrado. Não configuração. Inexistência de prazo de validade do ato de vistoria.*[86]

XXV – no caso de iminente perigo público, a autoridade competente poderá usar de propriedade particular, assegurada ao proprietário indenização ulterior, se houver dano.

A requisição administrativa presente nesse inciso é outra forma de intervenção do Estado na propriedade particular, mas de uma maneira mais

84 STF, ADI nº 2.213/DF MC, Plenário, Rel. Min. Celso de Mello, j. 04.04.2002, *DJ* 23.04.2004.No mesmo sentido: STF, MS nº 32.752/DF AgR, Plenário, Rel. Min. Celso de Mello, j. 17.06.15, *DJE* 10.08.15.

85 STF, MS nº 22.193/SP, Plenário. Rel. Min. Ilmar Galvão, Rel. p/ acórdão. Min. Maurício Corrêa, j. 21.03.96, *DJ* 29.11.96.

86 STF, MS nº 32.898/DF AgR, Plenário, Rel. Min. Teori Zavascki, j. 09.09.16, *DJE* 23.09.16.

branda do que na desapropriação, pois não há transferência do bem, apenas a sua utilização.

A situação de iminência de perigo (desabamentos, enchentes, calamidades em geral) justifica a utilização do bem pelo Poder Público sem autorização do proprietário. Após a utilização temporária do bem, verificar-se-á a eventual ocorrência de dano ou prejuízo sofrido pela coisa utilizada e apenas nesse caso será paga uma indenização. Ressalte-se que cabe a requisição administrativa de bem móvel ou imóvel e de serviços.

> XXVI – a pequena propriedade rural, assim definida em lei, desde que trabalhada pela família, não será objeto de penhora para pagamento de débitos decorrentes de sua atividade produtiva, dispondo a lei sobre os meios de financiar o seu desenvolvimento.

Essa regra protege o pequeno proprietário de terras rurais, que dela retira muitas vezes seu sustento e o de sua família. O Estatuto da Terra (Lei nº 4.504/64) define o que se considera "pequena propriedade rural". É uma proteção a mais trazida pela Constituição de 1988 ao produtor rural, com o fim de evitar o êxodo e a situação de miséria e de dificuldade que normalmente ocorre quando estes emigram para os grandes centros, que prometem uma "felicidade financeira" nem sempre atingida.

Imperioso reforçar que nem toda pequena propriedade rural é impenhorável, somente a que preencher, simultaneamente, os requisitos constitucionais: a) ser trabalhada pela família (pelo menos um membro da família) e b) a dívida deve ter sido contraída para investimento e desenvolvimento da atividade produtiva.

> XXVII – aos autores pertence o direito exclusivo de utilização, publicação ou reprodução de suas obras, transmissível aos herdeiros pelo tempo que a lei fixar.

A Constituição garante neste dispositivo a proteção a uma das manifestações da propriedade, a intelectual. A tutela pode ser dividida da seguinte maneira: a) os autores das obras (artísticas, literárias, científicas e de comunicação) possuem o direito exclusivo de utilizar, publicar e reproduzir suas obras por tempo indeterminado, dispondo sobre os direitos morais e patrimoniais sobre elas e b) esse direito é transmissível aos herdeiros **pelo tempo que a lei fixar**.

De acordo com a Lei nº 9.610/98, os direitos patrimoniais do autor perduram por 70 anos contados do dia 1º de janeiro do ano subsequente ao do seu falecimento, findo este prazo, as obras caem no domínio público, e isso quer dizer que qualquer um pode explorá-las economicamente, respeitados os direitos morais do autor.

> **Súmula nº 386, STF:** *Pela execução de obra musical por artistas remunerados é devido direito autoral, não exigível quando a orquestra for de amadores.*

> XXVIII – são assegurados, nos termos da lei:
>
> a) a proteção às participações individuais em obras coletivas e à reprodução da imagem e voz humanas, inclusive em atividades desportivas;
>
> b) o direito de fiscalização do aproveitamento econômico das obras que criarem ou de que participarem aos criadores, aos intérpretes e às respectivas representações sindicais e associativas.

Está assegurado nesse dispositivo: *i)* o direito de participação dos autores em obras coletivas, denominada pela doutrina de *direito de arena*; *ii)* a reprodução da imagem autoral e a tutela das vozes humanas, para proteger os apresentadores, locutores, radialistas e aqueles que trabalham em atividades desportivas; e *iii)* o direito de fiscalização de seus trabalhos.

Temos a consagração da imagem autoral, que deve ser interpretada em conjunto com o inciso X; e da mesma maneira, se houver abusos, o direito à ampla reparação pelos danos materiais ou morais está garantido pela CF.

Entidades de gestão coletiva e seu papel fiscalizador: *(...) As entidades de gestão coletiva possuem a evidente natureza instrumental de viabilizar trocas voluntárias envolvendo propriedade intelectual, dadas as dificuldades operacionais que marcam o setor. Destarte, tanto a produção de cultura (pelos autores) quanto o acesso à cultura (pelos usuários) dependem do hígido funcionamento das associações arrecadadoras e distribuidoras de direitos. Esse relevante papel econômico é traduzido juridicamente como a função social das aludidas entidades, cuja importância social justifica o interesse público na sua existência e escorreita atuação. A Lei 9.610/1998, com as alterações promovidas pela Lei 12.853/2013, limita aos titulares originários (art. 5º, XIV) o direito de voto (art. 97, §5º) e a assunção de cargos de direção nas associações de gestão coletiva (art. 97, §6º); cria regras sobre a eleição de dirigentes das entidades (art. 98, §§13 e 14) e estabelece critério de voto unitário no ECAD (art. 99, §1º, e art. 99-A, parágrafo único). (...) O marco regulatório, sub examine, exige a habilitação prévia das associações de gestão coletiva em órgão da Administração Pública federal para a cobrança de direitos autorais (Lei 9.610/1998, art. 98, §1º), segundo procedimento fixado pela própria Lei (art. 98-A). A novel legislação considera habilitadas as associações já existentes na entrada em vigor do diploma (Lei 12.853/2013, arts. 4º e 6º), as quais devem adaptar seus estatutos em prazo determinado (Lei 12.853/2013, art. 5º); e atribui ao Ministério da Cultura o poder de regulamentar* *a gestão coletiva (Lei 12.853/2013, art. 7º e 8º). A transindividualidade da gestão coletiva revela a sua inequívoca importância, ao envolver interesses de usuários e titulares, justifica a presença regulatória maior do Estado na criação, na organização e no funcionamento das entidades que operam no setor, o que se traduz na incidência de disciplina jurídica específica. A exigência de habilitação prévia configura típico exercício de poder de polícia preventivo, voltado a aferir o cumprimento das obrigações legais exigíveis desde o nascedouro da entidade. Sob o prisma da máxima tempus regit actum, as associações arrecadadoras já existentes devem conformar-se à legislação em vigor, sujeitando-se às alterações supervenientes à sua criação (...).*[87]

> XXIX – a lei assegurará aos autores de inventos industriais privilégio temporário para sua utilização, bem como proteção às criações industriais, à propriedade das marcas, aos nomes de empresas e a outros signos distintivos, tendo em vista o interesse social e o desenvolvimento tecnológico e econômico do País.

Esse dispositivo, segundo José Afonso da Silva,[88] protege a propriedade de bens incorpóreos, privilégio de invenção industrial que assegura ao inventor (criador de objeto capaz de propiciar novos resultados industriais) o direito de obter patente de propriedade do invento e o direito exclusivo de utilização; a proteção as suas criações industriais, à propriedade das marcas e seu uso exclusivo, mediante seu registro; a propriedade de marcas de serviços, a exclusividade dos nomes de empresas e de outros signos distintivos. A Lei nº 9.279/96 afirma, entretanto, que o privilégio do inventor é temporário.[89]

> XXX – é garantido o direito de herança
>
> XXXI – a sucessão de bens de estrangeiros situados no País será regulada pela lei brasileira em benefício do cônjuge ou dos filhos brasileiros, sempre que não lhes seja mais favorável a lei pessoal do *de cujus*.

O direito de herança reafirma o direito à propriedade, já estando por ele protegida. Entretanto, com a sua constitucionalização, o direito ganha reforços

---

87 STF, ADI nº 5.062/DF, Plenário, Rel. Min. Luiz Fux, j. 27.10.16, *DJE* 21.06.17 e STF, ADI nº 5.065/DF, Plenário, Rel. Min. Luiz Fux, j. 27.10.16, *DJE* 21.06.17.

88 AFONSO DA SILVA, José. *Comentário Contextual à Constituição*. São Paulo: Malheiros, 2005, p. 125.

89 "Art. 40. A patente de invenção vigorará pelo prazo de 20 (vinte) anos e a de modelo de utilidade pelo prazo 15 (quinze) anos contados da data de depósito."

e impede que a lei civil deixe de reconhecer a sucessão hereditária, sob pena de ser declarada inconstitucional.

A regra sobre a sucessão é a de que a lei brasileira será aplicada aos bens situados no território nacional. Entretanto, esta norma abre exceção para o caso de a lei estrangeira ser melhor para o nacional do que a lei brasileira, na hipótese de sucessão de bens (o princípio da lei mais benéfica). Em havendo conflitos entre legislações relativas a direito de herança, aplica-se aquela que mais proteger o herdeiro brasileiro, mesmo que seja estrangeira. Atente-se para o fato de que a lei estrangeira somente se aplicará sobre os bens do falecido situados no Brasil, pois não há como impor a aplicação da lei brasileira sobre os bens do falecido situados em território estrangeiro. Para a aplicação deste direito em benefício do brasileiro é necessário o cumprimento simultâneo dos seguintes requisitos: a) que os bens se achem situados no território brasileiro, sejam móveis ou imóveis; b) que o *de cujus* seja estrangeiro, não importando o seu domicílio; c) que o falecido tenha cônjuge ou filho brasileiro.

Lei da abertura da sucessão: *Rege-se, a capacidade de suceder, pela lei da época da abertura da sucessão, não comportando, assim, eficácia retroativa, o disposto no art. 227, § 6º, da Constituição.*[90]

15. DIREITOS DO CONSUMIDOR

> XXXII – o Estado promoverá, na forma da lei, a defesa do consumidor.

Os direitos dos consumidores nascem no constitucionalismo brasileiro em 1988, sob a influência da Constituição portuguesa (1976) e espanhola (1978). Na atual sociedade de consumo, com a visão preponderante sobre o lucro e a riqueza, o Estado tem o dever de coibir toda forma de abuso eventualmente praticado pelo mercado, protegendo quem normalmente é a parte mais frágil das relações de consumo, o consumidor. O art. 170, V, incluiu o direito dos consumidores como princípio informador da ordem econômica e a Lei nº 8.078/90 veio implementar a tutela infraconstitucional à proteção, que ainda está reforçada na Lei Antitruste (Lei nº 8.884/94).

Participação do Estado na economia: *Em face da atual Constituição, para conciliar o fundamento da livre iniciativa e do princípio da livre-concorrência com os da defesa do consumidor e da redução das desigualdades sociais, em conformidade com os ditames da justiça social, pode o Estado, por via legislativa,*

90 STF, RE nº 162.350/SP, Primeira Turma, Rel. Min. Octavio Gallotti, j. 22.08.95, *DJ* 22.09.95.

regular a política de preços de bens e de serviços, abusivo que é o poder econômico que visa ao aumento arbitrário dos lucros.[91]

Aplicabilidade do CDC às instituições financeiras: *As instituições financeiras estão, todas elas, alcançadas pela incidência das normas veiculadas pelo Código de Defesa do Consumidor (CDC). "Consumidor", para os efeitos do CDC, é toda pessoa física ou jurídica que utiliza, como destinatário final, atividade bancária, financeira e de crédito.*[92]

Aplicabilidade do CDC frente a tratados internacionais: *Nos termos do art. 178 da CR, as normas e os tratados internacionais limitadores da responsabilidade das transportadoras aéreas de passageiros, especialmente as Convenções de Varsóvia e Montreal, têm prevalência em relação ao Código de Defesa do Consumidor (CDC). (...)No ARE 766.618/SP, o Colegiado pontuou que, por força do art. 178 da CF, em caso de conflito, as normas das convenções que regem o transporte aéreo internacional prevalecem sobre o CDC. Abordou, de igual modo, os critérios tradicionais de solução de antinomias no Direito brasileiro: hierarquia, cronológico e especialização. No entanto, reputou que a existência de dispositivo constitucional legitima a admissão dos recursos extraordinários nessa matéria; pois, se assim não fosse, a discussão estaria restrita ao âmbito infraconstitucional. Explicou, no ponto, que o art. 178 da CF prevê parâmetro para a solução desse conflito, de modo que as convenções internacionais devem prevalecer.*[93]

16. DIREITO À INFORMAÇÃO

> XXXIII – todos têm direito a receber dos órgãos públicos informações de seu interesse particular, ou de interesse coletivo ou geral, que serão prestados no prazo da lei, sob pena de responsabilidade, ressalvadas aquelas cujo sigilo seja imprescindível à segurança da sociedade e do Estado.

A liberdade de informação é assegurada a todas as pessoas naturais, sejam elas brasileiras ou estrangeiras. A Constituição faz apenas a ressalva de resguardar o sigilo daquela informação considerada importante para a segurança da sociedade e do Estado e para acesso a esse tipo de dado não há remédio

91 STF, ADI nº 319/DF QO, Plenário, Rel. Min. Moreira Alves, j. 03.03.93, *DJ* 30.04.93.

92 STF, AI nº 745.853/PI, Primeira Turma, Rel. Min. Luiz Fux, j. 20.03.12, *DJE* 17.04.12 e STF, ADI nº 2.591/DF ED, Plenário, Rel. Min. Eros Grau, j. 14.14.06, DJ 13.04.07.

93 STF, RE nº 636.331/RJ, Plenário, Rel. Min. Gilmar Mendes, j. 25.05.17 e STF, ARE nº 766.618/SP, Plenário, Rel. Min. Roberto Barros, j. 25.05.17. Ver Informativo 866.

constitucional previsto no ordenamento jurídico. Este dispositivo contém direito garantido pelo Mandado de Segurança (se as informações forem públicas), *habeas data* (se as informações forem de natureza pessoal), ou ainda pelo direito de petição ou de obtenção de certidões, descritos, no inciso seguinte.

A Lei de Acesso à Informação, Lei 12.527 de 2011, é a responsável por dispor sobre os procedimentos a serem observados pela União, Estados, Distrito Federal e Municípios, com o fim de garantir o acesso a informações previsto no inciso XXXIII do art. 5º, e também no inciso II do § 3º do art. 37 e no § 2º do art. 216 da Constituição Federal.

A lei teve como objetivo principal encerrar a cultura do sigilo que predomina em diversas áreas do setor público, já que a informação pertence ao cidadão, sendo um direito fundamental o de acesso à informação, cabendo ao Estado fornecê-la quando solicitado, já que o sigilo é a exceção.

Dentre as disposições gerais, de acordo com os arts. 1º e 2º, destacamos que estão subordinadas a lei de acesso à informação os órgãos públicos integrantes da administração direta dos Poderes Executivo, Legislativo, incluindo as Cortes de Contas, e Judiciário e do Ministério Público, as autarquias, as fundações públicas, as empresas públicas, as sociedades de economia mista e demais entidades controladas direta ou indiretamente pela União, Estados, Distrito Federal e Municípios e, ainda, devemos aplicar os seus preceitos, no que for cabível, às entidades privadas sem fins lucrativos que recebam, para realização de ações de interesse público, recursos públicos diretamente do orçamento ou mediante subvenções sociais, contrato de gestão, termo de parceria, convênios, acordo, ajustes ou outros instrumentos congêneres.

Devem ser observados os princípios da administração pública, do art. 37, *caput*, da CF, bem como as seguintes diretrizes elencadas no art. 3º da Lei:

> *I - observância da publicidade como preceito geral e do sigilo como exceção;*
> *II - divulgação de informações de interesse público, independentemente de solicitações;*
> *III - utilização de meios de comunicação viabilizados pela tecnologia da informação;*
> *IV - fomento ao desenvolvimento da cultura de transparência na administração pública;*
> *V - desenvolvimento do controle social da administração pública.*

O procedimento para o acesso à informação está regulado dentre os arts. 10 e 20 da Lei, que detalham todo o processo, desde a apresentação do pedido pelo interessado até os possíveis recursos a serem apresentados na hipótese de não deferimento do acesso às informações ou às razões da negativa do acesso.

As restrições de acesso à informação são tratadas pelos arts. 21 a 31 e a norma ainda destaca algumas condutas que são consideradas ilícitas e que ensejam a responsabilização do agente público ou militar. Destacamos o seguinte dispositivo:

> *Art. 34. Os órgãos e entidades públicas respondem diretamente pelos danos causados em decorrência da divulgação não autorizada ou utilização indevida de informações sigilosas ou informações pessoais, cabendo a apuração de responsabilidade funcional nos casos de dolo ou culpa, assegurado o respectivo direito de regresso.*
>
> *Parágrafo único. O disposto neste artigo aplica-se à pessoa física ou entidade privada que, em virtude de vínculo de qualquer natureza com órgãos ou entidades, tenha acesso a informação sigilosa ou pessoal e a submeta a tratamento indevido.*

Direito à Informação e TCU: *Tribunal de Contas da União: direito de acesso a documentos de processo administrativo. CF, art. 5º, XXXIII, XXXIV,* b, *e LXXII; e art. 37. Processo de representação instaurado para apurar eventual desvio dos recursos arrecadados com a exploração provisória do Complexo Pousada Esmeralda, situado no arquipélago de Fernando de Noronha/PE: direito da empresa-impetrante, permissionária de uso, ter vista dos autos da representação mencionada, a fim de obter elementos que sirvam para a sua defesa em processos judiciais nos quais figura como parte. Não incidência, no caso, de qualquer limitação às garantias constitucionais (incisos X e XXXIII, respectivamente, do art. 5º da CF). Ressalva da conveniência de se determinar que a vista pretendida se restrinja ao local da repartição, ou, quando permitida a retirada dos autos, seja fixado prazo para tanto.*[94]

Direito à informação e erário I: *É legítima a publicação, inclusive em sítio eletrônico mantido pela Administração Pública, dos nomes dos seus servidores e do valor dos correspondentes vencimentos e vantagens pecuniárias.*[95]

Direito à informação e erário II: *Ato que indefere acesso a documentos relativos ao pagamento de verbas públicas. (...) A regra geral num Estado Republicano é a da total transparência no acesso a documentos públicos, sendo o sigilo a exceção. (...) As verbas indenizatórias para exercício da atividade parlamentar têm natureza pública, não havendo razões de segurança ou de intimidade que justifiquem genericamente seu caráter sigiloso.*[96]

> **Súmula Vinculante 14:** *É direito do defensor, no interesse do representado, ter acesso amplo aos elementos de prova que, já documentados em procedimento investigatório realizado por órgão com competência de polícia judiciária, digam respeito ao exercício do direito de defesa.*

---

94 STF, MS nº 25.382/DF, Plenário, Rel. Min. Sepúlveda Pertence, j. 15.02.06, *DJ* 31.03.06.

95 STF, ARE nº 652.777/SP, Plenário, Rel. Min. Teori Zavascki, j. 23.04.15, *DJE*01.07.15.

96 STF, MS nº 28.178/DF, Plenário, Rel. Min. Roberto Barroso, j. 04.03.15, *DJE* 08.05.15.

Direito à informação e sindicância administrativa: *O Verbete 14 da Súmula Vinculante do Supremo não alcança sindicância administrativa objetivando elucidar fatos sob o ângulo do cometimento de infração administrativa.*[97]

17. DIREITO DE PETIÇÃO E DE OBTENÇÃO DE CERTIDÕES

> XXXIV – são a todos assegurados, independentemente do pagamento de taxas:
>
> a) o direito de petição aos Poderes Públicos em defesa de direito ou contra ilegalidade ou abuso de poder;
>
> b) a obtenção de certidões em repartições públicas, para defesa de direitos e esclarecimento de situações de interesse pessoal.
>
> LXXVI – são gratuitos para os reconhecidamente pobres, na forma da lei:
>
> a) o registro civil de nascimento;
>
> b) a certidão de óbito.

Direito de petição e direito de obtenção de certidões são garantias constitucionais para o acesso à informação e pedido de providências administrativas, conhecidas também como remédios constitucionais administrativos, que ao lado dos remédios judiciais (*HC*, *HD*, MS, MI e AP) formam mecanismos de proteção na defesa dos direitos fundamentais. Dispensam a participação do advogado e são isentos de cobrança de taxas.

O direito de petição consiste no poder de um cidadão se dirigir à autoridade com um pedido de providências ou de intervenção em prol de interesses que podem ser individuais, coletivos, próprios ou de terceiros, que estejam sendo violados por ato ilegal ou arbitrário. Veicula-se por meio de um simples requerimento, pedido ou representação escrita. É um direito exercido extrajudicialmente e não se confunde com a petição dirigida ao Poder Judiciário, ou seja, com o direito de ação, pois este exige o preenchimento de requisitos específicos presentes na legislação.

Esse direito, nas Constituições anteriores, vinha separado do direito de representação, que consistia no oferecimento de reclamações ou queixas formuladas perante as autoridades administrativas. Hoje, esses dois aspectos, o informativo e o denunciativo, foram reunidos no direito de petição.

Apesar da Constituição não ter feito menção ao prazo de resposta da autoridade, ou à sanção que lhe será imputada em caso de falta de pronunciamento, o mandado de segurança remanescerá como salvaguarda da liberdade de

97 STF, Rcl nº 10.771/RJ AgR, Primeira Turma, Rel. Min. Marco Aurélio, j. 04.02.14, *DJE* 18.02.14.

acesso à informação. A ausência de resposta pela autoridade pública constitui irresponsabilidade e insurgência contra a Constituição da República.

O direito de obtenção de certidões em repartições públicas serve para defender direitos e para esclarecer situações pessoais. A certidão formaliza a existência de um fato verídico, e, se negada, em regra geral também enseja a impetração do mandado de segurança.

A Constituição ainda reforçou o direito de certidão, ao garantir que aos reconhecidamente pobres[98] serão gratuitos o registro civil de nascimento e a certidão de óbito, na forma da lei. A Lei nº 9.534/97, que deu nova redação ao art. 30 da Lei nº 6.015/73 (Lei de Registros Públicos) tornou gratuitos para todos (com ou sem recursos financeiros) o registro civil de nascimento e o assento de óbito; mas os reconhecidamente pobres estão isentos também do pagamento das demais certidões de registro civil.

Recurso administrativo e depósito prévio I: *A garantia constitucional da ampla defesa afasta a exigência do depósito como pressuposto de admissibilidade de recurso administrativo.*[99]

Recurso administrativo e depósito prévio II: *A exigência de depósito ou arrolamento prévio de bens e direitos como condição de admissibilidade de recurso administrativo constitui obstáculo sério (e intransponível, para consideráveis parcelas da população) ao exercício do direito de petição (CF, art. 5º, XXXIV), além de caracterizar ofensa ao princípio do contraditório (CF, art. 5º, LV). A exigência de depósito ou arrolamento prévio de bens e direitos pode converter-se, na prática, em determinadas situações, em supressão do direito de recorrer, constituindo-se, assim, em nítida violação ao princípio da proporcionalidade. Ação direta julgada procedente para declarar a inconstitucionalidade do art. 32 da MP 1699-41 – posteriormente convertida na Lei nº 10.522/2002 –, que deu nova redação ao art. 33, § 2º, do Decreto nº 70.235/72.*[100]

Direito de Petição e pedido de ajuizamento de ADI: *O direito de petição, presente em todas as Constituições brasileiras, qualifica-se como importante prerrogativa de caráter democrático. Trata-se de instrumento jurídico-constitucional posto à disposição de qualquer interessado – mesmo daqueles destituídos de personalidade*

---

98 De acordo com o art. 30, § 2º, da Lei de Registros Públicos, a comprovação do estado de pobreza será realizado por declaração do próprio interessado ou a rogo, tratando-se de analfabeto, neste caso, acompanhada da assinatura de duas testemunhas.

99 STF, RE nº 388.359/PE, Plenário, Rel. Min. Marco Aurélio, j. 28.03.07, *DJ* 22.06.07. No mesmo sentido: STF, AI nº 398.933/RJ AgR, Plenário, Rel. Min. Sepúlveda Pertence, j. 02.04.07, *DJ* 29.06.07; STF, AI nº 408.914/RJ AgR, Plenário, Rel. Min. Sepúlveda Pertence, j. 02.04.07, *DJ* 29.06.07; STF, RE nº 389.383/SP, Plenário, Rel. Min. Marco Aurélio, j. 28.03.07, *DJ* 29.06.07; STF, RE nº 390.513/SP, Plenário, Rel. Min. Marco Aurélio, j. 28.03.07, *DJ* 29.06.07.

100 STF, ADI nº 1.976/DF, Plenário, Rel. Min. Joaquim Barbosa, j. 28.03.07, *DJ* 18.05.07.

jurídica –, com a explícita finalidade de viabilizar a defesa, perante as instituições estatais, de direitos ou valores revestidos tanto de natureza pessoal quanto de significação coletiva. Entidade sindical que pede ao Procurador-Geral da República o ajuizamento de ação direta perante o STF. Provocatio ad agendum. *Pleito que traduz o exercício concreto do direito de petição. Legitimidade desse comportamento.*[101]

Direito de Certidão: *O direito à certidão traduz prerrogativa jurídica, de extração constitucional, destinada a viabilizar, em favor do indivíduo ou de uma determinada coletividade (como a dos segurados do sistema de previdência social), a defesa (individual ou coletiva) de direitos ou o esclarecimento de situações. A injusta recusa estatal em fornecer certidões, não obstante presentes os pressupostos legitimadores dessa pretensão, autorizará a utilização de instrumentos processuais adequados, como o mandado de segurança ou a própria ação civil pública. O Ministério Público tem legitimidade ativa para a defesa, em juízo, dos direitos e interesses individuais homogêneos, quando impregnados de relevante natureza social, como sucede com o direito de petição e o direito de obtenção de certidão em repartições públicas.*[102]

> **Súmula Vinculante 21:** *É inconstitucional a exigência de depósito ou arrolamento prévios de dinheiro ou bens para admissibilidade de recurso administrativo.*

18. PRINCÍPIO DA INAFASTABILIDADE DO CONTROLE JURISDICIONAL E DO AMPLO ACESSO À JUSTIÇA

> XXXV – a lei não excluirá da apreciação do Poder Judiciário lesão ou ameaça a direito;
>
> LXXIV – o Estado prestará assistência jurídica integral e gratuita aos que comprovarem insuficiência de recursos;
>
> LXXV – o Estado indenizará o condenado por erro judiciário, assim como o que ficar preso além do tempo fixado na sentença;
>
> LXXVII – são gratuitas as ações de *habeas corpus* e *habeas data*, e, na forma da lei, os atos necessários ao exercício da cidadania;
>
> LXXVIII – a todos, no âmbito judicial e administrativo, são assegurados a razoável duração do processo e os meios que garantam a celeridade de sua tramitação.

O amplo acesso à Justiça constitui garantia fundamental que também pode se apresentar sob as denominações "princípio da inafastabilidade do controle

101 STF, ADI nº 1.247/PA MC, Plenário, Rel. Min. Celso de Mello, j. 17.08.95, *DJ* 08.09.95.

102 STF, RE nº 472.489/RS AgR, Segunda Turma, Rel. Min. Celso de Mello, j. 29.04.08, *DJE* 29.08.08. Nesse sentido: STF, RE nº 167.118/SP AgR, Segunda Turma, Rel. Min. Joaquim Barbosa, j. 20.04.10, *DJE* 28.05.10.

jurisdicional", "princípio da tutela judicial", "princípio do direito de ação" etc. O homem não pode ficar ao desamparo, submetido às arbitrariedades cometidas no exercício do poder. Assim, todas as pessoas podem pleitear tutela jurisdicional preventiva ou reparatória da lesão ou ameaça a direito. Todos têm direito de serem ouvidos pelos tribunais instituídos por lei, independentes e imparciais. O acesso à Justiça é a expressão máxima de reivindicação do cidadão pelos seus direitos, resolvendo seus conflitos com base em ordem jurídica fundada na democracia e na justiça social. Para tanto, não se pode exigir o esgotamento da instância administrativa para que se permita a invocação do Poder Judiciário.

A exigência de preenchimento das condições da ação e demais pressupostos processuais, bem como a observância dos prazos prescricionais e decadenciais para o exercício do direito de ação não afastam o amplo acesso à justiça, pois apesar de serem critérios limitadores, gozam de plausibilidade.

Ao garantir a assistência judiciária gratuita no inciso LXXIV aos que comprovarem insuficiência de recursos, a Constituição reforça o amplo acesso à justiça, permitindo que não apenas a elite brasileira tenha direito à prestação jurisdicional.

A razoável duração do processo (LXXVIII), inserida como núcleo constitucional por meio da EC nº 45/2004, é importante garantia que veio a reforçar o próprio amplo acesso à justiça, lembrando-se que justiça lenta é injustiça manifesta.

Com a vedação aos juízes e tribunais de exceção (XXXVII e LIII) a Constituição também aperfeiçoa o amplo acesso à justiça, garantindo-se a todos uma jurisdição formada por juízes naturalmente competentes para o julgamento das causas e com isso a imparcialidade de suas decisões também ficará mais protegida.

A gratuidade das ações de *habeas corpus* e *habeas data* a todas as pessoas, independentemente de sua condição financeira, também é importante corolário do amplo acesso à justiça.

Essa tônica do acesso à justiça, na ordem constitucional brasileira, ganha ainda mais brilho com a existência do Ministério Público, na forma do art. 127 e da Defensoria Pública, conforme anuncia o art. 134.

A garantia constitucional em debate não protege apenas o acesso formal e material à justiça, como também o direito a sentenças justas, coerentes com o arcabouço probatório colimado nos autos, sob pena de responsabilidade objetiva do Estado por erro judiciário (LXXV) e ainda à responsabilidade pessoal do agente estatal, na forma do art. 37, § 6º, da CF. Da mesma forma, os danos morais e materiais sofridos em decorrência do excesso de prisão também poderão ser reivindicados pela vítima dessa negligência estatal.

Ressalte-se que o duplo grau de jurisdição apesar de ser um importante desdobramento do amplo acesso à justiça não é obrigatório, diante da previsão de uma série de ações de competência originária dos Tribunais, sem possibilidade de recursos.

> **Súmula nº 667 do STF:** *Viola a garantia constitucional de acesso à jurisdição a taxa judiciária calculada sem limite sobre o valor da causa.*

Independência das instâncias judicial e administrativa: *O Min. Marco Aurélio, relator, tendo em conta o entendimento do STF no sentido de independência das esferas administrativa, cível e criminal, nas quais a atuação pode ser simultânea, ressalvada a previsão do art. 1.525 do CC/1916, conheceu e deu provimento ao recurso para declarar a inconstitucionalidade do parágrafo único, do art. 38 da Lei nº 6.830/80, e determinar o prosseguimento do processo administrativo - que, na espécie, fora obstado em decorrência da tramitação de outro mandado de segurança anteriormente impetrado pela recorrente. Entendeu o relator que o dispositivo mencionado ofende o direito de livre acesso ao Judiciário, assegurado pelo art. 5º, XXXV, da CF.*[103]

Inexistência da obrigatoriedade constitucional ao duplo grau de jurisdição: *O Senado quando julga o Presidente da República, não atua como órgão legislativo, mas como órgão judicial, exercendo jurisdição recebida da Constituição, e de cujas decisões não há recurso para nenhum tribunal. Isto nada tem de inaudito. Da decisão do STF nas infrações penais comuns em que configure como acusado o Presidente da República, art. 102, I, "a", da CF, também não há recurso algum, nem para outro Tribunal nem para o Senado.*[104]

Assistência jurídica gratuita I: *Art. 104 da Constituição do Estado de Santa Catarina. LC estadual 155/1997. Convênio com a seccional da OAB/SC para prestação de serviço de "defensoria pública dativa". Inexistência, no Estado de Santa Catarina, de órgão estatal destinado à orientação jurídica e à defesa dos necessitados. Situação institucional que configura severo ataque à dignidade do ser humano. Violação do inciso LXXIV do art. 5º e do art. 134, caput, da redação originária da Constituição de 1988. Ações diretas julgadas procedentes para declarar a inconstitucionalidade do art. 104 da Constituição do Estado de Santa Catarina e da LC estadual 155/1997 e admitir a continuidade dos serviços atualmente prestados pelo Estado de Santa Catarina mediante convênio com a OAB/SC pelo prazo máximo de um ano da data do julgamento da presente ação,*

---

103 STF, RE nº 234.277/RJ, Plenário, Rel. Min. Marco Aurélio, Rel. p/ acórdão Min. Joaquim Barbosa, j. 16.08.07, *DJE* 16.05.08.

104 STF, MS nº 21.689/DF, Plenário, Rel. Min. Carlos Velloso, j. 16.12.93, *DJ*07.04.95.

ao fim do qual deverá estar em funcionamento órgão estadual de defensoria pública estruturado de acordo com a Constituição de 1988 e em estrita observância à legislação complementar nacional (LC 80/1994).[105]

Assistência jurídica gratuita II: *Defensoria Pública. Implantação. Omissão estatal que compromete e frustra direitos fundamentais de pessoas necessitadas. Situação constitucionalmente intolerável. O reconhecimento, em favor de populações carentes e desassistidas, postas à margem do sistema jurídico, do "direito a ter direitos" como pressuposto de acesso aos demais direitos, liberdades e garantias. Intervenção jurisdicional concretizadora de programa constitucional destinado a viabilizar o acesso dos necessitados à orientação jurídica integral e à assistência judiciária gratuitas (CF, art. 5º, LXXIV, e art. 134). Legitimidade dessa atuação dos juízes e tribunais. O papel do Poder Judiciário na implementação de políticas públicas instituídas pela Constituição e não efetivadas pelo Poder Público. A fórmula da reserva do possível na perspectiva da teoria dos custos dos direitos: impossibilidade de sua invocação para legitimar o injusto inadimplemento de deveres estatais de prestação constitucionalmente impostos ao Estado. A teoria das "restrições das restrições" (ou da "limitação das limitações"). Controle jurisdicional de legitimidade sobre a omissão do Estado: atividade de fiscalização judicial que se justifica pela necessidade de observância de certos parâmetros constitucionais (proibição de retrocesso social, proteção ao mínimo existencial, vedação da proibição insuficiente e proibição de excesso). Doutrina. Precedentes. A função constitucional da Defensoria Pública e a essencialidade dessa instituição da República. Thema decidendum que se restringe ao pleito deduzido na inicial, cujo objeto consiste, unicamente, na "criação, implantação e estruturação da Defensoria Pública da Comarca de Apucarana". Recurso de agravo provido, em parte.*[106]

Gratuidade dos atos necessários ao exercício da cidadania: *O Registro Geral (RG) ou carteira de identidade é um documento público emitido para cidadãos nascidos e registrados no Brasil e para nascidos no exterior, que sejam filhos de brasileiros, servindo para confirmar a identidade da pessoa natural, solicitação de outros documentos e exercício de direitos relacionados à cidadania. A gratuidade da emissão da primeira via da carteira de identidade não desborda da legítima liberdade de conformação normativa do Poder Legislativo, tratando-se de mero cumprimento por parte do Poder Público Federal de uma obrigação haurida das esferas constitucional e internacional.*[107]

---

105 STF, ADI nº 3.892/SC, Plenário, Rel. Min. Joaquim Barbosa, j. 14.03.12, *DJE* 25.09.12 e STF, ADI nº 4.270/SC, Plenário, Rel. Min. Joaquim Barbosa, j. 14.03.12, *DJE* 25.09.12. Nesse sentido: STF, ARE nº 767.615/SC AgR, Segunda Turma, Rel. Min. Cármen Lúcia, j. 05.11.13, *DJE* 11.11.13.

106 STF, AI nº 598.212/PR ED, Segunda Turma, Rel. Min. Celso de Mello, j. 25.03.14, *DJE* 24.04.14.

107 STF, ADI nº 4.825/MS, Primeira Turma, Rel. Min. Edson Fachin, j. 15.12.16, *DJE* 09.02.17.

19. PRINCÍPIO DA SEGURANÇA DAS RELAÇÕES JURÍDICAS E DA IRRETROATIVIDADE DAS LEIS

> XXXVI – a lei não prejudicará o direito adquirido, o ato jurídico perfeito e a coisa julgada;
>
> XL – a lei penal não retroagirá, salvo para beneficiar o réu.

Essas normas versam sobre direito intertemporal, ou seja, conflito de leis no tempo. É uma das concretizações do princípio da segurança jurídica e está relacionado à ideia da irretroatividade do direito, mas não se confunde com esta. O direito deve ser em regra geral feito para casos futuros e não para cuidar de situações já consolidadas no tempo, o que guarda relação com a própria moralidade do direito.

A expressão "lei", em nossa opinião, deve ser entendida em seu sentido mais amplo, contendo todas as espécies normativas produzidas no ordenamento jurídico, incluindo-se as emendas constitucionais, que são fruto de um poder derivado e devem respeito às cláusulas pétreas, como já analisamos em capítulo próprio. Então, em nome da segurança das relações jurídicas já consolidadas com o tempo e o princípio genérico da irretroatividade das leis, a norma deve respeito ao direito adquirido, ao ato jurídico perfeito e à coisa julgada, a seguir conceituados.

Definir o direito adquirido não é simples, mas podemos utilizar a expressão de acordo com previsão ordinária da Lei de Introdução, que o define no art. 6º, § 2º: "Consideram-se adquiridos assim os direitos que o seu titular, ou alguém por ele, possa exercer, como aqueles cujo começo do exercício tenha termo prefixo, ou condição preestabelecida inalterável, a arbítrio de outrem". A jurisprudência tem observado, em sua maioria, este conceito. Sobre a existência de direito adquirido em face de normas constitucionais originárias e derivadas, já analisamos em capítulo específico ao tema.

Ato jurídico perfeito é aquele que foi validamente praticado sob a égide da legislação que vigia no momento da sua realização, ou seja, não padecia de vício quando foi praticado. Do ato jurídico perfeito se irradiam efeitos que se incorporam à esfera jurídica do agente, nascendo direitos adquiridos.

Coisa julgada é fenômeno de natureza processual que visa evitar a eternização dos conflitos. A sentença é indiscutível e imutável após a utilização de todos os recursos previstos. Está definido no art. 6º, § 3º, da Lei de Introdução, que usa como expressões sinônimas coisa julgada e caso julgado: "Chama-se coisa julgada ou caso julgado a decisão judicial de que já não caiba recurso". Lembramos que a proteção constitucional incide sobre a coisa julgada material.

A relativização da coisa julgada é assunto que merece tratamento mais específico, que não foi a proposta deste trabalho, mas apenas para instigar a análise sobre o tema, a rescindibilidade da coisa julgada já é prevista em sede de ação rescisória, na forma do art. 966 do CPC e em diversas teorias que tratam da coisa julgada inconstitucional e do valor da justiça se sobrepondo à própria coisa julgada.

A irretroatividade genérica das leis cede espaço quando a lei penal é mais benéfica ao réu, seja cominando pena menor, estabelecendo atenuante, descriminando fato anteriormente considerado crime, ou qualquer outro benefício que seja mais favorável ao réu. Frise-se que em relação à lei penal mais severa, continua-se aplicando o princípio da irretroatividade, não sendo aplicada a fatos pretéritos.

Definição de Direito Adquirido: *O sistema constitucional brasileiro, em cláusula de salvaguarda, impõe que se respeite o direito adquirido (CF, art. 5º, XXXVI). A Constituição da República, no entanto, não apresenta qualquer definição de direito adquirido, pois, em nosso ordenamento positivo, o conceito de direito adquirido representa matéria de caráter meramente legal. Não se pode confundir, desse modo, a noção conceitual de direito adquirido (tema da legislação ordinária) com o princípio inerente à proteção das situações definitivamente consolidadas (matéria de extração constitucional), pois é apenas a tutela do direito adquirido que ostenta natureza constitucional, a partir da norma de sobredireito inscrita no art. 5º, XXXVI, da Carta Política. Tendo-se presente o contexto normativo que vigora no Brasil, é na lei – e nesta, somente – que repousa o delineamento dos requisitos concernentes à caracterização do significado da expressão direito adquirido. (...) Em suma: se é certo que a proteção ao direito adquirido reveste-se de qualificação constitucional, consagrada que foi em norma de sobredireito que disciplina os conflitos das leis no tempo (CF, art. 5º, XXXVI), não é menos exato – considerados os dados concretos de nossa própria experiência jurídica – que a positivação do conceito normativo de direito adquirido, ainda que veiculável em sede constitucional, submete-se, no entanto, de* lege lata, *ao plano estrito da atividade legislativa comum.*[108]

Direito Adquirido e Pensão:*(...) Pensão. Viúva de deputado estadual. Art. 5º, XXXVI da Constituição. Direito adquirido. Viúva de deputado estadual que vinha percebendo pensão, com base na Lei estadual nº 8.393/83, correspondente a 2/3 do valor do subsídio pago a deputado estadual. Não pode a lei posterior (Lei estadual nº 9.886/89) reduzir o* quantum *da pensão deferida sob a égide de*

108 STF, AI nº 135.632/RS AgR, Primeira Turma, Rel. Min. Celso de Mello, j. 10.10.95, *DJ* 03.09.99.

legislação anterior, para o montante de 35% do atual subsídio pago a deputado estadual. Ofensa ao direito adquirido configurada (...).[109]

Direito Adquirido e normas constitucionais originárias: *A supremacia jurídica das normas inscritas na Carta Federal não permite, ressalvadas as eventuais exceções proclamadas no próprio texto constitucional, que contra elas seja invocado o direito adquirido.*[110]

Direito Adquirido e regime jurídico de servidor público: *Servidor público: é da jurisprudência do Supremo Tribunal que não há direito adquirido a regime jurídico, no qual se inclui o nível hierárquico que o servidor ocupa na carreira.*[111]

Ato jurídico perfeito e lei nova: *Os contratos submetem-se, quanto ao seu estatuto de regência, ao ordenamento normativo vigente à época de sua celebração. Mesmo os efeitos futuros oriundos de contratos anteriormente celebrados não se expõem ao domínio normativo de leis supervenientes. As consequências jurídicas que emergem de um ajuste negocial válido são regidas pela legislação em vigor no momento de sua pactuação. Os contratos – que se qualificam como atos jurídicos perfeitos (*RT *547/215) – acham-se protegidos, em sua integralidade, inclusive quanto aos efeitos futuros, pela norma de salvaguarda constante do art. 5º, XXXVI, da Constituição da República. Doutrina e precedentes. A incidência imediata da lei nova sobre os efeitos futuros de um contrato preexistente, precisamente por afetar a própria causa geradora do ajuste negocial, reveste-se de caráter retroativo (retroatividade injusta de grau mínimo), achando-se desautorizada pela cláusula constitucional que tutela a intangibilidade das situações jurídicas definitivamente consolidadas.*[112]

Ato jurídico perfeito e lei de ordem pública I: *O princípio constitucional do respeito ao ato jurídico perfeito se aplica também, conforme é o entendimento desta Corte, às leis de ordem pública. Correto, portanto, o acórdão recorrido ao julgar que, no caso, ocorreu afronta ao ato jurídico perfeito, porquanto, com relação à caderneta de poupança, há contrato de adesão entre o poupador e o estabelecimento financeiro, não podendo, portanto, ser aplicada a ele, durante o período para a aquisição da correção monetária mensal já iniciado, legislação que altere, para menor, o índice dessa correção.*[113]

---

109 STF, RE nº 460.737/MG, Segunda Turma, Rel. Min. Carlos Velloso, Rel. p/acórdão Min. Joaquim Barbosa, j. 19.06.07, *DJE* 30.11.07.

110 STF, ADI nº 248/RJ, Plenário, Rel. Min. Celso de Mello, j. 18.11.93, *DJ* 08.04.94.

111 STF, AI nº 598.229/PR AgR, Primeira Turma, Rel. Min. Sepúlveda Pertence, j. 13.12.06, *DJ* 16.02.07.

112 STF, AI nº 292.979/RS ED, Segunda Turma, Rel. Min. Celso de Mello, j. 19.11.02, *DJ* 19.12.02.

113 STF, RE nº 202.584/RS, Primeira Turma, Rel. Min. Moreira Alves, j. 17.09.96, *DJ* 14.11.96.

Ato jurídico perfeito e lei de ordem pública II: *Se a lei alcançar os efeitos futuros de contratos celebrados anteriormente a ela, será essa lei retroativa (retroatividade mínima) porque vai interferir na causa, que é um ato ou fato ocorrido no passado. O disposto no art. 5º, XXXVI, da Constituição Federal se aplica a toda e qualquer lei infraconstitucional, sem qualquer distinção entre lei de direito público e lei de direito privado, ou entre lei de ordem pública e lei dispositiva. Precedente do STF. Ocorrência, no caso, de violação de direito adquirido. A taxa referencial (TR) não é índice de correção monetária, pois, refletindo as variações do custo primário da captação dos depósitos a prazo fixo, não constitui índice que reflita a variação do poder aquisitivo da moeda. Por isso, não há necessidade de se examinar a questão de saber se as normas que alteram índice de correção monetária se aplicam imediatamente, alcançando, pois, as prestações futuras de contratos celebrados no passado, sem violarem o disposto no art. 5º, XXXVI, da Carta Magna. Também ofendem o ato jurídico perfeito os dispositivos impugnados que alteram o critério de reajuste das prestações nos contratos já celebrados pelo sistema do Plano de Equivalência Salarial por Categoria Profissional (PES/CP).*[114]

Coisa julgada administrativa: *A coisa julgada a que se refere o art. 5º, XXXVI, da Carta Magna é, como conceitua o § 3º do art. 6º da Lei de Introdução do Código Civil, a decisão judicial de que já não caiba recurso, e não a denominada coisa julgada administrativa.*[115]

Coisa julgada e controle de constitucionalidade I: *São constitucionais as disposições normativas do parágrafo único do art. 741 do CPC, do § 1º do art. 475-L, ambos do CPC/1973, bem como os correspondentes dispositivos do CPC/2015, o art. 525, § 1º, III e §§ 12 e 14, o art. 535, § 5º. São dispositivos que, buscando harmonizar a garantia da coisa julgada com o primado da Constituição, vieram agregar ao sistema processual brasileiro um mecanismo com eficácia rescisória de sentenças revestidas de vício de inconstitucionalidade qualificado, assim caracterizado nas hipóteses em que (a) a sentença exequenda esteja fundada em norma reconhecidamente inconstitucional – seja por aplicar norma inconstitucional, seja por aplicar norma em situação ou com um sentido inconstitucionais; ou (b) a sentença exequenda tenha deixado de aplicar norma reconhecidamente constitucional; e (c) desde que, em qualquer dos casos, o reconhecimento dessa constitucionalidade ou a inconstitucionalidade tenha decorrido de julgamento do STF realizado em data anterior ao trânsito em julgado da sentença exequenda.*[116]

---

114 STF, ADI nº 493/DF, Plenário, Rel. Min. Moreira Alves, j. 25.06.92, *DJ* 04.09.92.

115 STF, RE nº 144.996/SP, Primeira Turma, Rel. Min. Moreira Alves, j. 29.04.97, *DJ* 12.09.97.

116 STF, ADI nº 2.418/DF, Plenário, Rel. Min. Teori Zavascki, j. 04.05.16, *DJE* 17.11.16.

Coisa julgada e controle de constitucionalidade II: *(...) a decisão do STF declarando a constitucionalidade ou a inconstitucionalidade de preceito normativo não produz a automática reforma ou rescisão das sentenças anteriores que tenham adotado entendimento diferente; para que tal ocorra, será indispensável a interposição do recurso próprio ou, se for o caso, a propositura da ação rescisória própria, nos termos do art. 485, V, do CPC, observado o respectivo prazo decadencial (CPC, art. 495). Ressalva-se desse entendimento, quanto à indispensabilidade da ação rescisória, a questão relacionada à execução de efeitos futuros da sentença proferida em caso concreto sobre relações jurídicas de trato continuado.*[117]

Direito adquirido e acumulação de cargos públicos: *A garantia de preservação do direito adquirido, prevista no art. 5º, XXXVI, da CF assegura ao seu titular também a faculdade de exercê-lo. Mas de exercê-lo sob a configuração com que o direito foi formado e adquirido e no regime jurídico no âmbito do qual se desenvolveu a relação jurídica correspondente, com seus sujeitos ativo e passivo, com as mútuas obrigações e prestações devidas. As vantagens remuneratórias adquiridas no exercício de determinado cargo público não autorizam o seu titular, quando extinta a correspondente relação funcional, a transportá-las para o âmbito de outro cargo, pertencente a carreira e regime jurídico distintos, criando, assim, um direito de* tertium genus, *composto das vantagens de dois regimes diferentes. Por outro lado, considerando a vedação constitucional de acumulação remunerada de cargos públicos, não será legítimo transferir, para um deles, vantagem somente devida pelo exercício do outro. A vedação de acumular certamente se estende tanto aos deveres do cargo (= de prestar seus serviços) como aos direitos (de obter as vantagens remuneratórias). Assim, não encontra amparo constitucional a pretensão de acumular, no cargo de magistrado ou em qualquer outro, a vantagem correspondente a "quintos", a que o titular fazia jus quando no exercício de cargo diverso.*[118]

Direito adquirido e elegibilidade: *A elegibilidade é a adequação do indivíduo ao regime jurídico – constitucional e legal complementar – do processo eleitoral, razão pela qual a aplicação da LC 135/2010 com a consideração de fatos anteriores não pode ser capitulada na retroatividade vedada pelo art. 5º, XXXV, da Constituição, mercê de incabível a invocação de direito adquirido ou de autoridade da coisa julgada (que opera sob o pálio da cláusula rebus sic stantibus)*

117 STF, RE nº 730.462/SP, Plenário, Rel. Min. Teori Zavascki, j. 28.05.15, *DJE* 09.09.15. No mesmo sentido: STF, RE nº 589.513/RS ED-EDv-AgR, Plenário, Rel. Min. Celso de Mello, j. 07.05.15, *DJE* 13.08.15.

118 STF, RE nº 587.371/DF, Plenário, Rel. Min. Teori Zavascki, j. 14.11.13, *DJE* 24.06.14.

anteriormente ao pleito em oposição ao diploma legal retromencionado; subjaz a mera adequação ao sistema normativo pretérito (expectativa de direito).[119]

Retroatividade da lei penal mais benéfica I: *A retroatividade da lei penal mais favorável consiste basicamente em imputar as consequências jurídicas benéficas aos fatos nela previstos, embora ocorridos anteriormente a sua vigência, sem, contudo, poder fazer retroceder o próprio curso do tempo.*[120]

Retroatividade da lei penal mais benéfica II: *A cláusula constitucional inscrita no art. 5º, XL, da Carta Política – que consagra o princípio da irretroatividade da* lex gravior *– incide, no âmbito de sua aplicabilidade, unicamente, sobre as normas de direito penal material, que, no plano da tipificação, ou no da definição das penas aplicáveis, ou no da disciplinação do seu modo de execução, ou, ainda, no do reconhecimento das causas extintivas da punibilidade, agravem a situação jurídico-penal do indiciado, do réu ou do condenado.*[121]

Lei penal mais benéfica promulgada após a prática do delito e revogada antes do julgamento: *Dada a garantia constitucional de retroatividade da lei penal mais benéfica ao réu, é consensual na doutrina que prevalece a norma mais favorável que tenha tido vigência entre a data do fato e a da sentença: o contrário implicaria retroação da lei nova, mais severa, de modo a afastar a incidência de lei intermediária, cuja prevalência, sobre a do tempo do fato, o princípio da retroatividade* in mellius *já determinara.*[122]

20. PRINCÍPIO DO JUIZ NATURAL

> XXXVII – não haverá juízo ou tribunal de exceção.
>
> LIII – ninguém será processado nem sentenciado senão pela autoridade competente.

O tribunal considerado de exceção é aquele que não integra a organização judiciária preestabelecida, que é criado *ad hoc*, isto é, apenas para o caso, e *post*

119 STF, ADC nº 29/DF, Plenário, Rel. Min. Luiz Fux, j. 16.02.12, *DJE* 29.06.12; STF, ADC nº 30/DF, Plenário, Rel. Min. Luiz Fux, j. 16.02.12, *DJE* 29.06.12 e STF, ADI nº 4.578/DF, Plenário, Rel. Min. Luiz Fux, j. 16.02.12, *DJE* 29.06.12.

120 STF, HC nº 70.641/SP, Primeira Turma, Rel Min. Sepúlveda Pertence, j. 10.05.94, *DJ* 26.08.94.

121 STF, AI nº 177.313/MG AgR-ED, Primeira Turma, Rel. Min. Celso de Mello, j. 18.06.96, *DJ* 13.09.96.

122 STF, RE nº 418.876/MT, Primeira Turma, Rel. Min. Sepúlveda Pertence, j. 30.03.04, *DJ* 04.06.04.

facto, ou seja, depois da ocorrência do fato objeto do processo e do julgamento. Esse tipo de juízo não é permitido, pois fere o princípio do juiz natural ou juiz constitucional, aquele que a Constituição previamente institui para o exercício da função jurisdicional, ou seja, pré-constituído, admitindo-se, contudo, o foro privilegiado, mas apenas para os indicados no próprio texto constitucional.[123]

É como se todo cidadão possuísse uma autoridade jurisdicional para apreciar suas controvérsias, evitando-se com isso os julgamentos de encomenda. Com isso, o princípio da imparcialidade, ínsito ao Poder Judiciário também será melhor tutelado.

Como mais um pilar da proibição da existência de juízo ou tribunal de exceção, o inciso LIII reforça o princípio do juiz natural, homenageando também o princípio da legalidade, pois somente a lei pode determinar a autoridade competente para a verificação de uma situação jurídica, para a própria manutenção do Estado Democrático de Direito.

Sentido do princípio do Juiz Natural I: *Princípio do juiz natural. Relator substituído por Juiz Convocado sem observância de nova distribuição. Precedentes da Corte. O princípio do juiz natural não apenas veda a instituição de tribunais e juízos de exceção, como também impõe que as causas sejam processadas e julgadas pelo órgão jurisdicional previamente determinado a partir de critérios constitucionais de repartição taxativa de competência, excluída qualquer alternativa à discricionariedade. A convocação de Juízes de 1º grau de jurisdição para substituir Desembargadores não malfere o princípio constitucional do juiz natural, autorizado no âmbito da Justiça Federal pela Lei nº 9.788/99. O fato de o processo ter sido relatado por um Juiz Convocado para auxiliar o Tribunal no julgamento dos feitos e não pelo Desembargador Federal a quem originariamente distribuído tampouco afronta o princípio do juiz natural. Nos órgãos colegiados, a distribuição dos feitos entre relatores constitui, em favor do jurisdicionado, imperativo de impessoalidade que, na hipótese vertente, foi alcançada com o primeiro sorteio. Demais disso, não se vislumbra, no ato de designação do Juiz Convocado, nenhum traço de discricionariedade capaz de comprometer a imparcialidade da decisão que veio a ser exarada pelo órgão colegiado competente.*[124]

Sentido do princípio do Juiz Natural II: *A consagração constitucional do princípio do juiz natural tem o condão de reafirmar o compromisso do Estado brasileiro com a construção das bases jurídicas necessárias à formulação do processo penal democrático. O princípio da naturalidade do juízo representa uma das matizes político-ideológicas que conformam a própria atividade legislativa*

123 AFONSO DA SILVA, José. Ob. cit., p. 136.

124 STF, HCnº 86.889/SP, Primeira Turma, Rel. Min. Menezes Direito, j. 20.11.07, *DJE* 15.02.08.

do Estado, condicionando, ainda, o desempenho em juízo das funções estatais de caráter penal-persecutório. A lei não pode frustrar a garantia derivada do postulado do juiz natural. Assiste, a qualquer pessoa, quando eventualmente submetida a juízo penal, o direito de ser processada perante Magistrado imparcial e independente, cuja competência é predeterminada, em abstrato, pelo próprio ordenamento constitucional.[125]

Princípio do Juiz Natural e varas especializadas: *Criação, por lei estadual, de varas especializadas em delitos praticados por organizações criminosas. (...) O princípio do juiz natural não resta violado na hipótese em que lei estadual atribui a vara especializada competência territorial abrangente de todo o território da unidade federada, com fundamento no art. 125 da Constituição, porquanto o tema gravita em torno da organização judiciária, inexistindo afronta aos princípios da territorialidade e do juiz natural. A* perpetuatio jurisdictionis *é excepcionada nas hipóteses de modificação da competência ratione materiae do órgão, motivo pelo qual é lícita a redistribuição dos inquéritos policiais para a nova vara criminal, consoante o art. 87, in fine, do CPC. (...) A lei estadual que cria vara especializada em razão da matéria pode, de forma objetiva e abstrata, impedir a redistribuição dos processos em curso, através de norma procedimental (art. 24, XI, da CF), que se afigura necessária para preservar a racionalidade da prestação jurisdicional e uma eficiente organização judiciária (art. 125 da CF) (...). O princípio do juiz natural (art. 5º, XXXVII e LIII, da CF) é incompatível com disposição que permita a delegação de atos de instrução ou execução a outro juízo, sem justificativa calcada na competência territorial ou funcional dos órgãos envolvidos, ante a proibição dos poderes de comissão (possibilidade de criação de órgão jurisdicional ex post facto) e de avocação (possibilidade de modificação da competência por critérios discricionários), sendo certo que a cisão funcional de competência não se insere na esfera legislativa dos Estados-membros (art. 22, I, da CF) (...). A criação, no curso do processo, de órgão julgador composto pelo magistrado que se julga ameaçado no exercício de suas funções e pelos demais integrantes da vara especializada em crime organizado é inconstitucional, por afronta aos incisos LIII e XXXVII do art. 5º da Carta Magna, que vedam, conforme mencionado alhures, o poder de comissão, é dizer, a criação de órgão jurisdicional ex post facto, havendo, ainda, vício formal, por se tratar de matéria processual, de competência da União (art. 22, I, da CF).*[126]

---

125 STF, HC nº 73.801/MG, Primeira Turma, Rel. Min. Celso de Mello, j. 25.06.96, *DJ* 27.06.97, *RT* 744/489.

126 STF, ADI nº 4.414/AL, Plenário, Rel. Min. Luiz Fux, j. 31.05.12, *DJE* 17.06.13.

Tribunais de exceção e extradição: *Ao apreciar um pedido de extradição, o STF considerou como tribunais de exceção: a) os que são criados após o fato que vai ser julgado (*ex post facto*); b) os que são instituídos para o julgamento de determinadas pessoas ou de certas infrações penais; c) os Tribunais regulares, quando desrespeitam o devido processo legal.*[127]

Autoridade competente e foro por prerrogativa de função: *Ação penal. Foro por prerrogativa de função. Desembargador do Estado do Ceará. Ex-presidente e ex-corregedor geral do Tribunal de Justiça. Competência para julgamento. Deslocamento para o primeiro grau de jurisdição. Súmulas 394 e 451 do STF. Inaplicabilidade. Provimento vitalício. Garantia conferida aos servidores da ativa para permanecerem no cargo. Recurso improvido. A vitaliciedade é garantia inerente ao exercício do cargo pelos magistrados e tem como objetivo prover a jurisdição de independência e imparcialidade. Exercem a jurisdição, tão somente, os magistrados na atividade, não se estendendo aos inativos o foro especial por prerrogativa de função. A aposentadoria do magistrado, ainda que voluntária, transfere a competência para processamento e julgamento de eventual ilícito penal para o primeiro grau de jurisdição.*[128]

21. O TRIBUNAL DO JÚRI

> XXXVIII – é reconhecida a instituição do júri, com a organização que lhe der a lei, assegurados:
>
> a) a plenitude de defesa;
>
> b) o sigilo das votações;
>
> c) a soberania dos veredictos;
>
> d) a competência para o julgamento dos crimes dolosos contra a vida.

Em análise simples, haja vista o instituto receber cuidados maiores pelas disciplinas penal e processual penal, poderíamos afirmar que o Tribunal do Júri é um órgão colegiado, heterogêneo e temporário. É formado por um juiz de direito, que o preside e de sete cidadãos que integrarão o Conselho de Sentença, desempenhando a tarefa de apreciar a matéria fática e as provas que envolvem o delito. O juiz togado deverá analisar os aspectos técnicos-jurídicos e é quem ao final deverá aplicar a pena, de acordo com o veredicto proferido pelos jurados.

---

127 STF, *RDA* 181-182/168.

128 STF, RE nº 549.560/CE, Plenário, Rel. Min. Ricardo Lewandowski, j. 22.03.12, DJE 30.05.14.

Serão garantidos nesse julgamento, a) a plenitude de defesa do réu,[129] ou seja, a possibilidade de que o acusado se oponha ao que contra ele se afirma utilizando-se de todos os meios em direito disponíveis, de acordo com o princípio do devido processo legal, em que são garantidas a ampla defesa e o contraditório (LIV e LV); b) o sigilo das votações, consistente no fato de que a opinião dos jurados não devem ser conhecidas individualmente e ficam imunes a interferências externas; c) a soberania dos veredictos, que impede o juiz de direito de modificar o resultado do julgamento, substituindo a vontade dos jurados;[130] e d) a competência para julgar crimes dolosos contra a vida, ou seja, homicídio, infanticídio, instigação, induzimento ou prestação de auxílio ao suicídio e aborto, consumados ou tentados.

Há, entretanto, hipóteses excepcionais, em que crimes dolosos contra a vida não serão julgados pelo Tribunal do Júri, em razão, por exemplo, do foro privilegiado de processo que possuem algumas autoridades públicas, tendo em vista que normas especiais prevalecem sobre as gerais.[131]

Enunciados da Súmula do STF:

> **Súmula nº 156:** *É absoluta a nulidade do julgamento, pelo júri, por falta de quesito obrigatório.*
>
> **Súmula nº 162:** *É absoluta a nulidade do julgamento pelo júri, quando os quesitos da defesa não precedem aos das circunstâncias agravantes.*
>
> **Súmula nº 713:** *O efeito devolutivo da apelação contra decisões do júri é adstrito aos fundamentos da sua interposição.*

Tribunal do Júri e Desaforamento I: *Juiz natural de processo por crimes dolosos contra a vida é o Tribunal do Júri. Mas o local do julgamento pode variar, conforme as normas processuais, ou seja, conforme ocorra alguma das hipóteses de desaforamento previstas no art. 424 do C. P. Penal, que não são incompatíveis com a Constituição anterior nem com a atual (de 1988) e também não ensejam a formação de um "Tribunal de exceção".*[132]

---

129 Segundo Uadi Lammêgo Bulos, "essa vastidão da plenitude de defesa inclui o fato de serem os jurados escolhidos de todas as classes sociais, para que haja livre-convencimento e sólida responsabilidade dos votos emitidos, observados ainda os princípios da imediatidade e da concentração de provas. A plenitude de defesa com todos os meios a ela inerentes, inclusive no tocante ao direito de ser informado, engloba a bilateralidade da audiência (contrariedade) e também o direito à prova legitimamente obtida ou produzida". In: *Constituição Federal Anotada*, 8. ed. rev. e atual. São Paulo: Saraiva, 2008, p. 249.

130 Importante ressaltar que a soberania dos veredictos não exclui a recorribilidade das decisões do júri.

131 *Vide* arts. 102, I, *b* e *c*; 105, I, *a*, da CF, como exemplos.

132 STF, HCnº 67.851/GO, Primeira Turma, Rel. Min. Sydney Sanches, j. 24.04.90, *DJ* 18.05.90.

Tribunal do Júri e Desaforamento II:*Pedido de desaforamento fundado na possibilidade de o paciente, ex-prefeito municipal, influenciar jurados admitidos em caráter efetivo na gestão de um dos acusados. Influência não restrita aos jurados, alcançando, também, toda a sociedade da Comarca de Serra/ES. Não é necessária, ao desaforamento, a afirmação da certeza da imparcialidade dos jurados, bastando o fundado receio de que reste comprometida. Precedente. Ordem denegada.*[133]

Tribunal do Júri e recusa de atendimento médico: *Crime de competência do tribunal do júri. Recusa reiterada e injustificada de atendimento médico à pessoa gravemente enferma. Dolo eventual. Tribunal do júri. Reapreciação de material probatório. Denegação. Para configuração do dolo eventual não é necessário o consentimento explícito do agente, nem sua consciência reflexiva em relação às circunstâncias do evento. Faz-se imprescindível que o dolo eventual se extraia das circunstâncias do evento, e não da mente do autor, eis que não se exige uma declaração expressa do agente. Na realidade, o dolo eventual não poderia ser descartado ou julgado inadmissível na fase do* iudicium accusationis. *A tese da inépcia da denúncia e do aditamento, à evidência, não se sustenta, eis que foram preenchidos os requisitos do art. 41 do Código de Processo Penal, inclusive em razão da observância dos atos previstos no art. 384, parágrafo único, do CPP, por força do aditamento à denúncia. (...) no curso da instrução, sobrevieram novos elementos de prova que apontaram para a ocorrência de possível dolo eventual na conduta do paciente. Assim, no segundo momento (o do aditamento à denúncia), descreveu-se a conduta de o paciente haver se recusado, por duas vezes, em dias consecutivos, a atender à vítima que já apresentava sérios problemas de saúde, limitando-se a dizer para a avó da vítima que a levasse de volta para casa, e somente retornasse quando o médico pediatra tivesse retornado de viagem.*[134]

Tribunal do Júri e Prerrogativa de foro I: *O réu, na qualidade de detentor do mandato de parlamentar federal, detém prerrogativa de foro perante o Supremo Tribunal Federal, onde deve ser julgado pela imputação da prática de crime doloso contra a vida. A norma contida no art. 5º, XXXVIII, da Constituição da República, que garante a instituição do júri, cede diante do disposto no art. 102, I, b, da Lei Maior, definidor da competência do Supremo Tribunal Federal, dada a especialidade deste último. Os crimes dolosos contra a vida estão abarcados pelo conceito de crimes comuns. Precedentes da Corte. A renúncia do réu produz plenos efeitos no plano processual, o que implica a declinação da competência do Supremo Tribunal Federal para o juízo criminal de primeiro grau. Ausente o*

---

133 STF, HC nº 96.785/ES, Segunda Turma, Rel. Min. Eros Grau, j. 25.11.08, *DJE* 22.05.09.

134 STF, HC nº 92.304/SP, Segunda Turma, Rel.Min.Ellen Gracie, j. 05.08.08, *DJE* 22.08.08.

abuso de direito que os votos vencidos vislumbraram no ato. Autos encaminhados ao juízo atualmente competente.[135]

Tribunal do Júri e Prerrogativa de foro II: *A competência do Tribunal do Júri não é absoluta. Afasta-a a própria Constituição Federal, no que prevê, em face da dignidade de certos cargos e da relevância destes para o Estado, a competência de tribunais - arts. 29, inciso VIII; 96, inciso III; 108, inciso I, alínea* a*; 105, inciso I, alinea* a *e 102, inciso I, alineas* b *e* c*.*[136]

Tribunal do Júri e Prerrogativa de foro III: *Prerrogativa de foro e coautoria. O envolvimento de corréus em crime doloso contra a vida, havendo em relação a um deles foro especial por prerrogativa de função, previsto constitucionalmente, não afasta os demais do juiz natural,* ut *art. 5º, XXXVIII, alínea* d*, da Constituição.*[137]

Soberania dos veredictos do Júri e recorribilidade das suas decisões: *A soberania dos veredictos do Júri - não obstante a sua extração constitucional - ostenta valor meramente relativo, pois as manifestações decisórias emanadas do Conselho de Sentença não se revestem de intangibilidade jurídico-processual. A competência do Tribunal do Júri, embora definida no texto da Lei Fundamental da República, não confere a esse órgão especial da Justiça comum o exercício de um poder incontrastável e ilimitado. As decisões que dele emanam expõem-se, em consequência, ao controle recursal do próprio Poder Judiciário, a cujos Tribunais compete pronunciar-se sobre a regularidade dos veredictos. A apelabilidade das decisões emanadas do Júri, nas hipóteses de conflito evidente com a prova dos autos, não ofende o postulado constitucional que assegura a soberania dos veredictos desse Tribunal Popular.*[138]

> **Súmula nº 603, STF:** *A competência para o processo e julgamento de latrocínio é do juiz singular e não do Tribunal do Júri.*
>
> **Súmula vinculante nº 45, STF:** *A competência constitucional do Tribunal do Júri prevalece sobre o foro por prerrogativa de função estabelecido exclusivamente pela constituição estadual.*

22. DIREITO PENAL CONSTITUCIONAL

Como o estudo mais aprofundado sobre os crimes e as penas é realizado pelo Direito Penal e Processual Penal, faremos uma análise mais sucinta da

135 STF, AP nº 333/PB, Plenário, Rel. Min. Joaquim Barbosa, j. 05.12.07, *DJE* 11.04.08.

136 STF, HC nº 70.581/AL, Segunda Turma, Rel. Min. Marco Aurélio, j. 21.09.93, *DJ* 29.10.93.

137 STF, HC nº 73.235/DF, Segunda Turma, Rel. Min. Néri da Silveira, j. 28.11.95, *DJ* 18.10.96.

138 STF, HC nº 68.658/DF, Primeira Turma, Rel. Min. Celso de Mello, j. 06.08.91, *DJ* 26.06.92.

matéria, sugerindo ao leitor que se utilize de bibliografia mais especializada na área para estudo do tema.

> XXXIX – não há crime sem lei anterior que o defina, nem pena sem prévia cominação legal.

Este dispositivo constitucional contém os princípios da legalidade penal (ou da reserva legal) – *nullun crimen sine lege* – e também o da anterioridade da pena (*nulla poena sine lege*). A tipificação da conduta criminosa só pode ser feita por lei em sentido formal, produzida pelo Congresso Nacional, pois cabe à União legislar sobre a matéria (art. 22, I), de acordo com o devido processo legislativo. Não se admite, portanto, que o assunto seja tratado por meio de medidas provisórias, leis delegadas ou decretos, por exemplo.

Princípio da legalidade penal e ausência de tipificação legal: *Crime de lavagem de dinheiro ou de valores (Lei 9.613/1998). (...) Referência, na peça acusatória, como infrações antecedentes, a crimes contra a Administração Pública (Lei 9.613/1998, art. 1º, V) e ao delito de organização criminosa (Lei 9.613/1998, art. 1º, VII). Eventos ocorridos entre 1997 e 2004. Fatos imputados aos réus supostamente cometidos em momento anterior à vigência da Lei 12.683/2012 e da Lei 12.850/2013. Consequente atipicidade penal do crime de lavagem de dinheiro no ponto em que a denúncia indica como infração antecedente o delito de organização criminosa, que somente veio a ser tipificado pela Lei 12.850/2013. Impossibilidade constitucional de suprir-se a ausência de tipificação do delito de organização criminosa (legalmente inexistente à época dos fatos denunciados), como infração penal antecedente, pela invocação da Convenção de Palermo. Incidência, no caso, do postulado da reserva constitucional absoluta de lei em sentido formal (CF, art. 5º, XXXIX). (...) Inadmissibilidade, de outro lado, de considerar-se o crime de formação de quadrilha como equiparável ao delito de organização criminosa para efeito de repressão estatal ao crime de lavagem de dinheiro cometido antes do advento da Lei 12.683/2012 e da Lei 12.850/2013. Subsistência parcial da acusação penal, no caso, apenas quanto ao delito de lavagem de dinheiro, cujo ilícito antecedente, tal como descrito na denúncia, corresponda aos crimes contra Administração Pública (Lei 9.613/1998, art. 1º, V).*[139]

> XLI – a lei punirá qualquer discriminação atentatória dos direitos e liberdades fundamentais.

---

139 STF, RHC nº 130.738/DF AgR, Segunda Turma, Rel. Min. Celso de Mello, j. 01.07.16, *DJE* 02.08.16.

Essa norma estatui limites ao poder do Estado no sentido de que as liberdades (incluídas entre os direitos) públicas hão de ser respeitadas. O preceito em tela tem enunciado bem abrangente e deve seguir de guia para a tarefa do legislador na elaboração de normas que reforcem a proteção à dignidade da pessoa humana, na defesa da eliminação de qualquer forma de preconceito, não mais tolerado no país.[140]

Sobre o tema, importante destacar que em 13 de junho de 2019, o plenário do Supremo Tribunal Federal entendeu que houve omissão inconstitucional do Congresso Nacional em razão da não edição de lei que criminalize atos de homofobia e de transfobia, o que ocorreu no julgamento da Ação Direta de Inconstitucionalidade (ADO) n° 26 e do Mandado de Injunção n° 4.733, onde, por maioria, os ministros reconheceram a mora do Congresso Nacional para incriminar atos atentatórios a direitos fundamentais dos integrantes da comunidade LGBT, enquadrando homofobia e transfobia como crimes de racismo (Lei 7.716/1989) até que o Congresso Nacional edite lei sobre a matéria, conforme decisões abaixo:

> Decisão: "O Tribunal, por maioria, conheceu do mandado de injunção, vencido o Ministro Marco Aurélio, que não admitia a via mandamental. Por maioria, julgou procedente o mandado de injunção para (i) reconhecer a mora inconstitucional do Congresso Nacional e; (ii) aplicar, com efeitos prospectivos, até que o Congresso Nacional venha a legislar a respeito, a Lei nº 7.716/89 a fim de estender a tipificação prevista para os crimes resultantes de discriminação ou preconceito de raça, cor, etnia, religião ou procedência nacional à discriminação por orientação sexual ou identidade de gênero, nos termos do voto do Relator, vencidos, em menor extensão, os Ministros Ricardo Lewandowski e Dias Toffoli (Presidente) e o Ministro Marco Aurélio, que julgava inadequada a via mandamental. Plenário, 13.06.2019."

> Decisão: "O Tribunal, por unanimidade, conheceu parcialmente da ação direta de inconstitucionalidade por omissão. Por maioria e nessa extensão, julgou-a procedente, com eficácia geral e efeito vinculante, para: a) reconhecer o estado de mora inconstitucional do Congresso Nacional na implementação da prestação legislativa destinada a cumprir o mandado de incriminação a que se referem os incisos XLI e XLII do art. 5º da Constituição, para efeito de proteção penal aos integrantes do grupo LGBT; b) declarar, em consequência, a existência de omissão normativa inconstitucional do Poder Legislativo da União; c) cientificar o Congresso Nacional, para os fins e efeitos a que se refere o art. 103, § 2º, da Constituição c/c o art. 12-H, *caput*, da Lei nº 9.868/99; d) dar interpretação conforme à Constituição, em face dos mandados constitucionais de incriminação inscritos nos incisos XLI e XLII do art. 5º da Carta Política, para enquadrar a homofobia e a transfobia, qualquer que seja a forma de sua manifestação, nos diversos tipos penais definidos na Lei nº 7.716/89, até que sobrevenha legislação autônoma, editada pelo Congresso Nacional, seja por

140 Nesse tocante, ressalte-se, novamente, a edição da Lei Maria da Penha, como destacado pelo Min. Marco Aurélio quando do julgamento da ADI nº 4.424/DF.

considerar-se, nos termos deste voto, que as práticas homotransfóbicas qualificam-se como espécies do gênero racismo, na dimensão de racismo social consagrada pelo Supremo Tribunal Federal no julgamento plenário do HC 82.424/RS (caso Ellwanger), na medida em que tais condutas importam em atos de segregação que inferiorizam membros integrantes do grupo LGBT, em razão de sua orientação sexual ou de sua identidade de gênero, seja, ainda, porque tais comportamentos de homotransfobia ajustam-se ao conceito de atos de discriminação e de ofensa a direitos e liberdades fundamentais daqueles que compõem o grupo vulnerável em questão; e e) declarar que os efeitos da interpretação conforme a que se refere a alínea "d" somente se aplicarão a partir da data em que se concluir o presente julgamento, nos termos do voto do Relator, vencidos os Ministros Ricardo Lewandowski e Dias Toffoli (Presidente), que julgavam parcialmente procedente a ação, e o Ministro Marco Aurélio, que a julgava improcedente. Em seguida, por maioria, fixou-se a seguinte tese: 1. Até que sobrevenha lei emanada do Congresso Nacional destinada a implementar os mandados de criminalização definidos nos incisos XLI e XLII do art. 5º da Constituição da República, as condutas homofóbicas e transfóbicas, reais ou supostas, que envolvem aversão odiosa à orientação sexual ou à identidade de gênero de alguém, por traduzirem expressões de racismo, compreendido este em sua dimensão social, ajustam-se, por identidade de razão e mediante adequação típica, aos preceitos primários de incriminação definidos na Lei nº 7.716, de 08/01/1989, constituindo, também, na hipótese de homicídio doloso, circunstância que o qualifica, por configurar motivo torpe (Código Penal, art. 121, § 2º, I, "in fine"); 2. A repressão penal à prática da homotransfobia não alcança nem restringe ou limita o exercício da liberdade religiosa, qualquer que seja a denominação confessional professada, a cujos fiéis e ministros (sacerdotes, pastores, rabinos, mulás ou clérigos muçulmanos e líderes ou celebrantes das religiões afro-brasileiras, entre outros) é assegurado o direito de pregar e de divulgar, livremente, pela palavra, pela imagem ou por qualquer outro meio, o seu pensamento e de externar suas convicções de acordo com o que se contiver em seus livros e códigos sagrados, bem assim o de ensinar segundo sua orientação doutrinária e/ou teológica, podendo buscar e conquistar prosélitos e praticar os atos de culto e respectiva liturgia, independentemente do espaço, público ou privado, de sua atuação individual ou coletiva, desde que tais manifestações não configurem discurso de ódio, assim entendidas aquelas exteriorizações que incitem a discriminação, a hostilidade ou a violência contra pessoas em razão de sua orientação sexual ou de sua identidade de gênero; 3. O conceito de racismo, compreendido em sua dimensão social, projeta-se para além de aspectos estritamente biológicos ou fenotípicos, pois resulta, enquanto manifestação de poder, de uma construção de índole histórico-cultural motivada pelo objetivo de justificar a desigualdade e destinada ao controle ideológico, à dominação política, à subjugação social e à negação da alteridade, da dignidade e da humanidade daqueles que, por integrarem grupo vulnerável (LGBTI+) e por não pertencerem ao estamento que detém posição de hegemonia em uma dada estrutura social, são considerados estranhos e diferentes, degradados à condição de marginais do ordenamento jurídico, expostos, em consequência de odiosa inferiorização e de perversa estigmatização, a uma injusta e lesiva situação de exclusão do sistema geral de proteção do direito, vencido o Ministro Marco Aurélio, que não subscreveu a tese proposta. Não participaram, justificadamente, da fixação da tese, os Ministros Roberto Barroso e Alexandre de Moraes. Plenário, 13.06.2019."

XLII – a prática do racismo constitui crime inafiançável e imprescritível, sujeito à pena de reclusão, nos termos da lei.

O constituinte de 1988 trouxe um conjunto de normas voltadas ao combate ao preconceito. O art. 3º, IV, destaca que é um dos objetivos da República a promoção do bem de todos, sem preconceitos de origem, raça, cor, idade e rechaça quaisquer outras formas de discriminação. O inciso XLI, como já visto, é também uma norma que reforça essa mesma luta, que é a favor, antes de tudo, da pessoa humana e de sua dignidade.

E foi por essa motivação de prevalência dos direitos humanos que a Constituição de 1988 elevou o racismo a crime, inafiançável (sem possibilidade de pagamento de fiança para organizar a defesa em liberdade), imprescritível (sem decurso de tempo para a realização do *jus puniendi* do Estado) e sujeito à pena de reclusão (sujeito a início de cumprimento de pena em regime fechado).

A fim de dar efetividade ao texto constitucional, surgiu a Lei nº 7.716/89, que definiu os crimes resultantes de preconceito de raça ou de cor, que foi alterada em 1997 pela Lei nº 9.459, que ampliou o foco para a proteção de atos resultantes de preconceito de etnia, religião ou procedência nacional.

No âmbito internacional, o Brasil também manifestou adesão à Convenção sobre a Eliminação de todas as formas de Discriminação Racial,[141] assumindo, também, o compromisso internacional de progressivamente eliminar todas as formas de preconceito. O art. 1º da referida Convenção define a discriminação racial como: *qualquer distinção, exclusão, restrição ou preferência baseada em raça, cor, descendência ou origem nacional ou étnica, que tenha o propósito ou o efeito de anular ou prejudicar o reconhecimento, gozo ou exercício em pé de igualdade dos direitos humanos e liberdades fundamentais.*

Daí a urgência, segundo Flávia Piovesan,[142] em erradicar todas as formas de discriminação, baseadas em raça, cor, descendência ou origem nacional ou étnica que tenham como escopo a exclusão. Segundo a autora, o combate à discriminação racial é medida fundamental para que se garanta o pleno exercício dos direitos civis e políticos, como também dos direitos sociais, econômicos e culturais.

141 Adotada pela Resolução nº 2.106-A (XX) da Assembleia Geral das Nações Unidas, em 21.12.65 – ratificada pelo Brasil em 27.03.68.

142 PIOVESAN, Flávia. *Direitos Humanos e o Direito Constitucional Internacional*. 7. ed. São Paulo: Saraiva, 2006, p. 182.

> XLIII – a lei considerará crimes inafiançáveis e insuscetíveis de graça ou anistia a prática da tortura, o tráfico ilícito de entorpecentes e drogas afins, o terrorismo e os definidos como crimes hediondos, por eles respondendo os mandantes, os executores e os que, podendo evitá-los, se omitirem.

No intuito de coibir ações agressivas como: a tortura (definida pela Lei nº 9.455/98 como sendo castigo corporal ou psicológico violento infligido a uma pessoa com o intuito de compeli-la a admitir ou omitir um fato definido), o tráfico ilícito de entorpecentes e drogas afins (previsto na Lei nº 6.368/76), o terrorismo (prática de ato violento proveniente de pessoa ou grupos armados que pretendem combater certas formas ou organizações de poder) e os crimes hediondos (definido pelas Leis nºs 8.072/90 e 8.930/94), a Constituição deu especial destaque quando os tratou de forma rigorosa, impedindo a concessão da fiança, da graça e da anistia.

Graça é medida de clemência solicitada pelo condenado com base em características pessoais e não se confunde com a anistia, que é ato de clemência, por meio do qual são esquecidos os atos ilícitos cometidos pelo agente e é concedida por lei, com o objetivo de promover o arquivamento dos processos pendentes, além de suspender a execução das penas em curso, eliminando os efeitos das penalidades que já foram cumpridas.[143]

Importante ressaltar que, no âmbito externo, o Brasil também aderiu à Convenção contra a Tortura e outros Tratamentos ou Penas Cruéis, Desumanos ou Degradantes[144] em 1989.

Crimes Hediondos e progressão de regime: *Em conclusão de julgamento, o Tribunal, por maioria, deferiu pedido de* habeas corpus *e declarou,* incidenter tantum, *a inconstitucionalidade do § 1º do art. 2º da Lei nº 8.072/90, que veda a possibilidade de progressão do regime de cumprimento da pena nos crimes hediondos definidos no art. 1º do mesmo diploma legal –* v. Informativos *315, 334 e 372. Inicialmente, o Tribunal resolveu restringir a análise da matéria à progressão de regime, tendo em conta o pedido formulado. Quanto a esse ponto, entendeu-se que a vedação de progressão de regime prevista na norma impugnada afronta o direito à individualização da pena (CF, art. 5º, LXVI), já que, ao não permitir que se considerem as particularidades de cada pessoa,*

---

143 BULOS, Uadi Lammêgo. *Constituição Federal Anotada*. 8. ed., rev. e atual. São Paulo: Saraiva, 2008, p. 263.

144 Adotada pela Resolução nº 39/1946 da Assembleia Geral das Nações Unidas em 09.12.48, aprovada pelo Brasil pelo Decreto Legislativo nº 4, de 23.05.89, e promulgada pelo Decreto nº 40, de 15.12.91.

a sua capacidade de reintegração social e os esforços aplicados com vistas à ressocialização, acaba tornando inócua a garantia constitucional. Ressaltou-se, também, que o dispositivo impugnado apresenta incoerência, porquanto impede a progressividade, mas admite o livramento condicional após o cumprimento de dois terços da pena (Lei nº 8.072/90, art. 5º). Vencidos os Ministros Carlos Velloso, Joaquim Barbosa, Ellen Gracie, Celso de Mello e Nelson Jobim, que indeferiam a ordem, mantendo a orientação até então fixada pela Corte no sentido da constitucionalidade da norma atacada. O Tribunal, por unanimidade, explicitou que a declaração incidental de inconstitucionalidade do preceito legal em questão não gerará consequências jurídicas com relação às penas já extintas nesta data, uma vez que a decisão plenária envolve, unicamente, o afastamento do óbice representado pela norma ora declarada inconstitucional, sem prejuízo da apreciação, caso a caso, pelo magistrado competente, dos demais requisitos pertinentes ao reconhecimento da possibilidade de progressão.[145]

> **Súmula Vinculante 26:** *Para efeito de progressão de regime no cumprimento de pena por crime hediondo, ou equiparado, o juízo da execução observará a inconstitucionalidade do art. 2º da Lei nº 8.072, de 25 de julho de 1990, sem prejuízo de avaliar se o condenado preenche, ou não, os requisitos objetivos e subjetivos do benefício, podendo determinar, para tal fim, de modo fundamentado, a realização de exame criminológico.*

> XLIV – constitui crime inafiançável e imprescritível a ação de grupos armados, civis ou militares, contra a ordem constitucional e o Estado Democrático.

Tendo em vista a proteção e a manutenção do Estado Democrático de Direito, o constituinte decidiu considerar todas as manifestações de grupos armados, civis e militares, que implicam contra a sua manutenção, inafiançáveis e imprescritíveis. O texto não tipifica a conduta delituosa (que deverá ser tratada por lei, em obediência ao princípio da reserva de lei, art. 5º, XXXIX), mas determina a vedação dos benefícios da fiança e da prescrição.

> XLV – nenhuma pena passará da pessoa do condenado, podendo a obrigação de reparar o dano e a decretação do perdimento de bens ser, nos termos da lei, estendidas aos sucessores e contra eles executadas até o limite do valor do patrimônio transferido.

A responsabilidade penal é pessoal, intransferível. Incide, entretanto, exceção para uma das consequências da sanção penal, qual seja, a obrigação de reparar o dano. Assim, o dever de reparar o dano causado pela prática

---

145 STF, HC nº82.959/SP, Plenário, Rel. Min. Marco Aurélio, j. 23.02.06, *DJ* 01.09.06.

criminosa estende-se aos herdeiros do condenado no limite do patrimônio transferido em caso de sua morte. Com isso, a herança deixada pelo condenado será atingida pelo dever imposto aos sucessores de arcarem com as despesas com a reparação do dano.

Segundo o entendimento jurisprudencial, vulnera o princípio da incontagiabilidade da pena a decisão judicial que permite ao condenado fazer-se substituir, por terceiro absolutamente estranho ao ilícito penal, na prestação de serviços à comunidade.[146]

XLVI – a lei regulará a individualização da pena e adotará, entre outras, as seguintes:

a) privação ou restrição da liberdade;

b) perda de bens;

c) multa;

d) prestação social alternativa;

e) suspensão ou interdição de direitos.

Em nome da proteção à dignidade da pessoa humana, o constituinte preocupou-se em definir alguns tipos de penas, não excluindo outras que possam ser adotadas por lei, desde que harmoniosas com o valor máximo à pessoa humana. São citadas as seguintes penas: a) privação da liberdade: que pode ser de reclusão ou detenção e será cumprida em estabelecimento próprio, subtraindo da pessoa o direito de viver em sociedade; b) restrição da liberdade: o condenado não fica afastado do convívio social, mas se submete ao cumprimento de algumas restrições como, por exemplo, a limitação de fim de semana; c) perda de bens: é pena restritiva de direitos que integra o rol de efeitos da condenação; d) multa: obrigação imposta de pagar ao Estado determinada quantia em dinheiro; e) prestação social alternativa: consiste na imposição da prestação de um serviço à comunidade ou a entidades públicas, como asilo, hospitais abrigo etc.; f) suspensão ou interdição de direitos: é a interrupção **temporária** de um direito aplicada acessoriamente às demais sanções, como por exemplo, suspensão de autorização ou de habilitação para dirigir veículo.

Individualização da pena e prisão preventiva: *Não há que se falar em inidoneidade do decreto de prisão, se este embasa a custódia cautelar em dados concretos. A prisão preventiva pode ser decretada para evitar que o acusado pratique novos delitos. O decreto preventivo contém dados concretos quanto à*

146 STF, HC nº 68.309/DF, Primeira Turma, Rel. Min. Celso de Mello, j. 27.11.90, *DJ* 08.03.91.

periculosidade do paciente e da quadrilha de cujo comando faz parte. Ordem pública a se traduzir na tutela dos superiores bens jurídicos da incolumidade das pessoas e do patrimônio, constituindo-se explícito "dever do Estado, direito e responsabilidade de todos" (art. 144 da CF). (...) A conveniência da instrução criminal justifica a segregação preventiva, quando há fatos concretos que sinalizem a possibilidade de o paciente influir no ânimo das testemunhas e denunciantes do esquema ilícito. A garantia da ordem econômica autoriza a custódia cautelar, se as atividades ilícitas do grupo criminoso a que, supostamente, pertence o paciente repercutem negativamente no comércio lícito e, portanto, alcançam um indeterminando contingente de trabalhadores e comerciantes honestos. Vulneração do princípio constitucional da livre concorrência. A eventual aplicação da lei penal é fundamento idôneo para embasar o decreto prisional, quando as condições objetivas do caso dão conta de que a suposta quadrilha possui ramificações em outros países onde, inclusive, corréu se encontra foragido. Ordem denegada.[147]

Prestação social alternativa e doação de sangue: *A prestação de serviços à comunidade constitui sanção jurídica revestida de caráter penal. Trata-se de medida alternativa ou substitutiva da pena privativa de liberdade. Submete-se, em consequência, ao regime jurídico-constitucional das penas e sofre todas as limitações impostas pelos princípios tutelares da liberdade individual. A exigência judicial de doação de sangue não se ajusta aos parâmetros conceituais, fixados pelo ordenamento positivo, pertinentes à própria inteligência da expressão legal "prestação de serviços à comunidade", cujo sentido, claro e inequívoco, veicula a ideia de realização, pelo próprio condenado, de encargos de caráter exclusivamente laboral. Tratando-se de exigência conflitante com o modelo jurídico-legal peculiar ao sistema de penas alternativas ou substitutivas, não há como prestigiá-la e nem mantê-la.*[148-149]

Pena de multa e inadimplemento: *O inadimplemento deliberado da pena de multa cumulativamente aplicada ao sentenciado impede a progressão no regime prisional. Tal regra somente é excepcionada pela comprovação da absoluta impossibilidade econômica do apenado em pagar a multa, ainda que parceladamente.*[150]

Súmula vinculante 56: *A falta de estabelecimento penal adequado não autoriza a manutenção do condenado em regime prisional mais gravoso, devendo-se observar, nessa hipótese, os parâmetros fixados no RE 641.320/RS.*

---

147 STF, HC nº 91.016/SP, Primeira Turma, Rel. Min. Carlos Britto, j. 13.11.07, *DJE* 09.05.08.

148 STF, HC nº 68.309/DF, Primeira Turma, Rel. Min. Celso de Mello, j. 27.11.90, *DJ* 08.03.91.

149 ***Sobre o tema, sugere-se a leitura da ADI nº 5.543 que foi julgada procedente para declarar a inconstitucionalidade da proibição de doação de sangue por homossexuais, prevista na Portaria 158/2016 do Ministério da Saúde e na Resolução RDC 34/2014.***

150 STF, EP nº 12/DF ProgReg-AgR, Plenário, Rel. Min. Roberto Barroso, j. 08.04.15, *DJE* 11.06.15.

XLVII – não haverá penas:

a) de morte, salvo em caso de guerra declarada, nos termos do art. 84, XIX;

b) de caráter perpétuo;

c) de trabalhos forçados;

d) de banimento;

e) cruéis.

Este dispositivo complementa o texto da norma do inciso XLVI, ao dispor sobre penas que não podem ser criadas pelo legislador ordinário, as "penas proibidas", que estão listadas em **rol não exaustivo** no dispositivo sob comento.

Sobre a pena de morte, compartilhamos do mesmo posicionamento de José Afonso da Silva, que diante das belas palavras sobre o tema, merece a nossa longa citação: *Sempre que a criminalidade recrudesce e as ações violentas despontam no universo da delinquência, correntes de opinião, geralmente conservadoras – se não de tendência fascista e ditatorial – postulam instituição da pena de morte, que é sem dúvida uma pena altamente desumana e de crueldade tal, que só a maldade humana pode pretender vê-la instaurada. Executar alguém já dominado pela prisão constitui uma bárbara covardia, seja isso um mero ato arbitrário da Polícia – que não raro ocorre – seja um ato formalmente legal. Não há muita diferença entre essas duas formas de eliminar alguém. O suplício nunca melhorou a qualidade dos homens; mais os revolta, porque nele nunca se traduz um princípio de autêntica justiça. Atrás da postulação da pena de morte sempre estará a ideia de vingança, e – o que é pior – de vingança particular por via de atuação do poder público.*[151]

Ainda que o país vede em regra geral a pena de morte, há uma exceção permitida pela Constituição justificada por razões extremas e restritas, ou seja, apenas em caso de guerra, quando estarão em jogo valores superiores para a nação e, ainda assim, a pena deverá ser aplicada de forma ponderada e excepcional, na forma dos arts. 355 e ss. do Código Penal Militar brasileiro.

A pena de caráter perpétuo desvirtuaria um dos princípios da própria teoria da pena: o de ressocialização e reeducação do criminoso, para que ele possa voltar ao convívio social com os demais. A pena de trabalhos forçados também é proibida, porque apesar do trabalho durante o cumprimento da pena dever ser sempre estimulado – o que não acontece, infelizmente, em muitos

151 AFONSO DA SILVA, José. *Comentário Contextual à Constituição*. São Paulo: Malheiros, 2005, p. 148-149.

estabelecimentos prisionais do país – todo trabalho deve ser remunerado desde a abolição da escravatura. A vedação à pena de banimento impede que os nacionais sejam expulsos do país pela prática de crime. Ademais, como a própria Constituição em outros dispositivos proíbe o tratamento desumano ou degradante e a prática de torturas (arts. 1º, III e 5º, III, XLIII), a pena cruel é inconcebível no Brasil.

Extradição e prisão perpétua: *Necessidade de prévia comutação, em pena temporária (máximo de 30 anos), da pena de prisão perpétua – Revisão da jurisprudência do STF, em obediência à Declaração Constitucional de Direitos (CF, art. 5º, XLVII,* b*). A extradição somente será deferida pelo STF, tratando-se de fatos delituosos puníveis com prisão perpétua, se o Estado requerente assumir, formalmente, quanto a ela, perante o Governo brasileiro, o compromisso de comutá-la em pena não superior à duração máxima admitida na lei penal do Brasil (CP, art. 75), eis que os pedidos extradicionais – considerado o que dispõe o art. 5º, XLVII,* b*, da CF, que veda as sanções penais de caráter perpétuo – estão necessariamente sujeitos à autoridade hierárquico-normativa da Lei Fundamental brasileira. Doutrina. Novo entendimento derivado da revisão, pelo STF, de sua jurisprudência em tema de extradição passiva.*[152]

XLVIII – a pena será cumprida em estabelecimentos distintos, de acordo com a natureza do delito, a idade e o sexo do apenado;

XLIX – é assegurado aos presos o respeito à integridade física e moral.

Esses dispositivos constitucionais ratificam a proteção que o Estado deve destinar aos presos sob sua tutela. Para auxiliar na ressocialização do condenado, a Constituição ressalta a importância de separação dos presos em estabelecimentos diferenciados, levando-se em consideração dados importantes com relação à gravidade do delito, à idade e ao sexo do apenado.

Em âmbito de legislação interna, a Lei de Execuções Penais (Lei nº 7210/84) cumpriu os postulados constitucionais e, por exemplo, em seu art. 5º, determina que os condenados serão classificados, segundo os seus antecedentes e personalidade, para orientar a individualização da execução penal.

No âmbito externo, o Brasil ao aderir ao Pacto de San Jose da Costa Rica[153] também se comprometeu a respeitar a integridade pessoal do preso, de

---

152 STF, Ext nº 855/Chile, Plenário, Rel. Min. Celso de Mello, j. 26.08.04, *DJ* 01.07.05.

153 Aprovado pelo Brasil pelo Decreto Legislativo nº 27, de 25.09.92 e promulgado pelo Decreto nº 678, de 06.11.92.

acordo com a previsão do art. 5º[154] que expressamente protege os seus direitos fundamentais.

Ademais, o respeito à integridade física e moral da pessoa humana é corolário da proteção à dignidade que todo indivíduo, independentemente de suas características pessoais ou ações na vida, deve ter garantido pelo Estado.

Cumprimento da pena e atuação estatal: *Presente quadro de violação massiva e persistente de direitos fundamentais, decorrente de falhas estruturais e falência de políticas públicas e cuja modificação depende de medidas abrangentes de natureza normativa, administrativa e orçamentária, deve o sistema penitenciário nacional ser caraterizado como "estado de coisas inconstitucional". (...) Ante a situação precária das penitenciárias, o interesse público direciona à liberação das verbas do Fundo Penitenciário Nacional.*[155]

Integridade física e moral e audiência de custódia: *A Convenção Americana sobre Direitos do Homem, que dispõe, em seu art. 7º, item 5, que "toda pessoa presa, detida ou retida deve ser conduzida, sem demora, à presença de um juiz", posto ostentar o status jurídico supralegal que os tratados internacionais sobre direitos humanos têm no ordenamento jurídico brasileiro, legitima a denominada "audiência de custódia", cuja denominação sugere-se "audiência de apresentação". O direito convencional de apresentação do preso ao juiz, consectariamente, deflagra o procedimento legal de habeas corpus, no qual o juiz apreciará a legalidade da prisão, à vista do preso que lhe é apresentado, procedimento esse instituído pelo Código de Processo Penal, nos seus arts. 647 e seguintes. O habeas corpus ad subjiciendum, em sua origem remota, consistia na determinação do juiz de apresentação do preso para aferição da legalidade da sua prisão, o que ainda se faz presente na legislação processual penal (art. 656 do CPP).*[156]

Integridade física e moral e responsabilidade civil do Estado: *Considerando que é dever do Estado, imposto pelo sistema normativo, manter em seus presídios os padrões mínimos de humanidade previstos no ordenamento jurídico, e de sua responsabilidade, nos termos do art. 37, § 6º, da Constituição,*

---

154 "Art. 5º Direito à integridade pessoal (...)

4. Os processados devem ficar separados dos condenados, salvo em circunstâncias excepcionais, e devem ser submetidos a tratamento adequado à sua condição de pessoas não condenadas.

5. Os menores, quando puderem ser processados, devem ser separados dos adultos e conduzidos a tribunal especializado, com a maior rapidez possível, para seu tratamento.

6. As penas privativas de liberdade devem ter por finalidade essencial a reforma e a readaptação social dos condenados."

155 STF, ADPF nº 347/DF MC, Plenário, Rel. Min. Marco Aurélio, j. 09.09.15, *DJE*19.02.16.

156 STF, ADI nº 5.240/SP, Plenário, Rel. Min. Luiz Fux, j. 20.08.15, *DJE* 01.02.16.

a obrigação de ressarcir os danos, inclusive morais, comprovadamente causados aos detentos em decorrência da falta ou insuficiência das condições legais de encarceramento.[157-158]

Integridade física e moral e separação de poderes: *É lícito ao Judiciário impor à Administração Pública obrigação de fazer, consistente na promoção de medidas ou na execução de obras emergenciais em estabelecimentos prisionais. Supremacia da dignidade da pessoa humana que legitima a intervenção judicial.*[159]

> L – às presidiárias serão asseguradas condições para que possam permanecer com seus filhos durante o período de amamentação.

O direito ao aleitamento materno previsto neste dispositivo pode ser alicerçado em dois importantes princípios: a) primeiramente, a própria dignidade humana; da criança, em ter garantido o carinho e o alimento da mãe em sua estreia na vida, e a mãe, que não pode ser privada de conhecer e de alimentar o próprio filho; b) depois, o princípio da intransmissibilidade da pena, evitando-se assim que a criança que precisa do leite materno que é indispensável à sua saúde, fique privada desse direito fundamental em razão dos atos ilícitos cometidos por outra pessoa, a sua mãe.

Ressalte-se que a Constituição não dispôs acerca do período que deverá ser assegurado para o exercício do direito ora conferido, deixando essa tarefa para o legislador ordinário, que deverá regulamentá-lo de maneira coerente com a natureza da proteção constitucional.

23. EXTRADIÇÃO

> LI – nenhum brasileiro será extraditado, salvo o naturalizado, em caso de crime comum, praticado antes da naturalização, ou de comprovado envolvimento em tráfico ilícito de entorpecentes e drogas afins, na forma da lei;
>
> LII – não será concedida extradição de estrangeiro por crime político ou de opinião.

---

157 STF, RE nº 580.252/MS, Plenário, Rel. Min. Alexandre de Moraes, Rel. p/ acórdão Min. Gilmar Mendes, j. 16.02.17, *DJE* 11.09.17.

158 ***Quanto ao assunto, recomenda-se a consulta ao tema 362 que ilustra a decisão do STF prevendo que Estado não tem responsabilidade civil por atos praticados por presos foragidos. (julgado em 08/09/2020).***

159 STF, RE nº 592.581/RS, Plenário, Rel. Min. Ricardo Lewandowski, j. 13.08.15, *DJE* 01.02.16.

Extradição, em linhas gerais seria o ato por meio do qual um Estado entrega uma pessoa que está sob os limites de seu território, a outro país que o solicita e que é competente para processá-lo e eventualmente condená-lo em razão da prática de crime. Como é uma manifestação de soberania estatal, é indispensável a existência de um tratado de extradição entre os países, acordando os termos de sua realização, respeitando-se ainda as leis internas de cada um, ou, então, um compromisso de reciprocidade devidamente firmado entre as partes.

A Lei de Migração (Lei 13.445 de 2017), em seu art. 81, *caput*, conceituou a extradição como sendo uma medida de cooperação internacional entre o Estado brasileiro e outro Estado pela qual se concede ou solicita a entrega de pessoa sobre quem recaia condenação criminal definitiva ou para fins de instrução de processo penal em curso.

A Constituição de 1988 só tratou da extradição passiva, sendo aquela que pode ocorrer quando o Brasil (como sujeito passivo) recebe o pedido para extraditar alguém que está em seu território. Nesse caso, a solicitação do governo estrangeiro será ainda apreciada pelo STF, na forma do art. 102, I, "g", que deverá levar em consideração o cumprimento de vários requisitos presentes na legislação infraconstitucional[160] antes de decidir sobre a extradição.

Conforme a orientação da norma ora comentada, a Constituição dá proteção absoluta ao brasileiro nato contra a extradição, inclusive ao

---

160 São requisitos para a extradição, segundo a Lei 13.445/17 (Lei de Migração):

Art. 83. São condições para concessão da extradição:

I- ter sido o crime cometido no território do Estado requerente ou serem aplicáveis ao extraditando as leis penais desse Estado; e

II- estar o extraditando respondendo a processo investigatório ou a processo penal ou ter sido condenado pelas autoridades judiciárias do Estado requerente a pena privativa de liberdade.

Art. 82. Não se concederá a extradição quando:

I- o indivíduo cuja extradição é solicitada ao Brasil for brasileiro nato;

II- o fato que motivar o pedido não for considerado crime no Brasil ou no Estado requerente;

III- o Brasil for competente, segundo suas leis, para julgar o crime imputado ao extraditando;

IV- a lei brasileira impuser ao crime pena de prisão inferior a 2 (dois) anos;

V- o extraditando estiver respondendo a processo ou já houver sido condenado ou absolvido no Brasil pelo mesmo fato em que se fundar o pedido;

VI- a punibilidade estiver extinta pela prescrição, segundo a lei brasileira ou a do Estado requerente;

VII- o fato constituir crime político ou de opinião;

VIII- o extraditando tiver de responder, no Estado requerente, perante tribunal ou juízo de exceção; ou

IX- o extraditando for beneficiário de refúgio, nos termos da Lei nº 9.474, de 22 de julho de 1997, ou de asilo territorial.

que possui dupla nacionalidade. Já o brasileiro naturalizado submete-se à extradição desde que verificados os seguintes requisitos:

- **se o crime é comum:** será possível a sua extradição apenas se tiver sido praticado antes da naturalização; após a naturalização o brasileiro naturalizado responderá pelo crime no Brasil;
- **se o crime é de tráfico de drogas:** não importa se praticado antes ou depois da naturalização, pois o brasileiro poderá ser extraditado a qualquer tempo. Tal possibilidade se dá em razão de política universal de combate a este nefasto tipo de crime.

Importante destacar que a **extradição** não se confunde com a **expulsão** nem com a **deportação**, senão vejamos:

- **Expulsão:** Consiste em medida administrativa de retirada compulsória de migrante ou visitante do território nacional, conjugada com o impedimento de reingresso por prazo determinado, na forma do art. 54 da Lei 13.445/17.
- **Deportação:** É a medida decorrente de procedimento administrativo que consiste na retirada compulsória de pessoa que se encontre em situação migratória irregular em território nacional, na forma do art. 50 da Lei 13.445/17.

Ressalte-se que não há expulsão ou deportação de brasileiros do território nacional.

O inciso LII veda a extradição de brasileiros e estrangeiros por crime político e de opinião. Apesar de a Constituição não ter definido exatamente esses crimes, pode-se dizer que o crime político é aquele praticado por razões de natureza pública, ou seja, atentatórias contra o bem-estar da coletividade

---

§ 1º A previsão constante do inciso VII do caput não impedirá a extradição quando o fato constituir, principalmente, infração à lei penal comum ou quando o crime comum, conexo ao delito político, constituir o fato principal.

§ 2º Caberá à autoridade judiciária competente a apreciação do caráter da infração.

§ 3º Para determinação da incidência do disposto no inciso I, será observada, nos casos de aquisição de outra nacionalidade por naturalização, a anterioridade do fato gerador da extradição.

§ 4º O Supremo Tribunal Federal poderá deixar de considerar crime político o atentado contra chefe de Estado ou quaisquer autoridades, bem como crime contra a humanidade, crime de guerra, crime de genocídio e terrorismo.

§ 5º Admite-se a extradição de brasileiro naturalizado, nas hipóteses previstas na Constituição Federal.

e o crime de opinião é aquele praticado quando a pessoa extrapola os limites da liberdade de manifestação do pensamento ofendendo e atacando pessoas e órgãos pelos meios de comunicação.

> **Súmula nº 421, STF:** *Não impede a extradição a circunstância de ser o extraditando casado com brasileira ou ter filho brasileiro.*

Igualdade de tratamento e estrangeiros: *Tratamento igualitário de brasileiros e estrangeiros residentes no Brasil. O alcance do disposto na cabeça do art. 5º da Constituição Federal há de ser estabelecido levando-se em conta a remessa aos diversos incisos. A cláusula de tratamento igualitário não obstaculiza o deferimento de extradição de estrangeiro.*[161]

Extradição e concordância do extraditando: *A Segunda Turma resolveu questão de ordem para homologar a declaração de concordância com pedido extradicional apresentada por cidadão português, nos termos da Convenção de Extradição entre os Estados Membros da Comunidade dos Países de Língua Portuguesa (Artigo 19). Em consequência, deferiu pedido de extradição formulado pelo Governo da República Portuguesa contra acusado por suposta prática dos crimes de homicídio qualificado, roubo e furto qualificado. O extraditando, por meio de advogado regularmente constituído, manifestou, de forma expressa, inequívoca e voluntária, anuência em ser imediatamente entregue às autoridades competentes, independentemente da prévia observância das formalidades inerentes ao processo extradicional. O Colegiado ressaltou que a circunstância de o extraditando se declarar de acordo com o pedido não exonera, em princípio, o Supremo Tribunal Federal do dever de efetuar rígido controle de legalidade, em obediência ao princípio constitucional do devido processo legal. Entretanto, a Convenção de Extradição entre os Estados Membros da Comunidade dos Países de Língua Portuguesa, que substituiu o tratado bilateral de extradição Brasil/ Portugal, estabeleceu regime simplificado de extradição, que autoriza a entrega imediata do extraditando às autoridades competentes do Estado requerente, sempre que o súdito estrangeiro manifestar, de forma livre e de modo voluntário e inequívoco, o seu desejo de ser extraditado (1). A Turma considerou atendido o princípio da dupla tipicidade, já que os delitos imputados ao extraditando também são considerados crimes pelo Direito Penal brasileiro. Também avaliou estar presente o princípio da dupla punibilidade, uma vez que não se verificou nenhuma causa extintiva de punibilidade. Registrou a obrigatoriedade da observância da detração penal, a fim de que seja deduzido da pena eventualmente imposta ao extraditando o período de prisão cautelar a que foi submetido no*

161 STF, Ext nº 1.028/Paraguai, Plenário, Rel. Min. Marco Aurélio, j. 10.08.06, *DJ* 08.09.06.

Brasil, por efeito exclusivo do processo de extradição. Consignou o respeito ao limite de execução da pena por tempo não superior a trinta anos. Concluiu no sentido de delegar autorização ao relator da causa para que proceda, em casos futuros, se assim entender pertinente, ao julgamento monocrático dos pleitos extradicionais, sempre que o próprio extraditando, com fundamento em norma convencional autorizativa, manifestar, expressamente, de modo livre e voluntário, com assistência técnico-jurídica de seu advogado ou defensor público, concordância com o pedido de sua extradição. Nessa hipótese, o ato de homologação judicial da referida declaração equivalerá, para todos os efeitos, à decisão final do processo de extradição, ouvida, previamente, a Procuradoria-Geral da República.[162]

Extradição passiva de brasileiros naturalizados: *Admissibilidade. Extraditando. Brasileiro naturalizado. Naturalização posterior aos fatos que, como crimes comuns, motivaram o pedido. Aplicação do art. 5º, LI, da CF, e art. 77, I, da Lei nº 6.815/80. Pode ser extraditado o brasileiro naturalizado que adquiriu a nacionalidade após a prática do crime comum que fundamenta o pedido de extradição.*[163]

Promessa de reciprocidade e vedação à extradição: *Pedido de extradição, formulado com base em promessa de reciprocidade, de cidadão brasileiro naturalizado, por fatos relacionados a tráfico de drogas anteriores à entrega do certificado de naturalização. Inviabilidade da extradição, por impossibilidade de cumprimento da promessa de reciprocidade, uma vez que, no país requerente, a vedação de extradição de seus nacionais não admite exceções como as previstas na Constituição da República Federativa do Brasil de 1988 (art. 5º, LI). Questão de ordem resolvida pela extinção da extradição, sem julgamento de mérito. Determinada a remessa de cópia dos autos ao Ministério Público, para as finalidades cabíveis, verificando-se a possibilidade de aplicação extraterritorial da lei penal brasileira.*[164]

Vedação à extradição de brasileiro nato: *O brasileiro nato, quaisquer que sejam as circunstâncias e a natureza do delito, não pode ser extraditado, pelo Brasil, a pedido de Governo estrangeiro, pois a Constituição da República, em cláusula que não comporta exceção, impede, em caráter absoluto, a efetivação da entrega extradicional daquele que é titular, seja pelo critério do* jus soli, *seja pelo critério do* jus sanguinis, *de nacionalidade brasileira primária ou originária. Esse privilégio constitucional, que beneficia, sem exceção, o brasileiro nato (CF, art. 5º, LI), não se descaracteriza pelo fato de o Estado estrangeiro, por lei própria, haver-lhe reconhecido a condição de titular de nacionalidade originária pertinente a esse*

---

162 STF, Ext nº 1.476/Portugal QO, Segunda Turma, Rel. Min. Celso de Mello, j. 09.05.17.

163 STF, HC nº 87.219/DF, Plenário, Rel. Min. Cezar Peluso, j. 14.06.06, *DJ* 04.08.06.

164 STF, Ext nº 1.010/Alemanha QO, Plenário, Rel. Min. Joaquim Barbosa, j. 24.05.06, *DJ* 19.12.06.

mesmo Estado (CF, art. 12, § 4º, II, a). *Se a extradição não puder ser concedida, por inadmissível, em face de a pessoa reclamada ostentar a condição de brasileira nata, legitimar-se-á a possibilidade de o Estado brasileiro, mediante aplicação extraterritorial de sua própria lei penal (...) – e considerando, ainda, o que dispõe o Tratado de Extradição Brasil/Portugal (...) –, fazer instaurar, perante órgão judiciário nacional competente (...), a concernente* persecutio criminis, *em ordem a impedir, por razões de caráter ético-jurídico, que práticas delituosas, supostamente cometidas, no exterior, por brasileiros (natos ou naturalizados), fiquem impunes.*[165]

Extradição e perda de nacionalidade brasileira: *A Primeira Turma, por maioria, julgou procedente pedido formulado em extradição ajuizada pelo Governo dos Estados Unidos da América para assentar a possibilidade de entrega da extraditanda, brasileira nata naturalizada americana, acusada da suposta prática de homicídio doloso contra seu marido naquele país. Inicialmente, a Turma relembrou que a perda da nacionalidade brasileira da extraditanda, decretada pelo Ministério da Justiça, teria sido validada no julgamento do Mandado de Segurança 33864/DF (DJE de 9.12.2016). Asseverou que, na ocasião, a Turma, por maioria, firmou entendimento no sentido de que a Constituição Federal (CF), ao tratar da perda da nacionalidade brasileira, estabeleceu duas hipóteses: a) o cancelamento judicial da naturalização, em virtude da prática de ato nocivo ao interesse nacional, o que 9 somente alcança brasileiros naturalizados (art. 12, § 4º, I); e b) a aquisição voluntária de outra nacionalidade secundária, o que alcança, indistintamente, brasileiros natos e naturalizados. Nesta última hipótese – a de aquisição de outra nacionalidade –, não se perde a nacionalidade brasileira em duas situações que constituem exceção à regra: a) tratar-se não de aquisição de outra nacionalidade, mas do mero reconhecimento de outra nacionalidade originária, considerada a natureza declaratória deste reconhecimento (art. 12, § 4º, II, "a"); e b) ter sido a outra nacionalidade imposta pelo Estado estrangeiro como condição de permanência em seu território ou para o exercício de direitos civis (art. 12, § 4º, II, "b"). Entretanto, a situação da então impetrante não se enquadra em nenhuma dessas exceções, porque ela já detinha, desde muito antes de 1999, quando requereu a naturalização, o denominado "green card", cuja natureza jurídica é a de visto de permanência e que confere, nos Estados Unidos da América, os direitos que alega ter pretendido adquirir com a naturalização: a permanência em solo norte-americano e a possibilidade de trabalhar naquele país. Em razão disso, desnecessária a obtenção da nacionalidade norte-americana para os fins que constitucionalmente revelam exceção à regra da perda da nacionalidade brasileira (CF, art. 12, II, § 4º, "a" e "b"). Ao contrário, a extraditanda*

165 STF, HC nº 83.113/DF QO, Plenário, Rel. Min. Celso de Mello, j. 26.06.03, *DJ* 29.08.03.

pretendeu integrar-se àquela comunidade nacional, o que justamente constitui a razão central do critério adotado pelo constituinte originário para a perda da nacionalidade brasileira, critério este não excepcionado pela Emenda Constitucional 3/1994, que introduziu as exceções previstas nas alíneas "a" e "b" do § 4º do inciso II do art. 12 da CF. Em seguida, a Turma considerou preenchidos todos os requisitos previstos na Lei 6.815/1980 e no Tratado de Extradição firmado entre o Brasil e os Estados Unidos. Também não vislumbrou nenhum dos óbices fixados no art. 77 da Lei 6.815/1980 ao deferimento do pedido: a) a extraditanda não é nacional brasileira; b) sua extradição foi requerida por Estado que mantém Tratado de Extradição com o Brasil; c) a pena máxima prevista para os crimes comuns - pelo qual responde - é superior a um ano de privação de liberdade (art. III do Tratado de Extradição); d) a prisão foi decretada por juízo regularmente instituído; e) o Brasil não é competente para o julgamento do crime; e f) o crime não tem conotação política. No que concerne à alegação de não ter sido apresentada tradução juramentada em língua portuguesa dos documentos que instruem o pedido, o Colegiado entendeu que a expressão "tradução oficial", utilizada pelo art. 80 do Estatuto do Estrangeiro, refere-se à tradução cuja autenticidade é certificada pelas autoridades do Estado requerente e cujo encaminhamento se dá por órgãos oficiais, o que confere a mencionada autenticidade, nos termos do art. IX do Tratado e da jurisprudência desta Corte (Ext 1100/República do Chile, DJE de 3.10.2008; Ext 1171/República da Argentina, DJE de 25.6.2010). Observou que, no caso, a tradução foi certificada pelo Departamento de Estado dos Estados Unidos da América, e os documentos encaminhados a esta Corte pelo Ministério da Justiça e pela via diplomática, não havendo falar-se em defeito de tradução. Por fim, a Turma salientou não ser possível prosperar a cooperação quando houver o risco de imposição ao extraditando de penas não admitidas no ordenamento jurídico brasileiro. Assim, pode o Estado que coopera em matéria penal exigir o compromisso formal de que tais penas não serão eventualmente aplicadas ao extraditando entregue ao Estado requerente. Dessa forma, deferiu o pedido de extradição e condicionou a entrega ao Estado requerente ao compromisso formal de: a) não aplicar penas interditadas pelo direito brasileiro, em especial a de morte ou prisão perpétua (CF, art. 5º, XLVII, "a" e "b"); b) observar o tempo máximo de cumprimento de pena previsto no ordenamento jurídico brasileiro de trinta anos (CP, art. 75); e c) detrair da pena o tempo que a extraditanda permaneceu presa para fins de extradição no Brasil. Vencido o ministro Marco Aurélio, que indeferia o pedido, ao fundamento de persistir a condição de brasileira nata da extraditanda.[166]

166 STF, Ext nº 1.462/Estados Unidos da América, Primeira Turma, Rel. Min. Roberto Barroso, j. 28.03.17.

Crimes contra a humanidade e prescrição: *O Plenário, em conclusão e julgamento e por maioria, indeferiu pedido de extradição formulado pelo Governo da Argentina em desfavor de um nacional, ao qual imputada a suposta prática de delitos de lesa-humanidade. Ele é investigado por crimes correspondentes, no Código Penal brasileiro, aos de homicídio qualificado, sequestro e associação criminosa. Os delitos teriam sido cometidos quando o extraditando integrava o grupo terrorista "Triple A", em atividade entre os anos 1973 e 1975, cujo objetivo era o sequestro e o assassinato de cidadãos argentinos contrários ao governo então vigente naquele país – v. Informativos 842 e 844. O Colegiado considerou estar extinta a punibilidade dos crimes imputados ao extraditando, nos termos da legislação brasileira, e de não ter sido atendido, portanto, o requisito da dupla punibilidade. Destacou a jurisprudência nesse sentido, e relembrou o art. 77, VI, do Estatuto do Estrangeiro e o art. III, "c", do tratado de extradição entre Brasil e Argentina quanto à vedação do pleito extradicional quando extinta a punibilidade pela prescrição. Apresentou também o posicionamento da Corte em casos semelhantes, nos quais o pedido de extradição teria sido deferido apenas quanto aos crimes reputados de natureza permanente e considerados não prescritos, em virtude da não cessação da permanência, situação diversa da ora analisada. Relativamente à qualificação dos delitos imputados ao extraditando como de lesa-humanidade, entendeu que essa circunstância não afasta a aplicação da citada jurisprudência. A Corte se referiu a fundamentos expostos na ADPF 153/DF, no sentido da não aplicação, no Brasil, da imprescritibilidade dos crimes dessa natureza, haja vista o País não ter subscrito a Convenção sobre a Imprescritibilidade dos Crimes de Guerra e dos Crimes contra a Humanidade, nem ter a ela aderido, e, ainda, em razão de somente lei interna poder dispor sobre prescritibilidade ou imprescritibilidade da pretensão estatal de punir. Ponderou que, mesmo se houvesse norma de direito internacional de caráter cogente a estabelecer a imprescritibilidade dos crimes contra a humanidade, ela não seria aplicável no Brasil, por não ter sido ainda reproduzida no direito interno. Portanto, o Estatuto de Roma, considerado norma de estatura supralegal ou constitucional, não elidiria a força normativa do art. 5º, XV, da Constituição da República, que veda a retroatividade da lei penal, salvo para beneficiar o réu. Em seguida, o Plenário afastou a ofensa ao art. 27 da Convenção de Viena sobre o Direito dos Tratados. Não ocorre, no caso, invocação de limitações de direito interno para justificar o inadimplemento do tratado de extradição entre Brasil e Argentina, mas simples incidência de limitação prevista nesse tratado. Concluiu que, estando prescritos os crimes, segundo o ordenamento jurídico brasileiro, eventual acolhimento do pedido extradicional ofenderia o próprio tratado de extradição, que demanda a observância do requisito da dupla punibilidade. Vencidos os ministros Edson Fachin (relator), Roberto Barroso, Rosa Weber,* *que reajustou o voto, Ricardo Lewandowski e Cármen Lúcia (presidente), todos pelo indeferimento do pedido. Em seguida, o Tribunal determinou a expedição de alvará de soltura em favor do extraditando.*[167]

Extradição e crime político I: *Extradição. Colômbia. Crimes relacionados à participação do extraditando - então sacerdote da Igreja Católica - em ação militar das Forças Armadas Revolucionárias da Colômbia (FARC). Questão de ordem. Reconhecimento do* status *de refugiado do extraditando, por decisão do Comitê Nacional para Refugiados - CONARE. Pertinência temática entre a motivação do deferimento do refúgio e o objeto do pedido de extradição. Aplicação da Lei nº 9.474/97, art. 33 (Estatuto do Refugiado), cuja constitucionalidade é reconhecida: ausência de violação do princípio constitucional da separação dos poderes. De acordo com o art. 33 da L. 9.474/97, o reconhecimento administrativo da condição de refugiado, enquanto dure, é elisiva, por definição, da extradição que tenha implicações com os motivos do seu deferimento. É válida a lei que reserva ao Poder Executivo - a quem incumbe, por atribuição constitucional, a competência para tomar decisões que tenham reflexos no plano das relações internacionais do Estado - o poder privativo de conceder asilo ou refúgio. A circunstância de o prejuízo do processo advir de ato de um outro Poder - desde que compreendido na esfera de sua competência - não significa invasão da área do Poder Judiciário. Pedido de extradição não conhecido, extinto o processo, sem julgamento do mérito e determinada a soltura do extraditando. Caso em que de qualquer sorte, incidiria a proibição constitucional da extradição por crime político, na qual se compreende a prática de eventuais crimes contra a pessoa ou contra o patrimônio no contexto de um fato de rebelião de motivação política (Ext. 493).*[168]

Extradição e crime político II: *Extraditando acusado de transmitir ao Iraque segredo de estado do Governo requerente (República Federal da Alemanha), utilizável em projeto de desenvolvimento de armamento nuclear. Crime político puro, cujo conceito compreende não só o cometido contra a segurança interna, como o praticado contra a segurança externa do Estado, a caracterizarem, ambas as hipóteses, a excludente de concessão de extradição (...).*[169]

Extradição e crime político III: *Não havendo a Constituição definido o crime político, ao Supremo cabe, em face da conceituação da legislação ordinária vigente, dizer se os delitos pelos quais se pede a extradição, constituem infração*

---

167 STF, Ext nº 1.362/Argentina, Plenário, Rel. Min. Edson Fachin, Rel. p/ acórdão Min. Teori Zavascki, j. 09.11.16.

168 STF, Ext nº 1.008/Colômbia, Plenário, Rel. Min.Gilmar Mendes, Rel. p/acórdão Min. Sepúlveda Pertence, j. 21.03.07, *DJ* 17.08.07.

169 STF, Ext nº 700/Alemanha QO, Plenário, Rel. Min. Octavio Gallotti, j. 04.03.98, *DJ* 05.11.99.

de natureza política ou não, tendo em vista o sistema da principalidade ou da preponderância.[170]

24. O DEVIDO PROCESSO LEGAL

> LIV – ninguém será privado da liberdade ou de seus bens sem o devido processo legal;
>
> LV – aos litigantes, em processo judicial ou administrativo, e aos acusados em geral são assegurados o contraditório e a ampla defesa, com os meios e recursos a ela inerentes.

O devido processo legal brasileiro se apoia na cláusula do *due process of law* norte-americano e pode ser analisado em seu duplo sentido: processual e material (ou substantivo).

No seu sentido processual pode ser considerado o núcleo de todos os direitos processuais; é a ideia de paridade de condições para que as partes possam defender os seus próprios interesses. É marcado, por exemplo, pela assistência técnica do advogado, pela possibilidade de apresentação de provas – com vedação às ilícitas, pelo princípio do juiz natural, bem como pelo exercício do contraditório e ampla defesa.

Ampla defesa e contraditório são dois importantes princípios que integram, portanto, o devido processo legal, entretanto não são expressões sinônimas. A ampla defesa deve ser analisada à luz do polo passivo da relação processual, é uma proteção daquele contra quem se postula no processo. Se há o direito de ação deve haver também o direito de defesa. O contraditório impõe de um lado a necessidade de que a pessoa seja informada acerca da prática de alguma pretensão e a possibilidade de reação da outra parte quanto aos atos desfavoráveis, pois, como o processo se desenvolve em ambiente dialético, o juiz irá decidir depois de sopesar os argumentos de ambas as partes.

Do sentido material do devido processo legal nasce o princípio da razoabilidade (já estudado em capítulo próprio), pelo qual, o intérprete deve procurar buscar a aplicação da norma fundado no bom-senso, no equilíbrio presente na inteligência do homem comum, somente sacrificando um direito quando for a única forma de salvaguardar um bem maior.

O devido processo legal deve ser obedecido nos processos judiciais e administrativos (inclusive na sindicância administrativa), mas não se aplica

170 STF, EXT nº 615/Bolívia, Plenário, Rel. Min. Paulo Brossard, j. 19.10.94, *DJ* 05.12.94.

em sede de inquérito policial, tendo em vista a natureza inquisitiva deste procedimento administrativo.

> **Súmula Vinculante nº 3:** *Nos processos perante o Tribunal de Contas da União asseguram-se o contraditório e a ampla defesa quando da decisão puder resultar anulação ou revogação de ato administrativo que beneficie o interessado, excetuada a apreciação da legalidade do ato de concessão inicial de aposentadoria, reforma e pensão.*
>
> **Súmula Vinculante nº 5:** *A falta de defesa técnica por advogado no processo administrativo disciplinar não ofende a Constituição.*
>
> **Súmula Vinculante nº 14:** É direito do defensor, no interesse do representado, ter acesso amplo aos elementos de prova que, já documentados em procedimento investigatório realizado por órgão com competência de polícia judiciária, digam respeito ao exercício do direito de defesa.
>
> **Súmula Vinculante nº 21:** *É inconstitucional a exigência de depósito ou arrolamento prévios de dinheiro ou bens para admissibilidade de recurso administrativo.*

Devido processo legal e inversão da ordem na sustentação oral: *Ação penal. Recurso. Apelação exclusiva do Ministério Público. Sustentações orais. Inversão na ordem. Inadmissibilidade. Sustentação oral da defesa após a do representante do Ministério Público. Provimento ao recurso. Condenação do réu. Ofensa às regras do contraditório e da ampla defesa, elementares do devido processo legal. Nulidade reconhecida. HC concedido. Precedente. (...). No processo criminal, a sustentação oral do representante do Ministério Público, sobretudo quando seja* recorrente único, deve sempre preceder à da defesa, sob pena de nulidade do julgamento.[171]

Impeachment e ordem na sustentação oral: *No curso do procedimento de impeachment, o acusado tem a prerrogativa de se manifestar, de um modo geral, após a acusação. Concretização da garantia constitucional do devido processo legal* (due process of law).[172]

Devido processo legal e advogado suspenso pela OAB: *Por considerar violada a cláusula do devido processo legal, a Turma deferiu* habeas corpus *impetrado em favor de condenado pela prática dos crimes de formação de quadrilha, sequestro e roubo qualificado cujas alegações finais foram apresentadas por advogada comprovadamente suspensa por ato disciplinar da Ordem dos Advogados do Brasil – OAB. Enfatizando que o ato fora subscrito por quem não estava legalmente habilitado a tanto, entendeu-se, na espécie, que a peça oferecida, quanto ao seu conteúdo material, seria superficial, genérica e inconsistente, o que violaria o direito à defesa plena, efetiva e real que assiste a qualquer réu.*

---

171 STF, HC nº 87.926/SP, Plenário, Rel. Min. Cezar Peluso, j. 20.02.08, *DJ* 25.04.08.

172 STF, ADPF nº 378/DF MC, Plenário, Rel. Min. Edson Fachin, Rel. p/ acórdão Min. Roberto Barroso, j. 17.12.15, *DJE* 08.03.16.

(...) HC deferido para invalidar a condenação penal decretada contra o paciente, declarando a nulidade dos atos processuais, a partir das alegações finais, inclusive, e determinar, desde que ainda não consumada a prescrição penal, a renovação dos atos e termos processuais.[173]

Devido processo legal e interrogatório mediante videoconferência: *Ação penal. Ato processual. Interrogatório. Realização mediante videoconferência. Inadmissibilidade. Forma singular não prevista no ordenamento jurídico. Ofensa a cláusulas do justo processo da lei (*due process of law*). Limitação ao exercício da ampla defesa, compreendidas a autodefesa e a defesa técnica. Insulto às regras ordinárias do local de realização dos atos processuais penais e às garantias constitucionais da igualdade e da publicidade. Falta, ademais, de citação do réu preso, apenas instado a comparecer à sala da cadeia pública, no dia do interrogatório. Forma do ato determinada sem motivação alguma. Nulidade processual caracterizada. HC concedido para renovação do processo desde o interrogatório, inclusive. (...) Enquanto modalidade de ato processual não prevista no ordenamento jurídico vigente, é absolutamente nulo o interrogatório penal realizado mediante videoconferência, sobretudo quando tal forma é determinada sem motivação alguma, nem citação do réu.*[174]

Devido processo legal nas relações privadas: *Cooperativa – Exclusão de associado – Caráter punitivo – Devido processo legal. Na hipótese de exclusão de associado decorrente de conduta contrária aos estatutos, impõe-se a observância ao devido processo legal, viabilizado o exercício amplo da defesa. Simples desafio do associado à assembleia geral, no que toca à exclusão, não é de molde a atrair adoção de processo sumário. Observância obrigatória do próprio estatuto da cooperativa.*[175]

Devido processo legal e observância do contraditório e ampla defesa: *As garantias do contraditório e da ampla defesa não são absolutas quando considerado o caráter de urgência do pedido liminar, podendo o relator despachar a medida antes da oitiva das partes interessadas.*[176]

Devido processo legal e procedimentos administrativos:*(...) assiste ao interessado, mesmo em procedimentos de índole administrativa, como direta emanação da própria garantia constitucional do due process of law (independentemente, portanto, de haver, ou não, previsão normativa nos estatutos que regem a atuação dos órgãos do Estado), a prerrogativa indisponível do contraditório e da plenitude de defesa, com os meios e recursos a ela inerentes, consoante prescreve*

---

173 STF, HC nº 85.717/SP, Segunda Turma, Rel. Min. Celso de Mello, j. 09.10.07, *DJE* 14.06.13. *Informativo* 483.

174 STF, HC nº 88.914/SP, Segunda Turma, Rel. Min. Cezar Peluso, j. 14.08.2007, *DJ* 05.10.2007.

175 STF, RE nº 158.215/RS, Segunda Turma, Rel. Min. Marco Aurélio, j. 30.04.96, *DJ* 07.06.96.

176 STF, MS nº 28.417/AP AgR, Plenário, Rel. Min. Dias Toffoli, j. 27.02.14, *DJE* 02.04.14.

a Constituição da República, em seu art. 5º, LIV e LV. (...) O exame da garantia constitucional do due process of law permite nela identificar, em seu conteúdo material, alguns elementos essenciais à sua própria configuração, dentre os quais avultam, por sua inquestionável importância, as seguintes prerrogativas: (a) direito ao processo (garantia de acesso ao Poder Judiciário); (b) direito à citação e ao conhecimento prévio do teor da acusação; (c) direito a um julgamento público e célere, sem dilações indevidas; (d) direito ao contraditório e à plenitude de defesa (direito à autodefesa e à defesa técnica); (e) direito de não ser processado e julgado com base em leis ex post facto*; (f) direito à igualdade entre as partes; (g) direito de não ser processado com fundamento em provas revestidas de ilicitude; (h) direito ao benefício da gratuidade; (i) direito à observância do princípio do juiz natural; (j) direito ao silêncio (privilégio contra a autoincriminação); e (l) direito à prova, valendo referir, a respeito dos postulados que regem o processo administrativo em geral (...).*[177]

Devido processo legal e duplo grau de jurisdição: *O duplo grau não é absoluto no âmbito jurisdicional. Desse modo, a previsão legal de instância única no contencioso administrativo não viola o alegado direito ao mencionado instituto.*[178]

LVI – são inadmissíveis, no processo, as provas obtidas por meios ilícitos.

A vedação à utilização de provas ilícitas é um dos corolários do devido processo legal, pois, ainda que o processo busque atingir a verdade real, essa missão deve ser realizada à luz das normas presentes no ordenamento jurídico, em respeito aos direitos fundamentais das partes envolvidas.

Com isso, é possível se afirmar que qualquer prova, cuja obtenção pelo Poder Público derive de transgressão a cláusulas de ordem constitucional, seja violação do direito material ou do direito processual, poderá acarretar a nulidade do processo em nome da defesa do devido processo legal.

Pelo Supremo Tribunal Federal as provas ilícitas e aquelas outras que delas derivarem devem ser desentranhadas do processo, sob pena de nulidade. De acordo com a "Teoria dos Frutos da Árvore Envenenada", ou *The fruit of the poisonous tree* (de criação norte-americana), considera-se também inválida a prova derivada da ilícita, pois a ilicitude se transmite e as provas obtidas também serão imprestáveis como são as originárias.

---

177 STF, MS nº 34.180/DF MC, decisão monocrática, Rel. Min. Celso de Mello, j. 01.07.16, *DJE* 01.08.16.

178 STF, RE nº 794.149/CE AgR, Primeira Turma, Rel. Min. Dias Toffoli, j. 18.11.14, *DJE* 04.12.14.

Imperioso destacar que o STF entende que o fato de ter prova ilícita no processo não faz com que seja invalidado todo o feito. Se uma decisão se baseia em provas lícitas e ilícitas, deverão ser afastadas as provas ilícitas a fim de se verificar se as provas lícitas são suficientes para a manutenção da decisão e, neste caso, não haverá nulidade do processo.

Em nome do princípio da proporcionalidade, é pacífico na doutrina e na jurisprudência a admissibilidade de prova ilícita obtida em favor do réu em processo penal quando for o único meio de comprovar sua inocência e, ainda, quando a prova for apresentada em legítima defesa.

Prova ilícita e legítima defesa I: *Utilização de gravação de conversa telefônica feita por terceiro com a autorização de um dos interlocutores sem o conhecimento do outro quando há, para essa utilização, excludente da antijuridicidade. Afastada a ilicitude de tal conduta - a de, por legítima defesa, fazer gravar e divulgar conversa telefônica ainda que não haja o conhecimento do terceiro que está praticando crime –, é ela, por via de consequência, lícita e, também consequentemente, essa gravação não pode ser tida como prova ilícita, para invocar-se o art. 5º, LVI, da Constituição com fundamento em que houve violação da intimidade (art. 5º, X, da Carta Magna).*[179]

Prova ilícita e legítima defesa II: Habeas corpus. *Prova. Licitude. Gravação de telefonema por interlocutor. É lícita a gravação de conversa telefônica feita por um dos interlocutores, ou com sua autorização, sem ciência do outro, quando há investida criminosa deste último. É inconsistente e fere o senso comum falar-se em violação do direito à privacidade quando interlocutor grava diálogo com sequestradores, estelionatários ou qualquer tipo de chantagista. Ordem indeferida.*[180]

Interceptação telefônica e prova ilícita: *Autorização judicial deferida anteriormente à Lei nº 9.296/96, que regulamentou o inciso XII do art. 5º da Constituição Federal. Nulidade da ação penal, por fundar-se exclusivamente em conversas obtidas mediante quebra dos sigilos telefônicos dos pacientes.*[181]

Prova ilícita por derivação I: Fruits of the poisonous tree. *(...) Assentou, ainda, que a ilicitude da interceptação telefônica - à falta da lei que, nos termos do referido dispositivo, venha a disciplina-la e viabilizá-la - contamina outros*

179 STF, HC nº 74.678/SP, Primeira Turma, Rel. Min. Moreira Alves, j. 10.06.97, *DJ* 15.08.97. Nesse sentido: STF, RE nº 583.937/RJ QO-RG, Plenário, Rel. Min. Cezar Peluso, j. 19.11.09, *DJE*18.12.09.

180 STF, HC nº 75.338/RJ, Plenário, Rel. Min. Nelson Jobim, j. 11.03.98, *DJ* 25.09.98.

181 STF, HC nº 81.154/SP, Segunda Turma, Rel. Min. Maurício Corrêa, j. 02.10.01, *DJ* 19.12.01.

elementos probatórios eventualmente coligidos, oriundos, direta ou indiretamente, das informações obtidas na escuta.[182]

Prova ilícita por derivação II: *Prova ilícita. Escuta telefônica.* Fruits of the poisonous tree. *Não acolhimento. Não cabe anular-se a decisão condenatória com base na alegação de haver a prisão em flagrante resultado de informação obtida por meio de censura telefônica deferida judicialmente. É que a interceptação telefônica – prova tida por ilícita até a edição da Lei nº 9.296, de 24.07.96, e que contaminava as demais provas que dela se originavam – não foi a prova exclusiva que desencadeou o procedimento penal, mas somente veio a corroborar as outras licitamente obtidas pela equipe de investigação policial.*[183]

Prova ilícita e foro privilegiado: *Interceptações telefônicas realizadas em primeiro grau de jurisdição. Operação Vegas. Surgimento de indícios do envolvimento de senador da República, detentor de prerrogativa de foro, em fatos criminosos em apuração. Competência do Supremo Tribunal Federal para processar e julgar originariamente a causa (...). Necessidade de imediata remessa dos autos à Corte. Não ocorrência. Usurpação de sua competência constitucional configurada. Prosseguimento das investigações em primeiro grau. Tentativa de arrecadar maiores elementos de informação por via oblíqua sem a autorização do Supremo Tribunal Federal. Violação do princípio do juiz natural (...). Operação Monte Carlo. Surgimento de indícios do envolvimento de detentor de prerrogativa de foro nos fatos em apuração. Sobrestamento em autos apartados dos elementos arrecadados em relação ao referido titular de prerrogativa. Prosseguimento das diligências em relação aos demais investigados. Desmembramento caraterizado. Violação de competência exclusiva da Corte, juiz natural da causa. Invalidade das interceptações telefônicas relacionadas ao recorrente nas operações Vegas e Monte Carlo e das provas diretamente delas derivadas. Teoria dos frutos da árvore envenenada* (fruit of the poisonous tree).[184]

25. PRINCÍPIO DA PRESUNÇÃO DE INOCÊNCIA

> LVII – ninguém será considerado culpado até o trânsito em julgado de sentença penal condenatória.

O princípio da presunção de inocência está expresso neste dispositivo e de acordo com ele, a Constituição de 1988 determina que somente será considerado culpado o condenado por sentença irrecorrível. Até aí o acusado tem

182 STF, HC nº 73.351/SP, Plenário, Rel. Min. Ilmar Galvão, j. 09.05.96, *DJ* 19.03.99.

183 STF, HC nº 74.599/SP, Primeira Turma, Rel. Min. Ilmar Galvão, j. 03.12.96, *DJ* 07.02.97.

184 STF, RHC nº 135.683/GO, Segunda Turma, Rel. Min. Dias Toffoli, j. 25.10.16, *DJE* 03.04.17.

o direito de não ostentar o *status* de condenado. A situação de dúvida deve ser observada até o fim para a proteção do homem.

Esse princípio, também denominado como da não culpabilidade, consagra uma regra de tratamento que impede o Poder Público de agir e de se comportar, em relação ao suspeito, ao indiciado, ao denunciado ou ao réu, como se estes já houvessem sido condenados definitivamente por sentença do Poder Judiciário.

De acordo com a jurisprudência, o princípio em tela não conflita com as eventuais prisões processuais que podem ser determinadas, de acordo com a lei, no curso do processo. Diversamente, porém, o lançamento do nome do acusado no rol dos culpados, viola a não culpabilidade que o protege.

O dispositivo sob nossa atenção gera efeitos também na seara dos direitos políticos, na forma do art. 15, III, da CF, quando o texto trata da suspensão desses direitos, desde que haja uma sentença condenatória transitada em julgado. Até esse momento, portanto, o acusado, mesmo preso, conservará os seus direitos de eleitor.

> **Súmula nº 9 do STJ**: *A exigência da prisão provisória, para apelar, não ofende a garantia constitucional da presunção de inocência.*

Importante destacar que no dia 7 de novembro de 2019, o plenário do Supremo Tribunal Federal concluiu o julgamento das ADCs 43, 44 e 54, ajuizadas pelo Partido Ecológico Nacional - PEN (atual Patriota), Conselho Federal da OAB e pelo Partido Comunista do Brasil - PCdoB, tendo firmado o entendimento no sentido da impossibilidade da execução da pena depois de decisão condenatória confirmada em 2ª instância, modificando a jurisprudência da Corte, que entendia, até então, pela possibilidade da execução provisória da pena.

A decisão foi tomada em julgamento apertado, por 6 a 5 votos, e as Ações Declaratórias de Constitucionalidade foram julgadas procedentes, assentando a constitucionalidade do art. 283 do CPP, com redação dada pela Lei 12.403/11, que preceitua que: "*Ninguém poderá ser preso senão em flagrante delito ou por ordem escrita e fundamentada da autoridade judiciária competente, em decorrência de sentença condenatória transitada em julgado ou, no curso da investigação ou do processo, em virtude de prisão temporária ou prisão preventiva.*"

Presunção de inocência e registro de candidatos: *O Tribunal, por maioria, julgou improcedente arguição de descumprimento de preceito fundamental, ajuizada pela Associação dos Magistrados Brasileiros – AMB, em que questionava a validade constitucional das interpretações emanadas do Tribunal Superior Eleitoral – TSE em tema de inelegibilidade fundada na vida pregressa dos candidatos, bem como* *sustentava, por incompatibilidade com o § 9º do art. 14 da CF, na redação que lhe deu a ECR nº 4/94 (...), a não recepção de certos textos normativos inscritos na Lei Complementar nº 64/90, nos pontos em que exige o trânsito em julgado para efeito de reconhecimento de inelegibilidade e em que acolhe ressalva descaracterizadora de hipótese de inelegibilidade (...). No mérito, entendeu-se que a pretensão deduzida pela AMB não poderia ser acolhida, haja vista que desautorizada (...) por cláusulas instituídas pela própria Constituição da República e que consagram, em favor da pessoa, o direito fundamental à presunção de inocência (...). Rejeitou-se a pretensão deduzida pela arguente no que respeita às alíneas* d, e, *e* h *do inciso I do art. 1º, e ao art. 15, todos da Lei Complementar nº 64/90, ao fundamento de que o postulado consagrador da garantia de inocência irradia os seus efeitos para além dos limites dos processos penais de natureza condenatória, impedindo, desse modo, que situações processuais ainda não definidas por sentenças transitadas em julgado provoquem, em decorrência das exigências de probidade administrativa e de moralidade a que se refere o § 9º do art. 14 da CF, na redação dada pela ECR nº 4/94, a inelegibilidade dos cidadãos ou obstem candidaturas para mandatos eletivos. (...). Concluiu-se, em suma, que o STF e os órgãos integrantes da Justiça Eleitoral não podem agir abusivamente, nem fora dos limites previamente delineados nas leis e na CF, e que, em consequência dessas limitações, o Judiciário não dispõe de qualquer poder para aferir com a inelegibilidade quem inelegível não é. Reconheceu-se que, no Estado Democrático de Direito, os poderes do Estado encontram-se juridicamente limitados em face dos direitos e garantias reconhecidos ao cidadão e que, em tal contexto, o Estado não pode, por meio de resposta jurisdicional que usurpe poderes constitucionalmente reconhecidos ao Legislativo, agir de maneira abusiva para, em transgressão inaceitável aos postulados da não culpabilidade, do devido processo, da divisão funcional do poder, e da proporcionalidade, fixar normas ou impor critérios que culminem por estabelecer restrições absolutamente incompatíveis com essas diretrizes fundamentais.*[185]

26. IDENTIFICAÇÃO CRIMINAL

> LVIII – o civilmente identificado não será submetido a identificação criminal, salvo nas hipóteses previstas em lei.

A pessoa que já possua documento oficial de identificação civil tem o direito de não ser submetida a nova identificação em sede de apuração criminal, por esta ser constrangedora e violadora da dignidade humana. A norma

185 STF, ADPF nº 144/DF, Plenário, Rel. Min. Celso de Mello, j. 06.08.08, *DJE* 26.02.10, *Informativo* nº 514.

constitucional, entretanto, excepciona a regra geral da não identificação criminal daquele devidamente identificado civilmente, nas hipóteses definidas em lei.

Para o implemento dessas situações, foi editada a Lei nº 12.037/2009, que assim dispõe:

> Art. 3º Embora apresentado documento de identificação, poderá ocorrer identificação criminal quando:
>
> I – o documento apresentar rasura ou tiver indício de falsificação;
>
> II – o documento apresentado for insuficiente para identificar cabalmente o indiciado;
>
> III – o indiciado portar documentos de identidade distintos, com informações conflitantes entre si;
>
> IV – a identificação criminal for essencial às investigações policiais, segundo despacho da autoridade judiciária competente, que decidirá de ofício ou mediante representação da autoridade policial, do Ministério Público ou da defesa;
>
> V – constar de registros policiais o uso de outros nomes ou diferentes qualificações;
>
> VI – o estado de conservação ou a distância temporal ou da localidade da expedição do documento apresentado impossibilite a completa identificação dos caracteres essenciais.

27. AÇÃO PENAL PRIVADA SUBSIDIÁRIA DA PÚBLICA

> LIX – será admitida ação privada nos crimes de ação pública, se esta não for intentada no prazo legal.

Pela ação penal provoca-se a jurisdição penal onde se imputa prática criminosa a alguém. A ação será pública, se for de iniciativa do Ministério Público; incondicionada na hipótese de atuar de ofício e, condicionada, caso dependa de representação do ofendido ou de requisição do Ministro da Justiça. A ação privada dependerá da provocação da tutela jurisdicional por parte do próprio ofendido, ou de quem o represente nos termos da lei.

Entretanto, se no prazo legal (art. 46, CPP)[186] o titular da ação pública não tomar uma das seguintes providências: *oferecer a denúncia, requerer o arquivamento do inquérito policial ou requisitar novas diligências,* caberá a

186 "Art. 46. O prazo para oferecimento da denúncia, estando o réu preso, será de 5 dias, contado da data em que o órgão do Ministério Público receber os autos do inquérito policial, e de 15 dias, se o réu estiver solto ou afiançado. No último caso, se houver devolução do inquérito à autoridade policial (art. 16), contar-se-á o prazo da data em que o órgão do Ministério Público receber novamente os autos."

apresentação da ação penal privada subsidiária da pública, proposta pela vítima ou seus familiares.

Ação penal privada e inércia do Ministério Público: *Direito a mover ação penal privada subsidiária da pública. Art. 5º, LIX, da CF. Direito da vítima e sua família à aplicação da lei penal, inclusive tomando as rédeas da ação criminal, se o Ministério Público não agir em tempo. Relevância jurídica. Repercussão geral reconhecida. Inquérito policial relatado remetido ao Ministério Público. Ausência de movimentação externa ao Parquet por prazo superior ao legal (art. 46 do CPP). Surgimento do direito potestativo a propor ação penal privada. Questão constitucional resolvida no sentido de que: (i) o ajuizamento da ação penal privada pode ocorrer após o decurso do prazo legal, sem que seja oferecida denúncia, ou promovido o arquivamento, ou requisitadas diligências externas ao Ministério Público. Diligências internas à instituição são irrelevantes; (ii) a conduta do Ministério Público posterior ao surgimento do direito de queixa não prejudica sua propositura. Assim, o oferecimento de denúncia, a promoção do arquivamento ou a requisição de diligências externas ao Ministério Público, posterior ao decurso do prazo legal para a propositura da ação penal, não afastam o direito de queixa. Nem mesmo a ciência da vítima ou da família quanto a tais diligências afasta esse direito, por não representar concordância com a falta de iniciativa da ação penal pública.*[187]

28. PUBLICIDADE DOS ATOS PROCESSUAIS

> LX – a lei só poderá restringir a publicidade dos atos processuais quando a defesa da intimidade ou o interesse social o exigirem.

A publicidade é um princípio que orienta a regra da transparência que deverá nortear toda a tarefa da Administração Pública e a prestação de serviços públicos. As decisões não decorrem da vontade unilateral daquele que as edita; devem refletir a adesão ao direito e a fundamentação, por isso, é essencial a publicidade porque ela propicia a faculdade das partes, da sociedade e de outros órgãos jurisdicionais de controlar o conteúdo de seus julgados, na forma do art. 93, IX, da CF.

Os atos judiciais são públicos, como regra. De acordo com o dispositivo, somente a lei pode dispor sobre a prática de atos judiciais sob sigilo, nos casos em que a intimidade dos envolvidos ou o interesse social recomendarem, como já está presente nas leis processuais que agasalham essa salvaguarda nos processos que dizem respeito a relações familiares e filiação, onde a questão da intimidade se faz sempre presente.

187 STF, ARE nº 859.251/DF RG, Plenário, Rel. Min. Gilmar Mendes, j. 16.04.15, *DJE* 21.05.15.

Publicidade dos autos processuais e segredo de justiça: *A publicidade assegurada constitucionalmente (art. 5º, LX, e 93, IX, da CF) alcança os autos do processo, e não somente as sessões e audiências, razão pela qual padece de inconstitucionalidade disposição normativa que determine abstratamente segredo de justiça em todos os processos em curso perante vara criminal.*[188]

29. A PRISÃO

> LXI – ninguém será preso senão em flagrante delito ou por ordem escrita e fundamentada de autoridade judiciária competente, salvo nos casos de transgressão militar ou crime propriamente militar, definidos em lei;
>
> LXII – a prisão de qualquer pessoa e o local onde se encontre serão comunicados imediatamente ao juiz competente e à família do preso ou à pessoa por ele indicada;
>
> LXIV – o preso tem direito à identificação dos responsáveis por sua prisão ou por seu interrogatório policial;
>
> LXV – a prisão ilegal será imediatamente relaxada pela autoridade judiciária;
>
> LXVI – ninguém será levado à prisão ou nela mantido, quando a lei admitir a liberdade provisória, com ou sem fiança.

A Constituição consagra a liberdade como regra (inciso XV) e a prisão como exceção, que só poderá ser determinada: em caso de flagrante delito; ou por ordem escrita de autoridade judiciária competente, obedecendo-se neste caso o princípio da reserva de jurisdição. Já a prisão em flagrante delito, na forma do art. 301 do CPP pode ser executada por qualquer pessoa do povo (faculdade) e pelas autoridades policiais (que têm o dever jurídico de realizar a prisão).

O inciso trata ainda da prisão administrativa disciplinar, no âmbito das organizações militares, que deverá também ser decretada pela autoridade competente, em decisão devidamente fundamentada.

A identificação da autoridade ou pessoa responsável pela execução da prisão, bem como a necessidade de comunicação da prisão ao juiz, a família do preso e ao advogado, são medidas salutares contra o cometimento de arbítrios e abusos de poder.

De mais a mais, é dever do juiz relaxar imediatamente a prisão considerada ilegal, assim considerada a que se afasta dos critérios da lei. Quando a prisão atender aos requisitos legais, a hipótese será de concessão de liberdade provisória e não de relaxamento de prisão, em face de prisões ilegais.

188 STF, ADI nº 4.414/AL, Plenário, Rel. Min. Luiz Fux, j. 31.05.12, *DJE* 17.06.13.

Sempre que alguém puder, deverá responder pelo processo penal em liberdade. Dois institutos são aplicados para a hipótese: a) a liberdade provisória: que assegura o poder da pessoa acusada permanecer solta enquanto houver decisão recorrível, ou seja, durante todo o transcurso do julgamento ninguém será levado à prisão se couber a liberdade provisória; b) a fiança: é instituto que garante à pessoa o direito de defender-se em liberdade mediante uma caução real (um pagamento que funcionará como garantia de que a pessoa comparecerá a todos os atos processuais para os quais for comunicada).

Não comunicação da prisão e trancamento da ação penal: *Descumprimento do inciso LXII do art. 5º da Constituição: circunstância que não compromete a materialidade dos delitos e sua autoria, nem autoriza o trancamento da ação penal, podendo ensejar a responsabilidade das autoridades envolvidas.*[189]

Não comunicação da prisão por ato voluntário do preso: *Não ocorre descumprimento do inciso LXII do art. 5º da Constituição Federal, quando o preso, voluntariamente, não indica pessoa a ser comunicada da sua prisão. Encontrando-se o paciente cumprindo pena por condenação definitiva, é irrelevante eventual nulidade formal que tenha ocorrido no auto de prisão em flagrante, eis que se encontra preso por outro título.*[190]

Prisão ilegal e juízo incompetente: *O juízo incompetente pode, salvante os casos de erro grosseiro e manifesta má-fé, em hipóteses de urgência e desde que haja dúvida razoável a respeito do órgão que deve processar a causa, determinar o relaxamento de prisão ilegal, remetendo o caso, em seguida, ao juiz natural, configurando hipótese de* translatio iudicii *inferida do art. 5º, LXV, da Carta Magna, o qual não exige a competência da autoridade judiciária responsável pelo relaxamento, sendo certo que a complexidade dos critérios de divisão da competência jurisdicional não podem obstaculizar o acesso à justiça (art. 5º, XXXV, da CF).*[191]

30. DIREITO AO SILÊNCIO

> LXIII – o preso será informado de seus direitos, entre os quais o de permanecer calado, sendo-lhe assegurada a assistência da família e de advogado.

Em harmonia com o princípio da ampla defesa, garante-se ao preso o direito ao silêncio. Ninguém é obrigado a produzir prova contra si mesmo e, às vezes, silenciar pode ser uma boa estratégia de defesa. Além do que, o

189 STF, HC nº 68.503/DF, Segunda Turma, Rel. Min. Célio Borja, j. 19.03.91, *DJ* 29.05.92.

190 STF, HC nº 69.630/SP, Segunda Turma, Rel. Min. Paulo Brossard, j. 20.10.92, *DJ* 04.12.92.

191 STF, ADI nº 4.414/AL, Plenário, Rel. Min. Luiz Fux, j. 31.05.12, *DJE* 17.06.13.

silêncio não pode ser interpretado em seu desfavor, não valendo aqui a frase popularmente conhecida de que: *quem cala consente*.

A jurisprudência considera que além do direito ao silêncio propriamente dito, o preso tem direito fundamental a ser informado de que possui tal direito e a ausência do aviso poderá gerar também a nulidade e a desconsideração de todas as informações incriminatórias obtidas no depoimento do acusado.

Esse privilégio contra a autoincriminação deverá ser respeitado inclusive perante as Comissões Parlamentares de Inquérito, segundo orientação jurisprudencial já assentada, estendendo-se também às testemunhas.

Sobre o tema, o plenário do Supremo Tribunal Federal, no dia 7 de novembro de 2019, concluiu o julgamento das ADCs 43, 44 e 54, ajuizadas pelo Partido Ecológico Nacional - PEN (atual Patriota), Conselho Federal da OAB e pelo Partido Comunista do Brasil - PCdoB, tendo firmado o entendimento no sentido da impossibilidade da execução da pena depois de decisão condenatória confirmada em segunda instância.

A decisão foi tomada em julgamento apertado, por seis a cinco votos, e as Ações Declaratórias de Constitucionalidade foram julgadas procedentes, assentando a constitucionalidade do art. 283 do CPP, com redação dada pela Lei 12.403/11, que elenca que: "Ninguém poderá ser preso senão em flagrante delito ou por ordem escrita e fundamentada da autoridade judiciária competente, em decorrência de sentença condenatória transitada em julgado ou, no curso da investigação ou do processo, em virtude de prisão temporária ou prisão preventiva."

Direito ao silêncio e autoincriminação: *A CF assegura aos presos o direito ao silêncio (inciso LXIII do art. 5º). Nessa mesma linha de orientação, o Pacto Internacional sobre Direitos Civis e Políticos (Pacto de São José da Costa Rica) institucionaliza o princípio da "não autoincriminação" (nemo tenetur se detegere). Esse direito subjetivo de não se autoincriminar constitui uma das mais eminentes formas de densificação da garantia do devido processo penal e do direito à presunção de não culpabilidade (inciso LVII do art. 5º da CF). A revelar, primeiro, que o processo penal é o espaço de atuação apropriada para o órgão de acusação demonstrar por modo robusto a autoria e a materialidade do delito. Órgão que não pode se esquivar da incumbência de fazer da instrução criminal a sua estratégia oportunidade de produzir material probatório substancialmente sólido em termos de comprovação da existência de fato típico e ilícito, além da culpabilidade do acusado.*[192]

192 STF, HC nº 101.909/MG, Segunda Turma, Rel. Min. Ayres Britto, j. 28.02.12, *DJE* 19.06.12.

Inobservância do dever de informação do direito ao silêncio: *O direito à informação da faculdade de manter-se silente ganhou dignidade constitucional, porque instrumento insubstituível da eficácia real da vetusta garantia contra a autoincriminação que a persistência planetária dos abusos policiais não deixa perder atualidade. Em princípio, ao invés de constituir desprezível irregularidade, a omissão do dever de informação ao preso dos seus direitos, no momento adequado, gera efetivamente a nulidade e impõe a desconsideração de todas as informações incriminatórias dele anteriormente obtidas, assim como das provas delas derivadas. Mas, em matéria de direito ao silêncio e à informação oportuna dele, a apuração do gravame há de fazer-se a partir do comportamento do réu e da orientação de sua defesa no processo: o direito à informação oportuna da faculdade de permanecer calado visa a assegurar ao acusado a livre opção entre o silêncio - que faz recair sobre a acusação todo o ônus da prova do crime e de sua responsabilidade - e a intervenção ativa, quando oferece versão dos fatos e se propõe a prová-la: a opção pela intervenção ativa implica abdicação do direito a manter-se calado e das consequências da falta de informação oportuna a respeito.*[193]

Direito ao Silêncio e CPI: *O privilégio contra a autoincriminação - que é plenamente invocável perante as Comissões Parlamentares de Inquérito - traduz direito público subjetivo assegurado a qualquer pessoa, que, na condição de testemunha, de indiciado ou de réu, deva prestar depoimento perante órgãos do Poder Legislativo, do Poder Executivo ou do Poder Judiciário. O exercício do direito de permanecer em silêncio não autoriza os órgãos estatais a dispensarem qualquer tratamento que implique restrição à esfera jurídica daquele que regularmente invocou essa prerrogativa fundamental. Precedentes. O direito ao silêncio - enquanto poder jurídico reconhecido a qualquer pessoa relativamente a perguntas cujas respostas possam incriminála (*nemo tenetur se detegere*) - impede, quando concretamente exercido, que aquele que o invocou venha, por tal específica razão, a ser preso, ou ameaçado de prisão, pelos agentes ou pelas autoridades do Estado.*[194]

31. A PRISÃO CIVIL POR DÍVIDA

> LXVII - não haverá prisão civil por dívida, salvo a do responsável pelo inadimplemento voluntário e inescusável de obrigação alimentícia e a do depositário infiel.

193 STF, HC nº 78.708/SP, Primeira Turma, Rel. Min. Sepúlveda Pertence, j. 09.03.99, *DJ* 16.04.99.

194 STF, HC nº 79.812/SP, Plenário, Rel. Min. Celso de Mello, j. 08.11.00, *DJ* 16.02.01.

Esse importante direito fundamental se relaciona à necessária separação do corpo (e liberdade) do devedor do seu patrimônio. Ninguém deverá pagar com a própria liberdade o que o seu bolso não conseguiu sustentar. Se a própria prisão em razão de condutas tipificadas na legislação penal já é medida de exceção, ainda mais restrita deverá ser a possibilidade de prisão civil por dívida. Ainda assim, o dispositivo constitucional em tela permite esta modalidade de prisão, imposta como coerção para o cumprimento de obrigação legal, em duas hipóteses, a saber:

- **no caso de descumprimento voluntário de obrigação alimentar:** ou seja, quando a pessoa podendo, se nega a pagar alimentos a seus dependentes. Neste caso, portanto, só cabe a prisão se a dívida for inescusável, justamente por se tratar de meio de coerção e não de pena, e pelo mesmo motivo ele deve ser solto ao pagar a dívida. A restrição ao direito fundamental à liberdade justifica-se pela promoção de outro importante direito fundamental: a subsistência de quem depende dos alimentos de outra pessoa para viver;
- **no caso do depositário infiel:** assim considerado aquela pessoa que recebe um bem para manter em depósito para posterior restituição ao proprietário e, no momento da devolução, descumpre este dever desviando ou consumindo o bem. O depósito judicial é obrigação legal que estabelece relação de direito público entre o juízo da execução e o depositário, permitindo a prisão civil no caso de infidelidade.

Como já dissemos, com a ratificação do Pacto de San Jose da Costa Rica em 1992[195] – que só considera como válida a prisão civil do devedor de alimentos – a prisão do depositário infiel entrou em debate. Teria essa modalidade de prisão desaparecido com a incorporação do tratado na órbita interna do país?

Bem, a jurisprudência clássica do STF reconhecia o documento internacional como norma infraconstitucional, privilegiando assim a supremacia formal da Constituição, permitindo, por conseguinte, a prisão do depositário infiel, inclusive equiparando o devedor fiduciário (que possui vínculo contratual) ao depositário infiel.

Posteriormente, como podemos observar nos julgados abaixo relacionados, a Corte reconheceu que com a ratificação do aludido Pacto, restaram derrogadas as normas estritamente legais definidoras da custódia do depositário infiel. Prevaleceu, nos julgamentos, por fim, a tese do *status* de supralegalidade da referida Convenção. Além do mais, foi revogada expressamente pelo STF

195 Aprovado pelo Brasil pelo Decreto Legislativo nº 27, de 25.09.92 e promulgado pelo Decreto nº 678, de 06.11.92.

a Súmula nº 619 que assim dizia: *A prisão do depositário judicial pode ser decretada no próprio processo em que se constituiu o encargo, independentemente da propositura de ação de depósito.*

Para coroar o novo posicionamento a Corte ainda editou a Súmula Vinculante 25, que assim dispõe: *É ilícita a prisão civil de depositário infiel, qualquer que seja a modalidade do depósito.*

Prisão civil do depositário infiel I: *Pacto de São José da Costa Rica. Alteração de orientação da jurisprudência do STF. (...). A matéria em julgamento neste* habeas corpus *envolve a temática da (in) admissibilidade da prisão civil do depositário infiel no ordenamento jurídico brasileiro no período posterior ao ingresso do Pacto de São José da Costa Rica no direito nacional. O julgamento impugnado via o presente* habeas corpus *encampou orientação jurisprudencial pacificada, inclusive no STF, no sentido da existência de depósito irregular de bens fungíveis, seja por origem voluntária (contratual) ou por fonte judicial (decisão que nomeia depositário de bens penhorados). Esta Corte já considerou que "o depositário de bens penhorados, ainda que fungíveis, responde pela guarda e se sujeita à ação de depósito" (...). Neste mesmo sentido: HC nº 71.097/PR, Rel. Min. Sydney Sanches, 1ª Turma,* DJ *29.03.96). Há o caráter especial do Pacto Internacional dos Direitos Civis e Políticos (art. 11) e da Convenção Americana sobre Direitos Humanos – Pacto de San José da Costa Rica (art. 7º, 7), ratificados, sem reserva, pelo Brasil, no ano de 1992. A esses diplomas internacionais sobre direitos humanos é reservado o lugar específico no ordenamento jurídico, estando abaixo da Constituição, porém acima da legislação interna. O* status *normativo supralegal dos tratados internacionais de direitos humanos subscritos pelo Brasil, torna inaplicável a legislação infraconstitucional com ele conflitante, seja ela anterior ou posterior ao ato de ratificação. Na atualidade a única hipótese de prisão civil, no Direito brasileiro, é a do devedor de alimentos. O art. 5º, § 2º, da Carta Magna, expressamente estabeleceu que os direitos e garantias expressos no caput do mesmo dispositivo não excluem outros decorrentes do regime dos princípios por ela adotados, ou dos tratados internacionais em que a República Federativa do Brasil seja parte. O Pacto de São José da Costa Rica, entendido como um tratado internacional em matéria de direitos humanos, expressamente, só admite, no seu bojo, a possibilidade de prisão civil do devedor de alimentos e, consequentemente, não admite mais a possibilidade de prisão civil do depositário infiel.*[196]

Prisão civil do depositário infiel II: *Prisão civil. Decretação em execução fiscal. Depósito judicial. Depositário infiel. Inadmissibilidade. Questão objeto do julgamento pendente do Plenário no RE 466.343. Inconstitucionalidade já*

196 STF, HCnº 88.240/SP, Segunda Turma, Rel.Min.Ellen Gracie, j. 07.10.08, *DJE* 24.10.08. No mesmo sentido: HCnº 95.967/MS, Segunda Turma, Rel.Min. Ellen Gracie, j. 11.11.08, *DJE* 28.11.08.

reconhecida por nove (9) votos. Razoabilidade jurídica quanto à tese de constrangimento ilegal. HC não conhecido. Ordem concedida de ofício. O Supremo Tribunal Federal inclina-se a reconhecer a inconstitucionalidade das normas que autorizem decretação da prisão civil de depositário infiel, qualquer que seja a modalidade do depósito.[197]

Prisão civil do depositário infiel III: *Prisão civil. Depositário judicial infiel. Inadmissibilidade reconhecida pela maioria em julgamentos pendentes do RE nº 466.343 e outros, no Plenário. Razoabilidade jurídica da pretensão. Liberdade deferida de ofício, em* habeas corpus *contra acórdão de Turma, até a conclusão daqueles. Caso excepcional. Defere-se, de ofício, liminar em* habeas corpus *contra acórdão que, de Turma do Supremo, não reconheceu constrangimento ilegal em decreto de prisão da paciente, a título de infidelidade como depositária judicial.*[198]

Prisão civil do depositário infiel IV: *O Tribunal, por maioria, desproveu recurso extraordinário no qual se discutia a constitucionalidade da prisão civil do depositário infiel nos casos de alienação fiduciária em garantia (DL 911/69: art. 4º Se o bem alienado fiduciariamente não for encontrado ou não se achar na posse do devedor, o credor poderá requerer a conversão do pedido de busca e apreensão, nos mesmos autos, em ação de depósito, na forma prevista no Capítulo II, do Título I, do Livro IV, do Código de Processo Civil.*[199]

Prisão civil do depositário infiel V: *Em conclusão de julgamento, o Tribunal concedeu* habeas corpus *em que se questionava a legitimidade da ordem de prisão, por sessenta dias, decretada em desfavor do paciente que, intimado a entregar o bem do qual depositário, não adimplira a obrigação contratual (...). Entendeu-se que a circunstância de o Brasil haver subscrito o Pacto de São José da Costa Rica, que restringe a prisão civil por dívida ao descumprimento inescusável de prestação alimentícia (art. 7º, 7), conduz à inexistência de balizas visando à eficácia do que previsto no art. 5º, LXVII, da CF (...). Concluiu-se, assim, que, com a introdução do aludido Pacto no ordenamento jurídico nacional, restaram derrogadas as normas estritamente legais definidoras da custódia do depositário infiel. Prevaleceu, no julgamento, por fim, a tese do status de supralegalidade da referida Convenção, inicialmente defendida pelo Min. Gilmar Mendes no julgamento do RE 466.343/SP.*[200]

---

197 STF, HCnº 93.435/MG, Segunda Turma, Rel. Min. Cezar Peluso, j. 16.09.08, *DJE* 07.11.08.

198 STF, HCnº 94.307/RS QO, Plenário, Rel. Min. Cezar Peluso, j. 14.04.08, *DJE* 23.05.08.

199 STF, RE nº 349.703/RS, Rel. Min. Carlos Britto, Plenário, Rel. p/ acórdão. Min. Gilmar Mendes, j. 03.12.08, *DJE* 05.06.09, *Informativo* 531. No mesmo sentido: STF, RE nº 466.343/SP, Plenário, Rel. Min. Cezar Peluso, j. 03.12.08, *DJE* 05.06.09, *Informativo* 531.

200 STF, HC nº 87.585/TO, Plenário, Rel. Min. Marco Aurélio, j. 03.12.08, *DJE* 26.06.09, *Informativo* 531.

Prisão civil do depositário infiel VI: *O Tribunal, por maioria, concedeu* habeas corpus, *impetrado em favor de depositário judicial, e averbou expressamente a revogação da Súmula nº 619 do STF (A prisão do depositário judicial pode ser decretada no próprio processo em que se constituiu o encargo, independentemente da propositura de ação de depósito).*[201]

Prisão civil por dívida de natureza alimentícia I: *A prisão por dívida de natureza alimentícia está ligada ao inadimplemento inescusável de prestação, não alcançando situação jurídica a revelar cobrança de saldo devedor.*[202]

Prisão civil por dívida de natureza alimentícia II: *Nos termos do que dispõe o § 1º do art. 733 do CPC, o juiz poderá decretar a prisão do devedor de alimentos pelo prazo de um a três meses.*[203]

201 STF, *HC* nº 92.566/SP, Plenário, *DJE* 05.06.2009, Rel. Min. Marco Aurélio, j. 03.12.2008, *Informativo* 531.

202 STF, HC nº 121.426/SP, Primeira Turma, Rel. Min. Marco Aurélio, j. 14.03.17, *DJE* 29.03.17.

203 STF, HC nº 117.229/SP AgR, Primeira Turma, Rel. Min. Rosa Weber, j. 18.02.14, *DJE* 20.03.14.

Capítulo

12

DIREITOS SOCIAIS

1. CONCEITO E DESAFIOS

Quanto à sua natureza jurídica, os direitos sociais são qualificados como direitos fundamentais do indivíduo, garantidos pelo art. 25 da Declaração Universal dos Direitos do Homem de 1948, da seguinte forma:

> Toda pessoa tem direito a um padrão de vida capaz de assegurar a si e a sua família saúde e bem-estar, inclusive alimentação, vestuário, habitação, cuidados médicos e os serviços sociais indispensáveis, e direito à segurança em caso de desemprego, doença, invalidez, viuvez, velhice ou outros casos de perda dos meios de subsistência fora de seu controle.

Classicamente, esses importantes direitos estão incluídos na denominada segunda geração de direitos fundamentais, que, como já vimos, traz proteção aos direitos sociais, econômicos e culturais, onde do Estado não mais se exige uma abstenção, mas, ao contrário, impõe-se a sua intervenção, visto que a liberdade do homem sem a sua participação não é protegida integralmente. Essa necessidade de prestação positiva do Estado corresponderia aos chamados direitos sociais dos cidadãos, direitos que transcendem a individualidade e alcançam um caráter econômico e social visando a atingir a justiça social.

Como já estudamos, os direitos sociais se apresentam na virada do Estado Liberal para o Estado Social e visam à concretização de uma igualdade material, efetiva e real, determinando que a Constituição se comprometa com a melhoria de condições de vida dos hipossuficientes, que dependem de uma política estatal séria para que a justiça social seja verdadeiramente alcançada. São direitos jovens, como bem assevera Christian Courtis,[1] se comparados aos direitos privados, conhecidos como de primeira geração e possuem tradicionalmente valor mais declarativo do que mecanismo concreto de garantias. Além do que, se desenvolveram a partir da noção de trabalho com vínculo fixo que está em crise tanto na Europa quanto na América Latina.

2. CLASSIFICAÇÃO DOS DIREITOS SOCIAIS NA CONSTITUIÇÃO BRASILEIRA

A Constituição de 1988 consagra como um dos fundamentos do Estado Democrático de Direito o amparo aos menos favorecidos, proporcionando-lhes condições de vida mais decente e em harmonia com a igualdade real, na forma do art. 1º, IV.

O capítulo II do Título II tutela os direitos sociais que engloba o art. 6º, garantindo a todos, na forma da Constituição, os seguintes direitos sociais: a educação, a saúde, o trabalho, a moradia (incluído pela EC nº 26/2000), o transporte (incluído pela EC nº 90/2015), o lazer, a segurança, a previdência social, a proteção à maternidade e à infância, a assistência aos desamparados e o direito à alimentação (incluído pela EC nº 64/2010) e os arts. 7º a 11 que cuidam dos direitos dos trabalhadores.

Ao longo do texto constitucional encontramos uma série de categorias de direitos sociais, senão vejamo-las:

- **da seguridade social** – saúde, previdência e assistência social (arts. 194 a 204);
- **da educação, cultura e desporto** (arts. 205 a 217);
- **da ciência, tecnologia e comunicação social** (arts. 218 a 224);
- **do meio ambiente** (art. 225);
- **da família, da criança, do adolescente e do idoso** (arts. 226 a 230);
- **dos índios** (art. 231).

3. OS DIREITOS SOCIAIS DO TRABALHADOR

Em rol exemplificativo, a Constituição Federal cuidou dos direitos sociais dos trabalhadores entre os art. 7º e 11, guiando-se pelo princípio da igualdade entre o trabalhador urbano e rural.

---

1 COURTIS, Christian. "Los derechos sociales en perspectiva: la cara jurídica de la política social". In: CARBONELL, Miguel (Ed). *Teoría del neoconstitucionalismo*. Madrid: Trotta. 2007, p. 185-209.

Importante ressaltar que a EC 72/13 alterou o art. 7º, parágrafo único, garantindo aos trabalhadores domésticos os direitos previstos nos incisos IV, VI, VII, VIII, X, XIII, XV, XVI, XVII, XVIII, XIX, XXI, XXII, XXIV, XXVI, XXX, XXXI e XXXIII e, atendidas as condições estabelecidas em lei e observada a simplificação do cumprimento das obrigações tributárias, principais e acessórias, decorrentes da relação de trabalho e suas peculiaridades, os previstos nos incisos I, II, III, IX, XII, XXV e XXVIII, bem como a sua integração à previdência social.

De acordo com o art. 39, § 3º, aplica-se aos **servidores ocupantes de cargo público** o disposto no art. 7º, IV, VII, VIII, IX, XII, XIII, XV, XVI, XVII, XVIII, XIX, XX, XXII e XXX, podendo a lei estabelecer requisitos diferenciados de admissão quando a natureza do cargo o exigir.

Abaixo transcrevemos os dispositivos relacionados aos direitos sociais dos trabalhadores, individuais e coletivos, além da jurisprudência do STF pertinente ao tema.

3.1 Dos Direitos Sociais Individuais dos Trabalhadores

Art. 7º São direitos dos trabalhadores **urbanos e rurais**, além de outros que visem à melhoria de sua condição social:

Súmula nº 312 do STF: *Músico integrante de orquestra da empresa, com atuação permanente e vínculo de subordinação, está sujeito a legislação geral do trabalho, e não à especial dos artistas.*

I – relação de emprego protegida contra despedida arbitrária ou sem justa causa, nos termos de lei complementar, que preverá indenização compensatória, dentre outros direitos;

Súmula nº 462 do STF: *No cálculo da indenização por despedida injusta, inclui-se, quando devido, o repouso semanal remunerado.*

Súmula nº 459 do STF: *No cálculo da indenização por despedida injusta, incluem-se os adicionais, ou gratificações, que, pela habitualidade, se tenham incorporado ao salário.*

Súmula nº 225 do STF: *Não é absoluto o valor probatório das anotações da carteira profissional.*

II – seguro-desemprego, em caso de desemprego involuntário;

Seguro-desemprego e filiação à entidade: *Art. 2º, IV, a, b e c, da Lei nº 10.779/2003. Filiação à colônia de pescadores para habilitação ao seguro-desemprego (...). Viola os princípios constitucionais da liberdade de associação (art. 5º, XX) e da liberdade sindical (art. 8º, V), ambos em sua dimensão negativa, a norma legal que condiciona, ainda que indiretamente, o recebimento do benefício do seguro-desemprego à filiação do interessado a colônia de pescadores de sua região.*[2]

III – fundo de garantia do tempo de serviço;

Súmula nº 215 do STF: *Conta-se a favor de empregado readmitido o tempo de serviço anterior, salvo se houver sido despedido por falta grave ou tiver recebido a indenização legal.*

Natureza jurídica do FGTS: *O Fundo de Garantia por Tempo de Serviço (FGTS), ao contrário do que sucede com as cadernetas de poupança, não tem natureza contratual, mas, sim, estatutária, por decorrer da Lei e por ela ser disciplinado. Assim, é de aplicar-se a ele a firme jurisprudência desta Corte no sentido de que não há direito adquirido a regime jurídico. Quanto à atualização dos saldos do FGTS relativos aos Planos Verão e Collor I (este no que diz respeito ao mês de abril de 1990), não há questão de direito adquirido a ser examinada, situando-se a matéria exclusivamente no terreno legal infraconstitucional. No tocante, porém, aos Planos Bresser, Collor I (quanto ao mês de maio de 1990) e Collor II, em que a decisão recorrida se fundou na existência de direito adquirido aos índices de correção que mandou observar, é de aplicar-se o princípio de que não há direito adquirido a regime jurídico. Recurso extraordinário conhecido em parte, e nela provido, para afastar da condenação as atualizações dos saldos do FGTS no tocante aos Planos Bresser, Collor I (apenas quanto à atualização no mês de maio de 1990) e Collor II.*[3]

FGTS e prazo prescricional para a sua cobrança: *FGTS. Cobrança de valores não pagos. Prazo prescricional. Prescrição quinquenal. Art. 7º, XXIX, da Constituição. Superação de entendimento anterior sobre prescrição trintenária. Inconstitucionalidade dos arts. 23, § 5º, da Lei 8.036/1990 e 55 do Regulamento do FGTS aprovado pelo Decreto 99.684/1990.*[4]

---

2 STF, ADI nº 3.464/DF, Plenário, Rel. Min. Menezes Direito, j. 29.10.08, *DJE*06.03.09.

3 STF, RE nº 226.855/RS, Plenário, Rel. Min. Moreira Alves, j. 31.08.00, *DJ* 13.10.00. No mesmo sentido: STF, AI nº 709.962/BA AgR, Primeira Turma, Rel. Min. Cármen Lúcia, j. 09.06.09, *DJE* 07.08.09.

4 STF, ARE nº 709.212/DF, Plenário, Rel. Min. Gilmar Mendes, j. 13.11.14, *DJE* 19.02.15.

FGTS e nulidade de concurso público: *É constitucional o art. 19-A da Lei 8.036/1990, o qual dispõe ser devido o depósito do FGTS na conta de trabalhador cujo contrato com a administração pública seja declarado nulo por ausência de prévia aprovação em concurso público, desde que mantido o seu direito ao salário. Mesmo quando reconhecida a nulidade da contratação do empregado público, nos termos do art. 37, § 2º, da CF, subsiste o direito do trabalhador ao depósito do FGTS quando reconhecido ser devido o salário pelos serviços prestados.*[5]

IV – salário mínimo, fixado em lei, nacionalmente unificado, capaz de atender a suas necessidades vitais básicas e às de sua família com moradia, alimentação, educação, saúde, lazer, vestuário, higiene, transporte e previdência social, com reajustes periódicos que lhe preservem o poder aquisitivo, sendo vedada sua vinculação para qualquer fim;

Súmula Vinculante 16: *Os arts. 7º, IV, e 39, § 3º (redação da EC nº 19/1998), da Constituição, referem-se ao total da remuneração percebida pelo servidor público.*

Súmula Vinculante 15: *O cálculo de gratificações e outras vantagens do servidor público não incide sobre o abono utilizado para se atingir o salário mínimo.*

Súmula Vinculante 6: *Não viola a Constituição o estabelecimento de remuneração inferior ao salário mínimo para as praças prestadoras de serviço militar inicial.*

Súmula Vinculante 4: *Salvo nos casos previstos na Constituição, o salário mínimo não pode ser usado como indexador de base de cálculo de vantagem de servidor público ou de empregado, nem ser substituído por decisão judicial.*

Súmula nº 207 do STF: *As gratificações habituais, inclusive a de natal, consideram-se tacitamente convencionadas, integrando o salário.*

Súmula nº 203 do STF: *Não está sujeita à vacância de 60 dias a vigência de novos níveis de salário mínimo.*

Fixação de pensão com base no salário mínimo I: *Morte de preso no interior de estabelecimento prisional. Indenização por danos morais e materiais. Cabimento. Responsabilidade objetiva do Estado (...) pensão fixada. Hipótese excepcional em que se permite a vinculação ao salário mínimo. Precedentes.*[6]

Fixação de pensão com base no salário mínimo II: *Pensão. Caráter alimentício. Vinculação ao salário mínimo. Possibilidade. Precedentes.*[7]

---

5 STF, RE nº 596.478/RR, Plenário, Rel. Min. Ellen Gracie, Rel. p/ acórdão Min. Dias Toffoli, j. 13.06.12, *DJE* 01.03.13.

6 STF, AI nº 577.908/GO AgR, Segunda Turma, Rel. Min. Gilmar Mendes, j. 30.09.08, *DJE* 21.11.08.

7 STF,AI nº 606.151/SC AgR, Segunda Turma, Rel. Min. Gilmar Mendes, j. 30.09.08, *DJE* 21.11.08.

Fixação de pensão com base no salário mínimo III: *(...) a vedação da vinculação ao salário mínimo insculpida no art. 7º, IV, da Constituição visa impossibilitar a utilização do mencionado parâmetro como fator de indexação para as obrigações não dotadas de caráter alimentar. Conforme precedentes desta Suprema Corte, a utilização do salário mínimo como base de cálculo do valor da pensão alimentícia não ofende o dispositivo constitucional invocado, dada a premissa de que a prestação tem por objetivo a preservação da subsistência humana e o resguardo do padrão de vida daquele que a percebe, o qual é hipossuficiente e, por isso mesmo, dependente do alimentante, seja por vínculo de parentesco, seja por vínculo familiar.*[8]

V – piso salarial proporcional à extensão e à complexidade do trabalho;

VI – irredutibilidade do salário, salvo o disposto em convenção ou acordo coletivo;

VII – garantia de salário, nunca inferior ao mínimo, para os que percebem remuneração variável;

VIII – décimo terceiro salário com base na remuneração integral ou no valor da aposentadoria;

IX – remuneração do trabalho noturno superior à do diurno;

Súmula nº 402 do STF: *Vigia noturno tem direito a salário adicional.*

Súmula nº 313 do STF: *Provada a identidade entre o trabalho diurno e o noturno, é devido o adicional, quanto a este, sem a limitação do art. 73, § 3º, da CLT, independentemente da natureza da atividade do empregador.*

Súmula nº 214 do STF: *A duração legal da hora de serviço noturno (52 minutos e 30 segundos) constitui vantagem suplementar que não dispensa o salário adicional.*

Súmula nº 213 do STF: *É devido o adicional de serviço noturno, ainda que sujeito o empregado ao regime de revezamento.*

X – proteção do salário na forma da lei, constituindo crime sua retenção dolosa

XI – participação nos lucros, ou resultados, desvinculada da remuneração, e, excepcionalmente, participação na gestão da empresa, conforme definido em lei;

Participação nos lucros e reserva legal: *Participação nos lucros. Art. 7º, XI, da CF. Necessidade de lei para o exercício desse direito. O exercício do direito assegurado pelo art. 7º, XI, da CF começa com a edição da lei prevista no*

---

8 STF, ARE nº 842.157/DF RG, Plenário, Rel. Min. Dias Toffoli, j. 04.06.15, *DJE* 20.08.15.

dispositivo para regulamentá-lo, diante da imperativa necessidade de integração. Com isso, possível a cobrança das contribuições previdenciárias até a data em que entrou em vigor a regulamentação do dispositivo.[9]

Participação dos empregados na gestão da empresa: *A gestão democrática, constitucionalmente contemplada no preceito alusivo aos direitos trabalhistas (CF art. 7º, XI), é instrumento de participação do cidadão - do empregado - nos espaços públicos de que faz parte, além de ser desdobramento do disposto no art. 1º, II, que elege a cidadania como fundamento do Estado brasileiro. O Estado, enquanto acionista majoritário da sociedade, pode, em consonância com o ordenamento federal vigente, editar norma estatutária que cuide de determinar que um dos membros da diretoria da sociedade será escolhido - pela Assembleia Geral ou pelo Conselho de Administração, conforme o caso - entre os seus empregados. In casu, o modelo societário definido pela legislação federal não restou violado pela lei estadual, porquanto não há norma federal que impeça o acionista majoritário de dispor estatutariamente no sentido de que um dos membros da diretoria da sociedade deverá, necessariamente, ser seu empregado, especialmente quando se tenha em vista os motivos nobres que lhe dão causa. Contata-se, outrossim, no caso sub examine, que o tempo decorrido desde a promulgação da Constituição estadual (1989), e, igualmente, da lei ora impugnada (1994), conjura o periculum in mora, requisito indispensável para a concessão da liminar. Pedido de medida cautelar em ação direta de inconstitucionalidade indeferido.*[10]

XII - salário-família pago em razão do dependente do trabalhador de baixa renda nos termos da lei; (EC nº 20/98)

XIII - duração do trabalho normal não superior a oito horas diárias e quarenta e quatro semanais, facultada a compensação de horários e a redução da jornada, mediante acordo ou convenção coletiva de trabalho;

XIV - jornada de seis horas para o trabalho realizado em turnos ininterruptos de revezamento, salvo negociação coletiva;

Súmula nº 675do STF: *Os intervalos fixados para descanso e alimentação durante a jornada de seis horas não descaracterizam o sistema de turnos ininterruptos de revezamento para o efeito do art. 7º, XIV, da Constituição.*

9 STF, RE nº 398.284/RJ, Primeira Turma, Rel. Min. Menezes Direito, j. 23.09.08, *DJE* 19.12.08. No mesmo sentido: STF, RE nº 505.597/RSAgR-AgR, Segunda Turma, Rel. Min. Eros Grau, j. 01.12.09, *DJE* 18.12.09; STF, RE nº 393.764/RS AgR, Segunda Turma, Rel. Min. Ellen Gracie, j. 25.11.08, *DJE* 19.12.08.

10 STF, ADI nº 1.229/SC MC, Plenário, Rel. Min. Carlos Velloso, Rel. p/ acórdão Min. Luiz Fux, j. 11.04.13, *DJE*19.12.13.

Jornada de trabalho e proteção do trabalhador: *A jornada de 12 horas de trabalho por 36 horas de descanso não afronta o art. 7º, XIII, da CR, pois encontra-se respaldada na faculdade, conferida pela norma constitucional, de compensação de horários. A proteção à saúde do trabalhador (art. 196 da CF) e à redução dos riscos inerentes ao trabalho (art. 7º, XXII, da CF) não é ipso facto desrespeitada pela jornada de trabalho dos bombeiros civis, tendo em vista que, para cada 12 horas trabalhadas, há 36 horas de descanso e também prevalece o limite de 36 horas de jornada semanal.*[11]

XV – repouso semanal remunerado, preferencialmente aos domingos;

Súmula nº 464 do STF: *No cálculo da indenização por acidente do trabalho, inclui-se, quando devido, o repouso semanal remunerado.*

Súmula nº 462 do STF: *No cálculo da indenização por despedida injusta, inclui-se, quando devido, o repouso semanal remunerado.*

Súmula nº 461 do STF: *É duplo, e não triplo, o pagamento do salário nos dias destinados a descanso.*

Súmula nº 201 do STF: *O vendedor pracista, remunerado mediante comissão, não tem direito ao repouso semanal remunerado.*

XVI – remuneração do serviço extraordinário superior, no mínimo, em cinquenta por cento à do normal;

XVII – gozo de férias anuais remuneradas com, pelo menos, um terço a mais do que o salário normal;

Súmula nº 200do STF: *Não é inconstitucional a Lei nº 1.530, de 26.12.1951, que manda incluir na indenização por despedida injusta parcela correspondente a férias proporcionais.*

Direito do trabalhador às férias remuneradas: *O direito individual às férias é adquirido após o período de doze meses trabalhados, sendo devido o pagamento do terço constitucional independente do exercício desse direito. A ausência de previsão legal não pode restringir o direito ao pagamento do terço constitucional aos servidores exonerados de cargos comissionados que não usufruíram férias. O não pagamento do terço constitucional àquele que não usufruiu o direito de férias é penalizá-lo duas vezes: primeiro por não ter se valido de*

---

11 STF, ADI nº 4.842/DF, Plenário, Rel. Min. Edson Fachin, j. 14.09.16, *DJE* 08.08.17.

seu direito ao descanso, cuja finalidade é preservar a saúde física e psíquica do trabalhador; segundo por vedar-lhe o direito ao acréscimo financeiro que teria recebido se tivesse usufruído das férias no momento correto.[12]

XVIII – licença à gestante, sem prejuízo do emprego e do salário, com a duração de cento e vinte dias;

Licença-maternidade e militares: *A estabilidade provisória advinda de licença-maternidade decorre de proteção constitucional às trabalhadoras em geral. O direito amparado pelo art. 7º, XVIII, da Constituição Federal, nos termos do art. 142, VIII, da CF, alcança as militares.*[13]

Licença-maternidade em casos de adoção: *A licença maternidade prevista no artigo 7º, XVIII, da Constituição abrange tanto a licença gestante quanto a licença adotante, ambas asseguradas pelo prazo mínimo de 120 dias. Interpretação sistemática da Constituição à luz da dignidade da pessoa humana, da igualdade entre filhos biológicos e adotados, da doutrina da proteção integral, do princípio da prioridade e do interesse superior do menor. (...) Tese de repercussão geral: "Os prazos da licença adotante não podem ser inferiores aos prazos da licença gestante, o mesmo valendo para as respectivas prorrogações. Em relação à licença adotante, não é possível fixar prazos diversos em função da idade da criança adotada".*[14]

XIX – licença-paternidade, nos termos fixados em lei;

XX – proteção do mercado de trabalho da mulher, mediante incentivos específicos, nos termos da lei;

XXI – aviso prévio proporcional ao tempo de serviço, sendo no mínimo de trinta dias, nos termos da lei;

Aviso prévio e regulamentação legislativa I: Mandado de injunção: *ausência de regulamentação do direito ao aviso prévio proporcional previsto no art. 7º, XXI, da Constituição da República. Mora legislativa: critério objetivo*

---

12 STF, RE nº 570.908/RN, Plenário, Rel. Min. Cármen Lúcia, j. 16.09.09, *DJE* 12.03.10. No mesmo sentido: STF, RE nº 588.937/RN AgR, Segunda Turma, Rel. Min. Eros Grau, j. 04.11.08, *DJE* 28.11.08; STF, RE nº 324.656/RJ AgR, Segunda Turma, Rel. Min. Gilmar Mendes, j. 06.02.07, *DJ* 02.03.07 e STF, RE nº 324.880/SPAgR, Primeira Turma, Rel. Min. Carlos Britto, j. 24.05.05, *DJ* 10.03.06.

13 STF, RE nº 523.572/PR AgR, Segunda Turma, Rel.Min.Ellen Gracie, j. 06.10.09, *DJE* 29.10.09.

14 STF, RE nº 778.889/PE, Plenário, Rel. Min. Roberto Barroso, j. 10.03.16, *DJE* 01.08.16.

de sua verificação: procedência para declarar a mora e comunicar a decisão ao Congresso Nacional para que a supra.[15]

Aviso prévio e regulamentação legislativa II: *Mandado de injunção. Aviso prévio proporcional ao tempo de serviço. Art. 7º, XXI, da CF. Ausência de regulamentação. Ação julgada procedente. Indicação de adiamento com vistas a consolidar proposta conciliatória de concretização do direito ao aviso prévio proporcional. Retomado o julgamento. Advento da Lei 12.506/2011, que regulamentou o direito ao aviso prévio proporcional. Aplicação judicial de parâmetros idênticos aos da referida legislação. Autorização para que os ministros apliquem monocraticamente esse entendimento aos mandados de injunção pendentes de julgamento, desde que impetrados antes do advento da lei regulamentadora.*[16]

Aviso prévio e regulamentação legislativa III: *No caso de mandado de injunção impetrado antes da edição da Lei 12.506/2011, o empregado possui interesse processual no writ para ter assegurado o seu direito ao aviso prévio proporcional ao tempo de serviço na hipótese de tê-lo recebido em valor inferior ao que seria devido uma vez regulamentado o dispositivo constitucional.*[17]

XXII – redução dos riscos inerentes ao trabalho, por meio de normas de saúde, higiene e segurança;

Súmula nº 736 do STF: *Compete à Justiça do Trabalho julgar as ações que tenham como causa de pedir o descumprimento de normas trabalhistas relativas à segurança, higiene e saúde dos trabalhadores.*

Súmula nº 212 do STF: *Tem direito ao adicional de serviço perigoso o empregado de posto de revenda de combustível líquido.*

XXIII – adicional de remuneração para as atividades penosas, insalubres ou perigosas, na forma da lei;

XXIV – aposentadoria;

Súmula nº 726 do STF: *Para efeito de aposentadoria especial de professores, não se computa o tempo de serviço prestado fora da sala de aula.*

---

15 STF, MI nº 695/MA, Plenário, Rel. Min. Sepúlveda Pertence, j. 01.03.07, *DJ* 20.04.07.

16 STF, MI nº 1.090/DF, Plenário, Rel. Min. Gilmar Mendes, j. 06.02.13, *DJE* 23.04.13.

17 STF, MI nº 1.011/SE AgR-segundo, Plenário, Rel. Min. Ricardo Lewandowski, j. 14.05.14, *DJE* 04.06.14.

Súmula nº 359 do STF: *Ressalvada a revisão prevista em lei, os proventos da inatividade regulam-se pela lei vigente ao tempo em que o militar, ou o servidor civil reuniu os requisitos necessários.*

Súmula nº 217 do STF: *Tem direito de retornar ao emprego, ou ser indenizado em caso de recusa do empregador, o aposentado que recupera a capacidade de trabalho dentro de cinco anos, a contar da aposentadoria, que se torna definitiva após esse prazo.*

XXV – assistência gratuita aos filhos e dependentes desde o nascimento até 5 (cinco) anos de idade em creches e pré-escolas; (EC nº 53/2006)

XXVI – reconhecimento das convenções e acordos coletivos de trabalho;

Convenção ou acordo coletivo e lei superveniente: *O Supremo Tribunal Federal fixou jurisprudência no sentido de que a legislação superveniente que altera a política salarial fixada em norma coletiva de trabalho não viola o direito adquirido, o ato jurídico perfeito e a coisa julgada.*[18]

Piso salarial e convenção ou acordo coletivo: *A menção ao dever de obediência a patamar mínimo fixado em lei foi feita – em relação aos trabalhadores alcançados pela lei estadual, não abrangidos por nenhuma forma de negociação coletiva anterior – como reforço argumentativo, com o intuito de realçar a liberdade de atuação dos órgãos sindicais na construção das políticas salarias dos seus representados. Como foi destacado, o piso salarial fixado pela legislação estadual, em razão da limitação contida na LC federal 103/2000 e conforme ressalva expressa no art. 3º da lei estadual questionada, não incidirá sobre as profissões que tenham convenção ou acordo coletivo de trabalho, preservando-se e ressalvando-se os pisos salariais assim definidos. Por sua vez, em relação aos trabalhadores não abrangidos por nenhuma forma anterior de negociação coletiva, o piso salarial estadual incidirá, passando a ser esse, portanto, o patamar mínimo legalmente assegurado à categoria, e não mais o "salário mínimo nacional".*[19]

Dispensa incentivada e convenção ou acordo coletivo: *A Constituição de 1988, em seu art. 7º, XXVI, prestigiou a autonomia coletiva da vontade e a autocomposição dos conflitos trabalhistas, acompanhando a tendência mundial ao crescente reconhecimento dos mecanismos de negociação coletiva, retratada na Convenção 98/1949 e na Convenção 154/1981 da Organização Internacional do Trabalho. O reconhecimento dos acordos e convenções coletivas permite que os trabalhadores contribuam para a formulação das normas que regerão a sua própria vida. Os planos de dispensa incentivada permitem reduzir as repercussões*

18 STF, RE nº 593.126/RN AgR, Segunda Turma, Rel. Min. Eros Grau, j. 10.02.09, *DJE* 13.03.09.

19 STF, ADI nº 4.364/SC ED, Plenário, Rel. Min. Dias Toffoli, j. 29.05.13, *DJE* 20.09.13.

sociais das dispensas, assegurando àqueles que optam por seu desligamento da empresa condições econômicas mais vantajosas do que aquelas que decorreriam do mero desligamento por decisão do empregador. É importante, por isso, assegurar a credibilidade de tais planos, a fim de preservar a sua função protetiva e de não desestimular o seu uso. (...) Afirmação, em repercussão geral, da seguinte tese: "A transação extrajudicial que importa rescisão do contrato de trabalho, em razão de adesão voluntária do empregado a plano de dispensa incentivada, enseja quitação ampla e irrestrita de todas as parcelas objeto do contrato de emprego, caso essa condição tenha constado expressamente do acordo coletivo que aprovou o plano, bem como dos demais instrumentos celebrados com o empregado".[20]

XXVII – proteção em face da automação, na forma da lei;

XXVIII – seguro contra acidentes de trabalho, a cargo do empregador, sem excluir a indenização a que este está obrigado, quando incorrer em dolo ou culpa;

Súmula Vinculante 22: *A Justiça do Trabalho é competente para processar e julgar as ações de indenização por danos morais e patrimoniais decorrentes de acidente de trabalho propostas por empregado contra empregador, inclusive aquelas que ainda não possuíam sentença de mérito em primeiro grau quando da promulgação da EC 45/2004.*

Súmula nº 529 do STF: *Subsiste a responsabilidade do empregador pela indenização decorrente de acidente do trabalho, quando o segurador, por haver entrado em liquidação, ou por outro motivo, não se encontrar em condições financeiras, de efetuar, na forma da lei, o pagamento que o seguro obrigatório visava garantir.*

Súmula nº 464 do STF: *No cálculo da indenização por acidente do trabalho, inclui-se, quando devido, o repouso semanal remunerado.*

Súmula nº 434 do STF: *A controvérsia entre seguradores indicados pelo empregador na ação de acidente do trabalho não suspende o pagamento devido ao acidentado.*

Súmula nº 337 do STF: *A controvérsia entre o empregador e o segurador não suspende o pagamento devido ao empregado por acidente do trabalho.*

Súmula nº 314 do STF: *Na composição do dano por acidente do trabalho, ou de transporte, não é contrário à lei tomar para base da indenização o salário do tempo da perícia ou da sentença.*

Súmula nº 311 do STF: *No típico acidente do trabalho, a existência de ação judicial não exclui a multa pelo retardamento da liquidação.*

Súmula nº 238 do STF: *Em caso de acidente do trabalho, a multa pelo retardamento da liquidação é exigível do segurador sub-rogado, ainda que autarquia.*

Súmula nº 236 do STF: *Em ação de acidente do trabalho, a autarquia seguradora não tem isenção de custas.*

---

20 STF, RE nº 590.415/SC, Plenário, Rel. Min. Roberto Barroso, j. 30.04.15, *DJE* 29.05.15.

Súmula nº 234 do STF: *São devidos honorários de advogado em ação de acidente do trabalho julgada procedente.*

Súmula nº 232 do STF: *Em caso de acidente do trabalho, são devidas diárias até doze meses, as quais não se confundem com a indenização acidentária nem com o auxílio-enfermidade.*

Súmula nº 230 do STF: *A prescrição da ação de acidente do trabalho conta-se do exame pericial que comprovar a enfermidade ou verificar a natureza da incapacidade.*

Súmula nº 349 do STF: *A prescrição atinge somente as prestações de mais de dois anos, reclamadas com fundamento em decisão normativa da Justiça do Trabalho, ou em Convenção Coletiva de Trabalho, quando não estiver em causa a própria validade de tais atos.*

XXIX – ação, quanto aos créditos resultantes das relações de trabalho, com prazo prescricional de cinco anos para os trabalhadores urbanos e rurais, até o limite de dois anos após a extinção do contrato de trabalho; (EC nº 28/2000)

XXX – proibição de diferença de salários, de exercício de funções e de critério de admissão por motivo de sexo, idade, cor ou estado civil;

Súmula nº 683 do STF: *O limite de idade para a inscrição em concurso público só se legitima em face do art. 7º, XXX, da Constituição, quando possa ser justificado pela natureza das atribuições do cargo a ser preenchido.*

Súmula nº 531 do STF: *É inconstitucional o Decreto nº 51.668, de 17.01.1963, que estabeleceu salário profissional para trabalhadores de transportes marítimos, fluviais e lacustres.*

XXXI – proibição de qualquer discriminação no tocante a salário e critérios de admissão do trabalhador portador de deficiência;

XXXII – proibição de distinção entre trabalho manual, técnico e intelectual ou entre os profissionais respectivos;

XXXIII – proibição de trabalho noturno, perigoso ou insalubre a menores de dezoito e de qualquer trabalho a menores de dezesseis anos, salvo na condição de aprendiz, a partir de quatorze anos; (EC nº 20/98)

XXXIV – igualdade de direitos entre o trabalhador com vínculo empregatício permanente e o trabalhador avulso.

A Emenda Constitucional 72, de 2 de abril de 2013, ampliou os direitos sociais dos trabalhadores domésticos, ao determinar, no parágrafo único do art. 7º, o abaixo transcrito:

Parágrafo único. São assegurados à categoria dos trabalhadores domésticos os direitos previstos nos incisos IV, VI, VII, VIII, XV, XVI, XVII, XVIII,

XIX, XXI, XXII, XXIV, XXVI, XXX, XXXI e XXXIII e, atendidas as condições estabelecidas em lei e observada a simplificação do cumprimento das obrigações tributárias, principais e acessórias, decorrentes da relação de trabalho e suas peculiaridades, os previstos nos I, II, III, IX, XII, XXV e XXVIII, bem como a sua integração à previdência social.

3.2 Dos Direitos Sociais Coletivos dos Trabalhadores

Art. 8º É livre a associação profissional ou sindical, observado o seguinte:

I – a lei não poderá exigir autorização do Estado para a fundação de sindicato, ressalvado o registro no órgão competente, vedadas ao Poder Público a interferência e a intervenção na organização sindical;

Súmula nº 677 do STF: *Até que lei venha a dispor a respeito, incumbe ao Ministério do Trabalho proceder ao registro das entidades sindicais e zelar pela observância do princípio da unicidade.*

II – é vedada a criação de mais de uma organização sindical, em qualquer grau, representativa de categoria profissional ou econômica, na mesma base territorial, que será definida pelos trabalhadores ou empregadores interessados, não podendo ser inferior à área de um Município;

Princípio da unidade sindical: *O princípio da unicidade sindical, previsto no art. 8º, II, da CF, é a mais importante das limitações constitucionais à liberdade sindical.*[21]

III – ao sindicato cabe a defesa dos direitos e interesses coletivos ou individuais da categoria, inclusive em questões judiciais ou administrativas;

Súmula nº 223 do STF: *Concedida isenção de custas ao empregado, por elas não responde o sindicato que o representa em juízo.*

Sindicatos e substituição processual I: *Esta Corte firmou o entendimento segundo o qual o sindicato tem legitimidade para atuar como substituto processual na defesa de direitos e interesses coletivos ou individuais homogêneos da categoria*

21 STF, RE nº 310.811/SPAgR, Segunda Turma, Rel. Min.Ellen Gracie, j. 12.05.09, *DJE* 05.06.09.

que representa. (...) Quanto à violação ao art. 5º, LXX e XXI, da Carta Magna, esta Corte firmou entendimento de que é desnecessária a expressa autorização dos sindicalizados para a substituição processual.[22]

Sindicatos e substituição processual II: *Repercussão geral reconhecida e reafirmada a jurisprudência do STF no sentido da ampla legitimidade extraordinária dos sindicatos para defender em juízo os direitos e interesses coletivos ou individuais dos integrantes da categoria que representam, inclusive nas liquidações e execuções de sentença, independentemente de autorização dos substituídos.*[23]

IV – a assembleia geral fixará a contribuição que, em se tratando de categoria profissional, será descontada em folha, para custeio do sistema confederativo da representação sindical respectiva, independentemente da contribuição prevista em lei;

Súmula nº 666 do STF/Súmula vinculante 40: *A contribuição confederativa de que trata o art. 8º, IV, da Constituição, só é exigível dos filiados ao sindicato respectivo.*

Contribuição sindical e filiação: *(...) a contribuição confederativa, à luz do disposto no art. 8º, IV, da Carta Magna, por não se revestir de caráter tributário, somente pode ser cobrada pelas entidades sindicais de seus respectivos filiados. Esse mesmo raciocínio aplica-se às contribuições assistenciais que, em razão da sua natureza jurídica não tributária, não podem ser exigidas indistintamente de todos aqueles que participem das categorias econômicas ou profissionais, ou das profissões liberais, mas tão somente dos empregados filiados ao sindicato respectivo. (...) ainda que a Constituição reconheça, em seu art. 7º, XXVI, a força das convenções e acordos coletivos de trabalho, com base nos princípios constitucionais da livre associação ou sindicalização, é impossível a cobrança de contribuição assistencial dos empregados não filiados ao sindicato. (...) Finalmente, consigno que, por violação ao princípio da legalidade tributária, é manifesta a inconstitucionalidade da instituição de nova contribuição compulsória, por meio de acordo ou convenção coletiva, a empregados não filiados ao sindicado beneficiário da exação.*[24]

---

22 STF, RE nº 555.720/MG AgR, Segunda Turma, Rel. Min. Gilmar Mendes, j. 30.09.08, *DJE* 21.11.08.

23 STF, RE nº 883.642/AL RG, Plenário, Rel. Min. Ricardo Lewandowski, j. 18.06.15, *DJE* 26.06.15.

24 STF, ARE nº 1.018.459/PR RG, Plenário, Rel. Min. Gilmar Mendes, j. 23.02.17, *DJE* 10.03.17.

V – ninguém será obrigado a filiar-se ou a manter-se filiado a sindicato;

VI – é obrigatória a participação dos sindicatos nas negociações coletivas de trabalho;

VII – o aposentado filiado tem direito a votar e ser votado nas organizações sindicais;

VIII – é vedada a dispensa do empregado sindicalizado a partir do registro da candidatura a cargo de direção ou representação sindical e, se eleito, ainda que suplente, até um ano após o final do mandato, salvo se cometer falta grave nos termos da lei.

Limitação legal do número de dirigentes sindicais: *É dizer, estabelece a Constituição estabilidade para os dirigentes sindicais. Seria possível, então, à lei disciplinar a matéria, em termos de número de dirigentes sindicais? Penso que sim. Caso contrário, podendo o sindicato estabelecer o número de dirigentes, poderia estabelecer número excessivo, com a finalidade de conceder-lhes a estabilidade sindical do art. 8º, VIII, da CF, e art. 543, § 3º, CLT.*[25]

Parágrafo único. As disposições deste artigo aplicam-se à organização de sindicatos rurais e de colônias de pescadores, atendidas as condições que a lei estabelecer.

Art. 9º É assegurado o direito de greve, competindo aos trabalhadores decidir sobre a oportunidade de exercê-lo e sobre os interesses que devam por meio dele defender.

§ 1º A lei definirá os serviços ou atividades essenciais e disporá sobre o atendimento das necessidades inadiáveis da comunidade.

§ 2º Os abusos cometidos sujeitam os responsáveis às penas da lei.

Art. 10. É assegurada a participação dos trabalhadores e empregadores nos colegiados dos órgãos públicos em que seus interesses profissionais ou previdenciários sejam objeto de discussão e deliberação.

Art. 11. Nas empresas de **mais de duzentos empregados**, é assegurada a eleição de um representante destes com a finalidade exclusiva de promover-lhes o entendimento direto com os empregadores.

25 STF, RE nº 193.345/SC, Segunda Turma,Rel. Min. Carlos Velloso, j. 13.04.99, *DJ* 28.05.99. No mesmo sentido: STF, AI nº 735.158/SP AgR, Primeira Turma, Rel.ª Min.ª Cármen Lúcia, j. 09.06.09, *DJE* 07.08.09.

4. PROTEÇÃO, NO PLANO INTERNACIONAL, DOS DIREITOS SOCIAIS

No plano internacional, o Brasil ratificou em 1992 o Pacto Internacional dos Direitos Econômicos, Sociais e Culturais,[26] e aderiu também a uma série de outras manifestações internacionais de proteção à saúde, que ainda estão pendentes[27] de apreciação pelo Congresso Nacional para que tenham força de lei interna. São exemplos: o Protocolo de Intenções entre o Ministério da Saúde da República Federativa do Brasil e o Ministério da Saúde e Ambiente da República Argentina sobre Cooperação na Área da Saúde sobre Medicamentos (assinado em 22.10.2005), o Ajuste Complementar sobre Saúde e Ciências Médicas ao Acordo de Cooperação Científica e Tecnológica (firmado com a China, em 24.5.2004), o Ajuste Complementar ao Acordo de Cooperação em Ciência e Tecnologia na Área de Saúde (com os Estados Unidos da América, em 12.5.1998).

5. MECANISMOS DE EFETIVAÇÃO DOS DIREITOS SOCIAIS NA CONSTITUIÇÃO DE 1988

A Constituição de 1988 avançou na seara das garantias constitucionais, individuais e coletivas, produtos da Constituição cidadã, que podem ser utilizadas também na tutela dos direitos sociais. O mandado de injunção (art. 5º, LXXI), na via individual ou coletiva; o mandado de segurança coletivo (art. 5º, LXX); a ação civil pública (art. 129, III); a ação direta de inconstitucionalidade por omissão (art. 103, § 2º); e a arguição de descumprimento de preceito fundamental (art. 102, § 1º) são importantes ferramentas de defesa dos direitos sociais do povo brasileiro que estrearam no atual texto constitucional.

6. OS PRINCÍPIOS NORTEADORES DE PROTEÇÃO AOS DIREITOS SOCIAIS

6.1 Princípio do Mínimo Existencial

Em acurada pesquisa no Direito alemão, Ingo Sarlet[28] afirma que o primeiro jurista de renome a sustentar a possibilidade do reconhecimento de uma

---

26 Adotado pela Resolução nº 2.200-A (XXI) da Assembleia Geral das Nações Unidas em 16.12.66.

27 Estão pendentes de apreciação legislativa desde o dia 02.01.2007, de acordo com o site do Ministério das Relações Exteriores do Governo Federal.

28 SARLET, Ingo e TIMM, Luciano Bennetti. *Direitos Fundamentais, Orçamento e Reserva do Possível*. Porto Alegre: Livraria do Advogado, 2008.

garantia positiva dos recursos mínimos para uma vida digna foi o publicista Otto Bachof, que já no início da década de 1950 defendia na Alemanha que a dignidade da pessoa humana restaria sacrificada se um mínimo de segurança social não estivesse garantido. No Brasil, o primeiro ensaio de que se tem notícia sobre o tema é o do Professor Ricardo Lobo Torres, em trabalho publicado em 1989[29] e desde então o assunto vem ganhando espaço na doutrina brasileira.

De acordo com Ana Paula de Barcellos,[30] o mínimo existencial corresponderia ao conjunto de situações materiais indispensáveis à existência humana digna, considerada não apenas como experiência física – sobrevivência e manutenção do corpo – mas também espiritual e intelectual, aspectos fundamentais de um Estado Democrático de Direito. Assim sendo, a violação desse mínimo acarretaria desrespeito à própria dignidade da pessoa humana, pois, segundo a autora, o núcleo material da dignidade e as condições mínimas que devem ser asseguradas à vida de todos descreveriam o mesmo fenômeno.

O princípio ultrapassa a mera garantia de sobrevivência física, situando-se, portanto, além do limite da chamada pobreza absoluta. Com isso seria possível concluir que o mínimo existencial não pode ser confundido com o mínimo vital ou de sobrevivência, sob pena de violação da própria dignidade da pessoa humana.[31]

Não há garantia expressa na Constituição sobre o princípio em tela,[32] mas é inegável que independe de disposição explícita para ser protegido, diante do fundamento da dignidade da pessoa humana, pilar da República Federativa, presente no art. 1º, III, além das previsões nos arts. 5º, III e 60 § 4º, IV, todos da Constituição.

6.2 Princípio da Reserva do Possível

É sabido, que a realização dos direitos econômicos, sociais e culturais depende, em grande medida, de um inescapável vínculo financeiro subordinado

---

29 TORRES, Ricardo Lôbo. "O mínimo existencial e os direitos fundamentais". *Revista de Direito Administrativo*, nº 177, 1989, p. 20-49.

30 BARCELLOS, Ana Paula de. *A Eficácia Jurídica dos Princípios Constitucionais.* O princípio da dignidade da pessoa humana. Rio de Janeiro: Renovar, 2002, p. 230-250.

31 Ob. cit.

32 Em que pese a expressão "mínimo existencial" já estar consagrada pela renomada doutrina brasileira, bem como na jurisprudência sobre o assunto, entendemos que o verdadeiro substrato axiológico da dignidade da pessoa humana exigiria referência diferente do "mínimo" existencial, porque guarda relação inexorável com a noção de equilíbrio. Passamos, então, a nos referir ao princípio sob a denominação de "equilíbrio existencial", por entendê-la como expressão mais fidedigna, tanto à dignidade da pessoa humana quanto à vontade do próprio Estado Constitucional de Direito.

às possibilidades orçamentárias do Estado, de tal modo que, comprovada, objetivamente, a incapacidade econômico-financeira da pessoa estatal, desta não se poderá razoavelmente exigir, considerada a limitação material referida, cunhada no conhecido princípio da "reserva do possível"[33] (*Vorbehalt dês Möglichen*), firmado pelo Tribunal Constitucional Federal Alemão, segundo o qual, a entrega de prestações sociais ficaria sujeita à reserva da lei orçamentária.

Segundo a maestria das palavras do Ministro Celso de Mello, em julgado importante sobre o direito à saúde: *Não se mostrará lícito, no entanto, ao Poder Público, em tal hipótese – mediante indevida manipulação de sua atividade financeira e/ou político-administrativa – criar obstáculo artificial que revele o ilegítimo, arbitrário e censurável propósito de fraudar, de frustrar e de inviabilizar o estabelecimento e a preservação, em favor da pessoa e dos cidadãos, de condições materiais mínimas de existência. Cumpre advertir, desse modo, que a cláusula da "reserva do possível" – ressalvada a ocorrência de justo motivo objetivamente aferível – não pode ser invocada, pelo Estado, com a finalidade de exonerar-se do cumprimento de suas obrigações constitucionais, notadamente quando, dessa conduta governamental negativa, puder resultar nulificação ou, até mesmo, aniquilação de direitos constitucionais.*[34]

Conforme as palavras do Ministro, a simples alegação de insuficiência de verbas orçamentárias para a concretização das políticas públicas anunciadas pela Constituição e pleiteadas na via judicial, não é suficiente para caracterizar a impossibilidade material ou jurídica da prestação. Nessas situações, cabe ao julgador a realização da ponderação e realizar escolhas acertadas com base na própria Constituição.

Daí, valiosas as considerações de Ana Paula de Barcellos,[35] que sobre o assunto afirma que a limitação de recursos existe e é uma contingência que não se pode ignorar. Os condicionamentos impostos, pela cláusula da "reserva do possível", ao processo de concretização dos direitos de segunda geração – de implantação sempre onerosa –, traduzem-se em um binômio que compreende, de um lado, (1) a razoabilidade da pretensão individual/social deduzida em face do Poder Público e, de outro, (2) a existência de disponibilidade financeira do Estado para tornar efetivas as prestações positivas dele reclamadas. Desnecessário

---

33 BverfGE 33, 333: "Os direitos e prestações não são garantidos de antemão para qualquer situação existencial, senão que permanecem sob a reserva do possível, no sentido de saber o que cada qual pode razoavelmente exigir da sociedade. Em primeiro lugar encontra-se sob a responsabilidade do legislador avaliar a pretensão, considerando a economia orçamentária, as outras necessidades da comunidade e o dispositivo expresso do art. 109, inciso 2 da Constituição, que manda levar em conta o equilíbrio geral da economia".

34 STF, ADPF nº 45/DF MC, Rel.Min. Celso de Mello, j. 29.04.04, *DJ* 04.05.04.

35 BARCELLOS. Ana Paula de. Ob. cit., p. 230 a 250.

acentuar-se, segundo a autora, considerado o encargo governamental de tornar efetiva a aplicação dos direitos econômicos, sociais e culturais, que os elementos componentes do mencionado binômio (razoabilidade da pretensão + disponibilidade financeira do Estado) devem configurar-se de modo afirmativo e em situação de cumulativa ocorrência, pois, ausente qualquer desses elementos, descaracterizar-se-á a possibilidade estatal de realização prática de tais direitos.

6.3 Princípio da Vedação ao Retrocesso Social

Mais uma vez, nos auxiliando da autorizada lição de Canotilho, registramos que o princípio da vedação ao retrocesso social expressa a ideia de que uma vez obtido um determinado grau de realização dos direitos sociais, eles passam a constituir, simultaneamente, uma garantia institucional e um direito subjetivo, podendo formular-se assim: o núcleo essencial dos direitos sociais já realizado e efetivado através de medidas legislativas deve considerar-se constitucionalmente garantido sendo inconstitucionais quaisquer medidas do Estado que, sem a criação de outros esquemas alternativos ou compensatórios, se traduzam, na prática, numa "anulação", "revogação" ou "aniquilação" pura e simples desse núcleo essencial.

Nesse sentido, o princípio da vedação ao retrocesso social traz a lume a ideia de que os avanços na área da saúde (a criação do SUS e da "Farmácia Popular", por exemplo) não podem retroceder, estando dessa maneira fora da discricionariedade do Poder Público. É forçoso reconhecer que, em nome da razoabilidade, essa vedação não é absoluta e nem tem por objetivo derrotar a autonomia do Legislativo e do Executivo, mas serve como importante vetor de proteção às políticas públicas já adotadas pelo Poder Público. Se forem necessárias mudanças, porque o destino do país não é previsível, com base nesse princípio, seriam necessárias medidas substitutivas para que os direitos fundamentais continuassem assegurados e para que a população não sofresse fortes abalos com a extinção da referida política.

O princípio também pode ser concebido com a denominação de proibição de evolução reacionária.

7. NOTAS SOBRE O CONTROLE JUDICIAL DAS POLÍTICAS PÚBLICAS

As políticas públicas, sob a ótica dos direitos sociais, envolvem ações, leis, projetos e diretrizes que devem ser desenvolvidos e concretizados, em regra, pelos Poderes Executivo e Legislativo para a implementação das prestações positivas reivindicadas na proteção do direito à saúde, à educação, à moradia, ao lazer e à concretização dos demais direitos sociais.

Como em princípio envolvem tarefas que devem ser executadas pelos órgãos políticos anunciados, o controle judicial das políticas tem suscitado debates calorosos na doutrina, cujas críticas principais recebidas seriam: a ausência de legitimidade do Judiciário para cuidar do assunto e a ofensa ao princípio da separação de poderes.

Em que pese opiniões já exaradas em sentido contrário, o voto não é o único meio democrático de manifestação popular. O concurso público, ao qual se submetem por ano milhares de brasileiros de classes sociais distintas, em nossa opinião, é o meio mais democrático que um cidadão pode enfrentar para ingressar numa carreira pública. Por esforço próprio, tornam-se juízes homens e mulheres, pobres, ricos, afrodescendentes, portadores de deficiências, idosos, jovens, que participam de um certame transparente e justo. Sem contar que há legitimidade indireta das urnas quando das nomeações dos magistrados nos órgãos colegiados por aqueles que são eleitos, como no caso dos Ministros do STF, nomeados pelo Presidente da República, após aprovação dos nomes pelos membros do Senado Federal (art.101, parágrafo único, da CF).

A legitimidade dos juízes no Brasil é constitucional. A mesma Constituição que ampliou as garantias constitucionais como o mandado de injunção (art. 5º, LXXI), o mandado de segurança coletivo (art. 5º, LXX), a ação direta de inconstitucionalidade por omissão (art. 103, § 2º) e a arguição de descumprimento de preceito fundamental (art. 102, § 1º), é a que, igualmente, garante a todos o amplo acesso à justiça e a inafastabilidade do controle jurisdicional (art. 5º, XXXV).

O juiz não é mais a simples boca da lei, mas intérprete constitucional qualificado que vai permitir que a Constituição não sucumba numa realidade instável como a que vivemos. E o Estado Constitucional de Direito reivindica essa legítima participação dos juízes com o auxílio de uma jurisdição constitucional mais efetiva.

Diante dessa necessária releitura da separação de poderes na atualidade, o Poder Judiciário e cada juiz, com o necessário reforço à jurisdição constitucional, são demandados não só para a realização do controle de constitucionalidade nos dois sistemas adotados pelo Brasil, mas também para a necessária implementação dos direitos fundamentais de segunda geração em caso de omissão ou má prestação dos direitos sociais.

8. A NOVA PREVIDÊNCIA - NOÇÕES[36]

Com o objetivo de apresentar as principais novidades sobre a nova previdência do servidor público, listamos abaixo, de forma resumida, as mudanças implementadas pela EC 103/2019. Para facilitar a leitura, lembramos que

36 O responsável por essa compilação é o meu querido amigo Frederico Amado, que nos cedeu esse importante estudo para abrilhantar a nossa obra. A pesquisa completa pode ser encontrada no livro: Reforma Previdenciária Comentada: Emenda Constitucional 103/2019 e seus impactos infraconstitucionais, 1ª edição, 2020, Salvador, Ed. Juspodivm.

RGPS significa Regime Geral de Previdência Social e RPPS Regime Próprio de Previdência Social[37].

- A competência para legislar sobre regras gerais de inatividade remunerada de policiais militares e bombeiros dos estados e Distrito Federal passou a ser privativa da União[38];
- Restou inserido o instituto da readaptação, permitindo que o servidor público titular de cargo efetivo possa ser readaptado para exercício de cargo cujas atribuições e responsabilidades sejam compatíveis com a limitação que tenha sofrido em sua capacidade física ou mental, enquanto permanecer nesta condição, desde que possua a habilitação e o nível de escolaridade exigidos para o cargo de destino, mantida a remuneração do cargo de origem[39];
- A concessão de aposentadoria no RGPS passa a gerar a extinção da relação de trabalho com a Administração Pública, quer celetista ou mesmo estatutária, o que atinge servidores efetivos de municípios que não criaram RPPS[40];
- Vedou-se que o complemento de aposentadorias e pensões por morte do RPPS seja feito pelos entes políticos, salvo no caso de regime de previdência complementar e de lei de extinção de RPPS que poderão prever os complementos[41];

---

37 O responsável por essa compilação é o meu querido amigo Frederico Amado, que nos cedeu esse importante estudo para abrilhantar a nossa obra. A pesquisa completa pode ser encontrada no livro: Reforma Previdenciária Comentada: Emenda Constitucional 103/2019 e seus impactos infraconstitucionais, 1ª edição, 2020, Salvador, Ed. Juspodivm.

38 CF. "Art. 22. ....

XXI- normas gerais de organização, efetivos, material bélico, garantias, convocação, mobilização, inatividades e pensões das polícias militares e dos corpos de bombeiros militares";

39 CF. "Art. 37. ....

§ 13. O servidor público titular de cargo efetivo poderá ser readaptado para exercício de cargo cujas atribuições e responsabilidades sejam compatíveis com a limitação que tenha sofrido em sua capacidade física ou mental, enquanto permanecer nesta condição, desde que possua a habilitação e o nível de escolaridade exigidos para o cargo de destino, mantida a remuneração do cargo de origem".

40 CF. "Art. 37. ....

§ 14. A aposentadoria concedida com a utilização de tempo de contribuição decorrente de cargo, emprego ou função pública, inclusive do Regime Geral de Previdência Social, acarretará o rompimento do vínculo que gerou o referido tempo de contribuição."

41 CF. "Art. 37. ....

§ 15. É vedada a complementação de aposentadorias de servidores públicos e de pensões por morte a seus dependentes que não seja decorrente do disposto nos §§ 14 a 16 do art. 40 ou que não seja prevista em lei que extinga regime próprio de previdência social." (NR)

- Afastou-se uma garantia do titular de mandato eletivo que possui cargo efetivo no serviço público, de modo que a Constituição não mais garante que os valores das remunerações para fins previdenciários sejam conservados como se o servidor estivesse no exercício do cargo efetivo, podendo agora ser considerados os valores das remunerações do mandato eletivo[42];
- Vedou-se a incorporação de vantagens de caráter temporário ou vinculadas ao exercício de função de confiança ou de cargo em comissão à remuneração do cargo efetivo[43];
- Não mais são citados no caput do artigo 40 da Constituição todos os entes políticos, de modo que não há mais imposição constitucional para que todos os entes políticos constituam RPPS, sendo o grande foco os municípios brasileiros[44];
- A aposentadoria por invalidez do servidor efetivo passa a se chamar de aposentadoria por incapacidade permanente, sendo necessário para a sua concessão um requisito adicional: não cabimento da readaptação[45];
- A renda mensal da aposentadoria por incapacidade permanente e das demais aposentações foi desconstitucionalizada, cabendo a aplicação da regra de transição do artigo 26 da Emenda[46];

---

42 CF. "Art. 38. ....

V - na hipótese de ser segurado de regime próprio de previdência social, permanecerá filiado a esse regime, no ente federativo de origem."

43 CF. "Art. 39. ....

§ 9º É vedada a incorporação de vantagens de caráter temporário ou vinculadas ao exercício de função de confiança ou de cargo em comissão à remuneração do cargo efetivo."

44 CF. "Art. 40. O regime próprio de previdência social dos servidores titulares de cargos efetivos terá caráter contributivo e solidário, mediante contribuição do respectivo ente federativo, de servidores ativos, de aposentados e de pensionistas, observados critérios que preservem o equilíbrio financeiro e atuarial".

45 CF. "Art. 40. ....

§ 1º O servidor abrangido por regime próprio de previdência social será aposentado:

I - por incapacidade permanente para o trabalho, no cargo em que estiver investido, quando insuscetível de readaptação, hipótese em que será obrigatória a realização de avaliações periódicas para verificação da continuidade das condições que ensejaram a concessão da aposentadoria, na forma de lei do respectivo ente federativo";

46 EC 103/2019. "Art. 26. Até que lei discipline o cálculo dos benefícios do regime próprio de previdência social da União e do Regime Geral de Previdência Social, será utilizada a média aritmética simples dos salários de contribuição e das remunerações adotados como base para contribuições a regime próprio de previdência social e ao Regime Geral de Previdência Social, ou como base para contribuições decorrentes das atividades militares de que tratam os arts. 42 e 142 da Constituição Federal, atualizados monetariamente, correspondentes

- A aposentadoria por incapacidade por doenças graves, contagiosas ou incuráveis não mais possui garantia de proventos integrais;
- Fixou-se como regra permanente para os servidores federais efetivos a seguinte idade mínima para o deferimento de aposentadoria voluntária: a) 65 anos, homens; b) 62 anos, mulheres[47];
- No âmbito dos estados, do Distrito Federal e dos municípios, a aposentadoria voluntária com modificação de na idade mínima, dependerá de emenda às respectivas Constituições e Leis Orgânicas, sendo conservado o antigo regime constitucional provisoriamente[48];
- O teto da aposentadoria passa a ser o teto do RGPS para os novos servidores públicos empossados no novo regime, respeitado o valor mínimo de um salário mínimo[49];
- Caberá ao ente federativo aprovar lei ordinária para regular o valor dos proventos de aposentadoria do seu servidor efetivo, quebrando a uniformidade nacional, o que será uma lástima e com enorme insegurança jurídica[50];
- Os professores do ensino infantil, fundamental e médio conservaram o direito de reduzir 5 anos na idade no benefício de aposentadoria por

---

a 100% (cem por cento) do período contributivo desde a competência julho de 1994 ou desde o início da contribuição, se posterior àquela competência".

47 CF. "Art. 40. ....

§ 1º O servidor abrangido por regime próprio de previdência social será aposentado:

III- no âmbito da União, aos 62 (sessenta e dois) anos de idade, se mulher, e aos 65 (sessenta e cinco) anos de idade, se homem, e, no âmbito dos Estados, do Distrito Federal e dos Municípios, na idade mínima estabelecida mediante emenda às respectivas Constituições e Leis Orgânicas, observados o tempo de contribuição e os demais requisitos estabelecidos em lei complementar do respectivo ente federativo.

48 CF. "Art. 40. ....

§ 1º O servidor abrangido por regime próprio de previdência social será aposentado:

III- no âmbito da União, aos 62 (sessenta e dois) anos de idade, se mulher, e aos 65 (sessenta e cinco) anos de idade, se homem, e, no âmbito dos Estados, do Distrito Federal e dos Municípios, na idade mínima estabelecida mediante emenda às respectivas Constituições e Leis Orgânicas, observados o tempo de contribuição e os demais requisitos estabelecidos em lei complementar do respectivo ente federativo".

49 CF. "Art. 40. ....

§ 2º Os proventos de aposentadoria não poderão ser inferiores ao valor mínimo a que se refere o § 2º do art. 201 ou superiores ao limite máximo estabelecido para o Regime Geral de Previdência Social, observado o disposto nos §§ 14 a 16".

50 CF. "Art. 40. ....

§ 3º As regras para cálculo de proventos de aposentadoria serão disciplinadas em lei do respectivo ente federativo".

idade em relação às regras ordinárias, que no serviço público federal são de 65 anos para os homens e 62 para as mulheres, reduzindo na área federal para 60 anos para os professores e 57 anos de idade para as professoras[51];

- Possibilita que a pensão por morte do servidor público possa ter renda inferior a um salário mínimo, desde que o dependente seja beneficiário de renda formal, a exemplo de salário ou de aposentadoria[52];
- A regra permanente não mais trata da renda da pensão por morte, fazendo remissão à lei do respectivo ente federativo, que necessariamente terá que tratar de modo diferenciado a morte dos policiais, agentes penitenciários e agentes socioeducativos por agressão em decorrência da sua função de risco;
- Passa a ser obrigatória a criação do regime de previdência complementar pelas entidades federativas que possuam RPPS (era facultativo)[53];
- Abriu-se em favor das entidades abertas de previdência complementar (EAPC's) a possibilidade de gerir planos de previdência complementar dos servidores públicos[54];

---

51 CF. "Art. 40. ....

§ 5º Os ocupantes do cargo de professor terão idade mínima reduzida em 5 (cinco) anos em relação às idades decorrentes da aplicação do disposto no inciso III do § 1º, desde que comprovem tempo de efetivo exercício das funções de magistério na educação infantil e no ensino fundamental e médio fixado em lei complementar do respectivo ente federativo".

52 CF. "Art. 40. ....

§ 7º Observado o disposto no § 2º do art. 201, quando se tratar da única fonte de renda formal auferida pelo dependente, o benefício de pensão por morte será concedido nos termos de lei do respectivo ente federativo, a qual tratará de forma diferenciada a hipótese de morte dos servidores de que trata o § 4º-B decorrente de agressão sofrida no exercício ou em razão da função".

53 CF. "Art. 40. ....

§ 14. A União, os Estados, o Distrito Federal e os Municípios instituirão, por lei de iniciativa do respectivo Poder Executivo, regime de previdência complementar para servidores públicos ocupantes de cargo efetivo, observado o limite máximo dos benefícios do Regime Geral de Previdência Social para o valor das aposentadorias e das pensões em regime próprio de previdência social, ressalvado o disposto no § 16".

54 EC 103/2019. Art. 33. Até que seja disciplinada a relação entre a União, os Estados, o Distrito Federal e os Municípios e entidades abertas de previdência complementar na forma do disposto nos §§ 4º e 5º do art. 202 da Constituição Federal, somente entidades fechadas de previdência complementar estão autorizadas a administrar planos de benefícios patrocinados pela União, Estados, Distrito Federal ou Municípios, inclusive suas autarquias, fundações, sociedades de economia mista e empresas controladas direta ou indiretamente".

- O abono de permanência em serviço passa a ser de pagamento facultativo[55];
- O valor do abono não mais é fixado no valor da contribuição previdenciária devida pelo servidor público, podendo ser inferior a esse valor, não tendo sido previsto sequer um limite mínimo[56];
- Exige que a União edite uma lei complementar estabelecendo normas gerais sobre os Regimes Próprios de Previdência Social[57].

Atenção: As aposentadorias especiais no RPPS eram uma determinação constitucional. Agora passaram a ser um ato discricionário do legislador, ao inserir expressamente no texto constitucional a expressão "poderão", via lei complementar da entidade política;

Abordaremos logo abaixo as novas regras permanentes e de transição da seguridade social como um todo, assim como do Regime Geral de Previdência Social, a fim de já ir familiarizando o leitor com a nova previdência do âmbito do INSS. Seguem as principais alterações:

- A competência federal delegada será extinta quando a Comarca de domicílio do beneficiário da previdência social distar até 70 km de alguma Vara da Justiça Federal, cabendo ao TRF editar uma lista de comarcas[58];
- O segurado somente terá reconhecida como tempo de contribuição ao Regime Geral de Previdência Social a competência cuja contribuição

---

55 CF. "Art. 40. ....

§ 19. Observados critérios a serem estabelecidos em lei do respectivo ente federativo, o servidor titular de cargo efetivo que tenha completado as exigências para a aposentadoria voluntária e que opte por permanecer em atividade poderá fazer jus a um abono de permanência equivalente, no máximo, ao valor da sua contribuição previdenciária, até completar a idade para aposentadoria compulsória".

56 CF. "Art. 40. ....

§ 19. Observados critérios a serem estabelecidos em lei do respectivo ente federativo, o servidor titular de cargo efetivo que tenha completado as exigências para a aposentadoria voluntária e que opte por permanecer em atividade poderá fazer jus a um abono de permanência equivalente, no máximo, ao valor da sua contribuição previdenciária, até completar a idade para aposentadoria compulsória".

57 CF. "Art. 40. ....

§ 22. Vedada a instituição de novos regimes próprios de previdência social, lei complementar federal estabelecerá, para os que já existam, normas gerais de organização, de funcionamento e de responsabilidade em sua gestão, dispondo, entre outros aspectos, sobre: (...)

58 CF. "Art. 109:

§ 3º Lei poderá autorizar que as causas de competência da Justiça Federal em que forem parte instituição de previdência social e segurado possam ser processadas e julgadas na justiça estadual quando a comarca do domicílio do segurado não for sede de vara federal".

seja igual ou superior à contribuição mínima mensal exigida para sua categoria, assegurado o agrupamento de contribuições[59];

- São vedados a moratória e o parcelamento em prazo superior a sessenta meses e, na forma de lei complementar, a remissão e a anistia das contribuições sociais previdenciárias[60];
- Tornou facultativa a edição de lei complementar para regular a aposentadoria especial por agentes nocivos de novos segurados, vedados a caracterização por categoria profissional ou ocupação[61];
- Restou provisoriamente inserida uma idade mínima, conforme a espécie de aposentadoria especial: 15 anos – 55 anos de idade; 20 anos – 58 anos de idade; 25 anos – 60 anos de idade[62];
- Restou extinta a aposentadoria apenas por tempo de contribuição sem idade mínima;

---

59 CF. "Art. 195. ....

§ 14. O segurado somente terá reconhecida como tempo de contribuição ao Regime Geral de Previdência Social a competência cuja contribuição seja igual ou superior à contribuição mínima mensal exigida para sua categoria, assegurado o agrupamento de contribuições." (NR)

60 CF. "Art. 195. ....

§ 11. São vedados a moratória e o parcelamento em prazo superior a 60 (sessenta) meses e, na forma de lei complementar, a remissão e a anistia das contribuições sociais de que tratam a alínea "a" do inciso I e o inciso II do **caput**".

61 CF. "Art. 40. ....

§ 4º-C. Poderão ser estabelecidos por lei complementar do respectivo ente federativo idade e tempo de contribuição diferenciados para aposentadoria de servidores cujas atividades sejam exercidas com efetiva exposição a agentes químicos, físicos e biológicos prejudiciais à saúde, ou associação desses agentes, vedada a caracterização por categoria profissional ou ocupação".

62 EC 103/2019. "Art. 19. Até que lei disponha sobre o tempo de contribuição a que se refere o inciso I do § 7º do art. 201 da Constituição Federal, o segurado filiado ao Regime Geral de Previdência Social após a data de entrada em vigor desta Emenda Constitucional será aposentado aos 62 (sessenta e dois) anos de idade, se mulher, 65 (sessenta e cinco) anos de idade, se homem, com 15 (quinze) anos de tempo de contribuição, se mulher, e 20(vinte) anos de tempo de contribuição, se homem.

§ 1º Até que lei complementar disponha sobre a redução de idade mínima ou tempo de contribuição prevista nos §§ 1º e 8º do art. 201 da Constituição Federal, será concedida aposentadoria:

I- aos segurados que comprovem o exercício de atividades com efetiva exposição a agentes químicos, físicos e biológicos prejudiciais à saúde, ou associação desses agentes, vedada a caracterização por categoria profissional ou ocupação, durante, no mínimo, 15 (quinze), 20 (vinte) ou 25 (vinte e cinco) anos, nos termos do disposto nos arts. 57 e 58 da Lei nº 8.213, de 24 de julho de 1991, quando cumpridos".

- Idade mínima de sessenta e cinco anos de idade, se homem, e sessenta e dois anos de idade, se mulher, observado tempo mínimo de contribuição, para a concessão de aposentadoria pelo RGPS em regra permanente[63];
- Manutenção da idade da aposentadoria por idade rural: sessenta anos de idade, se homem, e cinquenta e cinco anos de idade, se mulher, para os trabalhadores rurais e para os que exerçam suas atividades em regime de economia familiar, nestes incluídos o produtor rural, o garimpeiro e o pescador artesanal[64];
- Lei complementar poderá disciplinar a cobertura de benefícios não programados, inclusive os decorrentes de acidente do trabalho, a ser atendida concorrentemente pelo Regime Geral de Previdência Social e pelo setor privado (abriu a possibilidade de atendimento pelo setor privado dos benefícios não programados, a exemplo do auxílio-doença)[65];
- Lei complementar estabelecerá vedações, regras e condições para a acumulação de benefícios previdenciários[66];
- Os empregados dos consórcios públicos, das empresas públicas, das sociedades de economia mista e das suas subsidiárias serão aposentados compulsoriamente, observado o cumprimento do tempo mínimo de contribuição, ao atingir a idade máxima de que trata o inciso II do § 1º do art. 40, na forma estabelecida em lei[67];

---

63 CF. "Art. 40

III- no âmbito da União, aos 62 (sessenta e dois) anos de idade, se mulher, e aos 65 (sessenta e cinco) anos de idade, se homem, e, no âmbito dos Estados, do Distrito Federal e dos Municípios, na idade mínima estabelecida mediante emenda às respectivas Constituições e Leis Orgânicas, observados o tempo de contribuição e os demais requisitos estabelecidos em lei complementar do respectivo ente federativo".

64 CF. "Art. 201.

§ 7º ....

II - 60 (sessenta) anos de idade, se homem, e 55 (cinquenta e cinco) anos de idade, se mulher, para os trabalhadores rurais e para os que exerçam suas atividades em regime de economia familiar, nestes incluídos o produtor rural, o garimpeiro e o pescador artesanal".

65 CF. "Art. 201.

§ 10. Lei complementar poderá disciplinar a cobertura de benefícios não programados, inclusive os decorrentes de acidente do trabalho, a ser atendida concorrentemente pelo Regime Geral de Previdência Social e pelo setor privado".

66 CF. "Art. 201.

§ 15. Lei complementar estabelecerá vedações, regras e condições para a acumulação de benefícios previdenciários".

67 CF. "Art. 201.

§ 16. Os empregados dos consórcios públicos, das empresas públicas, das sociedades de economia mista e das suas subsidiárias serão aposentados compulsoriamente, observado o cumprimento do tempo mínimo de contribuição, ao atingir a idade máxima de que trata o inciso II do § 1º do art. 40, na forma estabelecida em lei." (NR)

- Passou-se a admitir que o patrocínio da Administração Pública a entidade de previdência complementar possa abarcar entidades abertas de previdência complementar[68];
- Limitação da renda do auxílio-reclusão a um salário mínimo[69];
- Eliminação da menor cota do benefício do salário-família[70];
- Alteração na contribuição previdenciária do segurado empregado, trabalhador avulso e empregado doméstico[71].

---

68 CF. "Art. 40

§ 15. O regime de previdência complementar de que trata o § 14 oferecerá plano de benefícios somente na modalidade contribuição definida, observará o disposto no art. 202 e será efetivado por intermédio de entidade fechada de previdência complementar ou de entidade aberta de previdência complementar".

69 EC 103/2019. "Art. 27. Até que lei discipline o acesso ao salário-família e ao auxílio-reclusão de que trata o inciso IV do art. 201 da Constituição Federal, esses benefícios serão concedidos apenas àqueles que tenham renda bruta mensal igual ou inferior a R$ 1.364,43 (mil, trezentos e sessenta e quatro reais e quarenta e três centavos), que serão corrigidos pelos mesmos índices aplicados aos benefícios do Regime Geral de Previdência Social".

70 EC 103/2019. "Art. 27. Até que lei discipline o acesso ao salário-família e ao auxílio-reclusão de que trata o inciso IV do art. 201 da Constituição Federal, esses benefícios serão concedidos apenas àqueles que tenham renda bruta mensal igual ou inferior a R$ 1.364,43 (mil, trezentos e sessenta e quatro reais e quarenta e três centavos), que serão corrigidos pelos mesmos índices aplicados aos benefícios do Regime Geral de Previdência Social".

§ 1º Até que lei discipline o valor do auxílio-reclusão, de que trata o inciso IV do art. 201 da Constituição Federal, seu cálculo será realizado na forma daquele aplicável à pensão por morte, não podendo exceder o valor de 1 (um) salário-mínimo.

71 EC 103/2019. "Art. 28. Até que lei altere as alíquotas da contribuição de que trata a Lei nº 8.212, de 24 de julho de 1991, devidas pelo segurado empregado, inclusive o doméstico, e pelo trabalhador avulso, estas serão de:

I- até 1 (um) salário-mínimo, 7,5% (sete inteiros e cinco décimos por cento);

II- acima de 1 (um) salário-mínimo até R$ 2.000,00 (dois mil reais), 9% (nove por cento);

III- de R$ 2.000,01 (dois mil reais e um centavo) até R$ 3.000,00 (três mil reais), 12% (doze por cento); e

IV- de R$ 3.000,01 (três mil reais e um centavo) até o limite do salário de contribuição, 14% (quatorze por cento)". Vide Portaria SEPRT nº 477, de 12.01.2021, que alterou as alíquotas de contribuição, passando a vigorar os seguintes percentuais:

Até R$1.100,00- 7,5%; R$ R$1.100,01 até R$ 2.203,48- 9%; R$ 2.203,49 até R$ 3.305,22- 12%; R$ 3.305,22 até R$6. 433,57- 14%.

9. A ORDEM ECONÔMICA COMPROMISSÓRIA

9.1 Introdução

A Constituição Federal de 1988, ao tratar da ordem econômica e financeira, em seu título VII, de forma didática, se referiu primeiramente aos princípios gerais da atividade econômica, em seguida trouxe a política urbana, a política agrícola e fundiária e a reforma agrária e, por fim, o sistema financeiro nacional.

Os direitos econômicos nascem, em sede constitucional, sob a influência da Constituição de Weimar, de 1919, com o fim da Primeira Guerra Mundial, em razão da exploração sofrida pelos trabalhadores, fruto da atuação do mercado capitalista.

No Brasil, a primeira Constituição econômica foi a de 1934, que tratou da ordem econômica e social em um mesmo título. Apenas com a atual Constituição Federal de 1988 é que a ordem econômica foi separada da ordem social, vindo a receber até mesmo normas que tratam do sistema financeiro nacional.

Importante destacar que a economia é formada por elementos que interessam diretamente à ordem constitucional, tendo em vista a pessoa humana, o meio ambiente, e preocupação com uma distribuição justa de riquezas.

Destacamos, também, que o Estado intervém na economia desde o Brasil Colônia, entretanto, foi apenas no início do século XX que as Constituições passaram a agregar valor à economia de forma expressa.

9.2 Os fundamentos da Ordem Econômica

Importante identificar os dois pilares da ordem econômica, que de acordo com o art. 170, *caput,* da CF, tem por fim assegurar a todos existência digna, conforme os ditames da justiça social. O primeiro deles, a "valorização do trabalho humano" e o segundo a "livre-iniciativa", que são, também, fundamentos da própria República Federativa do Brasil, como se observa na leitura do art. 1°, IV, da CF.

Há uma perfeita harmonia entre os alicerces da ordem econômica, estabelecidos na Carta Constitucional, e os próprios fundamentos da República, como se vê abaixo em destaque:

Art. 1° A República Federativa do Brasil, formada pela união indissolúvel dos Estados e Municípios e do Distrito Federal, constitui-se em Estado Democrático de Direito e tem como fundamentos:

IV - os valores sociais do trabalho e da livre iniciativa;

Art. 170. A ordem econômica, fundada na valorização do trabalho humanoe na livre iniciativa, tem por fim assegurar a todos existência digna, conforme os ditames da justiça social, observados os seguintes princípios:

9.3 Os Princípios da Ordem Econômica

Sobre como harmonizar alguns desses princípios trazidos pelo art. 170 da CF[72], que aparentam conflitar entre si, a jurisprudência do Supremo Tribunal Federal traz valiosa contribuição:

> "- Ação direta de inconstitucionalidade. Lei 8.039, de 30 de maio de 1990, que dispõe sobre critérios de reajuste das mensalidades escolares e da outras providencias. - Em face da atual Constituição, para conciliar o fundamento da livre iniciativa e do princípio da livre concorrência com os da defesa do consumidor e da redução das desigualdades sociais, em conformidade com os ditames da justiça social, pode o Estado, por via legislativa, regular a política de preços de bens e de serviços, abusivo que e o poder econômico que visa ao aumento arbitrário dos lucros. - Não é, pois, inconstitucional a Lei 8.039, de 30 de maio de 1990, pelo só fato de ela dispor sobre critérios de reajuste das mensalidades das escolas particulares. – [...]". (ADI 319 QO, Relator (a): Min. MOREIRA ALVES, Tribunal Pleno, julgado em 03/03/1993, DJ 30-04-1993 PP-07563 EMENT VOL-01701-01 PP-00036). Grifos nossos.

72 Art. 170. A ordem econômica, fundada na valorização do trabalho humano e na livre iniciativa, tem por fim assegurar a todos existência digna, conforme os ditames da justiça social, observados os seguintes princípios:

I- soberania nacional;

II- propriedade privada;

III- função social da propriedade;

IV- livre concorrência;

V- defesa do consumidor;

VI- defesa do meio ambiente, inclusive mediante tratamento diferenciado conforme o impacto ambiental dos produtos e serviços e de seus processos de elaboração e prestação; (Redação dada pela Emenda Constitucional nº 42, de 19.12.2003)

VII- redução das desigualdades regionais e sociais;

VIII- busca do pleno emprego;

IX- tratamento favorecido para as empresas de pequeno porte constituídas sob as leis brasileiras e que tenham sua sede e administração no País. (Redação dada pela Emenda Constitucional nº 6, de 1995)

Parágrafo único. É assegurado a todos o livre exercício de qualquer atividade econômica, independentemente de autorização de órgãos públicos, salvo nos casos previstos em lei.

A soberania nacional citada no inciso I, do art. 170, está atrelada a um desenvolvimento econômico interno, antes da inserção do Estado no mercado internacional, e não se confunde com a soberania nacional estabelecida no art. 1º, I, da CF.

No que tange à propriedade privada e a sua função social (art. 170, II e III), apesar de a ordem econômica capitalista necessariamente precisar tutelar a propriedade privada, entretanto, esta não pôde mais ser compreendida de forma absoluta, como na época do Estado Liberal, tendo em vista que a função social remodelou o conceito de propriedade com a chegada do bem-estar social.

Podemos dizer, então, que a Constituição de 1988 inseriu no próprio conceito da propriedade a sua função social, ou seja, a mesma deixou de ser elemento extrínseco, para estar implicitamente relacionada à propriedade.

No sentido positivo, a livre concorrência (art. 170, IV) significa que os bens, os preços, as mercadorias e os serviços devem ser, em princípio, formados em um ambiente de mercado, regulado pela lei da oferta e da procura. No sentido negativo, a livre concorrência é um obstáculo à concentração de empresas que acabem por dominar o mercado.

De acordo com o art. 173, §§ 4° e 5° da CF, a lei deverá reprimir o abuso do poder econômico que vise à dominação dos mercados, à eliminação da concorrência e ao aumento arbitrário dos lucros. E, sem prejuízo da responsabilidade individual dos dirigentes da pessoa jurídica, estabelecerá a responsabilidade desta, sujeitando-a às punições compatíveis com sua natureza, nos atos praticados contra a ordem econômica e financeira e contra a economia popular.

Nesse contexto, importante ressaltar a edição da Lei 12.529/11, responsável por estruturar o Sistema Brasileiro de Defesa da Concorrência – SBDC, já que a mesma dispõe sobre a prevenção e repressão às infrações contra a ordem econômica, orientada pelos ditames constitucionais de liberdade de iniciativa, livre concorrência, função social da propriedade, defesa dos consumidores e repressão ao abuso do poder econômico, sendo a coletividade a titular dos bens jurídicos protegidos pela lei.

Já a defesa do consumidor (170, V) parte da premissa que na relação de consumo existe um polo mais fraco, que é o consumidor, e que por isso precisa ser defendido em face do fornecedor. Importante lembrar que a defesa do consumidor é também um direito fundamental, de acordo com o art. 5°, XXXII, da CF e que a Lei 8.078/1990 dispõe sobre a proteção do consumidor, sendo conhecida como Código de Defesa do Consumidor.

Qualquer regulamentação estatal sobre as atividades econômicas deve respeitar o meio ambiente (art. 170, VI), já que o art. 225 da CF assegura a todos o direito ao meio ambiente ecologicamente equilibrado, bem de uso comum do povo e essencial à sadia qualidade de vida, impondo-se ao Poder Público e à coletividade o dever de defendê-lo e preservá-lo para as presentes e futuras gerações.

> "A atividade econômica não pode ser exercida em desarmonia com os princípios destinados a tornar efetiva a proteção ao meio ambiente. **A incolumidade do meio ambiente não pode ser comprometida por interesses empresariais nem ficar dependente de motivações de índole meramente econômica, ainda mais se se tiver presente que a atividade econômica, considerada a disciplina constitucional que a rege, está subordinada, dentre outros princípios gerais, àquele que privilegia a 'defesa do meio ambiente' (CF, art. 170, VI), que traduz conceito amplo e abrangente das noções de meio ambiente natural, de meio ambiente cultural, de meio ambiente artificial (espaço urbano) e de meio ambiente laboral.** Doutrina. Os instrumentos jurídicos de caráter legal e de natureza constitucional objetivam viabilizar a tutela efetiva do meio ambiente, para que não se alterem as propriedades e os atributos que lhe são inerentes, o que provocaria inaceitável comprometimento da saúde, segurança, cultura, trabalho e bem-estar da população, além de causar graves danos ecológicos ao patrimônio ambiental, considerado este em seu aspecto físico ou natural." (ADI 3.540-MC, Rel. Min. Celso de Mello, julgamento em 1-9-05, DJ de 3-2-06)

Como um dos objetivos da ordem econômica é, justamente, a promoção da justiça social, devemos diminuir as disparidades regionais (art. 170, VII), fazendo valer um crescimento econômico equilibrado. O próprio art. 3°, III, da CF traz como objetivo fundamental da República Federativa do Brasil a erradicação da pobreza e da marginalização e redução das desigualdades sociais e regionais.

Na busca do pleno emprego (art. 170, VIII), sem dúvidas, há uma relação com a própria valorização do trabalho humano, que é fundamento da ordem econômica, conforme o *caput* do art. 170 da CF e demonstra a necessidade de políticas públicas comprometidas e geradoras de oportunidades aos cidadãos.

Conforme preceitua o art. 5°, XIII, da CF, "é livre o exercício de qualquer trabalho, ofício ou profissão, atendidas as qualificações profissionais que a lei estabelecer". Também podemos mencionar o já citado art. 3°, III, da CF, que traz como sendo objetivo fundamental da República Federativa do Brasil a erradicação da pobreza e da marginalização e redução das desigualdades sociais e regionais[73].

---

73 O motorista particular, em sua atividade laboral, é protegido pela liberdade fundamental insculpida no art. 5º, XIII, da Carta Magna, submetendo-se apenas à regulação proporcionalmente definida em lei federal, pelo que o art. 3º, VIII, da Lei Federal 12.965/2014 (Marco Civil da Internet) e a Lei Federal 12.587/2012, alterada pela Lei 13.640 de 26 de março de

O tratamento favorecido para as empresas de pequeno porte constituídas sob as leis brasileiras e que tenham sua sede e administração no país (art. 170, IX) está atrelado ao princípio da igualdade na sua vertente substancial e é reforçado pelo art. 179, da Constituição, que assim prescreve: "*a União, os Estados, o Distrito Federal e os Municípios dispensarão às microempresas e às empresas de pequeno porte, assim definidas em lei, tratamento jurídico diferenciado, visando a incentivá-las pela simplificação de suas obrigações administrativas, tributárias, previdenciárias e creditícias, ou pela eliminação ou redução destas por meio de lei*".

2018, garantem a operação de serviços remunerados de transporte de passageiros por aplicativos. (...) **A proibição legal do livre exercício da profissão de transporte individual remunerado afronta o princípio da busca pelo pleno emprego, insculpido no art. 170, VIII, da Constituição, pois impede a abertura do mercado a novos entrantes, eventualmente interessados em migrar para a atividade como consectário da crise econômica, para promover indevidamente a manutenção do valor de permissões de táxi**. [ADPF 449, rel. min. Luiz Fux, j. 8-5-2019, P, *DJE* de 2-9-2019.]

Capítulo

13

NACIONALIDADE

1. CONCEITO

A nacionalidade é o vínculo jurídico que liga o indivíduo a um Estado, tornando-o nacional, componente do povo e titular de direitos e obrigações. Relaciona-se diretamente com a própria identidade da pessoa humana, direito assegurado inclusive pela Declaração Universal dos Direitos Humanos de 1948.[1]

O conceito de nacionalidade no Brasil não se confunde com o de cidadania, que recebeu do constituinte originário sentido restrito e vinculado ao exercício de direitos políticos por meio do título de eleitor. O conjunto dos nacionais é muito maior que o conjunto de cidadãos, quando se vincula a cidadania *strictu sensu* ao pleno gozo dos direitos eleitorais políticos.

Com isso, pode-se concluir que o cidadão deverá ser nacional (salvo a situação do português equiparado, que será estudada em seção própria), mas nem todo nacional é cidadão (crianças brasileiras, por exemplo).

A nacionalidade é direito fundamental de primeira dimensão e está prevista no capítulo III, do Título II (Dos direitos e garantias fundamentais), da CF, no seu art. 12. O antigo Estatuto do Estrangeiro (Lei 6.815/80) foi revogado pela Lei de Migração (Lei 13.445/2017), que estabeleceu um marco importante na proteção aos estrangeiros e apresenta uma visão contemporânea e compatível

1 "Artigo XV – 1. Toda pessoa tem direito a uma nacionalidade. 2. Ninguém será arbitrariamente privado de sua nacionalidade, nem do direito de mudar de nacionalidade."

com o intenso fluxo migratório em marcha no mundo. São conceitos relacionados à nacionalidade:

Estado: nação politicamente organizada com povo, território, governo soberano e finalidade.

Povo: conjunto de pessoas que fazem parte de um Estado, o seu elemento humano. O povo está unido ao Estado pelo vínculo da nacionalidade. É uma definição política.

População: conceito mais amplo que o de povo, pois nele se incluem também os estrangeiros, desde que residentes no país. É uma definição geográfica.

Nação: agrupamento humano, numeroso. Seus membros são ligados por laços históricos, culturais, econômicos e linguísticos.

Nacional: aquele que se vincula por nascimento ou naturalização ao território de um país.

Polipátrida: aquele que tem mais de uma nacionalidade (um conflito positivo, que gera a multinacionalidade).[2]

Apátrida ou *heimatlos*:[3] aquele que não tem nacionalidade (um conflito negativo, que gera dificuldades ao indivíduo em razão das restrições jurídicas que poderá sofrer em alguns países).[4]

A Lei de Migração (Lei 13.445/17), em seu art. 1º, § 1º, VI, conceituou o apátrida como a pessoa que não seja considerada como nacional por nenhum Estado, segundo a sua legislação, nos termos da Convenção sobre o Estatuto dos Apátridas, de 1954, promulgada pelo Decreto nº 4.246, de 22 de maio de 2002, ou assim reconhecida pelo Estado brasileiro.

No art. 1º, § 1º, II a V, da Lei de Migração, também encontramos outras definições importantes, a saber:

Imigrante: pessoa nacional de outro país ou apátrida que trabalha ou reside e se estabelece temporária ou definitivamente no Brasil;

Emigrante: brasileiro que se estabelece temporária ou definitivamente no exterior;

Residente fronteiriço: pessoa nacional de país limítrofe ou apátrida que conserva a sua residência habitual em município fronteiriço de país vizinho;

---

2 AFONSO DA SILVA, José. *Curso de Direito Constitucional*. 23. ed. São Paulo: Malheiros, 2004, p. 320.

3 Expressão alemã que significa sem nacionalidade ou apátrida.

4 AFONSO DA SILVA, José, *Curso de Direito Constitucional*. 23. ed. São Paulo: Malheiros, 2004, p. 321.

Visitante: pessoa nacional de outro país ou apátrida que vem ao Brasil para estadas de curta duração, sem pretensão de se estabelecer temporária ou definitivamente no território nacional;

No que tange à entrada e saída de estrangeiros no território nacional, importante diferenciar, ainda que sucintamente, os seguintes conceitos:

Extradição: É a medida de cooperação internacional entre o Estado brasileiro e outro Estado pela qual se concede ou solicita a entrega de pessoa sobre quem recaia condenação criminal definitiva ou para fins de instrução de processo penal em curso, na forma do art. 81 da Lei 13.445/17.

Expulsão: Consiste em medida administrativa de retirada compulsória de migrante ou visitante do território nacional, conjugada com o impedimento de reingresso por prazo determinado, segundo prevê o art. 54 da Lei 13.445/17.

Deportação: É a medida decorrente de procedimento administrativo que consiste na retirada compulsória de pessoa que se encontre em situação migratória irregular em território nacional, de acordo com o art. 50 da Lei 13.445/17.

Importante destacar que não há expulsão ou deportação de brasileiros do território nacional.

Repatriação: consiste em medida administrativa de devolução de pessoa em situação de impedimento ao país de procedência ou de nacionalidade (art. 49 da Lei 13.445/17).

As situações de impedimento, conforme prevê o art. 45, da Lei de Migração, são aplicáveis à pessoa:

> I - anteriormente expulsa do País, enquanto os efeitos da expulsão vigorarem;
>
> II - condenada ou respondendo a processo por ato de terrorismo ou por crime de genocídio, crime contra a humanidade, crime de guerra ou crime de agressão, nos termos definidos pelo Estatuto de Roma do Tribunal Penal Internacional, de 1998, promulgado pelo Decreto nº 4.388, de 25 de setembro de 2002;
>
> III - condenada ou respondendo a processo em outro país por crime doloso passível de extradição segundo a lei brasileira;
>
> IV - que tenha o nome incluído em lista de restrições por ordem judicial ou por compromisso assumido pelo Brasil perante organismo internacional;
>
> V - que apresente documento de viagem que:
>
> a) não seja válido para o Brasil;
>
> b) esteja com o prazo de validade vencido; ou
>
> c) esteja com rasura ou indício de falsificação;
>
> VI - que não apresente documento de viagem ou documento de identidade, quando admitido;
>
> VII - cuja razão da viagem não seja condizente com o visto ou com o motivo alegado para a isenção de visto;

VIII - que tenha, comprovadamente, fraudado documentação ou prestado informação falsa por ocasião da solicitação de visto; ou

IX - que tenha praticado ato contrário aos princípios e objetivos dispostos na Constituição Federal.

Parágrafo único. Ninguém será impedido de ingressar no País por motivo de raça, religião, nacionalidade, pertinência a grupo social ou opinião política.

2. ESPÉCIES DE NACIONALIDADE

De acordo com o STF, as hipóteses de outorga da nacionalidade brasileira, quer se trate de nacionalidade primária ou originária (da qual emana a condição de brasileiro nato), quer se cuide de nacionalidade secundária ou derivada (da qual resulta o *status* de brasileiro naturalizado), decorrem, exclusivamente, em função de sua natureza mesma, do texto constitucional, pois a questão da nacionalidade traduz matéria que se sujeita, unicamente, quanto à sua definição, ao poder soberano do Estado brasileiro.[5]

2.1 Nacionalidade Originária ou Primária

A nacionalidade originária resulta do nascimento, sendo estabelecida por critérios sanguíneos, territoriais ou mistos. É também conhecida como involuntária e deve ser decidida de acordo com as normas previstas no Direito interno de cada país, de acordo com a sua soberania. No Brasil, os nacionais originários são denominados brasileiros natos.

2.2 Nacionalidade Derivada ou Secundária

A nacionalidade derivada é aquela que decorre da manifestação de vontade do indivíduo, e, em regra, é adquirida por meio do processo de naturalização. Em nosso país, os nacionais derivados são chamados brasileiros naturalizados.

3. CRITÉRIOS DE ATRIBUIÇÃO DE NACIONALIDADE ORIGINÁRIA

Os critérios principais de aquisição de nacionalidade originária, a seguir analisados, são: a) critério sanguíneo ou *ius sanguinis;* b) critério territorial ou *ius soli;* e o c) critério misto.

De acordo com o critério estabelecido pelo *ius sanguinis,* será nacional todo o descendente de nacionais, independentemente do local de nascimento. É adotado, em regra, pelos países do "Velho Mundo" (África, Europa e Ásia),

---

5 STF, HC nº 83.113 QO, rel. min. Celso de Mello, j. 26-6-2003, 2ª T, *DJ* de 29-8-2003.

países de emigração, sendo normalmente ambilinear, ou seja, pai ou mãe podem transferir a nacionalidade a seus filhos.

Por meio do critério territorial, *ius soli*, será nacional o nascido no território do Estado, independentemente da nacionalidade de sua ascendência. É o critério predominante nos países do "Novo Mundo" (as Américas e a Oceania), conhecidos como países de imigração.

No entanto, vários países adotam hoje em dia um critério misto, numa combinação entre o *ius soli* e o *ius sanguinis*. No Brasil, o critério de atribuição de nacionalidade originária predominante é o da origem territorial, ainda que se reconheça em algumas situações a origem sanguínea, pode-se dizer que temos um sistema de *ius soli* relativo ou misto.

Destacamos, também, que, segundo entendimento do STF, não se revela possível, em nosso sistema jurídico-constitucional, a aquisição da nacionalidade brasileira jure matrimonii, vale dizer, como efeito direto e imediato resultante do casamento civil.[6]

4. AQUISIÇÃO DE NACIONALIDADE ORIGINÁRIA OU PRIMÁRIA

O art. 12, I, e suas alíneas "a", "b" e "c", da Constituição de 1988, encerram as únicas formas de aquisição de nacionalidade originária brasileira, não podendo a legislação infraconstitucional ampliá-las, segundo entendimento do próprio Supremo Tribunal Federal: *"As hipóteses de outorga da nacionalidade brasileira, quer se trate de nacionalidade primária ou originária (da qual emana a condição de brasileiro nato), quer se cuide de nacionalidade secundária ou derivada (da qual resulta o status de brasileiro naturalizado), decorrem, exclusivamente, em função de sua natureza mesma, do texto constitucional, pois a questão da nacionalidade traduz matéria que se sujeita, unicamente, quanto à sua definição, ao poder soberano do Estado brasileiro".*[7]

No texto do art. 12, I, "a", a Constituição apresenta o critério de maior destaque da nacionalidade primária no país, ou seja, a origem territorial. De acordo com o referido dispositivo, serão brasileiros natos: *os nascidos na República Federativa do Brasil, ainda que de pais estrangeiros, desde que estes não estejam a serviço de seu país.* Daí se infere que, em regra geral, quem nasce

6 STF, Ext 1.121, rel. min. Celso de Mello, j. 18-12-2009, P, *DJE* de 25-6-2010.

7 STF, HC nº 83.113/DFQO, Plenário, Rel. Min. Celso de Mello, j. 26.6.03, *DJ* 29.8.03.

no Brasil[8] será brasileiro nato, ainda que seja filho de pai **e** mãe estrangeiros (não importa de qual nacionalidade) desde que os pais não estejam a serviço oficial de seu país de origem (assim reconhecido pelo país que lhe encaminhou ao Brasil). Por sua vez, filho (a) de pais estrangeiros (ambos), se pelo menos um deles estiver a serviço oficial do seu país de origem no Brasil, não será brasileiro nato, configurando exceção ao critério territorial. Pode-se concluir também que filho de brasileiro (pai ou mãe), seja nato ou naturalizado, nascido em nosso país, será sempre brasileiro nato.

Na alínea seguinte temos a combinação entre o critério sanguíneo, associado à questão funcional, senão vejamos: serão também brasileiros natos: *os nascidos no estrangeiro, de pai brasileiro ou mãe brasileira, desde que qualquer deles esteja a serviço da República Federativa do Brasil.* Da mesma maneira que não se impõe a nacionalidade brasileira ao filho de um estrangeiro, que está a serviço de seu país em território brasileiro, aqui nascido, a Constituição determina que o brasileiro a serviço do Brasil no exterior também possa transferir a nacionalidade brasileira a seu filho, mesmo tendo este nascido fora do território nacional. Ressalte-se que "a serviço" do país deve englobar a Administração Pública direta ou indireta de quaisquer das esferas da Federação.[9]

O art. 12, I, "c", último critério a ser analisado, já sofreu duas reformas no texto de sua redação originária. Vejamo-lo com detalhes:

Serão brasileiros natos:

- **Em 1988:***os nascidos no estrangeiro, de pai brasileiro ou mãe brasileira, desde que sejam registrados em repartição brasileira competente* ***ou*** *venham a residir na República Federativa do Brasil antes da maioridade e, alcançada esta, optem em qualquer tempo pela nacionalidade brasileira.*
- **Com a redação da ER nº 3/1994:** *os nascidos no estrangeiro, de pai brasileiro ou mãe brasileira, desde que venham a residir na República Federativa do Brasil e optem, em qualquer tempo, pela nacionalidade brasileira.*
- **Atualmente, com a redação dada pela EC nº 54/2007:** *c) os nascidos no estrangeiro de pai brasileiro ou de mãe brasileira, desde que sejam registrados em repartição brasileira competente* ***ou*** *venham a residir na*

8 Também se incluem como extensões do território nacional, o espaço aéreo, mar territorial, rios, golfos, lagos, baías, ilhas, navios e aeronaves de guerra brasileiros, onde quer que se encontrem, navios privados brasileiros em alto mar, aeronaves privadas brasileiras em voo sobre o alto mar e as embarcações privadas em mar (ou espaço aéreo) brasileiro.

9 AFONSO DA SILVA, José, *Curso de Direito Constitucional.* 23. ed. São Paulo: Malheiros, 2004, p. 326.

República Federativa do Brasil e optem, em qualquer tempo, depois de atingida a maioridade, pela nacionalidade brasileira.

Com a supressão da possibilidade de registro em consulado brasileiro no exterior para fins de aquisição de nacionalidade brasileira, pela ER nº 03/94, muitos brasileiros que moravam no exterior à época da mudança constitucional (alguns em países de *ius sanguinis* e com isso seus filhos se tornavam apátridas ao nascerem) fizeram campanhas para o retorno do registro, o que aconteceu apenas em 2007.

É possível observarmos, então, que a atual redação é mais benéfica ao brasileiro do que se comparada à redação posterior à ER nº 03/94, levando-se em consideração que nela havia a previsão de residência no país e ainda manifestação perante a Justiça Federal brasileira.

Na redação atual, os filhos de brasileiros podem ser registrados em Consulados (ou nas seções consulares das Embaixadas), sem a necessidade de vir ao país e proceder à opção. Os que não forem registrados no exterior ainda podem vir residir a qualquer tempo no Brasil e manifestar a opção após atingida a maioridade.[10] Essa opção, apesar de potestativa, é feita na forma do art. 109, X, da CF perante a Justiça Federal, em um processo de jurisdição voluntária.

Como nacionalidade é um direito fundamental personalíssimo, podem surgir duas hipóteses oriundas da citada alínea *c*: 1) o nascido no estrangeiro, filho de pai brasileiro ou mãe brasileira, que vem morar no Brasil antes de atingida a maioridade; e 2) o nascido no estrangeiro, filho de pai ou mãe brasileira, que vem morar no Brasil depois de atingir a maioridade.

Na primeira situação, como a opção perante a Justiça Federal só pode ser feita após atingida a maioridade, o filho de brasileiro ainda menor, ao vir

10 Antes da própria EC nº 54/07, o STF já dizia que a opção só poderia ser feita após atingida a maioridade e que tinha a natureza personalíssima, senão vejamos:

"São brasileiros natos os nascidos no estrangeiro, de pai brasileiro ou de mãe brasileira, desde que venham a residir no Brasil e optem, em qualquer tempo, pela nacionalidade brasileira. A opção pode ser feita a qualquer tempo, desde que venha o filho de pai brasileiro ou de mãe brasileira, nascido no estrangeiro, a residir no Brasil. Essa opção somente pode ser manifestada depois de alcançada a maioridade. É que a opção, por decorrer da vontade, tem caráter personalíssimo. Exige-se, então, que o optante tenha capacidade plena para manifestar a sua vontade, capacidade que se adquire com a maioridade. Vindo o nascido no estrangeiro, de pai brasileiro ou de mãe brasileira, a residir no Brasil, ainda menor, passa a ser considerado brasileiro nato, sujeita essa nacionalidade a manifestação da vontade do interessado, mediante a opção, depois de atingida a maioridade. Atingida a maioridade, enquanto não manifestada a opção, esta passa a constituir-se em condição suspensiva da nacionalidade brasileira" (STF, RE nº 418.096/RS, Segunda Turma, Rel. Min. Carlos Velloso, j. 22.03.05, *DJ* 22.04.05).

residir no Brasil, será reconhecido como brasileiro nato em caráter provisório, até que se ultime a manifestação de vontade. Nesse sentido, o STF assim decidiu: "*Vindo o nascido no estrangeiro, de pai brasileiro ou de mãe brasileira, a residir no Brasil, ainda menor, passa a ser considerado brasileiro nato, sujeita essa nacionalidade à manifestação da vontade do interessado, mediante a opção, depois de atingida a maioridade. Atingida a maioridade, enquanto não manifestada a opção, esta passa a constituir-se em condição suspensiva da nacionalidade brasileira*".[11]

Na segunda hipótese, como já é maior de idade, o filho de brasileiro pode se manifestar diretamente perante a Justiça Federal para exercer a opção confirmativa, entretanto, não há prazo para essa manifestação no ordenamento jurídico.

Ademais disso, a EC nº 54/2007 ainda acrescentou ao ADCT o art. 95[12] em atenção aos nascidos justamente depois da supressão do registro em consulado e antes da nova redação dada ao dispositivo.

Ressalte-se que a alínea "c" também, à semelhança da "b", excepciona o critério territorial, para aplicar o critério sanguíneo em conjunto com outros elementos, nesse caso: registro consular (na primeira parte) ou residência e opção (na segunda parte).

5. AQUISIÇÃO DE NACIONALIDADE DERIVADA

A naturalização permite ao estrangeiro que detém outra nacionalidade, ou ao apátrida (que não tem nenhuma), a aquisição da nacionalidade brasileira, na forma do art. 12, II, "a" e "b" e ainda de acordo com a Lei de Migração (Lei 13.445/17). Pode-se dizer, com isso, que as hipóteses de aquisição de nacionalidade secundária não se esgotam completamente na Constituição Federal. Como a naturalização no Brasil decorre de uma manifestação da vontade, podemos dizer que hoje não há naturalização tácita ou por decurso de prazo. A naturalização hoje é sempre expressa.

Insta ressaltar que a naturalização tácita já foi adotada no país em duas ocasiões. Na Carta do Império, contemplou-se a naturalização por decurso de prazo ao reconhecer, como brasileiros naturalizados, todos os portugueses que

11 STF, RE nº 418.096/RS, Segunda Turma, Rel. Min. Carlos Velloso, j. 22.3.05, *DJ* 22.4.05.

12 Art. 95: "Os nascidos no estrangeiro entre 7 de junho de 1994 e a data da promulgação desta Emenda Constitucional, filhos de pai brasileiro ou mãe brasileira, poderão ser registrados em repartição diplomática ou consular brasileira competente ou em ofício de registro, se vierem a residir na República Federativa do Brasil".

residissem no Brasil, por ocasião da proclamação da independência nacional.[13] Já a Constituição de 1891, considerava cidadãos brasileiros "os estrangeiros, que achando-se no Brasil aos 15 de novembro de 1889, não declararem, dentro em seis meses depois de entrar em vigor a Constituição, o ânimo de conservar a nacionalidade de origem" (art. 69, §4°), e, ainda, "os estrangeiros que possuírem bens imóveis no Brasil e forem casados com brasileiros ou tiverem filhos brasileiros contanto que residam no Brasil, salvo se manifestarem a intenção de não mudar de nacionalidade" (art. 69, §5°). Em sede constitucional, encontramos duas situações de aquisição de nacionalidade derivada:

> Art. 12. São brasileiros:
>
> II – Naturalizados:
>
> a) os que, na forma da lei, adquiram a nacionalidade brasileira, exigidas aos originários de países de língua portuguesa apenas residência por um ano ininterrupto e idoneidade moral;
>
> b) os estrangeiros de qualquer nacionalidade, residentes na República Federativa do Brasil há mais de quinze anos ininterruptos e sem condenação penal, desde que requeiram a nacionalidade brasileira.

a) **Naturalização ordinária**: para os originários de países da língua portuguesa (Angola, Portugal, Cabo Verde, Guiné-Bissau, Moçambique, Guiné-Equatorial, São Tomé Príncipe e Timor Leste), de acordo com o art. 12, II, "a", é exigida a residência por um ano ininterrupto no Brasil e idoneidade moral e, para os demais estrangeiros, as exigências estão na Lei de Migração, arts. 65 e 66 (ou, como diz o texto, na "forma da lei").[14] Apesar de os requisitos necessários para a aquisição da naciona-

13 Constituição de 1824, art. 6°, IV: "São cidadãos brazileiros: todos os nascidos em Portugal, e suas Possessões, que sendo já residentes no Brazil na época, em que se proclamou a Independencia nas Provincias, onde habitavam, adheriram á esta expressa, ou tacitamente pela continuação da sua residencia".

14 São disposições da Lei de Migração, Lei nº 13.445/17:

"Art. 65. Será concedida a naturalização ordinária àquele que preencher as seguintes condições:

I- ter capacidade civil, segundo a lei brasileira;

II- ter residência em território nacional, pelo prazo mínimo de 4 (quatro) anos;

III- comunicar-se em língua portuguesa, consideradas as condições do naturalizando; e

IV- não possuir condenação penal ou estiver reabilitado, nos termos da lei.

Art. 66. O prazo de residência fixado no inciso II do caput do art. 65 será reduzido para, no mínimo, 1 (um) ano se o naturalizando preencher quaisquer das seguintes condições:

I- (VETADO);

lidade brasileira dos originários de países de língua portuguesa serem fixados pela Constituição, a natureza do ato administrativo de concessão do pedido é discricionário do Poder Executivo federal.

b) **Naturalização extraordinária ou quinzenária**: na forma do art. 12, II, "b", serão também brasileiros naturalizados: "os estrangeiros de qualquer nacionalidade, residentes na República Federativa do Brasil há mais de quinze anos ininterruptos[15] e sem condenação penal, desde que requeiram a nacionalidade brasileira". Originariamente o prazo de residência exigido era de 30 (trinta) anos, e foi reduzido pela metade com a ER nº 03/94. Nesse caso, o Ministro da Justiça não pode fazer um juízo de conveniência e oportunidade sobre o deferimento da naturalização extraordinária. Preenchidos os requisitos acima mencionados, surge o direito público subjetivo à naturalização, sendo, portanto, um ato vinculado.[16]

   Sobre a residência ininterrupta no país, importante destacar que ela não é interrompida por meras ausências temporárias, como, por exemplo, em caso de férias, compromissos de trabalho fora do país. Segundo o STF[17], "a residência ininterrupta não pode ser confundida com a permanência ininterrupta (exigência não prevista no dispositivo constitucional)".

II- ter filho brasileiro;

III- ter cônjuge ou companheiro brasileiro e não estar dele separado legalmente ou de fato no momento de concessão da naturalização;

IV- (VETADO);

V- haver prestado ou poder prestar serviço relevante ao Brasil; ou

VI- recomendar-se por sua capacidade profissional, científica ou artística.

Parágrafo único. O preenchimento das condições previstas nos incisos V e VI do *caput* será avaliado na forma disposta em regulamento."

15 A ausência temporária do estrangeiro do território brasileiro, segundo o STF, "não significa que a residência não foi contínua, pois há que se distinguir entre residência contínua e permanência contínua." (STF, AI nº 32.074, Rel. Min. Hermes Lima, j. 02.04.65, *DJ* 05.05.65).

16 "O requerimento de aquisição da nacionalidade brasileira, previsto na alínea *b* do inciso II do art. 12 da Carta de Outubro, é suficiente para viabilizar a posse no cargo triunfalmente disputado mediante concurso público. Isso quando a pessoa requerente contar com quinze anos ininterruptos de residência fixa no Brasil, sem condenação penal. A portaria de formal reconhecimento da naturalização, expedida pelo ministro de Estado da Justiça, é de caráter meramente declaratório. Pelo que seus efeitos hão de retroagir à data do requerimento do interessado." (STF, RE nº 264.848/TO, Primeira Turma, Rel. Min. Carlos Britto, julgamento em 29.6.05, *DJ* 14.10.05.)

17 STF, Agravo n° 32.074, Rel. Min. Hermes Lima.

A Lei de Migração trouxe a naturalização extraordinária em seu art. 67, dispondo que: "A naturalização extraordinária será concedida a pessoa de qualquer nacionalidade fixada no Brasil há mais de 15 (quinze) anos ininterruptos e sem condenação penal, desde que requeira a nacionalidade brasileira."

Além das duas situações de aquisição de nacionalidade derivada elencadas pela Constituição Federal e também pela Lei de Migração, acima vistas, passaremos a analisar mais duas hipóteses contempladas apenas pela última. Quais sejam: a naturalização especial e a naturalização provisória.

a) **Naturalização especial**: na forma do art. 68 da Lei de Migração, tal espécie de naturalização poderá ser concedida ao estrangeiro que seja cônjuge ou companheiro, há mais de 5 (cinco) anos, de integrante do Serviço Exterior Brasileiro em atividade ou de pessoa a serviço do Estado brasileiro no exterior, ou que seja ou tenha sido empregado em missão diplomática ou em repartição consular do Brasil por mais de 10 (dez) anos ininterruptos. Para que seja concedida a naturalização é necessário o cumprimento dos requisitos elencados no art. 69 da citada lei[18].

b) **Naturalização provisória:** de acordo com o art. 70 da Lei de Migração, a naturalização provisória poderá ser concedida ao migrante criança ou adolescente que tenha fixado residência em território nacional antes de completar 10 (dez) anos de idade e deverá ser requerida por intermédio de seu representante legal, podendo vir a ser convertida em definitiva se o naturalizando expressamente assim o requerer no prazo de 2 (dois) anos após atingir a maioridade. Os arts. 71 e 72 da referida lei tratam do pedido de naturalização provisória e demais providências.[19]

---

18 Lei 13.445/17: "Art. 69. São requisitos para a concessão da naturalização especial: I- ter capacidade civil, segundo a lei brasileira; II- comunicar-se em língua portuguesa, consideradas as condições do naturalizando; e III- não possuir condenação penal ou estiver reabilitado, nos termos da lei."

19 Lei 13.445/17: "Art. 71. O pedido de naturalização será apresentado e processado na forma prevista pelo órgão competente do Poder Executivo, sendo cabível recurso em caso de denegação. § 1º No curso do processo de naturalização, o naturalizando poderá requerer a tradução ou a adaptação de seu nome à língua portuguesa. § 2º Será mantido cadastro com o nome traduzido ou adaptado associado ao nome anterior. Art. 72. No prazo de até 1 (um) ano após a concessão da naturalização, deverá o naturalizado comparecer perante a Justiça Eleitoral para o devido cadastramento."

6. TRATAMENTO DIFERENCIADO ENTRE BRASILEIROS

Como já vimos, os nossos nacionais originários são os brasileiros natos e os nacionais derivados são chamados brasileiros naturalizados. Saliente-se, entretanto, que quando a Constituição dispõe sobre um direito ou um dever dos "brasileiros", está se referindo tanto aos natos quanto aos naturalizados, e essa é a regra geral, em nome do princípio da igualdade e da não discriminação. Os nossos brasileiros, seja em razão de vínculo originário ou de vínculo secundário, são nacionais, e em direitos e obrigações devem ser tratados da forma mais equânime possível.

Na forma do art. 12, § 2º, em nome do princípio da igualdade, somente a Lei Maior pode estabelecer tratamento diferenciado entre seus brasileiros, como o faz em alguns dispositivos legais, a seguir relembrados.

a) Quanto aos cargos

Na forma do art. 12, § 3º:

> São privativos de brasileiros natos os cargos:
>
> I – de Presidente e Vice-Presidente da República;
>
> II – de **Presidente** da Câmara dos Deputados;
>
> III – de **Presidente** do Senado Federal;
>
> IV – de **Ministro** do Supremo Tribunal Federal;
>
> V – da carreira diplomática;
>
> VI – de oficial das Forças Armadas;
>
> VII – de Ministro de Estado da Defesa.

Como esse rol é taxativo, nada impede, portanto, que um brasileiro naturalizado concorra a cargo na Câmara dos Deputados ou no Senado Federal, não podendo apenas ser eleito Presidente das duas Casas. Da mesma maneira, Governadores de Estado e Prefeitos podem ser brasileiros naturalizados, por inexistir proibição constitucional que os impeça de exercer tais cargos. Dos Ministros de Estado, o único que precisa ser necessariamente brasileiro nato é o da Defesa, portanto, nada impede que o Ministro de Estado da Justiça ou da Educação, seja brasileiro naturalizado, já que o art. 87, da CF, somente determina que os Ministros de Estado sejam escolhidos dentre brasileiros.

Observem que nitidamente a Constituição se preocupou com aqueles que podem ocupar, ainda que temporariamente, o cargo de Presidente da

República e, ainda, com os que exercem atividades importantes relacionadas à segurança nacional.

A Constituição de 1988 reduziu o rol de cargos privativos de brasileiros natos, se a compararmos com a Constituição anterior de 1967/69, que reservava aos nacionais originários os seguintes cargos: "São privativos de brasileiro nato os cargos de Presidente e Vice-Presidente da República, Ministro de Estado, Ministro do Supremo Tribunal Federal, do Superior Tribunal Militar, do Tribunal Superior Eleitoral, do Tribunal Superior do Trabalho, do Tribunal Federal de Recursos, do Tribunal de Contas da União, Procurador-Geral da República, Senador, Deputado Federal, Governador do Distrito Federal, Governador e Vice-Governador de Estado e de Território e seus substitutos, os de Embaixador e os das carreiras de Diplomata, de Oficial da Marinha, do Exército e da Aeronáutica" (art. 145, parágrafo único).

b) Quanto à composição no Conselho da República, na vaga de cidadão

De acordo com o art. 89, VII, a representação direta do povo no Conselho da República também é privativa de brasileiros natos:

> VII – **seis cidadãos brasileiros natos**, com mais de trinta e cinco anos de idade, sendo dois nomeados pelo Presidente da República, dois eleitos pelo Senado Federal e dois eleitos pela Câmara dos Deputados, todos com mandato de três anos, vedada a recondução.

Ressalte-se que nem todo membro do Conselho da República é necessariamente brasileiro nato (líderes da maioria e da minoria das Casas Legislativas, por exemplo), mas, na forma do dispositivo citado, a participação direta do povo no Conselho só pode ser preenchida por brasileiro nato.

c) Quanto à extradição

De acordo com a Lei de Migração, a extradição é a medida de cooperação internacional entre o Estado brasileiro e outro Estado pela qual se concede ou solicita a entrega de pessoa sobre quem recaia condenação criminal definitiva ou para fins de instrução de processo penal em curso (art. 81).

Nos termos do art. 5º, LI, não haverá extradição passiva de brasileiro nato:

> LI – nenhum brasileiro será extraditado, **salvo o naturalizado**, em caso de crime comum, praticado antes da naturalização, ou de comprovado envolvimento em tráfico ilícito de entorpecentes e drogas afins, na forma da lei.

Conforme orientação do STF, o brasileiro nato que possui dupla nacionalidade também não poderá ser extraditado.[20]

Com isso, a extradição pode recair sobre o brasileiro naturalizado, caso tenha praticado crime comum antes da naturalização; ou, quando for comprovado envolvimento com tráfico ilícito de entorpecentes e drogas afins, independentemente de o crime ter sido praticado antes ou depois da naturalização. De acordo com o entendimento do STF na Súmula nº 421, *não impede a extradição a circunstância de ser o extraditado casado com brasileira ou ter filho brasileiro.*[21]

Consoante a Lei de Migração, a extradição de brasileiro naturalizado ou de estrangeiro só poderá ser concedida se o crime tiver sido cometido no território do Estado requerente ou serem aplicáveis ao extraditando as leis penais desse Estado; e estiver o extraditando respondendo a processo investigatório ou a processo penal ou ter sido condenado pelas autoridades judiciárias do Estado requerente a pena privativa de liberdade. (art. 83).

---

20 Segundo o STF: "O brasileiro nato, quaisquer que sejam as circunstâncias e a natureza do delito, não pode ser extraditado, pelo Brasil, a pedido de Governo estrangeiro, pois a Constituição da República, em cláusula que não comporta exceção, impede, em caráter absoluto, a efetivação da entrega extradicional daquele que é titular, seja pelo critério do *jus soli*, seja pelo critério do *jus sanguinis*, de nacionalidade brasileira primária ou originária. Esse privilégio constitucional, que beneficia, sem exceção, o brasileiro nato (CF, art. 5º, LI), não se descaracteriza pelo fato de o Estado estrangeiro, por lei própria, haver-lhe reconhecido a condição de titular de nacionalidade originária pertinente a esse mesmo Estado (CF, art. 12, § 4º, II, *a*). Se a extradição não puder ser concedida, por inadmissível, em face de a pessoa reclamada ostentar a condição de brasileira nata, legitimar-se-á a possibilidade de o Estado brasileiro, mediante aplicação extraterritorial de sua própria lei penal (CP, art. 7º, II, *b*, e respectivo § 2º) – e considerando, ainda, o que dispõe o Tratado de Extradição Brasil/Portugal (Artigo IV) –, fazer instaurar, perante órgão judiciário nacional competente (CPP, art. 88), a concernente *persecutio criminis*, em ordem a impedir, por razões de caráter ético-jurídico, que práticas delituosas, supostamente cometidas, no exterior, por brasileiros (natos ou naturalizados), fiquem impunes" (STF, HC nº 83.113/DF QO, Plenário, Rel. Min. Celso de Mello, j. 26.06.03, *DJ* 29.08.03).

21 Existência de família brasileira- Situação que não impede a extradição- Compatibilidade da Súmula 421/STF com a vigente Constituição da República.- A existência de relações familiares, a comprovação de vínculo conjugal e/ou a convivência *more uxorio* do extraditando com pessoa de nacionalidade brasileira constituem fatos destituídos de relevância jurídica para efeitos extradicionais, não impedindo, em consequência, a efetivação da extradição. Precedentes.- Não obsta a extradição o fato de o súdito estrangeiro ser casado ou viver em união estável com pessoa de nacionalidade brasileira.- A Súmula 421/STF revela-se compatível com a vigente Constituição da República, pois, em tema de cooperação internacional na repressão a atos de criminalidade comum, a existência de vínculos conjugais e/ou familiares com pessoas de nacionalidade brasileira não se qualifica como causa obstativa da extradição. Precedentes. [Ext 1.343, rel. min. Celso de Mello, 2ª T, j. 21-10-2014, *DJE* de 19-2-2015.]

Destacamos também que não há extradição em caso de crime político e de opinião (art. 5°, LI, da CF e art. 82. VII, da Lei 13.445/2017).

Importante destacar que se o brasileiro nato vem a perder a sua nacionalidade originária por ter adquirido voluntariamente, por meio de processo de naturalização, outra nacionalidade (hipótese em que não incide o disposto no art. 12, § 4º, II, alienas "a" e "b" da CF), poderá vir a sofrer extradição, pois terá havido a renúncia à nacionalidade brasileira diante da adoção de outra cidadania, hipótese autorizadora da decisão pela extradição.[22]

d) Quanto à propriedade

Ainda na forma do art. 222:

> a propriedade de empresa jornalística e de radiodifusão sonora e de sons e imagens é privativa de brasileiros natos **ou naturalizados há mais de dez anos**, ou de pessoas jurídicas constituídas sob as leis brasileiras e que tenham sede no País.

De acordo com o dispositivo acima, a Constituição de 1988 apresenta uma clara preocupação com a influência da mídia como formadora de opinião e exige que os nacionais derivados comprovem pelo menos dez anos de naturalização.

22 Foi o que decidiu o STF em caso que recebeu muito destaque pela mídia brasileira: "CONSTITUCIONAL. MANDADO DE SEGURANÇA. BRASILEIRA NATURALIZADA AMERICANA. ACUSAÇÃO DE HOMICÍDIO NO EXTERIOR. FUGA PARA O BRASIL. PERDA DE NACIONALIDADE ORIGINÁRIA EM PROCEDIMENTO ADMINISTRATIVO REGULAR. HIPÓTESE CONSTITUCIONALMENTE PREVISTA. NÃO OCORRÊNCIA DE ILEGALIDADE OU ABUSO DE PODER. DENEGAÇÃO DA ORDEM. 1. O Supremo Tribunal Federal é competente para o julgamento de mandado de segurança impetrado contra ato do Ministro da Justiça em matéria extradicional. (HC 83.113/DF, Rel. Min. Celso de Mello). 2. A Constituição Federal, ao cuidar da perda da nacionalidade brasileira, estabelece duas hipóteses: (i) o cancelamento judicial da naturalização (art. 12, § 4º, I); e (ii) a aquisição de outra nacionalidade. Nesta última hipótese, a nacionalidade brasileira só não será perdida em duas situações que constituem exceção à regra: (i) reconhecimento de outra nacionalidade originária (art. 12, § 4º, II, a); e (ii) ter sido a outra nacionalidade imposta pelo Estado estrangeiro como condição de permanência em seu território ou para o exercício de direitos civis (art. 12, § 4º, II, b). 3. No caso sob exame, a situação da impetrante não se subsume a qualquer das exceções constitucionalmente previstas para a aquisição de outra nacionalidade, sem perda da nacionalidade brasileira. 4. Denegação da ordem com a revogação da liminar concedida." (MS 33864, Relator(a): Min. ROBERTO BARROSO, Primeira Turma, julgado em 19/04/2016, PROCESSO ELETRÔNICO DJe-200 DIVULG 19-09-2016 PUBLIC 20-09-2016).

7. PERDA DA NACIONALIDADE

De acordo com a orientação jurisprudencial,[23] as hipóteses de perda da nacionalidade estão taxativamente previstas na Constituição Federal, não podendo, portanto, a legislação infraconstitucional ampliar as hipóteses de restrição ao importante direito fundamental à nacionalidade.

Ressalta-se que o texto constitucional não consagra a possibilidade de renúncia à nacionalidade brasileira, não sendo, portanto, a mesma admitida.[24]

Assim dispõe o art. 12, § 4º:

> Será declarada a perda da nacionalidade do brasileiro que:
>
> I – tiver cancelada sua naturalização, por sentença judicial, em virtude de atividade nociva ao interesse nacional;
>
> II – adquirir outra nacionalidade, salvo nos casos:
>
> a) de reconhecimento de nacionalidade originária pela lei estrangeira;
>
> b) de imposição de naturalização, pela norma estrangeira, ao brasileiro residente em estado estrangeiro, como condição para permanência em seu território ou para o exercício de direitos civis.

A Constituição de 1988 suprimiu uma terceira hipótese de perda de nacionalidade, prevista na Constituição anterior de 1967/69 (art. 146, II), pela qual perderia a nacionalidade o brasileiro que, sem licença do Presidente da República, aceitasse comissão, emprego ou pensão de governo estrangeiro.

7.1 Perda-sanção ou Punição: Brasileiros Naturalizados

O art. 12, § 4º, I, destaca que o brasileiro naturalizado, depois de enfrentar uma ação de cancelamento de naturalização transitada em julgado, terá declarada judicialmente a perda de sua nacionalidade brasileira. Como a perda ocorreu em razão da prática de ato nocivo ao interesse nacional, pode ser denominada perda-sanção, ou perda-punição.

---

23 Segundo a posição do STF: "A perda da nacionalidade brasileira, por sua vez, somente pode ocorrer nas hipóteses taxativamente definidas na Constituição da República, não se revelando lícito, ao Estado brasileiro, seja mediante simples regramento legislativo, seja mediante tratados ou convenções internacionais, inovar nesse tema, quer para ampliar, quer para restringir, quer, ainda, para modificar os casos autorizadores da privação – sempre excepcional – da condição político-jurídica de nacional do Brasil" (STF, HC nº 83.113/DF QO, Plenário, Rel. Min. Celso de Mello, j. 26.03.03, *DJ* 29.08.03).

24 MAZUOLI, Valerio de Oliveira. *Curso de Direito Internacional Público*. São Paulo: RT, 2006.

A ação de cancelamento de naturalização é ajuizada pelo Ministério Público Federal perante a Justiça Federal, na forma do art. 109, X, da CF, garantidas a ampla defesa e o contraditório. Após declarada a perda, o ex-brasileiro não poderá enfrentar novo processo administrativo para aquisição de nacionalidade brasileira. É possível, entretanto, que o cancelamento da naturalização seja desfeito via ação rescisória.

Os efeitos da sentença judicial transitada em julgado que dá provimento ao pedido de cancelamento de naturalização serão ultrativos (*ex nunc*), ou seja, o cancelamento produzirá efeitos a partir da decisão. Ademais, o cônjuge e os filhos do ex-brasileiro não serão atingidos pela decisão, tendo em vista que esta possui natureza personalíssima.

Vale destacar, ainda, que de acordo com o parágrafo único do art. 75 da Lei de Migração, o risco de geração de situação de apatridia será levado em consideração antes da efetivação da perda da nacionalidade.

7.2 Perda-mudança: Brasileiros Natos e Naturalizados

O art. 12, § 4º, II, traz a hipótese de perda de nacionalidade administrativa para o brasileiro nato ou naturalizado que optar pela aquisição voluntária de outra nacionalidade, como reconhecido pelo STF e já citado em tópico acima.[25] A doutrina entende que o dispositivo trata de uma perda-mudança, porque não há punição ao brasileiro.

A Constituição consagra ainda a possibilidade de dupla nacionalidade, em que não haverá perda de nacionalidade do brasileiro, nos casos de

> a) reconhecimento de nacionalidade originária pela lei estrangeira; ou b) imposição de naturalização, pela norma estrangeira, ao brasileiro residente em estado estrangeiro, como condição para permanência em seu território ou para o exercício de direitos civis.

A primeira situação é muito comum num país que recebeu tantos imigrantes como o nosso. Por meio desta exceção, filhos ou netos (dependendo da legislação estrangeira) de estrangeiros, nascidos no Brasil, serão brasileiros natos, ainda que possuam o reconhecimento de sua nacionalidade originária por outro país. Na segunda situação, brasileiros que sejam obrigados a se naturalizar, por força de casamento, trabalho, herança, ou como condição de permanência, manterão intacta a nacionalidade brasileira. É o que frequentemente ocorre

25 STF, MS nº 33.864/DF, Primeira Turma, Rel. Min. Roberto Barroso, j. 19.04.16, *DJE*20.09.16.

com os jogadores de futebol, que, para jogarem nos clubes europeus, têm de se naturalizar no país dos clubes.

O art. 76 da Lei de Migração preceitua que o brasileiro que houver perdido a nacionalidade nos termos do art. 12, § 4º, II da CF, uma vez cessada a causa, poderá readquiri-la ou ter o ato que declarou a perda revogado, na forma definida pelo órgão competente do Poder Executivo. Sobre o assunto, há controvérsia na doutrina sobre a espécie de nacionalidade que o indivíduo terá após a reaquisição. Para José Afonso da Silva,[26] em caso de reaquisição de nacionalidade brasileira, mediante processo administrativo, o readquirente recupera a condição que perdera: se era brasileiro nato, voltará a ser brasileiro nato; se naturalizado, retomará essa qualidade.Entendemos que essa é a posição mais adequada já que se reconhece que não há punição ao brasileiro que deseja mudar de nacionalidade, portanto, não se poderia conceder a nacionalidade derivada ao que já foi reconhecido brasileiro nato pela pátria.

Em sentido contrário, Alexandre de Moraes, entende que em razão do caráter definitivo da perda, o brasileiro nato só poderá readquiri-la sob a forma derivada, sendo então considerado brasileiro naturalizado[27].

Não obstante a existência de dissenso doutrinário sobre o tema, o Decreto nº 9.199/2017, ao regulamentar a Lei de Migração, assim estabeleceu: o deferimento do requerimento de reaquisição ou a revogação da perda importará no restabelecimento da nacionalidade originária brasileira (art. 254, §7º) ao brasileiro nato.

---

26 AFONSO DA SILVA, José. *Curso de Direito Constitucional*. 23. ed. São Paulo: Malheiros, 2004, p. 333.

27 Constituição do Brasil Interpretada e Legislação Constitucional. 6ª. ed. São Paulo: Atlas, 2006, p. 542.

Capítulo

14

DIREITOS POLÍTICOS

1. FUNDAMENTO CONSTITUCIONAL

> Art. 1º, parágrafo único. Todo o poder emana do povo, que o exerce por meio de representantes eleitos ou diretamente, nos termos desta Constituição.

Do art. 1º, parágrafo único, da CF extraímos que a soberania é popular, ou seja, o titular do Poder Constituinte é o povo, e é ele que deve exercer a sua vontade política, diretamente ou indiretamente, de acordo com o modelo de democracia participativa ou semidireta adotado pelo Brasil.

A democracia direta se realiza quando o cidadão, em pleno gozo de seus direitos políticos, participa de referendos, plebiscitos, quando ajuíza ação popular, dentre outras manifestações. Indiretamente, a democracia se manifesta quando os atos principais da vida política do país são realizados por nossos representantes eleitos para essa finalidade.

O art. 14 da Constituição de 1988 reitera o teor do artigo supracitado, dispondo que a soberania popular será exercida pelo sufrágio universal e pelo voto direto e secreto na forma da lei.

2. O "SUFRÁGIO"

O que é o sufrágio? Confunde-se com o voto? O sufrágio é a essência dos direitos políticos, o próprio direito público subjetivo político de poder participar da vida política do país. O sufrágio não se esgota e nem se confunde com o direito de votar ou de ser votado, pois envolve outras manifestações políticas. Pode ser definido como a reunião dos direitos políticos ativos (adquiridos com o alistamento eleitoral) e passivos (relativos à capacidade eleitoral passiva), que são manifestações de direitos políticos positivos.

O sufrágio no Brasil, que hoje é universal, já foi censitário e capacitário, senão vejamos:

- **Censitário – "renda"**

O sufrágio censitário condiciona o exercício da vida política aos que possuam renda. Durante a vigência da Constituição de 1824 somente os que possuíssem comprovação de renda mínima poderiam votar e serem votados para certos cargos eletivos no país.[1] Em 1891, a Constituição não permitia também que os mendigos participassem da vida política brasileira,[2] pois não tinham condição econômica que justificasse a sua participação.

- **Capacitário – "capacidade intelectual"**

Essa manifestação de sufrágio baseia-se em capacitações especiais, notadamente de natureza intelectual. Permite-se, assim, o direito de voto apenas àqueles que possuem certo grau de instrução. A exigência de que o eleitor fosse alfabetizado, constituiu um mínimo de sufrágio capacitório, que foi eliminado pela EC nº 25/85 que reformou a Constituição revogada.

---

1 De acordo com a Constituição de 1824:

"Art. 92. São excluidos de votar nas Assembléas Parochiaes.

V. Os que não tiverem de renda liquida annual cem mil réis por bens de raiz, industria, commercio, ou empregos. (...)

Art. 94. Podem ser Eleitores, e votar na eleição dos Deputados, Senadores, e Membros dos Conselhos de Provincia todos os que podem votar na Assembléa Parochial. Exceptuam-se I. Os que não tiverem de renda liquida annual duzentos mil réis por bens de raiz, industria, commercio, ou emprego.

Art. 95. Todos os que podem ser Eleitores, abeis para serem nomeados Deputados. Exceptuam-se: I. Os que não tiverem quatrocentos mil réis de renda liquida, na fórma dos Arts. 92 e 94".

2 "Art 70. São eleitores os cidadãos maiores de 21 anos que se alistarem na forma da lei.

§ 1º Não podem alistar-se eleitores para as eleições federais ou para as dos Estados:

1º) os mendigos;"

- **Universal – "discriminações positivas e toleradas"**

O sufrágio universal foi trazido originariamente pela Constituição de 1988,[3] quando foram abolidas as discriminações negativas presentes nas Constituições anteriores. A natureza universal do atual sufrágio não significa inexistência de discriminações, e sim, ausência de discriminações de índole negativa.

A Constituição ainda permite ponderações quanto ao exercício do sufrágio, como por exemplo: apesar de possuir alistabilidade, o analfabeto não possui elegibilidade; ou ainda, aos 18 (dezoito) anos é possível se candidatar ao cargo de vereador, mas não de deputado federal (somente permitido aos vinte e um anos). E assim, a existência de tais ponderações não retira o caráter universal do sufrágio.

3. AQUISIÇÃO DE DIREITOS POLÍTICOS: ALISTAMENTO ELEITORAL

Ao se alistar perante a Justiça Eleitoral, o cidadão adquire os seus direitos políticos ativos, recebendo autorização constitucional para atuar na formação da vontade política do país. Em regra geral, o cidadão é o brasileiro nato ou naturalizado em pleno gozo de seus direitos políticos.

De acordo com o art. 14, § 1º, o alistamento eleitoral é obrigatório para os maiores de dezoito anos e facultativo para os analfabetos, os maiores de setenta anos e os maiores de dezesseis e menores de dezoito anos.

Pode-se concluir, então, que o alistamento eleitoral é obrigatório para os brasileiros alfabetizados, com mais de dezoito e menos de setenta anos de idade.

4. O PORTUGUÊS EQUIPARADO E A CIDADANIA

De acordo com o art. 12, § 1º, "Aos portugueses com residência permanente no País, se houver reciprocidade em favor de brasileiros, serão atribuídos os direitos inerentes ao brasileiro, salvo os casos previstos nesta Constituição". Esse dispositivo guarda estreita relação com os laços que unem Brasil e Portugal desde o início da história brasileira. Da mesma maneira que os direitos equiparados ao brasileiro naturalizado são usufruídos pelos portugueses, brasileiros em Portugal também recebem o mesmo tratamento.[4]

---

3 Lembramo-nos nesse momento das belas palavras de Ulisses Guimarães, como Presidente da Assembleia Nacional Constituinte de 1987, usadas para se referir ao texto da Constituição de 1988 – *A Constituição de 88 mudou quando quer transformar o homem em cidadão, e só é cidadão quem ganha justo e suficiente salário, lê e escreve, mora, tem hospital e remédio, lazer quando descansa.*

4 Art. 15 da Constituição Portuguesa de 1976: (...)
"3. Aos cidadãos dos Estados de língua portuguesa com residência permanente em Portugal são reconhecidos, nos termos da lei e em condições de reciprocidade, direitos não

O artigo faz menção a uma condição:[5] a existência de reciprocidade de tratamento entre os países, o que atualmente existe, por força do Tratado de Amizade, Cooperação e Consulta entre a República Federativa do Brasil e a República Portuguesa, celebrado em Porto Seguro, na Bahia em 22 de abril de 2001.[6] Com isso, quando não houver mais o tratamento recíproco entre esses nacionais, o dispositivo constitucional deixa de ter aplicabilidade.

O português equiparado é um estrangeiro diferenciado, pois ao adquirir sua equiparação em direitos e deveres civis perante o Ministério da Justiça (órgão competente para cuidar do processo de equiparação), poderá, se cumprir outros requisitos,[7] alistar-se perante a Justiça Eleitoral e nesse caso será o único cidadão estrangeiro no Brasil.

5. INALISTABILIDADE

A Constituição veda no art. 14, § 2º o alistamento eleitoral aos estrangeiros (salvo o português equiparado, como já visto) e, durante o período do serviço militar obrigatório, aos conscritos. Estes últimos são os convocados para o serviço militar obrigatório, e uma vez findada essa situação, extingue-se o proibitivo constitucional.

---

conferidos a estrangeiros, salvo o acesso aos cargos de Presidente da República, Presidente da Assembleia da República, Primeiro-Ministro, Presidentes dos tribunais supremos e o serviço nas Forças Armadas e na carreira diplomática".

5 Sobre o assunto, assim já decidiu o STF:

"A norma inscrita no art. 12, § 1º, da Constituição da República – que contempla, em seu texto, hipótese excepcional de quase nacionalidade – não opera de modo imediato, seja quanto ao seu conteúdo eficacial, seja no que se refere a todas as consequências jurídicas que dela derivam, pois, para incidir, além de supor o pronunciamento aquiescente do Estado brasileiro, fundado em sua própria soberania, depende, ainda, de requerimento do súdito português interessado, a quem se impõe, para tal efeito, a obrigação de preencher os requisitos estipulados pela Convenção sobre Igualdade de Direitos e Deveres entre brasileiros e portugueses" (STF, Ext nº 890/Portugal, Plenário, Rel. Min. Celso de Mello, j. 05.08.04, *DJ* 28.10.04).

6 Já incorporado no Brasil pelo Decreto nº 3.927, de 19 de setembro de 2001.

7 Art. 17 do Decreto nº 3.927, de 19 de setembro de 2001.

"1. O gozo de direitos políticos por brasileiros em Portugal e por portugueses no Brasil só será reconhecido aos que tiverem três anos de residência habitual e depende de requerimento à autoridade competente.

2. A igualdade quanto aos direitos políticos não abrange as pessoas que, no Estado da nacionalidade, houverem sido privadas de direitos equivalentes.

3. O gozo de direitos políticos no Estado de residência importa na suspensão do exercício dos mesmos direitos no Estado da nacionalidade."

6. CLASSIFICAÇÃO DOS DIREITOS POLÍTICOS POSITIVOS (MANIFESTAÇÕES DO SUFRÁGIO)

Os direitos políticos positivos se classificam em: ativos e passivos, que serão analisados a seguir.

6.1 Direitos Políticos Ativos

a) Alistabilidade – capacidade eleitoral ativa

A alistabilidade é garantida mediante o processo de aquisição de direitos políticos perante a Justiça Eleitoral. Com o título de eleitor em mãos, os cidadãos poderão votar, participar de referendos, plebiscitos, propor ação popular, apresentar projeto de lei popular. São, todas, intervenções ativas diretas do cidadão na vida política do país.

b) Plebiscito e referendo

A Constituição prevê que uma das formas de exercício da soberania popular será por meio de consultas populares, realizadas mediante plebiscitos e referendos. São instrumentos de consulta feita ao povo para que delibere sobre matéria de acentuada relevância, de natureza constitucional, legislativa ou administrativa, segundo prevê o art. 2º da Lei nº 9.709/98. O **plebiscito** é uma consulta prévia que se faz aos cidadãos no gozo de seus direitos políticos sobre determinada matéria a ser, posteriormente, discutida pelo Poder Público. O **referendo** consiste na consulta posterior sobre determinado ato governamental para ratificá-lo, ou no sentido de conceder-lhe eficácia (condição suspensiva), ou, ainda, para retirar-lhe a eficácia (condição resolutiva). Ressalte-se que por se tratar de exercício da soberania, somente as pessoas que tiverem capacidade eleitoral ativa é que poderão participar de ambas as consultas.

O art. 49, XV, da CF destinou ao Congresso Nacional a competência exclusiva para autorizar referendo e convocar plebiscito e o assunto foi regulamentado pela Lei nº 9.709/98.[8]

---

8 "Art. 2º Plebiscito e referendo são consultas formuladas ao povo para que delibere sobre matéria de acentuada relevância, de natureza constitucional, legislativa ou administrativa.

§ 1º O plebiscito é convocado com anterioridade a ato legislativo ou administrativo, cabendo ao povo, pelo voto, aprovar ou denegar o que lhe tenha sido submetido.

§ 2º O referendo é convocado com posterioridade a ato legislativo ou administrativo, cumprindo ao povo a respectiva ratificação ou rejeição.

c) Ação Popular

A ação popular é, ao mesmo tempo, um remédio constitucional e um exercício de direito político ativo, pois, na forma do art. 5º, LXXIII, conforme será estudado, só poderá ser proposta pelo cidadão, aquele que está em pleno gozo dos seus direitos políticos – o eleitor.

d) Iniciativa popular de apresentação de projetos de lei

Os cidadãos, por força do art. 61, § 2º, também poderão deflagrar o processo legislativo brasileiro apresentando projetos de lei complementar e ordinária, desde que satisfaçam os seguintes requisitos constitucionais: o projeto deve ser subscrito por, no mínimo, um por cento do eleitorado nacional + esses eleitores devem estar distribuídos pelo menos por cinco Estados brasileiros + e em cada um desses Estados, o número de eleitores não pode ser inferior a três décimos por cento dos eleitores locais.

De acordo com o art. 13, §§ 1º e 2º, da Lei nº 9.709/98, o projeto de lei popular deve versar sobre apenas um assunto e não poderá ser rejeitado por vício de forma, cabendo à Câmara dos Deputados, por seu órgão competente, providenciar a correção de eventuais impropriedades de técnica legislativa ou de redação. Os arts. 27, § 4º, e 29, XIII, cuidam da iniciativa popular de apresentação de projetos de leis estaduais e municipais, sem regular demasiadamente o tema.[9]

e) O "Voto"

Como já visto, a aquisição dos direitos políticos se faz mediante o alistamento perante o órgão da Justiça Eleitoral. Ao se inscrever como eleitor, o cidadão terá o direito de votar. São características constitucionais do voto: pessoal, há obrigatoriedade formal do comparecimento; livre; sigiloso; direto; periódico e com valor igual para todos.

Art. 3º Nas questões de relevância nacional, de competência do Poder Legislativo ou do Poder Executivo, e no caso do § 3º do art. 18 da Constituição Federal, o plebiscito e o referendo são convocados mediante decreto legislativo, por proposta de um terço, no mínimo, dos membros que compõem qualquer das Casas do Congresso Nacional, de conformidade com esta Lei."

9 Na Constituição do Estado do Rio de Janeiro, como exemplo, o art. 119, prevê que: "A iniciativa popular pode ser exercida pela apresentação à Assembleia Legislativa de projeto de lei devidamente articulado e subscrito por, no mínimo, dois décimos por cento do eleitorado do Estado, distribuídos em pelo menos dez por cento dos Municípios, com não menos de um décimo por cento dos eleitores de cada um deles".

Pode-se dizer que o voto possui natureza híbrida, pois é, ao mesmo tempo: direito público subjetivo, uma função social (função da soberania popular no regime democrático adotado pelo Brasil), um dever sociopolítico (na eleição dos governantes) e um dever jurídico, pois o seu descumprimento gera sanções legais previstas no Código Eleitoral.[10]

f) Apresentação de acusação contra o Presidente da República

Qualquer cidadão poderá, com base no art. 14 da Lei nº 1.079/50, denunciar o Presidente da República ou Ministro de Estado, por crime de responsabilidade, perante a Câmara dos Deputados, sendo também uma forma de manifestação do povo na formação da vontade política do seu país.

6.2 Direitos Políticos Passivos

- **Elegibilidade – capacidade eleitoral passiva**

A elegibilidade identifica a capacidade eleitoral passiva. Como iremos analisar nas condições de elegibilidade, não basta ter a capacidade eleitoral ativa para poder se eleger. Com isso, nem todos que possuem capacidade eleitoral ativa possuem necessariamente capacidade eleitoral passiva (os analfabetos, por exemplo), ou ainda, nem todos que podem votar podem ser votados. Por sua vez: todos que possuem capacidade eleitoral passiva possuem capacidade eleitoral ativa, ou seja, para ser votado, precisa poder votar, como deduzimos de acordo com o art. 14, § 3º.

São condições genéricas, cumulativas, de elegibilidade, com base no art. 14, § 3º:

> I – a nacionalidade brasileira – é preciso que o candidato seja brasileiro nato ou naturalizado, salvo no caso do português equiparado (que não poderá se candidatar aos cargos privativos de nacionais originários). A comprovação da nacionalidade originária só é exigida para os cargos do art. 12, § 3º;
>
> II – o pleno exercício dos direitos políticos - o candidato não pode estar sofrendo nenhuma das restrições previstas no art. 15, da CF (hipóteses de perda e de suspensão de direitos políticos);
>
> III – o alistamento eleitoral – feito conforme prevê a Lei nº 4.737/65, o que gerará a capacidade eleitoral ativa;
>
> IV – o domicílio eleitoral na circunscrição – deve ser fixado pelo menos 6 (seis) meses antes do pleito eleitoral, na forma do art. 9º, da Lei 9.504/97[11].

---

10 AFONSO DA SILVA, José. *Comentário Contextual à Constituição*. São Paulo: Malheiros, 2005, p. 218.

11 Lei 9.504/97: Art. 9º Para concorrer às eleições, o candidato deverá possuir domicílio eleitoral na respectiva circunscrição pelo prazo de seis meses e estar com a filiação deferida pelo partido no mesmo prazo. (Redação dada pela Lei nº 13.488, de 2017).

V – a filiação partidária – diante da importância do partido político para o exercício da democracia, não se admite candidatura avulsa no país. O candidato deve estar com a filiação deferida pelo partido pelo menos 6 (seis) meses antes do pleito, de acordo com o art. 9º, da Lei 9.504/97[12].

VI – a idade mínima, de: a) trinta e cinco anos para Presidente e Vice-Presidente da República e Senador; b) trinta anos para Governador e Vice-Governador de Estado e do Distrito Federal; c) vinte e um anos para Deputado Federal, Deputado Estadual ou Distrital, Prefeito, Vice-Prefeito e juiz de paz; d) dezoito anos para Vereador.

De acordo com o art. 11, § 2º da Lei 9.504/97, a idade mínima constitucionalmente estabelecida como condição de elegibilidade é verificada tendo por referência a data da posse, salvo quando fixada em dezoito anos (para os vereadores), hipótese em que será aferida na data-limite para o pedido de registro.

7. OS DIREITOS POLÍTICOS NEGATIVOS

Em contraposição aos direitos políticos positivos, os direitos políticos negativos configuram situações em que o indivíduo não poderá participar da vida política ativa ou passiva do país e dividem-se em dois principais núcleos: as inelegibilidades (art. 14) e a perda e suspensão de direitos políticos (art. 15), que serão a seguir analisados.

7.1 As Inelegibilidades

As inelegibilidades afetam a capacidade eleitoral passiva do indivíduo, ora completamente (absolutas), ou ainda parcialmente (relativas).

- **As inelegibilidades absolutas:** na forma do art. 14, § 4º, não podem concorrer a nenhum pleito eleitoral no país: os inalistáveis (estrangeiros e conscritos) e os analfabetos (que possuem alistabilidade, mas não elegibilidade). Essas situações são taxativas, ou seja, não pode a legislação infraconstitucional ampliar as hipóteses de inelegibilidades absolutas.
- **As inelegibilidades relativas:** são restrições existentes para certos pleitos eleitorais e determinados mandatos, cujo núcleo principal está presente no art. 14, § 5º (reeleição), § 6º (desincompatibilização), § 7º (inelegibilidade reflexa), § 8º (militares). Na forma do art. 14, § 9º, lei

---

12 Lei 9.504/97: Art. 9º Para concorrer às eleições, o candidato deverá possuir domicílio eleitoral na respectiva circunscrição pelo prazo de seis meses e estar com a filiação deferida pelo partido no mesmo prazo. (Redação dada pela Lei nº 13.488, de 2017)

complementar também poderá ampliar esse tipo de inelegibilidade (Lei Complementar nº 64/90).

7.1.1 A *reeleição*

> Art. 14. (...)
>
> § 5º O Presidente da República, os Governadores de Estado e do Distrito Federal, os Prefeitos e quem os houver sucedido, ou substituído no curso dos mandatos poderão ser reeleitos para um único período subsequente.

Essa não é a redação originária da Constituição. Em 1988, o mandato para os titulares do Executivo era de cinco anos, sem reeleição. Por meio da ER nº 05/94, o mandato foi reduzido para quatro anos, ainda sem reeleição. Somente pela EC nº 16/97 é que a recondução para um mandato consecutivo foi inserida no texto constitucional.

De acordo com a norma em referência, são permitidos apenas dois mandatos consecutivos no mesmo cargo e, desde que respeitada essa disposição, não há número máximo de mandatos.

Ao interpretar o artigo ora analisado, o STF proibiu a figura do "*Prefeito itinerante*" ou "*Prefeito profissional*", muito comum no país e tolerada durante muito tempo pelo próprio TSE. Como o Prefeito reeleito pelo Município A não podia se candidatar ao terceiro mandato como Prefeito do mesmo Município, concorria a cargo de Prefeito do Município B (distante alguns quilômetros apenas do Município A), depois pleiteava a reeleição e assim formava a sua "base eleitoral nas redondezas", o que comprometia a democracia. Hoje, o cidadão que exerce dois mandatos consecutivos como prefeito de determinado Município fica inelegível para o cargo da mesma natureza em qualquer outro Município da Federação.[13]

---

13 "(...) Além disso, preceituou que o princípio republicano também seria base do instituto da reeleição, a impedir a perpetuação de pessoa ou grupo no poder. Reputou sensato entender que esse princípio obstaria a terceira eleição não apenas no mesmo Município, mas em relação a qualquer outra municipalidade da Federação. Se assim não fosse, tornar-se-ia possível a figura do denominado 'prefeito itinerante' ou 'prefeito profissional', claramente incompatível com esse princípio republicano, que também traduziria postulado de temporariedade/alternância do exercício do poder. Inferiu que a reeleição, como condição de elegibilidade, somente estaria presente nas hipóteses em que esses princípios fossem igualmente contemplados e concretizados. Nestes termos, placitou interpretação de que somente seria possível eleger-se para o cargo de prefeito municipal por duas vezes consecutivas. Após isso, só se permitiria, respeitado o prazo de desincompatibilização de

Para quem sucede o titular do Executivo, as normas são as mesmas ora explanadas. Com relação ao substituto, a redação da Constituição não é muito clara, pois quem substitui é apenas chamado para exercer o cargo temporariamente, e não deixa de ser Vice-Presidente ou Presidente da Câmara, do Senado ou do STF, no exercício da Presidência. Portanto, a disposição do art. 14, § 5º, quando afirma que quem houver substituído o titular pode ser reeleito para um período subsequente, não se aplica a eles.[14]

Atenção à seguinte hipótese: Vice-governador eleito duas vezes para o cargo de vice-governador. No segundo mandato de vice, sucedeu o titular. Certo que, no seu primeiro mandato de vice, teria substituído o governador. Possibilidade de reeleger-se ao cargo de governador, porque o exercício da titularidade do cargo dá-se mediante eleição ou por sucessão. Somente quando sucedeu o titular é que passou a exercer o seu primeiro mandato como titular do cargo. Inteligência do disposto no § 5º do art. 14 da CF[15].

Importante destacar que não há número máximo de reeleições para os cargos do Legislativo.

7.1.2. A desincompatibilização

> Art. 14. (...)
>
> § 6º Para concorrerem a outros cargos, o Presidente da República, os Governadores de Estado e do Distrito Federal e os Prefeitos devem renunciar aos respectivos mandatos até seis meses antes do pleito.

O dispositivo em destaque traz a hipótese de desincompatibilização, que significa a necessidade de renúncia (o desfazimento do vínculo) do cargo do Executivo para quem pretende se candidatar a outro cargo eletivo, pelo menos

---

seis meses, a candidatura a outro cargo, ou seja, a mandato legislativo, ou aos cargos de governador de estado ou de presidente da República. (...) Por fim, assentou, sob o regime da repercussão geral, que: a) o art. 14, § 5º, da CF interpretar-se-ia no sentido de que a proibição da segunda reeleição seria absoluta e tornaria inelegível para determinado cargo de chefe do Poder Executivo o cidadão que já cumprira dois mandatos consecutivos (reeleito uma única vez) em cargo da mesma natureza, ainda que em ente da Federação diverso; e b) as decisões do TSE que acarretassem mudança de jurisprudência no curso do pleito eleitoral ou logo após o seu encerramento não se aplicariam imediatamente ao caso concreto e somente teriam eficácia sobre outras situações em pleito eleitoral posterior." (STF, RE nº 637.485/RJ, Plenário, Rel. Min. Gilmar Mendes, j.01.08.12, *DJE* 21.05.13, *Informativo* 673)

14 AFONSO DA SILVA, José. Ob. cit., p. 227.

15 STF, RE nº 366.488, rel. min. Carlos Velloso, j. 4-10-2005, 2ª T, *DJ* de 28-10-2005.

6 (seis) meses antes do pleito eleitoral. A regra se aplica aos titulares dos cargos no Executivo, salvo em caso de sucessão ou de substituição nos seis meses anteriores ao pleito, como decidiu o STF: "Presidente da Câmara Municipal que substitui ou sucede o prefeito nos seis meses anteriores ao pleito é inelegível para o cargo de vereador. CF, art. 14, § 6º. Inaplicabilidade das regras dos § 5º e § 7º do art. 14, CF"[16]. O instituto visa, portanto, evitar a manipulação pelo governante/candidato da condição privilegiada de detentor de mandato executivo, com todo o destaque na imprensa que tal condição propicia, para desequilibrar a disputa eleitoral em seu favor.

Ressalte-se que a Constituição não faz menção à necessidade de desincompatibilização para quem pretende se reeleger (recondução para o mesmo cargo). Em nossa opinião, ocorre aí um profundo desrespeito ao princípio da igualdade entre os candidatos, que não disputam em condições paritárias, haja vista o candidato à reeleição ter a máquina administrativa do cargo pretendido sob o seu comando[17]. Mas, não é esse, infelizmente, o entendimento do STF sobre o assunto, a seguir transcrito: *Somente a Constituição poderia, de expresso, estabelecer o afastamento do cargo, no prazo por ela definido, como condição para concorrer à reeleição prevista no § 5º do art. 14, da Lei Magna, na redação atual. (...). A Emenda Constitucional nº 16/97 não alterou a norma do § 6º do art. 14 da Constituição. Na aplicação do § 5º do art. 14 da Lei Maior, na redação atual, não cabe, entretanto, estender o disposto no § 6º do mesmo artigo, que cuida de hipótese distinta. A exegese conferida ao § 5º do art. 14 da Constituição, na redação da Emenda Constitucional nº 16/97, ao não exigir desincompatibilização do titular para concorrer à reeleição, não ofende o art. 60, § 4º, IV, da Constituição, como pretende a inicial, com expressa referência ao*

---

16 (STF, RE nº 345.822/SP, Segunda Turma, Rel. Min. Carlos Velloso, j. 18.11.03, *DJ* 12.12.03.)

17 Para incrementar a reflexão, ainda é preciso ressaltar que 100% dos candidatos à Presidência da República que pleitearam a reeleição no Brasil obtiveram êxito nas urnas. Fernando Henrique Cardoso foi eleito em 1994 e reeleito em 1998, beneficiando-se da proposta que foi apresentada em seu próprio Governo. Luís Inácio Lula da Silva ganhou as eleições de 2002 e 2006. Já Dilma Rousseff foi eleita em 2010 e reeleita em 2014, não concluindo o mandato em razão do processo de impedimento que sofreu.

Será que com a desincompatibilização imposta também para a reeleição teríamos o mesmo cenário político? Será que não há manipulação da máquina pública com arranjos e privilégios por aquele que pretende a reeleição? E, finalmente, o princípio democrático da igualdade entre os candidatos não fica prejudicado?

A resposta para todas essas perguntas não temos, mas acreditamos que é chegado o momento de corrigir essa importante imperfeição no sistema eleitoral constitucional, e fazê-lo em proveito da cidadania, ao possibilitar processos eleitorais mais justos e equilibrados. Que a grande reforma política, tanto prometida por sucessivos governantes, um dia saia do discurso eleitoral e se transforme em realidade, beneficiando assim a nossa democracia.

art. 5º, § 2º, da Lei Maior. Não são invocáveis, na espécie, os princípios da proporcionalidade e razoabilidade, da isonomia ou do pluripartidarismo, para criar, por via exegética, cláusula restritiva da elegibilidade prevista no § 5º do art. 14, da Constituição, na redação da Emenda Constitucional nº 16/97, com a exigência de renúncia seis meses antes do pleito, não adotada pelo constituinte derivado.[18]

Importante destacar que não há desincompatibilização para os ocupantes de cargos do Legislativo.

7.1.3 A inelegibilidade reflexa

> Art. 14. (...)
>
> § 7º São inelegíveis, no território de jurisdição do titular, o cônjuge e os parentes consanguíneos ou afins, até o segundo grau ou por adoção, do Presidente da República, de Governador de Estado ou Território, do Distrito Federal, de Prefeito ou de quem os haja substituído dentro dos seis meses anteriores ao pleito, salvo se já titular de mandato eletivo e candidato à reeleição.

Para evitar o continuísmo familiar no poder, prática infelizmente muito comum no Brasil, a Constituição estabeleceu a inelegibilidade chamada de reflexa porque seus efeitos não atingem o titular do cargo do Executivo, mas os seus familiares.[19]

---

18 STF, ADI nº 1.805/DF MC, Plenário, Rel. Min. Néri da Silveira, j. 26.03.98, *DJ* 14.11.03.

19 Na esteira desse raciocínio:

"Inelegibilidade. Art. 14, § 7º, da Constituição do Brasil. O art. 14, § 7º, da Constituição do Brasil, deve ser interpretado de maneira a dar eficácia e efetividade aos postulados republicanos e democráticos da Constituição, evitando-se a perpetuidade ou alongada presença de familiares no poder." (STF, RE nº 543.117/AM AgR, Segunda Turma, Rel. Min. Eros Grau, j. 24.06.08, *DJ* 22.08.08).

E também: "(...) no caso dos autos – em que está em causa a realização de eleições suplementares para o cargo de prefeito afastado por irregularidades e em que é candidata sua esposa –, a questão da inelegibilidade reclama compreensão própria. Como está patente no § 7º do art. 14 da Constituição, a hipótese é de inelegibilidade e não de desincompatibilização, de sorte que não se trata de providência a ser adotada pelo candidato (= desincompatibilizar-se para concorrer). Com efeito, consta dos autos que o marido da recorrente, prefeito de Goiatuba desde 1º-1-2013, teve seu mandato cassado pela Justiça Eleitoral em 16-7-2013, em razão da prática de abuso do poder econômico. Logo em seguida, por Resolução 210/13, de 22-7-2013, o Tribunal Regional Eleitoral agendou nova eleição para o dia 1º-9-2013. Segundo essa Resolução, as convenções partidárias destinadas a escolher candidatos deveriam ser realizadas entre 25 e 28 de julho (art. 5º) e a desincompatibilização deveria ocorrer nas 24 horas seguintes à escolha (art. 6º). Foi nessas circunstâncias que a recorrente, indicada em convenção, apresentou requerimento de registro de sua

Vale destacar que o comando constitucional torna inelegível a "família" do titular do cargo no Executivo para quaisquer cargos eletivos no território da circunscrição sob seu comando, salvo se o familiar já é titular de cargo eletivo e candidato à reeleição. A "família", para efeito de inelegibilidade, é composta pelo cônjuge, companheira ou companheiro (do mesmo sexo ou não) do titular do cargo de Executivo e, ainda: parentes consanguíneos até o segundo grau (pais, avós, filhos, netos e irmãos) e os parentes por afinidade até o segundo grau (sogros, genros, noras, madrasta, padrasto, enteados, cunhados).

Ainda sobre o tema, será que a inelegibilidade será mantida para o ex-cônjuge com a separação ou o divórcio do casal? No primeiro caso, não há dúvidas que sim, pois não há um desfazimento definitivo do vínculo matrimonial. Quanto à segunda hipótese, o TSE[20] decidiu que "*Ocorrendo o trânsito em julgado da sentença que reconheceu a separação conjugal durante o mandato, permanece a inelegibilidade até o fim do mandato do ex-cônjuge*". Ressalte-se que essa regra não é absoluta, pois se o titular do Poder Executivo vier a ser reeleito, o ex-cônjuge poderá concorrer, por ter se divorciado antes do segundo mandato. Sobre o tema, o STF editou a Súmula Vinculante nº18: *A dissolução da sociedade ou do vínculo conjugal, no curso do mandato, não afasta a inelegibilidade prevista no § 7º do art. 14 da Constituição Federal.*

E no que tange a hipótese de morte, será que a inelegibilidade será mantida para o cônjuge? Não, pois o entendimento do Supremo Tribunal Federal é no sentido de que a referida súmula vinculante nº 18 não se aplica nos casos de extinção do vínculo conjugal pela morte de um dos cônjuges, tendo sido tal posição reconhecida pelo STF como tese de repercussão geral, no RE 758461.[21]

---

candidatura. Ora, como a perda do mandato de seu marido se deu menos de seis meses do pleito complementar, a "desincompatibilização" no prazo fixado no § 7º do art. 14 da Constituição constituiria, sem dúvida, uma condição de fato inalcançável para a recorrente, mesmo que quisesse. Mas a questão não pode ser vista por esse ângulo. Não se trata, aqui, de desincompatibilização da esposa candidata, até porque ela não exercia o cargo do qual devesse, ela própria, desincompatibilizar-se. A hipótese é de inelegibilidade, e como tal deve ser considerada para todos os efeitos. (...) Diante do exposto, o voto é pelo improvimento do recurso extraordinário, assentando como tese de repercussão geral, na linha de entendimento do TSE, que as hipóteses de inelegibilidade previstas no art. 14, § 7º, da CF, inclusive quanto ao prazo de seis meses, são aplicáveis às eleições suplementares." (STF, RE nº 843.455/DF, Plenário, Rel. Min. Teori Zavascki, j. 07.10.15, *DJE* 01.02.16.

20 TSE, CTA nº 1.089/DF Classe 5º, Rel. Min. Gomes de Barros, *DJ* 06.07.2004.

21 "Constitucional e eleitoral. Morte de prefeito no curso do mandato, mais de um ano antes do término. Inelegibilidade do cônjuge supérstite. CF, art. 14, § 7º. Inocorrência.1. O que orientou a edição da Súmula Vinculante 18 e os recentes precedentes do STF foi a preocupação de inibir que a dissolução fraudulenta ou simulada de sociedade conjugal

Feitas essas considerações, é possível destacar que:

- **a "família" do Prefeito**[22] não pode se candidatar aos cargos de: Vereador, Prefeito e Vice-Prefeito pelo mesmo Município;
- **a "família" do Governador de Estado**[23] não pode se candidatar aos cargos de: Vereador, Prefeito e Vice-Prefeito pelos municípios localizados no mesmo Estado e também aos cargos de: Deputado Estadual, Deputado Federal, Senador, Governador e Vice-Governador do mesmo Estado;
- **a "família" do Presidente da República** não poderá se candidatar a nenhum cargo eletivo no país.

A renúncia é um mecanismo utilizado para afastar a inelegibilidade reflexa, para a qual deve ser obedecida a seguinte regra:[24]

---

seja utilizada como mecanismo de burla à norma da inelegibilidade reflexa prevista no § 7º do art. 14da Constituição. Portanto, não atrai a aplicação do entendimento constante da referida súmula a extinção do vínculo conjugal pela morte de um dos cônjuges." (RE 758461, Relator Ministro Teori Zavascki, Tribunal Pleno, julgamento em 22.5.2014, DJe de 30.10.2014, com repercussão geral- tema 678).

22 Sobre o desmembramento de Municípios e a inelegibilidade, são as palavras do STF:
"É inelegível para o cargo de Prefeito de Município resultante de desmembramento territorial o irmão do atual Chefe do Poder Executivo do Município-mãe. O regime jurídico das inelegibilidades comporta interpretação construtiva dos preceitos que lhe compõem a estrutura normativa. Disso resulta a plena validade da exegese que, norteada por parâmetros axiológicos consagrados pela própria Constituição, visa a impedir que se formem grupos hegemônicos nas instâncias políticas locais. O primado da ideia republicana – cujo fundamento ético-político repousa no exercício do regime democrático e no postulado da igualdade – rejeita qualquer prática que possa monopolizar o acesso aos mandatos eletivos e patrimonializar o poder governamental, comprometendo, desse modo, a legitimidade do processo eleitoral" (STF, RE nº 158.314/PR, Primeira Turma, Rel. Min. Celso de Mello, j. 15.12.92, *DJ* 12.02.93).

23 Sobre o assunto, o STF decidiu "A causa de inelegibilidade prevista no art. 14, § 7º, da Constituição alcança a cunhada de Governador quando concorre a cargo eletivo de município situado no mesmo Estado" (STF, RE nº 171.061/PA, Plenário, Rel. Min. Francisco Rezek, j. 02.03.94, *DJ* 25.08.95).

24 Nesse sentido, conferir o pronunciamento do STF no RE nº 344.882/BA:
"A evolução do Direito Eleitoral brasileiro, no campo das inelegibilidades, girou durante décadas em torno do princípio basilar da vedação de reeleição para o período imediato dos titulares do Poder Executivo: regra introduzida, como única previsão constitucional de inelegibilidade, na primeira Carta Política da República (Const. 1891, art. 47, § 4º), a proibição se manteve incólume ao advento dos textos posteriores, incluídos os que regeram as fases de mais acendrado autoritarismo (assim, na Carta de 1937, os arts. 75 a 84, embora equívocos, não chegaram à admissão explícita da reeleição; e a de 1969 (art. 151, § 1º, a) manteve-lhe o veto absoluto). As inspirações da irreelegibilidade dos titulares serviram de explicação legitimadora da inelegibilidade de seus familiares próximos, de modo a obviar que, por meio da eleição deles, se pudesse conduzir ao

- Se o titular do Poder Executivo estiver no primeiro mandato e renunciar até seis meses antes do pleito eleitoral, ficará afastada a inelegibilidade reflexa e seus familiares podem concorrer a qualquer pleito eleitoral, inclusive ao cargo antes ocupado pelo renunciante. Neste último caso, entretanto, o familiar eventualmente eleito não poderá pleitear a reeleição, pois isso representaria um terceiro mandato na mesma família, caracterizando um esvaziamento do comando constitucional.
- Se o titular do Poder Executivo estiver no segundo mandato e renunciar até seis meses antes do pleito eleitoral, ficará afastada a inelegibilidade reflexa para os demais cargos, entretanto seus familiares não podem concorrer ao cargo antes por ele ocupado, pois também acarretaria três mandatos consecutivos na mesma família, hipótese não permitida pela Constituição.

7.2 Militares

> Art. 14. (...)
>
> § 8º O militar alistável é elegível, atendidas as seguintes condições:
>
> I – se contar menos de dez anos de serviço, deverá afastar-se da atividade;
>
> II – se contar mais de dez anos de serviço, será agregado pela autoridade superior e, se eleito, passará automaticamente, no ato da diplomação, para a inatividade.

São considerados militares, não apenas os membros das Forças Armadas (art. 142, CF), mas também os membros das Polícias Militares e Corpos de Bombeiros Militares, na forma do art. 42, § 1º, da Constituição Federal.

Conforme previsto no art. 14, §8º, caso o militar conte com menos de dez anos de serviço e queira se candidatar a cargo eletivo, deverá afastar-se

continuísmo familiar. Com essa tradição uniforme do constitucionalismo republicano, rompeu, entretanto, a EC nº 16/97, que, com a norma permissiva do § 5º do art. 14 da CF, explicitou a viabilidade de uma reeleição imediata para os Chefes do Executivo. Subsistiu, no entanto, a letra do § 7º, atinente a inelegibilidade dos cônjuges e parentes, consanguíneos ou afins, dos titulares tornados reelegíveis, que, interpretado no absolutismo da sua literalidade, conduz a disparidade ilógica de tratamento e gera perplexidades invencíveis. Mas, é lugar comum que o ordenamento jurídico e a Constituição, sobretudo, não são aglomerados caóticos de normas; presumem-se um conjunto harmônico de regras e de princípios: por isso, é impossível negar o impacto da Emenda Constitucional nº 16 sobre o § 7º do art. 14 da Constituição, sob pena de consagrar-se o paradoxo de impor-se ao cônjuge ou parente do causante da inelegibilidade o que a este não se negou: permanecer todo o tempo do mandato, se candidato à reeleição, ou afastar-se seis meses, para concorrer a qualquer outro mandato eletivo. Nesse sentido, a evolução da jurisprudência do TSE, que o STF endossa, abandonando o seu entendimento anterior" (STF, RE nº 344.882/BA, Plenário, Rel. Min. Sepúlveda Pertence, j. 07.04.03, *DJ* 06.08.04).

da atividade, ou seja, pedir exoneração e concorrer ao pleito como civil. Caso logre êxito, exercerá o mandato eletivo normalmente, caso não tenha sucesso nas eleições, não poderá mais retornar ao seu antigo cargo de militar.

Se por acaso o militar contar com mais de dez anos de serviço, será agregado pela autoridade superior, ou seja, ficará temporariamente desincumbido de suas funções. Se for eleito, continuará temporariamente agregado até que ocorra a diplomação e, com este ato, passa para a inatividade (será aposentado). Caso não seja eleito, retornará à sua atividade como parlamentar.

No âmbito legal, agregação é a situação na qual o militar da ativa deixa de ocupar vaga na escala hierárquica militar, nela permanecendo sem número, de acordo com a previsão do art. 80 da Lei nº 6.880/80.

Com relação à eleição de militares, há uma grande controvérsia, tendo em vista que é proibida a sua filiação partidária (art. 142, V) e, ao mesmo tempo, estar filiado a partido político é uma das condições de elegibilidade. O TSE já fixou posicionamento sobre o tema, ao concluir que o próprio partido pode oferecer a filiação partidária, desde que haja concordância do candidato:

> "Consulta. Militar da ativa. Concorrência. Cargo eletivo. Filiação partidária. Inexigibilidade. Res.-TSE nº 21.608/2004, art. 14, § 1º. 1. A filiação partidária contida no art. 14, § 3º, V, Constituição Federal não é exigível ao militar da ativa que pretenda concorrer a cargo eletivo, bastando o pedido de registro de candidatura após prévia escolha em convenção partidária (TSE, Res nº 21.608/2004, art. 14, § 1º)".

O STF também já se posicionou sobre o tema:

> "Militar da ativa (sargento) com mais de dez anos de serviço. Elegibilidade. Filiação partidária. (...) Se o militar da ativa é alistável, é ele elegível (CF, art. 14, § 8º). Porque não pode ele filiar-se a partido político (CF, art. 42, § 6º), a filiação partidária não lhe é exigível como condição de elegibilidade, certo que somente a partir do registro da candidatura é que será agregado (CF, art. 14, § 8º, II; Cód. Eleitoral, art. 5º, parágrafo único; Lei nº 6.880, de 1980, art. 82, XIV, § 4º)". (STF, AI nº 135.452/DF, Plenário, Rel. Min. Carlos Velloso, j. 20.09.90, *DJ* 14.06.91.)

7.3 Perda e Suspensão de Direitos Políticos

A perda ou suspensão dos direitos políticos constituem exceções à plenitude do exercício dos direitos. A perda é a privação definitiva dos direitos políticos positivos e a suspensão é a privação temporária dos mesmos direitos. Ressalte-se que a cassação – ato arbitrário de retirada de direitos políticos – é vedada pela Constituição. São privações dos direitos políticos, conforme o art. 15 da CF:

- **I – cancelamento da naturalização por sentença transitada em julgado**: hipótese de perda dos direitos políticos, em razão da perda de nacionalidade pela prática de atividade nociva ao interesse nacional (art. 12, § 4º, I, da CF). Nesse caso, a decretação da perda é feita pela Justiça Federal (art. 109, X, CF). Em que pese não existir previsão de perda de nacionalidade em caso de naturalização voluntária do brasileiro, na hipótese do art. 12, §4º, II, da CF, é natural a conclusão de que ao perder a nacionalidade, o indivíduo também terá declarada a perda dos seus direitos políticos.
- **II – incapacidade civil absoluta**: segundo o art. 3º, do Código Civil, eram considerados absolutamente incapazes: I – os menores de dezesseis anos; II – os que, por enfermidade ou deficiência mental, não tiverem o necessário discernimento para a prática desses atos; III – os que, mesmo por causa transitória, não puderem exprimir sua vontade". A Lei 13.146/2015 (Estatuto da pessoa com deficiência) revogou expressamente os incisos II e III do referido artigo, mantendo apenas como absolutamente incapazes os menores de dezesseis anos, que não podem adquirir direitos políticos. Portanto, o conteúdo dessa hipótese de suspensão de direitos políticos foi esvaziada por força da mudança infraconstitucional.
- **III – condenação criminal transitada em julgado**: nesse caso, a suspensão dos direitos políticos persistirá enquanto durarem as sanções impostas ao condenado, ou seja, até a extinção da punibilidade. De acordo com a Súmula nº 9[25] do TSE: *A suspensão de direitos políticos decorrente de condenação criminal transitada em julgado cessa com o cumprimento ou a extinção da pena, independendo de reabilitação ou de prova de reparação dos danos.*
- **IV – recusa de cumprir obrigação a todos imposta ou prestação alternativa, nos termos do art. 5º, VIII, CF**: para a doutrina majoritária, seguindo a tradição das Constituições pretéritas, esta seria mais uma hipótese de perda de direitos políticos[26]. Entretanto, o assunto não é pacífico, em parte, face ao disposto no art. 4º, § 2º, da Lei nº 8.239/91, que cuida do serviço alternativo ao serviço militar, que assim afirma: "(...) o certificado só será emitido após a decretação, pela autoridade competente, da **suspensão dos direitos políticos** do inadimplente, que poderá, a qualquer tempo, regularizar sua situação mediante cumprimento das obrigações devidas" (grifamos). Também reforça a controvérsia sobre o tema, o art. 438, do CPP: "A recusa ao serviço do júri fundada em convicção religiosa, filosófica ou política importará no dever de

---

25 Publicada no *DJ* de 28, 29 e 30.10.92.

26 Nesse sentido, José Afonso da Silva e Alexandre de Moraes.

prestar serviço alternativo, **sob pena de suspensão dos direitos políticos**, enquanto não prestar o serviço imposto" (grifamos). Entendemos, com base na legislação exposta, que estamos diante de mais uma hipótese de suspensão e não de perda de direitos políticos, tendo em vista que, uma vez cumprida a prestação alternativa, o indivíduo terá restaurado o exercício dos direitos políticos.

- **V – improbidade administrativa**: os atos de improbidade administrativa importarão a suspensão dos direitos políticos, na forma do art. 37, § 4º, CF, sendo indispensável a existência de sentença judicial transitada em julgado reconhecendo a ocorrência de tais atos. O art. 12, incisos I a IV, da Lei 8.429/1992 estabelece que, em razão do ato de improbidade praticado, a suspensão dos direitos políticos será determinada pelo prazo de três a dez anos.

8. PRINCÍPIO DA ANTERIORIDADE OU DA ANUALIDADE ELEITORAL

De acordo com o que preceitua o art. 16 da CF, a lei que alterar o processo eleitoral entrará em vigor na data de sua publicação, não se aplicando à eleição que ocorra até um ano da data de sua vigência.

Tal norma pretende obstar possíveis alterações casuísticas que possam vir a ser feitas com vistas a embaraçar o processo eleitoral, sendo inclusive uma garantia do próprio cidadão eleitor, na medida em que o próprio Supremo Tribunal Federal já sustentou se tratar de cláusula pétrea extraída do ar. 60, § 4º, IV da CF[27].

> "EMBARGOS DE DECLARAÇÃO EM AÇÃO DIRETA DE INCONSTITUCIONALIDADE COM PEDIDO DE EFEITOS MODIFICATIVOS. DECISÃO EMBARGADA QUE, AO APRECIAR A CONSTITUCIONALIDADE DO § 1º DO ART. 17 DA CONSTITUIÇÃO DA REPÚBLICA, NA REDAÇÃO DA EMENDA CONSTITUCIONAL N. 52/2006, A ELE DEU INTERPRETAÇÃO CONFORME PARA EXCLUIR DE SEU ALCANCE AS ELEIÇÕES DE 2006. 1. A realização das eleições 2006 torna prejudicado o pedido do Embargante para que a elas se aplique a nova redação dada pela Emenda Constitucional n. 52/2006. 2. Embargos de declaração prejudicados." (ADI 3685 ED, Relator(a): Min. CÁRMEN LÚCIA, Tribunal Pleno, julgado em 28/08/2008, DJe-182 DIVULG 25-09-2008 PUBLIC 26-09-2008 EMENT VOL-02334-01 PP-00130).
>
> "O poder constituinte derivado não é ilimitado, visto que se submete ao processo consignado no art. 60, § § 2º e 3º, da CF, bem assim aos limites materiais, circunstanciais e temporais dos § § 1º, 4º e 5º do aludido artigo. A anterioridade da norma tributária, quando essa é gravosa, representa uma das garantias fundamentais do contribuinte, traduzindo uma limitação ao poder impositivo do Estado". (**RE 587.008**, rel. min. Dias Toffoli, j. 2-2-2011, P, DJE de 6-5-2011).

27 STF, ADI 3.685/DF, Rel Min. Ellen Gracie, 22.03.2006.

9. AÇÃO DE IMPUGNAÇÃO DE MANDATO ELETIVO

A Ação de Impugnação de Mandato Eletivo (AIME) é uma ação eleitoral prevista na Constituição Federal que tem por objetivo impugnar o mandato eletivo obtido com abuso de poder econômico, corrupção ou fraude.

O seu fundamento constitucional é extraído do art. 14, § 10 e § 11, que assim preceitua:

> "Art. 14. A soberania popular será exercida pelo sufrágio universal e pelo voto direto e secreto, com valor igual para todos, e, nos termos da lei, mediante:
>
> [...]
>
> § 10. O mandato eletivo poderá ser impugnado ante a Justiça Eleitoral no prazo de quinze dias contados da diplomação, instruída a ação com provas de abuso do poder econômico, corrupção ou fraude.
>
> § 11. A ação de impugnação de mandato tramitará em segredo de justiça, respondendo o autor, na forma da lei, se temerária ou de manifesta má-fé."

Segundo orientação majoritária da doutrina e da jurisprudência, em razão do silêncio da Carta Constitucional, aplica-se o art. 22 da Lei Complementar 64/90 no que tange a legitimidade ativa. Portanto, podem ajuizar a ação os partidos, coligações, candidatos e o Ministério Público Eleitoral, e não há previsão de legitimidade ativa do cidadão para a propositura da mesma.[28]

Vale ressaltar que a tramitação da ação é sigilosa, nos termos do art. 14, § 11, da CF, que determina o segredo de justiça, o que quer dizer que, embora o julgamento seja público, o andamento do processo se dá em segredo de justiça.

O § 10 do mesmo dispositivo estabeleceu o prazo de 15 (quinze) dias para o ajuizamento da ação, que devem ser contados da diplomação, sendo que tal prazo tem natureza decadencial, não sendo interrompido nos sábados, domingos e feriados, de forma a excluir o dia do começo e incluir o do vencimento.

A AIME deve ser instruída com provas de abuso do poder econômico, corrupção ou fraude e, conforme estabelece o art. 170, § 1º da Resolução nº 23.372/2011 do TSE, para a propositura da ação deverá ser observado o procedimento estabelecido pela Lei complementar nº 64/90.

---

28 [...] Ação de impugnação de mandado eletivo por simples eleitor. Impossibilidade. Precedentes do TSE. Recurso improvido." [Ac. TSE n. 498, de 25.10.2001, Rel. Min. Sepúlveda Pertence.]

"[...] Ação de impugnação de mandato. Legitimidade ativa. [...] – Na ausência de regramento próprio, esta Corte assentou que, tratando-se de ação de impugnação de mandato eletivo, são "legitimadas para a causa as figuras elencadas no art. 22 da Lei de Inelegibilidade" (Ag n. 1.863-SE, rel. Min. Nelson Jobim, DJ 7.4.2000). [Ac. TSE n. 21.218, de 26.8.2003, Rel. Min. Peçanha Martins.]

JURISPRUDÊNCIA DO TSE:

"[...] Ação de impugnação de mandato eletivo. Captação ilícita de sufrágio. Potencialidade. Ausência. Fundamentos não infirmados. Desprovimento. 1. O bem jurídico tutelado pela AIME é a legitimidade da eleição, razão pela qual, ao se apurar, nessa via processual, a captação ilícita de sufrágio, cumpre aferir se os fatos foram potencialmente graves a ponto de ensejar desequilíbrio no pleito. 2. No caso vertente, as premissas consignadas no aresto regional não se mostram aptas a embasar a cassação do mandato de vereador [...]"*(Ac. de 29.4.2014 no AgR-REspe nº 43040, rel. Min. Dias Toffoli.)*

"[...] Abuso de poder econômico entrelaçado com abuso de poder político. AIME. Possibilidade. Corrupção. Potencialidade. Comprovação. [...] 3. O abuso de poder econômico entrelaçado com o abuso de poder político pode ser objeto de Ação de Impugnação de Mandato Eletivo (AIME), porquanto abusa do poder econômico o candidato que despende recursos patrimoniais, públicos ou privados, dos quais detém o controle ou a gestão em contexto revelador de desbordamento ou excesso no emprego desses recursos em seu favorecimento eleitoral. Precedentes: REspe nº 28.581/MG, de minha relatoria, DJe de 23.9.2008; REspe nº 28.040/BA, Rel. Min. Ayres Britto, DJ de 1º.7.2008. 4. No caso, os agravantes utilizaram-se do trabalho de servidores públicos municipais e de cabos eleitorais, que visitaram residências de famílias carentes, cadastrando-as e prometendo-lhes a doação de quarenta reais mensais, caso os agravantes sagrassem-se vencedores no pleito de 2008. 5. A reiteração do compromisso de doação de dinheiro, feita individualmente a diversos eleitores, não significa que a promessa seja genérica. Pelo contrário, torna a conduta ainda mais grave, na medida em que não implica apenas desrespeito à vontade do eleitor (captação ilícita de sufrágio), mas também tende a afetar a normalidade e a legitimidade das eleições (abuso de poder econômico). [...]"*(Ac. de 18.3.2010 no AgR-AI nº 11.708, rel. Min. Felix Fischer.)*

"[...] Na Aime a Justiça Eleitoral analisará se os fatos apontados configuram abuso de poder, corrupção ou fraude e se possuem potencialidade para influir no resultado das eleições. A circunstância de os fatos, em tese, configurarem improbidade administrativa não afasta a competência da Justiça Eleitoral. [...]" NE: "[...] O ilícito eleitoral não exclui o ato de improbidade (art. 73, § 7º, da Lei nº 9.504/97) [...]". *(Ac. nº 728, de 6.11.2003, rel. Min. Luiz Carlos Madeira.)*

"Impugnação de mandato eletivo. Abuso de poder econômico e político. Veiculação de propaganda eleitoral transmitida para todo estado. Comprovação. Procedência. [...] 3. Conjunto probatório examinado pelo Tribunal a quo que configura a prática das irregularidades apontadas. [...]" NE: Não homologado o pedido de desistência ao fundamento de que "a ação de impugnação de mandato eletivo destina-se à tutela do interesse público, uma vez que tem a missão constitucional de impedir que atos de abuso do poder, corrupção ou fraude contaminem a eleição, tornando ilegítimos os mandatos assim obtidos. [...] trata-se de matéria sobre a qual não se admite desistência ou composição das partes".*(Ac. nº 104, de 24.8.2000, rel. Min. Eduardo Alckmin, red. designado Min. Maurício Corrêa.)*

Capítulo

15

PARTIDOS POLÍTICOS

1. CONCEITO

Os partidos políticos são associações de pessoas com ideologias ou interesses comuns, que mediante uma organização estável, influenciam a orientação política de um país. Segundo definição legal o partido é pessoa jurídica de direito privado (art. 17, § 2º, da CF e artigos 1º e 7º, *caput*, da Lei nº 9.096/95).

A Constituição Federal assegura aos partidos políticos no seu art. 17 autonomia para definir sua estrutura interna e estabelecer regras sobre escolha, formação e duração de seus órgãos permanentes e provisórios e sobre sua organização e funcionamento e para adotar os critérios de escolha e o regime de suas coligações nas eleições majoritárias, vedada a sua celebração nas eleições proporcionais, sem obrigatoriedade de vinculação entre as candidaturas em âmbito nacional, estadual, distrital ou municipal, devendo seus estatutos estabelecer normas de disciplina e fidelidade partidária.

Importante ressaltar que essa liberdade de organização partidária não é absoluta, pois devem ser resguardados a soberania nacional, o regime democrático, o pluripartidarismo, os direitos fundamentais da pessoa humana e observados os preceitos a seguir apresentados, de acordo com o art. 17, I a IV, da CF.

2. PRECEITOS FUNDAMENTAIS

a) **caráter nacional:** somente será reconhecido como partido político aquele que tiver repercussão no país inteiro, protegendo o Estado Democrático de Direito, com isso, partido de caráter estadual ou municipal não será aceito;

b) **proibição de recebimento de recursos financeiros de entidades ou governo estrangeiros ou de subordinação a estes:** este preceito visa proteger a soberania popular. O partido que receber tais recursos terá o seu registro cassado;

c) **prestação de contas à Justiça Eleitoral:** é uma espécie de controle ou fiscalização financeira que se justifica em face da moralidade pública;

d) **funcionamento parlamentar de acordo com a lei:** derivado do princípio da legalidade.

3. A CRIAÇÃO DOS PARTIDOS POLÍTICOS

Na forma do art. 8º da Lei nº 9.096/95, o requerimento do registro de partido político deverá ser dirigido ao cartório competente do Registro Civil das Pessoas Jurídicas, da Capital Federal, deve ser subscrito pelos seus fundadores, em número nunca inferior a cento e um, com domicílio eleitoral em, no mínimo, um terço dos Estados, e será acompanhado de: I - cópia autêntica da ata da reunião de fundação do partido; II - exemplares do Diário Oficial que publicou, no seu inteiro teor, o programa e o estatuto; III - relação de todos os fundadores com o nome completo, naturalidade, número do título eleitoral com a Zona, Seção, Município e Estado, profissão e endereço da residência.

Adquirida a personalidade jurídica na forma do artigo supracitado, o partido promove a obtenção do apoiamento mínimo de eleitores a que se refere o § 1º do art. 7º da Lei nº 9.096/95[1] e realiza os atos necessários para a constituição definitiva de seus órgãos e designação dos dirigentes, na forma do seu estatuto. Feita a constituição e designação dos seus dirigentes, estes promoverão o registro do estatuto do partido junto ao Tribunal Superior Eleitoral. As alterações programáticas ou estatutárias, após registradas no Ofício Civil competente, devem ser encaminhadas, para o mesmo fim, ao Tribunal Superior Eleitoral (art. 10 da Lei nº 9.096/95).

---

1 § 1º Só é admitido o registro do estatuto de partido político que tenha caráter nacional, considerando-se como tal aquele que comprove, no período de dois anos, o apoiamento de eleitores não filiados a partido político, correspondente a, pelo menos, 0,5% (cinco décimos por cento) dos votos dados na última eleição geral para a Câmara dos Deputados, não computados os votos em branco e os nulos, distribuídos por um terço, ou mais, dos Estados, com um mínimo de 0,1% (um décimo por cento) do eleitorado que haja votado em cada um deles.

(Redação dada pela Lei nº 13.165, de 2015)

4. A FIDELIDADE PARTIDÁRIA

Segundo muito bem destacado por Marcos Ramayana[2], sobre fidelidade partidária é preciso diferenciar duas disciplinas: a infidelidade tratada pela Resolução do TSE nº 22.610/2007, que acarreta a perda do mandato; e a infidelidade partidária por violação a algum preceito normativo constante do estatuto do partido político, a qual vem disciplinada pela Lei nº 9.096/95, nos arts. 23 a 26. Esta última não será objeto da nossa análise, tendo em vista ser matéria mais específica do Direito Eleitoral, não cobrada, portanto, nas questões de prova do Direito Constitucional. Quanto à primeira hipótese, abordaremos nos tópicos a seguir o passo a passo da mudança jurisprudencial sobre o tema.

4.1 A Resposta à Consulta (CTA) nº 1.398 do TSE

O partido intitulado de Democratas (DEM) questionou ao TSE se os partidos e coligações teriam o direito de preservar a vaga obtida pelo sistema eleitoral proporcional quando houvesse pedido de cancelamento de filiação ou de transferência do candidato eleito por um partido para outra legenda. Em resposta à Consulta nº 1.398, o TSE decidiu que os mandatos conquistados pelos deputados federais da eleição de 2006, assim como todos os eleitos pelo sistema de representação proporcional, no fundo, pertencem aos respectivos partidos políticos, e não aos parlamentares.[3]

4.2 A Resolução do TSE nº 22.610/2007

A norma acima, alterada posteriormente pela Resolução nº 22.733/2008, disciplina o processo de perda de cargo eletivo, bem como de justificação de desfiliação partidária, nos termos seguintes:

> Art. 1º O partido político interessado pode pedir, perante a Justiça Eleitoral, a decretação da perda de cargo eletivo em decorrência de desfiliação partidária sem justa causa.
>
> § 1º Considera-se justa causa:
>
> I) incorporação ou fusão do partido;
>
> II) criação de novo partido;
>
> III) mudança substancial ou desvio reiterado do programa partidário;
>
> IV) grave discriminação pessoal.

2 Ramayana, Marcos. *Direito Eleitoral*. 9. ed. Rio de Janeiro: Impetus, 2009.

3 TSE, CTA nº 1.398/07, Rel. Min. Francisco Rocha, *DJ* 08.05.07.

4.3 A Manifestação do STF sobre a Fidelidade Partidária

Considerando a importância e clareza das manifestações dos Ministros sobre o tema, destacamos abaixo trechos do voto do Ministro Celso de Mello:

> *Relativamente ao mandado de segurança impetrado pelo PSDB, de relatoria do Min. Celso de Mello, o Tribunal, por maioria, indeferiu o* writ. *Na espécie, a impetração mandamental fora motivada pela resposta dada pelo Tribunal Superior Eleitoral - TSE à Consulta 1.398/DF na qual reconhecera que os partidos políticos e as coligações partidárias têm o direito de preservar a vaga obtida pelo sistema eleitoral proporcional, se, não ocorrendo razão legítima que o justifique, registrar-se ou o cancelamento de filiação partidária ou a transferência para legenda diversa, do candidato eleito por outro partido. Entendeu-se correta a tese acolhida pelo TSE. Inicialmente, expôs-se sobre a essencialidade dos partidos políticos no processo de poder e na conformação do regime democrático, a importância do postulado da fidelidade partidária, o alto significado das relações entre o mandatário eleito e o cidadão que o escolhe, o caráter eminentemente partidário do sistema proporcional e as relações de recíproca dependência entre o eleitor, o partido político e o representante eleito. Afirmando que o caráter partidário das vagas é extraído, diretamente, da norma constitucional que prevê o sistema proporcional (CF, art. 45,* caput: *"A Câmara dos Deputados compõe-se de representantes do povo, eleitos, pelo sistema proporcional, em cada Estado, em cada Território e no Distrito Federal".), e que, nesse sistema, a vinculação entre candidato e partido político prolonga-se depois da eleição, considerou-se que o ato de infidelidade, seja ao partido político, seja ao próprio cidadão-eleitor, mais do que um desvio ético-político, representa, quando não precedido de uma justa razão, uma inadmissível ofensa ao princípio democrático e ao exercício legítimo do poder, na medida em que migrações inesperadas não apenas causam surpresa ao próprio corpo eleitoral e as agremiações partidárias de origem, privando-as da representatividade por elas conquistada nas urnas, mas acabam por acarretar um arbitrário desequilíbrio de forças no Parlamento, vindo, em fraude à vontade popular e afronta ao próprio sistema eleitoral proporcional, a tolher, em razão da súbita redução numérica, o exercício pleno da oposição política.*[4]

4.4 A Constitucionalidade das Resoluções do TSE - STF, ADI 3999

Em 12 de novembro de 2008, o Supremo Tribunal Federal confirmou a Constitucionalidade das Resoluções n°s 22.610/2007 e 22.733/2008, ambas do Tribunal Superior Eleitoral - TSE, as quais disciplinam o processo de perda

---

4 STF, MS nº 26.603/DF, Plenário, Rel. Min. Celso de Mello, j. 04.10.07, *DJE* 19.12.08.

de cargo eletivo em decorrência de desfiliação partidária sem justa causa, bem como de justificação de desfiliação partidária. No mérito, julgaram-se válidas as resoluções impugnadas até que o Congresso Nacional disponha sobre a matéria. Considerou-se a orientação fixada pelo Supremo no julgamento dos Mandados de Segurança 26.602/DF (*DJE* 17.10.2008), 26.603/DF (j. 04.10.2007) e 26.604/DF (*DJE* 03.10.2008), no sentido de reconhecer aos **partidos políticos** o direito de postular o respeito ao princípio da fidelidade partidária perante o Judiciário, e de, a fim de conferir-lhes um meio processual para assegurar concretamente as consequências decorrentes de eventual desrespeito ao referido princípio, declarar a competência do TSE para dispor sobre a matéria durante o silêncio do Legislativo.

Nesse ponto, deve-se destacar novamente que a questão se cinge às hipóteses nas quais os cargos eletivos foram obtidos através do sistema proporcional (quais sejam: de Deputados Federais, Estaduais e Vereadores). Assim, quando se tratar de cargo eletivo de natureza majoritária (Prefeito, Senador, Governador e Presidente da República), não será aplicável a regra de perda do mandato por infidelidade partidária.[5]

4.5 A Questão Relativa ao Direito de Sucessão na Vaga

Importante destacar que o STF decidiu que o reconhecimento da justa causa para transferência de partido político afasta a perda do mandato eletivo por infidelidade partidária. Entretanto, ela não transfere ao novo partido o direito de sucessão na vaga, tendo em vista que o voto do eleitor foi manifestado ao partido de origem do parlamentar e não ao partido final.[6]

4.6 A Emenda Constitucional 91 de 2016

Ainda no que tange ao tema da Fidelidade Partidária, vale tecer alguns comentários sobre a EC no. 91/2016, que a pretexto de alterar a Constituição Federal, estabeleceu a possibilidade, excepcional e em período determinado, de desfiliação partidária, sem prejuízo do mandato.

Conhecida como a Emenda da "Janela Partidária", a mesma possibilitou, portanto, que políticos trocassem de partido sem que tal troca ocasionasse a perda do cargo ocupado, nos seguintes termos:

5 STF, ADI nº 5.081/DF, Plenário, Rel. Min. Roberto Barroso, j. 27.05.15, *DJE* 19.08.15.

6 STF, MS nº 27.938/DF, Plenário, Rel. Min. Joaquim Barbosa, j. 11.03.10, *DJE* 30.04.10.

> "Art. 1º É facultado ao detentor de mandato eletivo desligar-se do partido pelo qual foi eleito nos trinta dias seguintes à promulgação desta Emenda Constitucional, sem prejuízo do mandato, não sendo essa desfiliação considerada para fins de distribuição dos recursos do Fundo Partidário e de acesso gratuito ao tempo de rádio e televisão.
>
> Art. 2º Esta Emenda Constitucional entra em vigor na data de sua publicação."

Por trazer limitação de ordem temporal, importante ressaltar que os titulares de cargo eletivo proporcional tiveram apenas 30 (trinta) dias para se desfiliarem dos seus partidos sem que perdessem o mandato, possibilidade que já se esgotou, tendo em vista que a promulgação da Emenda se deu no dia 18/02/2016.

Ademais, tal prazo foi apontado apenas para o ato de desfiliação, já que a emenda não exige que, dentro de tal lapso temporal seja imediatamente providenciada nova filiação, que poderá se dar em momento posterior.

Como sustenta o art. 1º da referida emenda, a desfiliação não é considerada para fins de distribuição dos recursos do Fundo Partidário e de acesso gratuito ao tempo de rádio e televisão, isso porque apesar de autorizar a mudança de partido, a mesma proíbe que tal mudança acarrete o deslocamento dos recursos do fundo partidário e o tempo de rádio e TV de um partido para o outro.[7]

Registra-se, ainda, a título de crítica, que a Emenda Constitucional em análise pode ser denominada como sendo uma emenda "avulsa", justamente por não promover qualquer alteração no texto constitucional, trazendo algo inédito sob a nomenclatura de "Emenda Constitucional".

5. O FIM DAS COLIGAÇÕES NAS ELEIÇÕES PROPORCIONAIS E A CLÁUSULA DE BARREIRA

A Emenda Constitucional 97 de 2017, alterou a Constituição Federal para vedar as coligações partidárias nas eleições proporcionais, estabelecer normas sobre acesso dos partidos políticos aos recursos do fundo partidário e ao tempo de propaganda gratuito no rádio e na televisão e dispor sobre regras de transição.

---

7 O Partido Trabalhista Nacional (PTN) ajuizou no Supremo Tribunal Federal a Ação Direta de Inconstitucionalidade (ADI) 5497, com pedido de liminar, contra a expressão "não sendo essa desfiliação considerada para fins de distribuição dos recursos do Fundo Partidário e de acesso gratuito ao tempo de rádio e televisão", do artigo 1º, da Emenda Constitucional (EC) 91/2016, que estabelece a possibilidade, em período determinado, de desfiliação da legenda sem prejuízo do mandato, conhecida como "janela partidária". A ação ainda não foi julgada pelo STF até a presente data (11.01.18).

Tal alteração, no direito constitucional, merece atenção no que tange a vedação de coligações partidárias nas eleições proporcionais, pois o art. 17, § 1º da CF, ficou com a seguinte redação:

> 'É assegurada aos partidos políticos autonomia para definir sua estrutura interna e estabelecer regras sobre escolha, formação e duração de seus órgãos permanentes e provisórios e sobre sua organização e funcionamento e para adotar os critérios de escolha e o regime de suas coligações nas eleições majoritárias, vedada a sua celebração nas eleições proporcionais, sem obrigatoriedade de vinculação entre as candidaturas em âmbito nacional, estadual, distrital ou municipal, devendo seus estatutos estabelecer normas de disciplina e fidelidade partidária."

Dessa forma, nas eleições que adotam o sistema proporcional (Vereador, Deputado Estadual e Deputado Federal) não é mais possível formar coligações partidárias, ou seja, criar alianças entre dois ou mais partidos para trabalharem juntos em determinada eleição apresentando o mesmo candidato, o que só é possível, após a citada Emenda Constitucional, nas eleições pelo sistema majoritário (Prefeito, Governador, Senador e Presidente da República).

Importante ressaltar que a vedação à celebração de coligações nas eleições proporcionais, aplicar-se-á a partir das eleições de 2020, conforme estabelece o art. 2º da Emenda Constitucional 97 de 2017.

Sobre o acesso dos partidos políticos aos recursos do fundo partidário e ao tempo de propaganda gratuito no rádio e na televisão, a emenda trouxe regramento específico no art. 17 da CF, dispondo que:

> "§ 3º Somente terão direito a recursos do fundo partidário e acesso gratuito ao rádio e à televisão, na forma da lei, os partidos políticos que alternativamente:
>
> I - obtiverem, nas eleições para a Câmara dos Deputados, no mínimo, 3% (três por cento) dos votos válidos, distribuídos em pelo menos um terço das unidades da Federação, com um mínimo de 2% (dois por cento) dos votos válidos em cada uma delas; ou
>
> II - tiverem elegido pelo menos quinze Deputados Federais distribuídos em pelo menos um terço das unidades da Federação (...).
>
> § 5º Ao eleito por partido que não preencher os requisitos previstos no § 3º deste artigo é assegurado o mandato e facultada a filiação, sem perda do mandato, a outro partido que os tenha atingido, não sendo essa filiação considerada para fins de distribuição dos recursos do fundo partidário e de acesso gratuito ao tempo de rádio e de televisão."

Podemos sustentar, da análise dos dispositivos supra descritos, que a Emenda trouxe uma cláusula de barreira ou de desempenho, ao estabelecer que os partidos políticos só terão acesso aos recursos do fundo partidário e ao tempo de propaganda gratuita no rádio e na televisão se atingirem um patamar mínimo de candidatos eleitos.

Ademais, preceitua, através de regramento peculiar, que se determinado candidato for eleito por um partido que não tenha preenchido os requisitos para obter o fundo partidário e o tempo de rádio e televisão, tal candidato tem o direito de mudar de partido, sem que se configure a perda do mandato por infidelidade partidária.

Vale destacar que o disposto no § 3º do art. 17 da CF quanto ao acesso dos partidos políticos aos recursos do fundo partidário e à propaganda gratuita no rádio e na televisão aplicar-se-á a partir das eleições de 2030, de acordo com o art. 3º da Emenda Constitucional 97 de 2017, que traz, ainda, regras de transição.

Capítulo

16

REMÉDIOS CONSTITUCIONAIS

1. INTRODUÇÃO

Os remédios constitucionais judiciais ora em análise são considerados instrumentos importantes de proteção aos direitos fundamentais garantidos pelo ordenamento jurídico. São classicamente considerados garantias fundamentais específicas, que ao lado dos remédios constitucionais administrativos (direito de petição e de obtenção de certidões, art. 5º, XXXIV), reforçam a tutela à pessoa humana.

A Constituição de 1988 ampliou os mecanismos de defesa dos direitos, presenteando o constitucionalismo nacional com o mandado de injunção, o *habeas data* e o mandado de segurança coletivo, que, ao lado do *habeas corpus*, do mandado de segurança individual e da ação popular – mecanismos já presentes em nossa história – reforçam a importante tarefa constitucional de resguardar a dignidade da pessoa humana.

2. HABEAS CORPUS

> Art. 5º (...) LXVIII – conceder-se-á *habeas corpus* sempre que alguém sofrer ou se achar ameaçado de sofrer violência ou coação em sua liberdade de locomoção, por ilegalidade ou abuso de poder.

2.1 Histórico, Natureza Jurídica e Conceito

Historicamente, foi a primeira garantia de direito fundamental, concedida pelo Rei João Sem-Terra (Inglaterra), na Magna Carta de 1215 e formalizada pelo *Habeas Corpus Act*, em 1679. No Brasil, Dom Pedro I emitiu, em 1821, um Alvará, consagrando a liberdade de locomoção. Em 1830, a garantia passou a ser chamada de *habeas corpus e* só era utilizada pelo Código Criminal, sendo consagrada em sede constitucional a partir de 1891 e mantida a partir daí em todos os demais textos constitucionais, com a exceção do período ditatorial, pois o A-I 5 de 13 de dezembro de 1968 suspendeu a garantia de *habeas corpus* nos casos de crimes políticos, contra a segurança nacional, a ordem econômica e social e a economia popular (art. 10).

O *habeas corpus* tem natureza jurídica híbrida, pois é uma ação penal popular (art. 5º, LXVIII) e ainda é uma ação penal não condenatória (arts. 647 e ss. do CPP). É um remédio constitucional dirigido à tutela da liberdade de locomoção, ameaçada ou lesada em decorrência de violência ou coação eivada de ilegalidade – ato comissivo ou omissivo contrário à lei – ou abuso de poder. Em sede penal, também é utilizado para trancar um inquérito policial ou uma ação penal em face de ato atípico ou ilegal.

Para que seja cabível o HC, deve haver ao menos ameaça ao direito de locomoção do paciente. Assim, quando não houver risco ao direito ambulatorial, não será cabível a impetração do remédio. Ex.: condenação a pena de multa; crime do art. 28 da Lei nº 11.343/2006 (não é cominada pena privativa de liberdade ao crime de uso de entorpecentes).[1]

Além disso, a ação de *habeas corpus* demanda prova pré-constituída, ou seja, deve estar de plano demonstrada a privação da liberdade ou o risco de privação da liberdade. A questão de mérito a ser enfrentada no *habeas corpus* é se a restrição ao direito de ir e vir do paciente decorreu de conduta ilegal ou abusiva.

Em razão da importante tutela da liberdade de locomoção, o *habeas corpus* tem prioridade de julgamento sobre todos os demais remédios constitucionais.

2.2 A Doutrina Brasileira do *Habeas Corpus*

Como já conceituado, o remédio constitucional sob análise é utilizado para defender a liberdade de locomoção, ameaçada ou já lesionada, mas nem sempre foi assim.

---

1 Súmula nº 693 do STF: "Não cabe *habeas corpus* contra decisão condenatória a pena de multa, ou relativo a processo em curso por infração penal a que a pena pecuniária seja a única cominada."

Súmula nº 695 do STF: "Não cabe *habeas corpus* quando já extinta a pena privativa de liberdade."

Como em 1891 era a única ação constitucional presente no ordenamento jurídico brasileiro, o texto constitucional[2]permitia a utilização do *habeas corpus* para a tutela de qualquer direito fundamental que estivesse sendo alvo de ilegalidades ou de abuso de poder. Essa doutrina foi fortemente influenciada por Ruy Barbosa e Pedro Lessa.

Com a chegada do mandado de segurança na Constituição de 1934, o *habeas corpus*, finalmente, se consagrou como instrumento de tutela ao direito de locomoção, restando as demais ilegalidades para a defesa do novo remédio.

2.3 Espécies

- ***HC* preventivo**: para evitar a consumação da lesão à liberdade de locomoção, hipótese na qual é concedido o "salvo-conduto";
- ***HC* repressivo, suspensivo ou liberatório:** é utilizado com o propósito de liberar o paciente quando já consumada a coação à sua liberdade de locomoção. O pedido é o alvará de soltura.

2.4 Legitimidade Ativa

Em nome do princípio da universalidade, qualquer pessoa natural,[3] nacional ou estrangeira,[4] em favor de si ou de outra pessoa, ou pessoa jurídica, em favor de pessoa natural, poderá ajuizar a ação. O Ministério Público

---

2 Art. 72. A Constituição assegura a brasileiros e a estrangeiros residentes no País a inviolabilidade dos direitos concernentes à liberdade, à segurança individual e à propriedade, nos termos seguintes:

§ 22. Dar-se-á o *habeas corpus*, sempre que o indivíduo sofrer ou se achar em iminente perigo de sofrer violência ou coação por ilegalidade ou abuso de poder.

3 STF, HCnº 86.307/SP, Primeira Turma, Rel. Min. Carlos Britto, j. 17.11.05, DJ 26.05.06 "A ação de *habeas corpus* pode ser ajuizada por qualquer pessoa, independentemente de sua qualificação profissional. Não é exigível linguagem técnico-jurídica. Entretanto, o *habeas corpus* não pode servir de instrumento para ataques às instituições". E ainda "O Código de Processo Penal, em consonância com o texto constitucional de 1988, prestigia o caráter popular do *habeas corpus* ao admitir a impetração por qualquer pessoa, em seu favor ou de outrem. Assim não é de se exigir habilitação legal para impetração originária do *writ* ou para interposição do respectivo recurso ordinário"(STF, HC nº 80.744/MG, Segunda Turma, Rel. Min. Nelson Jobim, j. 27.03.01, *DJ* 28.06.02).

4 "Inquestionável o direito de súditos estrangeiros ajuizarem, em causa própria, a ação de *habeas corpus*, eis que esse remédio constitucional – por qualificar-se como verdadeira ação popular – pode ser utilizado por qualquer pessoa, independentemente da condição jurídica resultante de sua origem nacional" (STF, HC nº 72.391/DF QO, Plenário, Rel. Min. Celso de Mello, j. 08.03.95, *DJ* 17.03.95).

também poderá apresentar a ação (art. 654, CPP) e o próprio juiz ou Tribunal, verificada a ilegalidade da prisão, poderá conceder o *habeas corpus* de ofício.

Não é necessária a capacidade postulatória do advogado (é o único dos remédios constitucionais judiciais que a dispensa e a impetração de HC não está listada na Lei nº 8.906/94 como atividade privativa de advogado), sendo vedada, entretanto, petição apócrifa (sem assinatura), ou em língua estrangeira.

Ao julgar o Habeas Corpus Coletivo 143.641[5] para determinar a substituição da prisão preventiva por domiciliar de mulheres presas, em todo o território nacional, que sejam gestantes ou mães de crianças de até 12 anos ou de pessoas com deficiência, sem prejuízo da aplicação das medidas alternativas previstas no artigo 319 do Código de Processo Penal, o STF aceitou essa nova modalidade do remédio constitucional e indicou que os legitimados ativos seriam os do art. 12, da lei 13.300/2016 (a lei do Mandado de injunção), que assim estabelece:

O mandado de injunção coletivo pode ser promovido:

> I – pelo Ministério Público, quando a tutela requerida for especialmente relevante para a defesa da ordem jurídica, do regime democrático ou dos interesses sociais ou individuais indisponíveis;
>
> II – por partido político com representação no Congresso Nacional, para assegurar o exercício de direitos, liberdades e prerrogativas de seus integrantes ou relacionados com a finalidade partidária;
>
> III – por organização sindical, entidade de classe ou associação legalmente constituída e em funcionamento há pelo menos 1 (um) ano, para assegurar o exercício de direitos, liberdades e prerrogativas em favor da totalidade ou de parte de seus membros ou associados, na forma de seus estatutos e desde que pertinentes a suas finalidades, dispensada, para tanto, autorização especial;
>
> IV – pela Defensoria Pública, quando a tutela requerida for especialmente relevante para a promoção dos direitos humanos e a defesa dos direitos individuais e coletivos dos necessitados, na forma do inciso LXXIV do art. 5º da Constituição Federal.

2.5 Gratuidade

O HC é uma ação gratuita, de acordo com o art. 5º, LXXVII. Portanto, não há recolhimento de custas ou condenação ao pagamento de honorários de sucumbência. No entanto, como se trata de ação judicial, é necessário indicar valor da causa na petição inicial, o que não guarda relação com o caráter gratuito da ação.

---

5 HC 143641/SP. Rel. Min. Ricardo Lewandowski, julgamento em 20.2.2018.

2.6 O Paciente

O paciente é quem está ameaçado ou já foi lesionado no seu direito de locomoção, em nome de quem se postula a ordem. Poderá, inclusive, ajuizar a ação para salvaguardar a própria liberdade.

2.7 Polo Passivo

A ação é dirigida contra as autoridades coatoras, que são normalmente juízes, promotores, delegados de polícia, Tribunais etc. No entanto a jurisprudência dominante já admite o HC contra ato de particular. Hipóteses: clínicas médicas, abrigos, manicômios.

Existe ainda a concessão do *habeas corpus* de ofício, ainda que o pedido original não possa ser conhecido. Nesse caso o Poder Judiciário pode atuar no tocante à extensão da ordem, deferindo aquém ou além do pedido.

2.8 Liminar

Como o HC é uma ação impugnativa autônoma, admite concessão de liminar. O fundamento está implícito no art. 654, § 2º, do CPP. Se os juízes podem conceder ordem de *habeas corpus* de ofício, também poderão fazê-lo de forma liminar, quando provocados. É a aplicação da teoria dos poderes implícitos.

2.9 *Habeas Corpus* e Prisão do Militar

De acordo com o art. 142, § 2º, da CF, não seria inicialmente cabível a utilização do remédio em sede de punições disciplinares militares, entretanto são necessários alguns esclarecimentos.

A vedação à utilização do remédio em sede militar diz respeito à análise do mérito da prisão. De acordo com o art. 5º, XXXV, da CF não se pode afastar da apreciação do Poder Judiciário lesão ou ameaça à direito. Com isso, prisões disciplinares ilegais (com vício de competência, forma, devido processo legal) podem e devem ser questionadas por meio de *habeas corpus*, segundo entendimento do próprio STF.[6]

---

6 STF, *HC* nº 70.648/RJ, Rel. Min. Moreira Alves, Primeira Turma, j. 09.11.93. *DJ* 04.03.94.

2.10 *Habeas Corpus* e Comissão Parlamentar de Inquérito

Como a CPI coletará provas para uma possível ação penal a ser ajuizada, conforme o caso, pelo Ministério Público, o STF tem entendido que o *habeas corpus* é o remédio adequado para: permitir que o investigado seja ouvido na qualidade de testemunha (o magistrado, por exemplo); permitir que o investigado ou a testemunha sejam assistidos por advogado durante a audiência da CPI e, também, para garantir que a testemunha não seja obrigada a assinar o compromisso de somente dizer a verdade.[7]

2.11 Hipóteses de Não Cabimento do *Habeas Corpus*

Como o remédio não pode ser utilizado em qualquer situação, transcrevemos abaixo entendimentos sumulados do STF em que não se afigura possível a sua utilização:

---

7 "Em conclusão: (a) a investigação parlamentar, por mais graves que sejam os fatos pesquisados pela Comissão de Inquérito (CPI), não pode desviar-se dos limites traçados pela Constituição nem transgredir as garantias, que, decorrentes do sistema normativo, foram atribuídas à generalidade das pessoas, físicas e/ou jurídicas; (b) a unilateralidade do procedimento de investigação parlamentar não confere, à **CPI**, o poder de negar, em relação ao indiciado, determinados direitos e certas garantias que derivam do texto constitucional ou de preceitos inscritos em diplomas legais; (c) o indiciado é sujeito de direitos e dispõe de garantias plenamente oponíveis ao poder do Estado (RTJ 168/896-897); (d) no contexto do sistema constitucional brasileiro, a unilateralidade da investigação parlamentar- à semelhança do que ocorre com o próprio inquérito policial- não tem o condão de abolir direitos, de derrogar garantias, de suprimir liberdades ou de conferir, à autoridade pública (investida, ou não, de mandato eletivo), poderes absolutos na produção da prova e na pesquisa dos fatos; (e) a exigência de respeito aos princípios consagrados em nosso sistema constitucional não frustra nem impede o exercício pleno, por qualquer **CPI**, dos poderes investigatórios de que se acha investida; e (f) o sistema normativo brasileiro assegura, ao Advogado regularmente constituído pelo indiciado (ou por aquele submetido a atos de persecução estatal), o direito de pleno acesso ao inquérito (parlamentar, policial ou administrativo), mesmo que sujeito a regime de sigilo (sempre excepcional), desde que se trate de provas já produzidas e formalmente incorporadas ao procedimento investigatório, excluídas, consequentemente, as informações e providências investigatórias ainda em curso de execução e, por isso mesmo, não documentadas no próprio inquérito ou processo judicial. Sendo assim, em face das razões expostas e considerando, sobretudo, a presença cumulativa, na espécie, dos requisitos concernentes à plausibilidade jurídica e ao *periculum in mora*, defiro o pedido de medida liminar, em ordem a suspender, cautelarmente, até final julgamento da presente ação de *habeas corpus*, o comparecimento e a inquirição de ** perante a 'Comissão Parlamentar Mista de Inquérito- Operações Vegas e Monte Carlo', sustando-se, em consequência, e unicamente quanto a ele, o depoimento já designado para o próximo dia 15.05.2012 (...)" (STF, HC nº 113.548/DF, Rel. Min. Celso de Mello, j. 21.05.12, DJE 24.05.12)

Súmula nº 395: *Não se conhece de recurso de* habeas corpus *cujo objeto seja resolver sobre o ônus das custas, por não estar mais em causa a liberdade de locomoção.*

Súmula nº 691: *Não compete ao Supremo Tribunal Federal conhecer de "habeas corpus" impetrado contra decisão do relator que, em "habeas corpus" requerido a tribunal superior, indefere a liminar.*

Súmula nº 692: *Não se conhece de* habeas corpus *contra omissão de relator de extradição, se fundado em fato ou direito estrangeiro cuja prova não constava dos autos, nem foi ele provocado a respeito.*

Súmula nº 693: *Não cabe* habeas corpus *contra decisão condenatória a pena de multa, ou relativo a processo em curso por infração penal a que a pena pecuniária seja a única cominada.*

Súmula nº 694: *Não cabe* habeas corpus *contra a imposição da pena de exclusão de militar ou de perda de patente ou de função pública.*

Súmula nº 695: *Não cabe habeas corpus quando já extinta a pena privativa de liberdade.*

2.12 Competência

A competência para processar e julgar o *habeas corpus* é definida tanto pela autoridade coatora como pela qualidade do paciente e, além disso, a relação hierárquica também é importante critério de fixação de competência. Senão vejamos:

a) **Supremo Tribunal Federal** – art. 102, I "d" e "i" da CF:

- Quando for paciente:
  - Ministros de Estado, Comandantes da Marinha, do Exército e da Aeronáutica (ressalvado o disposto no art. 52, I), membros dos Tribunais Superiores, do Tribunal de Contas da União e chefes de missão diplomática de caráter permanente;
  - autoridade ou funcionário com foro especial junto ao STF;
- quando for autoridade coatora:
  - Tribunal Superior (STJ, TSE, TSM);
  - autoridade ou funcionário com foro especial junto ao STF;
- quando o HC se referir a crime de competência originária do STF.

b) **Superior Tribunal de Justiça** – art. 105, I, "c" CF:

- Quando for paciente:
  - autoridades que tenham foro especial junto ao STJ (nos crimes comuns, os Governadores dos Estados e do Distrito Federal, e, nestes e nos de responsabilidade, os desembargadores dos Tribunais

de Justiça dos Estados e do Distrito Federal, os membros dos Tribunais de Contas dos Estados e do Distrito Federal, os dos Tribunais Regionais Federais, dos Tribunais Regionais Eleitorais e do Trabalho, os membros dos Conselhos ou Tribunais de Contas dos Municípios e os do Ministério Público da União que oficiem perante tribunais);

- quando for autoridade coatora:
  - autoridades que tenham foro especial junto ao STJ (nos crimes comuns, os Governadores dos Estados e do Distrito Federal, e, nestes e nos de responsabilidade, os desembargadores dos Tribunais de Justiça dos Estados e do Distrito Federal, os membros dos Tribunais de Contas dos Estados e do Distrito Federal, os dos Tribunais Regionais Federais, dos Tribunais Regionais Eleitorais e do Trabalho, os membros dos Conselhos ou Tribunais de Contas dos Municípios e os do Ministério Público da União que oficiem perante tribunais);
  - Ministros de Estado, Comandantes da Marinha, do Exército e da Aeronáutica (ressalvado o disposto no art. 52, I);
  - Tribunal sujeito à jurisdição do STJ.

Atenção:

* **Ministros de Estado, Comandantes da Marinha, do Exército e da Aeronáutica -**

Se paciente: competência do STF para julgar o HC

Se coator: competência do STJ para julgar o HC

* **Membros do MPU que oficiem perante tribunais: MP Militar, MP Trabalho, MP Federal e MP DF.** Se for membro do Ministério Público Estadual que oficie perante tribunais, no caso os Procuradores de Justiça, a competência será do TJ ao qual esteja vinculado.

c) **TRF e TJ, por equiparação: art. 108, I, "d" CF:**

- quando o coator for juiz federal (TRF) ou juiz estadual (TJ);
- membros do MPF e do MPE (apesar da inexistência de previsão legal expressa). Todo HC parte de uma premissa – de que foi praticada ilegalidade ou arbitrariedade. Assim, se está sendo imputada ilegalidade ao membro do MP, é necessário que o HC seja julgado pela autoridade no qual possui foro especial;

- no caso do Jecrim – seja a autoridade coatora juiz ou promotor – o HC será apreciado pela Turma Recursal;
- o HC ou MS impetrado contra ato de Turma Recursal será julgado no TJ ou TRF. Os juízes da Turma Recursal continuam a ser juízes de 1º grau. Fica, assim, esvaziada a Súmula nº 690 do STF.

3. MANDADO DE SEGURANÇA

> Art. 5º. (...)
>
> LXIX – conceder-se-á mandado de segurança para proteger direito líquido e certo, não amparado por *habeas corpus* ou *habeas data*, quando o responsável pela ilegalidade ou abuso de poder for autoridade pública ou agente de pessoa jurídica no exercício de atribuições do Poder Público;
>
> LXX – o mandado de segurança coletivo pode ser impetrado por:
>
> a) partido político com representação no Congresso Nacional;
>
> b) organização sindical, entidade de classe ou associação legalmente constituída e em funcionamento há pelo menos um ano, em defesa dos interesses de seus membros ou associados.

3.1 Histórico, Natureza Jurídica e Conceito

Constitucionalmente, o mandado de segurança individual foi acolhido pelo Direito brasileiro em 1934, fruto da evolução da doutrina brasileira do *habeas corpus*, com inspiração no recurso de amparo mexicano. O remédio permaneceu ao longo das demais Constituições brasileiras, exceto na de 1937, em face do autoritarismo do regime. A ação, na sua modalidade coletiva, é produto da Constituição de 1988.

O *mandamus* é recoberto de natureza jurídica mista, pois é ao mesmo tempo um remédio constitucional e, em seu aspecto processual, é uma ação cível. Dirige-se à tutela de direito individual e coletivo, líquido e certo, não amparável por nenhum dos demais remédios constitucionais, diante de sua natureza residual, que esteja sendo ameaçado ou lesado em decorrência de ato de autoridade pública ou agente delegado, eivado de ilegalidade ou abuso de poder.

Encontra respaldo legal no art. 5º, LXIX e LXX, e na Lei nº 12.016/2009.

3.2 Modalidades

- **MS Individual** (art. 5º, LXIX): O impetrante é o titular do direito líquido e certo, como por exemplo: a pessoa natural, os órgãos públicos, as universalidades de bens (espólio, massa falida etc.), a pessoa jurídica, nacional ou estrangeira, domiciliada no Brasil ou no exterior.[8] Também pode ser utilizado por Mesas do Congresso, do Senado, da Câmara dos Deputados, Presidências dos Tribunais, Chefias do Poder Executivo, do Ministério Público e do Tribunal de Contas.

- **MS Coletivo** (art. 5º, LXX):O Mandado de Segurança Coletivo pode ser impetrado por: a) partido político com representação no Congresso Nacional, ainda que o partido esteja representado em apenas uma das Casas Legislativas, não se exigindo a pertinência com os interesses de seus membros, tendo em vista a sua importância para assegurar o sistema representativo adotado pelo país,[9] e b) organização sindical, entidade de classe e associações legalmente constituídas e em funcionamento há pelo

---

8 "A legitimidade *ad causam* no mandado de segurança pressupõe que o impetrante se afirme titular de um direito subjetivo próprio, violado ou ameaçado por ato de autoridade; no entanto, segundo assentado pela doutrina mais autorizada (cf. Jellinek, Malberg, Duguit, Dabin, Santi Romano), entre os direitos públicos subjetivos, incluem-se os chamados direitos-função, que têm por objeto a posse e o exercício da função pública pelo titular que a detenha, em toda a extensão das competências e prerrogativas que a substantivem: incensurável, pois, a jurisprudência brasileira, quando reconhece a legitimação do titular de uma função pública para requerer segurança contra ato do detentor de outra, tendente a obstar ou usurpar o exercício da integralidade de seus poderes ou competências: a solução negativa importaria em 'subtrair da apreciação do Poder Judiciário lesão ou ameaça de direito'. A jurisprudência – com amplo respaldo doutrinário (*v.g.*, Victor Nunes, Meirelles, Buzaid) – tem reconhecido a capacidade ou 'personalidade judiciária' de órgãos coletivos não personalizados e a propriedade do mandado de segurança para a defesa do exercício de suas competências e do gozo de suas prerrogativas. Não obstante despido de personalidade jurídica, porque é órgão ou complexo de órgãos estatais, a capacidade ou personalidade judiciária do Ministério lhe é inerente – porque instrumento essencial de sua atuação – e não se pode dissolver na personalidade jurídica do estado, tanto que a ele frequentemente se contrapõe em juízo; se, para a defesa de suas atribuições finalísticas, os tribunais têm assentado o cabimento do mandado de segurança, este igualmente deve ser posto a serviço da salvaguarda dos predicados da autonomia e da independência do Ministério Público, que constituem, na Constituição, meios necessários ao bom desempenho de suas funções institucionais. Legitimação do Procurador-Geral da República e admissibilidade do mandado de segurança reconhecidas, no caso, por unanimidade de votos" (STF, MS nº 21.239/DF, Plenário, Rel. Min. Sepúlveda Pertence, j. 05.06.91, *DJ* 23.04.93). Nesse sentido também: "Ao estrangeiro, residente no exterior, também é assegurado o direito de impetrar mandado de segurança, como decorre da interpretação sistemática dos arts. 153, *caput*, da Emenda Constitucional de 1969 e do 5º, LXIX da Constituição atual. Recurso extraordinário não conhecido" (STF, RE nº 215.267/SP, Primeira Turma, Rel.Min.Ellen Gracie, j. 24.04.01, *DJ* 25.05.01).

9 Com algumas restrições, como exemplo: "Uma exigência tributária configura interesse de grupo ou classe de pessoas, só podendo ser impugnada por eles próprios, de forma individual ou coletiva. Precedente: RE 213.631, Rel. Min. Ilmar Galvão, *DJ* 07.04.2000. O partido político não está, pois, autorizado a valer-se do mandado de segurança coletivo para,

menos um ano, em defesa dos interesses de seus membros ou associados. O requisito de um ano em funcionamento hoje só é exigido para as associações, com o intuito de evitar que sejam criadas apenas para a impetração do remédio.[10] Ademais, segundo jurisprudência consolidada, como se trata de substituição processual (os legitimados defendem em nome próprio interesses alheios), não há necessidade de autorização expressa de cada um dos associados[11] (diferente da hipótese de representação processual do art. 5º, XXI, em que a autorização é exigida).

3.3 Espécies

- **MS preventivo:** quando há ameaça de lesão;
- **MS repressivo:** quando a lesão já ocorreu. Nesse caso, deve ser obedecido o prazo decadencial de cento e vinte dias, contados da ciência, pelo interessado, do ato que se deseja impugnar, na forma do art. 23 da Lei nº 12.016/2009. Por ser decadencial, esse prazo não se interrompe ou suspende, nem mesmo por pedido de reconsideração formulado na via administrativa (Súmula nº 430 do STF).

Apesar de objeto de crítica doutrinária, a qual compartilhamos, sobre a restrição do instituto com a previsão do citado prazo, o STF já consolidou entendimento pela sua constitucionalidade.[12]

---

substituindo todos os cidadãos na defesa de interesses individuais, impugnar majoração de tributo" (STF, RE nº 196.184/AM, Plenário, Rel.Min.Ellen Gracie, j. 27.10.04, *DJ* 18.02.05).

10 "Legitimidade do sindicato para a impetração de mandado de segurança coletivo independentemente da comprovação de um ano de constituição e funcionamento" (STF, RE nº 198.919/DF, Primeira Turma, Rel. Min. Ilmar Galvão, j. 15.06.99, *DJ* 24.09.99).

11 "O inciso LXX do art. 5º da Constituição Federal encerra o instituto da substituição processual, distanciando-se da hipótese do inciso XXI, no que surge no âmbito da representação. As entidades e pessoas jurídicas nele mencionadas atuam, em nome próprio, na defesa de interesses que se irradiam, encontrando-se no patrimônio de pessoas diversas. Descabe a exigência de demonstração do credenciamento" (STF, RMS nº 21.514/DF, Segunda Turma, Rel. Min. Marco Aurélio, j. 27.04.93, *DJ* 18.06.93). Nesse sentido: "A legitimação das organizações sindicais, entidades de classe ou associações, para a segurança coletiva, é extraordinária, ocorrendo, em tal caso, substituição processual. CF, art. 5º, LXX. Não se exige, tratando-se de segurança coletiva, a autorização expressa aludida no inciso XXI do art. 5º da Constituição, que contempla hipótese de representação" (STF, RE nº 193.382/SP, Plenário, Rel. Min. Carlos Velloso, j. 28.06.96, *DJ* 20.09.96).

12 "Com o decurso *in albis* do prazo decadencial de cento e vinte dias, a que se refere o art. 18 da Lei nº 1.533/51 – cuja constitucionalidade foi reafirmada pelo Supremo Tribunal Federal (*RTJ* 142/161 – *RTJ* 145/186 – *RTJ* 156/506) –, extingue-se, de pleno direito, a prerrogativa de impetrar mandado de segurança. (...) O termo inicial do prazo decadencial de cento e vinte dias começa a fluir, para efeito de impetração do mandado de segurança, a partir da data em que o ato do Poder Público, formalmente divulgado no Diário Oficial, revela-se

3.4 Condições Específicas. Natureza Residual do Instituto

Além das condições de ação genéricas (legitimidade das partes, interesse de agir e pedido juridicamente possível), para que possa se valer do MS é necessário atender também a outros requisitos:

- ***Não ser caso de nenhum dos demais remédios constitucionais*** *– O que demonstra o caráter residual do MS.*
- ***Direito líquido e certo*** *– A expressão "direito líquido e certo" é criticada pela doutrina, já que está ligada aos* <u>*fatos*</u> *nos quais se ampara a pretensão, e não ao* <u>*direito*</u> *invocado. A expressão quer dizer que o pedido deve estar amparado em fatos demonstrados de plano, por meio de prova pré-constituída. Segundo o saudoso mestre Hely Lopes Meirelles:*[13]

  "a atual expressão direito líquido e certo substituiu a precedente, da legislação criadora do mandado de segurança, direito certo e incontestável. Nenhuma satisfaz. Ambas são impróprias e de significação equívoca. (...) O direito, quando existente, é sempre líquido e certo; os fatos é que podem ser imprecisos e incertos, exigindo comprovação a esclarecimentos para propiciar a aplicação do direito invocado pelo postulante". Então, para este autor o direito líquido e certo "(...) é o que se apresenta manifesto na sua existência, delimitado na sua extensão e apto a ser exercitado no momento da impetração. Por outras palavras, o direito invocado, para ser amparável por mandado de segurança, há de vir expresso em norma legal e trazer em si todos os requisitos e condições de sua aplicação ao impetrante: se a sua existência for duvidosa; se a sua extensão ainda não estiver delimitada; se o seu exercício depender de situações e fatos ainda indeterminados, não rende ensejo à segurança, embora possa ser defendido por outros meios judiciais".

---

apto a gerar efeitos lesivos na esfera jurídica do interessado. Precedentes. (...) O ato estatal eivado de ilegalidade ou de abuso de poder não se convalida e nem adquire consistência jurídica, pelo simples decurso, *in albis*, do prazo decadencial a que se refere o art. 18 da Lei nº 1.533/51. Desse modo, a extinção do direito de impetrar mandado de segurança, resultante da consumação do prazo decadencial, embora impeça a utilização processual desse instrumento constitucional, não importa em correspondente perda do direito material, ameaçado ou violado, de que seja titular a parte interessada, que sempre poderá – respeitados os demais prazos estipulados em lei – questionar, em juízo, a validade jurídica dos atos emanados do Poder Público que lhe sejam lesivos. Precedente: *RTJ* 145/186-194" (STF, MS nº 23.795/DF AgR, Plenário, Rel. Min. Celso de Mello, j. 09.11.00, *DJ* 02.03.01). *Vide* súmula ao final da exposição.

13 Meirelles, Hely Lopes. *Mandado de Segurança*. 13. ed. São Paulo: Revista dos Tribunais, 1989, p. 13.

Importante! *A complexidade da matéria* jurídica *não impede a utilização do MS, nos termos da Súmula nº 625 do STF.*

- ***Ato coator*** *– É ato ou omissão de autoridade pública (ato praticado ou omitido por pessoa investida de parcela de poder público), eivado de ilegalidade ou abuso de poder. As expressões "ilegalidade ou abuso de poder" estão previstas na CF, no art. 5º, LXIX, mas é certo que ilegalidade é gênero, e abuso de poder é espécie. Isso porque os elementos do ato administrativo (competência, finalidade, forma, motivo e objeto) devem todos ser respeitados, sob pena de ilegalidade, e abuso de poder pode ser vício de competência (excesso de poder) ou finalidade (desvio de finalidade).*

Importante! *Não é possível a utilização do MS preventivo para questionar lei em tese (Súmula nº 266 do STF).*

3.5 Polo Passivo

Pode ser sujeito passivo da ação de mandado de segurança, autoridade coatora ou quem lhe faça às vezes, como é o caso do agente delegado no exercício da função pública. Autoridade coatora deve ser entendida como a que possui poder de decisão na esfera administrativa sob a sua competência e não a pessoa que executa ordens superiores. De outra parte, podemos entender que agente delegado é quem está executando um serviço público por meio de uma das modalidades permitidas pelo ordenamento jurídico (na forma do art. 175 da CF, permissionárias ou concessionárias de serviços públicos, por exemplo).

Numa interpretação ampliativa do dispositivo seria possível defender a possibilidade de impetração de mandado de segurança em face de ilegalidade cometida por diretor de estabelecimento particular de ensino, que embora pertencente à iniciativa privada, exerce serviço público constitucionalmente amparado (educação).

A autoridade coatora deve ser quem praticou o ato ou quem tenha poderes para corrigir o ato. O art. 6º, § 3º, da Lei do MS prevê que "*Considera-se autoridade coatora aquela que tenha praticado o ato impugnado ou da qual emane a ordem para a sua prática*".

3.6 Da Prova

A peça inicial do mandado de segurança deverá ser instruída com provas pré-constituídas, pois não se admite a dilação probatória. Com isso, os documentos que lastreiam a prova da pretensão deverão ser apresentados de plano pelo impetrante, ressalvando-se o caso de solicitação ao juiz da causa que determine à autoridade coatora ou a alguma repartição pública que ofereçam documentos que estejam sob o seu poder, conforme dispõe o art. 6º da Lei nº 12.016/2009.

3.7 Mandado de Segurança e Processo Legislativo Inconstitucional

A jurisprudência do STF tem permitido a utilização do remédio constitucional em apreço para coibir atos praticados no processo de aprovação de leis e emendas que não estejam em harmonia com o processo legislativo constitucional, desde que a ação seja proposta por parlamentar, tendo em vista ter sido ele eleito para participar de processos legislativos que estejam em harmonia com a Constituição Federal.[14]

3.8 Hipóteses de Não Cabimento do *Mandamus*

O art. 5º, I, da Lei nº 12.016/2009 preceitua que não se dará mandado de segurança quando se tratar de ato de que caiba recurso administrativo com efeito suspensivo, independente de caução. Bem, nesse caso, se os efeitos da lesão estão suspensos pelo recurso, não haveria interesse na propositura do mandado de segurança, entretanto, nada impede que o interessado abandone a via administrativa para pleitear a tutela judicial. Importante destacar que não há necessidade de esgotamento da instância administrativa para a propositura da ação, o que seria flagrantemente inconstitucional. Já o art. 5º, II e III destacam que não cabe Mandado de Segurança contra decisão judicial da qual caiba recurso com efeito suspensivo e; de decisão judicial transitada em julgado.

Segundo o art. 1º, § 2º, da lei sob comento, também não cabe mandado de segurança contra os atos de gestão comercial praticados pelos administradores de empresas públicas, de sociedade de economia mista e de concessionárias de serviço público. Sobre o tema, o STJ decidiu que a imposição de multa decorrente

---

14 "O parlamentar tem legitimidade ativa para impetrar mandado de segurança com a finalidade de coibir atos praticados no processo de aprovação de leis e emendas constitucionais que não se compatibilizam com o processo legislativo constitucional. Legitimidade ativa do parlamentar, apenas. Precedentes do STF: MS 20.257/DF, Ministro Moreira Alves (*leading case*), *RTJ* 99/1031; MS 21.642/ DF, Ministro Celso de Mello, *RDA* 191/200; MS 21.303-AgR/DF, Ministro Octavio Gallotti, *RTJ* 139/783; MS 24.356/DF, Ministro Carlos Velloso, *DJ* 12.09.2003" (STF, MS nº 24.642/DF, Plenário, Rel. Min. Carlos Velloso, j. 18.02.04, *DJ* 18.06.04).Nesse sentido: STF, MS nº 30.052/DF, Plenário, Rel. Min. Dias Toffoli, j. 18.12.13, DJE 19.02.14 e STF, MS nº 34.530/DF MC, Rel. Min. Luiz Fux, j. 14.12.16, DJE 22.02.17.

de contrato, ainda que de cunho administrativo, não é ato de autoridade e, sim, de gestão contratual - contra o qual não cabe mandado de segurança. Para o Tribunal os atos de gestão não possuem o requisito da supremacia, por isso são meros atos da administração e não atos administrativos.[15]

3.9 Custas Processuais

O MS exige o pagamento de custas, salvo se o impetrante for beneficiário da gratuidade de justiça (Lei nº 1.060/50). Como é uma ação, tem que ter valor da causa, que deve corresponder ao benefício econômico almejado. O art. 25 da Lei nº 12.016/2009 prevê expressamente que não há condenação ao pagamento de honorários advocatícios, conforme previsão da Súmula nº 512 do STF.

3.10 Intervenção Obrigatória do Ministério Público

Por força do art. 12 da Lei nº 12.016/2009, o Ministério Público deverá atuar como fiscal da lei em todos os Mandados de Segurança.

3.11 Tutela de Urgência

É possível a concessão da medida cautelar no MS[16]. A liminar irá perder seus efeitos com a prolação da sentença, qualquer que seja o fundamento da sentença. Quando a liminar é concedida e a segurança é denegada, não subsiste o provimento liminar, não havendo necessidade de sua revogação expressa. Os efeitos da sentença denegatória retroagem, criando uma ficção de que jamais teria sido deferida a liminar. Então, a sentença fulmina a liminar desde o seu nascedouro. É o que prevê a Súmula nº 405, STF.

Atenção!

O art. 7º, § 2º, prevê casos em que não é possível a concessão de liminar em MS. São quatro as hipóteses:

- compensação de créditos tributários;
- entrega de mercadorias e bens provenientes do exterior;
- reclassificação ou equiparação de servidores públicos;
- concessão de aumento ou a extensão de vantagens ou pagamento de qualquer natureza.

---

15 STJ, REsp nº 1.078.342/PR, Primeira Turma, Rel. Min. Luiz Fux, j. 09.02.10, *DJE* 15.03.10.

16 STF, MS nº 31.816/DF MC-AgR, Plenário, Rel. Min. Luiz Fux, Rel. p/ acórdão Min. Teori Zavascki, j. 27.02.13, *DJE* 13.05.13.

3.12 Direitos Protegidos pelo Mandado de Segurança Coletivo

Na forma do art. 21, parágrafo único, da Lei nº 12.016/2009, os direitos protegidos pelo mandado de segurança coletivo podem ser: I – coletivos, assim entendidos, para efeito desta Lei, os transindividuais, de natureza indivisível, de que seja titular grupo ou categoria de pessoas ligadas entre si ou com a parte contrária por uma relação jurídica básica e; II – individuais homogêneos, assim entendidos, para efeito dessa lei, os decorrentes de origem comum e da atividade ou situação específica da totalidade ou de parte dos associados ou membros do impetrante. Com isso concluímos que direitos difusos não são objeto do mandado de segurança coletivo.

3.13 Recursos

- Da decisão que concede ou denega a liminar: caberá agravo de instrumento (art. 7º, § 1º, da Lei nº 12.016/2009).
- Da sentença concessiva ou denegatória: caberá apelação (art. 14 da Lei nº 12.016/2009).
- Do acórdão denegatório da segurança proferido em única instância pelos Tribunais (TRF e TJ), cabe Recurso Ordinário Constitucional ao STJ.
- Do acórdão denegatório da segurança proferido em única instância pelos Tribunais Superiores (STJ, STM, TSE e TST), cabe Recurso Ordinário Constitucional ao STF.
- Do acórdão concessivo da segurança em única ou última instância pelos Tribunais (TRF e TJ), caberá RE ou REsp, desde que preenchidos os requisitos específicos dos recursos excepcionais.

3.14 Competência

A competência para o julgamento do MS será definida em função da autoridade coatora. Existem regras de competência na Constituição Federal e também nas Constituições Estaduais.

Autoridades Coatoras	Previsão	Competência
- Presidente da República; - Mesa da Câmara dos Deputados; - Mesa do Senado Federal; - Tribunal de Contas da União; - Procurador-Geral da República; - Supremo Tribunal Federal;	Art. 102, I, "d", CF	STF

Autoridades Coatoras	Previsão	Competência
- Ministro de Estado; - Comandantes da Marinha, do Exército e da Aeronáutica; - Superior Tribunal de Justiça	Art. 105, I, "b", CF	STJ
- TRF - Juiz Federal	Art. 108, I, "c", CF	TRF
- Autoridades federais, excetuadas competências dos Tribunais Federais	Art. 109, VIII, CF	Juiz Federal
Autoridades definidas na Constituição Estadual	Art. 125, § 1º, CF e Constituição Estadual	TJ
Autoridades definidas na Constituição Estadual	Art. 125, § 1º, CF e Constituição Estadual	Juiz Estadual
Quando o ato questionado tiver relação com matéria trabalhista, qualquer que seja a autoridade coatora	Art. 114, IV	Justiça do Trabalho

A competência da Justiça Federal para julgamento do MS restará configurada nas hipóteses do art. 2º da Lei nº 12.016/2009: "*Considerar-se-á federal a autoridade coatora se as consequências de ordem patrimonial do ato contra o qual se requer o mandado houverem de ser suportadas pela União ou entidade por ela controlada*".

Nesse diapasão, ressalte-se a decisão unânime proferida pelo STF no bojo da AO nº 1.706/DF AgR, na qual os ministros consignaram que a competência originária do Supremo para julgar atos emanados do CNJ (art. 102, I, r, CF) se limita aos: (i) mandados de segurança; (ii) *habeas corpus*; (iii) *habeas data* e (iv) mandados de injunção.[17]

3.15 Enunciados da Súmula do STF

Súmula nº 266: *Não cabe mandado de segurança contra lei em tese.*

Súmula nº 267: *Não cabe mandado de segurança contra ato judicial passível de recurso ou correição.*

Súmula nº 268: *Não cabe mandado de segurança contra decisão judicial com trânsito em julgado.*

Súmula nº 269: *O mandado de segurança não é substitutivo de ação de cobrança.*

17 STF, AO nº 1.706/DF AgR, Plenário, Rel. Min. Celso de Mello, j. 18.12.13, *DJE*18.02.14.

Súmula nº 430: *Pedido de reconsideração na via administrativa não interrompe o prazo para o mandado de segurança.*

Súmula nº 510: *Praticado ato por autoridade, no exercício de competência delegada, contra ela cabe mandado de segurança ou a medida judicial.*

Súmula nº 512: *Não cabe condenação em honorários de advogado na ação de mandado de segurança.*

Súmula nº 623: *Não gera por si só a competência originária do Supremo Tribunal Federal para conhecer do mandado de segurança com base no art. 102, I, "n", da Constituição, dirigir-se o pedido contra deliberação administrativa do Tribunal de origem, da qual haja participado a maioria ou a totalidade de seus membros.*

Súmula nº 624: *Não compete ao Supremo Tribunal Federal conhecer originariamente de mandado de segurança contra atos de outros tribunais.*

Súmula nº 625: *Controvérsia sobre matéria de direito não impede concessão de mandado de segurança.*

Súmula nº 626: *A suspensão da liminar em mandado de segurança, salvo determinação em contrário da decisão que a deferir, vigorará até o trânsito em julgado da decisão definitiva de concessão da segurança ou, havendo recurso, até a sua manutenção pelo Supremo Tribunal Federal, desde que o objeto da liminar deferida coincida, total ou parcialmente, com o da impetração.*

Súmula nº 629: *A impetração de mandado de segurança coletivo por entidade de classe em favor dos associados independe da autorização destes.*

Súmula nº 630: *A entidade de classe tem legitimação para o mandado de segurança ainda quando a pretensão veiculada interesse apenas a uma parte da respectiva categoria.*

Súmula nº 632: *É constitucional lei que fixa o prazo de decadência para a impetração de mandado de segurança.*

4. HABEAS DATA

Art. 5º. (...)

LXXII – conceder-se-á *habeas data*:

a) para assegurar o conhecimento de informações relativas à pessoa do impetrante, constantes de registros ou bancos de dados de entidades governamentais ou de caráter público;

b) para a retificação de dados, quando não se prefira fazê-lo por processo sigiloso, judicial ou administrativo.

4.1 Histórico, Natureza Jurídica e Conceito

A criação do *habeas data* pelo constituinte de 1988 tem estreita relação com os "anos de chumbo" vivenciados pelos brasileiros na época da ditadura militar. Como é fato notório, autoridades faziam uso da prática repugnável de colher informações sobre a vida das pessoas que se insurgiam contra o regime, numa completa violação ao direito fundamental à intimidade.

A influência do direito comparado sobre a criação do instituto é normalmente associada ao *Freedom of Information Act* americano de 1974, ainda que a ação também tenha previsão na Constituição de Portugal de 1976[18] e na Constituição da Espanha de 1978.

É uma ação constitucional e também de natureza cível, dirigida ao conhecimento ou retificação, como também, anotação, contestação ou explicação de dados pessoais constantes de bancos de dados ou, assentamentos de entidades governamentais ou de caráter público. É gratuita para todas as pessoas, na forma do art. 5º, LXXVII e ainda recebe tratamento infraconstitucional pela Lei nº 9.507/97.

O *habeas data* não tem por finalidade permitir acesso a informações públicas - papel do mandado de segurança - mas sim, a dados pessoais (nome, filiação, saúde, escolaridade etc.), sobre a pessoa do Impetrante, desde que não estejam protegidos pelo sigilo, em respeito ao disposto na parte final do art. 5º, XXXIII, da CF.

4.2 Objeto

De acordo com a sua previsão constitucional, a ação é cabível para: "a) conhecimento de informações pessoais constantes de registros ou bancos de dados de entidades governamentais ou de **caráter público**; b) retificação de informações pessoais; e, ainda, de acordo com o art. 7º, III, da Lei nº 9.507/97, para: c) "a anotação nos assentamentos do interessado, de contestação ou explicação sobre dado verdadeiro mas justificável e que esteja sob pendência judicial ou amigável".

4.3 Definição de "Caráter Público"

A pessoa jurídica de direito privado, desde que seja de caráter público, pode ser sujeito passivo de uma ação de *habeas data*. De acordo com o art. 1º, parágrafo único da Lei nº 9.507/97, considera-se de caráter público: "... todo registro ou banco de dados contendo informações que sejam ou que possam ser transmitidas a terceiros ou que não sejam de uso privativo do órgão ou entidade produtora ou depositária das informações". Daí

18 "Art. 35º1. Todos os cidadãos têm o direito de acesso aos dados informatizados que lhes digam respeito, podendo exigir a sua rectificação e actualização, e o direito de conhecer a finalidade a que se destinam, nos termos da lei." E ainda: "4. É proibido o acesso a dados pessoais de terceiros, salvo em casos excepcionais previstos na lei".

por que o Serviço de Proteção ao Crédito (SPC) e o SERASA podem eventualmente figurar no polo passivo da ação.

Como é possível se concluir, se a natureza dos dados armazenados for privada, ou seja, não voltada ao conhecimento público, não caberá o ajuizamento da ação (como exemplo, as informações constantes dos bancos privados).[19]

4.4 Legitimidade Ativa

Em razão da natureza personalíssima da ação, somente o titular do dado pode ajuizar o *habeas data*, seja pessoa natural ou jurídica, nacional ou estrangeira. Ressalte-se que, para fins de preservação da memória do *de cujus*, a jurisprudência[20] admite a impetração da ação pelos seus herdeiros.

4.5 Polo Passivo

De acordo com o dispositivo constitucional sob comento, podem figurar no polo passivo da ação, a Administração Pública, direta ou indireta, ou qualquer dos poderes ou órgãos destes, bem como pessoas jurídicas de direito privado de caráter público (já definido supra).

4.6 Gratuidade

A ação de HD é gratuita, de acordo com o art. 5º, LXXVII. No entanto, como qualquer outra ação judicial, é necessário indicar valor da causa na petição inicial. A petição inicial deve ser subscrita por advogado.

4.7 Intervenção do Ministério Público

A atuação do Ministério Público como fiscal da lei é obrigatória, nos termos do art. 12 da Lei nº 9.507/97.

4.8 Tutela de Urgência

Não há previsão expressa na lei. A doutrina, no entanto, admite a concessão de tutela antecipada com fundamento no art. 300 do CPC/15.

---

19 "*Habeas Data*. Ilegitimidade passiva do Banco do Brasil S.A. para a revelação, à ex-empregada, do conteúdo da ficha de pessoal, por não se tratar, no caso, de registro de caráter público, nem atuar o impetrado na condição de entidade Governamental (Constituição, art. 5º, LXXII, *a* e art. 173, § 1º, texto original)" (STF, RE nº 165.304/MG, Plenário, Rel. Min. Octavio Gallotti, j. 19.10.00, *DJ* 15.12.00).

20 TFR, HD 1/DF, *DJ* 02.05.89, Seção I, p. 6.774.

4.9 Comprovação de Recusa por Parte da Autoridade Administrativa

De acordo com a Súmula nº 2 do STJ: *Não cabe o* habeas data *se não houve recusa de informações por parte da autoridade administrativa.* Nesse mesmo sentido, a Lei nº 9.507/97, assim dispõe no parágrafo único do art. 8º: "A petição inicial deverá ser instruída com prova: I – da recusa ao acesso às informações ou do decurso de mais de dez dias sem decisão; II – da recusa em fazer-se a retificação ou do decurso de mais de quinze dias, sem decisão; ou III – da recusa em fazer-se a anotação a que se refere o § 2º do art. 4º ou do decurso de mais de quinze dias sem decisão".

Como a demonstração da tentativa de acesso à informação ou a sua retificação e complementação administrativa antes do ajuizamento da ação judicial é razoável e comprova o interesse de agir do impetrante, o STF entendeu que essa exigência não afronta a Constituição.[21]

4.10 Competência

Para a fixação da competência para julgamento do HD é necessário perquirir quem é a pessoa responsável pela exibição das informações.

Responsável pelas Informações	*Fundamento legal*	*Competência*
– Presidente da República – Mesas da Câmara dos Deputados e do Senado Federal – Tribunal de Contas da União – PGR – STF	Art. 102, I, "d" CF e art. 20, I, "a", Lei nº 9.507/97.	**STF**
– Ministro de Estado – STJ	Art. 105, I, "b" CF e art. 20, I, "b", Lei nº 9.507/97.	**STJ**
– TRF – Juiz Federal	Art. 20, I, "c", Lei nº 9.507/97.	**TRF**

21 "(...) O acesso ao *habeas data* pressupõe, dentre outras condições de admissibilidade, a existência do interesse de agir. Ausente o interesse legitimador da ação, torna-se inviável o exercício desse remédio constitucional. A prova do anterior indeferimento do pedido de informação de dados pessoais, ou da omissão em atendê-lo, constitui requisito indispensável para que se concretize o interesse de agir no *habeas data*. Sem que se configure situação prévia de pretensão resistida, há carência da ação constitucional do *habeas data*" (STF, RHD nº 22/DF, Plenário, Rel. Min. Marco Aurélio, Rel. p/ acórdão Min. Celso de Mello, j. 19.09.91, *DJ* 01.09.95).

Responsável pelas Informações	*Fundamento legal*	*Competência*
– Autoridade federal, exceto os casos de competência dos tribunais federais	Art. 20, I, "d", Lei nº 9.507/97.	**Juiz Federal**
Autoridades previstas nas Constituições Estaduais	Art. 20, I, "e", Lei nº 9.507/97.	**TJ**
Competência residual	Art. 20, I, "f", Lei nº 9.507/97.	**Juiz Estadual**

5. MANDADO DE INJUNÇÃO

> Art. 5º. (...)
>
> LXXI – conceder-se-á mandado de injunção sempre que a falta de norma regulamentadora torne inviável o exercício dos direitos e liberdades constitucionais e das prerrogativas inerentes à nacionalidade, à soberania e à cidadania.

5.1 Histórico, Natureza Jurídica e Conceito

O mandado de injunção foi uma grande aposta da constituinte de 1988 para curar a doença da inefetividade das normas constitucionais que contagiou toda a história do constitucionalismo brasileiro. As normas constitucionais de eficácia limitada dependentes de regulamentação sempre estiveram presentes nas Constituições anteriores, que foram sucessivamente revogadas sem que tivessem cumprido a promessa constitucional para a sociedade brasileira.

Conforme assevera José Afonso da Silva,[22] o remédio está intimamente ligado à ideia de que as normas jurídicas escritas não podem prever tudo, mas, mesmo na falta de norma expressa, não pode o Poder Judiciário deixar de apreciar lesão ou ameaça de direito (art. 5º, XXXV); há de encontrar meio de solucionar o caso submetido à sua apreciação, aplicando o velho princípio de que na falta de normas escritas e princípios gerais de Direito que lhe possibilitem essa apreciação, cumpri-lhe dispor para o caso concreto como se legislador fosse, exercendo uma forma de juízo de equidade.

A sua fonte mais próxima no direito comparado é o *writ of injunction* do Direito norte-americano, onde tem sido cada vez mais utilizado para a defesa

22 AFONSO DA SILVA, José. *Comentário Contextual à Constituição*. São Paulo: Malheiros, 2005, p. 165.

da proteção da pessoa humana, impedindo violações aos direitos fundamentais, num caráter mais proibitivo do que o nosso instituto.

À semelhança dos demais remédios constitucionais, possui igualmente natureza jurídica dúplice, sendo ao mesmo tempo ação constitucional e ação cível. O mandado de injunção é um remédio constitucional sobre procedimento especial dirigido à tutela de direitos subjetivos constitucionais, cujo exercício esteja impedido pela ausência de norma reguladora.

Com o advento da Lei nº 13.300/2016, o mandado de injunção passou a ter previsão infraconstitucional específica. Entretanto, conforme ressalvado pelo art. 14 da própria lei, a sua existência não impede a aplicação subsidiária da Lei nº 12.016/2009 (Lei do Mandado de Segurança) e do Código de Processo Civil.

5.2 Modalidades

- **Mandado de injunção individual**: deverá ser impetrado por pessoa natural ou jurídica cujo direito fundamental esteja à míngua de uma norma que o regulamente.
- **Mandado de injunção coletivo**: em que pese não existir disposição constitucional expressa sobre a modalidade coletiva da ação, a jurisprudência[23] já reconhecia essa possibilidade, sendo legitimados ativos para a sua propositura os mesmos que podem impetrar o mandado de segurança coletivo (art. 5º, LXX), já analisados anteriormente. A partir da entrada em vigor da Lei nº 13.300/2016, a possibilidade de impetração de mandado de injunção coletivo passou a ser expressamente prevista. De acordo com o seu art. 12, são legitimados para a sua propositura: (i) o Ministério Público; (ii) partidos

23 "A jurisprudência do Supremo Tribunal Federal admite legitimidade ativa *ad causam* aos sindicatos para a instauração, em favor de seus membros ou associados, do mandado de injunção coletivo" (STF, MI nº 102/PE, Plenário, Rel. Min. Marco Aurélio, Rel. p/ acórdão Min. Carlos Velloso, j. 12.02.98, *DJ* 25.10.02). E ainda: "Entidades sindicais dispõem de legitimidade ativa para a impetração do mandado de injunção coletivo, que constitui instrumento de atuação processual destinado a viabilizar, em favor dos integrantes das categorias que essas instituições representam, o exercício de liberdades, prerrogativas e direitos assegurados pelo ordenamento constitucional" (STF, MI nº 472/DF, Plenário, Rel. Min. Celso de Mello, j. 06.09.95, *DJ* 02.03.01)."A jurisprudência desta Corte sedimentou a possibilidade de as entidades de classe, desde que legalmente constituídas e em funcionamento há pelo menos um ano, utilizarem o mandado de injunção coletivo."(STF, MI nº 4.503/DF, Plenário, Rel. Min. Ricardo Lewandowski, j. 07.11.13, DJE 03.12.13)."Mandado de injunção. Ilegitimidade passiva do Presidente do Senado Federal se a iniciativa da lei é da alçada privativa do Presidente da República (CF, arts. 37, VIII, e 61, § 1º, II, *c*)" (STF, MI nº 153/DF AgR, Plenário, Rel. Min. Paulo Brossard, j. 14.03.90, *DJ* 30.03.90).

políticos com representação no Congresso Nacional; (iii) organizações sindicais, entidades de classe ou associações legalmente constituídas e em funcionamento há pelo menos 1 ano e (iv) a Defensoria Pública.

5.3 Pressupostos do Remédio

Para a propositura da ação em referência, devem ser preenchidos, conforme os artigos 2º e 3º da Lei do Mandado de Injunção, concomitantemente, os seguintes requisitos: a) inexistência da norma regulamentando o direito fundamental reconhecido constitucionalmente; e b) ser o impetrante beneficiário direto do direito, seja ele pessoa natural ou jurídica. Não pode, por exemplo, quem não é servidor público pleitear em juízo a elaboração da lei de greve para o serviço público (art. 37, VII).

5.4 Intervenção do Ministério Público

A intervenção do Ministério Público é obrigatória, não apenas por conta da aplicação subsidiária da Lei do Mandado de Segurança, como também diante da exigência de apresentação de seu parecer, conforme o art. 7º da Lei do Mandado de Injunção.

5.5 Polo Passivo

De acordo com o art. 3º da Lei do Mandado de Injunção, figura no polo passivo o Poder, órgão ou autoridade com atribuição para editar a norma regulamentadora. Assim, deve-se entender que o réu nas ações de mandado de injunção será o responsável pela mora legislativa.

5.6 Tutela de Urgência

A tutela de urgência não é admitida, até o momento, em sede de mandado de injunção. Em recente pronunciamento, já existindo lei específica acerca do mandado de injunção, o STF decidiu no sentido de indeferir o pedido de tutela provisória.[24]

5.7 Efeitos do Mandado de Injunção

Esse é, sem dúvidas, o aspecto mais polêmico que envolve o remédio ora analisado. Destacaremos as quatro correntes doutrinárias de maior relevância sobre o assunto:

---

24 STF, MI nº 6.686/DF TP, Rel. Min. Ricardo Lewandowski, j. 03.05.17, DJE 05.05.17.

a) posição não concretista: de acordo com esse posicionamento, em nome da harmonia e separação entre os poderes (art. 2º), o Poder Judiciário não poderia suprir a omissão da norma faltante, tampouco determinar prazo para o legislador elaborar a lei, restando a sentença tendo efeito apenas de declarar a mora legislativa. Esta é a posição clássica do STF,[25] que durante muitos anos produziu um verdadeiro sentimento de "frustração constitucional" para a população brasileira;

b) posição concretista geral: segundo essa corrente, o Poder Judiciário poderia solucionar a omissão legislativa, regulamentando-a com produção de efeitos *erga omnes*. Este posicionamento atribui ao Judiciário o papel de legislador positivo. Recentemente o plenário do STF aplicou essa teoria na questão relativa ao direito de greve do servidor público, do art. 37, VII,[26] cuja regulamentação ainda não foi feita pelo legislador;

c) posição concretista individual direta: por meio dessa teoria, o Judiciário poderá aplicar por analogia lei já existente para resolver o caso específico, tendo a decisão efeito *inter partes*. O STF decidiu de acordo com essa teoria em caso sobre a ausência de lei complementar sobre a aposentadoria, anunciada pelo antigo art. 40, § 4º.[27]

---

25 "O mandado de injunção nem autoriza o Judiciário a suprir a omissão legislativa ou regulamentar, editando o ato normativo omitido, nem, menos ainda, lhe permite ordenar, de imediato, ato concreto de satisfação do direito reclamado: mas, no pedido, posto que de atendimento impossível, para que o Tribunal o faça, se contém o pedido de atendimento possível para a declaração de inconstitucionalidade da omissão normativa, com ciência ao órgão competente para que a supra" (STF, MI nº 168/RS, Plenário, Rel. Min. Sepúlveda Pertence, j. 21.03.90, *DJ* 20.04.90) e no mesmo sentido: "Tratando-se de mera faculdade conferida ao legislador, que ainda não a exercitou, não há direito constitucional já criado, e cujo exercício esteja dependendo de norma regulamentadora" (STF, MI nº 444/MG QO, Plenário, Rel. Min. Sydney Sanches, j. 29.09.94, *DJ* 04.11.94).

26 "O Tribunal concluiu julgamento de três mandados de injunção impetrados, respectivamente, pelo Sindicato dos Servidores Policiais Civis do Espírito Santo – SINDIPOL, pelo Sindicato dos Trabalhadores em Educação do Município de João Pessoa – SINTEM, e pelo Sindicato dos Trabalhadores do Poder Judiciário do Estado do Pará – SINJEP, em que se pretendia fosse garantido aos seus associados o exercício do direito de greve previsto no art. 37, VII, da CF (...). O Tribunal, por maioria, conheceu dos mandados de injunção e propôs a solução para a omissão legislativa com a aplicação, no que couber, da Lei nº 7.783/89, que dispõe sobre o exercício do direito de greve na iniciativa privada. (...)" (STF, MI nº 712/PA, Plenário, Rel. Min. Eros Grau,j. 25.10.07, *DJE* 31.10.08; STF, MI nº 708/DF, Plenário, Rel. Min. Gilmar Mendes, j. 25.10.07, *DJE* 31.10.08 e STF, MI nº 670/ES, Plenário,Rel. Min. Maurício Corrêa, Rel. p/ acórdão Min. Gilmar Mendes,j. 25.10.07, *DJE* 31.10.2008, *Informativo* nº 485).

27 "Na linha da nova orientação jurisprudencial fixada no julgamento do MI 721/DF (*DJ* 30.11.2007), o Tribunal julgou procedente pedido formulado em mandado de injunção para, de forma mandamental, assentar o direito do impetrante à contagem diferenciada do tempo de serviço em decorrência de atividade em trabalho insalubre, após a égide do regime estatutário, para fins

d) posição concretista intermediária: de acordo com essa teoria, o Poder Judiciário além de comunicar a omissão ao órgão competente deverá fixar-lhe prazo para a edição da norma faltante. Em 2007, essa posição foi adotada em sede de ação direta de inconstitucionalidade por omissão,[28] que será analisada com detalhes em capítulo próprio.

5.8 Competência

A competência para julgamento do MI leva em conta o órgão ou autoridade a quem cabia a edição da norma regulamentar.

Responsável pelas edições da norma	***Fundamento legal***	***Competência***
- Presidente da República - Congresso Nacional - Câmara dos Deputados - Senado Federal - Tribunal de Contas da União - Tribunais Superiores - STF	Art. 102, I, "q", CF	STF
- Órgão ou entidade federal, da Administração direta ou indireta, exceto os casos de competência do STF, Justiça Militar, Justiça Eleitoral, Justiça do Trabalho e Justiça Federal	Art. 105, I, "h", CF	STJ
- Autoridades previstas nas Constituições Estaduais	Art. 125, § 1º, CF	TJ
- Competência residual	Art. 125, § 1º, CF	Juiz Estadual

de aposentadoria especial de que cogita o § 4º do art. 40 da CF. Tratava-se, na espécie, de *writ* impetrado por servidor público federal, lotado, na função de tecnologista, na Fundação Oswaldo Cruz, que pleiteava fosse suprida a lacuna normativa constante do aludido § 4º do art. 40, assentando-se o seu direito à aposentadoria especial, em razão do trabalho, por 25 anos, em atividade considerada insalubre, ante o contato com agentes nocivos, portadores de moléstias humanas e com materiais e objetos contaminados. Determinou-se, por fim, a comunicação ao Congresso Nacional para que supra a omissão legislativa" (STF, MI nº 758/DF, Plenário, Rel. Min. Marco Aurélio, j. 01.07.08, *DJE* 26.09.08, *Informativo* nº 513). Dispositivo revogado pela EC 103/2019.

28 "O Tribunal, por unanimidade, julgou procedente pedido formulado em ação direta de inconstitucionalidade por omissão ajuizada pela Assembleia Legislativa do Estado de Mato Grosso, para reconhecer a mora do Congresso Nacional em elaborar a lei complementar federal a que se refere o § 4º do art. 18 da CF, na redação dada pela EC nº 15/96, e, por maioria, estabeleceu o prazo de 18 meses para que este adote todas as providências legislativas ao cumprimento da referida norma constitucional" (STF, ADI nº 3.682/MT, Plenário, Rel. Min. Gilmar Mendes, j. 09.05.07, *DJE* 06.09.07, *Informativo* nº 466).

5.9 Quadro Comparativo do MI e da Ação Direta de Inconstitucionalidade por Omissão (ADO)

Para defender a Constituição da síndrome da inefetividade das normas constitucionais, além do mandado de injunção, o constituinte também trouxe, inspirado no Direito português, a ação direta de inconstitucionalidade por omissão. Como gera dúvidas as diferenças entre as duas ações, apresentamos abaixo quadro comparativo com os principais destaques que as diferenciam.

PARÂMETRO	MI	ADO
ORIGEM	Direito norte-americano	Direito português
NATUREZA JURÍDICA	Remédio constitucional – processo subjetivo	Ação do controle concentrado de constitucionalidade – processo objetivo
BASE LEGAL	Art. 5º, LXXI	Art. 103, § 2º e Lei nº 9.868/1999
LEGITIMIDADE ATIVA	Depende da modalidade. MI individual e MI coletivo	Art. 103, I a IX
FINALIDADE	Defesa de normas constitucionais relacionadas a direitos fundamentais, dependentes de regulamentação	Defesa de normas constitucionais dependentes de regulamentação
EFEITOS DA DECISÃO	Via de regra, *inter partes*	*erga omnes*
COMPETÊNCIA	STF, STJ, TJs dos Estados	STF
CAUTELAR	Não é admitida	É admitida

6. AÇÃO POPULAR

> Art. 5º. (...)
>
> LXXIII – qualquer cidadão é parte legítima para propor ação popular que vise a anular ato lesivo ao patrimônio público ou de entidade de que o Estado participe, à moralidade administrativa, ao meio ambiente e ao patrimônio histórico e cultural, ficando o autor, salvo comprovada má-fé, isento de custas judiciais e do ônus da sucumbência.

6.1 Histórico, Natureza Jurídica e Conceito

A origem da ação popular está ligada à história do direito romano. Os jurisconsultos romanos diziam que se denominava *actiones populares* a ação que amparava direito próprio do povo. Era utilizada à sua época para a defesa de mares, rios, praças públicas e sepulturas, por exemplo.[29] Durante a passagem pela sociedade feudal não houve evolução da referida ação genuína do povo, porque a simbiose cidadão-Estado não existia nesse momento da história. Já no período mais moderno ela foi acolhida pela Bélgica em 1836, pela França em 1837 e na Itália em 1859.

No Brasil, o primeiro texto constitucional que lhe deu guarida foi o de 1934, não sendo mantida em 1937 face ao autoritarismo do regime, retornando à história brasileira a partir de 1946, e a partir daí foi protegida pelas demais Constituições.

Ressalte-se que em 1988 o seu objeto foi ampliado, tendo em vista que pelos textos anteriores a proteção da ação popular era apenas dirigida ao patrimônio público das entidades federativas.

Hoje, pode-se dizer que é um remédio constitucional sob procedimento especial, colocado à disposição de qualquer cidadão para a invalidação de ato ou contrato administrativo, ilegal, ilegítimo ou ilícito e lesivo ao patrimônio público, cultural, histórico ou ambiental, com previsão constitucional e infraconstitucional de acordo com a Lei nº 4.717/65.

A ação popular possui natureza jurídica híbrida, pois, além de remédio constitucional de defesa dos direitos difusos, é também uma importante manifestação de direito público subjetivo político, tendo em vista que só pode ser proposta pelo cidadão.

6.2 Espécies

- **Ação popular preventiva**: antes de consumada a lesão;
- **Ação popular repressiva**: após a consumação do dano, com prazo de cinco anos para a sua propositura, na forma do art. 21 da Lei nº 4.717/65.

6.3 Legitimidade Ativa

A propositura da ação é exclusiva do cidadão, que em regra geral é o brasileiro nato e naturalizado devidamente alistado, em gozo de seus direitos políticos. Analfabetos, maiores de setenta anos e os que estão entre dezesseis a dezoito (segundo parte da doutrina, dispensada a assistência),[30] desde que

29 AFONSO DA SILVA, José. *Ação Popular Constitucional, doutrina e processo*. 2. ed. São Paulo: Malheiros, 2007, p. 17 a 30.

30 Nesse sentido, José Afonso da Silva, Ary Florêncio Guimarães e Nelson Carneiro, em AFONSO DA SILVA, José. *Ação Popular Constitucional, doutrina e processo*. 2. ed. São Paulo: Malhei-

devidamente alistados, também poderão ajuizar a ação popular. Os inalistáveis (estrangeiros e conscritos), os inalistados e as pessoas jurídicas,[31]por conseguinte, não podem ajuizar a ação. Os portugueses equiparados, se estiverem devidamente alistados, poderão também apresentá-la.

Destaque-se que a prova da cidadania para ingresso em juízo será feita mediante o título de eleitor, na forma do art. 1º, § 3º, da Lei nº 4.717/65.

6.4 Polo Passivo

Os arts. 1ºe 6ºdaLei nº 4.717/65 determinam que todas as pessoas jurídicas de direito público ou privado, bem como pessoas naturais, beneficiárias diretas ou indiretas da lesão ao direito de todos, deverão figurar no polo passivo da ação popular, ou seja, há um verdadeiro litisconsórcio passivo necessário. Com isso, temos: a) pessoas públicas ou privadas e entidades mencionadas no artigo 1º da Lei de Ação Popular; b) autoridades, funcionários ou administradores que tiverem autorizado, aprovado, ratificado ou praticado o ato; c) aqueles que por omissão tiverem dado oportunidade à lesão e os beneficiários do ato.

Atenção!

- Todos os beneficiários do ato ou contrato impugnado são litisconsortes necessários e a falta de citação é causa de nulidade absoluta do processo.
- O causador do dano pode ser admitido como assistente simples dos réus, de forma a viabilizar ação de regresso.
- A pessoa jurídica de direito público ou privado que figurar no polo passivo poderá: (1) contestar a ação, se entender que o ato é lícito e que o pedido não tem fundamento; (2) silenciar e atuar ao lado do autor. Se assim optar, apesar de figurar no polo passivo irá atuar como espécie de assistente simples do autor.

6.5 Condições Específicas

Hoje a ação popular existe para tutelar o patrimônio público, a moralidade administrativa, o meio ambiente e o patrimônio histórico e cultural,

---

ros, 2007, p. 174-175. Em sentido contrário, Manoel Jorge e Silva Neto, *Curso de Direito Constitucional*. 3. ed. Rio de Janeiro: Lumen juris, 2008, p. 779-780.

31 *Pessoa jurídica não tem legitimidade para propor ação popular* (Súmula nº 365, STF).

de forma bem aberta. A interpretação aqui deve ser a mais lata possível, na medida em que o objetivo do constituinte foi o de ampliar esse instrumento e de fortalecer o controle da cidadania sobre a coisa pública. Com isso, em nossa opinião não há que se falar mais da necessária comprovação do binômio lesividade e ilegalidade do ato impugnado, sendo cada um dos fundamentos da ação popular tutelados de maneira autônoma. É possível então se afirmar que um ato legal, mas que tenha ferido a moralidade administrativa possa ser impugnado em sede do remédio constitucional. Nesse sentido, não é sequer necessária a comprovação de lesão ao patrimônio público material para que a ação seja conhecida, bastando haver violação à moralidade administrativa.[32]

Ressalte-se que atos de conteúdo jurisdicional não podem ser impugnados por meio de ação popular, existindo as vias recursais adequadas para seu combate.[33]

6.6 O Papel do Ministério Público

O Ministério Público participará de todas as ações populares na qualidade de fiscal da lei, entretanto, a Lei nº 4.717/65 ainda previu duas outras hipóteses de participação: se o autor desistir da ação serão publicados editais nos prazos e condições ficando assegurado a qualquer cidadão, bem como ao representante do Ministério Público, dentro do prazo de 90 dias da última publicação feita, promover o prosseguimento da ação (art. 9º) e, ainda: caso decorridos 60 dias de publicação da sentença condenatória de segunda instância, sem que o autor ou terceiro promova a respectiva execução, o representante do Ministério Público a promoverá nos 30 dias seguintes, sob pena de falta grave (art. 16). Ademais, é vedado ao *Parquet* defender o ato impugnado ou seus autores (art. 6º, § 4º).

---

32 STF, ARE nº 824.781/MT RG, Plenário, Rel. Min. Dias Toffoli, j. 27.08.15, *DJE* 09.10.15.

33 "Os atos de conteúdo jurisdicional – precisamente por não se revestirem de caráter administrativo – estão excluídos do âmbito de incidência da ação popular, notadamente porque se acham sujeitos a um sistema específico de impugnação, quer por via recursal, quer mediante utilização de ação rescisória. (...) Tratando-se de ato de índole jurisdicional, cumpre considerar que este, ou ainda não se tornou definitivo – podendo, em tal situação, ser contestado mediante utilização dos recursos previstos na legislação processual –, ou, então, já transitou em julgado, hipótese em que, havendo decisão sobre o mérito da causa, expor-se-á à possibilidade de rescisão (...)" (STF, Pet nº 2.018/SP AgR, Segunda Turma, Rel. Min. Celso de Mello, j. 22.08.00, *DJ* 16.02.01).

6.7 Tutela de Urgência

A tutela de urgência é admitida na forma do art. 5º, § 4º, da Lei nº 4.717/65 e, na prática, muitas vezes possui natureza de verdadeira tutela antecipada, daí se aplicar também o art. 300 do CPC.

6.8 A Gratuidade

De acordo com a previsão constitucional, a ação popular será gratuita se proposta de boa-fé (independente do êxito ou não na ação), sendo determinada a sua condenação se tiver sido proposta de má-fé.

6.9 Competência

A fixação da competência para julgamento da ação popular, na forma do art. 5º, *caput*, da Lei nº 4.717/65 levará em consideração o local de origem do ato ou omissão a serem impugnados. Normalmente, se o patrimônio lesado for da União, a competência será da Justiça Federal, se estadual ou municipal, será da Justiça Estadual.

Importante ressaltar que em regra geral não há competência originária de órgão colegiado para apreciação de ação popular,[34] sendo esta do juiz de primeiro grau (federal ou estadual), conforme o caso. Haverá, entretanto, competência originária do STF,[35] nas seguintes hipóteses:

34 "A competência para julgar ação popular contra ato de qualquer autoridade, até mesmo do Presidente da República, é, via de regra, do juízo competente de primeiro grau. Precedentes. Julgado o feito na primeira instância, se ficar configurado o impedimento de mais da metade dos desembargadores para apreciar o recurso voluntário ou a remessa obrigatória, ocorrerá a competência do Supremo Tribunal Federal, com base na letra *n* do inciso I, segunda parte, do art. 102 da Constituição Federal" (STF, AO nº 859/AP QO, Plenário, Rel. Min. Ellen Gracie, Rel. p/ acórdão Min. Maurício Corrêa, j. 11.10.01, *DJ* 01.08.03). Nesse sentido, "O Supremo Tribunal Federal – por ausência de previsão constitucional – não dispõe de competência originária para processar e julgar ação popular promovida contra qualquer órgão ou autoridade da República, mesmo que o ato cuja invalidação se pleiteie tenha emanado do Presidente da República, das Mesas da Câmara dos Deputados ou do Senado Federal, ou, ainda, de qualquer dos Tribunais Superiores da União" (STF, Pet nº 2.018/SP AgR, Segunda Turma, Rel. Min. Celso de Mello, j. 22.08.00, *DJ* 16.02.01).

35 "Competência originária do Supremo Tribunal para as ações contra o Conselho Nacional de Justiça e contra o Conselho Nacional do Ministério Público (CF, art. 102, I, *r*, com a redação da EC nº 45/2004): inteligência: não inclusão da ação popular, ainda quando nela se vise à declaração de nulidade do ato de qualquer um dos conselhos nela referidos. Tratando-se de ação popular, o Supremo Tribunal Federal – com as únicas ressalvas da incidência da alínea *n* do art. 102, I, da Constituição ou de a lide substantivar conflito entre a União e

- a ação em que todos os membros da magistratura sejam direta ou indiretamente interessados, e aquela em que mais da metade dos membros do tribunal de origem estejam impedidos ou sejam direta ou indiretamente interessados (art. 102, I, "n");
- as causas e os conflitos entre a União e os Estados, a União e o Distrito Federal, ou entre uns e outros, inclusive as respectivas entidades da administração indireta (art. 102, I, "f").

Estado-membro –, jamais admitiu a própria competência originária: ao contrário, a incompetência do Tribunal para processar e julgar a ação popular tem sido invariavelmente reafirmada, ainda quando se irrogue a responsabilidade pelo ato questionado a dignitário individual – a exemplo do Presidente da República – ou a membro ou membros de órgão colegiado de qualquer dos poderes do Estado cujos atos, na esfera cível – como sucede no mandado de segurança – ou na esfera penal – como ocorre na ação penal originária ou no *habeas corpus* – estejam sujeitos diretamente à sua jurisdição. Essa não é a hipótese dos integrantes do Conselho Nacional de Justiça ou do Conselho Nacional do Ministério Público: o que a Constituição, com a EC nº 45/04, inseriu na competência originária do Supremo Tribunal foram as ações contra os respectivos colegiados e não, aquelas em que se questione a responsabilidade pessoal de um ou mais dos conselheiros, como seria de dar-se na ação popular" (STF, Pet nº 3.674/DF QO, Plenário, Rel. Min. Sepúlveda Pertence, j. 04.10.06, *DJ* 19.12.06).

Parte III

TEORIA DO ESTADO

Capítulo

17

PRINCÍPIOS FUNDAMENTAIS

1. IMPORTÂNCIA DOS PRINCÍPIOS FUNDAMENTAIS

Como já analisamos em capítulo específico, a Constituição é formada por um conjunto de normas abertas, que convivem num sistema harmonioso de princípios e regras. Os princípios ora em análise são as normas constitucionais fundamentais expressas no Título I da Constituição Federal, que norteiam as opções políticas principais feitas pelo país, como, por exemplo, a sua forma de estado, a forma de governo, objetivos, relação entre os poderes da República e demais assuntos pertinentes à decisão política fundamental.

Os princípios fundamentais são normas essencialmente materiais que constituem a síntese ou a matriz de todos os demais dispositivos constitucionais, formando a raiz axiológica da República Federativa do Brasil. Segundo essa linha de pensamento, Jorge Miranda[1] ressalta a ação imediata dos princípios em servirem de critério de interpretação e de integração, dando coerência geral ao sistema.

O constituinte originário consagrou como princípios fundamentais os próprios alicerces da República Federativa do art. 1º, a separação de poderes do art. 2º, os objetivos do país no art. 3º, e, ainda, os princípios através dos quais o Estado brasileiro se relaciona com a comunidade jurídica internacional, presentes no art. 4º, que serão a seguir desdobrados.

1 MIRANDA, Jorge. *Manual de Direito Constitucional*. Coimbra: Coimbra Editora. 1983, p. 514-515. v.I, t.II.

2. OS PRINCÍPIOS FUNDAMENTAIS EM ESPÉCIE

> Art. 1º A República Federativa do Brasil, formada pela união indissolúvel dos Estados e Municípios e do Distrito Federal, constitui-se em Estado Democrático de Direito e tem como fundamentos:
>
> I – a soberania;
>
> II – a cidadania;
>
> III – a dignidade da pessoa humana;
>
> IV – os valores sociais do trabalho e da livre iniciativa;
>
> V – o pluralismo político.

2.1 O Princípio Republicano

A forma de governo identifica como se opera a relação entre governantes e governados, se é temporária, permanente, se os governantes são eleitos ou se ocupam seus cargos em razão da hereditariedade. Existem duas formas de governo que mais se destacam: a Monarquia e a República. A primeira é caracterizada pelo mandato vitalício, transferência de poder pela hereditariedade e pela irresponsabilidade política do governante (nos antigos Estados Absolutistas). A República tem características antagônicas à Monarquia, quais sejam: a) temporariedade dos mandatos, b) eleições periódicas, e c) responsabilidade política dos governantes. São exemplos dessas características na CF, o mandato de quatro anos para os chefes do Executivo; as eleições que se realizam justamente para a substituição dos representantes e, ainda, a possibilidade de responsabilidade política do chefe do Executivo, na forma do art. 85 da CF.

A Constituição também elege o princípio republicano como princípio constitucional sensível, na forma do art. 34, VII, "a", cuja desobediência poderá ensejar a intervenção federal na unidade da federação que o desrespeitou. Ressalta-se que a República nasceu no Brasil como fruto de uma importante conquista em 15 de novembro de 1889 e ganhou sede constitucional em 1891.

Lembramos que o povo brasileiro se manifestou no plebiscito de 21 de abril de 1993 a favor da República, em vez da Monarquia e segundo alguns autores a partir daí ela se tornou limitação material implícita ao Poder Reformador, no que concordamos completamente.

2.2 O Princípio Federativo

O federalismo é uma forma de Estado moderno, fruto de uma lúcida criação norte-americana na Constituição de 1787. É caracterizado principalmente pela existência de pluralidade de autonomias, envolvidas por um só país soberano, inexistindo o direito de separação (secessão). No Brasil, essa forma de Estado moderno nasceu com a República, em 15 de novembro de 1889, e também ganhou previsão constitucional a partir de 1891. É um modelo que se contrapõe diretamente ao Estado unitário, centralizado, onde não há capacidade político-legislativa interna dos seus componentes.

No Brasil, a federação recebe proteção especial no art. 60, § 4º, I, que a considera cláusula pétrea, além de ser defendida pela intervenção federal, na forma do art. 34, I, da CF, que desenvolveremos em capítulo próprio.

2.3 Estado Democrático de Direito

Reúne os princípios do "Estado de Direito" e do "Estado Democrático", aliados a um componente revolucionário de mudança social, de justiça. A noção de Estado Democrático de Direito compreende, portanto: a) Estado de direito - submissão ao império da lei, divisão de poderes; b) Estado democrático - é o fundamento na soberania popular, o povo participa na evolução do seu país; c) componente revolucionário - é a vontade de transformação social, o povo participa das decisões principais de seu país.

Importante dizer que um Estado de direito verdadeiramente democrático deve permitir ao seu povo uma participação material na vida política do país e não meramente formal. De acordo com Gustavo Binenbojm: *Em um certo sentido, a democracia representa a projeção política de autonomia pública e privada dos cidadãos, alicerçadas em um conjunto básico de direitos fundamentais. A própria regra da maioria só é moralmente justificável em um contexto no qual os membros da comunidade são capacitados como agentes morais emancipados e tratados com igual respeito e consideração. Seu fundamento axiológico é o valor da igualdade, transubstanciado juridicamente no princípio da isonomia, do qual se origina o próprio princípio da maioria como técnica de deliberação coletiva.*[2]

Há, portanto, uma estreita ligação entre Estado de direito e Estado democrático, pois um Estado de direito deve assegurar a seu povo um regime democrático e também o Estado democrático deve respeitar os direitos fundamentais da população.

---

2 Binenbojm, Gustavo. *Teoria do Direito Administrativo*: Direitos Fundamentais, Democracia e Constitucionalização. Rio de Janeiro: Renovar, 2006, p. 50-51.

3. OS FUNDAMENTOS DO ESTADO BRASILEIRO (ART. 1º)

3.1 Soberania

A soberania, segundo Carl Schimitt,[3] é um dos quatro elementos essenciais do Estado (juntamente com o povo, o território e o governo) e pode ser analisada sob o ângulo interno e externo. No primeiro caso, o poder do Estado deve ser respeitado internamente por todos que habitam o país, não sendo limitado por nenhum outro poder. Externamente, a soberania revela que a comunidade jurídica internacional deve respeitar o seu território, as suas leis, as decisões políticas, não existindo hierarquia entres os Estados.

O fundamento ora em tela é reafirmado nos arts. 3º, I (objetivo da República Federativa) e 4º, I (um dos princípios que rege o país perante a comunidade jurídica internacional), ambos da CF.

Importante destacar que com a abertura das Constituições do mundo pós-guerra à proteção da dignidade das pessoas, aos princípios e à ideia de justiça efetiva, o conceito de soberania "com poderes ilimitados" vem sofrendo relativizações em face da soberania da pessoa humana. Sabe-se que o Estado não é um fim em si mesmo e sim um desiderato instrumental que deverá preservar os interesses políticos de seus cidadãos.

Os próprios limites territoriais do Estado, segundo Augusto Zimmermann, estão sendo redefinidos através da presente formação de inúmeros blocos econômicos e políticos internacionais, além do que, a rápida integração dos mercados alimentados pelas empresas multinacionais, em especial a partir da década de 1980, rompeu definitivamente as fronteiras nacionais e corresponde a uma nova fase evolutiva do capitalismo, exigindo uma retomada dos estudos acerca do papel do Estado-Nação, enfraquecido na sua pretensa soberania.[4] Nesse sentido, Habermas também destaca que os Estados-Nação se desnaturalizaram e hoje são obrigados à abertura para uma sociedade mundial que lhes foi imposta em razão da economia cada vez mais globalizada.[5]

---

3 Segundo Dalmo de Abreu Dallari (*Elementos da Teoria Geral do Estado*, São Paulo: Saraiva, 1995): "Carl Schmitt diz que o conceito de estado não é conceito geral válido para todos os tempos, mas é um conceito histórico concreto que surge quando nascem a ideia e a prática da soberania, o que ocorreu no século XVII".

4 ZIMMERMANN, Augusto. *Teoria Geral do Federalismo Democrático*. 2. ed. Rio de Janeiro: Lumen Juris, 2005.

5 *"As tendências evolutivas que hoje atraem a atenção sob a rubrica 'globalização' modificam uma constelação histórica que se distinguiu pelo fato de o Estado, a sociedade e a economia estenderem-se, de certa maneira, de forma coextensiva dentro das mesmas fronteiras nacionais. O sistema econômico internacional, no qual os Estados traçam as fronteiras*

3.2 Cidadania

A cidadania, em seu sentido formal, está associada ao título de eleitor, analisada à luz dos direitos políticos ativos (votar, participar de referendos, ajuizar ação popular etc.) e passivos (a elegibilidade) e adquirida mediante o processo de alistamento eleitoral. Mas como fundamento do Estado brasileiro, o conceito de cidadania apesar de englobar os direitos políticos, avança na proteção à cidadania real, material. E exercer a cidadania plena significa ter os direitos fundamentais amplamente assegurados.

3.3 Dignidade da Pessoa Humana

A dignidade da pessoa humana é o fundamento axiológico de todos os direitos fundamentais, como já destacado em capítulo próprio, e retrata a preocupação do Estado brasileiro com o seu componente mais valioso: a pessoa humana.

Numa tentativa de definição deste importante princípio, Ingo Sarlet assim conclui: *é a qualidade intrínseca e distintiva reconhecida em cada ser humano que o faz merecedor do mesmo respeito e consideração por parte do Estado e da comunidade, implicando, neste sentido, um complexo de direitos e deveres fundamentais que assegurem a pessoa tanto contra todo e qualquer ato de cunho degradante e desumano, como venham a lhe garantir as condições existenciais mínimas para uma vida saudável, além de propiciar e promover sua participação ativa e corresponsável nos destinos da própria existência e da vida em comunhão com os demais seres humanos.*[6]

O princípio sob análise tem sido importante fundamento das decisões judiciais a favor da tutela de sua vinculabilidade em relação aos poderes públicos, que não podem atuar no sentido de lhe negar a existência ou de não lhe assegurar a efetivação, diante da densidade de seu conteúdo.[7]

---

entre a economia interna e as relações de comércio exterior, transforma-se, na esteira da globalização dos mercados, numa economia transnacional." HABERMAS, Jurgen. "La Constelación posnacional y el futuro de la democracia". In: *La Constelación Posnacional*, Barcelona: Paidós, 2000.

6 SARLET, Ingo. *Dignidade da Pessoa Humana e Direitos Fundamentais na Constituição de 1988*. 6. ed. Livraria do Advogado: Porto Alegre, 2008, p. 63.

7 "Tendo em conta a excepcionalidade da situação, a Turma deu provimento a recurso ordinário em *habeas corpus* em que se discutia se paciente idosa (62 anos), condenada por tráfico ilícito de entorpecentes, cujo grave estado de saúde se encontrava demonstrado por diversos laudos, teria direito, ou não, à prisão domiciliar, nos termos do art. 117 da Lei de Execução Penal – LEP ('Somente se admitirá o recolhimento do beneficiário de regime

3.4 Os Valores Sociais do Trabalho e da Livre-iniciativa

A importância do trabalho para a existência humana dispensa maiores comentários, pois o *indivíduo que trabalha acerca-se continuamente do autor de todas as coisas, tomando na sua obra uma parte, de que depende também a dele. O criador começa e a criatura acaba a criação de si própria.*[8] O trabalho alimenta o corpo e o espírito e dignifica a própria existência humana.

A livre iniciativa indica a opção do constituinte por uma ordem econômica nitidamente capitalista, liberal, mas que deve ser desenvolvida à luz da realização da justiça social e pela valorização do trabalho livre, assegurados os direitos dos trabalhadores, que devem ser remunerados adequadamente e ter boas condições garantidas para desenvolvimento de suas atividades.

---

aberto em residência particular quando se tratar de: I – condenado maior de 70 (setenta) anos; II – condenado acometido de doença grave; III – condenada com filho menor ou deficiente físico ou mental; IV – condenada gestante.'). Asseverou-se que a transferência de condenado não sujeito a regime aberto para cumprimento da pena em regime domiciliar é medida excepcional, **que se apoia no postulado da dignidade da pessoa humana, o qual representa, considerada a centralidade desse princípio essencial, significativo vetor interpretativo, verdadeiro valor-fonte que conforma e inspira todo o ordenamento constitucional vigente no país e que traduz, de modo expressivo, um dos fundamentos em que se assenta a ordem republicana e democrática consagrada pelo sistema de direito constitucional positivo"** (STF, RHC nº 94358/SC, Rel. Min. Celso de Mello, 29.04.2008, *Informativo* nº 504.) (grifamos).

E ainda:

"(...) o cidadão teria o direito de exigir do Estado, o qual não poderia se demitir das consequências que resultariam do cumprimento do seu dever constitucional de prover segurança pública, a contraprestação da falta desse serviço. Ressaltou-se que situações configuradoras de falta de serviço podem acarretar a responsabilidade civil objetiva do Poder Público, considerado o dever de prestação pelo Estado, a necessária existência de causa e efeito, ou seja, a omissão administrativa e o dano sofrido pela vítima, e que, no caso, estariam presentes todos os elementos que compõem a estrutura dessa responsabilidade. Além disso, aduziu-se que entre reconhecer o interesse secundário do Estado, em matéria de finanças públicas, e o interesse fundamental da pessoa, que é o direito à vida, não haveria opção possível para o Judiciário, senão de dar primazia ao último. Concluiu-se que a realidade da vida tão pulsante na espécie imporia o provimento do recurso, a fim de reconhecer ao agravante, que inclusive poderia correr risco de morte, o direito de buscar autonomia existencial, desvinculando-se de um respirador artificial que o mantém ligado a um leito hospitalar depois de meses em estado de coma, implementando-se, com isso, o direito à busca da felicidade, que é um consectário do princípio da dignidade da pessoa humana" (STF, STA 223 AgR/PE, j. 12.03.2008, DJE 18.03.2008, Rel.ª orig. Min.ª Ellen Gracie, rel. p/ o acórdão Min. Celso de Mello, 14.04.2008, *Informativo* nº 502).

8 Ruy Barbosa. *Oração aos Moços*. Salvador: Tribunal de Justiça do Estado da Bahia, 1992.

3.5 O Pluralismo Político

A participação plural da sociedade na vida do país é identificada sob o signo de pluralismo, que pode ser representado pelas variadas ideologias, crenças, valores reinantes em uma sociedade que possui diferentes partidos políticos, organizações coletivas, universidades. Em oposição à uma sociedade pluralista teríamos uma sociedade monista e opressiva das liberdades públicas.

Nem sempre pluralismo e democracia caminham juntos, na democracia dos gregos não existia pluralidade e não é necessariamente porque se garante a pluralidade partidária que estamos diante de um regime democrático.[9]

4. O PRINCÍPIO DEMOCRÁTICO

> Art. 1º. (...)
>
> Parágrafo único. Todo o poder emana do povo, que o exerce por meio de representantes eleitos ou diretamente, nos termos desta Constituição.

Um dos conceitos preliminares de democracia seria, para Bobbio,[10] o de que se trata de um governo em que se permitem a todos os cidadãos que tenham atingido a maioridade, sem distinção de raça, religião, condições econômicas, sexo etc., o gozo dos direitos políticos, isto é: o direito de exprimir com o voto a própria opinião e/ou eleger quem a exprima por ele; o voto de todos os cidadãos deve ter peso idêntico; todos os cidadãos que gozam dos direitos políticos devem ser livres para votar segundo a própria opinião.

O regime político democrático escolhido pelo constituinte brasileiro, fundado no princípio da soberania popular, é participativo e engloba a participação direta (plebiscitos/referendos) e indireta (por meio dos representantes) do povo na tomada das decisões políticas essenciais para o país.

5. A TRIPARTIÇÃO DE "PODERES"

> Art. 2º São Poderes da União, independentes e harmônicos entre si, o Legislativo, o Executivo e o Judiciário.

9 BOBBIO, Norberto. *O Futuro da Democracia.* São Paulo: Editora Paz e Terra, 2006.

10 BOBBIO, Norberto. Ob. cit.

A doutrina da separação de poderes encontra nos pensadores iluministas John Locke[11] e Montesquieu[12] os seus principais sistematizadores, e a sua finalidade era a substituição do Estado absolutista (onde o poder político se concentrava em apenas uma pessoa)[13] pelo Estado da Lei, que com a despersonalização do poder e a tese da separação de poderes propiciou essa paulatina substituição do "governo dos homens" para o "governo das leis".

Dentro desse prisma, o poder político, apesar de uno, indivisível, inalienável e imprescritível, foi se descentralizando e passou a se exteriorizar por meio de funções que exercem atividade legislativa, judiciária e administrativa. No pensamento iluminista, cada uma das funções do poder exercia apenas atividades típicas, ou próprias, quais sejam: o legislador deve elaborar leis; o Executivo as executa e o Judiciário resolve eventuais conflitos causados com a sua aplicação.

Entretanto, na evolução dos Estados modernos, o principal elemento caracterizador da separação de poderes é o sistema dos freios e contrapesos norte-americano (*checks and balances*), em que se determina aos poderes a realização de suas atividades típicas, mas também atípicas, pertinentes a outros poderes. Nessa maior interação entre as funções do poder, é possível se observar, por exemplo, que: além de legislar e exercer a fiscalização contábil da União, o Congresso Nacional também exerce atividade jurisdicional, quando o Senado Federal julga o Presidente da República por crime de responsabilidade (art. 52, I e parágrafo único); o Judiciário, apesar de exercer a tutela jurisdicional dos conflitos de interesse, também legisla quando elabora seus regimentos internos (art. 96, I, "a") e o Executivo, além de exercer o comando da Administração Pública, edita medidas provisórias com força de lei, na forma do art. 62 da CF.

Insta ressaltar que esse sistema moderno de freios e contrapesos não pode contrariar a harmonia e independência presentes no dispositivo ora em estudo. De acordo com a orientação de Uadi Lammêgo Bulos, *a harmonia* é caracterizada pela cortesia e trato respeitoso entre os órgãos do poder, no que concerne à manutenção das prerrogativas e a *independência* assegura às pessoas legitimamente investidas nas suas funções públicas o exercício das suas atribuições constitucionais sem a ingerência de outros órgãos, mas permitindo colaboração quando a necessidade o exigir.[14]

---

11 *Segundo Tratado do Governo Civil*. São Paulo: Vozes, 2001.

12 MONTESQUIEU. *Do espírito das Leis*. 1ª ed. São Paulo: Difusão Europeia do Livro, 1962.

13 Onde a vontade do soberano se confundia com a vontade do próprio Estado, como na frase atribuída a Luís XIV: *L`état c´est moi* (O Estado sou eu).

14 BULOS, Uadi Lammêgo. *Constituição Federal Anotada*. 8. ed., rev. e atual. São Paulo: Saraiva, 2008, p. 90.

Os limites que separam uma convivência harmônica ou conflituosa entre as funções do poder não são simples e têm sido objeto de análise jurisprudencial[15] e doutrinária, mas diante da complexidade que envolve o tema, apenas nos limitamos nesse trabalho a afirmar que há uma necessidade imperiosa de releitura da antiga separação de poderes, que não mais satisfaz os tempos modernos, que precisa de funções mais atuantes com vontade política real de concretizar o espírito da Constituição.

6. OS OBJETIVOS FUNDAMENTAIS DA REPÚBLICA FEDERATIVA

> Art. 3º Constituem objetivos fundamentais da República Federativa do Brasil:
>
> I – construir uma sociedade livre, justa e solidária;
>
> II – garantir o desenvolvimento nacional;
>
> III – erradicar a pobreza e a marginalização e reduzir as desigualdades sociais e regionais;
>
> IV – promover o bem de todos, sem preconceitos de origem, raça, sexo, cor, idade e quaisquer outras formas de discriminação.

O constituinte determinou nesse dispositivo, em rol exemplificativo, um conjunto de metas que deverão ser realizadas pelo Poder Público em nome da dignidade da pessoa humana, conforme analisaremos a seguir.

---

15 "Ação direta. Emenda Constitucional nº 45/2004. Poder Judiciário. Conselho Nacional de Justiça. Instituição e disciplina. Natureza meramente administrativa. Órgão interno de controle administrativo, financeiro e disciplinar da magistratura. Constitucionalidade reconhecida. Separação e independência dos Poderes. História, significado e alcance concreto do princípio. Ofensa a cláusula constitucional imutável (cláusula pétrea). Inexistência. Subsistência do núcleo político do princípio, mediante preservação da função jurisdicional, típica do Judiciário, e das condições materiais do seu exercício imparcial e independente. Precedentes e Súmula nº 649. Inaplicabilidade ao caso. Interpretação dos arts. 2º e 60, § 4º, III, da CF. Ação julgada improcedente. Votos vencidos. São constitucionais as normas que, introduzidas pela Emenda Constitucional nº 45, de 8 de dezembro de 2004, instituem e disciplinam o Conselho Nacional de Justiça, como órgão administrativo do Poder Judiciário nacional" (STF, ADI 3.367/DF, Plenário, Rel. Min. Cezar Peluso, j. 13.04.2005, *DJ* 22.09.2006).

E ainda: "Afronta os princípios constitucionais da harmonia e independência entre os Poderes e da liberdade de locomoção norma estadual que exige prévia licença da Assembleia Legislativa para que o Governador e o Vice-Governador possam ausentar-se do País por qualquer prazo. Espécie de autorização que, segundo o modelo federal, somente se justifica quando o afastamento exceder a quinze dias. Aplicação do princípio da simetria" (ADI 738/GO, Plenário, Rel. Min. Maurício Corrêa, j. 13.11.2002, *DJ* 07.02.2003). No mesmo sentido: ADI 775-MC/RS; Plenário, Rel. Min. Celso de Mello, j. 23.10.1992, *DJ* 1º.12.2006.

6.1 Construir uma Sociedade Livre, Justa e Solidária

A construção da sociedade não cabe ao Estado, porque ela já existe, mas o comando constitucional quer uma comunidade de pessoas livres, fundada no bem comum, em que a justiça e o princípio da solidariedade estejam presentes, realizando-se a verdadeira justiça social, desiderato maior do Estado democrático de direito.

Para Maria Celina Bodin,[16] *ao imputar ao Estado e a todos os membros da sociedade, o encargo de construir uma "sociedade solidária", através da distribuição de justiça social, o texto constitucional agregou um novo valor aos já existentes, ao estabelecer natureza jurídica ao dever de solidariedade, que se tornou passível, portanto, de exigibilidade.*

A dimensão transformadora da solidariedade tem encontrado amparo em decisões judiciais que a consagram como um dever jurídico que visa beneficiar a sociedade como um todo.[17]

6.2 Garantir o Desenvolvimento Nacional

O desenvolvimento nacional traçado pelo constituinte deve ser analisado sob dois ângulos, que se complementam: o crescimento econômico e o desenvolvimento social.

Com isso, a circulação de riquezas do país com aumento do Produto Interno Bruto (PIB) e da renda *per capita* deve estar em harmonia com os fatores

---

16 Bodin de Moraes, Maria Celina. "O princípio da solidariedade". In: M. M. PEIXINHO, M. M.; GUERRA, I. F.; NASCIMENTO FILHO, F. (Orgs.). *Os Princípios da Constituição de 1988*. Rio de Janeiro: Lumen Juris, 2001, p. 167 e ss.

17 "O Tribunal, por maioria, julgou improcedente pedido formulado em ação direta ajuizada pela Associação Brasileira das Empresas de Transporte Rodoviário Intermunicipal, Interestadual e Internacional de Passageiros – ABRATI contra a Lei nacional nº 8.899/1994, que concede passe livre no sistema de transporte coletivo interestadual às pessoas portadoras de deficiência, comprovadamente carentes. Mencionando o contexto social e constitucional vigentes, destacou-se, inicialmente, a existência da Convenção sobre os Direitos das Pessoas com Deficiência, assinado pelo Brasil, na sede da ONU, em 30.03.2007, e em tramitação no Congresso Nacional, e os valores que norteiam a Constituição, contidos no seu preâmbulo. **Asseverou-se que, na esteira desses valores, é que se afirmaria, nas normas constitucionais, o princípio da solidariedade, projetado no art. 3º. Ressaltou-se que, na linha dos princípios fundamentais da República, a Constituição teria acolhido como verdadeira situação, a ser alterada pela implementação de uma ordem jurídica que recriasse a organização social, a discriminação contra os deficientes, tendo em conta sua inegável dificuldade para superar, na vida em sociedade, os seus limites**" (STF, ADI 2.649/DF, Plenário, DJE 17.10.2008, Rel.ª Min.ª Cármen Lúcia, j. 08.05.2008, *Informativo* nº 505) (grifamos).

de desenvolvimento social, como a alfabetização do povo, a rede hospitalar em pleno funcionamento, trabalho para todos, pelo baixo índice de mortalidade infantil, dentre outros critérios pautados na justiça social, que é fundamento da ordem econômica brasileira no art. 170 da CF.

Nesse quadro, importante destacar a necessidade de preservação do meio ambiente,[18] que deve ser respeitado pela exploração econômica, vez que se trata de direito fundamental que recebeu pela Constituição de 1988 um vasto arcabouço de proteção (como exemplos: arts. 5º, LXXIII, 129, III, e 225, entre outros).

6.3 Erradicar a Pobreza e a Marginalização, e Reduzir as Desigualdades Sociais e Regionais

Em nome da construção da sociedade livre, justa e solidária, anunciada no inciso I, e também visando alcançar o desenvolvimento nacional do dispositivo anterior, é imprescindível que o Poder Público trabalhe exaustivamente no sentido de oferecer maiores oportunidades de trabalho, saúde pública decente e educação de qualidade para toda a coletividade.

Ademais, o dispositivo trata também da erradicação das desigualdades regionais, problema sério em um país de contrastes e concentração de riquezas, com indústrias e melhores oportunidades de trabalho no eixo sudeste-sul, o que acaba incentivando a população mais pobre a migrar para as cidades grandes na busca pela felicidade financeira, que muitas vezes é frustrada pela escassez de trabalhos e má qualificação dos profissionais diante de um mercado cada vez mais exigente.

Não é assunto simples, mas está longe de possuir apenas conteúdo ideológico, vez que a própria Constituição traz mecanismos importantes de efetivação dos direitos, com o suporte dos remédios constitucionais e a garantia da inafastabilidade do Poder Judiciário, na forma do art. 5º, XXXV.

---

18 "A questão do desenvolvimento nacional (CF, art. 3º, II) e a necessidade de preservação da integridade do meio ambiente (CF, art. 225): O princípio do desenvolvimento sustentável como fator de obtenção do justo equilíbrio entre as exigências da economia e as da ecologia. O princípio do desenvolvimento sustentável, além de impregnado de caráter eminentemente constitucional, encontra suporte legitimador em compromissos internacionais assumidos pelo Estado brasileiro e representa fator de obtenção do justo equilíbrio entre as exigências da economia e as da ecologia, subordinada, no entanto, a invocação desse postulado, quando ocorrente situação de conflito entre valores constitucionais relevantes, a uma condição inafastável, cuja observância não comprometa nem esvazie o conteúdo essencial de um dos mais significativos direitos fundamentais: o direito à preservação do meio ambiente, que traduz bem de uso comum da generalidade das pessoas, a ser resguardado em favor das presentes e futuras gerações" (STF, ADI 3.540-MC/DF, Plenário, Rel. Min. Celso de Mello, j. 1º.09.2005, *DJ* 03.02.2006).

6.4 Promover o Bem de Todos, sem Preconceitos de Origem, Raça, Sexo, Cor, Idade e Quaisquer Outras Formas de Discriminação

Em harmonia com os demais objetivos do Estado brasileiro, esse dispositivo marca um novo momento de um país que já conviveu com toda forma de preconceito existente em época não muito distante e não se pode dizer que ele já tenha sido erradicado. A título de recordação, o sexo feminino foi inferiorizado perante a ordem jurídica brasileira durante muitos anos – e até hoje o mercado de trabalho não é o mesmo para todos – os mendigos não participaram da vida política nacional por muito tempo e a discriminação aos nordestinos e às pessoas de origem social humilde infelizmente ainda não foram superadas. Sem falar no preconceito aos afrodescendentes e aos homossexuais que ainda se faz presente, ainda que vivamos em uma sociedade completamente miscigenada e pluralista.

7. OS PRINCÍPIOS QUE REGEM O BRASIL NAS RELAÇÕES INTERNACIONAIS

> Art. 4º A República Federativa do Brasil rege-se nas suas relações internacionais pelos seguintes princípios:
>
> I – independência nacional;
>
> II – prevalência dos direitos humanos;
>
> III – autodeterminação dos povos;
>
> IV – não intervenção;
>
> V – igualdade entre os Estados;
>
> VI – defesa da paz;
>
> VII – solução pacífica dos conflitos;
>
> VIII – repúdio ao terrorismo e ao racismo;
>
> IX – cooperação entre os povos para o progresso da humanidade;
>
> X – concessão de asilo político.

7.1 Independência Nacional

A independência nacional reforça o fundamento da soberania do Estado brasileiro, já analisada, e não é destituída de importância, pois constitui a face externa da soberania, significando que o país não deve acatar regras que não sejam voluntariamente aceitas, além de estar em pé de igualdade com os poderes supremos dos demais povos.[19]

7.2 A Prevalência dos Direitos Humanos

O princípio da prevalência dos direitos humanos como um dos pilares a nortear o país perante as relações exteriores estreia no Brasil em 1988 e reforça a sua inserção no movimento internacional pós-guerra de consagração do valor da pessoa humana depois de tantas violações sofridas durantes os anos de violência e intolerância.

Configura, outrossim, incentivo para a ratificação de tratados internacionais que valorizem a dignidade do indivíduo dentro da perspectiva que atravessa as fronteiras nacionais, relacionando-se com a própria vida humana.[20]

7.3 Autodeterminação dos Povos, não Intervenção e Igualdade entre os Estados

Os princípios da autodeterminação dos povos e da não intervenção impõem ao Estado brasileiro o respeito aos demais Estados soberanos e aos ainda não constituídos, que significa na abstenção de interferir em assuntos internos de outros países e da mesma maneira não permitir também influências externas na deliberação sobre as questões nacionais.

O primado da igualdade entre os Estados visa coibir as possíveis dominações existentes entre os países economicamente mais fortes sobre os mais fracos, além de defender o respeito à cultura e a história singular de todos os povos.

7.4 Defesa da Paz e Solução Pacífica dos Conflitos

O princípio da solução pacífica dos conflitos abrange duas categorias:[21] a) soluções de caráter diplomático ou não jurisdicionais, como negociações

19 AFONSO DA SILVA. José. *Comentário Contextual à Constituição*. São Paulo: Malheiros, 2005, p. 50.

20 Colaborando com o pensamento exposto: "No estado de direito democrático devem ser intransigentemente respeitados os princípios que garantem a prevalência dos direitos humanos. (...) A ausência de prescrição nos crimes de racismo justifica-se como alerta grave para as gerações de hoje e de amanhã, para que se impeça a reinstauração de velhos e ultrapassados conceitos que a consciência jurídica e histórica não mais admitem" (STF, *HC* nº 82.424/RS; Min. Rel. Moreira Alves; Rel. p/ o ac. Min. Maurício Corrêa, Plenário, j. 17.09.2003, *DJ* 19.03.2004).

21 FERREIRA, Luís Pinto. *Comentários à Constituição Brasileira*. São Paulo: Saraiva, 1989. p. 54. v.1.

diretas, congressos, conferências, bons ofícios, mediação, consulta, conciliação; e b) soluções jurisdicionais, como arbitragem, recurso à Justiça internacional, formadas com o intuito de evitar o apelo a medidas violentas (inclusive as econômicas) que contrariam a prevalência dos direitos humanos.

A partir da solução pacífica dos conflitos pode-se extrair a defesa da paz, que deve continuar como guia do país, preservando a sua tradição não beligerante.

7.5 Repúdio ao Terrorismo e ao Racismo

O repúdio seria, nas palavras de José Afonso da Silva, *mais do que uma simples rejeição, seria uma rejeição qualificada pela repulsa, por se entender que terrorismo e racismo são modos desumanos de atuação, que merecem ser eliminados da face da terra.*[22]

Em reforço ao combate ao racismo e ao terrorismo,[23] o Brasil manifestou adesão à Convenção sobre a Eliminação de todas as formas de Discriminação Racial[24] e também à Convenção Interamericana contra o Terrorismo,[25] com-

22 AFONSO DA SILVA, José. *Comentário Contextual à Constituição*. São Paulo: Malheiros, 2005, p. 52.

23 "O repúdio ao terrorismo: um compromisso ético-jurídico assumido pelo Brasil, quer em face de sua própria Constituição, quer perante a comunidade internacional. Os atos delituosos de natureza terrorista, considerados os parâmetros consagrados pela vigente Constituição da República, não se subsumem à noção de criminalidade política, pois a Lei Fundamental proclamou o repúdio ao terrorismo como um dos princípios essenciais que devem reger o Estado brasileiro em suas relações internacionais (CF, art. 4º, VIII), além de haver qualificado o terrorismo, para efeito de repressão interna, como crime equiparável aos delitos hediondos, o que o expõe, sob tal perspectiva, a tratamento jurídico impregnado de máximo rigor, tornando-o inafiançável e insuscetível da clemência soberana do Estado e reduzindo-o, ainda, à dimensão ordinária dos crimes meramente comuns (CF, art. 5º, XLIII). A Constituição da República, presentes tais vetores interpretativos (CF, art. 4º, VIII, e art. 5º, XLIII), não autoriza que se outorgue, às práticas delituosas de caráter terrorista, o mesmo tratamento benigno dispensado ao autor de crimes políticos ou de opinião, impedindo, desse modo, que se venha a estabelecer, em torno do terrorista, um inadmissível círculo de proteção que o faça imune ao poder extradicional do Estado brasileiro, notadamente se se tiver em consideração a relevantíssima circunstância de que a Assembleia Nacional Constituinte formulou um claro e inequívoco juízo de desvalor em relação a quaisquer atos delituosos revestidos de índole terrorista, a estes não reconhecendo a dignidade de que muitas vezes se acha impregnada a prática da criminalidade política" (STF, Ext 855, Rel. Min. Celso de Mello, j. 26.08.2004, *DJ* 1º.07.2005).

24 Adotada pela Resolução nº 2.106-A (XX) da Assembleia Geral das Nações Unidas, em 21.12.65 – ratificado pelo Brasil em 27.03.68.

25 Promulgada pelo Decreto nº 5.639 de 26 de dezembro de 2005.

prometendo-se, na órbita interna, a rechaçar essas práticas repugnantes de violação à pessoa humana.

7.6 Cooperação entre os Povos para o Progresso da Humanidade

O objetivo principal do primado da cooperação é promover uma atuação conjunta em prol do desenvolvimento de todas as nações e povos, para que a pessoa humana, onde quer que esteja regionalmente fixada, tenha os seus direitos protegidos. O princípio engloba também os esforços econômicos que os países mais ricos devem realizar no sentido de ajuda e cooperação aos mais pobres para que o progresso econômico e humano seja vivenciado por todos.

7.7 Concessão de Asilo Político

O asilo político pode ser conceituado como o acolhimento de um indivíduo por um país que não é o seu em virtude de perseguições de índole política praticadas pelo seu próprio país ou por terceiros, desde que não haja violações ao direito penal comum, e que não esteja sendo processado ou condenado por esse motivo pelos tribunais ordinários competentes, sem haver cumprido as penas respectivas.

É ato de soberania estatal, que deverá ser concedido ao estrangeiro pelo Presidente da República[26] e de acordo com a Convenção de Caracas sobre Asilo Político,[27] da qual o Brasil é signatário, o asilo somente poderá ser concedido em casos de urgência e pelo tempo estritamente indispensável para que o asilado deixe o país com as garantias concedidas pelo governo do Estado territorial, a fim de não correrem perigo sua vida, sua liberdade ou sua integridade pessoal, ou para que de outra maneira o asilado seja posto em segurança. Ressalte-se que o asilo diplomático não estará sujeito à reciprocidade, pois toda pessoa, seja qual for a sua nacionalidade, pode estar sob proteção.[28]

---

26 STF, Pleno, Extr. 524/DF, Rel. Min. Celso de Mello, *DJ* 08.03.93, p. 2.200.

27 Promulgada pelo Decreto Federal nº 55.929, de 14 de abril de 1965.

28 "Não há incompatibilidade absoluta entre o instituto do asilo político e o da extradição passiva, na exata medida em que o Supremo Tribunal Federal não está vinculado ao juízo formulado pelo Poder Executivo na concessão administrativa daquele benefício regido pelo Direito das Gentes. Disso decorre que a condição jurídica de asilado político não suprime, só por si, a possibilidade de o Estado brasileiro conceder, presentes e satisfeitas as condições constitucionais e legais que a autorizam, a extradição que lhe haja sido requerida. O estrangeiro asilado no Brasil só não será passível de extradição quando o fato ensejador do pedido assumir a qualificação de crime político ou de opinião ou as circunstâncias subjacentes à ação do Estado requerente demonstrarem a configuração de inaceitável

8. A COMUNIDADE LATINO-AMERICANA DE NAÇÕES

> Art. 4º. (...)
>
> Parágrafo único. A República Federativa do Brasil buscará a integração econômica, política, social e cultural dos povos da América Latina, visando à formação de uma comunidade latino-americana de nações.

Em harmonia ao parágrafo único sob comento, o Brasil assinou o Tratado de Assunção em 26 de março de 1991,[29] juntamente com a Argentina, Paraguai e Uruguai, com o objetivo de criar um mercado comum entre os países acordados, formando então, o que popularmente é chamado de Mercosul – Mercado Comum do Sul, com o intuito de estabelecer a homogeneidade entre os povos da América Latina em relação à economia, à política, aos cultos, e sob outro prisma visa cooperar com os outros povos do mundo, contribuindo assim para o progresso da humanidade.

Segundo o art. 1º do referido tratado são objetivos do pacto internacional, promover: a) a livre-circulação de bens, serviços e fatores produtivos entre os países, através, entre outros, da eliminação dos direitos alfandegários e restrições não tarifárias à circulação de mercadorias e de qualquer outra medida de efeito equivalente; b) o estabelecimento de uma tarifa externa comum e a adoção de uma política comercial comum em relação a terceiros Estados ou agrupamentos de Estados e a coordenação de posições em foros econômico-comerciais regionais e internacionais; c) a coordenação de políticas macroeconômicas e setoriais entre os Estados-Partes – de comércio exterior, agrícola, industrial, fiscal, monetária, cambial e de capitais, de outras que se acordem –, a fim de assegurar condições adequadas de concorrência entre os Estados Partes, e d) o compromisso dos Estados-Partes de harmonizar suas legislações, nas áreas pertinentes, para lograr o fortalecimento do processo de integração.

Ressalte-se que de acordo com a jurisprudência do STF,[30] mesmo cuidando-se de tratado de integração, como é o caso do Mercosul, ainda subsistem os clássicos mecanismos institucionais de incorporação legislativa, perfazendo-se necessário o ato complexo entre Executivo (art. 84, VIII) e Legislativo (art. 49, I) para que o documento possua força jurídica na ordem doméstica.

extradição política disfarçada" (STF, Ext. 524/ República do Paraguai, Rel. Min. Celso de Mello, j. 31.10.90, *DJ* 08.03.91).

29 Promulgado pelo Decreto nº 350, de 21.11.91.

30 STF, CR 8.279-AgR/Argentina, Plenário, Rel. Min. Celso de Mello, j. 17.06.98, *DJ* 10.08.2000.

Capítulo

18

ORGANIZAÇÃO DO ESTADO BRASILEIRO

1. O ESTADO

1.1 Conceito de Estado

O Estado é uma grande organização política da modernidade, surgido da evolução das primitivas *polis*, *imperium*, *civitas*, *landers* e não se confunde com o governo, que é um de seus elementos. Governos passam e o Estado se mantém firme no propósito de singularizar a forma peculiar da divisão política de um país.

Segundo Augusto Zimmermann, o Estado seria uma realidade sociopolítica inconstestável, com personalidade jurídica e autoridade moral que lhe são próprios. Em face disso, o Estado teria força coercitiva perante todos os indivíduos e grupos sociais localizados em seu território.[1]

2. ELEMENTOS

Os elementos clássicos do Estado são: o povo, o território e o governo. O primeiro é o seu componente de maior destaque, seu elemento subjetivo, a sua gente, assim considerados todos os nacionais do país. O segundo é o seu elemento

---

1 ZIMMERMANN, Augusto. *Teoria Geral do Federalismo Democrático*. 2. ed. Rio de janeiro: Lumen Juris, 2005, p. 12.

físico, que delimita as proporções do país, sendo composto pela base territorial, aérea e marítima. O governo deverá exteriorizar a vontade do Estado por meio de um conjunto de órgãos com missão legislativa, executiva e judiciária.

3. FORMAS DE ESTADO

As formas de Estado podem ser analisadas sob o prisma da maneira como o poder é distribuído internamente no país. Nesse sentido, classificam-se em simples ou unitários e compostos.

3.1 Estado Unitário

Esse modelo de Estado possui um único órgão de governo político, configurando a centralização política, ou poder monista. Os Estados simples se encontram normalmente divididos em áreas administrativas: províncias, condados, comunas, desprovidas, em regra, de capacidade política de decisão. Ex.: França, Portugal, Uruguai, Chile, Bolívia.

3.2 Estado Composto

É fundado por mais de um governo político, tendo em vista a existência de descentralização política, e, em regra, a relação entre o poder central e os poderes regionais e locais é marcada pela coordenação e ausência de desníveis de poder. Dividem-se em confederações e federações.

3.2.1 Confederação

A Confederação é caracterizada por selar uma união entre Estados soberanos que tem por escopo a defesa do território, políticas econômicas comuns, vinculados por um pacto ou tratado. Configura um conjunto de soberanias unidas contratualmente. Ex.: Confederação norte-americana de 1776 e a Confederação germânica entre 1815 e 1866.

3.2.2 Federação

A Federação é um modelo de Estado composto em que há poder interno reconhecido entre os seus componentes, que possuem autonomia, mas estão cercados pelo Estado Federal que goza de soberania perante a comunidade jurídica internacional. O seu fundamento de validade em regra é uma Constituição. Ex.: Brasil, Estados Unidos, Austrália, Argentina, México e Venezuela.

3.3 Estado Regional e Estado Autonômico

O Estado regional é um Estado descentralizado que, segundo José Luiz Quadros Magalhães,[2] não se confunde com o Estado unitário e a diferença básica está no grau de descentralização ou no número de competências transferidas para as regiões. No Estado unitário há transferência de competência administrativa e, no Estado regional, transferem-se competências administrativa e legislativa ordinária. A descentralização no Estado regional ocorre de cima para baixo, uma vez que o poder central transfere as competências citadas através de lei nacional. No modelo italiano de Estado regional, os principais aspectos de sua regionalização são observados pela Constituição; as Regiões são entidades autônomas com poderes e funções próprias, segundo princípios constitucionais; o processo legislativo está delineado na Constituição e deve ser examinado com as atribuições da Junta Regional, que é órgão executivo da Região.

O Estado autonômico, recente criação da Constituição Espanhola de 1978, assemelha-se ao Estado regional no que diz respeito ao grau de descentralização (competências administrativas e legislativas ordinárias), mas com este não se confunde em razão da forma de constituição, pois a iniciativa de estabelecimento de regiões autônomas parte de baixo para cima, sendo que as províncias devem unir-se, formando uma região e, através de uma assembleia, elaborar seu estatuto de autonomia. Segundo Magalhães, uma vez elaborado o estatuto, este deve ser aprovado pelas Cortes Gerais (parlamento espanhol), transformando-o em lei especial, que não pode ser mais modificado pelo próprio parlamento através de lei ordinária, voltando para ser aplicado nos limites do território da região autonômica. De cinco em cinco anos, estes estatutos podem ser revistos, seguindose o mesmo procedimento, sendo que, nesse período, a região pode reduzir suas competências ou ampliá-las, admitindo a Constituição espanhola que a região possa inclusive reivindicar competências que estejam destinadas ao Estado nacional espanhol.

4. A FEDERAÇÃO

Na forma federativa de Estado o Poder Político se divide espacialmente, de modo que há autoridades distintas no território nacional, formando uma

2 "O território do Estado no Direito Comparado: novas reflexões". *Jus Navigandi*, Teresina, ano 6, nº 58, ago, 2002.

unidade política heterogênea, com múltiplas manifestações de poder, dividido em poder central e poderes regionais e locais, conforme a opção do país.

4.1 O Federalismo Norte-americano de 1787

Em 1776, as treze ex-colônias inglesas iniciaram uma luta pela independência e para se fortalecerem em face da reação da Inglaterra firmaram os famosos "Artigos da Confederação", numa tentativa de organizar melhor a defesa de seus territórios. De acordo com as lições de Augusto Zimmermann,[3] a Confederação recebeu poderes apenas para: conduzir os assuntos externos, negociar tratados e fazer a guerra e a paz; administrar os assuntos dos silvícolas, estabelecer padrões de cunhagem, solucionar divergências entre os Estados e encarregar-se do serviço postal. Como não havia unidade efetiva nacional, rivalidades regionais e uma série de disparidades legislativas enfraqueceram o pacto.

Assim sendo, em 1787, após a Guerra da Independência, houve uma reunião entre os Estados intitulada de Convenção da Filadélfia e após muitas discussões, eis que surgiu um modelo de Estado inovador denominado de Federal, garantindo-se um governo central mais forte, composto por Estados mais unidos em prol de um bem comum.

4.2 Federalismo por Agregação e Federalismo por Segregação

Quanto ao seu surgimento, o federalismo pode ser classificado como sendo: por agregação e por segregação. No primeiro caso, o movimento de formação do Estado federal vem de fora para dentro, num "movimento centrípeto", pois os Estados inicialmente soberanos renunciam de parcela de sua soberania em prol da formação de um ente único, como aconteceu nos Estados Unidos, na Suíça e na Alemanha.

Quando o nascimento da federação advém da descentralização política de um Estado unitário (como foi o caso do Brasil-Império), diz-se que nasceu de um movimento de segregação, fruto de uma força "centrífuga".

4.3 Federalismo Dual e Federalismo Cooperativo (ou de Participação)

No que concerne à distribuição de competências entre os níveis autônomos do poder, o federalismo pode ser dual ou, ainda, cooperativo. O primeiro apresenta um tipo rígido de divisão de poder interna entre o poder central

---

3 ZIMMERMANN, Augusto. Ob. cit., p. 243-244.

e os poderes regionais. O federalismo cooperativo é o dominante nos países federativos, onde não há clara delimitação na questão de distribuição de competências entre os entes da federação.

4.4 Federalismo Simétrico e Assimétrico

Segundo Raul Machado Horta,[4] o federalismo simétrico corresponderá a uma estrutura normativa organizada, distribuída em planos distintos, envolvendo a existência de ordenamento jurídico nacional, sede das normas centrais do Estado Federal, e de ordenamentos jurídicos parciais, responsáveis pelas normas federais da União e as locais dos Estados-membros, organizados e comandados pela Constituição Federal. O federalismo anômalo ou assimétrico apresenta uma deturpação do federalismo simétrico, configurando abusos no funcionamento das instituições, operando mutações na concepção constitucional de federação.

5. A FEDERAÇÃO BRASILEIRA

Inspirada no modelo norte-americano, a Federação brasileira surge com a proclamação da República em 15 de novembro de 1889, por meio do Decreto nº 1, fruto da transformação das antigas províncias em Estados-membros, num movimento de segregação.

A Federação brasileira de 1988 configura um dos princípios fundamentais do país, na forma do art. 1º, e é composta de acordo com o art. 18 pelo vínculo indissolúvel entre a União, os Estados, os Municípios e o Distrito Federal, entes da federação, todos autônomos e ainda é protegida como cláusula pétrea, com esteio no art. 60, § 4º, I.

5.1 Características da Federação Brasileira

São essas as principais características da nossa Federação:

a) descentralização política, significando que a divisão do Poder Público no espaço territorial, será realizada através de repartição constitucional de competências. De acordo com os arts. 21 a 24, 25 e 30, a Constituição delimitou a esfera de poder interno de cada um de seus entes, que será estudado em capítulo próprio;

b) autonomia dos entes federativos, que é identificada pela tríplice capacidade de que os mesmos possuam Governo próprio, administração própria e organização própria;

---

4 HORTA, Raul Machado. "Forma simétrica e assimétrica do federalismo no Estado Moderno". In: *Revista do Tribunal de Contas do Estado de Minas Gerais*, edição nº 1, de 1998, ano XVI.

c) inexistência do direito de secessão (de retirada), pois de acordo com o art. 1º da CF, o vínculo que une os entes da federação é indissolúvel. Ressalte-se que o direito de secessão é permitido nos Estados Confederados;

d) existência do bicameralismo no Poder Legislativo central, com um dos órgãos representando a vontade dos entes federativos na formação das leis centrais. No Brasil, esse papel foi destinado ao Senado Federal na forma do art. 46;

e) rigidez constitucional, que protege a competência dos vários entes federativos, suas autonomias e a própria estabilidade da Federação como um todo;

f) existência de órgão judicial para resolver eventuais litígios entre os entes da federação, sendo do STF essa função, na forma do art. 102, I, "f";

g) existência de um mecanismo de defesa para a proteção do Estado, consistindo na intervenção federal, na forma dos arts. 34 e 35;

h) controle concentrado de constitucionalidade, que oferece maior estabilidade ao texto constitucional e, portanto, essencial à manutenção do equilíbrio entre os diversos entes federativos, já que a solução de seus eventuais conflitos reside na própria Constituição;

i) adoção de um federalismo tricotômico, com três manifestações de poder (local, regional, nacional), em vez de duas, como no federalismo clássico, dual (nacional e regional) norte-americano;

j) por fim, deve-se recordar que a forma federativa do Estado brasileiro é "cláusula pétrea", limite material à reforma constitucional (art. 60, § 4º, I).

5.2 O Equilíbrio Federativo

Com a finalidade de estabelecer um equilíbrio na federação brasileira, o constituinte previu, no art. 19, uma série de vedações que devem ser respeitadas por todos os entes, quais sejam: a) estabelecer cultos religiosos ou igrejas, subvencioná-los, embaraçar-lhes o funcionamento ou manter com eles ou seus representantes relações de dependência ou aliança, ressalvada, na forma da lei, a colaboração de interesse público; b) recusar fé aos documentos públicos; c) criar distinções entre brasileiros ou preferências entre si.

A primeira vedação se origina da opção pela liberdade religiosa feita pelo Estado Laico brasileiro. Daí por que as unidades federativas não podem criar cultos, tampouco concorrer com dinheiro público para que se exerça a atividade religiosa, muito menos restringir a sua prática por meio de imposições administrativas desnecessárias. A colaboração estatal na forma da lei deverá ser feita de maneira a não discriminar as diversas religiões existentes no país.

A segunda vedação, em nome da harmonia entre os entes da federação, determina que seus documentos públicos não podem deixar de ser reconhecidos tanto pelos particulares como por cada um dos entes.

O princípio da igualdade lastreia a terceira vedação, impedindo que um ente da federação discrimine o indivíduo de outra unidade, pois são todos "filhos" de um único país, independentemente da região de sua residência ou nascimento. Ademais, a discriminação autorizada entre os brasileiros só pode ser realizada pela própria Constituição, na forma do art. 12, § 2º.[5]

Manifestação também importante da isonomia federativa do inciso III, do art. 19, da Constituição, é a vedação a que a delegação legislativa sobre matérias de competência privativa da União, prevista no art. 22, parágrafo único seja destinada a apenas um ou alguns estados brasileiros. Portanto, a lei complementar federal só poderá delegar atribuições específicas se o fizer a todos os estados e ao Distrito Federal.

5.3 A Emenda Constitucional n° 105/2019

A Emenda Constitucional n° 105, de 12 de dezembro de 2019, acrescentou o art. 166-A ao texto constitucional, autorizando a transferência de recursos federais a Estados, ao Distrito Federal e a Municípios mediante emendas ao projeto de lei orçamentária anual.

As emendas poderão repassar os recursos por meio de transferências especiais ou com finalidade definida, mas os Estados, o Distrito Federal e os Municípios não poderão aplicá-los para pagamento de despesas com pessoal e encargos sociais relativas a ativos e inativos, com pensionistas e encargos referentes ao serviço da dívida.

Importante ressaltar que os recursos não passam a integrar a receita dos entes para fins de repartição e para o cálculo dos limites da despesa com pessoal ativo e inativo, nos termos do § 16 do art. 166, e de endividamento do ente federado.

---

5 E nesse sentido o STF entendeu ser inconstitucional lei da Paraíba, nos termos seguintes: "Por vislumbrar aparente ofensa ao princípio da impessoalidade, o Tribunal concedeu medida liminar em ação direta de inconstitucionalidade ajuizada pelo Governador do Estado da Paraíba para suspender, com efeitos *ex nunc*, a Lei estadual nº 8.736/2009, que institui o Programa Acelera Paraíba, para incentivo aos pilotos de automobilismo nascidos e vinculados àquele Estado-membro. Entendeu-se que a lei impugnada singularizaria de tal modo os favorecidos que apenas uma só pessoa se beneficiaria com mais de 75% dos valores destinados ao programa". ADI 4259/PB, rel. Min. Ricardo Lewandowski, 23.06.2010 (ADI-4.259).

6. AUTONOMIA X SOBERANIA

Como já analisamos em capítulo próprio, a soberania é uma qualidade do Estado, ou segundo alguns autores, um dos elementos do Estado, que pode ser vista sob a perspectiva interna – dando unidade à Federação – e externa, ao ser reconhecido e respeitado perante a comunidade jurídica internacional. A autonomia, entretanto, está alinhada apenas ao ambiente interno do país e se identifica pela capacidade política do ente federativo, caracterizada pela tríplice capacidade de: auto-organização (consistente no poder de elaborar as leis próprias), autogoverno (com manifestações de Legislativo, Executivo e Judiciário próprio) e autoadministração (com administração descentralizada e serviços públicos próprios).

A federação brasileira é singular, pois possui três eixos de poder (nacional, regional e local) que se manifestam por meio de quatro entes federativos,[6] União, Estados, Municípios e Distrito Federal (que exprime o poder regional e local), cujas manifestações da autonomia se diferenciam de acordo com a previsão constitucional.

7. A UNIÃO FEDERAL. DEFINIÇÃO. BENS

A União é pessoa jurídica de direito público interno formada pelas demais partes componentes do país, dotada de Executivo, Legislativo e Judiciário próprios (autogoverno), auto-organizada pela Constituição Federal, com administração própria, sendo, portanto, autônoma, e não se confunde com a República Federativa do Brasil, que é pessoa jurídica de direito público externo, reconhecida pela comunidade internacional em razão de sua soberania. Importante destacar que são os órgãos da União que representam a Federação nos atos de Direito Internacional, mas não é a União quem aparece, e sim a República Federativa do Brasil, de quem ela é apenas uma das entidades componentes.[7]

De acordo com o art. 20 da CF, são bens da União: I) os que atualmente lhe pertencem e os que lhe vierem a ser atribuídos (por força de doação, compra, desapropriação etc.); II – as terras devolutas[8] indispensáveis à defesa das fronteiras, das

---

6 Art. 18 da CF/1988: "A organização político-administrativa da República Federativa do Brasil compreende a União, os Estados, o Distrito Federal e os Municípios, todos autônomos, nos termos desta Constituição".

7 AFONSO DA SILVA, José. *Comentário Contextual à Constituição*. São Paulo: Malheiros, 2005, p. 254.

8 De acordo com o Dec-lei nº 9.760/66: "Art. 5º São devolutas, na faixa da fronteira, nos Territórios Federais e no Distrito Federal, as terras que, não sendo próprios nem aplicadas a algum uso público federal, estadual territorial ou municipal, não se incorporaram ao domínio privado: a) por força da Lei nº 601, de 18 de setembro de 1850, Decreto nº 1.318, de 30 de janeiro de 1854, e outras leis e decretos gerais, federais e estaduais; b) em virtude de alienação, conces-

fortificações e construções militares, das vias federais de comunicação e à preservação ambiental, definidas em lei; III – os lagos, rios e quaisquer correntes de água em terrenos de seu domínio, ou que banhem mais de um Estado, sirvam de limites com outros países, ou se estendam a território estrangeiro ou dele provenham, bem como os terrenos marginais e as praias fluviais; IV – as ilhas fluviais e lacustres nas zonas limítrofes com outros países; as praias marítimas; as ilhas oceânicas e as costeiras, excluídas, destas, as que contenham a sede de Municípios, exceto aquelas áreas afetadas ao serviço público e a unidade ambiental federal, e as referidas no art. 26, II; V – os recursos naturais da plataforma continental e da zona econômica exclusiva; VI – o mar territorial;[9] VII – os terrenos de marinha e seus acrescidos; VIII – os potenciais de energia hidráulica; IX – os recursos minerais, inclusive os do subsolo; X – as cavidades naturais subterrâneas e os sítios arqueológicos e pré-históricos; XI – as terras tradicionalmente ocupadas pelos índios (neste dispositivo a Constituição reitera o disposto no art. 231, onde são reconhecidos aos índios os seus direitos sobre a terra).

8. BRASÍLIA – SEDE DO GOVERNO FEDERAL

Na forma do art. 18, § 1º, da CF, Brasília é a capital do país, sede do governo da União, dos Poderes da República e também das representações diplomáticas estrangeiras. Importante reiterar que Brasília não é ente federativo, não possui atribuições ou autonomia e ocupa parte do território do Distrito Federal, este sim, ente federativo.

9. ESTADOS-MEMBROS. DEFINIÇÃO. BENS

O Estado-membro é uma pessoa jurídica de direito público interno que exerce em caráter autônomo as competências que lhes são deferidas pela Constituição Federal. Possui autogoverno, manifestado pelo Poder Legislativo, Executivo e

---

são ou reconhecimento por parte da União ou dos Estados; c) em virtude de lei ou concessão emanada de governo estrangeiro e ratificada ou reconhecida, expressa ou implicitamente, pelo Brasil, em tratado ou convenção de limites; d) em virtude de sentença judicial com força de coisa julgada; e) por se acharem em posse contínua e incontestada com justo título e boa-fé, por termo superior a 20 (vinte) anos; f) por se acharem em posse pacífica e ininterrupta, por 30 (trinta) anos, independentemente de justo título e boa-fé; g) por força de sentença declaratória proferida nos termos do art. 148 da Constituição Federal, de 10 de Novembro de 1937".

9 Conforme o art. 1º da Lei nº 8.617/93: "O mar territorial brasileiro compreende uma faixa de doze milhas marítimas de largura, medidas a partir da linha de baixa-mar do litoral continental e insular, tal como indicada nas cartas náuticas de grande escala, reconhecidas oficialmente no Brasil".

Judiciário (arts. 27, 28 e 125), auto-organização, exteriorizada pela sua própria Constituição (art. 25 e art. 11 do ADCT), fruto do Poder constituinte derivado decorrente que possui, de acordo com o texto constitucional, e ainda, Administração Pública própria, que deve seguir os princípios dos arts. 37 a 41 da CF.

Na forma do art. 26, incluem-se entre os bens dos Estados: I – as águas superficiais ou subterrâneas, fluentes, emergentes e em depósito, ressalvadas, neste caso, na forma da lei, as decorrentes de obras da União; II – as áreas, nas ilhas oceânicas e costeiras, que estiverem no seu domínio, excluídas aquelas sob domínio da União, Municípios ou terceiros; III – as ilhas fluviais e lacustres não pertencentes à União (o art. 20, IV, declara que se incluem entre os bens da União apenas as ilhas fluviais e lacustres nas zonas limítrofes com outros países); IV – as terras devolutas não compreendidas entre as da União.

10. A SINGULARIDADE DOS MUNICÍPIOS

O Brasil possui uma forma bem peculiar de Federação. A despeito das demais federações possuírem um modelo dual, bipartido entre a União e os Estados, a nossa é tricotômica, onde se reconhece no Município um verdadeiro ente federativo, em que pese não termos registro de nenhuma outra federação que assim o intitule.[10]

De acordo com a Constituição de 1988, os Municípios são pessoas jurídicas de direito público, possuem auto-organização, que lhes permite a elaboração de sua própria Lei Orgânica (manifestação legislativa, por meio do poder constituído atribuído à Câmara Municipal); possui governo identificado pelo Executivo e Legislativo (art. 29) – entretanto não dispõe de um Judiciário próprio, sendo os litígios dos quais faz parte levados a julgamento perante os Tribunais Estaduais – e também têm o seu quadro de servidores e serviços que devem respeitar aos arts. 37 a 41 da CF.

Diante do fato de que os Municípios não possuem Judiciário próprio, tampouco são representados pelo Senado Federal no Poder Legislativo central, muito menos são reconhecidos entes federativos em outros países, José Afonso da Silva[11] faz críticas sobre a inclusão efetiva do Município no rol de entes da Federação brasileira, a saber: (...) *Não é porque uma entidade territorial tenha*

10 Paulo Bonavides afirma "Não conhecemos uma única forma de união federativa contemporânea onde o princípio da autonomia municipal tenha alcançado grau de caracterização política e jurídica tão alto e expressivo quanto aquele que consta da definição do novo modelo implantado no país com a carta de 1988, a qual impõe aos aplicadores de princípios e regras constitucionais uma visão hermenêutica muito mais larga tocante à defesa e sustentação daquela garantia" (*Curso de Direito Constitucional*. 18. ed. São Paulo: Malheiros, p. 347).

11 AFONSO DA SILVA, José. *Curso de Direito Constitucional Positivo*. 23. ed. São Paulo: Malheiros, 2004, p. 473.

autonomia político-constitucional que necessariamente integre o conceito de entidade federativa.(...) Não existe federação de municípios. Existe Federação de Estados. Estes é que são essenciais ao conceito de qualquer federação (...) Em que muda a Federação brasileira com o incluir os Municípios como um de seus componentes?

Em que pese as críticas do renomado jurista, não paira dúvidas sobre a inclusão dos Municípios como entes federativos pela Constituição de 1988, de acordo com os dispositivos constitucionais e com a interpretação jurisdicional.[12]

11. O DISTRITO FEDERAL

A Constituição de 1988 também inovou ao atribuir ao Distrito Federal o *status* de ente federativo, possuindo Legislativo (identificado pela Câmara Legislativa) e Executivo (representado pelo Governador), de acordo com o art. 32, entretanto seu Poder Judiciário é tutelado pela União Federal, na forma do art. 21, XIII, da CF. Como a Constituição não permite a sua divisão em Municípios (art. 32), a competência legislativa deste ente peculiar da Federação compreende as que são atribuídas aos Estados e aos Municípios, por isso produz leis distritais de matéria estadual e também municipal. É também uma pessoa jurídica de direito público e não se confunde com Brasília, que é capital federal, localizada em seu território. Possui Lei Orgânica, que também é manifestação legislativa (fruto do poder constituído) e ainda tem seu próprio quadro de servidores, que devem respeitar ao disposto nos arts. 37 a 41 da CF.

12. A DIVISÃO GEOGRÁFICA DOS ENTES FEDERATIVOS

Apesar de não se admitir em uma Federação o direito de secessão, a Constituição prevê a possibilidade de redefinição geográfica dos entes no art. 18, §§ 3º e 4º, a seguir analisados.

> § 3º Os Estados podem incorporar-se entre si, subdividir-se ou desmembrar-se para se anexarem a outros, ou formarem novos Estados ou Territórios

---

12 A título de exemplo:
"Longe fica de vulnerar a autonomia municipal, considerado o decreto do Chefe do Poder Executivo, decisão mediante a qual se glosa ato proibindo, em todo o território do Município, a fabricação e comercialização de armas de fogo e munição" (STF, AI 189.433-AgR/RJ, Segunda Turma, Rel. Min. Marco Aurélio, j. 29.09.97, *DJ* 21.11.97).
E ainda:
"Constituição do Estado do Ceará. Atividade peculiar aos Municípios estabelecida compulsoriamente. Intervenção que, aparentemente, fere a autonomia municipal" (STF, ADI 307-MC/CE; Plenário, Rel. Min. Célio Borja, j. 29.06.90, *DJ* 28.09.90).

Federais, mediante aprovação da população diretamente interessada, através de plebiscito, e do Congresso Nacional, por lei complementar.

Primeiramente, vamos tratar dos conceitos de Incorporação, Subdivisão e Desmembramento.

a) A incorporação representa a união geográfica e populacional de dois ou mais Estados já existentes. Nesse procedimento, os Estados envolvidos perdem a sua capacidade jurídica, ganhando uma nova com a formação do novo Estado-membro. Neste caso há aumento populacional e geográfico. Ex: Estado A + Estado B = Estado C.

b) Na subdivisão haverá a criação de dois ou mais Estados-membros através de um Estado já existente. O Estado de origem perderá sua autonomia e capacidade jurídica pois deixará de existir em razão da criação de dois ou mais novos. Nesse caso, como acontecerá uma divisão, haverá uma diminuição geográfica e populacional. Ex: Estado A = Estado B + Estado C.

c) No desmembramento, um Estado já existente cede parte de seu território para formação de um novo Estado ou para acrescer um outro Estado, também já existente. São duas, então, as hipóteses cabíveis para esse processo. O Estado de origem não perde sua capacidade jurídica em nenhum dos casos, perde apenas em termos de população e espaço geográfico. Assim, como não há perda da capacidade jurídica para a hipótese de anexação, somente há um acréscimo populacional e de espaço geográfico. Exemplo de desmembramento para formação de um novo Estado: Estado A = Estado A + Estado B (novo Estado); exemplo de desmembramento para acrescer um outro Estado: Estado A = Estado A (com diminuição geográfica) + Estado B (Estado já existente, com território acrescido).

Em todas as situações acima alguns requisitos devem ser respeitados:

a) Primeiramente, a população diretamente interessada deve ser ouvida por meio de plebiscito. Sobre o conceito da expressão "população diretamente interessada" constante do § 3º do art. 18 da CF, o STF decidiu que deve ser entendida como a população tanto da área desmembranda do Estado-membro como a da área remanescente. Essa a conclusão do Plenário ao julgar improcedente pedido formulado em ação direta de inconstitucionalidade, ajuizada pela Mesa da Assembleia Legislativa do Estado de Goiás, contra a primeira parte do art. 7º da Lei 9.709/98 ("Nas consultas plebiscitárias previstas nos arts. 4º e 5º, entende-se por população diretamente interessada tanto a do território que se pretende desmembrar, quanto a do que sofrerá **desmembramento**; em caso de fusão ou anexação, tanto a população da área que se quer anexar quanto a da que receberá o acréscimo; e a vontade popular se aferirá pelo percentual que se manifestar em relação ao total da população consultada").[13]

b) Depois de aprovada a nova formação geográfica por meio do plebiscito, deverá ser apresentado a uma das Casas do Congresso Nacional um projeto de lei complementar.

c) Segundo preceitua o art. 48, IV da CF, nesse momento haverá a oitiva em audiência da respectiva Assembleia Legislativa que proferirá um parecer a respeito da matéria em discussão. Esse parecer é meramente de consulta, ou seja, não vincula como decisão.

d) A lei complementar não será necessariamente aprovada, tendo em vista a discricionariedade inerente ao processo legislativo constitucional. Se aprovada, disporá sobre a concretização da nova formação geográfica.

> § 4º A criação, a incorporação, a fusão e o desmembramento de Municípios, far-se-ão por lei estadual, dentro do período determinado por Lei Complementar Federal, e dependerão de consulta prévia, mediante plebiscito, às populações dos Municípios envolvidos, após divulgação dos Estudos de Viabilidade Municipal, apresentados e publicados na forma da lei.

Para Hely Lopes Meirelles, desmembramento é a separação de parte de um Município para se integrar noutro ou constituir um novo Município; incorporação é a reunião de um Município a outro, perdendo um deles a personalidade, que se integra na do incorporador e fusão é a união de dois ou mais Municípios, que perdem, todos eles, sua primitiva personalidade, surgindo um novo Município.[14]

Em qualquer uma das hipóteses acima, alguns requisitos devem ser observados:

a) necessidade de lei complementar federal determinando o período para a criação, até o momento, inexistente;[15]

---

13 ADI 2.650/DF, Rel. Min. Dias Toffoli, 24.8.2011.

14 MEIRELLES, Hely Lopes. *Direito Municipal Brasileiro*. 15. ed. São Paulo: Malheiros, 2006. p. 68-69.

15 A Emenda nº 57/2008 supriu a necessidade de lei complementar para a criação de certos municípios brasileiros, ao acrescentar o seguinte art. ao ADCT: "Art. 96. Ficam convalidados os atos de criação, fusão, incorporação e desmembramento de Municípios, cuja lei tenha sido publicada até 31 de dezembro de 2006, atendidos os requisitos estabelecidos na legislação do respectivo Estado à época de sua criação". Em conclusão, todos os municípios brasileiros criados a partir de 1.1.2007 estão em situação irregular.

b) divulgação dos Estudos de Viabilidade Municipal, apresentados e publicados na forma da lei;
c) realização de consulta prévia, mediante plebiscito, às populações dos Municípios envolvidos;
d) propositura de lei estadual para a criação do município, que não precisará ser, necessariamente, aprovada.

Como a Emenda nº 57/2008, ao acrescentar o art. 96 ao ADCT, convalidou os atos de criação, fusão, incorporação e desmembramento de Municípios, cuja lei tenha sido publicada até 31 de dezembro de 2006, desde primeiro de janeiro de 2007 se tornou inconstitucional a criação de novos Municípios no Brasil[16].

13. A REPARTIÇÃO DE COMPETÊNCIAS E O PRINCÍPIO DA PREDOMINÂNCIA DE INTERESSES

Uma das características principais da Federação é a repartição de competências que exterioriza justamente qual é a parcela de poder interno que possui cada ente para a tomada das decisões políticas. Cada país tem o seu próprio modelo federativo de repartir o poder internamente, uns mais descentralizados como é o caso dos Estados Unidos, outros, como o Brasil, possuem uma forte concentração de poderes na União, deixando poderes remanescentes para os Estados.

A divisão das competências internas deve seguir o princípio da predominância de interesse (apesar de não ser de simples identificação). Com isso, as matérias que sejam de interesse nacional, ou geral, devem ser tratadas pela União Federal, os assuntos relativos às regiões, aos Estados e, de predominância local, aos Municípios. Na prática, alguns assuntos se confundem, como por exemplo, a seca do Nordeste, apesar de preocupação efetiva dos Estados dessa região, não deixa de ser também de interesse nacional.

As competências podem ser divididas genericamente como legislativas (que determinam uma divisão de poder legiferante entre os entes), administrativas

16 Nesse sentido, o STF declarou em 2014 a inconstitucionalidade do Município de Extrema de Rondônia, conforme ementa: Ação Direta de Inconstitucionalidade. 2. Lei 2.264/2010, do Estado de Rondônia, que dispõe sobre a criação do Município de Extrema de Rondônia, a partir de desmembramento de área territorial do Município de Porto Velho, fixa os seus limites, bem como informa os Distritos que integrarão a municipalidade criada. 3. Autorização, pelo Tribunal Superior Eleitoral, apenas para realização de consulta plebiscitária. 4. Violação ao art. 18, § 4º, da Constituição Federal. Inexistência de Lei Complementar Federal. Impossibilidade de criação, fusão, incorporação ou desmembramento de novos municípios antes do advento dessa legislação. Precedentes. 5. A Emenda Constitucional nº 57/2008 não socorre a lei impugnada, editada no ano de 2010. 6. Medida cautelar confirmada. 7. Ação Direta de Inconstitucionalidade julgada procedente. (STF, ADI 4992, Rel. Min. Gilmar Mendes, DJ 13.11.2014)

(delimitam decisões políticas) e tributárias, estas últimas, como são analisadas de forma especial pelo Direito Tributário, não receberam nossa atenção nesse trabalho.

13.1 Técnicas Principais de Repartição de Competências

De modo geral, no Direito comparado, assim se apresentam as inúmeras técnicas de partilha de atribuições entre os entes federativos:

a) enumeração de poderes expressos para a União e remanescentes para os Estados. Ex.: EUA, Alemanha, Argentina e Brasil;

b) enumeração dos poderes dos Estados e remanescentes para a União. O único Estado Federal que se tem notícia de que adota essa modalidade de divisão de atribuições é o Canadá;

c) enumeração de poderes expressos para os Estados e para a União, Ex.: Índia e Venezuela.

13.2 A Repartição de Competências Vertical e Horizontal

A repartição vertical de competências ocorre quando há possibilidade de diferentes entes políticos legislarem sobre uma mesma matéria, adotando-se a predominância da União, que irá legislar sobre normas gerais (art. 24, § 1º, CF) e aos Estados estabelece-se a possibilidade, em virtude do poder suplementar, de legislar sobre assuntos referentes aos seus interesses locais (CF, art. 24 , § 2º), portanto, o grande exemplo de divisão vertical de competências se encontra no art. 24 da CF.

Já quanto à repartição horizontal de competências, trata-se de uma rígida determinação do que cada Ente é competente, havendo a enumeração das competências indicadas expressamente para a União, os Estados e os Municípios. Como exemplos podemos citar: as atribuições da União do art. 22 e a repartição das competências tributárias, em que cada ente federativo possui um espaço de atuação determinado pelo legislador constituinte.

13.3 A Competência Legislativa na CF

As competências legiferantes dos entes federativos, de acordo com a Constituição, podem ser:

a) privativas da União Federal, quanto aos assuntos de interesse nacional, na forma do art. 22, que também podem ser objeto de delegação com relação a matérias específicas, por meio de lei complementar aos Estados e Distrito Federal (art. 22, parágrafo único). Imprescindível destacar que essa lei complementar federal, em nome da isonomia federativa (art. 19, III, da CF), precisa ser destinada a todos os Estados e ao Distrito Federal, não podendo estabelecer privilégio entre os entes. Há rica jurisprudência do STF sobre a invasão da competência privativa dos entes federativos às matérias atinentes à União Federal;[17]

b) concorrente entre União, Estados e Distrito Federal, na forma do art. 24. Nessa situação,[18] os entes da federação citados legislam em

---

17 A título de exemplo:

"Trânsito: idade mínima para habilitação a conduzir veículo automotor: matéria de competência privativa da União: inconstitucionalidade de legislação estadual a respeito" (ADI 476/BA, Plenário, Rel. Min. Sepúlveda Pertence, j. 18.02.99, *DJ* 09.04.99).

"Parcelamento do pagamento de multas de trânsito, sem correção. Incompetência do Estado-membro para dispor sobre a matéria que está prevista no Código de Trânsito Brasileiro. Ausência de lei complementar, art. 22, parágrafo único da CF. Inconstitucionalidade formal, vício de competência" (ADI 2.432-MC/RN; Plenário, Rel. Min. Nelson Jobim, j. 07.06.2001, *DJ* 21.09.2001);

"À União, nos termos do disposto no art. 22, inciso I, da Constituição do Brasil, compete privativamente legislar sobre direito processual. Lei estadual que dispõe sobre atos de Juiz, direcionando sua atuação em face de situações específicas, tem natureza processual e não meramente procedimental" (ADI 2.257/SP; Plenário, Rel. Min. Eros Grau, j. 06.04.2005, *DJ* 26.08.2005);

"Invade a competência da União, norma estadual que disciplina matéria referente ao valor que deva ser dado a uma causa, tema especificamente inserido no campo do Direito Processual" (ADI 2.655/MT; Plenário; Julgamento: 09.10.2003, Relª. Min. Ellen Gracie, j. 09.03.2004, *DJ* 26.03.2004).

18 Diante de normas estaduais e distritais que avançam aos limites previstos para a sua competência, também há julgados do STF sobre a competência concorrente, vejamos alguns deles:

"Lei nº 7.737/2004, do Estado do Espírito Santo. Garantia de meia entrada aos doadores regulares de sangue. Acesso a locais públicos de cultura esporte e lazer. Competência concorrente entre a União, Estados-membros e o Distrito Federal para legislar sobre direito econômico. Controle das doações de sangue e comprovante da regularidade. Secretaria de Estado da Saúde. Constitucionalidade" (ADI 3.512, Rel. Min. Eros Grau, j. 15.02.2006, *DJ* 23.06.2006);

"Lacres eletrônicos nos tanques dos postos de combustíveis. Competência concorrente que permite ao Estado regular de forma específica aquilo que a União houver regulado de forma geral" (ADI 2.334/DF; Plenário, Rel. Min. Gilmar Mendes, j. 24.04.2003, *DJ* 30.05.2003);

"IPVA. Lei estadual. Alíquotas diferenciadas em razão do tipo do veículo. Os Estados-membros estão legitimados a editar normas gerais referentes ao IPVA, no exercício da competência concorrente prevista no art. 24, § 3º, da Constituição do Brasil. Não há tributo progressivo quando as alíquotas são diferenciadas segundo critérios que não levam em consideração

colaboração, tendo em vista que os assuntos relacionados no dispositivo dizem respeito ao interesse também regional. Dos parágrafos do artigo em análise se extrai ainda: a competência da União em editar normas gerais (art. 24, § 1º), a competência suplementar dos Estados e Distrito Federal para adaptarem as normas gerais às suas próprias realidades (art. 24, § 2º), a competência legislativa plena dos Estados e Distrito Federal para atender às suas peculiariedades (art. 24, § 3º), sendo que com a superveniência da lei federal, suspender-se-á a legislação distrital ou estadual no que forem contrárias à nova legislação, na forma do art. 24, § 4º;

c) enumeradas ou expressas dos Municípios e do Distrito Federal, de acordo com o art. 30, I, para legislar sobre assuntos de interesse local;[19]

d) suplementar dos Municípios, na forma do art. 30, II, quando suplementar à legislação federal e estadual, no que couber. É importante destacar que esta competência se destina a tratar das matérias do art. 24;

e) residual, remanescente ou reservada aos Estados, na forma do art. 25, § 1º. De acordo com os poderes remanescentes, os Estados poderão legislar sobre assuntos que não foram destinados expressamente à União Federal nem aos Municípios. Como a Constituição destinou muitas competências legislativas aos demais entes, o poder remanescente estadual ficou esvaziado, diante de ser praticamente impossível legislar sobre assuntos ainda não destinados aos demais entes;

---

a capacidade contributiva" (RE 414.259-AgR/MG; Segunda Turma, Rel. Min. Eros Grau, j. 24.06.2008, *DJE* 15.08.2008).

19 Sobre o assunto, vejamos abaixo alguns julgados do STF:

"É competente o Município para fixar o horário de funcionamento de estabelecimento comercial" (STF, Súmula nº 645).

"Ação direta. Resolução nº 12.000-001, do Secretário de Segurança do Estado do Piauí. Disciplina do horário de funcionamento de estabelecimentos comerciais, consumo e assuntos análogos. Inadmissibilidade. Aparência de ofensa aos arts. 30, I, e 24, V e VI, da CF. Usurpação de competências legislativas do Município e da União. Liminar concedida com efeito *ex nunc*. Aparenta inconstitucionalidade a resolução de autoridade estadual que, sob pretexto do exercício do poder de polícia, discipline horário de funcionamento de estabelecimentos comerciais, matéria de consumo e assuntos análogos" (STF, ADI 3.731-MC/PI, Plenário, Rel. Min. Cezar Peluso, j. 29.08.2007, *DJ* 11.10.2007).

"Os Municípios têm autonomia para regular o horário do comércio local, desde que não infrinjam leis estaduais ou federais válidas, pois a Constituição lhes confere competência para legislar sobre assuntos de interesse local" (STF, AI 622.405-AgR/MG, Segunda Turma, Rel. Min. Eros Grau, j. 22.05.2007, *DJ* 15.06.2007).

f) enumeradas ou expressas dos Estados, na forma do art. 25, § 3º. Esse dispositivo apresenta uma das raras competências legislativas reservadas aos Estados expressamente pela Constituição, a saber: "Os Estados poderão, mediante lei complementar, instituir regiões metropolitanas, aglomerações urbanas e microrregiões, constituídas por agrupamentos de municípios limítrofes, para integrar a organização, o planejamento e a execução de funções públicas de interesse comum". E ainda no art. 25, § 2º: "Cabe aos Estados explorar diretamente, ou mediante concessão, os serviços locais de gás canalizado, na forma da lei, vedada a edição de medida provisória para a sua regulamentação".

13.4 A Competência Administrativa na CF

As competências de natureza político-administrativas, ainda chamadas "materiais", podem ser:

a) exclusivas da União Federal, na forma do art. 21. Ressalte-se que não há, nesse caso, possibilidade de delegação, tendo em vista que tratam de assuntos que concernem, em sua maioria, ao interesse nacional;
b) comuns, cumulativas ou paralelas da União, dos Estados, do Distrito Federal e Municípios, que atuam administrativamente no sentido de preservar todas as matérias presentes no art. 23 e manifestam expressão do federalismo cooperativo;
c) expressas ou enumeradas dos Municípios e do Distrito Federal, na forma do art. 30, III a IX, pois tratam de assuntos de interesse local;
d) residual, remanescente ou reservada aos Estados, na forma do art. 25, § 1º. Como já tratamos, de acordo com os poderes remanescentes os Estados poderão cuidar dos assuntos que não foram destinados expressamente à União Federal nem aos Municípios. Mais uma vez, podemos reforçar que, como a Constituição destinou muitas competências administrativas aos demais entes, o poder remanescente estadual ficou prejudicado.

14. A REPARTIÇÃO DE COMPETÊNCIAS À LUZ DO STF

Neste capítulo, prestigiamos a jurisprudência do STF sobre o sistema de repartição de competências,[20] tendo em vista que esse tema tem sido muito explorado nos concursos públicos em geral. Ao final, destacamos as principais súmulas relacionadas ao assunto.

20 Fonte: www.stf.jus.br

Art. 21. Compete à União:

I – manter relações com Estados estrangeiros e participar de organizações internacionais;

II – declarar a guerra e celebrar a paz;

III – assegurar a defesa nacional;

IV – permitir, nos casos previstos em lei complementar, que forças estrangeiras transitem pelo território nacional ou nele permaneçam temporariamente;

V – decretar o estado de sítio, o estado de defesa e a intervenção federal;

VI – autorizar e fiscalizar a produção e o comércio de material bélico;

(...) a competência privativa da União para "autorizar e fiscalizar a produção e o comércio de material bélico" também engloba outros aspectos inerentes ao material bélico, como sua circulação em território nacional. (...) regulamentações atinentes ao registro e ao porte de arma também são de competência privativa da União, por ter direta relação com a competência de "autorizar e fiscalizar a produção e o comércio de material bélico" – e não apenas por tratar de matéria penal, cuja competência também é privativa da União (art. 22, I, da CF). Nesse sentido, compete privativamente à União, e não aos Estados, determinar os casos excepcionais em que o porte de arma de fogo não configura ilícito penal, matéria prevista no art. 6º da Lei 10.826/2003.[21]

Competência da União para legislar sobre Direito Penal e material bélico. Lei nº 1.317/2004 do Estado de Rondônia. Lei estadual que autoriza a utilização, pelas polícias civil e militar, de armas de fogo apreendidas. A competência exclusiva da União para legislar sobre material bélico, complementada pela competência para autorizar e fiscalizar a produção de material bélico, abrange a disciplina sobre a destinação de armas apreendidas e em situação irregular.[22]

VII – emitir moeda;

VIII – administrar as reservas cambiais do País e fiscalizar as operações de natureza financeira, especialmente as de crédito, câmbio e capitalização, bem como as de seguros e de previdência privada;

IX – elaborar e executar planos nacionais e regionais de ordenação do território e de desenvolvimento econômico e social;

X – manter o serviço postal e o correio aéreo nacional;

21 **ADI 2.729**, voto do rel. p/ o ac. min. Gilmar Mendes, j. 19-6-2013, P, *DJE* de 12-2-2014.

22 ADI 3.258, Rel. Min. Joaquim Barbosa, j. 06.04.2005, Plenário, *DJ* 09.09.2005.

A Lei 6.704/2015 do Estado do Piauí disciplina a transferência dos depósitos judiciais em dinheiro referentes a processos judiciais – tributários ou não tributários, realizados em processos vinculados ao Tribunal de Justiça do Estado do Piauí –, bem como dos depósitos em processos administrativos, independentemente de o Estado ser ou não parte, para conta única do Poder Executivo. Finalidade de custeio da previdência social, pagamento de precatórios e amortização da dívida com a União. Veiculação de normas que caracterizam a usurpação da competência da União para legislar sobre: (i) o Sistema Financeiro Nacional (art. 21, VIII, CF); (ii) a política de crédito e transferência de valores (art. 22, VII e 192, CF); (iii) direito civil e processual (art. 22, I); e (iv) normas gerais de direito financeiro (art. 24, I, CF) – atuação além dos limites de sua competência suplementar, ao prever hipóteses e finalidades não estabelecidas na norma geral editada pela União.[23]

Nota: o Plenário do STF, no julgamento da ADPF 46, declarou como recepcionada pela Constituição de 1988 a Lei nº 6.538/78, que dispõe sobre o monopólio da Empresa Brasileira de Correios e Telégrafos na exploração dos serviços postais, emprestando interpretação conforme à Constituição ao seu art. 42.

A Constituição do Brasil confere à União, em caráter exclusivo, a exploração do serviço postal e o correio aéreo nacional (art. 21, X). O serviço postal é prestado pela Empresa Brasileira de Correios e Telégrafos (EC), empresa pública, entidade da administração indireta da União, criada pelo Decreto-Lei nº 509, de 10 de março de 1969 (...)[24]

Lei 5.309/2010, do município de Cuiabá/MT. Entrega e distribuição de correspondências. Proibição de entrega em determinado horário, sob pena de multa e cancelamento do alvará de funcionamento. Competência privativa da união para legislar e administrar serviço postal: inc. V do art. 22 e inc. X do 21 da Constituição da República. Lei municipal inconstitucional.[25]

XI – explorar, diretamente ou mediante autorização, concessão ou permissão, os serviços de telecomunicações, nos termos da lei, que disporá sobre a organização dos serviços, a criação de um órgão regulador e outros aspectos institucionais; *(Redação da EC 08/95)*

Serviços de telecomunicações. Exploração. Edição de listas ou catálogos telefônicos e livre concorrência. Se, por um lado, a publicação e distribuição de

23 **ADI 5.392**, rel. min. Rosa Weber, j. 16-9-2020, P, *DJE* de 5-10-2020.

24 ADPF 46, Rel. p/ o ac. Min. Eros Grau, j. 05.08.2009, Plenário, *DJE* 26.02.2010.

25 **ADPF 222**, rel. min. Cármen Lúcia, j. 13-9-2019, P, *DJE* de 2-10-2019.

listas ou catálogos telefônicos constituía um ônus das concessionárias de serviço de telefonia – que podem cumpri-lo com ou sem a veiculação de publicidade – não se pode dizer que estas tinham exclusividade para fazê-lo. O art. 2º da Lei nº 6.874/80 ("A edição ou divulgação das listas referidas no § 2º do art. 1º desta lei, sob qualquer forma ou denominação, e a comercialização da publicidade nelas inserta são de competência exclusiva da empresa exploradora do respectivo serviço de telecomunicações, que deverá contratá-las com terceiros, sendo obrigatória, em tal caso, a realização de licitação") era inconstitucional – tendo em vista a Carta de 1969 – na medida em que institui reserva de mercado para a comercialização das listas telefônicas em favor das empresas concessionárias. Recurso extraordinário desprovido.[26]

Agências reguladoras de serviços públicos: natureza autárquica, quando suas funções não sejam confiadas por lei a entidade personalizada e não, à própria administração direta.[27]

> Lei Estadual 10.519/2015 do Estado da Paraíba. Bloqueio de aparelhos celulares pelas operadoras nas hipóteses de furto e roubo. Competência privativa da União para legislar sobre telecomunicações. (...) No caso dos autos, apesar de estar se discutindo a constitucionalidade do bloqueio de aparelhos celulares nas hipóteses de furto e roubo, resta claro que a finalidade da norma é justamente possibilitar o bloqueio de sinal de telecomunicações e/ou radiocomunicações (...).[28]

> XII – explorar, diretamente ou mediante autorização, concessão ou permissão:
>
> a) os serviços de radiodifusão sonora, e de sons e imagens; (Redação da EC 08/95)
>
> (...) é formalmente inconstitucional a Lei 416/08, do Município de Augustinópolis/TO, que autoriza o Poder Executivo Municipal a conceder a exploração do Serviço de Radiodifusão Comunitária no âmbito do território do Município, mercê da inexistência, na sistemática jurídico-constitucional atual, de espaço para que o legislador local busque tratar geral e abstratamente sobre o tema da exploração do Serviço de Radiodifusão Comunitária.[29]

Ato administrativo. Licitação. Concessão de exploração do serviço de radiodifusão de sons e imagens em certa cidade. Revogação do processo licitatório

26 RE 158.676, Rel. p/ o ac. Min. Sepúlveda Pertence, j. 14.08.2007, Primeira Turma, *DJ* 05.10.2007.

27 ADI 1.949-MC, Rel. Min. Sepúlveda Pertence, j. 08.11.99, Plenário, *DJ* 25.11.2005.

28 **ADI 5.574**, rel. min. Edson Fachin, j. 27-9-2019, P, *DJE* de 15-10-2019.

29 **ADPF 235**, rel. min. Luiz Fux, j. 14-8-2019, P, *DJE* de 30-8-2019.

antes do início da fase de qualificação das propostas. Licitude. Interesse público declarado e reconhecido. Superveniência de fatores que recomendavam a prática do ato discricionário. Inexistência de ofensa a direito subjetivo dos concorrentes habilitados. Não incidência do art. 5º, LV, da CF, nem do art. 49, § 3º, da Lei nº 8.666/93. Mandado de segurança denegado. É lícito à administração pública, com base em fatos supervenientes configuradores do interesse público, revogar motivadamente, mas sem audiência dos concorrentes habilitados, procedimento de licitação antes do início da fase de qualificação das propostas.[30]

---

b) os serviços e instalações de energia elétrica e o aproveitamento energético dos cursos de água, em articulação com os Estados onde se situam os potenciais hidroenergéticos;

O Tribunal negou provimento a recurso extraordinário interposto contra acórdão do Tribunal de Justiça do Estado de Rondônia, e, por vislumbrar usurpação da competência exclusiva da União para explorar os serviços e instalações de energia elétrica e da sua competência privativa para legislar sobre o assunto (CF, arts. 21, XII, b, e 22, IV), declarou incidentalmente a inconstitucionalidade da Lei municipal 1.199/2002, de Ji-Paraná/RO, que instituiu taxa de uso e ocupação do solo e espaço aéreo em relação à atividade de extensão de rede de transmissão e de distribuição de energia elétrica. Prevaleceu o voto do Min. Eros Grau, Relator, que salientou que às empresas prestadoras de serviços de geração, transmissão, distribuição e comercialização de energia elétrica incumbe o dever-poder de prestar o serviço público de que se trata e que, para tal mister, é-lhes atribuído, pelo poder concedente, o também dever-poder de usar o domínio público necessário à execução desse serviço, assim como promover desapropriações e constituir servidões de áreas por ele, poder concedente, declaradas de utilidade pública. Portanto, à entidade administrativa incumbiria o dever-poder de gerir a res pública. No desempenho da função administrativa, a autoridade pública estaria abrangida por um vínculo imposto a sua vontade. O dever jurídico consubstanciaria uma vinculação imposta à vontade de quem estivesse por ela alcançado, e, no caso da função administrativa, vinculação imposta à vontade da autoridade pública em razão de interesse alheio, ou seja, do todo social. Ressaltou que a concessionária da prestação de serviço público recorrida faria uso fundamentalmente, a fim de prestar o serviço, do espaço sobre o solo de faixas de domínio público de vias públicas, no qual instalaria equipamentos necessários à prestação de serviços de transmissão e distribuição de energia elétrica. Explicou que essas faixas de domínio público de vias públicas constituiriam bem público, inserido na categoria

---

30 RMS 24.188, Rel. Min. Cezar Peluso, j. 14.08.2007, Segunda Turma, *DJ* 14.09.2007.

dos bens de uso comum do povo. Asseverou que os bens públicos, de uso comum do povo, de uso especial e dominicais integrariam, todos eles, o patrimônio público, mas os bens de uso comum do povo seriam modernamente entendidos como propriedade pública. Observou que, no entanto, tamanha seria a intensidade da participação do bem de uso comum do povo na atividade administrativa que ele constituiria, em si, o próprio serviço público prestado pela Administração. Aduziu que, ainda que os bens do domínio público e do patrimônio administrativo não tolerem o gravame das servidões, sujeitar-se-iam, na situação a que respeitam os autos, aos efeitos da restrição decorrente da instalação, no solo, de equipamentos necessários à prestação de serviço público. Não conduzindo, a imposição dessa restrição, à extinção de direitos, não acarretaria o dever de indenizar, salvo disposição legal expressa em contrário, no caso inexistente. Por fim, registrou que, além de a instalação dos equipamentos de que se trata não comprometerem o uso comum dos bens públicos em questão, também não haveria prejuízo que justificasse o recebimento, pelo Município, de qualquer indenização pelo uso do bem público de uso comum. Concluiu que haveria, na ocupação do solo e do espaço aéreo dos bens de uso comum de que se cuida, um direito restritivo em benefício do prestador de serviço público, que lhe viabilizaria, instrumentando sua atuação, o pleno cumprimento do dever-poder, que o vincula, de prestar o serviço.[31]

Ação direta de inconstitucionalidade contra a expressão "energia elétrica", contida no caput do art. 1º da Lei nº 11.260/2002 do Estado de São Paulo, que proíbe o corte de energia elétrica, água e gás canalizado por falta de pagamento, sem prévia comunicação ao usuário. Este Supremo Tribunal Federal possui firme entendimento no sentido da impossibilidade de interferência do Estado-membro nas relações jurídico-contratuais entre Poder concedente federal e as empresas concessionárias, especificamente no que tange a alterações das condições estipuladas em contrato de concessão de serviços públicos, sob regime federal, mediante a edição de leis estaduais. Precedentes. Violação aos arts. 21, XII, b, *22, IV, e 175,* caput *e parágrafo único, I, II e III, da CF. Inconstitucionalidade. Ação direta de inconstitucionalidade julgada procedente.*[32]

---

c) a navegação aérea, aeroespacial e a infraestrutura aeroportuária;

Empresa Brasileira de Infraestrutura Aeroportuária (Infraero). Empresa pública. Imunidade recíproca. Art. 150, VI, a, *da CF. A Infraero, empresa pública prestadora de serviço público, está abrangida pela imunidade tributária prevista*

31 RE 581.947, Rel. Min. Eros Grau, j. 27.05.2010, Plenário, *Informativo* 588.

32 ADI 3.729, Rel. Min. Gilmar Mendes, j. 17.09.2007, Plenário, *DJ* 09.11.2007.

no art. 150, VI, a, *da Constituição. Não incide ISS sobre a atividade desempenhada pela Infraero na execução de serviços de infraestrutura aeroportuária, atividade que lhe foi atribuída pela União.*[33]

A Infraero, que é empresa pública, executa como atividade fim, em regime de monopólio, serviços de infraestrutura aeroportuária constitucionalmente outorgados à União Federal, qualificando-se, em razão de sua específica destinação institucional, como entidade delegatária dos serviços públicos a que se refere o art. 21, XII, c, *da Lei Fundamental, o que exclui essa empresa governamental, em matéria de impostos, por efeito da imunidade tributária recíproca (CF, art. 150, VI,* a*), do poder de tributar dos entes políticos em geral. Consequente inexigibilidade, por parte do Município tributante, do ISS referente às atividades executadas pela Infraero na prestação dos serviços públicos de infraestrutura aeroportuária e daquelas necessárias à realização dessa atividade fim. O alto significado político-jurídico da imunidade tributária recíproca, que representa verdadeira garantia institucional de preservação do sistema federativo. Doutrina. Precedentes do STF. Inaplicabilidade, à Infraero, da regra inscrita no art. 150, § 3º, da Constituição. A submissão ao regime jurídico das empresas do setor privado, inclusive quanto aos direitos e obrigações tributárias, somente se justifica, como consectário natural do postulado da livre concorrência (CF, art. 170, IV), se e quando as empresas governamentais explorarem atividade econômica em sentido estrito, não se aplicando, por isso mesmo, a disciplina prevista no art. 173, § 1º, da Constituição, às empresas públicas (Caso da Infraero), às sociedades de economia mista e às suas subsidiárias que se qualifiquem como delegatárias de serviços públicos.*[34]

---

d) os serviços de transporte ferroviário e aquaviário entre portos brasileiros e fronteiras nacionais, ou que transponham os limites de Estado ou Território;

e) os serviços de transporte rodoviário interestadual e internacional de passageiros;

Linhas de serviço de transporte rodoviário interestadual e internacional de passageiros. Decreto presidencial de 16 de julho de 2008. Privatização. Desestatização. Art. 2º, § 1º, b, *da Lei nº 9.491/97. Transferência para a iniciativa privada da execução de serviços públicos de responsabilidade da União. Art. 21, XII,* e, *da CF. Possibilidade de desestatização de serviços públicos de responsabilidade da União já explorados por particulares. Denegação da ordem. A titularidade dos serviços de transporte rodoviário interestadual e internacional de passageiros,*

33 RE 524.615-AgR, Rel. Min. Eros Grau, j. 09.09.2008, Segunda Turma, *DJE* 3.10.2008.

34 RE 363.412-AgR, Rel. Min. Celso de Mello, j. 07.08.2007, Segunda Turma, *DJE* 19.09.2008.

nos termos do art. 21, XII, e, *da CF, é da União. É possível a desestatização de serviços públicos já explorados por particulares, de responsabilidade da União, conforme disposto no art. 2º, § 1º,* b, *parte final, da Lei nº 9.491/97. Inexistência de concessão ou de permissão para a utilização de algumas linhas, além da iminente expiração do prazo de concessão ou permissão de outras linhas. Existência de decisões judiciais proferidas em ações civis públicas propostas pelo Ministério Público Federal que determinam a imediata realização de certames das linhas em operação. Possibilidade de adoção da modalidade leilão no caso em apreço, nos termos do art. 4º, § 3º, da Lei nº 9.491/97. Necessidade de observância do devido processo licitatório, independentemente da modalidade a ser adotada (leilão ou concorrência).*[35]

f) os portos marítimos, fluviais e lacustres;

Imóveis situados no porto, área de domínio público da União, e que se encontram sob custódia da companhia, em razão de delegação prevista na Lei de Concessões Portuárias. Não incidência do IPTU, por tratar-se de bem e serviço de competência atribuída ao poder público (arts. 21, XII, f, *e 150, VI, da CF). Taxas. Imunidade. Inexistência, uma vez que o preceito constitucional só faz alusão expressa a imposto, não comportando a vedação a cobrança de taxas. Agravo regimental a que se nega provimento.*[36]

XIII – organizar e manter o Poder Judiciário, o Ministério Público do Distrito Federal e dos Territórios e a Defensoria Pública dos Territórios (redação conforme a EC nº 69/2012);

Demarcação entre as atribuições de segmentos do Ministério Público – o Federal e o do Distrito Federal. Tutela das fundações. Inconstitucionalidade da regra questionada (§ 1º do art. 66 do Código Civil) –, quando encarrega o MPF de velar pelas fundações, "se funcionarem no Distrito Federal". Não obstante reserve à União organizá-lo e mantê-lo – é do sistema da Constituição mesma que se infere a identidade substancial da esfera de atribuições do MP do Distrito Federal àquelas confiadas ao MP dos Estados, que, à semelhança do que ocorre com o Poder Judiciário, se apura por exclusão das correspondentes ao Ministério Público Federal, ao do Trabalho e ao Militar. Nesse sistema constitucional de

35 MS 27.516, Rel.ª Min.ª Ellen Gracie, j. 22.10.2008, Plenário, *DJE* 05.12.2008.

36 AI 458.856-AgR, Rel. Min. Eros Grau, j. 05.10.2004, Primeira Turma, *DJ* 20.04.2007.

repartição de atribuições de cada corpo do MP – que corresponde substancialmente à distribuição de competência entre Justiças da União e a dos Estados e do Distrito Federal – a área reservada ao MPF é coextensiva, mutatis mutandis àquela da jurisdição da Justiça Federal comum e dos órgãos judiciários de superposição – o Supremo Tribunal e o Superior Tribunal de Justiça – como, aliás, já o era sob os regimes anteriores. O critério eleito para definir a atribuição discutida – funcionar a fundação no Distrito Federal – peca, a um só tempo, por escassez e por excesso. Por escassez, de um lado, na medida em que há fundações de direito público, instituídas pela União – e, portanto, integrantes da administração pública federal e sujeitas, porque autarquias fundacionais, à jurisdição da Justiça Federal ordinária, mas que não tem sede no Distrito Federal. Por excesso, na medida em que, por outro lado, a circunstância de serem sediadas ou funcionarem no Distrito Federal evidentemente não é bastante nem para incorporá-las à administração pública da União – sejam elas fundações de direito privado ou fundações públicas, como as instituídas pelo Distrito Federal –, nem para submetê-las à Justiça Federal. Declarada a inconstitucionalidade do § 1º do art. 66 do Código Civil, sem prejuízo, da atribuição ao MPF da veladura pelas fundações federais de direito público, funcionem, ou não, no Distrito Federal ou nos eventuais Territórios.[37]

> XIV - organizar e manter a polícia civil, a polícia penal, a polícia militar e o corpo de bombeiros militar do Distrito Federal, bem como prestar assistência financeira ao Distrito Federal para a execução de serviços públicos, por meio de fundo próprio; (Redação dada pela Emenda Constitucional nº 104, de 2019)

Cumpre à União organizar e manter a Polícia Militar e o Corpo de Bombeiros Militar do Distrito Federal, surgindo a inconstitucionalidade de diploma local versando a matéria.[38]

> XV – organizar e manter os serviços oficiais de estatística, geografia, geologia e cartografia de âmbito nacional;
>
> XVI – exercer a classificação, para efeito indicativo, de diversões públicas e de programas de rádio e televisão;
>
> XVII – conceder anistia;

---

37 ADI 2.794, Rel. Min. Sepúlveda Pertence, j. 14.12.2006, Plenário, *DJ* 30.03.2007.

38 ADI 1.045, Rel. Min. Marco Aurélio, j. 15.04.2009, Plenário, *DJE* 12.06.2009.

Anistia de infrações disciplinares de servidores estaduais: competência do Estado-membro respectivo. Só quando se cuidar de anistia de crimes – que se caracteriza como abolitio criminis *de efeito temporário e só retroativo – a competência exclusiva da União se harmoniza com a competência federal privativa para legislar sobre Direito Penal; ao contrário, conferir à União – e somente a ela – o poder de anistiar infrações administrativas de servidores locais constituiria exceção radical e inexplicável ao dogma fundamental do princípio federativo – qual seja, a autonomia administrativa de Estados e Municípios – que não é de presumir, mas, ao contrário, reclamaria norma inequívoca da Constituição da República (precedente: Rp 696, 06.10.1966, red. Baleeiro). Compreende-se na esfera de autonomia dos Estados a anistia (ou o cancelamento) de infrações disciplinares de seus respectivos servidores, podendo concedê-la a Assembleia Constituinte local, mormente quando circunscrita – a exemplo da concedida pela Constituição da República – às punições impostas no regime decaído por motivos políticos.*[39]

XVIII – planejar e promover a defesa permanente contra as calamidades públicas, especialmente as secas e as inundações;

XIX – instituir sistema nacional de gerenciamento de recursos hídricos e definir critérios de outorga de direitos de seu uso;

XX – instituir diretrizes para o desenvolvimento urbano, inclusive habitação, saneamento básico e transportes urbanos;

XXI – estabelecer princípios e diretrizes para o sistema nacional de viação;

XXII – executar os serviços de polícia marítima, aeroportuária e de fronteiras; (Redação da EC nº 19/98)

XXIII – explorar os serviços e instalações nucleares de qualquer natureza e exercer monopólio estatal sobre a pesquisa, a lavra, o enriquecimento e reprocessamento, a industrialização e o comércio de minérios nucleares e seus derivados, atendidos os seguintes princípios e condições:

a) toda atividade nuclear em território nacional somente será admitida para fins pacíficos e mediante aprovação do Congresso Nacional;

b) sob regime de permissão, são autorizadas a comercialização e a utilização de radioisótopos para a pesquisa e usos médicos, agrícolas e industriais; (EC nº 49/2006)

c) sob regime de permissão, são autorizadas a produção, comercialização e utilização de radioisótopos de meia-vida igual ou inferior a duas horas; (EC nº 49/2006)

d) a responsabilidade civil por danos nucleares independe da existência de culpa; (EC nº 49/2006)

---

39 ADI 104, Rel. Min. Sepúlveda Pertence, j. 04.06.2007, Plenário, *DJ* 24.08.2007.

XXIV – organizar, manter e executar a inspeção do trabalho;

Ação direta de inconstitucionalidade: Lei distrital 3.705, de 21.11.2005, que cria restrições a empresas que discriminarem na contratação de mão de obra: inconstitucionalidade declarada. Ofensa à competência privativa da União para legislar sobre normas gerais de licitação e contratação administrativa, em todas as modalidades, para as administrações públicas diretas, autárquicas e fundacionais de todos os entes da Federação (CF, art. 22, XXVII) e para dispor sobre Direito do Trabalho e inspeção do trabalho (CF, art. 21, XXIV, e art. 22, I).[40]

XXV – estabelecer as áreas e as condições para o exercício da atividade de garimpagem, em forma associativa.

Art. 22. Compete privativamente à União legislar sobre:

Ação direta de inconstitucionalidade. Lei nº 10.826/2003. Estatuto do desarmamento. Inconstitucionalidade formal afastada. Invasão da competência residual dos Estados. Inocorrência. Invasão de competência residual dos Estados para legislar sobre segurança pública inocorrente, pois cabe à União legislar sobre matérias de predominante interesse geral.[41]

I – direito civil, comercial, penal, processual, eleitoral, agrário, marítimo, aeronáutico, espacial e do trabalho;

A Lei 17.208/2020 do Estado do Ceará, ao determinar a redução obrigatória e proporcional das mensalidades na rede privada de ensino durante o Plano de Contingência da COVID-19, viola a competência da União para legislar sobre Direito Civil (art. 22, I, CF), por se tratar de norma abstrata sobre direito civil, afastando-se da competência concorrente dos estados para editar normas sobre responsabilidade por danos aos consumidores (art. 24, V, CF). Efeitos jurídicos da Pandemia COVID-19 sobre os negócios jurídicos privados, inclusive decorrentes de relações de consumo, foram tratados pela Lei 14.010/2020, que estabeleceu o Regime Jurídico Emergencial e Transitório das relações jurídicas de Direito Privado (RJET) no período da pandemia do Coronavírus (Covid-19), reduzindo o espaço de competência complementar dos Estados, ausente previsão geral de modificação dos contratos de prestação de serviços educacionais.[42]

40 ADI 3.670, Rel. Min. Sepúlveda Pertence, j. 02.04.2007, Plenário, *DJ* 18.05.2007.

41 ADI 3.112, Rel. Min. Ricardo Lewandowski, j. 02.05.2007, Plenário, *DJ* 26.10.2007.

42 **ADI 6.423**, rel. p/ o ac. min. Alexandre de Moraes, j. 21-12-2020, P, ***DJE*** de 12-2-2021.

Nota: O Plenário do STF, no julgamento das ADIs 3.099 e 4.086, confirmou a constitucionalidade da Resolução nº 22.610/2007, do TSE, que disciplina o processo de perda de mandato eletivo por infidelidade partidária.

Fidelidade partidária. Ação direta de inconstitucionalidade ajuizada contra as Resoluções 22.610/2007 e 22.733/2008, que disciplinam a perda do cargo eletivo e o processo de justificação da desfiliação partidária. Síntese das violações constitucionais arguidas. Alegada contrariedade do art. 2º da Resolução ao art. 121 da Constituição, que ao atribuir a competência para examinar os pedidos de perda de cargo eletivo por infidelidade partidária ao TSE e aos TREs, teria contrariado a reserva de lei complementar para definição das competências de Tribunais, Juízes e Juntas Eleitorais (art. 121 da Constituição). Suposta usurpação de competência do Legislativo e do Executivo para dispor sobre matéria eleitoral (art. 22, I; arts. 48 e 84, IV, da Constituição), em virtude de o art. 1º da Resolução disciplinar de maneira inovadora a perda do cargo eletivo. Por estabelecer normas de caráter processual, como a forma da petição inicial e das provas (art. 3º), o prazo para a resposta e as consequências da revelia (art. 3º, caput e parágrafo único), os requisitos e direitos da defesa (art. 5º), o julgamento antecipado da lide (art. 6º), a disciplina e o ônus da prova (art. 7º, caput e parágrafo único, e art. 8º), a Resolução também teria violado a reserva prevista no art. 22, I, e arts. 48 e 84, IV, da Constituição. Ainda segundo os requerentes, o texto impugnado discrepa da orientação firmada pelo STF nos precedentes que inspiraram a Resolução, no que se refere à atribuição ao Ministério Público eleitoral e ao terceiro interessado para, ante a omissão do Partido Político, postular a perda do cargo eletivo (art. 1º, § 2º). Para eles, a criação de nova atribuição ao MP por resolução dissocia-se da necessária reserva de lei em sentido estrito (art. 128, § 5º, e art. 129, IX, da Constituição). Por outro lado, o suplente não estaria autorizado a postular, em nome próprio, a aplicação da sanção que assegura a fidelidade partidária, uma vez que o mandato 'pertenceria' ao Partido.) Por fim, dizem os requerentes que o ato impugnado invadiu competência legislativa, violando o princípio da separação dos poderes (arts. 2º e 60, § 4º, III, da Constituição). O STF, por ocasião do julgamento dos Mandados de Segurança 26.602, 26.603 e 26.604 reconheceu a existência do dever constitucional de observância do princípio da fidelidade partidária. Ressalva do entendimento então manifestado pelo Ministro Relator. Não faria sentido a Corte reconhecer a existência de um direito constitucional sem prever um instrumento para assegurá-lo. As resoluções impugnadas surgem em contexto excepcional e transitório, tão somente como mecanismos para salvaguardar a observância da fidelidade partidária enquanto o Poder Legislativo, órgão legitimado para resolver as tensões típicas da matéria, não se pronunciar. São constitucionais as Resoluções 22.610/2007 e 22.733/2008 do TSE.[43]

43 ADI 3.999 e ADI 4.086, Rel. Min. Joaquim Barbosa, j. 12.11.2008, Plenário, *DJE* 17.04.2009.

Constituição estadual e tribunais de contas: conselheiros do tribunal de contas estadual – a questão das infrações político-administrativas e dos crimes de responsabilidade – competência legislativa para tipificá-los e para estabelecer o respectivo procedimento ritual (Súmula nº 722/STF). A Constituição estadual representa, no plano local, a expressão mais elevada do exercício concreto do poder de auto-organização deferido aos Estados-membros pela Lei Fundamental da República. Essa prerrogativa, contudo, não se reveste de caráter absoluto, pois se acha submetida, quanto ao seu exercício, a limitações jurídicas impostas pela própria Carta Federal (art. 25). O Estado-membro não dispõe de competência para instituir, mesmo em sua própria Constituição, cláusulas tipificadoras de crimes de responsabilidade, ainda mais se as normas estaduais definidoras de tais ilícitos tiverem por finalidade viabilizar a responsabilização política dos membros integrantes do Tribunal de Contas. A competência constitucional para legislar sobre crimes de responsabilidade (e, também, para definir-lhes a respectiva disciplina ritual) pertence, exclusivamente, à União Federal. Precedentes. Súmula nº 722/STF.[44]

Viola a reserva de lei para dispor sobre norma de direito comercial voltada à organização e estruturação das empresas públicas e das sociedades de economia mista norma constitucional estadual que estabelece número de vagas, nos órgãos de administração das pessoas jurídicas, para ser preenchidas por representantes dos empregados.[45]

Com efeito, nos termos do art. 22, I, da CF, compete privativamente à União legislar sobre direito do trabalho, não estando ela obrigada a utilizar-se de lei complementar para disciplinar a matéria, que somente é exigida, nos termos do art. 7º, I, da mesma Carta, para regrar a dispensa imotivada. Esse tema, porém, definitivamente, não constitui objeto da Lei nº 11.101/2005.[46]

Interrogatório do réu. Videoconferência. (...) A Lei nº 11.819/2005 do Estado de São Paulo viola, flagrantemente, a disciplina do art. 22, I, da Constituição da República, que prevê a competência exclusiva da União para legislar sobre matéria processual.[47]

---

44 ADI 4.190-REF-MC, Rel. Min. Celso de Mello, j. 10.03.2010, *DJE* 11.06.2010.

45 ADI 238, Rel. Min. Joaquim Barbosa, j. 24.02.2010, Plenário, *DJE* 09.04.2010.

46 ADI 3.934, voto do Rel. Min. Ricardo Lewandowski, j. 27.05.2009, Plenário, *DJE* 06.11.2009.

47 HC nº 90.900, Rel. p/ o ac. Min. Menezes Direito, j. 30.10.2008, Plenário, *DJE* 23.10.2009. No mesmo sentido: HC nº 99.609, Rel. Min. Ricardo Lewandowski, j. 09.02.2010, Primeira Turma, *DJE* 05.03.2010; HC nº 91.859, Rel. Min. Ayres Britto, j. 04.11.2008, Primeira Turma, *DJE* 13.03.2009. *Vide*: HC nº 88.914, Rel. Min. Cezar Peluso, j. 14.08.2007, Segunda Turma, *DJ* 05.10.2007.

A exigência de depósito recursal prévio aos recursos do Juizado Especial Cível, criada pelo art. 7º da Lei estadual (AL) 6.816/2007, constitui requisito de admissibilidade do recurso, tema próprio de Direito Processual Civil e não de "procedimentos em matéria processual" (art. 24, XI, CF). Medida cautelar deferida para suspender a eficácia do art. 7º, caput, *e respectivos parágrafos, da Lei nº 6.816/2007, do Estado de Alagoas.*[48]

No tocante ao cabimento da reclamação no processo trabalhista, observem que, de há muito, o Supremo assentou a necessidade de esse instrumento estar previsto em lei no sentido formal e material, não cabendo criá-lo por meio de regimento interno. (...) Realmente, não se pode cogitar de disciplina em regimento interno, porquanto a reclamação ganha contornos de verdadeiro recurso, mostrando-se inserida, portanto, conforme ressaltado pelo Supremo, no direito constitucional de petição. Cumpre, no âmbito federal, ao Congresso Nacional dispor a respeito, ainda que o faça, ante a origem da regência do processo do trabalho, mediante lei ordinária. Relativamente ao Supremo e ao Superior Tribunal de Justiça, porque o campo de atuação dessas Cortes está delimitado na própria Carta Federal, a reclamação foi prevista, respectivamente, no art. 102, I, alínea l, *e no art. 105, I, alínea "*f*". Assim, surge merecedora da pecha de inconstitucional a norma do Regimento Interno do Tribunal Superior do Trabalho que dispõe sobre a reclamação. Não se encontrando esta versada na CLT, impossível instituí-la mediante deliberação do próprio Colegiado.*[49]

Ação direta. Arts. 1º e 2º da Lei nº 3.680/2005, do Distrito Federal. Competência legislativa. Trânsito. Serviço público. Transporte coletivo urbano. Veículos. Provisão de dispositivos redutores de estresse e cansaço físico a motoristas e cobradores. Obrigação das permissionárias de garantir descanso e prática de exercícios físicos. Inadmissibilidade. Competências legislativas exclusivas da União. Ofensa aparente ao art. 22, I e XI, da CF. Liminar concedida. Precedentes. Aparenta inconstitucionalidade, para efeito de liminar, a lei distrital ou estadual que dispõe sobre obrigatoriedade de equipar ônibus usados no serviço público de transporte coletivo com dispositivos redutores de estresse a motoristas e cobradores e de garantir-lhes descanso e exercícios físicos.[50]

Art. 32, IV, da Lei sergipana 4.122/99, que confere a delegado de polícia a prerrogativa de ajustar com o juiz ou a autoridade competente a data, a hora e o local em que será ouvido como testemunha ou ofendido em processos e inquéritos. (...) É competência privativa da União legislar sobre direito processual (...).

48 ADI 4.161-MC, Rel. Min. Menezes Direito, j. 29.10.2008, Plenário, *DJE* 17.04.2009.

49 RE 405.031, voto do Rel. Min. Marco Aurélio, j. 15.10.2008, Plenário, *DJE* 17.04.2009.

50 ADI 3.671-MC, Rel. Min. Cezar Peluso, j. 28.08.2008, Plenário, *DJE* 28.11.2008.

A persecução criminal, da qual fazem parte o inquérito policial e a ação penal, rege-se pelo direito processual penal. Apesar de caracterizar o inquérito policial uma fase preparatória e até dispensável da ação penal, por estar diretamente ligado à instrução processual que haverá de se seguir, é dotado de natureza processual, a ser cuidada, privativamente, por esse ramo do direito de competência da União.[51]

Competência criminal. Originária. Ação penal. Crime comum. Réu então vereador. Feito da competência do Tribunal de Justiça. Art. 161, IV, d, *n. 3, da Constituição do Estado do Rio de Janeiro. Foro especial por prerrogativa de função. Constitucionalidade reconhecida. Precedentes do Supremo. Processo anulado. Recurso extraordinário improvido. Réu que perdeu o cargo de vereador. Retorno dos autos ao juízo de primeiro grau. Prejuízo do recurso neste ponto. Inteligência dos arts. 22, I, e 125, § 1º, da CF. Não afronta a Constituição da República a norma de Constituição estadual que, disciplinando competência originária do Tribunal de Justiça, lha atribui para processar e julgar vereador.*[52]

Lei Distrital nº 3.136/2003, que "disciplina a atividade de transporte de bagagens nos terminais rodoviários do Distrito Federal". (...) Com relação à alegação de violação ao art. 22, I, da CF, na linha da jurisprudência do Supremo Tribunal Federal, é o caso de declarar a inconstitucionalidade formal da Lei Distrital nº 3.136/2003, em razão da incompetência legislativa das unidades da federação para legislar sobre Direito do Trabalho. Precedentes citados: ADI 601/RJ, Rel. Min. Ilmar Galvão, Pleno, unânime, DJ 20.09.2002; ADI 953/DF, Rel.ª Min.ª Ellen Gracie, Pleno, unânime, DJ 02.05.2003; ADI-MC 2.487/SC, Rel. Min. Moreira Alves, Pleno, unânime, DJ 01.08.2003; ADI 3.069/DF, Rel.ª Min.ª Ellen Gracie, Pleno, unânime, DJ 16.12.2005. (...) Ainda que superado o reconhecimento de ambas as inconstitucionalidades formais indicadas, com relação ao art. 1º da Lei Distrital, verifica-se violação ao art. 8º, VI, da CF, por afrontar a "liberdade de associação sindical", uma vez que a norma objeto desta impugnação sujeita o exercício da profissão de carregador e transportador de bagagens à prévia filiação ao sindicato da categoria.[53]

O STF referendou decisão do então Relator, Min. Marco Aurélio, que deferiu o pedido de liminar, para suspender a eficácia dos arts. 41, 42, 43 e seu parágrafo único, 44, 45 e seu parágrafo único, do ADCT da Constituição do Estado da Paraíba e indeferiu a cautelar relativamente ao inciso XII do art. 136 da parte permanente da mencionada Constituição. Salientou-se, na oportunidade, que os citados dispositivos do ADCT ofendem a regra da iniciativa reservada ao chefe

---

51 ADI 3.896, Rel.ª Min.ª Cármen Lúcia, j. 04.06.2008, Plenário, *DJE* 8.08.2008.

52 RE 464.935, Rel. Min. Cezar Peluso, j. 03.06.2008, Segunda Turma, *DJE* 27.06.2008.

53 ADI 3.587, Rel. Min. Gilmar Mendes, j. 12.12.2007, Plenário, *DJE* 22.02.2008.

do Poder Executivo quanto à majoração de vencimentos dos servidores públicos (CF, art. 61, § 1º, II, a*) e no que concerne à prévia dotação orçamentária para atender às projeções de despesa de pessoal e aos acréscimos dela decorrentes (CF, art. 169). No que concerne ao art. 136, XII, a liminar foi indeferida, dado que a CF deixa expresso que a competência dos Tribunais estaduais é definida na Constituição estadual (CF, art. 125, § 1º). (...) Já quanto à alegação de que teria havido ofensa à competência privativa da União para legislar sobre processo penal por ter o constituinte estadual atribuído foro privilegiado aos Procuradores do Estado, salientou o Min. Marco Aurélio, ao indeferir a cautelar, que, se por um lado, compete privativamente à União legislar sobre direito processual, por outro, está reconhecido na própria Carta que a competência dos Tribunais dos Estados é definida na respectiva Constituição.*[54]

Lei nº 11.562/2000 do Estado de Santa Catarina. Mercado de trabalho. Discriminação contra a mulher. Competência da União para legislar sobre Direito do Trabalho. (...) A Lei nº 11.562/2000, não obstante o louvável conteúdo material de combate à discriminação contra a mulher no mercado de trabalho, incide em inconstitucionalidade formal, por invadir a competência da União para legislar sobre direito do trabalho.[55]

Ação direta de inconstitucionalidade. Arts. 1º, 2º e 3º da Lei nº 50, de 25.05.2004, do Estado do Amazonas. Teste de maternidade e paternidade. Realização gratuita. (...) O disposto no inciso I consubstancia matéria de índole processual – concessão definitiva do benefício à assistência judiaria gratuita – tema a ser disciplinado pela União. Inconstitucionalidade do inciso III do art. 2º que estabelece a perda do direito à assistência judiciária gratuita do sucumbente na ação investigatória que tenha sido proposta pelo Ministério Público e que tenha como suporte o resultado positivo do exame de DNA. Violação do disposto no inciso LXXIV do art. 5º da Constituição de 1988. Fixação de prazo para cumprimento da decisão judicial que determinar o ressarcimento das despesas realizadas pelo Estado-membro. Inconstitucionalidade do inciso IV do art. 2º.[56]

Constitucional. Ação direta de inconstitucionalidade. Lei nº 1.314, de 1º.04.2004, do Estado de Rondônia, que impõe às empresas de construção civil, com obras no Estado, a obrigação de fornecer leite, café e pão com manteiga aos trabalhadores que comparecerem com antecedência mínima de 15 (quinze)

---

54 ADI 541, voto do Rel. Min. Carlos Velloso, j. 10.05.2007, Plenário, *DJ* 06.09.2007.

55 ADI 2.487, Rel. Min. Joaquim Barbosa, j. 30.08.2007, Plenário, *DJE* 28.03.2008. No mesmo sentido: ADI 3.166, Rel. Min. Cezar Peluso, j. 27.05.2010, Plenário, *Informativo* 588.

56 ADI 3.394, Rel. Min. Eros Grau, j. 02.04.2007, Plenário, *DJE* 15.08.2008.

minutos ao seu primeiro turno de labor. Usurpação da competência da União para legislar sobre direito do trabalho (inciso I do art. 22). Ação julgada procedente.[57]

Constitucional. Lei nº 15.223/2005, do Estado de Goiás. Concessão de isenção de pagamento em estacionamento. Competência legislativa. Preliminar. Legitimidade ativa. Propositura da ação direta de inconstitucionalidade. Confederação Nacional dos Estabelecimentos de Ensino (Confenen). Ação procedente. Preliminar de ilegitimidade ativa. Ação direta de inconstitucionalidade conhecida por maioria. A prestação de serviço de estacionamento não é a atividade principal dos estabelecimentos de ensino representados pela entidade autora, mas assume relevo para efeito de demonstração de interesse para a propositura da ação direta (precedente: ADI 2.448, Rel. Min. Sydney Sanches, Pleno, 23.04.2003). O ato normativo atacado prevê a isenção de pagamento por serviço de estacionamento não apenas em estabelecimentos de ensino, mas também em outros estabelecimentos não representados pela entidade autora. Tratando-se de alegação de inconstitucionalidade formal da norma atacada, torna-se inviável a cisão da ação para dela conhecer apenas em relação aos dispositivos que guardem pertinência temática com os estabelecimentos de ensino. Inconstitucionalidade formal. Competência privativa da União.[58]

Ação direta de inconstitucionalidade. Lei estadual que regula obrigações relativas a serviços de assistência médico-hospitalar regidos por contratos de natureza privada, universalizando a cobertura de doenças (Lei nº 11.446/97, do Estado de Pernambuco). Vício formal. Competência privativa da União para legislar sobre direito civil, comercial e sobre política de seguros (CF, art. 22, I e VII). Precedente: ADI 1.595-MC/SP, Rel. Min. Nelson Jobim, DJ 19.12.2002, Pleno, maioria.[59]

Normas que cuidam dos institutos da posse, da aquisição de propriedade por decurso do tempo (prescrição aquisitiva) e de títulos legitimadores de propriedade são de Direito Civil, da competência legislativa da União. CF, art. 22, I. II.[60]

A expressão "e julgar", que consta do inciso XX do art. 40, e o inciso II do § 1º do art. 73 da Constituição catarinense consubstanciam normas processuais a serem observadas no julgamento da prática de crimes de responsabilidade. Matéria cuja competência legislativa é da União. Precedentes. Lei Federal nº 1.079/50, que disciplina o processamento dos crimes de responsabilidade. Recebimento, pela

57 ADI 3.251, Rel. Min. Ayres Britto, j. 18.06.2007, Plenário, *DJ* 19.10.2007.

58 ADI 3.710, Rel. Min. Joaquim Barbosa, j. 09.02.2007, Plenário, *DJ* 27.04.2007.

59 ADI 1.646, Rel. Min. Gilmar Mendes, j. 02.08.2006, Plenário, *DJ* 07.12.2006. No mesmo sentido: ADI 1.595, Rel. Min. Eros Grau, j. 03.03.2005, Plenário, *DJ* 07.12.2006.

60 ADI 3.438, Rel. Min. Carlos Velloso, j. 19.12.2005, Plenário, *DJ* 17.02.2006.

Constituição vigente, do disposto no art. 78, que atribui a um Tribunal Especial a competência para julgar o Governador. Precedentes. Inconstitucionalidade formal dos preceitos que dispõem sobre processo e julgamento dos crimes de responsabilidade, matéria de competência legislativa da União. A CB/88 elevou o prazo de inabilitação de 5 (cinco) para 8 (oito) anos em relação às autoridades apontadas. Art. 2º da Lei nº 1.079 revogado, no que contraria a Constituição do Brasil. A Constituição não cuidou da matéria no que respeita às autoridades estaduais. O disposto no art. 78 da Lei nº 1.079 permanece hígido – o prazo de inabilitação das autoridades estaduais não foi alterado. O Estado-membro carece de competência legislativa para majorar o prazo de cinco anos – art. 22, I, e parágrafo único do art. 85 da CB/88, que tratam de matéria cuja competência para legislar é da União. O Regimento da Assembleia Legislativa catarinense foi integralmente revogado. Prejuízo da ação no que se refere à impugnação do trecho 'do qual fará chegar uma via ao substituto constitucional do Governador para que assuma o poder, no dia em que entre em vigor a decisão da Assembleia', constante do § 4º do art. 232.[61]

Resolução nº 518, de 2000, do TRE do Rio de Janeiro. Proibição de uso de simuladores de urna eletrônica. Ausência de usurpação da competência legislativa privativa da União.[62]

O impugnado art. 16 da Lei nº 8.185/91 encontra-se tacitamente revogado desde a edição da Lei nº 8.658, de 26.05.1993, que estendeu a aplicação das regras previstas nos arts. 1º a 12 da Lei nº 8.038/90 – dirigidas, originariamente, ao STF e ao STJ – às ações penais de competência originária dos Tribunais de Justiça dos Estados e do Distrito Federal e dos Tribunais Regionais Federais. Com o advento da CF, delimitou-se, de forma mais criteriosa, o campo de regulamentação das leis e o dos regimentos internos dos tribunais, cabendo a estes últimos o respeito à reserva de lei federal para a edição de regras de natureza processual (CF, art. 22, I), bem como às garantias processuais das partes, "dispondo sobre a competência e o funcionamento dos respectivos órgãos jurisdicionais e administrativos" (CF, art. 96, I, a*). São normas de direito processual as relativas às garantias do contraditório, do devido processo legal, dos poderes, direitos e ônus que constituem a relação processual, como também as normas que regulem os atos destinados a realizar a* causa finalis *da jurisdição. Ante a regra fundamental insculpida no art. 5º, LX, da Carta Magna, a publicidade se tornou pressuposto de validade não apenas do ato de julgamento do Tribunal, mas da própria decisão que é tomada por esse órgão jurisdicional. Presente, portanto, vício formal consubstanciado na*

61 ADI 1.628, Rel. Min. Eros Grau, j. 10.08.2006, Plenário, *DJ* 24.11.2006.

62 ADI 2.283, Rel. Min. Gilmar Mendes, j. 15.02.2006, Plenário, *DJ* 02.06.2006.

invasão da competência privativa da União para legislar sobre direito processual. Precedente: HC *nº 74.761, Rel. Min. Maurício Corrêa,* DJ *12.09.1997. Ação direta parcialmente conhecida para declarar a inconstitucionalidade formal dos arts. 144, parágrafo único, e 150,* caput, *do Regimento Interno do Tribunal de Justiça do Distrito Federal e Territórios.*[63]

Implícito ao poder privativo da União de legislar sobre Direito do Trabalho está o de decretar feriados civis, mediante lei federal ordinária, por envolver tal iniciativa consequências nas relações empregatícias e salariais. Precedentes: AI 20.423, Rel. Min. Barros Barreto, DJ *24.06.1959 e Representação 1.172, Rel. Min. Rafael Mayer,* DJ *03.08.1984.*[64]

Mensalidades escolares. Fixação da data de vencimento. Matéria de direito contratual. (...) Os serviços de educação, seja os prestados pelo Estado, seja os prestados por particulares, configuram serviço público não privativo, podendo ser desenvolvidos pelo setor privado independentemente de concessão, permissão ou autorização. Nos termos do art. 22, I, da Constituição do Brasil, compete à União legislar sobre Direito Civil.[65]

À União, nos termos do disposto no art. 22, I, da Constituição do Brasil, compete privativamente legislar sobre direito processual. Lei estadual que dispõe sobre atos de Juiz, direcionando sua atuação em face de situações específicas, tem natureza processual e não meramente procedimental.[66]

É irrecusável, de um lado, que a disciplina normativa pertinente a questões de direito eleitoral insere-se na competência legislativa da União Federal. Essa competência normativa, definida ratione materiae, decorre da regra inscrita no art. 22, I, da Constituição da República, que atribui ao poder central competência para legislar privativamente sobre Direito Eleitoral. Ocorre que, salvo melhor juízo, a escolha do Governador e do Vice-Governador de Estado, para efeito de exercício residual do mandato político, na hipótese de dupla vacância desses cargos executivos, subsume-se à noção de matéria político-administrativa que se acha essencialmente sujeita, no que concerne à sua positivação formal, ao domínio institucional reservado à atuação normativa do Estado-membro.[67]

II – desapropriação;

---

63 ADI 2.970, Rel.ª Min.ª Ellen Gracie, j. 20.04.2006, Plenário, *DJ* 12.05.2006.

64 ADI 3.069, Rel. Min. Ellen Gracie, j. 24.11.2005, Plenário, *DJ* 16.12.2005.

65 ADI 1.007, Rel. Min. Eros Grau, j. 31.08.2005, Plenário, *DJ* 24.02.2006. No mesmo sentido: ADI 1.042, Rel. Min. Cezar Peluso, j. 12.08.2009, Plenário, *DJE* 6.11.2009.

66 ADI 2.257, Rel. Min. Eros Grau, j. 06.04.2005, Plenário, *DJ* 26.08.2005.

67 ADI 1.057-MC, voto do Rel. Min. Celso de Mello, j. 20.04.1994, Plenário, *DJ* 06.04.2001. No mesmo sentido:ADI 4.298-MC, Rel. Min. Cezar Peluso, j. 07.10.2009, Plenário, *DJE* 27.11.2009.

É inconstitucional, por invadir a competência legislativa da União e violar o princípio da separação dos poderes, norma distrital que submeta as desapropriações, no âmbito do Distrito Federal, à aprovação prévia da Câmara Legislativa do Distrito Federal.[68]

III – requisições civis e militares, em caso de iminente perigo e em tempo de guerra;

IV – águas, energia, informática, telecomunicações e radiodifusão;

Lei 18.721/2010 do Estado de Minas Gerais, que dispõe sobre o fornecimento de informações por concessionária de telefonia fixa e móvel para fins de segurança pública. Competência privativa da União para legislar sobre telecomunicações.[69]

Por reputar usurpada, em princípio, a competência privativa da União para legislar sobre telecomunicações (CF, art. 22, IV), o Tribunal referendou decisão da Presidência que deferira medida cautelar em ação direta de inconstitucionalidade para suspender a vigência da Lei nº 13.854/2009, do Estado de São Paulo, que proíbe a cobrança de "assinatura mensal" pelas concessionárias de serviços de telecomunicações. Salientou-se haver envolvimento de dois temas de grande repercussão: a competência normativa estadual para disciplinar serviço telefônico e, portanto, a cobrança de valores, e a denominada "assinatura básica", no caso rotulada de "assinatura mensal".[70]

Lei nº 10.248/93, do Estado do Paraná, que obriga os estabelecimentos que comercializem Gás Liquefeito de Petróleo – GLP a pesarem, à vista do consumidor, os botijões ou cilindros entregues ou recebidos para substituição, com abatimento proporcional do preço do produto ante a eventual verificação de diferença a menor entre o conteúdo e a quantidade líquida especificada no recipiente. Inconstitucionalidade formal, por ofensa à competência privativa da União para legislar sobre o tema (CF, art. 22, IV, e art. 238). Violação ao princípio da proporcionalidade e razoabilidade das leis restritivas de direitos.[71]

---

68 ADI 969, Rel. Min. Joaquim Barbosa, j. 27.09.2006, Plenário, *DJ* 20.10.2006.

69 **ADI 4.401**, rel. min. Gilmar Mendes, j. 30-8-2019, P, *DJE* de 28-11-2019.

70 ADI 4.369-REF-MC, Rel. Min. Ricardo Lewandowski, j. 23.06.2010, Plenário, *Informativo* 592. No mesmo sentido: ADI 4.401-MC, Rel. Min. Gilmar Mendes, j. 23.06.2010, Plenário, *Informativo* 592.

71 ADI 855, Rel. p/ o ac. Min. Gilmar Mendes, j. 6.03.2008, Plenário, *DJE* 27.03.2009.

Lei distrital 3.426/2004. Serviço público. Telecomunicações. Telefonia fixa. Concessão. Concessionárias. Obrigação de discriminar informações na fatura de cobrança. Definição de ligação local. Disposições sobre ônus da prova, termo de adequação e multa. Inadmissibilidade. Aparência de invasão de competência legislativa exclusiva da União. Ofensa aos arts. 21, XI, 22, IV, e 175, parágrafo único, incisos I, II e III, da CF. Liminar concedida. Precedentes. Votos vencidos. Aparenta inconstitucionalidade a lei distrital que, regulando a prestação do serviço correspondente, imponha a concessionárias de telefonia fixa obrigações na confecção das faturas e disponha sobre unidade de tarifação, ônus da prova, termo de adequação às suas normas e aplicação de multas.[72]

A Lei distrital 3.596 é inconstitucional, visto que dispõe sobre matéria de competência da União, criando obrigação não prevista nos respectivos contratos de concessão do serviço público, a serem cumpridas pelas concessionárias de telefonia fixa - art. 22, IV, da Constituição do Brasil.[73]

V - serviço postal;

VI - sistema monetário e de medidas, títulos e garantias dos metais;

Entendimento assentado pelo STF no sentido da incompetência das unidades federadas para a fixação de índices de correção monetária de créditos fiscais em percentuais superiores aos fixados pela União para o mesmo fim.[74]

VII - política de crédito, câmbio, seguros e transferência de valores;

Lei estadual que regula obrigações relativas a serviços de assistência médico-hospitalar regidos por contratos de natureza privada, universalizando a cobertura de doenças (Lei nº 11.446/97, do Estado de Pernambuco). Vício formal. Competência privativa da União para legislar sobre direito civil, comercial e sobre política de seguros (CF, art. 22, I e VII). Precedente: ADI 1.595-MC/SP, Rel. Min. Nelson Jobim, DJ *19.12.2002, Pleno, maioria.*[75]

VIII - comércio exterior e interestadual;

---

72 ADI 3.322-MC, Rel. Min. Cezar Peluso, j. 02.08.2006, Plenário, *DJ* 19.12.2006.

73 ADI 3.533, Rel. Min. Eros Grau, j. 02.08.2006, Plenário, *DJ* 06.10.2006.

74 RE 183.907, Rel. Min. Ilmar Galvão, j. 29.03.2000, Plenário, *DJ* 16.04.2004. No mesmo sentido: RE 402.503-AgR, Rel. Min. Joaquim Barbosa, j. 06.04.2010, Segunda Turma, *DJE* 30.04.2010; AI 678.603-AgR, Rel.ª Min.ª Cármen Lúcia, j. 25.08.2009, Primeira Turma, *DJE* 23.10.2009. *Vide*: ADI 442, Rel. Min. Eros Grau, j. 14.04.2010, Plenário, *DJE* 28.05.2010.

75 ADI 1.646, Rel. Min. Gilmar Mendes, j. 02.08.2006, Plenário, *DJ* 07.12.2006.

*O Tribunal julgou parcialmente procedente pedido formulado em duas ações diretas ajuizadas pela Associação Brasileira dos Extratores e Refinadores de Sal (Abersal) e pela Governadora do Estado do Rio Grande do Norte, para declarar a inconstitucionalidade dos arts. 6º e 7º da Lei nº 8.299/2003, do Estado do Rio Grande do Norte – que criam restrições ao escoamento de sal marinho não beneficiado do mencionado Estado para outras unidades da Federação e estabelecem cotas máximas para a exportação –, e para declarar a nulidade, sem redução do texto do art. 9º do mesmo diploma legal, da norma que possibilita que a concessão de benefício fiscal alcance o ICMS – v. Informativo 322. Entendeu-se que os arts. 6º e 7º usurpam a competência privativa da União para legislar sobre comércio interestadual e exterior (CF, art. 22, VIII), e que o art. 9º – que impõe ao Poder Público estadual a definição sobre a política de incentivo nas áreas de extração e beneficiamento do sal marinho, mediante concessão temporária de imunidade tributária –, ao permitir a concessão unilateral de incentivos pelo Estado do Rio Grande do Norte, ofende o art. 155, § 2º, XII, g, da CF. Precedentes citados: ADI 280/MT (*DJU *17.06.1994); ADI 349-MC/DF (*DJU *26.10.1990); ADI 2.656/SP (*DJU *de 1º.08.2003).*[76]

ADI contra Lei paranaense 13.519, de 08.04.2002, que estabelece obrigatoriedade de informação, conforme especifica, nos rótulos de embalagens de café comercializado no Paraná. (...) Não há usurpação de competência da União para legislar sobre direito comercial e comércio interestadual porque o ato normativo impugnado buscou, tão somente, assegurar a proteção ao consumidor. Precedente deste Tribunal (ADI 1.980-MC, Rel. Min. Sydney Sanches) no sentido de que não invade esfera de competência da União, para legislar sobre normas gerais, lei paranaense que assegura ao consumidor o direito de obter informações sobre produtos combustíveis. Afronta ao texto constitucional indireta na medida em que se mostra indispensável o exame de conteúdo de outras normas infraconstitucionais, no caso, o Código do Consumidor. (...) Ação julgada parcialmente procedente apenas no ponto em que a lei impugnada estende os seus efeitos a outras unidades da Federação.[77]

IX – diretrizes da política nacional de transportes;

É inconstitucional a lei distrital que torna obrigatória, sob pena pecuniária a ser definida pelo Poder Executivo, a iluminação interna dos veículos fechados, no período das dezoito às seis horas, quando se aproximem de blitz ou barreira policial.[78]

---

76 ADI 2.866 e ADI 3.001, Rel. Min. Gilmar Mendes, j. 12.05.2010, Plenário, *Informativo* 586.

77 ADI 2.832, Rel. Min. Ricardo Lewandowski, j. 07.05.2008, Plenário, *DJE* 20.06.2008.

78 ADI 3.625, Rel. Min. Cezar Peluso, j. 04.03.2009, Plenário, *DJE* 15.05.2009.

> X – regime dos portos, navegação lacustre, fluvial, marítima, aérea e aeroespacial;
>
> XI – trânsito e transporte;

Os arts. 1º e 2º da Lei catarinense 11.223, de 17 de novembro de 1998, que cuidam da obrigatoriedade de identificação telefônica da sede da empresa ou do proprietário nos veículos licenciados no Estado de Santa Catarina e destinados ao transporte de carga e de passageiros, a ser disponibilizada na parte traseira do veículo, por meio de adesivo ou pintura, em lugar visível, constando o código de discagem direta à distância, seguido do número do telefone, não contrariam o inciso XII do art. 5º da Constituição da República. A proibição contida nessa norma constitucional refere-se à interceptação e à consequente captação de conversa, por terceira pessoa, sem a autorização e/ou o conhecimento dos interlocutores e interessados na conversa telefônica. A informação de número de telefone para contato não implica quebra de sigilo telefônico. O art. 1º da Lei catarinense contempla matéria afeita à competência administrativa comum da União, dos Estados-membros, do Distrito Federal e dos Municípios, conforme previsto no inciso XII do art. 23 da Constituição da República, pelo que nele podem estar fixadas obrigações, desde que tenham pertinência com as competências que são próprias do Estado Federado e que digam respeito à segurança pública e à educação para o trânsito.[79]

Ação direta de inconstitucionalidade. Lei distrital que dispõe sobre instalação de aparelho, equipamento ou qualquer outro meio tecnológico de controle de velocidade de veículos automotores nas vias do Distrito Federal. Inconstitucionalidade formal. Competência privativa da União para legislar sobre trânsito e transporte. Violação ao art. 22, XI, da Constituição. Ação julgada procedente.[80]

Ação direta de inconstitucionalidade. Lei Distrital 3.787, de 2 de fevereiro de 2006, que cria, no âmbito do Distrito Federal, o sistema de moto-service *– transporte remunerado de passageiros com uso de motocicletas: inconstitucionalidade declarada por usurpação da competência privativa da União para legislar sobre trânsito e transporte (CF, art. 22, XI). Precedentes: ADI 2.606, Pl., Rel. Min. Maurício Corrêa,* DJ *07.02.2003; ADI 3.136, 1º.08.2006, Rel. Min. Ricardo Lewandowski; ADI 3.135, 1º.08.2006, Rel. Min. Gilmar Mendes.*[81]

(...) a Lei estadual 5.839/99, ao condicionar a imposição de multa à notificação via Correios, não trata de legislação de trânsito, mas de processo administrativo.

---

79 ADI 2.407, Rel.ª Min.ª Cármen Lúcia, j. 31.05.2007, Plenário, *DJ* 29.06.2007.

80 ADI 3.897, Rel. Min. Gilmar Mendes, j. 04.03.2009, Plenário, *DJE* 24.04.2009.

81 ADI 3.679, Rel. Min. Sepúlveda Pertence, j. 18.06.2007, Plenário, *DJ* 03.08.2007.

Trata-se de mera pretensão fiscal, e não do exercício da ação fiscal. O Fisco só exercerá sua pretensão após o recebimento de notificação. Norma estatal que confere máxima efetividade do direito de defesa (CF, art. 5º, LV).[82]

Lei do Estado do Pará. Serviço de transporte individual de passageiros prestado por meio de ciclomotores, motonetas e motocicletas. Competência privativa da União para legislar sobre trânsito e transporte (art. 22, XI, CF). Precedentes (ADI 2.606/SC).[83]

Lei nº 3.756/2002, do Estado do Rio de Janeiro, que autoriza o Poder Executivo a apreender e desemplacar veículos de transporte coletivo de passageiros encontrados em situação irregular: constitucionalidade, porque a norma legal insere-se no poder de polícia do Estado. [84]

Ação direta de inconstitucionalidade. Lei Distrital 2.929/2002, que dispõe sobre o prazo para vigência da aplicação de multas a veículos no Distrito Federal em virtude da reclassificação de vias. Usurpação de competência legislativa privativa da União.[85]

É pacífico nesta Corte o entendimento de que o trânsito é matéria cuja competência legislativa é atribuída, privativamente, à União, conforme reza o art. 22, XI, da CF. Precedentes: ADI 2.064, Rel. Min. Maurício Corrêa e ADI 2.137-MC, Rel. Min. Sepúlveda Pertence. A instituição da forma parcelada de pagamento da multa aplicada pela prática de infração de trânsito integra o conjunto de temas enfeixados pelo art. 22, XI, da CF. Precedentes: ADI 2.432 (medida cautelar, Rel. Min. Nelson Jobim, DJ 21.09.2001; Mérito, Rel. Min. Eros Grau, j. 9.03.2005, Informativo STF 379) e ADI 3.196-MC, Rel. Min. Gilmar Mendes, DJ 22.04.2005.[86]

Legislação sobre trânsito: competência privativa federal: CF, art. 22, XI. Lei nº 11.766, de 1997, do Estado do Paraná, que torna obrigatório a qualquer veículo automotor transitar permanentemente com os faróis acesos nas rodovias do Estado do Paraná, impondo a pena de multa aos que descumprirem o preceito legal: inconstitucionalidade, porque a questão diz respeito ao trânsito.[87]

---

82 ADI 2.374, Rel. Min. Gilmar Mendes, j. 06.10.2004, Plenário, *DJ* 16.02.2007.

83 ADI 3.135, Rel. Min. Gilmar Mendes, j. 1º.08.2006, Plenário, *DJ* 8.09.2006.) No mesmo sentido: ADI 3.136, Rel. Min. Ricardo Lewandowski, j. 1º.08.2006, Plenário, *DJ* 10.11.2006.

84 ADI 2.751, Rel. Min. Carlos Velloso, j. 31.08.2005, Plenário, *DJ* 24.02.2006.

85 ADI 3.186, Rel. Min. Gilmar Mendes, j. 16.11.2005, Plenário, *DJ* 12.05.2006.

86 ADI 3.444, Rel.ª Min.ª Ellen Gracie, j. 16.11.2005, Plenário, *DJ* 3.02.2006.) No mesmo sentido: ADI 3.196, Rel. Min. Gilmar Mendes, j. 21.08.2008, Plenário, *DJE* 7.11.2008.

87 ADI 3.055, Rel. Min. Carlos Velloso, j. 24.11.2005, Plenário, *DJ* 3.02.2006.

Lei nº 11.824, de 14.08.2002, do Estado do Rio Grande do Sul. Inconstitucionalidade. O disciplinamento da colocação de barreiras eletrônicas para aferir a velocidade de veículos, por inserir-se na matéria trânsito, é de competência exclusiva da União (art. 22, XI, da CF).[88]

Fretamento de ônibus para o transporte com finalidade turística, ou para o atendimento do turismo no Estado. Transporte ocasional de turistas, que reclamam regramento por parte do Estado-membro, com base no seu poder de polícia administrativa, com vistas à proteção dos turistas e do próprio turismo. CF, art. 25, § 1º. Inocorrência de ofensa à competência privativa da União para legislar sobre trânsito e transporte (CF, art. 22, XI).[89]

XII – jazidas, minas, outros recursos minerais e metalurgia;

XIII – nacionalidade, cidadania e naturalização;

XIV – populações indígenas;

XV – emigração e imigração, entrada, extradição e expulsão de estrangeiros;

XVI – organização do sistema nacional de emprego e condições para o exercício de profissões;

Competência. Processo objetivo. Conflito de lei estadual com a CF. O conflito de lei estadual disciplinadora da atribuição normativa para legislar sobre exercício profissional resolve-se considerada a CF, pouco importando articulação, na inicial, de ofensa à Carta do Estado no que revela princípios gerais – de competir à Unidade da Federação normatizar o que não lhe seja vedado e respeitar a atuação municipal.[90]

Lei distrital 3.136/2003, que "disciplina a atividade de transporte de bagagens nos terminais rodoviários do Distrito Federal". (...) Quanto à violação ao art. 22, XVI, da CF, na linha dos precedentes do STF, verifica-se a inconstitucionalidade formal dos arts. 2º e 8º do diploma impugnado por versarem sobre condições para o exercício da profissão. Precedente citado: ADI-MC 2.752/DF, Rel. Min. Joaquim Barbosa, Pleno, maioria, DJ 23.04.2004. Ainda que superado o reconhecimento de ambas as inconstitucionalidades formais indicadas, com relação ao art. 1º da Lei distrital, verifica-se violação ao art. 8º, VI, da CF, por afrontar a "liberdade de associação sindical", uma vez que a norma objeto desta

---

88 ADI 2.718, Rel. Min. Joaquim Barbosa, j. 6.04.2005, Plenário, *DJ* 24.06.2005.

89 RE 201.865, Rel. Min. Carlos Velloso, j. 28.10.2004, Plenário, *DJ* 4.02.2005.

90 Rcl 5.096, Rel. Min. Marco Aurélio, j. 20.05.2009, Plenário, *DJE* 19.06.2009.

impugnação sujeita o exercício da profissão de carregador e transportador de bagagens à prévia filiação ao sindicato da categoria.[91]

XVII – organização judiciária, do Ministério Público do Distrito Federal e dos Territórios e da Defensoria Pública dos Territórios, bem como organização administrativa destes (redação conforme a EC nº 69/2012);

XVIII – sistema estatístico, sistema cartográfico e de geologia nacionais;

XIX – sistemas de poupança, captação e garantia da poupança popular;

XX – sistemas de consórcios e sorteios;

Ação direta de inconstitucionalidade – Legislação estadual pertinente à exploração de atividade lotérica – Discussão sobre a competência para legislar sobre o tema referente a sistemas de sorteios – Matéria submetida ao regime de competência privativa da União (...) Ação direta que impugna, não apenas a Lei estadual 1.123/2000, mas, também, os diplomas legislativos que, versando matéria idêntica (serviços lotéricos), foram por ela revogados. Necessidade, em tal hipótese, de impugnação de todo o complexo normativo. Correta formulação, na espécie, de pedidos sucessivos de declaração de inconstitucionalidade tanto do diploma ab-rogatório quanto das normas por ele revogadas, porque também eivadas do vício da ilegitimidade constitucional. Reconhecimento da inconstitucionalidade desses diplomas legislativos, não obstante já revogados.[92]

A cláusula de competência inscrita no art. 22, XX, da Constituição da República atribui máximo coeficiente de federalidade ao tema dos "sorteios" (expressão que abrange os jogos de azar, as loterias e similares), em ordem a afastar, nessa específica matéria, a possibilidade constitucional de legítima regulação normativa, ainda que concorrente, por parte dos Estados-membros, do Distrito Federal ou dos Municípios. Não assiste, ao Estado-membro, bem assim ao Distrito Federal, competência para legislar, por autoridade própria, sobre qualquer modalidade de loteria ou de serviços lotéricos. Precedentes. A usurpação, pelo Estado-membro, da competência para legislar sobre sistemas de sorteios – que representa matéria constitucionalmente reservada, em caráter de absoluta privatividade, à União Federal – traduz vício jurídico que faz instaurar situação de inconstitucionalidade formal, apta a infirmar, de modo radical, a própria integridade do ato legislativo daí resultante. Precedentes. Não se instaurou, perante o STF, processo de controle normativo abstrato referente à Lei nº 73/47 do Estado de Pernambuco, editada em momento no qual era facultado,

---

91 ADI 3.587, Rel. Min. Gilmar Mendes, j. 12-12-2007, Plenário, *DJE* 22.02.2008.

92 ADI 3.148, Rel. Min. Celso de Mello, j. 13-12-2006, Plenário, *DJ* 28.09.2007.

a qualquer Estado-membro, por efeito de legislação federal (DL 204/67), dispor, validamente, sobre a instituição e a exploração de serviços lotéricos. Matéria estranha, portanto, ao âmbito deste processo de fiscalização normativa, cujo objeto limita-se, unicamente, ao exame da legitimidade constitucional da Lei estadual 12.343/2003 e do Decreto estadual 24.446/2002. Situação idêntica à que se registrou no julgamento da ADI 2.996/SC. A questão do federalismo no sistema constitucional brasileiro – O surgimento da ideia federalista no Império – O modelo federal e a pluralidade de ordens jurídicas (ordem jurídica total e ordens jurídicas parciais) – A repartição constitucional de competências: poderes enumerados (explícitos ou implícitos) e poderes residuais.[93]

XXI – normas gerais de organização, efetivos, material bélico, garantias, convocação, mobilização, inatividades e pensões das polícias militares e dos corpos de bombeiros militares;

A lei é realmente federal e não nacional no que concerne – primeira distinção que faço – à idade. A Constituição da República, no art. 22, XXI, prevê expressamente: "Art. 22. Compete privativamente à União legislar sobre: (...) XXI – normas gerais de organização, efetivos, material bélico...," Fico na dúvida, Senhora Presidente, se fixação de idade é norma geral – primeiro dado. Segundo, a Constituição estabelece que se aplica aos servidores, a nós de maneira geral, o inciso VII do art. 30, que determina que não pode ser critério de admissibilidade, entre outros, a idade, sendo que só admite idade, para concursos públicos, quando houver razoabilidade no sentido firmado por Rui Barbosa, razão de ser da norma. Por que vinte e três e não trinta e cinco? Por que não trinta? Todos os concursos que acompanhei, na condição de advogada ainda, sempre trazia problemas com relação a polícias, uma vez que se fixa a idade sem uma explicação da razão de ser disso. Por um lado, trata-se de um serviço específico cujas normas gerais estão fixadas em norma nacional, e aquilo que foi especial transforma-se em norma federal dentro desse diploma, que, no caso da União, é a Lei nº 10.029, de 20.10.2000. Por outro lado, fico também temerosa de afirmar que, dentro da autonomia de um ente da federação, ele não pode, para o seu pessoal, fixar pelo menos a idade daquilo que seja, como diz o Ministro Relator, como visto nas informações, as condições específicas daquele local. Peço muitas vênias ao Relator, sem embargo até de fazer um estudo pormenorizado do tema para o julgamento de mérito, mas, de imediato, indefiro a cautelar pleiteada.[94]

---

93 ADI 2.995, Rel. Min. Celso de Mello, j. 13-12-2006, Plenário, *DJ* 28.09.2007.

94 ADI 3.774-MC, voto da Rel. p/ o ac. Min. Cármen Lúcia, j. 25.10.2006, Plenário, *DJ* 11.05.2007.

XXII – competência da polícia federal e das polícias rodoviária e ferroviária federais;

XXIII – seguridade social;

XXIV – diretrizes e bases da educação nacional;

Ação direta de inconstitucionalidade. Arts. 81 e 82 do ADCT da Constituição do Estado de Minas Gerais. Instituições de ensino superior criadas pelo Estado e mantidas pela iniciativa privada. Supervisão pedagógica do Conselho Estadual de Educação. Alcance. Ofensa ao art. 22, XXIV, da CF. Inconstitucionalidade formal. Emenda Constitucional Estadual 70/2005. Alteração substancial. Não caracterização. Ação direta julgada procedente. Modulação dos efeitos. (...) O alcance da expressão "supervisão pedagógica", contida no inciso II do art. 82 do ADCT da Constituição Estadual de Minas Gerais, vai além do mero controle do conteúdo acadêmico dos cursos das instituições superiores privadas mineiras. Na verdade, a aplicação do dispositivo interfere no próprio reconhecimento e credenciamento de cursos superiores de universidades que são, atualmente, em sua integralidade privadas, pois extinto o vínculo com o Estado de Minas Gerais. O simples fato de a instituição de ensino superior ser mantida ou administrada por pessoas físicas ou jurídicas de direito privado basta à sua caracterização como instituição de ensino privada, e, por conseguinte, sujeita ao Sistema Federal de Ensino. Portanto, as instituições de ensino superior originalmente criadas pelo estado de Minas Gerais, mas dele desvinculadas após a Constituição estadual de 1989, e sendo agora mantidas pela iniciativa privada, não pertencem ao Sistema Estadual de Educação e, consequentemente, não estão subordinadas ao Conselho Estadual de Educação, em especial no que tange à criação, ao credenciamento e descredenciamento, e à autorização para o funcionamento de cursos. Invade a competência da União para legislar sobre diretrizes e bases da educação a norma estadual que, ainda que de forma indireta, subtrai do Ministério da Educação a competência para autorizar, reconhecer e credenciar cursos em instituições superiores privadas. Inconstitucionalidade formal do art. 82, § 1º, II, da Constituição do Estado de Minas Gerais que se reconhece por invasão de competência da União para legislar sobre diretrizes e bases da educação (art. 22, XXIV, da CF). Inconstitucionalidade por arrastamento dos § 4º, § 5º e § 6º do mesmo art. 82, inseridos pela Emenda Constitucional Estadual 70/2005.[95]

Competência concorrente entre a União, que define as normas gerais e os entes estaduais e Distrito Federal, que fixam as especificidades, os modos e meios de cumprir o quanto estabelecido no art. 24, IX, da Constituição da República,

95 ADI 2.501, Rel. Min. Joaquim Barbosa, j. 4.09.2008, Plenário, *DJE* 19-12-2008.

ou seja, para legislar sobre educação. O art. 22, XXIV, da Constituição da República enfatiza a competência privativa do legislador nacional para definir as diretrizes e bases da educação nacional, deixando as singularidades no âmbito de competência dos Estados e do Distrito Federal.[96]

O art. 24 da CF compreende competência estadual concorrente não cumulativa ou suplementar (art. 24, § 2º) e competência estadual concorrente cumulativa (art. 24, § 3º). Na primeira hipótese, existente a lei federal de normas gerais (art. 24, § 1º), poderão os Estados e o DF, no uso da competência suplementar, preencher os vazios da lei federal de normas gerais, a fim de afeiçoá-la às peculiaridades locais (art. 24, § 2º); na segunda hipótese, poderão os Estados e o DF, inexistente a lei federal de normas gerais, exercer a competência legislativa plena "para atender a suas peculiaridades" (art. 24, § 3º). Sobrevindo a lei federal de normas gerais, suspende esta a eficácia da lei estadual, no que lhe for contrário (art. 24, § 4º). A Lei nº 10.860, de 31.08.2001, do Estado de São Paulo foi além da competência estadual concorrente não cumulativa e cumulativa, pelo que afrontou a CF, art. 22, XXIV, e art. 24, IX, § 2º e § 3º.[97]

XXV – registros públicos;

Constitucional. Declaração de constitucionalidade. Atividade notarial. Natureza. Lei nº 9.534/97. Registros públicos. Atos relacionados ao exercício da cidadania. Gratuidade. Princípio da proporcionalidade. Violação não observada. Precedentes. Procedência da ação. A atividade desenvolvida pelos titulares das serventias de notas e registros, embora seja análoga à atividade empresarial, sujeita-se a um regime de direito público. Não ofende o princípio da proporcionalidade lei que isenta os 'reconhecidamente pobres' do pagamento dos emolumentos devidos pela expedição de registro civil de nascimento e de óbito, bem como a primeira certidão respectiva.[98]

Competência legislativa e registros públicos: o § 1º do art. 2º do diploma legislativo em estudo cria um requisito de validade dos atos de criação, preservação, modificação e extinção de direito e obrigações. Imiscuindo-se, ipso facto, na competência legislativa que a Carta Federal outorgou à União.[99]

---

96 ADI 3.669, Rel. Min. Cármen Lúcia, j. 18.06.2007, Plenário, *DJ* 29.06.2007.

97 ADI 3.098, Rel. Min. Carlos Velloso, j. 24.11.2005, Plenário, *DJ* 10.03.2006.

98 ADC 5, Rel. Min. Ricardo Lewandowski, j. 11.06.2007, Plenário, *DJ* 5.10.2007.

99 ADI 3.151, Rel. Min. Ayres Britto, j. 8.06.2005, Plenário, *DJ* 28.04.2006.

XXVI – atividades nucleares de qualquer natureza;

Energia nuclear. Arguição de inconstitucionalidade de preceito de Constituição estadual, que subordina a construção, no respectivo território, de instalações industriais para produção de energia nuclear à autorização da Assembleia Legislativa, ratificada por plebiscito. Alegação de ofensa à competência privativa da União (CF, art. 21, XXIII). Mantida a competência exclusiva da União para legislar sobre atividades nucleares de qualquer natureza (CF, art. 22, XXVI), aplicáveis ao caso os precedentes da Corte produzidos sob a égide da CF de 1967. Ao estabelecer a prévia aprovação da Assembleia Legislativa estadual, ratificada por plebiscito, como requisito para a implantação de instalações industriais para produção de energia nuclear no Estado, invade a Constituição catarinense a competência legislativa privativa da União.[100]

XXVII – normas gerais de licitação e contratação, em todas as modalidades, para as administrações públicas diretas, autárquicas e fundacionais da União, Estados, Distrito Federal e Municípios, obedecido o disposto no art. 37, XXI, e para as empresas públicas e sociedades de economia mista, nos termos do art. 173, § 1º, III;

Tribunal de Contas estadual. Controle prévio das licitações. Competência privativa da União (art. 22, XXVII, da CF). Legislação federal e estadual compatíveis. Exigência indevida feita por ato do Tribunal que impõe controle prévio sem que haja solicitação para a remessa do edital antes de realizada a licitação. O art. 22, XXVII, da CF dispõe ser da União, privativamente, a legislação sobre normas gerais de licitação e contratação. A Lei Federal nº 8.666/93 autoriza o controle prévio quando houver solicitação do Tribunal de Contas para a remessa de cópia do edital de licitação já publicado. A exigência feita por atos normativos do Tribunal sobre a remessa prévia do edital, sem nenhuma solicitação, invade a competência legislativa distribuída pela CF, já exercida pela Lei Federal nº 8.666/93, que não contém essa exigência.[101]

Ação direta de inconstitucionalidade. Art. 3º, caput e parágrafos, da Lei nº 9.262, de 12.01.96, do Distrito Federal. Venda de áreas públicas passíveis de se tornarem urbanas. Terrenos localizados nos limites da área de proteção ambiental (APA) da Bacia do Rio São Bartolomeu. Processo de parcelamento reconhecido pela autoridade pública. Vendas individuais. Afastamento dos procedimentos exigidos

100 ADI 329, Rel. Min. Ellen Gracie, j. 1.04.2004, Plenário, *DJ* 28.05.2004.) No mesmo sentido: ADI 1.575, Rel. Min. Joaquim Barbosa, j. 7.04.2010, Plenário, *DJE* 11.06.2010.

101 RE 547.063, Rel. Min. Menezes Direito, j. 7.10.2008, Primeira Turma, *DJE* 12-12-2008.

na Lei nº 8.666, de 21.06.93. Necessidade de comprovação. Inexigibilidade e dispensa de licitação. Inviabilidade de competição. Alegação de violação do disposto no art. 37, XXI, da Constituição do Brasil. Inocorrência. A dispensa de licitação em geral é definida no art. 24 da Lei nº 8.666/93; especificadamente - nos casos de alienação, aforamento, concessão de direito real de uso, locação ou permissão de uso de bens imóveis construídos e destinados ou efetivamente utilizados no âmbito de programas habitacionais ou de regularização fundiária de interesse social, por órgãos ou entidades da administração pública - no seu art. 17, I, f. Há, no caso dos autos, inviabilidade de competição, do que decorre a inexigibilidade de licitação (art. 25 da lei). O loteamento há de ser regularizado mediante a venda do lote àquele que o estiver ocupando. Consubstancia hipótese de inexigibilidade, art. 25. Ação direta de inconstitucionalidade julgada improcedente.[102]

XXVIII – defesa territorial, defesa aeroespacial, defesa marítima, defesa civil e mobilização nacional;

XXIX – propaganda comercial.

Parágrafo único. Lei complementar poderá autorizar os Estados a legislar sobre questões específicas das matérias relacionadas neste artigo.

Ação direta. Lei nº 6.347/2002, do Estado de Alagoas. Competência legislativa. Trânsito. Transporte. Veículos. Inspeção técnica veicular. Avaliação de condições de segurança e controle de emissões de poluentes e ruídos. Regulamentação de concessão de serviços e da sua prestação para esses fins. Inadmissibilidade. Competência legislativa exclusiva da União. Ofensa ao art. 22, XI, da CF. Ação julgada procedente. Precedentes. É inconstitucional a lei estadual que, sob pretexto de autorizar concessão de serviços, dispõe sobre inspeção técnica de veículos para avaliação de condições de segurança e controle de emissões de poluentes e ruídos.[103]

O art. 3º da Lei catarinense 11.223/99 traz matéria de cunho administrativo-penal, contida na esfera de competência exclusiva da União, prevista no parágrafo único do art. 22 da Constituição da República. Diante da inexistência de lei complementar da União que autorize "os Estados a legislar sobre questões específicas das matérias relacionadas neste artigo", não é válida a norma segundo a qual a entidade federada determina o bloqueio do licenciamento de veículos de proprietários, tal como se dá na Lei catarinense 11.223/99.[104]

---

102 ADI 2.990, Rel. p/ o ac. Min. Eros Grau, j. 18.04.2007, Plenário, *DJ* 24.08.2007.

103 ADI 3.049,Rel. Min. Cezar Peluso, j. 4.06.2007, Plenário, *DJ* 24.08.2007.

104 ADI 2.407, Rel. Min. Cármen Lúcia, j. 31.05.2007, Plenário, *DJ* 29.06.2007.

Art. 23. É competência comum da União, dos Estados, do Distrito Federal e dos Municípios:

Medida cautelar em ação direta de inconstitucionalidade. Lei 9.637, de 15 de maio de 1998. Qualificação de entidades como organizações sociais. Inciso XXIV do art. 24 da Lei nº 8.666, de 21 de junho de 1993, com a redação conferida pela Lei nº 9.648, de 27 de maio de 1998. Dispensa de licitação. Alegação de afronta ao disposto nos arts. 5º; 22; 23; 37; 40; 49; 70; 71; 74, § 1º e 2º; 129; 169, § 1º; 175, caput; *194; 196; 197; 199, § 1º; 205; 206; 208, § 1º e 2º; 211, § 1º; 213; 215,* caput; *216; 218, §§ 1º, 2º, 3º e 5º; 225, § 1º, e 209. Indeferimento da medida cautelar em razão de descaracterização do periculum in mora. Organizações Sociais – pessoas jurídicas de direito privado, sem fins lucrativos, direcionadas ao exercício de atividades referentes a ensino, pesquisa científica, desenvolvimento tecnológico, proteção e preservação do meio ambiente, cultura e saúde. Afastamento, no caso, em sede de medida cautelar, do exame das razões atinentes ao fumus boni iuris. O periculum in mora não resulta no caso caracterizado, seja mercê do transcurso do tempo – os atos normativos impugnados foram publicados em 1998 – seja porque no exame do mérito poder-se-á modular efeitos do que vier a ser decidido, inclusive com a definição de sentença aditiva. Circunstâncias que não justificariam a concessão do pedido liminar. Medida cautelar indeferida.*[105]

I – zelar pela guarda da Constituição, das leis e das instituições democráticas e conservar o patrimônio público;

II – cuidar da saúde e assistência pública, da proteção e garantia das pessoas portadoras de deficiência;

Decisões importantes do Tribunal sobre a crise sanitária mundial causada pela Covid-19:

A vacinação compulsória não significa vacinação forçada, porquanto facultada sempre a recusa do usuário, podendo, contudo, ser implementada por meio de medidas indiretas, as quais compreendem, dentre outras, a restrição ao exercício de certas atividades ou à frequência de determinados lugares, desde que previstas em lei, ou dela decorrentes, e (i) tenham como base evidências científicas e análises estratégicas pertinentes, (ii) venham acompanhadas de ampla informação sobre a eficácia, segurança e contraindicações dos imunizantes, (iii) respeitem a dignidade humana e os direitos fundamentais das pessoas, (iv) atendam aos critérios de razoabilidade e proporcionalidade e (v) sejam as vacinas distribuídas universal e gratuitamente; e (B) tais medidas, com as limitações acima expostas, podem ser

105 ADI 1.923-MC,Rel. p/ o ac. Min. Eros Grau, j. 1º.08.2007, Plenário, *DJ* 21.09.2007.

implementadas tanto pela União como pelos Estados, Distrito Federal e Municípios, respeitadas as respectivas esferas de competência.[106]

A União tem papel central, primordial e imprescindível de coordenação em uma pandemia internacional nos moldes que a própria Constituição estabeleceu no SUS. Em relação à saúde e assistência pública, a Constituição Federal consagra a existência de competência administrativa comum entre União, Estados, Distrito Federal e Municípios (art. 23, II e IX, da CF), bem como prevê competência concorrente entre União e Estados/Distrito Federal para legislar sobre proteção e defesa da saúde (art. 24, XII, da CF); permitindo aos Municípios suplementar a legislação federal e a estadual no que couber, desde que haja interesse local (art. 30, II, da CF); e prescrevendo ainda a descentralização político-administrativa do Sistema de Saúde (art. 198, CF, e art. 7º da Lei 8.080/1990), com a consequente descentralização da execução de serviços, inclusive no que diz respeito às atividades de vigilância sanitária e epidemiológica (art. 6º, I, da Lei 8.080/1990). (...) Os condicionamentos imposto pelo art. 3º, VI, "b", §§ 6º, 6º-A e 7º, II, da Lei 13.979/2020, aos Estados e Municípios para a adoção de determinadas medidas sanitárias de enfrentamento à pandemia do COVID-19, restringem indevidamente o exercício das competências constitucionais desses entes, em detrimento do pacto federativo.[107]

- A emergência internacional, reconhecida pela Organização Mundial da Saúde, não implica nem muito menos autoriza a outorga de discricionariedade sem controle ou sem contrapesos típicos do Estado Democrático de Direito. As regras constitucionais não servem apenas para proteger a liberdade individual, mas também o exercício da racionalidade coletiva, isto é, da capacidade de coordenar as ações de forma eficiente. O Estado Dem'ocrático de Direito implica o direito de examinar as razões governamentais e o direito de criticá-las. Os agentes públicos agem melhor, mesmo durante emergências, quando são obrigados a justificar suas ações. O exercício da competência constitucional para as ações na área da saúde deve seguir parâmetros materiais específicos, a serem observados, por primeiro, pelas autoridades políticas. Como esses agentes públicos devem sempre justificar suas ações, é à luz delas que o controle a ser exercido pelos demais poderes tem lugar. O pior erro na formulação das políticas públicas é a omissão, sobretudo para as ações essenciais exigidas pelo art. 23 da Constituição Federal. É grave que, sob o manto da competência exclusiva ou privativa, premiem-se as inações do governo federal, impedindo que Estados e Municípios, no âmbito de suas respectivas competências, implementem as políticas públicas essenciais. O Estado garantidor dos direitos fundamentais não é apenas a União, mas também os Estados e os Municípios. A diretriz constitucional da hierarquização, constante do caput do art. 198 não significou hierarquização entre os entes federados, mas comando único, dentro de cada um deles. É preciso ler as normas que integram a Lei 13.979, de 2020, como decorrendo da competência própria da União para legislar sobre vigilância epidemiológica, nos termos da Lei Geral do SUS, Lei 8.080, de 1990. O exercício da competência da União em nenhum momento diminuiu a competência própria dos demais entes da federação na realização de serviços da saúde, nem

106 **ADI 6.586** e **6.587**, rel. min. Ricardo Lewandowski, j. 17-12-2020, P, *Informativo 1.003*.

107 **ADI 6.343 MC-REF**, rel. p/ o ac. min. Alexandre de Moraes, j. 6-5-2020, P, DJE de 17-11-2020.

poderia, afinal, a diretriz constitucional é a de municipalizar esses serviços. O direito à saúde é garantido por meio da obrigação dos Estados Partes de adotar medidas necessárias para prevenir e tratar as doenças epidêmicas e os entes públicos devem aderir às diretrizes da Organização Mundial da Saúde, não apenas por serem elas obrigatórias nos termos do Artigo 22 da Constituição da Organização Mundial da Saúde (Decreto 26.042, de 17 de dezembro de 1948), mas sobretudo porque contam com a expertise necessária para dar plena eficácia ao direito à saúde. Como a finalidade da atuação dos entes federativos é comum, a solução de conflitos sobre o exercício da competência deve pautar-se pela melhor realização do direito à saúde, amparada em evidências científicas e nas recomendações da Organização Mundial da Saúde. Medida cautelar parcialmente concedida para dar interpretação conforme à Constituição ao § 9º do art. 3º da Lei 13.979, a fim de explicitar que, preservada a atribuição de cada esfera de governo, nos termos do inciso I do artigo 198 da Constituição, o Presidente da República poderá dispor, mediante decreto, sobre os serviços públicos e atividades essenciais.108

Lei distrital. Notificação mensal à Secretaria de Saúde. Casos de câncer de pele. Obrigação imposta a médicos públicos e particulares. Admissibilidade. Saúde pública. Matéria inserida no âmbito de competência comum e concorrente do Distrito Federal. Arts. 23, II, e 24, XII, da CF. Responsabilidade civil dos profissionais da saúde. Matéria de competência exclusiva da União. art. 22, I.(...) Dispositivo de lei distrital que obriga os médicos públicos e particulares do Distrito Federal a notificarem a Secretaria de Saúde sobre os casos de câncer de pele não é inconstitucional. Matéria inserida no âmbito da competência da União, Estados e Distrito Federal, nos termos do art. 23, II, da CF. Exigência que encontra abrigo também no art. 24, XII, da Carta Magna, que atribui competência concorrente aos referidos entes federativos para legislar sobre a defesa da saúde. Dispositivo da lei distrital que imputa responsabilidade civil ao médico por falta de notificação caracteriza ofensa ao art. 22, I, da CF, que consigna ser competência exclusiva da União legislar acerca dessa matéria. (...).[109]

III – proteger os documentos, as obras e outros bens de valor histórico, artístico e cultural, os monumentos, as paisagens naturais notáveis e os sítios arqueológicos;

Ação Direta de Inconstitucionalidade. Art. 251 da Constituição do Estado de Mato Grosso e Lei Estadual 7.782/2002, "que declara integrantes do patrimônio científico-cultural do Estado os sítios paleontológicos e arqueológicos localizados

108 **ADI 6.341 MC-REF**, rel. p/ o ac. min. Edson Fachin, j. 15-4-2020, P, *DJE* de 13-11-2020.

109 ADI 2.875, Rel. Min. Ricardo Lewandowski, j. 4.06.2008, Plenário, *DJE* 20.06.2008.

em Municípios do Estado de Mato Grosso". Violação aos arts. 23, III e 216, V, da Constituição. Precedente: ADI 2.544, Rel. Min. Sepúlveda Pertence. Ação julgada procedente.[110]

Federação: competência comum: proteção do patrimônio comum, incluído o dos sítios de valor arqueológico (CF, arts. 23, III, e 216, V): encargo que não comporta demissão unilateral. Lei estadual 11.380, de 1999, do Estado do Rio Grande do Sul, confere aos municípios em que se localizam a proteção, a guarda e a responsabilidade pelos sítios arqueológicos e seus acervos, no Estado, o que vale por excluir, a propósito de tais bens do patrimônio cultural brasileiro (CF, art. 216, V), o dever de proteção e guarda e a consequente responsabilidade não apenas do Estado, mas também da própria União, incluídas na competência comum dos entes da Federação, que substantiva incumbência de natureza qualificadamente irrenunciável. A inclusão de determinada função administrativa no âmbito da competência comum não impõe que cada tarefa compreendida no seu domínio, por menos expressiva que seja, haja de ser objeto de ações simultâneas das três entidades federativas: donde, a previsão, no parágrafo único do art. 23, CF, de lei complementar que fixe normas de cooperação (v. sobre monumentos arqueológicos e pré-históricos, a Lei nº 3.924/61), cuja edição, porém, é da competência da União e, de qualquer modo, não abrange o poder de demitirem-se a União ou os Estados dos encargos constitucionais de proteção dos bens de valor arqueológico para descarregá-los ilimitadamente sobre os Municípios.[111]

IV – impedir a evasão, a destruição e a descaracterização de obras de arte e de outros bens de valor histórico, artístico ou cultural;

V – proporcionar os meios de acesso à cultura, à educação e à ciência;

Ação direta de inconstitucionalidade por omissão em relação ao disposto no art. 6º, 23, V, 208, I, e 214, I, da CF. Alegada inércia atribuída ao Presidente da República para erradicar o analfabetismo no país e para implementar o ensino fundamental obrigatório e gratuito a todos os brasileiros. Dados do recenseamento do Instituto Brasileiro de Geografia e Estatística demonstram redução do índice da população analfabeta, complementado pelo aumento da escolaridade de jovens e adultos. Ausência de omissão por parte do Chefe do Poder Executivo Federal em razão do elevado número de programas governamentais para a área de educação. A edição da Lei nº 9.394/96 (Lei de Diretrizes e Bases da Educação Nacional) e da Lei nº 10.172/2001 (Aprova o Plano Nacional de Educação)

110 ADI 3.525, Rel. Min. Gilmar Mendes, j. 30.08.2007, Plenário, *DJ* 26.10.2007.

111 ADI 2.544, Rel. Min. Sepúlveda Pertence, j. 28.06.2006, Plenário, *DJ* 17.11.2006.

demonstra atuação do Poder Público dando cumprimento à Constituição. Ação direta de inconstitucionalidade por omissão improcedente.[112]

Habeas corpus. Trancamento da ação penal. Crime contra o meio ambiente. Perigo de dano grave ou irreversível. Tipicidade da conduta. Exame de corpo de delito. Documentos técnicos elaborados pelas autoridades de fiscalização. Inépcia formal da denúncia. O dano grave ou irreversível que se pretende evitar com a norma prevista no art. 54, § 3º, da Lei 9.605/98 não fica prejudicado pela degradação ambiental prévia. O risco tutelado pode estar relacionado ao agravamento das consequências de um dano ao meio ambiente já ocorrido e que se protrai no tempo. O crime capitulado no tipo penal em referência não é daquele que deixa vestígios. Impossível, por isso, pretender o trancamento da ação penal ao argumento de que não teria sido realizado exame de corpo de delito. No caso, há registro de diversos documentos técnicos elaborados pela autoridade incumbida da fiscalização ambiental assinalando, de forma expressa, o perigo de dano grave ou irreversível ao meio ambiente. Não se reputa inepta a denúncia que preenche os requisitos formais do art. 41 do CPP e indica minuciosamente as condutas criminosas em tese praticadas pela paciente, permitindo, assim, o exercício do direito de ampla defesa. Habeas corpus em que se denega a ordem.[113]

Lei nº 7.844/92, do Estado de São Paulo. Meia entrada assegurada aos estudantes regularmente matriculados em estabelecimentos de ensino. Ingresso em casas de diversão, esporte, cultura e lazer. Competência concorrente entre a União, Estados membros e o Distrito Federal para legislar sobre direito econômico. Constitucionalidade.[114]

VI – proteger o meio ambiente e combater a poluição em qualquer de suas formas;

Ministério Público Estadual que também é competente para desencadear ação penal por crime ambiental, mesmo no caso de curso d'água transfronteiriços. Em crimes ambientais, o cumprimento do Termo de Ajustamento de Conduta, com consequente extinção de punibilidade, não pode servir de salvo-conduto para que o agente volte a poluir.[115]

112 ADI 1.698, Rel. Min. Cármen Lúcia, j. 25.02.2010, Plenário, *DJE* 16.04.2010.

113 *HC* nº 90.023, Rel. Min. Menezes Direito, j. 6.11.2007, Primeira Turma, *DJ* 7-12-2007.

114 ADI 1.950,Rel. Min. Eros Grau, j. 3.11.2005, Plenário, *DJ* 2.06.2006.

115 *HC* nº 92.921, Rel. Min. Ricardo Lewandowski, j. 19.08.2008, Primeira Turma, *DJE* 26.09.2008.

Ação direta de inconstitucionalidade. Lei distrital 3.460. Instituição do Programa de Inspeção e Manutenção de Veículos em uso no âmbito do Distrito Federal. Alegação de violação do disposto no art. 22, XI, da Constituição do Brasil. Inocorrência. O ato normativo impugnado não dispõe sobre trânsito ao criar serviços públicos necessários à proteção do meio ambiente por meio do controle de gases poluentes emitidos pela frota de veículos do Distrito Federal. A alegação do requerente de afronta ao disposto no art. 22, XI, da Constituição do Brasil não procede. A lei distrital apenas regula como o Distrito Federal cumprirá o dever-poder que lhe incumbe - proteção ao meio ambiente. O DF possui competência para implementar medidas de proteção ao meio ambiente, fazendo-o nos termos do disposto no art. 23, VI, da CF. Ação Direta de Inconstitucionalidade julgada improcedente.[116]

VII - preservar as florestas, a fauna e a flora;

VIII - fomentar a produção agropecuária e organizar o abastecimento alimentar;

IX - promover programas de construção de moradias e a melhoria das condições habitacionais e de saneamento básico;

X - combater as causas da pobreza e os fatores de marginalização, promovendo a integração social dos setores desfavorecidos;

XI - registrar, acompanhar e fiscalizar as concessões de direitos de pesquisa e exploração de recursos hídricos e minerais em seus territórios;

XII - estabelecer e implantar política de educação para a segurança do trânsito.

Parágrafo único. Leis complementares fixarão normas para a cooperação entre a União e os Estados, o Distrito Federal e os Municípios, tendo em vista o equilíbrio do desenvolvimento e do bem-estar em âmbito nacional. (Redação da EC nº 53/2006)

Art. 24. Compete à União, aos Estados e ao Distrito Federal legislar concorrentemente sobre:

I - direito tributário, financeiro, penitenciário, econômico e urbanístico;

Esta Corte, em oportunidades anteriores, firmou o entendimento de que, embora os Estados-membros sejam incompetentes para fixar índices de correção

116 ADI 3.338,Rel. p/ o ac. Min. Eros Grau, j. 31.08.2005, Plenário, *DJ* 6.09.2007.

monetária superiores aos fixados pela União para o mesmo fim, podem defini-los em patamares inferiores – incentivo fiscal. Precedentes. A competência dos Estados-membros para fixar índices de correção monetária de créditos fiscais é tema que também foi examinado por este Tribunal. A União e Estados-membros detêm competência legislativa concorrente para dispor sobre matéria financeira, nos termos do disposto no art. 24, I, da CF. A legislação paulista é compatível com a Constituição de 1988, desde que o fator de correção adotado pelo Estado-membro seja igual ou inferior ao utilizado pela União. Pedido julgado parcialmente procedente para conferir interpretação conforme ao art. 113 da Lei 6.374/89 do Estado de São Paulo, de modo que o valor da UFESP não exceda o valor do índice de correção dos tributos federais.[117]

Exame da constitucionalidade do disposto nos arts. 7º, I e III, e 13, da Lei distrital 3.669, de 13 de setembro de 2005, que versa sobre a criação da Carreira de Atividades Penitenciárias. (...) A competência para legislar sobre direito penitenciário é concorrente entre os entes da Federação, nos termos do disposto no art. 24, I, da CF. A Lei distrital 3.669 cria a Carreira de Atividades Penitenciárias, nos Quadros da Administração do Distrito Federal, no âmbito da Secretaria de Justiça, Direitos Humanos e Cidadania do Distrito Federal. Não há inconstitucionalidade na criação, por lei distrital, de carreira vinculada ao Governo do Distrito Federal. O Poder Legislativo distrital foi exercido no âmbito da parcela da competência concorrente para dispor sobre direito penitenciário. Pedido julgado improcedente no que toca ao art. 7º, I e III, e procedente no que respeita ao art. 13, caput e parágrafo único, da Lei distrital 3.669/2005 (...).[118]

Ação direta de inconstitucionalidade. Lei 8.366, de 7 de julho de 2006, do Estado do Espírito Santo. Lei que institui incentivo fiscal para as empresas que contratarem apenados e egressos. Matéria de índole tributária e não orçamentária.[119]

Lei 7.737/2004, do Estado do Espírito Santo. Garantia de meia entrada aos doadores regulares de sangue. Acesso a locais públicos de cultura, esporte e lazer. Competência concorrente entre a União, Estados-membros e o Distrito Federal para legislar sobre direito econômico. Controle das doações de sangue e comprovante da regularidade. Secretaria de Estado da Saúde. Constitucionalidade.[120]

II – orçamento;

III – juntas comerciais;

IV – custas dos serviços forenses;

---

117 ADI 442, Rel. Min. Eros Grau, j. 14.04.2010, Plenário, *DJE* 28.05.2010.

118 ADI 3.916, Rel. Min. Eros Grau, j. 3.02.2010, Plenário, *DJE* 14.05.2010.

119 ADI 3.809, Rel. Min. Eros Grau, j. 14.06.2007, Plenário, *DJ* 14.09.2007.

120 ADI 3.512/ES; Plenário, Rel. Min. Eros Grau, j. 15.02.2006, Plenário, *DJ* 23.06.2006.

Custas e emolumentos são espécies tributárias, classificando-se como taxas. Precedentes do STF. À União, ao Estado-membro e ao Distrito Federal é conferida competência para legislar concorrentemente sobre custas dos serviços forenses, restringindo-se a competência da União, no âmbito dessa legislação concorrente, ao estabelecimento de normas gerais, certo que, inexistindo tais normas gerais, os Estados exercerão a competência legislativa plena, para atender a suas peculiaridades (CF, art. 24, IV, §§ 1º e 3º).[121]

V – produção e consumo;

Lei nº 12.385/2002, do Estado de Santa Catarina que cria o programa de assistência às pessoas portadoras da doença celíaca e altera as atribuições de secretarias estaduais. (...) A natureza das disposições concernentes a incentivos fiscais e determinação para que os supermercados e hipermercados concentrem em um mesmo local ou gôndola todos os produtos alimentícios elaborados sem a utilização de glúten não interferem na função administrativa do Poder Executivo local. A forma de apresentação dos produtos elaborados sem a utilização de glúten está relacionada com a competência concorrente do Estado para legislar sobre consumo, proteção e defesa da saúde. Art. 24, V e XII, da CF. Precedentes.[122]

Lei nº 3.706/2006, do Distrito Federal, que dispõe sobre "a afixação de tabela relativa a taxas de juros e de rendimentos de aplicações financeiras pelas instituições bancárias e de crédito". Usurpação da competência privativa da União para fixar normas gerais relativas às relações de consumo (CF, art. 24, V, § 1º).[123]

Ação direta de inconstitucionalidade. Lei 5.652, do Estado do Espírito Santo. Comercialização de produtos por meio de vasilhames, recipientes ou embalagens reutilizáveis. Gás liquefeito de petróleo engarrafado (GLP). Diretrizes relativas à requalificação dos botijões. (...) O texto normativo questionado contém diretrizes relativamente ao consumo de produtos acondicionados em recipientes reutilizáveis – matéria em relação à qual o Estado-membro detém competência legislativa (art. 24, V, da Constituição do Brasil). Quanto ao gás liquefeito de petróleo (GLP), a lei impugnada determina que o titular da marca estampada em vasilhame, embalagem ou recipiente reutilizável não obstrua a livre-circulação do continente (art. 1º, caput). Estabelece que a empresa que reutilizar o vasilhame efetue sua devida identificação através de marca, logotipo, caractere ou símbolo, de forma

---

121 ADI 1.624, Rel. Min. Carlos Velloso, j. 8.05.2003, Plenário, *DJ* 13.06.2003.) No mesmo sentido: ADI 3.260, Rel. Min. Eros Grau, j. 29.03.2007, Plenário, *DJ* 29.06.2007.

122 ADI 2.730, Rel. Cármen Lúcia, j. 5.05.2010, Plenário, *DJE* 28.05.2010.

123 ADI 3.668, Rel. Min. Gilmar Mendes, j. 17.09.2007, Plenário, *DJ* 19.12.2007.

a esclarecer o consumidor (art. 2º). A compra de gás da distribuidora ou de seu revendedor é operada concomitantemente à realização de uma troca, operada entre o consumidor e o vendedor de gás. Trocam-se botijões, independentemente de qual seja a marca neles forjada. Dinamismo do mercado do abastecimento de gás liquefeito de petróleo. A lei hostilizada limita-se a promover a defesa do consumidor, dando concreção ao disposto no art. 170, V, da Constituição do Brasil. O texto normativo estadual dispõe sobre matéria da competência concorrente entre a União, os Estados-membros e o Distrito Federal.[124]

Lei nº 14.861/2005, do Estado do Paraná. Informação quanto à presença de organismos geneticamente modificados em alimentos e ingredientes alimentares destinados ao consumo humano e animal. Lei Federal nº 11.105/2005 e Decretos 4.680/2003 e 5.591/2005. Competência legislativa concorrente para dispor sobre produção, consumo e proteção e defesa da saúde. Art. 24, V e XII, da Constituição Federal. (...) Ocorrência de substituição – e não suplementação – das regras que cuidam das exigências, procedimentos e penalidades relativos à rotulagem informativa de produtos transgênicos por norma estadual que dispôs sobre o tema de maneira igualmente abrangente. Extrapolação, pelo legislador estadual, da autorização constitucional voltada para o preenchimento de lacunas acaso verificadas na legislação federal. Precedente: ADI 3.035, Rel. Min. Gilmar Mendes, DJ 14.10.2005.[125]

VI – florestas, caça, pesca, fauna, conservação da natureza, defesa do solo e dos recursos naturais, proteção do meio ambiente e controle da poluição;

Acontece que esse caso me parece peculiar, e muito peculiar – se o superlativo for admitido eu diria peculiaríssimo –, porque a lei federal faz remissão à Convenção da OIT 162, art. 3º, que, por versar tema que no Brasil é tido como de direito fundamental (saúde), tem o status de norma supralegal. Estaria, portanto, acima da própria lei federal que dispõe sobre a comercialização, produção, transporte, etc., do amianto. (...) De maneira que, retomando o discurso do Ministro Joaquim Barbosa, a norma estadual, no caso, cumpre muito mais a Constituição Federal nesse plano da proteção à saúde ou de evitar riscos à saúde humana, à saúde da população em geral, dos trabalhadores em particular e do meio ambiente. A legislação estadual está muito mais próxima dos desígnios constitucionais, e, portanto, realiza melhor esse sumo princípio da eficacidade máxima da Constituição em matéria de direitos fundamentais, e muito mais

---

124 ADI 2.359, Rel. Min. Eros Grau, j. 27.09.2006, Plenário, *DJ* 7.12.2006.

125 ADI 3.645, Rel. Min. Ellen Gracie, j. 31.05.2006, Plenário, *DJ* 1º.09.2006.

próxima da OIT, também, do que a legislação federal. Então, parece-me um caso muito interessante de contraposição de norma suplementar com a norma geral, levando-nos a reconhecer a superioridade da norma suplementar sobre a norma geral. E, como estamos em sede de cautelar, há dois princípios que desaconselham o referendum à cautelar: o princípio da precaução, que busca evitar riscos ou danos à saúde e ao meio ambiente para gerações presentes; e o princípio da prevenção, que tem a mesma finalidade para gerações futuras. Nesse caso, portanto, o periculum in mora é invertido e a plausibilidade do direito também contraindica o referendum a cautelar. Senhor Presidente, portanto, pedindo todas as vênias, acompanho a dissidência e também não referendo a cautelar.[126]

Ação direta. Resolução 12.000-001, do Secretário de Segurança do Estado do Piauí. Disciplina do horário de funcionamento de estabelecimentos comerciais, consumo e assuntos análogos. Inadmissibilidade. Aparência de ofensa aos arts. 30, I, e 24, V e VI, da CF. Usurpação de competências legislativas do Município e da União. Liminar concedida com efeito ex nunc. Aparenta inconstitucionalidade a resolução de autoridade estadual que, sob pretexto do exercício do poder de polícia, discipline horário de funcionamento de estabelecimentos comerciais, matéria de consumo e assuntos análogos.[127]

Lei nº 1.315/2004, do Estado de Rondônia, que exige autorização prévia da Assembleia Legislativa para o licenciamento de atividades utilizadoras de recursos ambientais consideradas efetivas e potencialmente poluidoras, bem como capazes, sob qualquer forma, de causar degradação ambiental. Condicionar a aprovação de licenciamento ambiental à prévia autorização da Assembleia Legislativa implica indevida interferência do Poder Legislativo na atuação do Poder Executivo, não autorizada pelo art. 2º da Constituição. Precedente: ADI 1.505. Compete à União legislar sobre normas gerais em matéria de licenciamento ambiental (art. 24, VI, da Constituição).[128]

VII – proteção ao patrimônio histórico, cultural, artístico, turístico e paisagístico;

VIII – responsabilidade por dano ao meio ambiente, ao consumidor, a bens e direitos de valor artístico, estético, histórico, turístico e paisagístico;

---

126 ADI 3.937-MC, Rel. Min. Marco Aurélio, voto do Min. Ayres Britto, j. 4.06.2008, Plenário, *DJE* 10.10.2008.

127 ADI 3.731-MC, Rel. Min. Cezar Peluso, j. 29.08.2007, Plenário, *DJ* 11.10.2007.) No mesmo sentido: ADI 3.691,Rel. Min. Gilmar Mendes, j. 29.08.2007, Plenário, *DJE* 9.05.2008.

128 ADI 3.252-MC, Rel. Min. Gilmar Mendes, j. 6.04.2005, Plenário, *DJE* 24.10.2008.

É constitucional a Lei 12.420, de 13 de janeiro de 1999, do Estado do Paraná, que assegura ao consumidor o direito de obter informações sobre a natureza, procedência e qualidade de produtos combustíveis comercializados nos postos revendedores do Estado.[129]

IX – educação, cultura, ensino e desporto;

Discussão acerca do alcance da expressão "piso" (...). Ação Direta de Inconstitucionalidade, com pedido de medida cautelar, ajuizada contra o art. 2º, caput e § 1º da Lei nº 11.738/2008, que estabelecem que o piso salarial nacional para os profissionais de magistério público da educação básica se refere à jornada de, no máximo, quarenta horas semanais, e corresponde à quantia abaixo da qual os entes federados não poderão fixar o vencimento inicial das carreiras do magistério público da educação básica. Alegada violação da reserva de lei de iniciativa do chefe do Executivo local para dispor sobre o regime jurídico do servidor público, que se estende a todos os entes federados e aos municípios em razão da regra de simetria (aplicação obrigatória do art. 61, § 1º, II, c, da Constituição). Suposta contrariedade ao pacto federativo, na medida em que a organização dos sistemas de ensino pertinentes a cada ente federado deve seguir regime de colaboração, sem imposições postas pela União aos entes federados que não se revelem simples diretrizes (arts. 60, § 4º, I e 211, § 4º da Constituição). (...) Medida cautelar deferida, por maioria, para, até o julgamento final da ação, dar interpretação conforme ao art. 2º da Lei nº 11.738/2008, no sentido de que a referência ao piso salarial é a remuneração e não, tão somente, o vencimento básico inicial da carreira. (...) Plausibilidade da alegada violação das regras orçamentárias e da proporcionalidade, na medida em que a redução do tempo de interação dos professores com os alunos, de forma planificada, implicaria a necessidade de contratação de novos docentes, de modo a aumentar as despesas de pessoal. Plausibilidade, ainda, da pretensa invasão da competência do ente federado para estabelecer o regime didático local, observadas as diretrizes educacionais estabelecidas pela União.[130]

A lei paranaense 9.346/90, que faculta a matrícula escolar antecipada de crianças que venham a completar seis anos de idade até o final do ano letivo de matrícula, desde que preenchidos determinados requisitos, cuida de situação excepcional em relação ao que era estabelecido na lei federal sobre o tema à época de sua edição (Lei nº 5.692/71 revogada pela Lei nº 9.394/96, esta alterada pela

---

129 ADI 1.980, Rel. Min. Cezar Peluso, j. 16.04.2009, Plenário, *DJE* 7.08.2009.

130 ADI 4.167-MC, Rel. Min. Joaquim Barbosa, j. 17.12.2008, Plenário, *DJE* 30.04.2009.

Lei nº 11.274/2006). Atuação do Estado do Paraná no exercício da competência concorrente para legislar sobre educação. Ação direta julgada improcedente.[131]

X – criação, funcionamento e processo do juizado de pequenas causas;

XI – procedimentos em matéria processual;

XII – previdência social, proteção e defesa da saúde;

A Lei Municipal 8.640/2000, ao proibir a circulação de água mineral com teor de flúor acima de 0,9 mg/l, pretendeu disciplinar sobre a proteção e defesa da saúde pública, competência legislativa concorrente, nos termos do disposto no art. 24, XII, da Constituição do Brasil. É inconstitucional lei municipal que, na competência legislativa concorrente, utilize-se do argumento do interesse local para restringir ou ampliar as determinações contidas em texto normativo de âmbito nacional.[132]

Acontece que esse caso me parece peculiar, e muito peculiar – se o superlativo for admitido eu diria peculiaríssimo –, porque a lei federal faz remissão à Convenção da OIT 162, art. 3º, que, por versar tema que no Brasil é tido como de direito fundamental (saúde), tem o status de norma supralegal. Estaria, portanto, acima da própria lei federal que dispõe sobre a comercialização, produção, transporte etc., do amianto. (...) De maneira que, retomando o discurso do Ministro Joaquim Barbosa, a norma estadual, no caso, cumpre muito mais a Constituição Federal nesse plano da proteção à saúde ou de evitar riscos à saúde humana, à saúde da população em geral, dos trabalhadores em particular e do meio ambiente. A legislação estadual está muito mais próxima dos desígnios constitucionais, e, portanto, realiza melhor esse sumo princípio da eficacidade máxima da Constituição em matéria de direitos fundamentais, e muito mais próxima da OIT, também, do que a legislação federal. Então, parece-me um caso muito interessante de contraposição de norma suplementar com a norma geral, levando-nos a reconhecer a superioridade da norma suplementar sobre a norma geral. E, como estamos em sede de cautelar, há dois princípios que desaconselham o referendum à cautelar: o princípio da precaução, que busca evitar riscos ou danos à saúde e ao meio ambiente para gerações presentes; e o princípio da prevenção, que tem a mesma finalidade para gerações futuras. Nesse caso, portanto, o periculum in mora é invertido e a plausibilidade do direito também

---

131 ADI 682, Rel. p/ o ac. Min. Joaquim Barbosa, j. 8.03.2007, Plenário, *DJ* 11.05.2007.

132 RE 596.489-AgR, Rel. Min. Eros Grau, j. 27.10.2009, Segunda Turma, *DJE* 20.11.2009.

contraindica o referendum a cautelar. Senhor Presidente, portanto, pedindo todas as vênias, acompanho a dissidência e também não referendo a cautelar.[133]

Ação direta de inconstitucionalidade. Lei nº 10.964/2001, do Estado de São Paulo. Realização de exames de sangue em funcionários de empresas públicas do Estado de São Paulo. Vício de iniciativa. Competência legislativa. Norma que disciplina acompanhamento preventivo de saúde aplicável exclusivamente a parte do funcionalismo público estadual. Iniciativa parlamentar. Ofensa ao disposto no art. 61, § 1º, c, da Constituição Federal de 1988.[134]

A matéria da disposição discutida é previdenciária e, por sua natureza, comporta norma geral de âmbito nacional de validade, que à União se facultava editar, sem prejuízo da legislação estadual suplementar ou plena, na falta de lei federal (CF, arts. 24, XII, e 40, § 2º): se já o podia ter feito a lei federal, com base nos preceitos recordados do texto constitucional originário, obviamente não afeta ou, menos ainda, tende a abolir a autonomia dos Estados-membros que assim agora tenha prescrito diretamente a norma constitucional sobrevinda.[135]

A competência dos Estados para legislar sobre a proteção e defesa da saúde é concorrente à União e, nesse âmbito, a União deve limitar-se a editar normas gerais, conforme o art. 24, XII, § 1º e § 2º, da Constituição Federal. Não usurpa competência da União lei estadual que dispõe sobre o beneficiamento de leite de cabra em condições artesanais.[136]

XIII – assistência jurídica e Defensoria pública;

Organização da Defensoria Pública nos Estados-membros – Estabelecimento, pela União Federal, mediante lei complementar nacional, de requisitos mínimos para investidura nos cargos de Defensor Público-Geral, de seu substituto e do Corregedor-Geral da Defensoria Pública dos Estados-membros – Normas gerais, que, editadas pela União Federal, no exercício de competência concorrente, não podem ser desrespeitadas pelo Estado-membro.[137]

XIV – proteção e integração social das pessoas portadoras de deficiência;

XV – proteção à infância e à juventude;

---

133 ADI 3.937-MC, Rel. Min. Marco Aurélio, voto do Min. Ayres Britto, j. 4.06.2008, Plenário, *DJE* 10.10.2008.

134 ADI 3.403, Rel. Min. Joaquim Barbosa, j. 18.06.2007, Plenário, *DJ* 24.08.2007.

135 ADI 2.024, Rel. Min. Sepúlveda Pertence, j. 3.05.2007, Plenário, *DJ* 22.06.2007. No mesmo sentido: RE 597.032-AgR, Rel. Min. Eros Grau, j. 15.09.2009, Segunda Turma, *DJE* 9.10.2009.

136 ADI 1.278, Rel. Min. Ricardo Lewandowski, j. 16.05.2007, Plenário, *DJ* 1º.06.2007.

137 ADI 2.903, Rel. Min. Celso de Mello, j. 1º-12-2005, Plenário, *DJE* 19.09.2008.

XVI – organização, garantias, direitos e deveres das polícias civis;

§ 1º No âmbito da legislação concorrente, a competência da União limitar-se-á a estabelecer normas gerais.

Lei nº 3.706/2006, do Distrito Federal, que dispõe sobre "a afixação de tabela relativa a taxas de juros e de rendimentos de aplicações financeiras pelas instituições bancárias e de crédito". Usurpação da competência privativa da União para fixar normas gerais relativas às relações de consumo (CF, art. 24, V, § 1º).[138]

Se é certo, de um lado, que, nas hipóteses referidas no art. 24 da Constituição, a União Federal não dispõe de poderes ilimitados que lhe permitam transpor o âmbito das normas gerais, para, assim, invadir, de modo inconstitucional, a esfera de competência normativa dos Estados-membros, não é menos exato, de outro, que o Estado-membro, em existindo normas gerais veiculadas em leis nacionais (como a Lei Orgânica Nacional da Defensoria Pública, consubstanciada na Lei Complementar 80/94), não pode ultrapassar os limites da competência meramente suplementar, pois, se tal ocorrer, o diploma legislativo estadual incidirá, diretamente, no vício da inconstitucionalidade. A edição, por determinado Estado-membro, de lei que contrarie, frontalmente, critérios mínimos legitimamente veiculados, em sede de normas gerais, pela União Federal ofende, de modo direto, o texto da Carta Política. Precedentes.[139]

Nas hipóteses de competência concorrente (CF, art. 24), nas quais se estabelece verdadeira situação de condomínio legislativo entre a União Federal e os Estados-membros (Raul Machado Horta, Estudos de Direito Constitucional, p. 366, item 2, 1995, Del Rey), daí resultando clara repartição vertical de competências normativas, a jurisprudência do Supremo Tribunal Federal firmou-se no sentido de entender incabível a ação direta de inconstitucionalidade, se, para o específico efeito de examinar-se a ocorrência, ou não, de invasão de competência da União Federal, por parte de qualquer Estado-membro, tornar-se necessário o confronto prévio entre diplomas normativos de caráter infraconstitucional: a legislação nacional de princípios ou de normas gerais, de um lado (CF, art. 24, § 1º), e as leis estaduais de aplicação e execução das diretrizes fixadas pela União Federal, de outro (CF, art. 24, § 2º). Precedentes. É que, tratando-se de controle

---

138 ADI 3.668, Rel. Min. Gilmar Mendes, j. 17.09.2007, Plenário, *DJ* 19-12-2007.

139 ADI 2.903, Rel. Min. Celso de Mello, j. 1º-12-2005, Plenário, *DJE* 19.09.2008.

normativo abstrato, a inconstitucionalidade há de transparecer de modo imediato, derivando, o seu reconhecimento, do confronto direto que se faça entre o ato estatal impugnado e o texto da própria Constituição da República.[140]

> § 2º A competência da União para legislar sobre normas gerais não exclui a competência suplementar dos Estados.
>
> § 3º Inexistindo lei federal sobre normas gerais, os Estados exercerão a competência legislativa plena, para atender a suas peculiaridades.

Os institutos da imunidade e da isenção tributária não se confundem. É perfeitamente possível ao Estado conceder, mediante lei, isenção de tributo de sua competência, visto que está atuando nos limites de sua autonomia. Enquanto não editada a lei a que se refere o § 21 do art. 40 da CF, vigem os diplomas estaduais que regem a matéria, que só serão suspensos se, e no que, forem contrários à lei complementar nacional (CF, art. 24, § 3º e § 4º).[141]

IPVA. Lei estadual. Alíquotas diferenciadas em razão do tipo do veículo. Os Estados-membros estão legitimados a editar normas gerais referentes ao IPVA, no exercício da competência concorrente prevista no art. 24, § 3º, da Constituição do Brasil. Não há tributo progressivo quando as alíquotas são diferenciadas segundo critérios que não levam em consideração a capacidade contributiva.[142]

> § 4º A superveniência de lei federal sobre normas gerais suspende a eficácia da lei estadual, no que lhe for contrário.

Pensão por morte. (...) A superveniência de lei federal dispondo normas gerais suspende a eficácia da lei estadual, no que lhe for contrário. No caso, o citado texto normativo estadual [Lei nº 6.915/95], por disciplinar de forma diversa e ser posterior à lei federal, nem chegou a ter eficácia, prevalecendo, pois, o art. 76, da Lei nº 8.213/91, que estabelece a data da inscrição ou habilitação como termo inicial da concessão do benefício em favor de dependentes posteriormente incluídos.[143]

---

140 ADI 2.344-QO, Rel. Min. Celso de Mello, j. 23.11.2000, Plenário, *DJ* 2.08.2002.) No mesmo sentido: ADI 2.876, Rel. Min. Cármen Lúcia, j. 21.10.2009, Plenário, *DJE* 20.11.2009.

141 SS 3.679-AgR, Rel. Min. Presidente Gilmar Mendes, j. 4.02.2010, Plenário, *DJE* 26.02.2010.

142 RE 414.259-AgR, Rel. Min. Eros Grau, j. 24.06.2008, Segunda Turma, *DJE* 15.08.2008.

143 RE 595.586, Rel. Min. Eros Grau, j. 9.02.2010, Segunda Turma, *DJE* 12.03.2010.

Súmulas do STF sobre a Repartição de Competências

Súmula Vinculante nº 2: *É inconstitucional a lei ou ato normativo estadual ou distrital que disponha sobre sistema de consórcios e sorteios, inclusive bingos e loterias.*

Súmula nº 645: *É competente o Município para fixar o horário de funcionamento de estabelecimento comercial.*

Súmula Vinculante nº 38: É competente o Município para fixar o horário de funcionamento de estabelecimento comercial. (Nesta competência municipal não se insere a fixação de horário de funcionamento de bancos e instituições financeiras em geral)

Súmula nº 646: *Ofende o princípio da livre concorrência lei municipal que impede a instalação de estabelecimentos comerciais do mesmo ramo em determinada área.*

Súmula Vinculante nº 49; Ofende o princípio da livre concorrência lei municipal que impede a instalação de estabelecimentos comerciais do mesmo ramo em determinada área.

Súmula nº 647: *Compete privativamente à União legislar sobre vencimentos dos membros das polícias civil e militar do Distrito Federal.*

Súmula Vinculante nº 39; Compete privativamente à União legislar sobre vencimentos dos membros das polícias civil e militar e do corpo de bombeiros militar do Distrito Federal.

Súmula nº 649: *É inconstitucional a criação, por Constituição Estadual, de órgão de controle administrativo do Poder Judiciário do qual participem representantes de outros poderes ou entidades.*

Súmula nª 722: *São da competência legislativa da União a definição dos crimes de responsabilidade e o estabelecimento das respectivas normas de processo e julgamento.*

Súmula Vinculante n º 46; A definição dos crimes de responsabilidade e o estabelecimento das respectivas normas de processo e julgamento são da competência legislativa privativa da União.

15. OS TERRITÓRIOS FEDERAIS NA CONSTITUIÇÃO DE 1988

Na forma do art. 33 da CF, os Territórios não são pessoas políticas e possuem mera capacidade administrativa, configurando simples descentralização administrativo-territorial da União Federal, com natureza de autarquia.

Em que pese não existirem, hoje, territórios no país, tendo em vista que os três últimos, Amapá, Roraima e Fernando de Noronha,[144] foram extintos pelo constituinte de 1988, nada impede que sejam criados, desde que obedeçam

144 Seguem abaixo os dispositivos do ADCT pertinentes ao tema:

"Art. 14. Os Territórios Federais de Roraima e do Amapá são transformados em Estados Federados, mantidos seus atuais limites geográficos".

"Art. 15. Fica extinto o Território Federal de Fernando de Noronha, sendo sua área reincorporada ao Estado de Pernambuco."

aos dispostos no art. 18, § 2º e § 3º, que também regula a sua transformação em Estado ou a reintegração a este, todos os atos dependentes de uma lei complementar.

Segundo o art. 33, § 1º, os Territórios poderão ser divididos em Municípios e as contas do Território, na forma do art. 33, § 2º, serão submetidas ao Congresso Nacional, com parecer prévio do Tribunal de Contas da União.

Por fim, conforme anuncia o art. 33, § 3º, nos Territórios Federais com mais de cem mil habitantes, além do Governador nomeado pelo Presidente da República, haverá órgãos judiciários de primeira e segunda instância, membros do Ministério Público e defensores públicos federais e a lei disporá sobre as eleições para a Câmara Territorial e sua competência deliberativa.

16. INTERVENÇÃO FEDERAL E INTERVENÇÃO ESTADUAL

16.1 Princípio da Não Intervenção

O princípio que norteia a intervenção é o da não intervenção, pois ela é a antítese da autonomia, tendo em vista que afasta momentaneamente a atuação autônoma do Estado, Distrito Federal ou Município. Seu objetivo é proteger a estrutura federativa contra os abusos e os atos das ordenações jurídicas parciais que contrariem as normas constitucionais presentes nos arts. 34 e 35 da CF. Visa a preservar a soberania do Estado Federal, sendo, portanto, uma medida política de exceção, que poderá restringir temporariamente qualquer um dos poderes do ente federativo, sendo possível ser realizada no Executivo, no Legislativo e ainda no Judiciário.

Destaque-se que a intervenção ocorre da entidade federativa "maior" para a "menor", pois não existe intervenção de baixo para cima. Com isso, a União pode intervir no Distrito Federal e nos Estados, e esses nos seus Municípios. A União só poderá intervir em Municípios de Território, por não ser este ente federativo com capacidade de intervir. Ou seja, não há intervenção federal em Município de Estadomembro.

O Decreto Interventivo é de exclusividade do Presidente da República (em caso de intervenção federal) ou do Governador de Estado (caso se trate de intervenção estadual).

16.2 Hipóteses Constitucionais Taxativas

A enumeração das hipóteses de intervenção pela Constituição Federal é exaustiva ou *"numerus clausus"*, não podendo ser acrescentado outras situações pela legislação, sob pena de violação do pacto federativo. Nem mesmo através de emenda constitucional, pois estaria fragilizando a ordem federativa tal como desenhada no texto constitucional, o que é vedação material e explícita do texto constitucional na forma do art. 60, § 4º, I.

16.3 Natureza Jurídica

A natureza jurídica da intervenção é a de um ato políticoadministrativo. Significa que pressupõe um juízo político do Presidente da República ou do Governador do Estado que a decretou (intervenção, respectivamente, federal ou estadual). Importante destacar que apesar de ser político não é completamente discricionário, pois as hipóteses estão presentes na Constituição e se configuradas, o decreto interventivo deverá ser, de maneira razoável, editado.

16.4 Espécies de Intervenção

A intervenção poderá ser, de acordo com o tratamento jurídico a ela destinado pelos arts. 34 a 36, espontânea ou provocada, a saber:

a) Espontânea: é aquela iniciada pelo chefe do Executivo competente, depois de verificados os seus pressupostos de fundo, sendo desnecessária a requisição ou solicitação de alguma autoridade ou poder. Seriam hipóteses dessa intervenção: **se federal**, para: art. 34, I – manter a integridade nacional; II – repelir invasão estrangeira ou de uma unidade da Federação em outra; III – pôr termo a grave comprometimento da ordem pública; V – reorganizar as finanças da unidade da Federação que: a) suspender o pagamento da dívida fundada por mais de dois anos consecutivos, salvo motivo de força maior; b) deixar de entregar aos Municípios receitas tributárias fixadas nesta Constituição, dentro dos prazos estabelecidos em lei; **se estadual**, caso: art. 35, I – deixar de ser paga, sem motivo de força maior, por dois anos consecutivos, a dívida fundada; II – não forem prestadas contas devidas, na forma da lei; III – não tiver sido aplicado o mínimo exigido da receita municipal na manutenção e desenvolvimento do ensino e nas ações e serviços públicos de saúde.

b) Provocada: é aquela que depende de solicitação ou requisição de autoridade ou poder, **se federal**, para:

- **art. 34, IV:** garantir o livre-exercício de qualquer dos Poderes nas unidades da Federação; neste caso, de acordo com o art. 36, I, se houver

solicitação (faculdade) do Poder Legislativo ou Executivo coacto ou impedido ou **requisição** (obrigatoriedade) do STF, caso se trate de restrição ao Poder Judiciário;

- **art. 34, VI:** prover a execução de lei federal, ordem ou decisão judicial, neste caso, na forma do art. 36, II, dependerá de requisição (obrigatoriedade) do Supremo Tribunal Federal, do Superior Tribunal de Justiça ou do Tribunal Superior Eleitoral, caso se trate de desobediência à ordem ou decisão judiciária; e ainda, na forma do art. 36, III, de provimento, pelo Supremo Tribunal Federal, de representação do Procurador-Geral da República, no caso de recusa à execução de lei federal;
- **art. 34, VII:** assegurar a observância dos seguintes princípios constitucionais (denominados de princípios constitucionais sensíveis): a) forma republicana, sistema representativo e regime democrático; b) direitos da pessoa humana; c) autonomia municipal; d) prestação de contas da administração pública, direta e indireta, e) aplicação do mínimo exigido da receita resultante de impostos estaduais, compreendida a proveniente de transferências, na manutenção e desenvolvimento do ensino e nas ações e serviços públicos de saúde, neste casos, na forma do art. 36, III, dependerá de provimento, pelo Supremo Tribunal Federal, de representação do Procurador-Geral da República (neste caso será proposta uma ADI interventiva federal ou ainda denominada de Representação de Inconstitucionalidade interventiva, que será estudada em capítulo próprio).

Caso **seja estadual**, a intervenção provocada deverá ser realizada na forma do art. 35, IV, ou seja, se o Tribunal de Justiça der provimento à representação para assegurar a observância de princípios indicados na Constituição Estadual, ou para prover a execução de lei, de ordem ou de decisão judicial.

Sob a égide da Constituição Federal de 1988, tivemos fatos levados ao Supremo Tribunal Federal que poderiam ter ensejado intervenções federais, como exemplo, o caso da Intervenção Federal 5.101, STF, onde foi postulada a intervenção no Estado do Rio Grande do Sul, proposto pelo Procurador-Geral de Justiça do Estado, à luz do art. 34, VI, da CF, com fundamento no descumprimento de ordem judicial.

A questão girou em torno do não pagamento de precatório, com referência a determinada execução de sentença, em que, tendo decorrido o prazo, sem qualquer pagamento, requereu a parte credora a intervenção federal no Estado do Rio Grande do Sul. A Corte, nesse caso, afastou a intervenção sustentando não se justificar tal medida por não pagamento de precatório judicial, quando o fato não se deva à omissão voluntária e intencional do ente federado, mas à insuficiência temporária de recursos financeiros.

E, ainda, no caso da Intervenção Federal 5.179, STF, onde o pedido de intervenção baseou-se no Inquérito 650-DF, STJ, "Operação Caixa de Pandora", que deflagrou a investigação de crimes supostamente cometidos pelo então Governador do DF e parlamentares da base aliada ao Governo: fraude a procedimentos licitatórios, formação de quadrilha e desvio de verbas públicas, se fundamentando na violação aos princípios republicano e democrático e ao sistema representativo, de acordo com o art. 34, VII, "a" da CF, pois os fatos revelariam uma crise institucional capaz de pôr em grave risco as atribuições político-constitucionais dos Poderes Executivo e Legislativo.

Entretanto, a Corte sustentou que haviam sido adotadas, pelas autoridades competentes, providências legais eficazes para debelar a crise institucional, o que afastaria a necessidade de intervenção, enquanto medida extrema e excepcional.

16.5 Intervenções federais sob a égide da Constituição Federal de 1988

A intervenção federal que se deu no Estado do Rio de Janeiro, foi decretada pelo Presidente da República em 16 de fevereiro de 2018[145], e se limitou à área de segurança pública com o objetivo de pôr termo a grave comprometimento da ordem pública no Estado, tendo perdurado até o dia 31 de dezembro de 2018, passando, o interventor, a ter as atribuições previstas no art. 145 da CERJ, que seriam necessárias às ações de segurança pública.

Tal medida foi tomada em razão de uma onda escalada de violência no âmbito do estado, visando a realização de diversas ações para coibir o crime organizado e promover a segurança na capital, região metropolitana e no interior do Estado do Rio de Janeiro.

Já a intervenção federal realizada no Estado de Roraima, decretada no dia 8 de dezembro de 2018[146], também com duração até o dia 31 de dezembro de 2018, decorreu da crise na segurança pública e penitenciária do estado. No pedido de intervenção a Procuradoria Geral da República descreveu fatos com base em relatórios do ministério público que destacavam a falta de separação entre detentos de regimes aberto, semiaberto e fechado, atraso no pagamento de salários de agentes penitenciários, fornecimento de comida azeda e insuficiente aos presos e falta de combustível para transportar os presos para audiências.

---

145 Ver Decreto n. 9.288/2018.

146 Ver Decreto n. 9.288/2018.

Tal intervenção foi considerada como sendo a única hipótese para solucionar as questões mencionadas, especialmente a salarial, perdurando até a posse do novo governador do estado, visando, com base no art. 34, III da CF, pôr termo a grave comprometimento da ordem pública, tendo abrangido todo o Poder Executivo do Estado de Roraima, já que o interventor passou a ter as mesmas atribuições previstas para o governador do estado, sendo, portanto, mais ampla que a realizada no Estado do Rio de Janeiro.

16.6 Pressupostos do Decreto Interventivo

Como já tratamos, a intervenção deverá ser realizada com exclusividade pelo chefe do Executivo e o decreto interventivo deverá fixar amplitude, prazo e condições de execução, e a nomeação ou não de interventor. Se a intervenção se der no Poder Executivo é imprescindível a nomeação de interventor para que exerça as funções de Governador ou de Prefeito, se for o caso. É possível, no entanto, intervenção sem interventor. Ressalte-se que a intervenção será sempre temporária (art. 36, § 4º).

Ainda que não seja pressuposto expresso do art. 36, para a decretação da intervenção federal, na forma dos arts. 90, I, e 91, § 1º, II, é da competência dos Conselhos da República e da Defesa Nacional se pronunciar sobre o assunto, ainda que em parecer não vinculativo, sem prazo fixado pela Constituição.

16.7 Controle Político

É a submissão do decreto de intervenção ao Congresso Nacional ou à Assembleia Legislativa no prazo de vinte e quatro horas. Nos casos dos arts. 34, VI e VII, e 35, IV, é dispensada a referida apreciação. Se houver rejeição por parte do Congresso ou da Assembleia, conforme o caso, a intervenção deverá ser suspensa imediatamente, sob pena de inconstitucionalidade, e a sua eventual manutenção poderá ensejar o cometimento de crime de responsabilidade do chefe do Executivo.

16.8 Controle Jurisdicional

O Judiciário não ficará afastado da apreciação das ilegalidades cometidas durante a medida de exceção, na forma do art. 5º, XXXV.

16.9 Intervenção da União em Municípios de Territórios (Art. 35)

Se for intervenção da União em Município de Território, a medida será federal e seguirá as observações feitas sobre o art. 35, sendo que o decreto será presidencial e submetido ao Congresso Nacional para análise.

Capítulo

19

PRINCÍPIOS DA ADMINISTRAÇÃO PÚBLICA[1]

Neste capítulo abordaremos os principais princípios expressos e implícitos que norteiam a Administração Pública, cuja base fundamental é extraída do Título III, Capítulo VII, da CF (arts. 37 a 41). Esse capítulo foi reproduzido e inspirado na obra do querido amigo Matheus Carvalho, que gentilmente nos cedeu o seu precioso estudo sobre o tema, para engrandecer esse trabalho. [2]

1. O PRINCÍPIO DA SUPREMACIA DO INTERESSE PÚBLICO SOBRE O PRIVADO

Considera-se a supremacia do interesse público uma pedra essencial na noção de Estado organizado, sendo relevante para a formação de qualquer estrutura organizacional de poder público, como condição de convívio social no bojo da sociedade organizada. Não se trata de princípio expresso, ou seja, não está escrito no texto constitucional, embora existam inúmeras regras que impliquem em suas manifestações de forma concreta; para isso podemos nos referir a institutos correlatos dispostos na Constituição da República, como a possibilidade de desapropriação (5º, XXIV), a requisição administrativa (5º, XXV) entre outras prerrogativas que submetem os direitos do cidadão às restrições impostas pelo Estado.

---

1 Para a elaboração deste capítulo contamos com a valiosa contribuição do Prof. Matheus Carvalho.

2 Carvalho, Matheus. Manual de Direito Administrativo. 6ª edição, Salvador, Editora Juspodivm, 2019.

Como exemplos de prerrogativas relacionadas ao referido princípio, podemos destacar: a) A Administração Pública pode revogar seus próprios atos, quando inoportunos ou inconvenientes – o que se denomina de autotutela –, se garantidos os direitos adquiridos, ensejando, todavia, a alteração de relações jurídicas já constituídas; b) A autoexecutoriedade e a coercibilidade, assim como a presunção de legitimidade dos atos administrativos, c) A possibilidade de alterar unilateralmente os Contratos Administrativos, assim como a garantia de rescisão unilateral por motivo de interesse público ou em virtude do inadimplemento do particular, como cláusulas exorbitantes expressas no art. 58 da lei 8.666/93, e, ainda, d) Prazos processuais diferenciados às pessoas jurídicas de direito público, qual seja, prazo em dobro para toda e qualquer manifestação da fazenda pública.[3]

À semelhança dos demais princípios, é imprescindível lembramos que a supremacia do interesse público não é absoluta. Destacamos, por exemplo, importante decisão do STF em novembro de 2018. O Tribunal reconheceu o direito de candidatas gestantes à remarcação de testes de aptidão física em concursos públicos, independentemente de haver previsão no edital. Os ministros negaram provimento ao Recurso Extraordinário 1058333, no qual o Estado do Paraná questionava acórdão do Tribunal de Justiça local que garantiu o direito à remarcação a uma candidata que não compareceu ao exame físico, que constituía etapa do certame para o cargo de Policial Militar do Estado do Paraná (PM-PR), em razão da gravidez de 24 semanas. Foi aprovada, inclusive, a seguinte tese de repercussão geral: "É constitucional a remarcação do teste

3. A Nova Lei de Licitações (Lei 14.133, de 1° de abril de 2021) estabeleceu no art. 104, a seguinte redação: Art. 104. O regime jurídico dos contratos instituído por esta Lei confere à Administração, em relação a eles, as prerrogativas de:

I - modificá-los, unilateralmente, para melhor adequação às finalidades de interesse público, respeitados os direitos do contratado;

II- extingui-los, unilateralmente, nos casos especificados nesta Lei;

III- fiscalizar sua execução;

IV- aplicar sanções motivadas pela inexecução total ou parcial do ajuste;

V- ocupar provisoriamente bens móveis e imóveis e utilizar pessoal e serviços vinculados ao objeto do contrato nas hipóteses de:

a) risco à prestação de serviços essenciais;

b) necessidade de acautelar apuração administrativa de faltas contratuais pelo contratado, inclusive após extinção do contrato.

§ 1º As cláusulas econômico-financeiras e monetárias dos contratos não poderão ser alteradas sem prévia concordância do contratado.

§ 2º Na hipótese prevista no inciso I do caput deste artigo, as cláusulas econômico-financeiras do contrato deverão ser revistas para que se mantenha o equilíbrio contratual.

de aptidão física de candidata que esteja grávida à época de sua realização, independentemente da previsão expressa em edital do concurso público".[4]

2. PRINCÍPIO DA INDISPONIBILIDADE DO INTERESSE PÚBLICO

Este princípio, também implícito, define os limites da atuação administrativa e decorre do fato de que a impossibilidade de abrir mão do interesse público deve estabelecer ao administrador os seus critérios de conduta. De fato, o agente estatal não pode deixar de atuar, quando as necessidades da coletividade assim exigirem, uma vez que suas atividades são necessárias à satisfação dos interesses do povo. Neste sentido, Celso Antônio Bandeira de Mello[5], dispõe que *"é encarecer que na administração os bens e interesses não se acham entregues à livre disposição da vontade do administrador. Antes, para este, coloca-se a obrigação, o dever de curá-los nos termos da finalidade a que estão adstritos"*.

Dessa forma, cumpre ressaltar que ao administrador não pertencem os bens da administração, ou seja, ele não o é titular do interesse público – portanto, não tem livre atuação, fazendo-o, em verdade, em nome de terceiros.

Logo, o princípio da Indisponibilidade serve para limitar a atuação desses agentes públicos, evitando o exercício de atividades com a intenção de buscar vantagens individuais.

Nesse sentido, inclusive, não se admite a aplicação do princípio da insignificância quando se tratar de crimes contra a Administração Pública, por estarmos diante de bem jurídico indisponível. Com efeito, assim dispõe a Súmula 599 do STJ, vejamos: O princípio da insignificância é inaplicável aos crimes contra a Administração Pública.

2.1 Os princípios do art. 37, *caput*

Além dos princípios da supremacia do interesse público sobre o interesse privado e da indisponibilidade do interesse público, já analisados como norteadores de todo o regime jurídico administrativo, passa-se à análise dos demais princípios que estabelecem as normas de conduta do Estado. Primordialmente, no artigo 37, *caput*, da Constituição Federal, estão expressos cinco princípios, quais sejam:

Legalidade

Impessoalidade

---

4 STF, RE 1058333, Min. relator Luiz Fux, DJE nº 250, divulgado em 22/11/2018.

5 MELLO, Celso Antonio Bandeira de – Curso de Direito Administrativo. São Paulo: Malheiros, 26ª ed. 2009.

Moralidade

Publicidade

Eficiência

2.2 Princípio da Legalidade

O princípio da legalidade decorre da existência do Estado de Direito como uma Pessoa Jurídica responsável por criar o direito, no entanto submissa ao ordenamento jurídico por ela mesmo criado e aplicável a todos os cidadãos.

Consoante entendimento apresentado por Celso Antônio Bandeira de Mello[6] *"o princípio da Legalidade é específico do Estado de Direito, é justamente aquele que o qualifica e que lhe dá identidade própria, por isso considerado é basilar para o Regime Jurídico-administrativo"*.

Como já dissemos, o *Estado democrático de Direito (art. 1º, caput) repousa sob o signo da legalidade, exposto no dispositivo sob comento em seu sentido material ou amplo. O princípio da legalidade, portanto, expressa a sujeição ou subordinação das pessoas, órgãos ou entidades às prescrições emanadas do legislativo, Executivo e Judiciário"*.

Com efeito, o administrador público somente pode atuar conforme **determina a lei**, amplamente considerada, abarcando todas as formas legislativas - desde o próprio texto constitucional até as leis ordinárias, complementares e delegadas. É a garantia de que todos os conflitos sejam solucionados pela lei, não podendo o agente estatal praticar condutas que considere devidas, sem que haja embasamento legal específico. Dessa forma, pode-se estabelecer que, no Direito Administrativo, se aplica o princípio da **Subordinação à lei**. Não havendo previsão legal, está proibida a atuação do ente público e qualquer conduta praticada ao alvedrio do texto legal será considerada ilegítima.

Associado ao princípio da legalidade, modernamente surgiu a noção de "juridicidade", que traduz a necessidade de que o administrador esteja sujeito ao direito como um todo, implicando submissão aos demais princípios, a normas internacionais, ao que é "justo", "proporcional". Para Gustavo Binenbojm: a "vinculação ao direito não plasmado na lei, marca a superação do positivismo legalista e abre caminho para um modelo jurídico baseado em princípios e regras, e não apenas nestas últimas."[7]

---

6 MELLO, Celso Antonio Bandeira de – Curso de Direito Administrativo. São Paulo: Malheiros, 26ª ed. 2009.

7 BINENBOJM, Gustavo. Uma teoria do direito administrativo: direitos fundamentais, democracia e constitucionalização. 2. ed. Rio de Janeiro: Renovar, 2008.

2.3 Princípio da Impessoalidade

Este princípio se traduz na ideia de que a atuação do agente público deve-se pautar pela busca dos interesses da coletividade, não visando a beneficiar ou prejudicar ninguém em especial – ou seja, a norma prega a não discriminação das condutas administrativas que não devem ter como mote a pessoa que será atingida pelo seu ato. Com efeito, o princípio da impessoalidade reflete a necessidade de uma atuação que não discrimina as pessoas, seja para benefício ou para prejuízo.

Dessa forma, é possível considerar que, ao Estado, é irrelevante conhecer quem será atingido pelo ato, pois sua atuação é impessoal. O agente fica proibido de priorizar qualquer inclinação ou interesse seu ou de outrem. Esse é um aspecto importante baseado no Princípio da isonomia. Para Celso Antônio Bandeira de Mello[8], a *"Administração deve tratar a todos sem favoritismos, nem perseguições, simpatias ou animosidades políticas ou ideológicas"*.

Ou seja, não se pode interferir na atuação administrativa. Não haverá mudança de comportamento em razão da pessoa a ser beneficiada ou prejudicada pelo ato administrativo.

O art. 37, II, da Constituição Federal, faz referências a ações concretas desse princípio, ao prever que todos devem concorrer de forma igual para ingresso em concurso público, bem como no art. 37, XXI, que determina que todos os licitantes têm direito a concorrer de forma igualitária. Neste diapasão, o poder público não poderá nomear alguém para assunção de cargo público por qualquer outro motivo que não seja a aprovação em concurso público de provas ou de provas e títulos. Da mesma forma, não é possível a contratação de qualquer pessoa, mas tão somente do sujeito que se sagrou vencedor no procedimento licitatório.

Alguns doutrinadores ainda classificam o Princípio da Impessoalidade como sinônimo do Princípio da Finalidade ou Imparcialidade. Para esses, a Finalidade seria pública, o que impediria o administrador de buscar objetivos próprios ou de terceiros.

A doutrina moderna acrescenta ainda ao entendimento tradicional uma nova perspectiva do princípio da impessoalidade. Com efeito, a impessoalidade deve ser enxergada também sob a ótica do agente. Nesse sentido, quando o agente público atua, não é a pessoa do agente quem pratica o ato, mas o Estado – órgão que ele representa. Corresponde, portanto, à já conhecida teoria do órgão (ou teoria da imputação volitiva), utilizada pelo direito brasileiro. Assim sendo, a vontade do agente público se confunde com a da própria pessoa jurídica estatal, não se admitindo a responsabilização do administrador pelos danos causados a terceiros, ou mesmo seu reconhecimento pelos benefícios gerados à coletividade.

8 MELLO, Celso Antonio Bandeira – Curso de Direito Administrativo. São Paulo: 26ª ed. 2009.

Como corolário deste princípio, o art. 37, §1º, da Constituição Federal, estabelece que "*A publicidade dos atos, programas, obras, serviços e campanhas dos órgãos públicos deverá ter caráter educativo, informativo ou de orientação social, dela não podendo constar nomes, símbolos ou imagens que caracterizem promoção pessoal de autoridades ou servidores públicos*". De fato, caso se admitisse a realização de propaganda pessoal, estar-se-ia atribuindo a conduta estatal ao próprio agente público, o que não se pode admitir, uma vez que atuou investido de *munus* público para o exercício de atividade do Estado.

Por fim, costuma-se apontar como violação ao princípio da impessoalidade a nomeação de parentes e cônjuge para assunção de cargos públicos com funções de direção, chefia ou assessoramento, por se tratar de ato praticado com a clara intenção de beneficiar um particular, sem preocupação real com o interesse público.

Acerca do tema, em 2008, o Supremo Tribunal Federal, com a intenção de solucionar a divergência, expediu a Súmula Vinculante n. 13, estabelecendo que "*A nomeação de cônjuge, companheiro ou parente em linha reta, colateral ou por afinidade, até o terceiro grau, inclusive, da autoridade nomeante ou de servidor da mesma pessoa jurídica, investido em cargo de direção, chefia ou assessoramento, para o exercício de cargo em comissão ou de confiança, ou, ainda, de função gratificada na Administração Pública direta e indireta, em qualquer dos Poderes da União, dos Estados, do Distrito Federal e dos municípios, compreendido o ajuste mediante designações recíprocas, viola a Constituição Federal*".

Perceba que a súmula veda a realização de designações recíprocas, ou seja, não se admite que, de forma indireta, se garanta a nomeação do parente do agente público, por meio de troca de favores ou favorecimentos pessoais para parentes de outros agentes, proíbe, portanto, o "nepotismo cruzado".

2.4 Princípio da Moralidade

Trata-se de princípio que exige a honestidade, lealdade, boa-fé de conduta no exercício da função administrativa – ou seja, a atuação não corrupta dos gestores públicos, ao tratar com a coisa de titularidade do Estado. Esta norma estabelece a obrigatoriedade de observância a padrões éticos de conduta, para que se assegure o exercício da função pública de forma a atender às necessidades coletivas.

É importante que, interpretando a Constituição Federal como uma norma posta integrante do ordenamento jurídico nacional, se admita que a atuação em desconformidade aos padrões de moralidade enseja uma violação ao princípio da legalidade, amplamente considerado, por abranger, inclusive, os princípios e regras constitucionais.

Maria Sylvia Zanella di Pietro[9] dispõe que *"embora não se identifique com a legalidade (porque a lei pode ser imoral e a moral pode ultrapassar o âmbito da lei), a imoralidade administrativa produz efeitos jurídicos, porque acarreta a invalidade do ato, que pode ser decretada pela própria Administração ou pelo Poder Judiciário. A apreciação judicial da imoralidade ficou consagrada pelo dispositivo concernente à ação popular".*

Ademais, a doutrina pátria costuma designar esta obrigatoriedade de atuação conforme padrões éticos de conduta como "Moralidade Jurídica". Daí se estabelecer que a moralidade no trato com a coisa pública que assegura a boa administração e sua disciplina interna não se confunde com a "moral social".

A "moralidade social" procura fazer uma diferenciação entre o bem e o mal, o certo e o errado no senso comum da sociedade; já a "moralidade jurídica" está ligada sempre ao conceito de bom administrador, de atuação que vise alcançar o bem-estar de toda a coletividade e dos cidadãos aos quais a conduta se dirige.

Ressalte-se que a Constituição Federal de 1988 inovou ao incluir este princípio, no art. 37, pois, apesar de estar expresso, representa um conceito jurídico indeterminado. Este conceito foi também protegido no art. 5º, LXXIII, que prevê o cabimento da Ação Popular para anulação de "ato lesivo ao patrimônio público à moralidade administrativa." Essa inovação foi tão importante que deu ensejo ao surgimento da lei 8.429/92, que versa sobre Improbidade Administrativa e que tem base no art. 37, §4º, da Carta Magna.

2.5 Princípio da Publicidade

Trata-se de premissa que proíbe a edição de atos secretos pelo poder público, definindo a ideia de que a Administração deve atuar de forma plena e transparente. A administração não age em nome próprio e por isso nada mais justo que o maior interessado – o cidadão – tenha acesso ao que acontece com seus direitos.

Com efeito, pode-se estipular que a principal finalidade do princípio da publicidade é o conhecimento público acerca das atividades praticadas no exercício da função administrativa. Em um estado democrático de Direito, não se pode admitir que assuntos da Administração, que são do interesse de todos, sejam ocultados. A publicidade tem grande abrangência, não só pela divulgação oficial, mas também para conhecimento e fiscalização interna de seus agentes. Para assegurar tal prerrogativa, a Constituição da República, no seu art. 5º, XXXIII, garante o direito à informação, além do art. 5º, LXXII, que nos confere a garantia do *habeas data* como remédio para solucionar qualquer controvérsia violadora deste direito. Da mesma forma, o art. 5º, XXXIV, "b", confere o direito à obtenção de certidão em repartição pública.

9 PIETRO, Maria Sylvia Zanella di – Direito Administrativo. São Paulo: Atlas, 21ª ed. 2008.

Para regulamentar estes dispositivos, foi editada a lei de acesso às informações (lei 12.527/11) que define o dever de publicidade a todos os órgãos da Administração Direta, além das autarquias, fundações públicas, empresas públicas e sociedades de economia mistas, estendendo o dever de prestar informações, ainda, às entidades privadas sem fins lucrativos que recebam, para realização de ações de interesse público, recursos públicos diretamente do orçamento ou mediante subvenções sociais, contrato de gestão, termo de parceria, convênios, acordo, ajustes ou outros instrumentos congêneres. Ademais, no seu art. 5º, o diploma legal dispõe que "*É dever do Estado garantir o direito de acesso à informação, que será franqueada, mediante procedimentos objetivos e ágeis, de forma transparente, clara e em linguagem de fácil compreensão*".

Com a intenção de evitar recusas infundadas ao direito de informação, a lei ainda estabelece que qualquer interessado poderá apresentar pedido de acesso a informações aos órgãos e entidades públicas, por qualquer meio legítimo, devendo o pedido conter a identificação do requerente e a especificação da informação requerida, devendo ser essa informação prestada imediatamente ou, caso não tenha como ser prestada de forma imediata, justificadamente, dentro do prazo máximo de 20 (vinte) dias.

Outrossim, define a lei, em seu art. 10, §3º que "*São vedadas quaisquer exigências relativas aos motivos determinantes da solicitação de informações de interesse público*".

Resguardadas as exceções constitucionais e legais, que serão analisadas a seguir, a publicidade sempre foi vista como forma de **controle da Administração** pelos cidadãos. A sociedade só poderá controlar os atos administrativos se estes forem devidamente publicizados, sendo impossível efetivar essa garantia em relação a atos praticados de forma alheia ao conhecimento popular. Neste sentido, configura-se garantia do exercício da cidadania.

Atualmente, a doutrina também analisa a publicidade como **requisito de eficácia** dos atos administrativos, definindo que mesmo depois de expedidos regularmente, estes atos não produzem efeitos em relação à sociedade antes de garantida sua publicidade.

É importante não confundir Publicidade com Publicação – esta é somente uma das hipóteses de Publicidade, portanto não são sinônimos. A não observância deste princípio, ou seja, o dever de publicar pode caracterizar ato de Improbidade administrativa, nos moldes do art. 11, IV da lei 8.429/92.

Frise-se que o princípio não é absoluto, porquanto a própria Constituição ressalva que devem ser resguardadas a segurança nacional e o relevante interesse coletivo, o que poderá, de forma fundamentada, excepcionalizar o princípio da publicidade. Dessa forma, o art. 23 da lei 12.527/11 define que são consideradas imprescindíveis à segurança da sociedade ou do Estado e, portanto, passíveis de classificação as informações cuja divulgação ou acesso irrestrito possam:

A. pôr em risco a defesa do Estado e a soberania nacional ou a integridade do território nacional;
B. prejudicar ou pôr em risco a condução de negociações ou as relações internacionais do País, ou as que tenham sido fornecidas em caráter sigiloso por outros Estados e organismos internacionais;
C. pôr em risco a vida, a segurança ou a saúde da população;
D. oferecer elevado risco à estabilidade financeira, econômica ou monetária do País;
E. prejudicar ou causar risco a planos ou operações estratégicos das Forças Armadas;
F. prejudicar ou causar risco a projetos de pesquisa e desenvolvimento científico ou tecnológico, assim como a sistemas, bens, instalações ou áreas de interesse estratégico nacional;
G. pôr em risco a segurança de instituições ou de altas autoridades nacionais ou estrangeiras e seus familiares; ou
H. comprometer atividades de inteligência, bem como de investigação ou fiscalização em andamento, relacionadas com a prevenção ou repressão de infrações.

Ademais, o texto constitucional determina em seu art. 5º, X, que são invioláveis a vida privada, a imagem das pessoas, assim como a honra e intimidade. Nesses casos, a Administração deve manter sigilo de suas condutas sempre que a publicidade dos seus atos for de encontro a alguma destas garantias constitucionais. Trata-se de situações em que estão em conflito dois princípios, devendo haver uma ponderação de interesses no caso concreto, para que se determine a prevalência de um, em detrimento do outro.

Conforme exposto anteriormente, a Lei 12.527/11 foi publicada com a intenção de regular o Direito de Informação, protegido constitucionalmente e dispõe que o acesso à informação compreende, entre outros direitos, a obtenção de "*informação produzida ou custodiada por pessoa física ou entidade privada decorrente de qualquer vínculo com seus órgãos ou entidades, mesmo que esse vínculo já tenha cessado*" (art. 7º, III, da Lei 12.527/11).

Por sua vez, o art. 3º, da Lei 12.527/11, preconiza que os procedimentos por ela previstos destinam-se a assegurar o direito fundamental de acesso à informação e devem ser executados em conformidade com os princípios básicos da Administração Pública. Além disso, estabelece as diretrizes a serem respeitadas durante os procedimentos, dentre elas, a observância da publicidade como preceito geral e do sigilo como exceção.

Nestes termos, se considera que o direito à informação abarca a garantia de obter:

- orientação sobre os procedimentos para a consecução de acesso, bem como sobre o local onde poderá ser encontrada ou obtida a informação almejada;
- informação contida em registros ou documentos, produzidos ou acumulados por seus órgãos ou entidades, recolhidos ou não a arquivos públicos;
- informação produzida ou custodiada por pessoa física ou entidade privada decorrente de qualquer vínculo com seus órgãos ou entidades, mesmo que esse vínculo já tenha cessado;
- informação primária, íntegra, autêntica e atualizada, não sendo suficiente o fornecimento dos dados, se não for garantida sua autenticidade;
- informação sobre atividades exercidas pelos órgãos e entidades, inclusive as relativas à sua política, organização e serviços;
- informação pertinente à administração do patrimônio público, utilização de recursos públicos, licitação, contratos administrativos; e
- informação relativa: a) à implementação, acompanhamento e resultados dos programas, projetos e ações dos órgãos e entidades públicas, bem como metas e indicadores propostos; b) ao resultado de inspeções, auditorias, prestações e tomadas de contas realizadas pelos órgãos de controle interno e externo, incluindo prestações de contas relativas a exercícios anteriores.

Todas as vezes que o particular quiser obter informações deve dirigir o pleito à autoridade competente, informando quais as informações que pretende obter.

No caso de indeferimento de acesso a informações ou às razões da negativa do acesso, poderá o interessado interpor recurso contra a decisão no prazo de 10 (dez) dias a contar da sua ciência. O recurso será dirigido à autoridade hierarquicamente superior à que exarou a decisão impugnada, que deverá se manifestar no prazo de 5 (cinco) dias.

Por derradeiro, a lei regulamenta, em seu art. 16, que, se for negado o acesso à informação pelos órgãos ou entidades do Poder Executivo Federal, "*o requerente poderá recorrer* à *Controladoria-Geral da União, que deliberará no prazo de 5 (cinco) dias se:*

> *I – o acesso à informação não classificada como sigilosa for negado;*
>
> *II – a decisão de negativa de acesso à informação total ou parcialmente classificada como sigilosa não indicar a autoridade classificadora ou a hierarquicamente superior a quem possa ser dirigido pedido de acesso ou desclassificação;*

> *III – os procedimentos de classificação de informação sigilosa estabelecidos nesta Lei não tiverem sido observados; e*
>
> *IV – estiverem sendo descumpridos prazos ou outros procedimentos previstos nesta Lei".*

Ressalte-se que, a informação em poder dos órgãos e entidades públicas, observado o seu teor e em razão de sua imprescindibilidade à segurança da sociedade ou do Estado, poderá ser classificada como ultrassecreta, secreta ou reservada.

Nestas hipóteses, os prazos máximos de restrição de acesso à informação, conforme a classificação, vigoram a partir da data de sua produção e são os seguintes:

> I – ultrassecreta: 25 (vinte e cinco) anos;
>
> II – secreta: 15 (quinze) anos;
>
> III – reservada: 5 (cinco) anos.

2.6 Princípio da Eficiência

Este princípio se tornou expresso com o advento da EC 19/98. Eficiência é produzir bem, com qualidade e com menos gastos. Uma atuação eficiente da atividade administrativa é aquela realizada com presteza e, acima de tudo, um bom desempenho funcional. Buscam-se sempre melhores resultados práticos e menos desperdício, nas atividades estatais, uma vez que toda a coletividade se beneficia disso.

Mesmo antes da alteração imposta ao texto da Constituição Federal, o art. 6º, §1º, da lei 8.987/95, já definia que a eficiência era considerada princípio básico para que a prestação de serviços públicos fosse adequada. Dessa forma, a prestação dos serviços públicos, seja feita mediante execução direta do Estado ou por delegação a particulares, por contratos de concessão ou permissão de serviços, deve respeitar a busca pela eficiência, como forma de satisfazer as necessidades da sociedade que usufrui destas atividades.

Inicialmente, quando da alteração constitucional, a doutrina tratava desse princípio como sendo muito fluido, configurando um verdadeiro desabafo do constituinte derivado. Contudo, o entendimento mais moderno é o de que a própria CF concretiza este princípio, sendo ele uma norma de aplicabilidade imediata. Com efeito, toda a atuação estatal pauta-se na busca pela obtenção de resultados positivos. Neste sentido, Maria Sylvia Zanella de Pietro[10] define que "*O princípio da eficiência apresenta, na realidade, dois aspectos: pode ser considerado em relação ao modo de atuação do agente público, do qual se espera o melhor desempenho possível de suas atribuições, para lograr os melhores resultados; e em relação ao modo de organizar, estruturar, disciplinar a Administração Pública, também com o mesmo objetivo de alcançar os melhores resultados na prestação do serviço público*".

Ademais, o próprio texto da Constituição Federal, alterado pela Emenda Constitucional 19/98, define algumas situações de aplicação deste princípio. Por exemplo, o art. 41 da Carta Magna foi alterado pela respectiva emenda, criando a avaliação periódica de desempenho dos seus servidores, mesmo depois da aquisição da estabilidade, como clara concretização do princípio da eficiência. Logo, para os servidores, a eficiência aparece como requisito essencial. O servidor hoje tem que, além de ser aprovado em todas as fases do concurso público, ser aprovado também em uma Avaliação Especial de Desempenho, isto para que os resultados de uma administração pública mais eficiente não sejam um distante desejo.

Pode-se ainda mencionar, como implantação do princípio da eficiência, as regras do art. 169 da CF, que define limites com gasto de pessoal e prevê inclusive corte nos gastos, em caso de serem transbordados os referidos limites.

Esse dispositivo dispõe que, caso o poder público extrapole os limites permitidos de gastos com pessoal, deverá tomar algumas medidas, a saber:

- redução em pelo menos vinte por cento das despesas com cargos em comissão e funções de confiança;
- a exoneração dos servidores não estáveis; e
- se as medidas adotadas com base no parágrafo anterior não forem suficientes para assegurar o cumprimento da determinação da lei complementar 101/00, a exoneração do servidor estável, desde que ato normativo motivado de cada um dos Poderes especifique a atividade funcional, o órgão ou unidade administrativa objeto da redução de pessoal.

Outrossim, o art. 37, §3º, da Carta Magna, estabelece que a legislação deverá disciplinar as formas de participação do usuário na administração pública direta e indireta, admitindo-se a apresentação de reclamações relativas à prestação dos serviços públicos em geral, asseguradas a manutenção de serviços de atendimento ao usuário e a avaliação periódica, externa e interna, da

10 PIETRO, Maria Sylvia Zanella di – Direito Administrativo. São Paulo: Atlas, 21ª ed. 2008.

qualidade dos serviços. Esse dispositivo foi regulamentado pela lei 12.527/11, designada como lei de acesso às informações, já analisada no tópico anterior.

Por fim, uma prestação de serviços eficiente deve garantir uma célere solução de controvérsias, razão pela qual, a eficiência está diretamente ligada ao princípio da celeridade nos processos administrativos, inserido na Constituição da República, em seu art. 5º, LXXVIII que dispõe que "*a todos, no âmbito judicial e administrativo, são assegurados a razoável duração do processo e os meios que garantam a celeridade de sua tramitação*".

Dessa forma, é possível considerar que a rápida solução das controvérsias enseja uma eficiência na execução das atividades estatais, contribuindo para a satisfação dos interesses da sociedade.

Capítulo

20

MECANISMOS CONSTITUCIONAIS DE DEFESA DO ESTADO

1. DO SISTEMA CONSTITUCIONAL DAS CRISES

A democracia é o equilíbrio mais estável entre os grupos do poder. Segundo José Afonso da Silva,[1] fora desses parâmetros democráticos, as competições pelo poder geram uma situação de crise, que poderá assumir as características de crise constitucional e, esta, se não for convenientemente administrada, governada, poderá provocar o rompimento do equilíbrio constitucional e, por conseguinte, pôr em risco as instituições democráticas. O sistema constitucional das crises foi definido pelo autor como o conjunto ordenado de normas constitucionais que, informadas pelos princípios da necessidade, da proporcionalidade e da temporariedade, têm por objeto as situações de crise e por finalidade o restabelecimento da normalidade constitucional. As crises podem ser resolvidas com a decretação do estado de exceção (de legalidade extraordinária) que deve cessar, tão logo as situações motivadoras da situação de anormalidade sejam extintas.

O estado de sítio foi realmente o tipo de estado de exceção que tradicionalmente vigorou no Brasil, presente na história do constitucionalismo desde 1934.[2] Em 13 de dezembro de 1968, o povo brasileiro vivenciou, perplexo,

---

1 AFONSO DA SILVA, José. *Curso de Direito Constitucional Positivo*. 23. ed. São Paulo: Malheiros, 2004, p. 741-742.

2 A título de exemplo: na CF/34, art. 175 – Estado de Sítio; no texto de CF/37, art. 166 – Estado de emergência e em caso de invasão armada, estado de guerra; em 1946, art. 206 – Estado de Sítio; na CF/67, art. 152 – Estado de Sítio; na EC nº 1/69, art. 155 – Estado de Sítio.

um estado de legalidade extraordinária permanente com a decretação do Ato Institucional nº 5, sendo este, exemplo moderno de situação de "emergência" do país.

O aparato constitucional de 1988 para as situações de crise está centralizado nos arts. 136 a 141, que tratam do estado de defesa e do estado de sítio, que serão brevemente analisados a seguir.

2. PRINCÍPIOS INFORMADORES DO ESTADO DE DEFESA E DO ESTADO DE SÍTIO[3]

- **necessidade:** que significa a justificativa imperiosa das medidas; caso contrário, estaria configurado um golpe de Estado, simples arbítrio;
- **temporariedade:** é necessário que se fixe um tempo limitado para a vigência da legalidade extraordinária;
- **proporcionalidade**: as medidas devem ser proporcionais aos fatos que justificaram a sua adoção.

3. REQUISITOS PARA O ESTADO DE DEFESA

São requisitos para o estado de defesa, na forma do art. 136:

a) existência de grave perturbação da ordem pública ou da paz social, ou ainda, manifestação de calamidade de grandes proporções na natureza que atinja a mesma ordem pública ou a paz social;

b) impossibilidade de restabelecer, pelas vias de normalidade, a ordem pública e a paz social;

c) consulta prévia ao Conselho da República e da Defesa Nacional;

d) determinação, no decreto do Presidente da República, do tempo de sua duração, que não poderá ser superior a 30 (trinta) dias, prorrogáveis por apenas uma vez, por igual período (ou inferior, evidentemente), se persistirem as razões que justificaram a sua decretação;

e) o ato deverá ser apresentado ao Congresso Nacional em vinte e quatro horas, para que aprecie o decreto. Caso negue, o estado de defesa será extinto. Se o Congresso Nacional estiver em recesso, será convocado, extraordinariamente, no prazo de cinco dias;

---

3 AFONSO DA SILVA, José. *Curso de Direito Constitucional Positivo*. 23. ed. São Paulo: Malheiros, 2004, p. 741-742.

f) localidade determinada, diferente do estado de sítio, que poderá ser decretado em todo território nacional.

3.1 Medidas Coercitivas que Podem Vigorar Durante o Estado de Defesa

De acordo com o art. 136, § 1º, I e II, podem ser determinadas as seguintes restrições (em rol taxativo) aos direitos fundamentais:

a) de reunião, ainda que exercida no seio das associações;
b) sigilo das correspondências;
c) sigilo de comunicação telegráfica e telefônica;
d) ocupação e uso temporário de bens e serviços, na hipótese de calamidade pública, respondendo a União pelos danos e custos decorrentes;
e) prisão por crime contra o Estado, pelo executor da medida, que deverá comunicá-la, com declaração do estado físico ou mental do detido, ao juiz competente (que deverá ser imediatamente comunicado e relaxará a prisão se esta não for legal). Sendo que a prisão ou detenção de qualquer pessoa não poderá ser superior a 10 dias, salvo quando autorizada pelo Poder Judiciário. Ressalte-se que o preso não pode ficar incomunicável.

4. REQUISITOS PARA O ESTADO DE SÍTIO

Na forma dos arts. 137, I e II, e 138, são requisitos para a decretação do estado de sítio:

a) comoção grave de repercussão nacional ou ocorrência de fatos que comprovem a ineficácia de medida tomada durante o estado de defesa (137, I); ou ainda, declaração de estado de guerra ou resposta à agressão armada estrangeira (137, II);
b) consulta prévia ao Conselho da República e da Defesa Nacional;
c) autorização, por parte da maioria absoluta do Congresso Nacional, para que seja decretado, em atendimento a solicitação fundamentada do Presidente da República. Solicitada autorização para decretar o estado de sítio durante o recesso parlamentar, o presidente do Senado Federal, de imediato, convocará extraordinariamente o Congresso Nacional para se reunir dentro de cinco dias, a fim de apreciar o ato;

d) prazo, no caso do art. 137, I, de 30 dias, não prorrogado, de cada vez por prazo superior (o que se permite mais de uma prorrogação) e na hipótese do art. 137, II, poderá ser mantido por todo o tempo que perdurar a guerra ou a agressão armada estrangeira;
e) pode ser decretado em todo o território nacional.

4.1 Medidas que Podem Vigorar Durante o Estado de Sítio

Na vigência do estado de sítio com fundamento no art. 137, I, só poderão ser tomadas contra as pessoas as seguintes medidas coercitivas:

a) obrigação de permanência em localidade determinada;
b) detenção em edifício não destinado a acusados ou condenados por crimes comuns, o que acaba por deter as pessoas em prisão dos quartéis da Marinha, do Exército ou da Aeronáutica;
c) restrições relativas à inviolabilidade da correspondência, ao sigilo das comunicações, à prestação de informações e à liberdade de imprensa, radiodifusão e televisão, na forma da lei (o que significa necessidade de elaboração de uma lei que preveja a possibilidade e limites dessas restrições, que, como se nota, importam em interceptação e censura aos meios de comunicação em geral; mas não se inclui, nessas restrições, a difusão de pronunciamento de parlamentares efetuados em suas Casas Legislativas, desde que liberada pela respectiva Mesa);
d) suspensão da liberdade de reunião;
e) busca e apreensão em domicílio, o que é uma derrogação da inviolabilidade do domicílio prevista no art. 5º, XI;
f) intervenção nas empresas de serviços públicos (empresas de telecomunicações, de transportes, de fornecimento de água etc.);
g) requisição de bens.

Quanto ao estado de sítio com fundamento no art. 137, II, não há previsão constitucional expressa sobre as restrições aos direitos fundamentais, mas é sabido que as medidas devem respeitar aos princípios informadores do estado de legalidade extraordinário: necessidade, temporariedade e proporcionalidade.

5. CONTROLE POLÍTICO E CONTROLE JURISDICIONAL

Importante destacar que o estado de sítio e o estado de defesa não podem configurar situações de arbítrio, porque são medidas constitucionalmente regradas. Ambas estão sujeitas ao controle político e ao controle jurisdicional. Qualquer pessoa prejudicada por medidas ou providências do Presidente da República ou de seus delegados, executores ou agentes, com inobservância das prescrições constitucionais não excepcionadas e das constantes dos arts. 136 a 139, tem o direito de recorrer ao Poder Judiciário para responsabilizá-lo e pedir a reparação do dano que lhe tenha sido causado.

6. BREVES REFLEXÕES SOBRE O ESTADO DE EXCEÇÃO NA MODERNIDADE

A criação voluntária de um estado de exceção permanente tornou-se uma das práticas essenciais dos Estados contemporâneos, inclusive nos países intitulados de "democráticos".

Após o ataque terrorista sofrido pelos Estados Unidos em 11 de setembro de 2001, a Presidência americana resolveu se engajar numa chamada "guerra ao terror" e passou a adotar medidas extremas e contrárias ao princípio da dignidade da pessoa humana, configurando um dos grandes exemplos de verdadeiro estado de exceção da modernidade.

Esse estado de exceção aparece claramente na *military order*, promulgada pelo Presidente dos Estados Unidos no dia 13 de novembro de 2001 e que autoriza a *indefinite detention* e o processo perante as *military commissions* dos não cidadãos suspeitos de envolvimento em atividades terroristas.

O *USA Patriot Act*, promulgado pelo Senado americano no dia 26 de outubro de 2001, permite ao *attorney* general "manter preso" o estrangeiro suspeito de atividades que ponham em perigo "a segurança nacional dos Estados Unidos"; mas, no prazo de sete dias, o estrangeiro deve ser expulso ou acusado de violação da lei sobre a imigração ou de algum outro delito. A novidade da "ordem" do então Presidente Bush estava em anular radicalmente todo estatuto jurídico do indivíduo, produzindo, dessa forma, um ser juridicamente inominável e inclassificável.

Ressalte-se que os talibãs capturados no Afeganistão, além de não gozarem do estatuto de POW (*prisioneiro de guerra*), segundo a Convenção de Genebra, tampouco são tratados como acusados segundo as leis norte-americanas. Nem prisioneiros nem acusados, mas apenas *detainees*, são objeto de uma pura dominação de fato, de uma detenção indeterminada não só no sentido temporal, mas também quanto à sua própria natureza, porque totalmente fora da lei e do controle judiciário.

Revelada pelo *New York Times*,[4] uma investigação confirmou a "rotina" de torturas infligidas por militares estadunidenses, que muitas vezes agridem e submetem os detentos sem nem mesmo os interrogar. A pesquisa reconhece que as técnicas utilizadas pelos homens do 519º batalhão de treinamento militar em Bagram foram ensinadas aos recrutas em Guantánamo e que este mesmo batalhão foi em seguida encarregado de conduzir interrogatórios truculentos na prisão iraquiana de Abu Graib.

Segundo Giorgio Agamben "quando o Estado de Exceção torna-se a regra, o sistema jurídico-político transforma-se em uma máquina letal".[5] E complementa afirmando que é preciso romper essa máquina letal que está levando o Ocidente para a Guerra Civil Mundial.

O destacado pensador italiano defende posição que entendemos ser a mais correta sobre o assunto: "O Estado de exceção não é um Estado de Direito, mas um espaço sem direito, onde a aplicação do direito é suspensa".[6]

Sobre o assunto, o eminente jurista Werner Kägi[7] já afirmava, em 1941 (mas perfeitamente contemporâneo), que no mundo entreguerras (1919-1939) também se acentuava que o estado de exceção se converteu em muitos países em algo normal. Os antigos Estados Constitucionais passaram a aceitar cada vez mais os chamados "Direitos de Emergência".

Os recentes informes trágicos sobre o suicídio simultâneo de três detentos na base militar de Guantánamo no dia 10 de junho de 2006 foram noticiados por diversos jornais do mundo que se manifestaram pela urgência de fechar esse centro de detenção e a importância de se dar assistência aos detentos.

Repugnante em termos jurídicos e éticos, tudo isso se revela crescentemente desastroso para toda a humanidade. Como em outras democracias confrontadas pela ameaça do terrorismo, os Estados Unidos veem a questão de a tortura tornar-se um dilema político central.

São inúmeros exemplos na atualidade de governos que, alicerçados em seu próprio autoritarismo e visão restrita de mundo, rechaçam os ordenamentos

---

4 Cf. *International Herald Tribune*, 21 de maio de 2005.

5 AGAMBEN, Giorgio. *Estado de Exceção*. Tradução de Iraci D. Poleti. Boitempo Editorial, 2004.

6 AGAMBEN, Giorgio. Ob. cit.

7 Kägi, Werner. *La Constitución como ordenamento jurídico fundamental del Estado*. Madrid: Dykinson, 2005.

jurídicos e, fundamentados por uma suposta razão de "Estado", desrespeitam os direitos fundamentais de sua população.

As sociedades modernas, feridas pelas grandes guerras na história, percorreram um longo caminho elegendo seus bens jurídicos mais relevantes, dentre eles o da dignidade da pessoa humana. Por intermédio desse longo caminho de evolução jurídica e social, conquistaram-se os direitos que hoje estão consagrados em diversos ordenamentos jurídicos constitucionais, como já citamos, e que não podem ser destruídos pelo autoritarismo dos governantes que usam a força para manutenção do próprio poder.

7. A SEGURANÇA PÚBLICA

Segundo o Professor Uadi Lammêgo Bulos, como a convivência harmônica reclama a preservação dos direitos e garantias fundamentais, é necessário existir uma atividade constante de vigilância, prevenção e repressão de condutas delituosas. Daí a razão de ser a Segurança Pública do Estado, isto é, manter a paz dentro da adversidade, pois é dentro do embate de interesses antagônicos que emerge o seu papel fundamental, qual seja, o de procurar manter o equilíbrio nas relações sociais.[8]

A Segurança Pública não se resume a uma questão de Polícia, tanto que no *caput* do art. 144, CF, está enunciado que ela é **dever do Estado, direito e responsabilidade de todos:** "*a segurança pública, dever do Estado, direito e responsabilidade de todos, é exercida para a preservação da ordem pública e da incolumidade das pessoas e do patrimônio...*".

7.1 Realização das Atividades de Polícia

a) polícia administrativa – tem por objeto as limitações impostas a bens jurídicos individuais (liberdade e propriedade);

b) polícia de segurança, que se divide em;

- **polícia ostensiva:** tem por objeto a preservação da ordem pública, evitando danos e perigos que podem ser causados ao homem;
- **polícia judiciária:** empreende tarefas investigatórias, para a apuração dos delitos penais, fornecendo ao Ministério Público os elementos necessários à repressão das condutas criminosas, através da ação penal pública.

---

8 Bulos, Vadi Lammêgo. *Constituição Federal Anotada*. 5. ed. São Paulo: Saraiva, 2003.

7.2 Órgãos da Segurança Pública

De acordo com o art. 144, são órgãos da segurança pública:[9]

> I - polícia federal;
>
> II - polícia rodoviária federal;
>
> III - polícia ferroviária federal;
>
> IV - polícias civis;
>
> V - polícias militares e corpos de bombeiros militares.
>
> VI - polícias penais federal, estaduais e distrital. (Redação dada pela Emenda Constitucional nº 104, de 2019)

7.3 Das polícias federais

Todas as três polícias federais (art. 144, I a III, CF) são organizadas e mantidas pela União Federal (art. 21, XIV, CF), que também organiza e mantém a polícia civil, a polícia militar e o corpo de bombeiros militar do Distrito Federal e nos Territórios. Todas elas hão de ser instituídas em lei, como órgãos permanentes estruturados em carreira.

A Polícia Federal destina-se: a) a apurar infrações penais contra a ordem política e social ou em detrimento de bens, serviços e interesses da União ou de suas entidades autárquicas e empresas públicas, assim como outras infrações cuja prática tenha repercussão interestadual ou internacional e exija repressão uniforme, segundo se dispuser em lei; b) a prevenir e reprimir o tráfico ilícito de entorpecentes e drogas afins, o contrabando e o descaminho, sem prejuízo da ação fazendária e de outros órgãos públicos nas respectivas áreas de

---

9 Segundo o STF: "**O rol de órgãos encarregados do exercício da segurança pública, previsto no art. 144, I a V, da CF, é taxativo e esse modelo federal deve ser observado pelos Estados-membros e pelo Distrito Federal**. Com base nesse entendimento, o Tribunal, por maioria, julgou procedente, em parte, pedido formulado em ação direta proposta pelo Partido Social Liberal – PSL para declarar a inconstitucionalidade da EC nº 19/98 e da expressão 'Instituto-Geral de Perícias' constante da EC nº 18/97, ambas da Constituição do Estado do Rio Grande do Sul, que dispõem sobre o aludido Instituto-Geral de Perícias. Preliminarmente, rejeitou-se a alegada inépcia da inicial, uma vez que o requerente indicara os dispositivos sobre os quais versaria a ação, bem como os fundamentos jurídicos do pedido. Ademais, ressaltou-se estar superada a tese relativa à prejudicialidade da ação direta em face da perda superveniente de representação do partido no Congresso Nacional. Assinalou-se, inclusive, que o requerente já teria readquirido sua representatividade". ADI nº 2827/RS, rel. Min. Gilmar Mendes, 16.09.2010 (grifamos).

competência; c) exercer as funções de polícia marítima, aérea e de fronteiras; d) exercer, **com exclusividade**, as funções de polícia judiciária da União.

A polícia rodoviária federal e a polícia ferroviária federal destinam-se, na forma da lei, ao patrulhamento ostensivo, respectivamente das rodovias e das ferrovias federais. Só das federais, porque o patrulhamento das rodovias e ferrovias estaduais é matéria de competência das polícias dos Estados.

7.4 Das polícias estaduais

As polícias estaduais são responsáveis pelo exercício das funções de segurança e de polícia judiciária, e se dividem em: a Polícia Civil, a Polícia Militar e o Corpo de Bombeiros Militar. À Polícia Civil cabem as funções de apuração de infrações penais, exceto: as de competência da Polícia Federal no âmbito restrito acima mencionado e as militares. À Polícia Militar, em cada Estado, cabem a polícia ostensiva e a preservação da ordem pública, enquanto ao Corpo de Bombeiros de cada Estado compete, além de outras definidas em lei, como a de prevenção e debelação de incêndios, a execução de atividades de defesa civil. Essas polícias militarizadas dos Estados são consideradas forças auxiliares do Exército e se subordinam, juntamente com as polícias civis, aos Governadores dos Estados, do Distrito Federal e dos Territórios.

7.5 Das guardas municipais

A Constituição de 1988 não autorizou ao Município a instituição de órgão policial de segurança pública, prevendo apenas a criação de guardas municipais, que na forma do art. 144, § 8º, são destinadas à proteção de seus bens, serviços e instalações, conforme dispuser a lei. Insta destacarmos que as guardas municipais não têm competência para realizar policiamento ostensivo, nem judiciário, tampouco para apurar infrações penais, sendo possível, no entanto, que a lei preveja outras atividades a esse órgão, desde que de competência municipal.

Como o Código de Trânsito Brasileiro estabeleceu que a competência para o exercício da fiscalização de trânsito é comum, cabendo tanto a União, como aos Estados/DF e Municípios[10], importante tese foi firmada pelo STF: **É constitucional a atribuição às guardas municipais do exercício do poder de**

10 Lei 9503/97. Art. 21. Compete aos órgãos e entidades executivos rodoviários da União, dos Estados, do Distrito Federal e dos Municípios, no âmbito de sua circunscrição:
(...)

polícia de trânsito, inclusive para a imposição de sanções administrativas legalmente previstas (ex: multas de trânsito)[11].

7.6 Das polícias penais

Como dito acima, a segurança pública não é uma questão de Polícia apenas. Tampouco se encerra com a prisão. Na verdade, muitos crimes no Brasil são "encomendados" diretamente de estabelecimentos penais, onde se encontram encarcerados inúmeros líderes de facções criminosas condenados a penas altíssimas de restrição de liberdade. Isso sem falar nas rebeliões que não são raras e que já levaram a vida de muitos detentos e agentes públicos.

Até o advento da EC 104/2019, os estabelecimentos penais contavam com agentes públicos muitas vezes chamados de agentes penitenciários, sem garantia de devida remuneração, segurança e estrutura de carreira adequada. Pensando nisso, foi criada a figura das "polícias penais", responsáveis pela segurança nos estabelecimentos penais, conforme estabelece o § 5º-A do art. 144: Às polícias penais, vinculadas ao órgão administrador do sistema penal da unidade federativa a que pertencem, cabe a segurança dos estabelecimentos penais. **A polícia penal pode ser federal, estadual ou distrital. Sobre a polícia distrital, a responsabilidade pela sua organização e manutenção, à semelhança do que ocorre com as demais polícias, é da União, na forma do art. 21, XIV, que também foi objeto de reforma. A despeito disso, a polícia penal distrital** está subordinada ao Governador do Distrito Federal; e pode ser utilizada pelo Governo do Distrito Federal, na forma da lei federal.

Já a Polícia Penal estadual pode estar vinculada à Secretaria de Administração Penitenciária, à Secretaria de Justiça ou até mesmo à Secretaria de Segurança Pública. Isso irá depender da Secretaria (ou outro órgão estadual) que for responsável por administrar o sistema penal naquele Estado.

Por sua vez, a Polícia Penal federal, estará vinculada ao Departamento Penitenciário Nacional (DEPEN), que é o órgão executivo responsável pelo Sistema Penitenciário Federal.

Na forma do Art. 4º da EC 104/2019, o preenchimento do quadro de servidores das polícias penais será feito, exclusivamente, por meio de concurso

---

VI- executar a fiscalização de trânsito, autuar, aplicar as penalidades de advertência, por escrito, e ainda as multas e medidas administrativas cabíveis, notificando os infratores e arrecadando as multas que aplicar.

11 STF. Plenário. RE 658570/MG, rel. orig. Min. Marco Aurélio, red. p/ o acórdão Min. Roberto Barroso, julgado em 6/8/2015 (Info 793).

público e por meio da transformação dos cargos isolados, dos cargos de carreira dos atuais agentes penitenciários e dos cargos públicos equivalentes.

7.7 A Força Nacional de Segurança Pública

A Medida Provisória nº 2.205, de 10 de agosto de 2001, disciplinou a criação da Força Nacional de Segurança, hoje prevista na Lei nº 11.473/2007, com o objetivo de promover maior integração entre os entes federativos no que tange à execução de atividades e serviços imprescindíveis à preservação da ordem pública e da incolumidade das pessoas e do patrimônio, mediante convênios firmados nesse sentido entre a União, os Estados e o Distrito Federal.

As atividades desenvolvidas pela Força Nacional têm caráter consensual e serão desenvolvidas sob a coordenação conjunta da União e do ente convenente, numa verdadeira cooperação federativa.

Segundo o art. 3º da Lei nº 11.473/2007, a Força Nacional atuará somente em atividades de policiamento ostensivo destinadas à preservação da ordem pública e da incolumidade das pessoas e do patrimônio.

7.8 O Sistema Único de Segurança Pública

A Lei nº 13.675/2018[12] institui o Sistema Único de Segurança Pública (Susp) e criou a Política Nacional de Segurança Pública e Defesa Social (PNSPDS), com a finalidade de preservação da ordem pública e da incolumidade das pessoas e do patrimônio, por meio de atuação conjunta, coordenada, sistêmica e integrada dos órgãos de segurança pública e defesa social da União, dos Estados, do Distrito Federal e dos Municípios, em articulação com a sociedade.

De acordo com o Art. 3º, da lei, compete à União estabelecer a Política Nacional de Segurança Pública e Defesa Social (PNSPDS) e aos Estados, ao Distrito Federal e aos Municípios estabelecer suas respectivas políticas, observadas as diretrizes da política nacional, especialmente para análise e enfrentamento dos riscos à harmonia da convivência social, com destaque às situações de emergência e aos crimes interestaduais e transnacionais.

O Art. 4º estabelece como princípios da PNSPDS:I - respeito ao ordenamento jurídico e aos direitos e garantias individuais e coletivos; II - proteção, valorização e reconhecimento dos profissionais de segurança pública; III - proteção dos direitos humanos, respeito aos direitos fundamentais e promoção

12 A Lei nº 13.675/2018 foi publicada no dia 12/06 e, como foi estabelecida a *vacatio legis* de 30 dias, entrou em vigor no dia 12/07/2018.

da cidadania e da dignidade da pessoa humana; IV - eficiência na prevenção e no controle das infrações penais; V - eficiência na repressão e na apuração das infrações penais; VI - eficiência na prevenção e na redução de riscos em situações de emergência e desastres que afetam a vida, o patrimônio e o meio ambiente; VII - participação e controle social; VIII - resolução pacífica de conflitos; IX - uso comedido e proporcional da força; X - proteção da vida, do patrimônio e do meio ambiente; XI - publicidade das informações não sigilosas; XII - promoção da produção de conhecimento sobre segurança pública; XIII - otimização dos recursos materiais, humanos e financeiros das instituições; XIV - simplicidade, informalidade, economia procedimental e celeridade no serviço prestado à sociedade; XV - relação harmônica e colaborativa entre os Poderes; e, ainda, XVI - transparência, responsabilização e prestação de contas.

A Constituição proíbe expressamente a greve dos Policiais Militares, Bombeiros Militares e militares das Forças Armadas (art. 142, 3º, IV c/c art. 42, § 1º), mas não há nenhum dispositivo que impeça a greve dos policiais civis. Apesar de não existir tal vedação, o STF decidiu que os policiais civis não podem fazer greve. Aliás, o Tribunal foi além e afirmou que nenhum servidor público que trabalhe diretamente na área da segurança pública pode fazer greve, consoante a tese assim fixada: o **exercício do direito de greve, sob qualquer forma ou modalidade, é vedado aos policiais civis e a todos os servidores públicos que atuem diretamente na área de segurança pública**[13].

Importante destacar que o STF afirmou claramente que, ao decidir que os policiais civis não possuem direito de greve, não estava aplicando o art. 142, § 3º, IV, da CF por analogia a eles. Estabeleceu que a greve é proibida por força dos princípios constitucionais que regem os órgãos de segurança pública.

Insta ressaltar que não apenas os policiais civis estão proibidos de fazer greve, os policiais federais também, já que o STF entendeu que o exercício de greve é vedado a todas as carreiras policiais previstas no art. 144.

Apesar de os policiais não poderem exercer o direito de greve, é indispensável que essa categoria possa manifestar as suas reivindicações de alguma forma. Pensando nisso, o STF afirmou, como alternativa, no próprio julgado cuja tese foi firmada, que o sindicato dos policiais possa acionar o Poder Judiciário para que seja feita mediação com o Poder Público, nos termos do art. 165 do CPC: Art. 165. Os tribunais criarão centros judiciários de solução consensual de conflitos, responsáveis pela realização de sessões e audiências

13 STF. Plenário. ARE 654432/GO, Rel. orig. Min. Edson Fachin, red. p/ o ac. Min. Alexandre de Moraes, julgado em 5/4/2017 (repercussão geral) (Info 860).

de conciliação e mediação e pelo desenvolvimento de programas destinados a auxiliar, orientar e estimular a autocomposição.

Nesta mediação, os integrantes das carreiras policiais serão representados pelos respectivos órgãos classistas (ex: sindicatos, no caso de polícia civil, federal etc.; associações, no caso de polícia militar) e o Poder Público é obrigado a participar[14].

7.9 Jurisprudência do STF sobre a Segurança Pública

Abaixo apresentamos decisões importantes que reforçam o entendimento do STF acerca da segurança pública.

Os Estados-membros, assim como o Distrito Federal, devem seguir o modelo federal. O art. 144 da Constituição aponta os órgãos incumbidos do exercício da segurança pública. Entre eles não está o Departamento de Trânsito. Resta, pois, vedada aos Estados-membros a possibilidade de estender o rol, que esta Corte já firmou ser numerus clausus, *para alcançar o Departamento de Trânsito.*[15]

Polícia Militar: atribuição de "radiopatrulha aérea": constitucionalidade. O âmbito material da polícia aeroportuária, privativa da União, não se confunde com o do policiamento ostensivo do espaço aéreo, que – respeitados os limites das áreas constitucionais das Polícias Federal e Aeronáutica Militar – se inclui no poder residual da Polícia dos Estados.[16]

Constitucional. Administrativo. Decreto nº 1.557/2003 do Estado do Paraná, que atribui a subtenentes ou sargentos combatentes o atendimento nas

---

14 "A atividade policial é carreira de Estado imprescindível à manutenção da normalidade democrática, sendo impossível sua complementação ou substituição pela atividade privada. A carreira policial é o braço armado do Estado, responsável pela garantia da segurança interna, ordem pública e paz social. E o Estado não faz greve. O Estado em greve é anárquico. A CF não permite. Aparente colisão de direitos. Prevalência do interesse público e social na manutenção da segurança interna, da ordem pública e da paz social sobre o interesse individual de determinada categoria de servidores públicos. Impossibilidade absoluta do exercício do direito de greve às carreiras policiais. Interpretação teleológica do texto constitucional, em especial dos arts. 9º, § 1º; 37, VII; e 144. (...) tese de repercussão geral: 1 – O exercício do direito de greve, sob qualquer forma ou modalidade, é vedado aos policiais civis e a todos os servidores públicos que atuem diretamente na área de segurança pública. 2 – É obrigatória a participação do poder público em mediação instaurada pelos órgãos classistas das carreiras de segurança pública, nos termos do art. 165 do CPC, para vocalização dos interesses da categoria". [**ARE 654.432**, rel. p/ o ac. min. Alexandre de Moraes, j. 5-4-2017, P, *DJE* de 11-6-2018, Tema 541.] (grifamos).

15 ADI 1.182, voto do Rel. Min. Eros Grau, j. 24.11.2005, Plenário, *DJ* 10.03.2006.

16 ADI 132, Rel. Min. Sepúlveda Pertence, j. 30.04.2003, Plenário, *DJ* 30.05.2003.

delegacias de polícia, nos Municípios que não dispõem de servidor de carreira para o desempenho das funções de delegado de polícia. Desvio de função. Ofensa ao art. 144, caput, *IV e V e § 4º e § 5º, da Constituição da República. Ação direta julgada procedente.*[17]

A cláusula de exclusividade inscrita no art. 144, § 1º, IV, da Constituição da República - que não inibe a atividade de investigação criminal do Ministério Público - tem por única finalidade conferir à polícia federal, dentre os diversos organismos policiais que compõem o aparato repressivo da União Federal (polícia federal, polícia rodoviária federal e polícia ferroviária federal), primazia investigatória na apuração dos crimes previstos no próprio texto da Lei Fundamental ou, ainda, em tratados ou convenções internacionais[18].

O art. 144, § 6º, da CF é expletivo de um indeclinável traço hierárquico de subordinação, a caracterizar a relação entre os Governadores de Estado e as respectivas polícias civis. São ilegítimas, por contrariá-lo, quaisquer pretensões legislativas de conceder maior liberdade política (autonomias) aos órgãos de direção máxima das polícias civis estaduais, mesmo que materializadas em deliberações da Assembleia Constituinte local. (...). A instituição de tratamento jurídico paritário entre o Delegado-chefe da polícia civil estadual e os Secretários de Estado não pode alcançar a consequência de prover as autoridades policiais das mesmas prerrogativas de foro jurisdicional eventualmente vigentes em favor dos Secretários, por falta de correspondência no plano da CF[19].

---

17 ADI 3.614, Relª. p/ o ac. Minª. Cármen Lúcia, j. 20.09.2007, Plenário, *DJ* 23-11-2007.

18 HC 89.837, rel. min. Celso de Mello, j. 20-10-2009, 2ª T, *DJE* de 20-11-2009.

19 ADI 5.103, rel. min. Alexandre de Moraes, j. 12-4-2018, P, *DJE* de 25-4-2018.

Parte IV

TEORIA DOS PODERES E PROCESSO LEGISLATIVO

Capítulo

21

O PODER LEGISLATIVO

Como já analisado no capítulo sobre a separação dos poderes, o Poder Legislativo exerce a atividade legislativa do Estado e também é responsável pela função fiscalizadora. Nesse sistema de freios e contrapesos adotado pelo país, também exerce atividades atípicas, como por exemplo: abre concurso público para os seus servidores e licencia os seus membros (exemplos de atividades administrativas); e, também, atua como órgão julgador quando julga o Presidente da República por crime de responsabilidade, na forma do art. 52, parágrafo único, da CF.

Tendo em vista que a forma de Estado é federativa, todos os entes revelam a sua autonomia também por meio do seu Legislativo próprio. Por isso, temos os órgãos legislativos da União (Congresso Nacional), dos Estados (Assembleia Legislativa), do Distrito Federal (Câmara Legislativa) e dos Municípios (Câmara Municipal).

1. ESTRUTURA DO PODER LEGISLATIVO FEDERAL

O Poder Legislativo federal é bicameral, pois é composto por duas Casas Legislativas, a Câmara dos Deputados, que representa o Povo, na forma do art. 45, e o Senado Federal, que representa a vontade dos Estados e do Distrito Federal, na forma do art. 46. A primeira Casa é a popular e a segunda é o órgão federativo por excelência, sendo que, juntas, formam o Congresso Nacional (art. 44). O bicameralismo nasceu nos Estados Unidos, da ideia de que dever-se-ia agregar as colônias que eram do Norte, mais desenvolvidas, e as colônias do Sul, menos desenvolvidas, de forma que as colônias do Sul não ficassem prejudicadas por possuírem um número populacional menor que as colônias do Norte. Daí por que há uma íntima conexão entre federação, Senado Federal e Poder Legislativo central bicameral.

Nos Estados, Municípios e Distrito Federal, a representação é unicameral, pois as Assembleias Legislativas (art. 27), as Câmaras Municipais (art. 29) e a Câmara Legislativa (art. 32) representam o povo das suas respectivas localidades.

1.1 Funcionamento do Congresso Nacional

A legislatura é o período de quatro anos, previsto no art. 44, parágrafo único, e não se confunde com sessão legislativa, que é o período anual de trabalho legislativo, que se divide em dois períodos ordinários, 02/02 a 17/07 e 1º/08 a 22/12 (art. 57), ainda podendo ocorrer convocações durante os recessos para sessões extraordinárias, que serão realizadas entre o período de 18/07 a 31/07 e ainda 23/12 a 1º/02.

1.2 A Mesa do Congresso Nacional

Na forma do art. 57, § 5º, a Mesa do Congresso Nacional, ou seja, o seu órgão diretivo, será presidida pelo presidente do Senado Federal (que também preside a mesa do Senado Federal), e os demais cargos serão exercidos alternadamente pelos ocupantes de cargos equivalentes na Câmara dos Deputados e no Senado Federal. Ressalte-se que cada uma das Casas também possui o seu próprio órgão diretivo, composto por seus respectivos pares.

Tradicionalmente, os regimentos das Casas e do Congresso estabelecem os seguintes cargos: um Presidente, dois Vice-Presidentes, quatro Secretários e quatro suplentes de Secretários. São sete membros titulares e quatro suplentes.

1.3 Sessões Conjuntas

As casas exercem as suas atividades, via de regra, de forma isolada. Entretanto, há possibilidade de realização de sessões conjuntas, em que se reúnem Deputados e Senadores para o exercício de algumas tarefas constitucionais, como as do art. 57, § 3º: para inaugurar a sessão legislativa, para elaborar o regimento comum e regular a criação de serviços comuns às duas Casas, para receber o compromisso do Presidente e do Vice-Presidente da República e também para conhecer do veto e sobre ele deliberar.

As sessões serão reguladas conforme os Regimentos (regulação interna) das Casas. O Congresso Nacional possui três Regimentos: o da Câmara, o do

Senado e o Comum (do Congresso Nacional), sendo este último utilizado nos casos em que as duas Casas se reúnem conjuntamente.

1.4 Convocação Extraordinária

As hipóteses de convocação extraordinária são excepcionais e reguladas pelo art. 57, § 6º. Nesse sentido, o presidente do Senado Federal deverá convocar sessão especial em caso de intervenção federal, estado de defesa, de pedido de autorização para estado de sítio e para o compromisso e a posse do Presidente e do Vice-Presidente da República. Em caso de urgência ou de interesse público relevante, ainda é possível que o Presidente da República, os presidentes da Câmara dos Deputados e do Senado Federal e ainda, a requerimento da maioria dos membros de ambas as Casas, a sessão seja convocada (art. 57, § 8º).

Ressalte-se que, na forma do art. 57, § 7º, o Congresso só poderá deliberar na sessão extraordinária sobre a matéria para a qual foi convocado, salvo se houver medidas provisórias em vigor, que serão automaticamente incluídas na pauta da convocação (art. 57, § 8º).

Por força da EC nº 50/2006, não há mais pagamento de parcela indenizatória nas sessões extraordinárias, como se vê no art. 57, § 7º, da CF.

1.5 Recesso Parlamentar

O recesso representa a paralisação temporária periódica das atividades legislativas do Congresso Nacional. De acordo com o art. 58, § 4º, haverá a necessidade de uma eleição na última sessão ordinária antes do fim de cada período legislativo de uma Comissão Representativa do Congresso Nacional. O Regimento Comum tratará das atribuições desta Comissão, cuja composição respeitará, o quanto for possível, a proporcionalidade da representação partidária no Congresso Nacional. Vale ressaltar que é uma única Comissão e não uma de cada Casa.

1.6 Atribuições do Congresso Nacional

As atividades **legislativas** do Congresso Nacional estão disciplinadas no art. 48 (em rol não exaustivo), mas exigem a coparticipação do Executivo (por meio da sanção) para a formação das leis. A atividade **deliberante**, que dispensa a participação executiva, está presente nos arts. 49 (matérias de competência do Congresso Nacional), 51 (competência da Câmara dos Deputados) e 52 (competência do Senado Federal).

No que tange às atribuições exclusivas do Congresso Nacional, o art. 49 dispõe que é da competência exclusiva (sem possibilidade de delegação) do órgão legislativo:

> I – resolver definitivamente sobre tratados, acordos ou atos internacionais que acarretem encargos ou compromissos gravosos ao patrimônio nacional;
>
> II – autorizar o Presidente da República a declarar guerra, a celebrar a paz, a permitir que forças estrangeiras transitem pelo território nacional ou nele permaneçam temporariamente, ressalvados os casos previstos em lei complementar;
>
> III – autorizar o Presidente e o Vice-Presidente da República a se ausentarem do País, quando a ausência exceder a quinze dias;
>
> IV – aprovar o estado de defesa e a intervenção federal, autorizar o estado de sítio, ou suspender qualquer uma dessas medidas;
>
> V – sustar os atos normativos do Poder Executivo que exorbitem do poder regulamentar ou dos limites de delegação legislativa;
>
> VI – mudar temporariamente sua sede;
>
> VII – fixar idêntico subsídio para os Deputados Federais e os Senadores, observado o que dispõem os arts. 37, XI, 39, § 4º, 150, II, 153, III, e 153, § 2º, I;
>
> VIII – fixar os subsídios do Presidente e do Vice-Presidente da República e dos Ministros de Estado, observado o que dispõem os arts. 37, XI, 39, § 4º, 150, II, 153, III, e 153, § 2º, I;
>
> IX – julgar anualmente as contas prestadas pelo Presidente da República e apreciar os relatórios sobre a execução dos planos de governo;
>
> X – fiscalizar e controlar, diretamente, ou por qualquer de suas Casas, os atos do Poder Executivo, incluídos os da administração indireta;
>
> XI – zelar pela preservação de sua competência legislativa em face da atribuição normativa dos outros Poderes;
>
> XII – apreciar os atos de concessão e renovação de concessão de emissoras de rádio e televisão;
>
> XIII – escolher dois terços dos membros do Tribunal de Contas da União;
>
> XIV – aprovar iniciativas do Poder Executivo referentes a atividades nucleares;
>
> XV – autorizar referendo e convocar plebiscito;
>
> XVI – autorizar, em terras indígenas, a exploração e o aproveitamento de recursos hídricos e a pesquisa e lavra de riquezas minerais;
>
> XVII – aprovar, previamente, a alienação ou concessão de terras públicas com área superior a dois mil e quinhentos hectares.

1.7 As Comissões

As Comissões existentes no Congresso Nacional são órgãos auxiliares da atividade parlamentar e podem ser assim divididas:

- **Temporárias**: são comissões criadas para tratar sobre um tema especial e após realizada a sua finalidade, extinguir-se-ão.
- **Permanentes:** diante da importância do assunto que deverão tratar, incorporam-se de maneira definitiva ao trabalho legislativo. De acordo com o art. 32 do Regimento Interno da Câmara dos Deputados, são exemplos dessas comissões: Comissão de Educação, Cultura e Desporto, Comissão de Direitos Humanos, Comissão de Defesa do Consumidor etc. Com base no art. 72 do Regimento Interno do Senado Federal, são exemplos dessas comissões: Comissão de Constituição, Justiça e Cidadania, Comissão de Relações Exteriores, Comissão de Educação etc.
- **Representativas**: na forma do art. 58, § 4º, deverão funcionar durante o recesso parlamentar, com atribuições definidas pelo regimento comum das Casas.
- **Mistas**: compostas por Deputados e Senadores, para a realização de algumas missões constitucionais, como por exemplo, as do art. 62, § 5º, que determina à Comissão mista a análise dos pressupostos constitucionais da medida provisória, antes de sua deliberação pelas Casas. Podem ser permanentes ou temporárias.
- **Parlamentares de Inquérito**: criadas na forma do art. 58, § 3º, que serão estudadas ainda neste capítulo.

1.8 Comissões e Dispensa de Projetos de Lei pelo Plenário

Em alguns casos, as Comissões poderão discutir e até mesmo votar projetos de leis que dispensem a apreciação de todos os parlamentares, na forma do art. 58, § 2º, I, da CF, sempre preservada a possibilidade de interposição de recurso para o Plenário, por um décimo dos membros da Casa.

O Regimento Interno da Câmara dos Deputados (RICD) dispõe que os projetos de lei distribuídos a uma comissão são apreciados, em regra, com poder conclusivo, dispensada a competência do Plenário, salvo se lhe for apresentado recurso. Isso porque o inciso II do art. 24 do RICD apresenta apenas os casos em que não ocorre a deliberação conclusiva das comissões. Veja o seu teor abaixo:

> Art. 24. Às Comissões Permanentes, em razão da matéria de sua competência, e às demais Comissões, no que lhes for aplicável, cabe:
>
> (...)
>
> II – discutir e votar projetos de lei, dispensada a competência do Plenário, salvo o disposto no §2º do art. 132 e excetuados os projetos:

a) de lei complementar;

b) de código;

c) de iniciativa popular;

d) de Comissão;

e) relativos a matéria que não possa ser objeto de delegação, consoante o §1º do art. 68 da Constituição Federal;

f) oriundos do Senado, ou por ele emendados, que tenham sido aprovados pelo Plenário de qualquer das Casas;

g) que tenham recebido pareceres divergentes;

h) em regime de urgência;

1.9 A Câmara dos Deputados

A Câmara dos Deputados, na forma do art. 45, é a Casa Legislativa que reúne os representantes do povo brasileiro eleitos pelo sistema proporcional.[1] Os deputados federais deverão preencher os requisitos do art. 14, § 3º, entre eles, serem brasileiros (natos e naturalizados). Contudo, a presidência da Casa só pode ser ocupada por brasileiro nato (art. 12, § 3º). O número de deputados irá variar de acordo com a população da unidade da federação; entretanto não será inferior a oito, nem superior a 70. De acordo com o art. 45, § 2º, os territórios terão número fixo de quatro deputados. Conforme previsão constitucional no sistema proporcional, os representantes populares que vão integrar a Câmara dos Deputados serão estabelecidos segundo a importância eleitoral dos partidos políticos. A composição atual da Casa, de acordo com a Lei Complementar nº 78/93, é formada por 513 deputados federais e o mandato dos deputados é de quatro anos, equivalente a uma legislatura.[2]

1 Em resposta à Consulta nº 1.398, o TSE resolveu que a troca de partido no sistema eleitoral proporcional geraria a perda do mandato do parlamentar em favor do partido. O STF ratificou a posição do TSE nos MSs 26.602, 26.603 e 26.604, cujas decisões devem ser lidas no *Informativo* 482.

2 Hoje, as vagas estão assim distribuídas por Estado, em ordem alfabética: Acre (8), Alagoas (9), Amazonas (8), Amapá (8), Bahia (39), Ceará (22), Distrito Federal (8), Espírito Santo (10), Goiás (17), Maranhão (18), Minas Gerais (53), Mato Grosso do Sul (8), Mato Grosso (8), Pará (17), Paraíba (12), Pernambuco (25), Piauí (10), Paraná (30), Rio de Janeiro (46), Rio Grande do Norte (8), Rondônia (8), Roraima (8), Rio Grande do Sul (31), Santa Catarina (16), Sergipe (8), São Paulo (70), Tocantins (8).

1.10 Atribuições da Câmara dos Deputados

O art. 51, I a V, dispõe sobre as matérias de competência privativa da Câmara dos Deputados, que, pela natureza dos assuntos aludidos, pode-se concluir que são indelegáveis a quaisquer outros órgãos da República. Senão vejamos:

a) autorizar, por dois terços de seus membros, a instauração de processo contra o Presidente e o Vice-Presidente da República e os Ministros de Estado. Neste caso, a Casa do povo realiza o juízo de admissibilidade das acusações contra o Presidente da República, seja em razão de crime comum, ou de responsabilidade (art. 86);
b) proceder à tomada de contas do Presidente da República, quando não apresentadas ao Congresso Nacional dentro de sessenta dias após a abertura da sessão legislativa. Este dispositivo está alinhado ao art. 84, XXIV, que obriga o Presidente da República à prestação de contas;
c) elaborar seu regimento interno. Cada uma das Casas, dentro da estrutura de sua autonomia, poderá se auto-organizar, sem interferência uma da outra, ou de outra esfera do poder;
d) dispor sobre sua organização, funcionamento, polícia, criação, transformação ou extinção dos cargos, empregos e funções de seus serviços, e a iniciativa de lei para fixação da respectiva remuneração, observados os parâmetros estabelecidos na lei de diretrizes orçamentárias. Também manifesta mais uma decorrência da autonomia da Casa Legislativa;
e) eleger membros do Conselho da República, nos termos do art. 89, VII.

Essas matérias acima são regidas por meio de Resoluções, que dispensam sanção e o veto do chefe do Executivo.

1.11 O Senado Federal

Na forma do art. 46, o Senado Federal é a Casa Legislativa onde estão reunidos os representantes dos Estados-membros e do Distrito Federal, sendo o órgão federativo por excelência do Congresso Nacional. Os senadores deverão preencher os requisitos do art. 14, § 3º, entre eles, serem brasileiros (natos e naturalizados); entretanto a presidência da Casa só pode ser ocupada por brasileiro nato (art. 12, § 3º). Por não existir unidade federativa com mais prestígio do que a outra, cada Estado e o Distrito Federal possuem o número fixo de três senadores, que são renovados parcialmente (1/3 ou 2/3) de quatro em quatro anos, perfazendo um mandato de oito anos, que equivalem a duas legislaturas. Os senadores são eleitos pelo sistema majoritário simples ou comum, o qual determina o êxito da eleição a quem recebeu o maior número de votos. O número total de senadores hoje é 81 e os Territórios e Municípios não possuem representante no Senado.

1.12 Atribuições do Senado Federal

O art. 52, I a XV, dispõe sobre as matérias de competência privativa do Senado Federal e, da mesma maneira que acontece com os assuntos relativos à Câmara dos Deputados, pode-se concluir que são indelegáveis a quaisquer outros órgãos da República. Senão vejamos:

a) processar e julgar o Presidente e o Vice-Presidente da República nos crimes de responsabilidade, bem como os Ministros de Estado e os comandantes da Marinha, do Exército e da Aeronáutica nos crimes da mesma natureza conexos com aqueles. Observe-se que os ministros de Estado e comandantes das Forças Armadas somente serão processados e julgados pelo Senado Federal caso estejam envolvidos nos mesmos atos praticados pelo Presidente da República, pois, caso não haja conexão, serão julgados pelo STF, na forma do art. 102, I, *c*;

b) processar e julgar os ministros do Supremo Tribunal Federal, os membros do Conselho Nacional de Justiça e do Conselho Nacional do Ministério Público, o procurador-geral da República e o advogado-geral da União nos crimes de responsabilidade. Esta redação foi dada pela EC nº 45/2004;

c) aprovar previamente, por voto secreto, após arguição pública, a escolha de: i) magistrados, nos casos estabelecidos na Constituição; ii) ministros do Tribunal de Contas da União indicados pelo Presidente da República; iii) governador de Território; iv) presidente e diretores do Banco Central; v) procurador-geral da República; vi) titulares de outros cargos que a lei determinar. O rol não é taxativo, por isso é permitida a ampliação sobre a nomeação de outros cargos na esfera federal;

d) aprovar previamente, por voto secreto, após arguição em sessão secreta, a escolha dos chefes de missão diplomática de caráter permanente. Observe-se que a atribuição é para nomeação de embaixadores, responsáveis pelas embaixadas. Os demais agentes diplomáticos são nomeados sem a necessidade desta formalidade;

e) autorizar operações externas de natureza financeira, de interesse da União, dos Estados, do Distrito Federal, dos Territórios e dos Municípios. Este dispositivo contempla empréstimos, financiamentos, acordos financeiros, sem necessidade de ouvir o Presidente da República;

f) fixar, por proposta do Presidente da República, limites globais para o montante da dívida consolidada da União, dos Estados, do Distrito Federal e dos Municípios. Dívida consolidada tem o mesmo efeito de "dívida fundada", ou seja, o compromisso de exigibilidade que ultrapasse doze meses, contrapondo-se às operações de crédito por antecipação da receita, que são de curto prazo;

g) dispor sobre limites globais e condições para as operações de crédito externo e interno da União, dos Estados, do Distrito Federal e dos Municípios, de suas autarquias e demais entidades controladas pelo Poder Público federal; dispor sobre limites e condições para a concessão de garantia da União em operações de crédito externo e interno e estabelecer limites globais e condições para o montante da dívida mobiliária dos Estados, do Distrito Federal e dos Municípios. Nesses dispositivos o constituinte destinou ao Senado Federal a fiscalização das operações financeiras das demais unidades da federação;

h) suspender a execução, no todo ou em parte, de lei declarada inconstitucional por decisão definitiva do Supremo Tribunal Federal. Essa atuação do Senado Federal no controle difuso de constitucionalidade será estudada em capítulo próprio;

i) aprovar, por maioria absoluta e por voto secreto, a exoneração, de ofício, do procurador-geral da República antes do término de seu mandato. A exoneração de ofício não precisa ser justificada porque significa apenas a perda de confiança, diante da natureza da função de nomeação;

j) elaborar seu regimento interno; dispor sobre sua organização, funcionamento, polícia, criação, transformação ou extinção dos cargos, empregos e funções de seus serviços, e a iniciativa de lei para fixação da respectiva remuneração, observados os parâmetros estabelecidos na lei de diretrizes orçamentárias. Cada uma das Casas, como já dissemos, dentro da estrutura de sua autonomia, poderá se auto-organizar, sem interferência uma da outra, ou de outra esfera do poder;

k) eleger membros do Conselho da República, nos termos do art. 89, VII;

l) avaliar periodicamente a funcionalidade do Sistema Tributário Nacional, em sua estrutura e seus componentes, e o desempenho das administrações tributárias da União, dos Estados, do Distrito Federal e dos Municípios.

As matérias acima também são regidas por meio de Resoluções, que não se submetam a sanção ou veto do chefe do Executivo.

1.13 Estrutura do Poder Legislativo Estadual, Distrital e Municipal

O Poder Legislativo nos Estados, no Distrito Federal e nos Município é unicameral, haja vista a representação genuína do povo. Todos os seus membros são eleitos pelo sistema proporcional.

Nos Estados, o art. 27 dispõe que o número de Deputados à Assembleia Legislativa corresponderá ao triplo da representação do Estado na Câmara dos Deputados e, atingido o número de 36, será acrescido de tantos quantos forem os Deputados Federais acima de 12. Para compreendermos melhor, podemos exemplificar: 1) o Estado de Sergipe tem oito deputados federais, como o número é inferior à 36, é só multiplicar oito por três, ou seja, 24 é o número de Deputados Estaduais; 2) já a Bahia possui 39 deputados federais, ultrapassando, assim, o limite de 36, daí a conta será 36 + (39-12), que dá o total de 63 deputados estaduais. Para facilitar a matemática nesse segundo exemplo, podemos usar 24 como invariável (que resulta da diferença entre 36 que é o limite e 12 que é a quantidade de deputados que deve ser desprezada), assim teríamos: 39 (número de Deputados Federais), somados a 24, o que totaliza 63.

Será de quatro anos o mandato dos Deputados Estaduais, aplicando-se-lhes as regras da Constituição sobre sistema eleitoral, inviolabilidade, imunidades, remuneração, perda de mandato, licença, impedimentos e incorporação às Forças Armadas.

O órgão legislativo do Distrito Federal é a Câmara Legislativa, formada por Deputados Distritais e que possui competência legislativa tanto de Estado quanto de Município. Conforme anuncia o art. 32, § 3º, aplica-se o tratamento destinado à Assembleia Legislativa e aos seus Deputados.

Já nos Municípios, o órgão legislativo é a Câmara Municipal (também chamada de Câmara dos Vereadores) e segundo o art. 29, IV, deverá ser observado o limite máximo de: a) 9 (nove) Vereadores, nos Municípios de até 15.000 (quinze mil) habitantes; b) 11 (onze) Vereadores, nos Municípios de mais de 15.000 (quinze mil) habitantes e de até 30.000 (trinta mil) habitantes; c) 13 (treze) Vereadores, nos Municípios com mais de 30.000 (trinta mil) habitantes e de até 50.000 (cinquenta mil) habitantes; d) 15 (quinze) Vereadores, nos Municípios de mais de 50.000 (cinquenta mil) habitantes e de até 80.000 (oitenta mil) habitantes; e) 17 (dezessete) Vereadores, nos Municípios de mais de 80.000 (oitenta mil) habitantes e de até 120.000 (cento e vinte mil) habitantes; f) 19 (dezenove) Vereadores, nos Municípios de mais de 120.000 (cento e vinte mil) habitantes e de até 160.000 (cento sessenta mil) habitantes; g) 21 (vinte e um) Vereadores, nos Municípios de mais de 160.000 (cento e sessenta mil) habitantes e de até 300.000 (trezentos mil) habitantes; h) 23 (vinte e três) Vereadores, nos Municípios de mais de 300.000 (trezentos mil) habitantes e de até 450.000 (quatrocentos e cinquenta mil) habitantes; i) 25 (vinte e cinco) Vereadores, nos Municípios de mais de 450.000 (quatrocentos e cinquenta mil) habitantes e de até 600.000 (seiscentos mil) habitantes; j) 27 (vinte e sete) Vereadores, nos Municípios de mais de 600.000 (seiscentos mil) habitantes e de até 750.000 (setecentos cinquenta mil) habitantes; k) 29 (vinte e nove) Vereadores, nos Municípios de mais de 750.000 (setecentos e cinquenta mil) habitantes e de até 900.000 (novecentos mil) habitantes; l) 31 (trinta e um) Vereadores, nos Municípios de mais de 900.000 (novecentos mil) habitantes e de até 1.050.000 (um milhão e cinquenta mil) habitantes; m) 33 (trinta e três) Vereadores, nos Municípios de mais de 1.050.000 (um milhão e cinquenta mil) habitantes e de até 1.200.000 (um milhão e duzentos mil) habitantes; n) 35 (trinta e cinco) Vereadores, nos Municípios de mais de 1.200.000 (um milhão e duzentos mil) habitantes e de até 1.350.000 (um milhão e trezentos e cinquenta mil) habitantes; o) 37 (trinta e sete) Vereadores, nos Municípios de 1.350.000 (um milhão e trezentos e cinquenta mil) habitantes e de até 1.500.000 (um milhão e quinhentos mil) habitantes; p) 39 (trinta e nove) Vereadores, nos Municípios de mais de 1.500.000 (um milhão e quinhentos mil) habitantes e de até 1.800.000 (um milhão e oitocentos mil) habitantes; q) 41 (quarenta e um) Vereadores, nos Municípios de mais de 1.800.000 (um milhão e oitocentos mil) habitantes e de até 2.400.000 (dois milhões e quatrocentos mil) habitantes; r) 43 (quarenta e três) Vereadores, nos Municípios de mais de 2.400.000 (dois milhões e quatrocentos mil) habitantes e de até 3.000.000 (três milhões) de habitantes; s) 45 (quarenta e cinco) Vereadores, nos Municípios de mais de 3.000.000 (três milhões) de habitantes e de até 4.000.000 (quatro milhões) de habitantes; t) 47 (quarenta e sete) Vereadores, nos Municípios de mais de 4.000.000 (quatro milhões) de habitantes e de até 5.000.000 (cinco milhões) de habitantes; u) 49 (quarenta e nove) Vereadores, nos Municípios de mais de 5.000.000 (cinco milhões) de habitantes e de até 6.000.000 (seis milhões) de habitantes; v) 51 (cinquenta e um) Vereadores, nos Municípios de mais de 6.000.000 (seis milhões) de habitantes e de até 7.000.000 (sete milhões) de habitantes; w) 53 (cinquenta e três) Vereadores, nos Municípios de mais de 7.000.000 (sete milhões) de habitantes e de até 8.000.000 (oito milhões) de habitantes; e x) 55 (cinquenta e cinco) Vereadores, nos Municípios de mais de 8.000.000 (oito milhões) de habitantes.

2. AS COMISSÕES PARLAMENTARES DE INQUÉRITO

2.1 Histórico e Origem no Brasil

As Comissões Parlamentares de Inquérito originaram-se na Inglaterra, no século XVII, sendo adotadas em seguida pela França, pelos Estados Unidos, pela Alemanha e, posteriormente, pelo Brasil.

A primeira Constituição brasileira a incluí-la em seu texto foi a de 1934 e, com a exceção do texto autoritário de 1937, as demais Constituições também a adotaram. Entretanto, em 1988, de acordo com o art. 58, § 3º, a CPI recebeu poderes até então não previstos em outras Constituições: poderes de investigação equivalentes aos das autoridades judiciais, que também são reforçados pela previsão na Lei nº 1.579/52.

Em que pese a equiparação feita pela CF, na verdade a CPI não exerce função jurisdicional e sim fiscalizadora, portanto, típica do Poder Legislativo, devendo apurar fatos relevantes que envolvam bens, valores, dinheiro, patrimônio ou interesse da União e servir como mais uma fonte de investigação em nome da moralidade e transparência administrativa. Se for o caso, as conclusões da Comissão serão encaminhadas ao Ministério Público e, este sim, deverá promover a consequente responsabilidade civil ou criminal dos infratores.[3]

As Comissões Parlamentares são temporárias e podem ser mistas ou abertas em cada uma das Casas legislativas.

2.2 Requisitos Constitucionais

> § 3º As comissões parlamentares de inquérito, que terão poderes de investigação próprios das autoridades judiciais, além de outros previstos nos regimentos das respectivas Casas, serão criadas pela Câmara dos Deputados e pelo Senado Federal, em conjunto ou separadamente, mediante requerimento de um terço de seus membros, para a apuração de fato determinado e por prazo certo, sendo suas conclusões, se for o caso, encaminhadas ao Ministério Público, para que promova a responsabilidade civil ou criminal dos infratores.

3 "A Constituição Federal, no § 3º do seu art. 58, dispõe que as conclusões da CPI, 'se for o caso', serão encaminhadas ao Ministério Público para que promova a responsabilidade civil e criminal dos infratores. Ora, somente a comissão poderá decidir se se verifica, ou não, a hipótese do referido encaminhamento das conclusões, o que não implica, necessariamente, que sejam elas acompanhadas dos documentos sigilosos" (STF, MS 23.970-MC/DF, Rel. Min. Maurício Corrêa, decisão monocrática, j. 29.05.2001, *DJ* 05.06.2001).

De acordo com o art. 58, § 3º, os requisitos constitucionais necessários para a abertura da CPI são:

1) requerimento de um terço dos membros da Câmara dos Deputados (171) e/ou um terço das assinaturas de Senadores (27); podendo ser a CPI instaurada em uma das Casas ou nas duas, desde que o requerimento seja subscrito por Deputados e Senadores;
2) apuração de fato determinado, ou seja, direcionado para alguma situação específica; nada impede, entretanto, que os fatos surgidos no decorrer das investigações que tenham pertinência com o fato principal também sejam apurados;[4]
3) prazo certo, que segundo orientação do STF permite prorrogações sucessivas do prazo inicialmente fixado, desde que dentro do período correspondente à legislatura em que se iniciou.

2.3 CPI nos Estados, Distrito Federal e Municípios

É possível a criação de CPIs estaduais, distritais[5] e municipais[6] desde que haja previsão nas respectivas Constituições Estaduais e Leis Orgânicas. Imperioso destacar que as referidas Comissões devem obedecer ao princípio da simetria e devem ser abertas para apurar fatos relacionados ao Estado, ao Distrito Federal ou ao Município, conforme o caso, em nome da preservação do pacto federativo.[7] O STF também decidiu que as assinaturas para a aber-

---

4 "A comissão parlamentar de inquérito deve apurar fato determinado. CF, art. 58, § 3º. Todavia, não está impedida de investigar fatos que se ligam, intimamente, com o fato principal" (STF, *HC* nº 71.231/RJ, Plenário, Rel. Min. Carlos Velloso, j. 05.05.94, *DJ* 31.10.96).

5 "A Câmara do Distrito Federal ombreia, sob o ângulo da atuação, com as Assembleias Legislativas, tendo-se, em linhas gerais, simples distinção de nomenclaturas" (STF, ACO 796-MC/DF, Rel. Min. Marco Aurélio, decisão monocrática, j. 08.09.2005, *DJ* 15.09.2005).

6 "Constitucionalidade do art. 12 da Constituição gaúcha, que assegura às câmaras municipais, no exercício de suas funções legislativas e fiscalizadoras, a prerrogativa de solicitarem informações aos órgãos da administração direta e indireta, situados no respectivo município" (STF, ADI 1.001/RS; Plenário, Rel. Min. Carlos Velloso, j. 08.08.2002, *DJ* 21.02.2003).

7 "A possibilidade de criação de CPI se não duvida, nem discute; é tranquila; sobre todo e qualquer assunto? Evidentemente, não; mas sobre todos os assuntos de competência da Assembleia; assim, Câmara e Senado podem investigar questões relacionadas com a esfera federal de governo; tudo quanto o Congresso pode regular, cabe-lhe investigar; segundo Bernard Schwartz, o poder investigatório do Congresso se estende a toda a gama dos interesses nacionais a respeito dos quais ele pode legislar, *it may be employed over the Whole range of the national interests concerning which the Congress may legislate or decide. A Commentary on the Constitution of the United* Station, 1963, I, nº 42, p. 126. O mesmo vale

tura da CPI não se submetem à votação dos plenários das Casas em nome do direito das minorias parlamentares.[8]

2.4 Número Máximo de CPIs

O Regimento Interno da Câmara dos Deputados limita em cinco o número de CPIs em funcionamento simultâneo, mas o STF já decidiu que não há número máximo de Comissões, desde que os requisitos constitucionais sejam cumpridos.[9]

2.5 "Poderes" das CPIs

A CPI possui alguns dos poderes que os magistrados possuem na condução de uma instrução processual penal, desde que não estejam protegidos pela

---

dizer em relação às CPIs estaduais; seu raio de ação é circunscrito aos interesses do Estado; da mesma forma quanto às comissões municipais, que hão de limitar-se às questões de competência do Município" (STF, *HC* nº 71.039/RJ; Min. Rel. Paulo Brossard, Plenário, j. 07.04.94, *DJ* 06.12.96).

8 "Ação direta de inconstitucionalidade. Arts. 34, § 1º, e 170, inciso I, do Regimento Interno da Assembleia Legislativa do Estado de São Paulo. Comissão Parlamentar de Inquérito. Criação. Deliberação do Plenário da assembleia legislativa. Requisito que não encontra respaldo no texto da Constituição do Brasil. Simetria. Observância compulsória pelos Estados-membros. Violação do art. 58, § 3º, da Constituição do Brasil. A Constituição do Brasil assegura a um terço dos membros da Câmara dos Deputados e a um terço dos membros do Senado Federal a criação da comissão parlamentar de inquérito, deixando, porém ao próprio parlamento o seu destino. A garantia assegurada a um terço dos membros da Câmara ou do Senado estende-se aos membros das assembleias legislativas estaduais – garantia das minorias. O modelo federal de criação e instauração das comissões parlamentares de inquérito constitui matéria a ser compulsoriamente observada pelas casas legislativas estaduais. A garantia da instalação da CPI independe de deliberação plenária, seja da Câmara, do Senado ou da Assembleia Legislativa. Precedentes. Não há razão para a submissão do requerimento de constituição de CPI a qualquer órgão da Assembleia Legislativa. Os requisitos indispensáveis à criação das comissões parlamentares de inquérito estão dispostos, estritamente, no art. 58 da CB/1988. Pedido julgado procedente para declarar inconstitucionais o trecho 'só será submetido à discussão e votação decorridas 24 horas de sua apresentação, e', constante do § 1º do art. 34, e o inciso I do art. 170, ambos da Consolidação do Regimento Interno da Assembleia Legislativa do Estado de São Paulo" (STF, ADI 3.619/SP, Plenário, Rel. Min. Eros Grau, j. 1º.08.2006, *DJ* 20.04.2007).

9 "Por uma necessidade funcional, a comissão parlamentar de inquérito não tem poderes universais, mas limitados a fatos determinados, o que não quer dizer não possa haver tantas comissões quantas as necessárias para realizar as investigações recomendáveis, e que outros fatos, inicialmente imprevistos, não possam ser aditados aos objetivos da comissão de inquérito, já em ação" (STF, *HC* nº 71.039/RJ, Min. Paulo Brossard, Plenário, j. 07.04.94, *DJ* 06.12.96).

reserva de jurisdição. Suas decisões devem ser motivadas, além de realizar a indicação concreta de fatos específicos e a necessidade de adoção dessa medida excepcional. Ademais, devem obedecer ao princípio da colegialidade, ou seja, devem se submeter a deliberação coletiva.[10]

De acordo com a jurisprudência do STF, pode-se dizer que estão situadas no âmbito das atribuições das Comissões, a possibilidade de:

a) colher depoimentos, ouvir indiciados e inquirir testemunhas;
b) autorizar quebra de sigilo de dados bancário, telefônico e fiscal dos investigados, desde que haja fundamentação, comprovando a existência de causa provável que indique a necessidade da quebra do sigilo;[11]
c) requisitar aos órgãos públicos documentos e informações necessárias à investigação;
d) promover a pertinente investigação, ainda que os atos investigatórios possam incidir, eventualmente, sobre aspectos referentes a acontecimen-

---

10 "O princípio da colegialidade traduz diretriz de fundamental importância na regência das deliberações tomadas por qualquer comissão parlamentar de inquérito, notadamente quando esta, no desempenho de sua competência investigatória, ordena a adoção de medidas restritivas de direitos, como aquela que importa na revelação das operações financeiras ativas e passivas de qualquer pessoa. O necessário respeito ao postulado da colegialidade qualifica-se como pressuposto de validade e de legitimidade das deliberações parlamentares, especialmente quando estas – adotadas no âmbito de comissão parlamentar de inquérito – implicam ruptura, sempre excepcional, da esfera de intimidade das pessoas. A quebra do sigilo bancário, que compreende a ruptura da esfera de intimidade financeira da pessoa, quando determinada por ato de qualquer comissão parlamentar de inquérito, depende, para revestir-se de validade jurídica, da aprovação da maioria absoluta dos membros que compõem o órgão de investigação legislativa (Lei nº 4.595/64, art. 38, § 4º)" (STF, MS 23.669-MC/DF, decisão monocrática, Rel. Min. Celso de Mello, j. 12.04.2000, *DJ* 17.04.2000).

11 "A quebra do sigilo fiscal, bancário e telefônico de qualquer pessoa sujeita a investigação legislativa pode ser legitimamente decretada pela Comissão Parlamentar de Inquérito, desde que esse órgão estatal o faça mediante deliberação adequadamente fundamentada e na qual indique, com apoio em base empírica idônea, a necessidade objetiva da adoção dessa medida extraordinária. Precedente: MS 23.452-RJ, Rel. Min. Celso de Mello (Pleno). Princípio constitucional da reserva de jurisdição e quebra de sigilo por determinação da CPI. O princípio constitucional da reserva de jurisdição – que incide sobre as hipóteses de busca domiciliar (CF, art. 5º, XI), de interceptação telefônica (CF, art. 5º, XII) e de decretação da prisão, ressalvada a situação de flagrância penal (CF, art. 5º, LXI) – não se estende ao tema da quebra de sigilo, pois, em tal matéria, e por efeito de expressa autorização dada pela própria Constituição da República (CF, art. 58, § 3º), assiste competência à Comissão Parlamentar de Inquérito, para decretar, sempre em ato necessariamente motivado, a excepcional ruptura dessa esfera de privacidade das pessoas" (MS 23.652/DF; Plenário, Rel. Min. Celso de Mello, j. 22.11.2000, *DJ* 16.02.2001).

tos sujeitos a inquéritos policiais ou a processos judiciais que guardem conexão com o evento principal objeto da apuração congressual;

e) transportar-se aos lugares aonde for preciso e requisitar ao Tribunal de Contas da União a realização de inspeções e auditorias;

f) determinar a realização de perícias técnicas.

Importante ressaltar que a Lei 13.367/2016, que alterou dispositivos da Lei 1.579/1952, que dispõe sobre as Comissões Parlamentares de Inquérito, trouxe a necessidade de solicitação ao juiz criminal caso seja necessária a intimação de testemunha que não tenha comparecido sem motivo justificado para inquirição, em homenagem ao princípio da reserva de jurisdição, afastando, portanto, a possibilidade de condução coercitiva de testemunha por determinação da própria comissão.[12]

2.6 Vedações às CPIs

Em nome do princípio da separação de poderes a CPI **não** poderá praticar atos protegidos pela reserva de jurisdição, tais como:

a) proibir alguém de se ausentar de determinada localidade ou de sair do país;

b) expedir decreto de indisponibilidade de bens de particular;

c) determinar a interceptação telefônica, por expressa vedação do art. 5º, XII;

d) realizar busca e apreensão domiciliar de documentos e demais objetos de interesses da investigação, tendo em vista o que dispõe o art. 5º, XI;

e) expedir mandado de prisão (a prisão que pode ocorrer em sede de CPI é a prisão em flagrante).

As medidas cautelares necessárias, diante da existência de indícios veementes da proveniência ilícita de bens, podem ser solicitadas pelo Presidente da CPI ao juiz criminal competente, em qualquer fase da investigação, de acordo com a Lei 13.367/2016.[13]

Recentemente, o STF entendeu que as CPIs não podem violar o sigilo imposto a processo judicial, em razão da reserva de jurisdição.[14]

---

12 Vide § 1º do art. 3º da Lei nº 1.579/1952 com redação dada pela Lei 13.367/2016.

13 Vide art. 3º-A da Lei nº 1.579/1952 com redação dada pela Lei 13.367/2016.

14 "Comissão Parlamentar de Inquérito não tem poder jurídico de, mediante requisição, a operadoras de telefonia, de cópias de decisão nem de mandado judicial de interceptação telefôni-

2.7 Direito ao Silêncio e CPI

É garantido o direito ao silêncio em sede de CPI ao investigado e também às testemunhas, que, segundo a jurisprudência, não precisam falar nada que as autoincrimine, pois estão ali para depor sobre fatos de terceiros.[15]

2.8 Competência para Julgar Atos da CPI

Compete ao STF processar e julgar, em sede originária, mandados de segurança e *habeas corpus* impetrados contra Comissões Parlamentares de Inquérito constituídas no âmbito do Congresso Nacional ou em qualquer de suas Casas.[16]

2.9 Ciência ao Ministério Público, a Advocacia-Geral da União ou outros órgãos

A Constituição Federal, no § 3º do seu art. 58, dispõe que as conclusões da CPI, "se for o caso", serão encaminhadas ao Ministério Público para que promova a responsabilidade civil e criminal dos infratores. Com isso, o STF entendeu que somente a comissão poderá decidir se se verifica, ou não, a

---

ca, quebrar sigilo imposto a processo sujeito a segrdo de justiça. Este é oponível a Comissão Parlamentar de Inquérito, representando expressiva limitação aos seus poderes constitucionais" (MS 27.483. REF-MC/DF, Min. Rel. Cezar Peluso Plenário, j. 14.08.2008, *DJE* 10.10.2008).

15 "Tenho enfatizado, em decisões proferidas no Supremo Tribunal Federal, a propósito da prerrogativa constitucional contra a autoincriminação (*RTJ* 176/805-806, Rel. Min. Celso de Mello), e com apoio na jurisprudência prevalecente no âmbito desta Corte, que assiste, a qualquer pessoa, regularmente convocada para depor perante Comissão Parlamentar de Inquérito, o direito de se manter em silêncio, sem se expor – em virtude do exercício legítimo dessa faculdade – a qualquer restrição em sua esfera jurídica, desde que as suas respostas, às indagações que lhe venham a ser feitas, possam acarretar-lhe grave dano (*Nemo tenetur se detegere*). (...) Com o explícito reconhecimento dessa prerrogativa, constitucionalizou-se, em nosso sistema jurídico, uma das mais expressivas consequências derivadas da cláusula do *due process of law*. (...) Em suma: o direito ao silêncio – e de não produzir provas contra si próprio – constitui prerrogativa individual que não pode ser desconsiderada por qualquer dos Poderes da República" (*HC* nº 94.082-MC/RS, Rel. Min. Celso de Mello, decisão monocrática, j. 14.03.2008, *DJE* 25.03.2008).

E ainda:

"A circunstância de o convocado para depor perante a Comissão Parlamentar de Inquérito ser alvo da própria investigação desobriga-o da assinatura do termo de compromisso, não subsistindo, ante a contrariedade à ordem natural das coisas, de força insuplantável, a ressalva de que não estará compelido a manifestar-se a ponto de incriminar-se" (*HC* nº 83.703/SP, Plenário, Rel. Min. Marco Aurélio, j. 18.12.2003, *DJ* 23.04.2004).

16 STF, MS 23.452/RJ, Plenário, Rel. Min. Celso de Mello, j. 16.09.99, *DJ* 12.05.2000.

hipótese do referido encaminhamento das conclusões, o que não implica, necessariamente, que sejam elas acompanhadas dos documentos sigilosos.[17]

A Lei 13.367/2016estabeleceu a possibilidade de encaminhamento do relatório circunstanciado elaborado pela CPI ser encaminhado a outros órgãos, além do Ministério Público, para que venham a promover a responsabilidade civil ou criminal por infrações apuradas, podendo adotar outras medidas decorrentes de suas funções institucionais.[18]

2.10 Quórum para Deliberação

Segundo orientação jurisprudencial, a observância do quórum previsto regimentalmente para deliberação - maioria absoluta dos membros que integram a comissão – é formalidade essencial à validade das decisões da Comissão, presente ato de constrição a alcançar terceiro.[19]

2.11 Imunidades Parlamentares e CPI

A liberdade de manifestação do parlamentar que configura a sua imunidade material deverá ser respeitada em sede de CPI, quando convocado a prestar depoimento.[20]

2.12 Convocação de Magistrado e CPI

O magistrado pode ser convocado para falar em sede de CPI desde que para tratar de questões administrativas e não jurisdicionais, sob pena de ofensa ao princípio da separação de poderes.[21]

---

17 STF, MS 23.970-MC, Rel. Min. Maurício Corrêa, decisão monocrática, julgamento em 29.5.2001, *DJ* 5.6.2001.

18 Vide art. 6º-A da Lei nº 1.579/1952 com redação dada pela Lei 13.367/2016.

19 STF, MS 25.005, Rel. Min. Marco Aurélio, julgamento em 7.10.2004, Plenário, *DJ* 18.2.2005.

20 "O Supremo Tribunal Federal tem acentuado que a prerrogativa constitucional da imunidade parlamentar em sentido material protege o congressista em todas as suas manifestações que guardem relação com o exercício do mandato, ainda que produzidas fora do recinto da própria casa legislativa (*RTJ* 131/1039 – *RTJ* 135/509 – *RT* 648/318), ou, com maior razão, quando exteriorizadas no âmbito do Congresso Nacional (*RTJ* 133/90). O depoimento prestado por membro do Congresso Nacional a uma comissão parlamentar de inquérito está protegido pela cláusula de inviolabilidade que tutela o legislador no desempenho do seu mandato, especialmente quando a narração dos fatos – ainda que veiculadora de supostas ofensas morais – guarda íntima conexão com o exercício do oficio legislativo e com a necessidade de esclarecer os episódios objeto da investigação parlamentar" (Inq 681-QO/SP; Plenário, Rel. Min. Celso de Mello, j. 09.03.2004, *DJ* 22.04.1994).

21 "Configura constrangimento ilegal, com evidente ofensa ao princípio da separação dos Poderes, a convocação de magistrado a fim de que preste depoimento em razão de deci-

2.13 Participação de Advogado em CPI

De acordo com a orientação jurisprudencial, é permitida a participação do advogado perante a Comissão Parlamentar de Inquérito, no sentido de assistir o investigado e de com este comunicar-se durante o curso de seu depoimento.[22]

2.14 Os Índios e a CPI

Como os índios sujeitam-se a um regime constitucional específico, há de se respeitar o seu direito de opção. Segundo o STF: *A convocação de um índio para prestar depoimento em local diverso de suas terras constrange a sua liberdade de locomoção, na medida em que é vedada pela Constituição da República a remoção dos grupos indígenas de suas terras, salvo exceções nela previstas (CF, artigo 231, § 5º). A tutela constitucional do grupo indígena, que visa a proteger, além da posse e do usufruto das terras originariamente dos índios, a respectiva identidade cultural, estende-se ao indivíduo que o compõe, quanto à remoção de suas terras, que é sempre ato de opção, de vontade própria, não podendo se apresentar como imposição, salvo hipóteses excepcionais. Ademais, o depoimento do índio, que não incorporou ou compreende as práticas e modos de existência comuns ao "homem branco" pode ocasionar o cometimento pelo silvícola de ato ilícito, passível de comprometimento do seu* status libertatis. *Donde a necessidade de adoção de cautelas tendentes a assegurar que não haja agressão aos seus usos, costumes e tradições.*[23]

2.15 Indenização por Danos Materiais e Morais em Sede de CPI

Para o STF, aquele que, numa CPI, ao ser interrogado, for injustamente atingido em sua honra ou imagem, poderá pleitear judicialmente indenização

sões de conteúdo jurisdicional atinentes ao fato investigado pela Comissão Parlamentar de Inquérito" (STF, *HC* nº 80.539/PA; Plenário, Rel. Min. Maurício Corrêa, j. 21.03.2001, *DJ* 1º.08.2003).

22 "A Comissão Parlamentar de Inquérito, como qualquer outro órgão do Estado, não pode, sob pena de grave transgressão à Constituição e às leis da República, impedir, dificultar ou frustrar o exercício, pelo advogado, das prerrogativas de ordem profissional que lhe foram outorgadas pela Lei nº 8.906/94. O desrespeito às prerrogativas – que asseguram, ao advogado, o exercício livre e independente de sua atividade profissional – constitui inaceitável ofensa ao estatuto jurídico da advocacia, pois representa, na perspectiva de nosso sistema normativo, um ato de inadmissível afronta ao próprio texto constitucional e ao regime das liberdades públicas nele consagrado. Medida liminar deferida" (STF, MS 23.576-MC/DF, Rel. Min. Celso de Mello, decisão monocrática, j. 29.11.99, *DJ* 07.12.99).

23 STF, HC 80.240, Rel. Min. Sepúlveda Pertence, j. 20.06.2001, Plenário, *DJ* 14.10.2005.

por danos morais ou materiais, neste último caso, se tiver sofrido prejuízo financeiro em decorrência de sua exposição pública, tudo com suporte no disposto na Constituição Federal, em seu art. 5º, X.[24]

2.16 Publicidade dos Atos da CPI

A princípio, segundo orientação jurisprudencial,[25] é livre o acesso de câmeras de televisão e de particulares em geral às sessões de CPIs, sob pena de se comprometer a prerrogativa do cidadão de receber informações, bem como o direito do profissional de imprensa transmiti-las.

2.17 Falta de Condições Financeiras e CPI

Como já decidiu o STF no que tange a ausência de condição financeira para deslocamento até a CPI: *No que concerne à alegação de que o paciente não dispõe de condições financeiras para se deslocar até a CPI, verifico a presença do* fumus boni iuris. *É que não me parece, em princípio, lícito que o paciente seja obrigado a arcar com as despesas de viagem, suas e do advogado, quando o art. 222 do Código de Processo Penal lhe garante o direito de ser ouvido na comarca do seu domicílio. Aliás, o teor do art. 2º da Lei nº 1.579/52 é no sentido de que, se necessário, são os membros da CPI que poderão transportar-se aos lugares onde se fizer mister a sua presença, e não o contrário. Penso, porém, que a regra do art. 222 do Código de Processo Penal não é absoluta, desde que existam fundadas razões para o deslocamento da testemunha até o local onde deva depor. Os custos de tal deslocamento, contudo, devem correr por conta do órgão que a convocou (...).*[26]

3. ESTATUTO DOS CONGRESSISTAS

A origem do Estatuto dos Congressistas remonta à história do parlamento inglês, que previa o *freedom of speech* (liberdade de manifestação) e o *freedom from arrest* (liberdade contra a prisão, com possibilidade de se defender em liberdade) como duas garantias básicas do exercício da função parlamentar. O

---

24 STF, MS 25.617-MC, Rel. Min. Celso de Mello, decisão monocrática, j. 24.10.2005, *DJ* 03.11.2005.

25 STF, AI 742.219, Relª. Minª. Cármen Lúcia, decisão monocrática, j. 12.03.2009, *DJE* 26.03.2009.

26 STF, HC 87.230-MC, Rel. Min. Joaquim Barbosa, decisão monocrática, j. 22.11.2005, *DJ* 28.11.2005.

Brasil acolheu o instituto ao longo da história do constitucionalismo desde a Constituição de 1934, como garantia de independência para o exercício funcional.

Segundo José Afonso da Silva,[27] o Estatuto dos Congressistas pode ser considerado o conjunto de imunidades, incompatibilidades, prerrogativas e impedimentos que cercam a função do parlamentar no exercício de sua função pública. Funcionam como garantias de independência de exercício funcional e são irrenunciáveis, vez que pertencem ao cargo e não ao parlamentar. Na Constituição de 1988 estão previstas entres os arts. 53 e 56.

3.1 As Imunidades Materiais ou Inviolabilidades Parlamentares

> Art. 53. Os Deputados e Senadores são invioláveis, civil e penalmente, por quaisquer de suas opiniões, palavras e votos.

Na forma do art. 53, *caput*, alterado pela EC nº 35/2001,[28] a imunidade material implica subtração da responsabilidade penal e civil do parlamentar, por suas opiniões, palavras e votos. Trata-se de cláusula de irresponsabilidade geral de Direito Constitucional material e garante que o congressista exerça a sua atividade com a mais ampla liberdade de manifestação.[29] A isenção de

---

27 AFONSO DA SILVA, José. *Comentário Contextual à Constituição*. São Paulo: Malheiros, 2005, p. 418.

28 A redação originária do dispositivo dizia que os deputados e senadores seriam invioláveis por suas palavras, votos e opiniões, sendo que a jurisprudência garantia que a regra imunizante se estendia ao âmbito civil e penal.

29 No Inq. 1.958/AC; Min. Rel. Carlos Velloso, j. 29.10.2003; *DJ*: 18.02.2005, o STF decidiu que todas as manifestações dos Deputados e Senadores proferidas dentro do Plenário estão protegidas pela imunidade em referência, pois se presume que estejam relacionadas ao exercício das funções parlamentares. Este elo deve ser comprovado somente nos casos em que os parlamentares estiverem fora de plenário. Senão vejamos: "A palavra 'inviolabilidade' significa intocabilidade, intangibilidade do parlamentar quanto ao cometimento de crime ou contravenção. Tal inviolabilidade é de natureza material e decorre da função parlamentar, porque em jogo a representatividade do povo. O art. 53 da Constituição Federal, com a redação da Emenda nº 35, não reeditou a ressalva quanto aos crimes contra a honra, prevista no art. 32 da Emenda Constitucional nº 01, de 1969. Assim, é de se distinguir as situações em que as supostas ofensas são proferidas dentro e fora do Parlamento. Somente nessas últimas ofensas irrogadas fora do Parlamento é de se perquirir da chamada 'conexão com o exercício do mandato ou com a condição parlamentar' *(Inqs. 390 e 1.710). Para os pronunciamentos feitos no interior das Casas Legislativas não cabe indagar sobre o conteúdo das ofensas ou a conexão com o mandato, dado que acobertadas com o manto da inviolabilidade. Em tal seara, caberá à própria Casa a que pertencer o parlamentar coi-*

responsabilidade é total, não podendo o parlamentar responder por qualquer dos chamados delitos contra a honra (calúnia, injúria, difamação etc.). Refere-se somente a atos funcionais, ainda que não exercidos exclusivamente no âmbito do Congresso Nacional.

Segundo orientação jurisprudencial, pronunciamentos feitos à rede televisiva, aos jornais e revistas estão protegidos por esta imunidade, desde que relacionados à função parlamentar.[30] Nas reuniões de condomínio e nas demais circunstâncias estritamente particulares, obviamente não subsistirá essa natureza de imunidade, por não terem sido instituídas para essa finalidade.

3.2 Prerrogativa de Foro

> Art. 53. (...) § 1º Os Deputados e Senadores, desde a expedição do diploma, serão submetidos a julgamento perante o Supremo Tribunal Federal.

---

bir eventuais excessos no desempenho dessa prerrogativa. No caso, o discurso se deu no plenário da Assembleia Legislativa, estando, portanto, abarcado pela inviolabilidade. Por outro lado, as entrevistas concedidas à imprensa pelo acusado restringiram-se a resumir e comentar a citada manifestação da tribuna, consistindo, por isso, em mera extensão da imunidade material" (Rel. p/ o ac. Min. Carlos Britto, *DJ* 18.02.2005) (grifamos).

30 "Queixa-crime ajuizada por ex-Senador da República contra Deputado Federal, por infração aos arts. 20, 21 e 22 da Lei de Imprensa. Delitos que teriam sido praticados por meio de declarações feitas em programa de televisão apresentado pelo querelado. Alegação de imunidade parlamentar art. 53 da Constituição da República): improcedência. As afirmações tidas como ofensivas pelo Querelante não foram feitas em razão do exercício do mandato parlamentar: hipótese em que o Querelado não está imune à persecução penal (imunidade material do art. 53 da Constituição da República)" (STF, Inq. 2.390/DF; Plenário, Rel.ª Min.ª. Cármen Lúcia, j. 15.10.2007, *DJ* 30.11.2007).

E ainda:

"Inquérito. Ação penal privada. Queixa-crime oferecida contra Deputado Federal e jornalista. Pretensas ofensas praticadas pelo primeiro querelado e publicadas pela segunda Querelada em matéria jornalística: crimes de injúria e difamação (arts. 21 e 22 da Lei de Imprensa). As afirmações tidas como ofensivas pelo Querelante foram feitas no exercício do mandato parlamentar, por ter o Querelado se manifestado na condição de Deputado Federal e de Presidente da Câmara, não sendo possível desvincular aquelas afirmações do exercício da ampla liberdade de expressão, típica da atividade parlamentar (art. 51 da Constituição da República). O art. 53 da Constituição da República dispõe que os Deputados são isentos de enquadramento penal por suas opiniões, palavras e votos, ou seja, têm imunidade material no exercício da função parlamentar. Ausência de indício de *animus difamandi ou injuriandi*, não sendo possível desvincular a citada publicação do exercício da liberdade de expressão, própria da atividade de comunicação (art. 5º, inc. IX, da Constituição da República). Não ocorrência dos crimes imputados pelo Querelante. Queixa-crime rejeitada" (Inq. 2.297/DF; Plenário, Rel.ª Min.ª Cármen Lúcia, j. 20.09.2007, *DJ* 19.10.2007).

O dispositivo constitucional em apreço trata da prerrogativa de foro criminal para julgamento de parlamentar enquanto estiver no exercício da atividade pública (obedecendo-se a regra da atualidade do mandato), mas nem sempre foi assim.

Em breves observações sobre o assunto, a Súmula nº 394[31] do STF previu durante muitos anos a prorrogação de competência da Corte para julgamento criminal de ex-parlamentares, ferindo o princípio da igualdade. Em 2002, a Lei nº 10.628/2002 reacendeu a chama da já cancelada súmula, prevendo o retorno da prorrogação de competência, tendo sido declarada inconstitucional pelo STF por meio da ADI 2.797.[32]

Outro ponto importante, que merece muita atenção, diz respeito ao mais recente entendimento do Supremo Tribunal Federal sobre o tema, que na Ação Penal 937[33],por maioria de votos, decidiu que o foro por prerrogativa de função conferido aos Deputados Federais e Senadores se aplica apenas aos crimes cometidos durante o exercício do cargo e em razão das funções a ele relacionadas.

Diante do atual entendimento da Corte, podemos observar quatro situações:

a) se o parlamentar houver cometido o crime antes da diplomação (ato que comprova a realização de uma eleição válida e é anterior à posse), esse processo tramitará perante a justiça comum, não havendo prerrogativa de foro perante o STF, nem mesmo após a sua diplomação;
b) a prática de crime pelo parlamentar após a diplomação, mas sem qualquer relação com as funções relacionadas ao cargo, leva-o a julgamento perante a justiça comum;
c) se o parlamentar cometer crime durante o exercício do cargo e em razão das funções a ele relacionadas, será levado a julgamento direto perante a Corte;
d) se o crime for cometido após o fim do mandato, não há prerrogativa.

É importante destacar que a regra da atualidade do mandato é excepcionada em caso de abuso de direito, como por exemplo: se o parlamentar renunciar às vésperas do julgamento, com o objetivo claro de procrastinar a

---

31 "Cometido o crime durante o exercício funcional, prevalece a competência especial por prerrogativa de função."

32 Min. Rel. Sepúlveda Pertence, j. 15.09.2005, *DJ* 19.12.2006.

33 AP 937 QO, Relator(a): Min. ROBERTO BARROSO, Tribunal Pleno, julgado em 03/05/2018, ACÓRDÃO ELETRÔNICO DJe-265 DIVULG 10-12-2018 PUBLIC 11-12-2018.

decisão final, o STF já decidiu que a sua competência prorrogar-se-á e que a Corte julgará o ex- membro do Parlamento.[34]

Além de tal hipótese, também foi firmado pelo Supremo Tribunal Federal, na citada Ação Penal 937, o entendimento segundo o qual após o final da instrução processual pela Corte, com a publicação do despacho de intimação para apresentação de alegações finais, a competência para processar e julgar as ações penais não será mais afetada em razão de o agente público vir a ocupar outro cargo ou deixar o cargo que ocupava, qualquer que seja o motivo, havendo a perpetuação do foro perante o STF.

Ainda segundo entendimento do STF, o parlamentar licenciado na forma do art. 56, I, terá as suas imunidades suspensas, entretanto, será mantida a prerrogativa de foro funcional, tendo em vista que o seu cargo de parlamentar foi mantido.

3.3 Imunidades Formais

As imunidades formais se relacionam a regras sobre a prisão do parlamentar e sobre a sustação de processos criminais (imunidade processual), que serão a seguir analisadas.

a) Quanto à prisão

> Art. 53. (...) § 2º Desde a expedição do diploma, os membros do Congresso Nacional não poderão ser presos, salvo em flagrante de crime inafiançável. Nesse caso, os autos serão remetidos dentro de vinte e quatro horas à Casa respectiva, para que, pelo voto da maioria de seus membros, resolva sobre a prisão.

Desde a sua diplomação, conforme dispõe o parágrafo em referência, os parlamentares não serão presos, salvo em flagrante de crime inafiançável,[35] e

34 STF, AP 396/RO, Rel.ª Min.ª Cármen Lúcia, 28.10.2010.

35 "Operação Navalha. Inquérito nº 544/BA, do Superior Tribunal de Justiça. Prisão em flagrante. Situação de flagrância não verificada. Ausência no decreto cautelar da exposição detalhada de situação concreta que ensejasse o flagrante. Ao momento da prisão em flagrante, o paciente não foi surpreendido em situação que fizesse supor a associação para o fim da continuidade de cometimento de crimes. Paciente que não exerce mais o cargo de Secretário de Agricultura, Pecuária e Abastecimento do Distrito Federal, nem o mandato de Deputado Distrital. Mesmo com a superação da ausência de indicação de elementos concretos que configurassem o flagrante, não subsistiriam fundamentos para justificar a prisão do paciente até a presente data, nos termos do art. 310, parágrafo único, do CPP. (...), à época dos fatos. Situação de constrangimento ilegal apta a ensejar o deferimento da ordem. Ordem deferida para afastar a decretação de prisão em

ainda, nesse caso, os autos da prisão serão remetidos em vinte e quatro horas à Casa a qual ele pertence para deliberação pela maioria de seus membros sobre o relaxamento ou não da prisão.

O parlamentar ainda pode ser preso em virtude de sentença judicial transitada em julgado, segundo jurisprudência do STF.[36]

Em nossa opinião, não há óbice à prisão civil do parlamentar que está devendo alimentos aos seus dependentes, tendo em vista que o princípio republicano determina a responsabilidade do governante como regra geral a ser seguida.

b) Quanto ao processo

> Art. 53. (...) § 3º Recebida a denúncia contra o Senador ou Deputado, por crime ocorrido após a diplomação, o Supremo Tribunal Federal dará ciência à Casa respectiva, que, por iniciativa de partido político nela representado e pelo voto da maioria de seus membros, poderá, até a decisão final, sustar o andamento da ação.
>
> § 4º O pedido de sustação será apreciado pela Casa respectiva no prazo improrrogável de quarenta e cinco dias do seu recebimento pela Mesa Diretora.
>
> § 5º A sustação do processo suspende a prescrição, enquanto durar o mandato.

Sobre as regras relativas ao processo, a EC nº 35/2001 alterou substancialmente o instituto da imunidade formal. Antes da reforma, para que os parlamentares fossem processados durante os seus mandatos, era necessária licença da Casa Legislativa à qual pertenciam. Diante dos insucessos das autorizações, transformando-se imunidade em impunidade, a reforma constitucional dispensou a licença legislativa. Desde então, o STF tem competência para dar início ao processo contra o parlamentar, devendo apenas dar ciência à Casa à qual o parlamentar pertence.

Entretanto, com relação aos crimes cometidos após a diplomação, qualquer partido político com representação na Casa (seja ou não do partido do parlamentar), poderá, até o julgamento final da ação, oferecer pedido de sustação, que deve ser apreciado obrigatoriamente pela Casa respectiva no prazo de 45 dias a contar do recebimento da solicitação pela Mesa Diretora. Se, pela maioria dos votos dos membros da Casa, houver deliberação a favor da suspensão, o processo ficará paralisado até o final do mandato do parlamentar, com a consequente suspensão do prazo prescricional.

---

flagrante do paciente nos autos do Inq. nº 544/BA, em curso perante o STJ" (STF, *HC* nº 91.435/BA, Segunda Turma, Rel. Min. Gilmar Mendes, j. 1º.04.2008, *DJE* 16.05.2008).

36 STF, *RTJ*, 70:607.

Ressalte-se que quanto aos crimes cometidos antes da diplomação não há imunidade formal processual, ainda que a questão criminal, em razão da prerrogativa de foro, seja levada à julgamento pela Corte, por ocasião de sua diplomação.

3.4 Imunidades e Suplentes

Segundo orientação jurisprudencial, tendo em vista que as imunidades funcionam como garantias de independência funcional, não se estendem aos suplentes de parlamentares enquanto ostentarem essa condição.[37]

3.5 Imunidades e Licença dos Parlamentares

Os parlamentares licenciados na forma do art. 56, I (para ocupar cargo de Ministro de Estado e Secretário de Estado, por exemplo) não perdem os mandatos. Entretanto, ficam com as imunidades materiais e formais suspensas, restando mantida intacta a prerrogativa de foro criminal perante o STF.[38]

3.6 Imunidades de Deputados Estaduais, Distritais e Vereadores

> Art. 27. (...) § 1º Será de quatro anos o mandato dos Deputados Estaduais, aplicando-se-lhes as regras desta Constituição sobre sistema eleitoral,

37 "O suplente, em sua posição de substituto eventual de membro do Congresso Nacional, não goza – enquanto permanecer nessa condição – das prerrogativas constitucionais deferidas ao titular do mandato legislativo, tanto quanto não se lhe estendem as incompatibilidades, que, previstas na Carta Política, incidem, unicamente, sobre aqueles que estão no desempenho do ofício parlamentar. – A Constituição da República não atribui, ao suplente de Deputado Federal ou de Senador, a prerrogativa de foro, *ratione muneris*, perante o Supremo Tribunal Federal, pelo fato de o suplente – enquanto ostentar essa específica condição – não pertencer a qualquer das Casas que compõem o Congresso Nacional. – A Suprema Corte, nos processos penais condenatórios – e quando se tratar dos integrantes do Poder Legislativo da União – qualifica-se, quanto a estes, como o seu juiz natural, não se estendendo, essa extraordinária jurisdição constitucional, a quem, por achar-se na condição de mera suplência, somente dispõe de simples expectativa de direito. Doutrina. Precedentes" (STF, Inq. 1.684/PR, decisão monocrática, j. 22.11.2001; *DJ* 18.12.2011, Rel. Min. Celso de Mello. In: *Informativo/STF* nº 251, de 2001).

38 "Inquérito penal. Foro por prerrogativa de função. Deputado licenciado para exercer cargo de Secretário de Estado. No sistema da Constituição Federal, a proteção especial a pessoa do parlamentar, independentemente do exercício do mandato, reside no foro por prerrogativa de função que lhe assegura o art. 53, § 4º, da Carta Magna, ainda quando afastado da função legislativa para exercer cargo público constitucionalmente permitido. Questão de ordem que se resolve com a rejeição da preliminar de incompetência do Supremo Tribunal Federal levantada pela Procuradoria-Geral da República" (STF, Inq. 777-QO/TO, Plenário, Rel. Min. Moreira Alves, j. 02.09.93, *DJ* 1º.10.93).

inviolabilidade, imunidades, remuneração, perda de mandato, licença, impedimentos e incorporação às Forças Armadas.

Art. 32. (...) § 3º Aos Deputados Distritais e à Câmara legislativa aplica-se o disposto no art. 27.

Art. 29. (...) VIII – inviolabilidade dos Vereadores por suas opiniões, palavras e votos no exercício do mandato e na circunscrição do Município.

De acordo com o acima disposto, Deputados estaduais e distritais gozam das mesmas imunidades, materiais e formais, destinadas aos parlamentares federais, inclusive quanto à prerrogativa de foro para julgamento criminal perante os respectivos Tribunais de Justiça.

Os vereadores, entretanto, possuem apenas imunidade material, no limite da circunscrição de seus respectivos Municípios, não usufruindo das imunidades formais já detalhadas, sendo, entretanto, permitido que as Constituições estaduais e leis orgânicas municipais disponham sobre eventual prerrogativa de foro, desde que respeitada a Súmula Vinculante 45: A competência constitucional do Tribunal do Júri prevalece sobre o foro por prerrogativa de função estabelecido exclusivamente pela Constituição Estadual. De acordo com esse entendimento, se o vereador praticar um crime doloso contra a vida será julgado pelo Júri e não pelo Tribunal de Justiça, ainda que essa tenha sido a escolha feita pelo constituinte estadual.

Com isso, concluímos que vereadores são julgados pelo júri pela prática de crime doloso contra a vida.

3.7 Imunidades Durante Estado de Defesa e Estado de Sítio

Art. 53. (...) § 8º As imunidades de Deputados ou Senadores subsistirão durante o estado de sítio, só podendo ser suspensas mediante o voto de dois terços dos membros da Casa respectiva, nos casos de atos praticados fora do recinto do Congresso Nacional, que sejam incompatíveis com a execução da medida.

Da exegese do dispositivo acima, é possível se concluir que as imunidades não poderão ser suspensas durante o estado de defesa (situação de emergência menos grave do que o estado de sítio), sendo passíveis de restrições durante o estado de sítio, se preenchidos os requisitos constitucionais: voto de dois terços de seus membros + nos casos de atos praticados fora do recinto (desde que sejam incompatíveis com a execução das medidas).

3.8 Isenção do Serviço Militar

> Art. 53. (...) § 7º A incorporação às Forças Armadas de Deputados e Senadores, embora militares e ainda que em tempo de guerra, dependerá de prévia licença da Casa respectiva.

Como o serviço militar obrigatório é imposto a todos, na forma do art. 143, essa disposição se assemelha à de uma verdadeira imunidade, que impõe, ainda que em tempo de guerra, a licença da Casa Legislativa respectiva, mesmo que se trate de parlamentar militar.

3.9 Limitação ao Dever de Testemunhar

> Art. 53. (...) § 6º Os Deputados e Senadores não serão obrigados a testemunhar sobre informações recebidas ou prestadas em razão do exercício do mandato, nem sobre as pessoas que lhes confiaram ou deles receberam informações.

Os deputados e senadores devem se apresentar como testemunhas em juízo sobre fatos de seu conhecimento que sejam indispensáveis à instrução de processo criminal ou cível, não sendo, contudo, instados a testemunhar sobre informações recebidas ou prestadas em razão do exercício do mandato, nem sobre as pessoas que lhes confiaram ou deles receberam informações.

3.10 As Incompatibilidades

> Art. 54. Os Deputados e Senadores não poderão:
>
> I – desde a expedição do diploma:
>
> a) firmar ou manter contrato com pessoa jurídica de direito público, autarquia, empresa pública, sociedade de economia mista ou empresa concessionária de serviço público, salvo quando o contrato obedecer a cláusulas uniformes;
>
> b) aceitar ou exercer cargo, função ou emprego remunerado, inclusive os de que sejam demissíveis *ad nutum*, nas entidades constantes da alínea anterior;
>
> II – desde a posse:
>
> a) ser proprietários, controladores ou diretores de empresa que goze de favor decorrente de contrato com pessoa jurídica de direito público, ou nela exercer função remunerada;

> b) ocupar cargo ou função de que sejam demissíveis *ad nutum*, nas entidades referidas no inciso I, *a*;
>
> c) patrocinar causa em que seja interessada qualquer das entidades a que se refere o inciso I, *a*;
>
> d) ser titulares de mais de um cargo ou mandato público eletivo.

O art. 54 traz as chamadas incompatibilidades dos deputados e senadores que configuram vedações acerca de certas funções, ocupações ou atividades que não podem ser realizadas, sob pena da perda do cargo, algumas fixadas desde a diplomação, outras a partir da sua posse. José Afonso da Silva[39] as divide em:

a) **Funcionais**, desde a expedição do diploma não podem: *aceitar ou exercer cargo, função ou emprego remunerado, inclusive os de que sejam demissíveis "ad nutum", em pessoa jurídica de direito público, autarquia, empresa pública, sociedade de economia mista ou empresa concessionária de serviço público (art, 54, I, "b")* e, ainda, desde a posse: *ocupar cargo ou função de que sejam demissíveis "ad nutum" naquelas mesmas entidades (art. 54, II, "b"), salvo nas hipóteses permitidas no art. 56, I.*

b) **Negociais,** desde a expedição do diploma estão impedidos de: *firmar ou manter contrato com pessoa jurídica de direito público, autarquia, empresa pública, sociedade de economia mista ou empresa concessionária de serviço público, salvo quando o contrato obedecer a cláusulas uniformes (art. 54, I, "a").*

Ressalte-se que contrato com cláusula uniforme é aquele que deixa pouquíssima margem de negociação inerente à autonomia privada; são os chamados "contrato de adesão".

c) **Políticas,** desde a posse não podem: *ser titulares de mais de um cargo ou mandato público eletivo (art. 54, II, "d").*

d) **Profissionais,** desde a posse estão impedidos de: *ser proprietários, controladores ou diretores de empresa que goze de favor decorrente de contrato com pessoa jurídica de direito público, ou nela exercer função remunerada (art. 54, II, "a")* e, ainda, de: *patrocinar causa em que seja interessada qualquer das entidades a que se refere o inciso I, "a" (art. 54, II, "c").*

---

39 AFONSO DA SILVA, José. *Comentário Contextual à Constituição*. São Paulo: Malheiros, 2005, p. 422.

3.11 Perda do Cargo

> Art. 55. Perderá o mandato o Deputado ou Senador:
>
> I – que infringir qualquer das proibições estabelecidas no artigo anterior;
>
> II – cujo procedimento for declarado incompatível com o decoro parlamentar;
>
> III – que deixar de comparecer, em cada sessão legislativa, à terça parte das sessões ordinárias da Casa a que pertencer, salvo licença ou missão por esta autorizada;
>
> IV – que perder ou tiver suspensos os direitos políticos;
>
> V – quando o decretar a Justiça Eleitoral, nos casos previstos nesta Constituição;
>
> VI – que sofrer condenação criminal em sentença transitada em julgado.
>
> § 1º É incompatível com o decoro parlamentar, além dos casos definidos no regimento interno, o abuso das prerrogativas asseguradas a membro do Congresso Nacional ou a percepção de vantagens indevidas.
>
> § 2º Nos casos dos incisos I, II e VI, a perda do mandato será decidida pela Câmara dos Deputados ou pelo Senado Federal, por voto secreto e maioria absoluta, mediante provocação da respectiva Mesa ou de partido político representado no Congresso Nacional, assegurada ampla defesa.
>
> § 3º Nos casos previstos nos incisos III a V, a perda será declarada pela Mesa da Casa respectiva, de ofício ou mediante provocação de qualquer de seus membros, ou de partido político representado no Congresso Nacional, assegurada ampla defesa.
>
> § 4º A renúncia de parlamentar submetido a processo que vise ou possa levar à perda do mandato, nos termos deste artigo, terá seus efeitos suspensos até as deliberações finais de que tratam os §§ 2º e 3º.

A sanção da violação das incompatibilidades do art. 54 é a perda do mandato, na forma do art. 55, I. Da mesma maneira, perderá o cargo o parlamentar que atue de maneira contrária ao decoro parlamentar (conjunto de normas éticas e morais que devem nortear a sua conduta no exercício da função pública), conforme o art. 55, II. Também perderá o cargo o parlamentar que faltar, sem licença da Casa, em cada sessão legislativa, à terça parte das sessões ordinárias. Sofrerá igualmente a sanção aquele que tiver suspensos, ou perder os direitos políticos (art. 55, IV), ou quando o decretar a Justiça Eleitoral (art. 55, V), ou ainda, quando o parlamentar sofrer condenação criminal transitada em julgado (art. 55, VI).

Como se verifica dos parágrafos do art. 55, nenhuma dessas situações gera uma perda automática, garantida em todas as situações a ampla defesa. Nos casos do art. 55, § 3º, a decretação da perda seria um ato vinculado e, por sua vez, as hipóteses do art. 55, § 2º, seriam ato discricionário da Mesa da Casa a qual pertence o parlamentar, segundo afirma parte da doutrina.[40] Entretanto, no caso recente do "Mensalão" (AP 470), o STF decidiu que em caso de sentença criminal transitada em julgado a Mesa da Casa não possui discricionariedade de decisão sobre a perda ou não do mandato, devendo apenas cumprir o que o Tribunal decidiu.

Para que o parlamentar não fuja das consequências da decretação da perda do mandato, o art. 55, § 4º, anuncia que a renúncia de parlamentar submetido a processo que vise ou possa levar à perda do mandato, terá seus efeitos suspensos até as deliberações finais de que tratam os dispositivos constitucionais.

---

40 FERREIRA FILHO, Manoel Gonçalves. *Curso de Direito Constitucional*. 34. ed., rev. e atual. São Paulo: Saraiva, 2008, p. 181.

Capítulo

22

TRIBUNAIS DE CONTAS

Conforme já estudamos, o Poder Legislativo realiza como uma de suas atividades típicas a função de fiscalização contábil, orçamentária, operacional e patrimonial da União e das entidades da administração direta e indireta, quanto à legalidade, legitimidade, economicidade, aplicação das subvenções e renúncia de receitas, mediante controle externo, auxiliado pelo Tribunal de Contas (arts. 70 e 71 da CF).

Além do sistema externo, de acordo com o art. 74 da CF, os Poderes Legislativo, Executivo e Judiciário manterão, de forma integrada, sistema de controle interno, reforçado pela regra presente no art. 74, § 1º, na medida em que os responsáveis pelo controle interno, ao tomarem conhecimento de qualquer irregularidade ou ilegalidade, dela deverão dar ciência ao Tribunal de Contas da União, sob pena de responsabilidade solidária.

1. HISTÓRICO DO TRIBUNAL DE CONTAS

As discussões em torno da criação de um Tribunal de Contas começaram em 1826 e duraram quase um século, polarizadas entre aqueles que defendiam a sua necessidade – para quem as contas públicas deviam ser examinadas por um órgão independente –, e aqueles que o combatiam, por entenderem que as contas públicas podiam continuar sendo controladas por aqueles mesmos que as realizavam.

Somente a queda do Império e as reformas político-administrativas da jovem República tornaram realidade, finalmente, o Tribunal de Contas da União. Em 7 de novembro de 1890, por iniciativa do então Ministro da Fazenda, Rui

Barbosa, o Decreto nº 966-A criou o Tribunal de Contas da União, norteado pelos princípios da autonomia, fiscalização, julgamento e vigilância. A Constituição de 1891, a primeira republicana, ainda por influência de Rui Barbosa, institucionalizou definitivamente o Tribunal de Contas da União, inscrevendo-o no seu art. 89. Contudo a sua instalação só ocorreu em 1893.

O Tribunal foi mantido em todas as Constituições seguintes, mas, na atual Constituição a sua jurisdição (administrativa) e competência foram substancialmente ampliadas, como analisaremos neste capítulo.

2. CARACTERÍSTICAS DO TRIBUNAL DE CONTAS DA UNIÃO

O Tribunal de Contas tem sede no Distrito Federal, quadro próprio de pessoal e jurisdição em todo o território nacional, exercendo, no que couber, as atribuições previstas no art. 96.

Importante destacar que a expressão "jurisdição" é utilizada no seu sentido administrativo, tendo em vista que o referido tribunal não exerce atividade jurisdicional típica. Os seus atos são de natureza técnica e administrativa e não integra o Poder Judiciário.

É órgão auxiliar do Congresso Nacional e sua relação com este é de colaboração, e não de subordinação. Em que pese a natureza de órgão auxiliar do Legislativo, o Tribunal de Contas da União possui atribuições próprias, enumeradas nos incisos do art. 71 da Constituição Federal.

Nesse sentido, é importante transcrevermos decisão do STF em defesa da autonomia da Corte de Contas: *A posição constitucional dos Tribunais de Contas – órgãos investidos de autonomia jurídica –* ***inexistência de qualquer vínculo de subordinação institucional ao Poder Legislativo****– atribuições do Tribunal de Contas que traduzem direta emanação da própria Constituição da República.* ***Os Tribunais de Contas ostentam posição eminente na estrutura constitucional brasileira, não se achando subordinados, por qualquer vínculo de ordem hierárquica, ao Poder Legislativo, de que não são órgãos delegatários nem organismos de mero assessoramento técnico****. A competência institucional dos Tribunais de Contas não deriva, por isso mesmo, de delegação dos órgãos do Poder Legislativo, mas traduz emanação que resulta, primariamente, da própria Constituição da República. Doutrina. Precedentes...*[1] (grifos nossos).

1 STF, ADI 4.190-REF-MC/RJ. Rel. Min. Celso de Mello. Plenário, j. 10.03-2010, *DJE* 11.06.2010.

3. MINISTROS DO TRIBUNAL DE CONTAS DA UNIÃO

O Tribunal de Contas da União é integrado por nove ministros, nomeados entre brasileiros que satisfaçam os seguintes requisitos, previstos no art. 73, da CF: I - mais de trinta e cinco e menos de sessenta e cinco anos de idade; II - idoneidade moral e reputação ilibada; III - notórios conhecimentos jurídicos, contábeis, econômicos e financeiros ou de administração pública e; IV - mais de dez anos de exercício de função ou de efetiva atividade profissional que exija os conhecimentos mencionados no inciso anterior.

Eles serão escolhidos da seguinte forma: um terço pelo Presidente da República, com aprovação do Senado Federal, sendo dois alternadamente dentre auditores e membros do Ministério Público junto ao Tribunal, indicados em lista tríplice pelo Tribunal, segundo os critérios de antiguidade e merecimento e dois terços pelo Congresso Nacional.

Os ministros do Tribunal de Contas da União terão as mesmas garantias, prerrogativas, impedimentos, vencimentos e vantagens dos ministros do Superior Tribunal de Justiça, aplicando-se-lhes, quanto à aposentadoria e pensão, as normas constantes do art. 40 da CF.

4. O MINISTÉRIO PÚBLICO PERANTE O TCU

Segundo precedente do STF[2] os Procuradores das Cortes de Contas são ligados administrativamente a elas, sem qualquer vínculo com o Ministério Público comum, tendo em vista que o Ministério Público junto ao Tribunal de Contas da União é instituição que não integra o Ministério Público da União, cujo rol no art. 128, I, da CF é taxativo.

Assim, não se permite que membros do Ministério Público estadual sejam "aproveitados" para atuar junto ao Tribunal de Contas.

Importante destacar que na forma do art, 130, da Constituição, aos membros do Ministério Público junto aos Tribunais de Contas aplicam-se as disposições da Seção I (arts. 127 a 130-A) pertinentes a direitos, vedações e forma de investidura.

5. ASPECTOS IMPORTANTES SOBRE O TCU

5.1 O TCU não Dispõe de Competência para Determinar a Quebra do Sigilo Bancário

O STF entendeu que a Lei Complementar nº 105/2001, que dispôs específica e exaustivamente sobre o sigilo das operações de instituições financeiras,

---

2 STF, **ADI 3.315/CE**, Rel. Min. Ricardo Lewandowski, j. 06.03.2008, Plenário, *DJE* 11.04.2008.

não conferiu ao TCU poderes para determinar a quebra do sigilo bancário de dados constantes do Banco Central do Brasil. Asseverou-se que o art. 38 da Lei nº 4.595/64, que regulava o sigilo das operações ativas e passivas e serviços prestados pelas instituições financeiras, foi revogado pela referida lei complementar, que previu a possibilidade de quebra do sigilo bancário por determinação do Poder Judiciário, do Poder Legislativo federal, bem como das Comissões Parlamentares de Inquérito, após prévia aprovação do pedido pelo Plenário da Câmara dos Deputados, do Senado Federal ou do plenário de suas respectivas comissões parlamentares de inquérito (Lei Complementar nº 105/2001, arts. 3º e 4º, §§ 1º e 2º)[3].

5.2 A denúncia anônima não pode, por si, justificar a condenação de investigado (ou réu), mas pode ser aceita para iniciar um procedimento investigativo sigiloso, voltado a apurar a existência dos fatos apontados pelo denunciante.

Segundo o Ministro Celso de Mello, os escritos anônimos não podem justificar, por si sós, desde que isoladamente considerados, a imediata instauração da *persecutio criminis*, eis que peças apócrifas não podem ser incorporadas, formalmente, ao processo, salvo quando tais documentos forem produzidos pelo acusado, ou, ainda, quando constituírem, eles próprios, o corpo de delito (como sucede com bilhetes de resgate no delito de extorsão mediante sequestro, ou como ocorre com cartas que evidenciem a prática de crimes contra a honra, por exemplo). Nada impede, contudo, que o Poder Público, provocado por delação anônima ("disque-denúncia", p. ex.), adote medidas informais destinadas a apurar, previamente, em averiguação sumária, "com prudência e discrição", a possível ocorrência de eventual situação de ilicitude penal, desde que o faça com o objetivo de conferir a verossimilhança dos fatos nela denunciados, em ordem a promover, então, em caso positivo, a formal instauração da *persecutio criminis*, mantendo-se, assim, completa desvinculação desse procedimento estatal em relação às peças apócrifas.[4]

5.3 O Tribunal de Contas, no Desempenho de suas Atribuições, Pode Realizar Controle de Constitucionalidade das Leis

O entendimento do STF sobre essa questão está consolidado na Súmula nº 347, nos termos seguintes: *O tribunal de contas, no exercício de suas atribuições,*

---

3 STF, MS 22801/DF, Plenário, *DJ* 14.03.2008. Rel. Min. Menezes Direito, 17.12.2007.

4 STF, HC 95.244/PE, Rel. Min. Dias Toffoli, 23.03.2010.

pode apreciar a constitucionalidade das leis e dos atos do poder público. Com isso é possível que a Corte de Contas rejeite a prestação de contas fundada em lei inconstitucional.

Importante ressaltar que o controle de constitucionalidade realizado pelos tribunais de contas é do tipo **incidental**, isto é, realizado diante de casos concretos submetidos à sua apreciação.

Esse controle de constitucionalidade pela Corte de Contas não tem sido reconhecido pelo STF, em que pese a Súmula 347 não ter sido formalmente cancelada. Ao deferir liminar no MS 35.410, o ministro Alexandre de Moraes ressaltou que, na perspectiva constitucional inaugurada em 1988, o TCU é órgão técnico de fiscalização contábil, financeira e orçamentária, cuja competência é delimitada pelo artigo 71 do texto constitucional. Com isso, segundo o relator, "é inconcebível que o TCU, órgão sem qualquer função jurisdicional, exerça controle difuso de constitucionalidade nos julgamentos de seus processos, sob o pretenso argumento de que tal controle seria permitido em virtude do conteúdo da Súmula 347 do STF, editada em 1963, cuja subsistência, obviamente, ficou comprometida pela promulgação da Constituição Federal de 1988".

5.4 Contraditório e Ampla Defesa nos Processos de Competência do TCU

Acerca desse assunto, dispõe a Súmula Vinculante nº 3 do STF: *Nos processos perante o Tribunal de Contas da União asseguram-se o contraditório e a ampla defesa quando da decisão puder resultar anulação ou revogação de ato administrativo que beneficie o interessado,* ***excetuada a apreciação da legalidade do ato de concessão inicial de aposentadoria, reforma e pensão*** (grifamos).

O STF, em recente julgado,[5] firmou entendimento que constitui verdadeira exceção à aplicação da parte final da sua Súmula Vinculante nº 3, conforme explicações abaixo.

5 "Em conclusão, o Tribunal, por maioria, concedeu mandado de segurança para anular acórdão do TCU no que se refere ao impetrante e para o fim de se lhe assegurar a oportunidade do uso das garantias constitucionais do contraditório e da ampla defesa. Na situação dos autos, a Corte de Contas negara registro a ato de aposentadoria especial de professor – outorgada ao impetrante – por considerar indevido o cômputo de serviço prestado sem contrato formal e sem o recolhimento das contribuições previdenciárias – v. *Informativos* 415, 469, 589 e 590. Não obstante admitindo o fato de que a relação jurídica estabelecida no caso se dá entre o TCU e a Administração Pública, o que, em princípio, não reclamaria a audição da parte diretamente interessada, entendeu-se, tendo em conta o longo decurso de tempo da percepção da aposentadoria até a negativa do registro (cinco anos e oito meses), haver direito líquido e certo do impetrante de exercitar as garantias do contraditório e da

Anote-se que, pelo trecho da Súmula acima destacado, não se asseguram ao interessado o contraditório e a ampla defesa nos casos de processos referentes à apreciação da legalidade do ato inicial de aposentadoria, reforma e pensão. Entretanto, em respeito à segurança jurídica, e considerando o prazo de cinco anos previsto na Lei nº 9.784/99 (Lei do Processo Administrativo Federal) para que a Administração anule um ato administrativo quando favorável ao administrado, o próprio STF passou a entender que o TCU está obrigado a assegurar o contraditório e a ampla defesa ao interessado mesmo nesses casos – apreciação da legalidade do ato de concessão inicial de aposentadoria, reforma e pensão – ***quando essa Corte de Contas só verificar a irregularidade do ato de concessão de tais benefícios após o prazo de cinco anos, contados da data de sua concessão.***

5.5 As Empresas Públicas e as Sociedades de Economia Mista, Integrantes da Administração Indireta, estão Sujeitas à Fiscalização do TCU?

De acordo com a jurisprudência do STF, a Constituição da República, art. 71, II, estabelece competir ao Tribunal de Contas julgar as contas dos administradores e demais responsáveis por dinheiros, bens e valores públicos da administração direta e indireta, incluídas as fundações e sociedades instituídas e mantidas pelo Poder Público federal, e as contas daqueles que derem causa a perda, extravio ou outra irregularidade de que resulte prejuízo ao erário público. Expressamente, pois, a Constituição submete à fiscalização do Tribunal de Contas da União as contas dos administradores de entidades que integram a Administração indireta, dentre elas, ***as empresas públicas e as sociedades de economia mista.***[6]

6. OS TRIBUNAIS DE CONTAS NOS ESTADOS E DISTRITO FEDERAL

> Art. 75. As normas estabelecidas nesta seção aplicam-se, no que couber, à organização, composição e fiscalização dos Tribunais de Contas dos Estados

ampla defesa. Considerou-se, ao invocar os princípios da segurança jurídica e da lealdade, ser imperioso reconhecer determinadas situações jurídicas subjetivas em face do Poder Público. Salientou-se a necessidade de se fixar um tempo médio razoável a ser aplicado aos processos de contas cujo objeto seja o exame da legalidade dos atos concessivos de aposentadorias, reformas e pensões, e afirmou-se poder se extrair, dos prazos existentes no ordenamento jurídico brasileiro, o referencial de cinco anos. Com base nisso, assentou-se que, transcorrido *in albis* o prazo quinquenal, haver-se-ia de convocar o particular para fazer parte do processo de seu interesse". STF, MS 25116/DF. *Info* nº 599 – não há *DJ*. Rel. Min. Ayres Britto, 08.09.2010.

6 STF, MS 25.092/ DF, Plenário, Rel. Min. Carlos Velloso, j. 10.11.2005, *DJ* 17.03.2006.

> e do Distrito Federal, bem como dos Tribunais e Conselhos de Contas dos Municípios.
>
> Parágrafo único. As Constituições estaduais disporão sobre os Tribunais de Contas respectivos, que serão integrados por sete Conselheiros.

O dispositivo constitucional acima transcrito fundamenta a obrigatoriedade da criação de uma Corte de Contas nos Estados, a qual, em nome do princípio da simetria, deverá ter atribuições similares às do Tribunal de Contas da União, sob pena da declaração de inconstitucionalidade das normas estaduais.[7]

Com isso, concluímos que a Constituição do Estado não pode outorgar competência para que a Assembleia Legislativa julgue as próprias contas e as dos administradores dos Poderes Executivo e Judiciário sem o auxílio do Corte de Contas Estadual.

Quanto à composição do Tribunal de Contas dos Estados, a Súmula nº 653 do STF determina: *No Tribunal de Contas estadual, composto por sete Conselheiros, quatro devem ser escolhidos pela Assembleia Legislativa e três pelo chefe do Poder Executivo estadual, cabendo a este indicar um dentre auditores e outro dentre membros do Ministério Público, e um terceiro à sua livre escolha.*

Os Conselheiros dos tribunais de contas dos estados são julgados perante o Superior Tribunal de Justiça (STJ), na forma do art. 105, I, *a*, em que pese os membros da Assembleia legislativa (deputados estaduais) serem julgados pelos tribunais de justiça locais, conforme prevê o art. 27, § 1º.

7. OS TRIBUNAIS DE CONTAS MUNICIPAIS

> Art. 31. A fiscalização do Município será exercida pelo Poder Legislativo Municipal, mediante controle externo, e pelos sistemas de controle interno do Poder Executivo Municipal, na forma da lei.
>
> § 1º O controle externo da Câmara Municipal será exercido com o auxílio dos Tribunais de Contas dos Estados ou do Município ou dos Conselhos ou Tribunais de Contas dos Municípios, onde houver.

---

7 "Tribunal de Contas. Norma local que obriga o Tribunal de Contas Estadual a examinar previamente a validade de contratos firmados pela administração. Regra da simetria. Inexistência de obrigação semelhante imposta ao Tribunal de Contas da União. Nos termos do art. 75 da Constituição, as normas relativas à organização e fiscalização do TCU se aplicam aos demais tribunais de contas. O art. 71 da Constituição não insere na competência do TCU a aptidão para examinar, previamente, a validade de contratos administrativos celebrados pelo Poder Público. Atividade que se insere no acervo de competência da Função Executiva. É inconstitucional norma local que estabeleça a competência do tribunal de contas para realizar exame prévio de validade de contratos firmados com o Poder Público" (STF, ADI 916/MT, Rel. Min. Joaquim Barbosa, j. 02.02-2009, Plenário, *DJE* 06.03.2009).

> § 2º O parecer prévio, emitido pelo órgão competente sobre as contas que o Prefeito deve anualmente prestar, só deixará de prevalecer por decisão de dois terços dos membros da Câmara Municipal.
>
> § 3º As contas dos Municípios ficarão, durante sessenta dias, anualmente, à disposição de qualquer contribuinte, para exame e apreciação, o qual poderá questionar-lhes a legitimidade, nos termos da lei.
>
> § 4º É vedada a criação de Tribunais, Conselhos ou órgãos de Contas Municipais.

Segundo entendimento doutrinário, a proibição a criação de tribunais, conselhos ou órgãos de contas municipais, prevista no § 4º do art. 31 da Constituição Federal, dirige-se exclusivamente aos municípios, que não poderão criar esses órgãos como integrantes da estrutura orgânica municipal.

Significa dizer que essa vedação ***não alcança os Estados-membros***,[8] que podem, discricionariamente, criar ou extinguir tribunais ou conselhos de contas municipais, como órgãos integrantes de sua própria estrutura orgânica, com o fim de atribuir a esses órgãos a competência para realizar a fiscalização dos municípios do seu território.

No tocante aos conselhos ou tribunais de contas organizados e mantidos pelos próprios municípios, só foram reconhecidos aqueles já existentes na data da promulgação da Constituição, uma vez que a própria Constituição veda aos municípios a criação de tribunais, conselhos ou órgãos de contas municipais.

A título de ilustração, os únicos Tribunais de Contas genuinamente municipais são os do Rio de Janeiro e de São Paulo, criados, respectivamente, em 23 de outubro de 1980 e em 20 de novembro de 1968, portanto, antes do advento da atual Constituição.

---

8 "Municípios e Tribunais de Contas. A Constituição da República impede que os Municípios criem os seus próprios Tribunais, Conselhos ou órgãos de contas municipais (CF, art. 31, § 4º), mas permite que os Estados-membros, mediante autônoma deliberação, instituam órgão estadual denominado Conselho ou Tribunal de Contas dos Municípios (*RTJ* 135/457, Rel. Min. Octavio Gallotti – ADI 445/DF, Rel. Min. Néri da Silveira), incumbido de auxiliar as Câmaras Municipais no exercício de seu poder de controle externo (CF, art. 31, § 1º). Esses Conselhos ou Tribunais de Contas dos Municípios – embora qualificados como órgãos estaduais (CF, art. 31, § 1º) – atuam, onde tenham sido instituídos, como órgãos auxiliares e de cooperação técnica das Câmaras de Vereadores. A prestação de contas desses Tribunais de Contas dos Municípios, que são órgãos estaduais (CF, art. 31, § 1º), há de se fazer, por isso mesmo, perante o Tribunal de Contas do próprio Estado, e não perante a Assembleia Legislativa do Estado-membro. Prevalência, na espécie, da competência genérica do Tribunal de Contas do Estado (CF, art. 71, II, c/c o art. 75)" (ADI 687/PA, Rel. Min. Celso de Mello, j. 02.02.1995, Plenário, *DJ* 10.02.2006.)

Capítulo

23

O PROCESSO LEGISLATIVO

1. CONCEITO

O processo legislativo é composto por um conjunto de atos preordenados que visam à criação de uma norma legal, de acordo com a Constituição. Funciona como uma grande orquestra, em que os instrumentos devem estar bem afinados e os cantores com vozes harmoniosas. A desarmonia na orquestra gera a música não sonora e no processo legislativo, em regra, o nascimento de uma norma inconstitucional.

As espécies normativas se encontram em rol não exaustivo no art. 59, que prevê a elaboração de leis complementares, leis ordinárias, emendas constitucionais, leis delegadas, medidas provisórias, resoluções e decretos legislativos. À exceção das emendas constitucionais, que já foram objeto de nossa análise em capítulo específico, trataremos dos aspectos mais importantes sobre as normas mencionadas, iniciando com o processo de elaboração das leis ordinárias e complementares.

2. ESPÉCIES DE PROCESSO LEGISLATIVO

Pode-se extrair da Constituição a existência de três espécies de processo legislativo, a saber:

- **ordinário:** este processo trata da elaboração das leis ordinárias e complementares, que será analisado no próximo ponto;
- **sumário:** poderá ser desencadeado pelo Presidente da República ao solicitar urgência na aprovação de projetos de sua iniciativa, na forma do art. 64, § 1º;

- **especial:** é aquele que se destina a elaboração das emendas constitucionais na forma do art. 60.

3. ATOS DO PROCESSO LEGISLATIVO ORDINÁRIO

É o processo legislativo mais comum e formado por um complexo de atos (iniciativa, discussão e emendas, votação, sanção e veto, promulgação e publicação) com participação do Legislativo e do Executivo, que serão analisados a seguir.

3.1 Iniciativa

É a faculdade atribuída a alguém ou a algum órgão para apresentar projeto de lei ao Poder Legislativo, configurando o ato deflagrador do processo legislativo. É uma declaração de vontade, que deve ser formulada por escrito e articulada; ato que se manifesta pelo depósito do instrumento, do projeto, em mãos da autoridade competente.[1]

3.2 Espécies de iniciativa

A iniciativa pode ser: **geral, concorrente ou comum, reservada ou privativa**. A primeira está presente no art. 61 da CF, cuja iniciativa das leis complementares e ordinárias: "cabe a qualquer membro ou Comissão da Câmara dos Deputados ou do Senado Federal, ou do Congresso Nacional, ao Presidente da República, ao STF, aos tribunais superiores, ao procurador-geral da República e ao cidadão". No outro grupo, a Constituição determinou a titularidade certa para a deflagração do processo legislativo, como nos casos abaixo apresentados:

a) iniciativa do Presidente da República, cujas matérias privativas de principal destaque são, na forma do art. 61, § 1º, as que: "I – fixem ou modifiquem os efetivos das Forças Armadas; II – disponham sobre: a) criação de cargos, funções ou empregos públicos na administração direta e autárquica ou aumento de sua remuneração; b) organização administrativa e judiciária, matéria tributária e orçamentária, serviços públicos e pessoal da administração dos Territórios; c) servidores públicos da União e Territórios, seu regime jurídico, provimento

1 FERREIRA FILHO, Manoel Gonçalves. *Curso de Direito Constitucional*. 34. ed., rev. e atual. São Paulo: Saraiva, 2008, p. 191.

de cargos, estabilidade e aposentadoria; d) organização do Ministério Público e da Defensoria Pública da União, bem como normas gerais para a organização do Ministério Público e da Defensoria Pública dos Estados, do Distrito Federal e dos Territórios; e) criação e extinção de Ministérios e órgãos da administração pública, observado o disposto no art. 84, VI; e f) militares das Forças Armadas, seu regime jurídico, provimento de cargos, promoções, estabilidade, remuneração, reforma e transferência para a reserva";

b) iniciativa do STF: na forma do art. 93, *caput,* cabe à Corte o oferecimento de projeto de lei complementar sobre o Estatuto da Magistratura;

c) iniciativa dos Tribunais Superiores, dos Tribunais de Justiça e do STF: na forma do art. 96, I, compete aos Tribunais: "a) elaborar seus regimentos internos e propor a criação de novas varas judiciárias; no art. 96, II, compete ao Supremo Tribunal Federal, aos Tribunais Superiores e aos Tribunais de Justiça propor ao Poder Legislativo respectivo, observado o disposto no art. 169, a alteração do número de membros dos tribunais inferiores; b) a criação e a extinção de cargos e a remuneração dos seus serviços auxiliares e dos juízos que lhes forem vinculados, bem como a fixação do subsídio de seus membros e dos juízes, inclusive dos tribunais inferiores, onde houver; c) a criação ou extinção dos tribunais inferiores; d) a alteração da organização e da divisão judiciárias";

d) iniciativa do Ministério Público: o art. 128, § 5º, diz que "leis complementares da União e dos Estados, cuja iniciativa é facultada aos respectivos Procuradores-Gerais, estabelecerão a organização, as atribuições e o estatuto de cada MP, observadas, relativamente a seus membros..." Aqui há um detalhe: reportando-se ao art. 61, § 1º, II, vimos que são de iniciativa ao Presidente da República, os projetos de lei que disponham sobre organização do MP. Pode-se dizer que estamos diante de matéria de competência concorrente do Presidente da República e do procurador-geral da República, ou seja, o projeto pode ser oferecido por qualquer um deles.

Do exposto, é possível concluir que somente essas autoridades ou órgãos podem apresentar projetos de leis sobre as matérias relacionadas, mas, e se alguém apresentar projeto de lei mesmo sem possuir essa faculdade? Ocorrerá uma usurpação da iniciativa reservada, o que representa uma inconstitucionalidade no processo legislativo.

A Súmula nº 5 do STF afirma que: *A sanção supre o vício de iniciativa.* O referido enunciado, apesar de não ter sido formalmente cancelado, foi superado pela atual jurisprudência da Corte que rotineiramente declara a inconstitucionalidade de normas em razão de vício de iniciativa[2] no processo legislativo.

Por fim, vale ressaltar que de acordo com o princípio da simetria, depreende-se que aos chefes do Executivo dos Estados e dos Municípios é conferida a competência para iniciar projeto, nos casos em que lhes couber, na conformidade do art. 61 da CF.

A iniciativa pode ser ainda **extraparlamentar** e **parlamentar**. A extraparlamentar ocorre quando o projeto é oferecido por alguém que não faz parte do parlamento, como por exemplo, o STF, os Tribunais Superiores etc. A iniciativa parlamentar se verifica quando os projetos de leis forem oferecidos pelos próprios deputados e senadores, ou seja, pelos membros do Congresso Nacional.

A iniciativa **popular** também está prevista no art. 61, § 2º, que permite ao povo a apresentação de projeto de lei complementar ou ordinária, desde que subscrito por, no mínimo, um por cento do eleitorado nacional, distribuído pelo menos por cinco Estados, com não menos de três décimos por cento dos eleitores de cada um deles. Nesse caso, o projeto deverá ser apresentado à Câmara dos Deputados.

A iniciativa popular estadual está prevista no art. 27, § 4º, e a iniciativa popular nos Municípios, no art. 29, XIII, ambos da CF.

3.3 Discussão e Emendas

Durante a fase de discussão da matéria, que ocorre nas Comissões existentes e em Plenário, há possibilidade de produzir-se a emenda do projeto. Essas emendas podem ser: aditivas (se acrescentam algo ao projeto), supressivas (se suprimem disposições do projeto), modificativas (se alteram a redação do projeto pontualmente), substitutivas (quando alteram substancialmente o projeto) e aglutinativas (quando decorrem de fusão com outras emendas).

---

2 "A sanção do projeto de lei não convalida o vício de inconstitucionalidade resultante da usurpação do poder de iniciativa. A ulterior aquiescência do chefe do Poder Executivo, mediante sanção do projeto de lei, ainda quando dele seja a prerrogativa usurpada, não tem o condão de sanar o vício radical da inconstitucionalidade. Insubsistência da Súmula nº 5/STF. Doutrina. Precedentes" (STF, ADI 2.867/ES, Plenário, Rel. Min. Celso de Mello, j. 03.12.2003, *DJ* 09.02.2007). No mesmo sentido: ADI 1.963-MC/PR, Plenário, Rel. Min. Maurício Corrêa, j. 18.03.1999, *DJ* 07.05.1999; ADI 1.070-MC/MS, Primeira Turma, Rel. Min. Celso de Mello, j. 23.11.94, *DJ* 15.09.95.

Os projetos de lei de iniciativa reservada podem sofrer alterações desde que não acarretem aumentos de despesa na forma do art. 63, tampouco podem desconfigurar o seu texto originário.[3]

Uma das Comissões que mais se destaca nessa fase da discussão é a Comissão de Constituição e Justiça, que tem como tarefa principal a de realizar verdadeiro controle preventivo de constitucionalidade do projeto de lei.

3.4 Votação

É ato coletivo das Casas do Congresso e é geralmente precedida de estudos e pareceres de comissões técnicas e de debates em plenário. É ato de decisão que se toma:

- **por maioria simples, relativa ou ocasional**, isto é, maioria dos membros presentes na votação, respeitada a maioria absoluta, nos casos de projetos de lei ordinária (art. 47, CF);
- **por maioria absoluta dos membros das Casas Legislativas**, no caso de aprovação de lei complementar (art. 69, CF).

A Casa iniciadora poderá rejeitar o projeto (caso em que se aplica o art. 67) ou aprová-lo com ou sem alterações. Nessas duas situações, ele será encaminhado para a Casa revisora para votação, onde também uma dessas três hipóteses deve se configurar: i) ser rejeitado, caso em que acontecerá o disposto no art. 67 (consagrando o postulado da irrepetibilidade dos projetos rejeitados na mesma sessão legislativa), que afirma que a matéria constante de projeto de lei rejeitado poderá ser objeto de novo projeto na mesma **legislatura**, desde que em outra **sessão legislativa**; ou ainda na mesma sessão legislativa, por meio de proposta de maioria absoluta dos membros da Câmara ou do Senado; ii) ser aprovado sem emendas, **sendo, neste caso, remetido** à sanção e veto do Executivo e, ainda: iii) ser aprovado com emendas, caso em que o projeto

3 "As normas constitucionais de processo legislativo não impossibilitam, em regra, a modificação, por meio de emendas parlamentares, dos projetos de lei enviados pelo Chefe do Poder Executivo no exercício de sua iniciativa privativa. Essa atribuição do Poder Legislativo brasileiro esbarra, porém, em duas limitações: a) a impossibilidade de o parlamento veicular matérias diferentes das versadas no projeto de lei, de modo a desfigurá-lo; e b) a impossibilidade de as emendas parlamentares aos projetos de lei de iniciativa do Presidente da República, ressalvado o disposto nos §§ 3º e 4º do art. 166, implicarem aumento de despesa pública (inciso I do art. 63 da CF)" (STF, ADI 3.114/SP; Plenário, Rel. Min. Carlos Britto, j. 24.08.2005, *DJ* 07.04.2006).

volta à Casa inicial para apreciação das emendas exclusivamente.[4] Se forem aceitas pela Casa, segue o projeto a apreciação presidencial; se rejeitadas, sem elas o projeto é encaminhado da mesma forma para o Presidente da República.

É possível se perceber nítida prevalência da Casa iniciadora sobre a Casa revisora no processo legislativo, pois a vontade da primeira se sobrepõe à da segunda com relação as alterações feitas por esta. Importante asseverar que, na forma do art. 64 ("A discussão e votação dos projetos de lei de iniciativa do Presidente da República, do Supremo Tribunal Federal e dos Tribunais Superiores terão início na Câmara dos Deputados"), a Casa iniciadora por excelência no processo legislativo é a Câmara dos Deputados, restando o Senado Federal, via de regra, com o papel de casa revisora, salvo nos projetos de sua iniciativa, quando há inversão da ordem de votação entre as Casas.

Destaque-se que a deliberação, na forma do Regimento Interno, pode ser delegada pela Casa à sua própria comissão, na forma do art. 58, § 2º, I, dispensando-se a manifestação do plenário, salvo se um décimo dos membros da Casa a isso se opuser.

3.5 Sanção e Veto

São atos do processo legislativo de competência exclusiva do chefe do Executivo. Recaem sobre o projeto de lei, e não sobre a lei. A sanção, que configura aquiescência, pode ser expressa (com a assinatura do projeto) e tácita (não há assinatura ou veto durante 15 dias úteis. O veto, que manifesta a discordância, entretanto, deverá ser sempre expresso e revelado no prazo de 15 dias úteis. São características constitucionais do veto na forma do art. 66 da CF: i) Pode ser **total**, se recair sobre todo o projeto, ou **parcial**, se atingir apenas parte do projeto e neste caso somente pode abranger o texto total de artigo, inciso, alínea ou parágrafo, não havendo mais veto de

---

4 "Projeto de lei aprovado na Casa Iniciadora (CD) e remetido à Casa Revisora (SF), na qual foi aprovado substitutivo, seguindo-se sua volta à Câmara. A aprovação de substitutivo pelo Senado não equivale à rejeição do projeto, visto que 'emenda substitutiva é a apresentada à parte de outra proposição, denominando-se Substitutivo quando a alterar, substancial ou formalmente, em seu conjunto' (§ 4º do art. 118 do RI-CD); substitutivo, pois, nada mais é do que uma ampla emenda ao projeto inicial. A rejeição do substitutivo pela Câmara, aprovando apenas alguns dispositivos dele destacados (art. 190 do RI-CD), implica a remessa do projeto à sanção presidencial, e não na sua devolução ao Senado, porque já concluído o processo legislativo; caso contrário, dar-se-ia interminável repetição de idas e vindas de uma Casa Legislativa a outra, o que tornaria sem fim o processo legislativo" (STF, ADI 2.182-MC/DF; Plenário, Rel. Min. Maurício Corrêa, j. 31.05.2000, *DJ* 19.03.2004).

palavra; ii) é irretratável; iii) superável, pela possibilidade de sua derrubada pelo Congresso Nacional; iv) pode ser formal ou jurídico, quando ocorrer em razão da inconstitucionalidade do projeto; ou ainda, material ou político, se o veto for motivado em razão do projeto ser contrário ao interesse público. No veto formal, o Presidente realiza controle preventivo político de constitucionalidade.

Destaque-se que as partes não vetadas do projeto são sancionadas tacitamente e seguem seu caminho legislativo com a promulgação e a publicação.

3.6 A derrubada do veto

Com o veto, o Presidente da República deve apresentar as razões (os motivos) dentro de 48 horas ao presidente do Senado Federal. A contar do recebimento de tais razões, o Congresso Nacional deverá organizar uma sessão conjunta dentro de 30 dias para deliberar sobre eventual derrubada desse veto, ou seja, será submetido à possibilidade de sua superação, num momento democrático previsto pela Constituição (art. 66, § 4º). Para derrubar o veto são necessários os votos da maioria absoluta dos membros de cada uma das Casas, caso contrário será mantido. Se for derrubado, segue para a promulgação do Presidente da República, que terá 48 horas para realizá-la; se não o fizer nesse período, o presidente do Senado deverá promulgá-la em igual prazo, caso contrário, o vice-presidente do Senado deverá promulgar a lei (art. 66, § 5º, c/c § 7º).

Ressalte-se que na forma do art. 66, § 6º, se a sessão conjunta não for realizada no prazo de 30 dias, ocorrerá o trancamento de pauta das Casas e o veto será colocado na ordem do dia da sessão imediata, sobrestadas as demais proposições, até sua votação final.

3.7 Promulgação e Publicação de Lei

Não configuram, na realidade, atos de natureza legislativa, já que se promulga e se publica a lei, que existe desde a sanção ou a derrubada do veto. A promulgação atesta a existência e concede executoriedade à lei e se revela pela comunicação aos destinatários da lei, de que esta foi criada com determinado conteúdo e pelo procedimento constitucionalmente previsto, sendo, portanto, válida. Não é ato exclusivo do Poder Executivo. A publicação da lei constitui instrumento pelo qual se transmite a promulgação aos destinatários. É condição para a lei entrar em vigor e tornar-se eficaz, realizando-se pela inserção da norma nos órgãos de publicação oficial.

4. O PROCESSO LEGISLATIVO SUMÁRIO

Na forma do art. 64, § 1º, com relação aos projetos de iniciativa do Presidente da República, em caso de solicitação por ele de urgência para a sua apreciação, o processo será realizado com prazos menos dilatados do que os existentes para a deliberação no processo ordinário. Nesse caso, se a Câmara dos Deputados e o Senado Federal não se manifestarem sobre a proposição, cada qual sucessivamente, em até quarenta e cinco dias, sobrestar-se-ão todas as demais deliberações legislativas da respectiva Casa, com exceção das que tenham prazo constitucional determinado, até que se ultime a votação do projeto (art. 64, § 2º). Somando-se ao prazo de 90 dias os 10 dias para apreciação das emendas feitas pelas Casas, o processo deverá se encerrar em 100 dias.

Assevere-se que, na forma do art. 64 § 4º, o referido prazo não corre nos períodos de recesso do Congresso Nacional, nem se aplica aos projetos de código.

5. ESPÉCIES NORMATIVAS

5.1 Leis Complementares e Leis Ordinárias

As leis complementares e ordinárias complementam a Constituição, realizando no ordenamento infraconstitucional disposições do comando do texto constitucional. São, ambas, atos normativos primários, pois retiram seu fundamento jurídico de validade diretamente da Constituição e não guardam relação de hierarquia entre si. Na verdade, quanto à lei complementar há uma reserva de lei qualificada,[5] na medida em que algumas matérias são reservadas pela Constituição à lei complementar (como nos arts. 7º, I; 22, parágrafo único; 93, *caput* etc.), vedada assim a sua regulamentação por lei ordinária. Inexistindo, portanto, reserva da matéria à lei complementar, o assunto poderá ser tratado por meio de lei ordinária, que é a espécie normativa mais comum no ordenamento jurídico brasileiro.

Como já estudado, o processo de elaboração dessas duas espécies normativas é o ordinário, que se diferencia, além da matéria que cada uma das normas pode versar, pelo quórum necessário para a sua aprovação. Na forma do art. 47, o projeto da lei ordinária é aprovado pela maioria simples ou relativa

---

5 Nesse sentido, José Afonso da Silva. In: *Comentário Contextual à Constituição*. São Paulo: Malheiros, 2005, p. 462. Em sentido contrário, a favor de uma suposta hierarquia entre as normas, Manoel Gonçalves Ferreira Filho. In: *Curso de Direito Constitucional*. 34. ed., rev. e atual. São Paulo: Saraiva, 2008, p. 213-215.

e, por sua vez, de acordo com o art. 69, o projeto da lei complementar deverá ser aprovado pela maioria absoluta.

Via de regra a lei ordinária é responsável por revogar ou alterar leis ordinárias pré-existentes e a lei complementar é a norma que deve revogar ou alterar leis complementares anteriores. Entretanto, em caso recente, o STF permitiu que uma lei ordinária (Lei nº 9.430/96) revogasse uma lei complementar (LC nº 70/91), tendo em vista que esta última, apesar de ser formalmente complementar versava sobre matéria que poderia ser tratada por lei ordinária, no caso, Contribuição para o Financiamento da Seguridade Social (Cofins).[6] No julgamento, a Corte destacou a orientação fixada no julgamento da ADC nº 1/DF (*DJU* 16.06.95), no sentido de: a) inexistência de hierarquia constitucional entre lei complementar e lei ordinária, espécies normativas formalmente distintas exclusivamente tendo em vista a matéria eventualmente reservada à primeira pela própria CF; b) inexigibilidade de lei complementar para disciplina dos elementos próprios à hipótese de incidência das contribuições desde logo previstas no texto constitucional.

5.2 Leis Delegadas

A lei delegada é um ato normativo primário, que retira fundamento jurídico diretamente da Constituição Federal, na forma do art. 68. Apesar de serem raras,[7] constituem exceção ao princípio da indelegabilidade das funções estatais, característica do poder político.

5.3 Autoridade competente e requisito essencial

Na forma do art. 68, *caput*, as leis delegadas serão elaboradas pelo Presidente da República, que deverá solicitar a delegação legislativa ao Congresso Nacional. Se houver autorização, esta será manifestada por meio de uma resolução do Congresso.

5.4 Matéria vedada à delegação

O poder de delegar a função legislativa ao Presidente da República encontra limites materiais expressos, traçados pela própria Constituição. Por

---

6 STF, RE 377457/PR, Rel. Min. Gilmar Mendes, 17.09.2008.

7 De 25.09.62 até a data de entrega dessa edição, pode-se observar a edição de apenas treze leis delegadas, sendo que sob a égide da Constituição de 1988 só foram editadas duas delas e a última, a LD nº 13 é de 27.08.92. Pesquisado no site do planalto: <www.planalto.gov.br>. Último acesso em: 10 maio 2013.

isso, de acordo com o art. 68, § 1º, não serão objeto de delegação: i) os atos de competência exclusiva do Congresso Nacional (art. 49), os de competência privativa da Câmara dos Deputados (art. 51) ou do Senado Federal (art. 52); ii) tampouco a matéria reservada à lei complementar; iii) nem a legislação sobre: organização do Poder Judiciário e do Ministério Público, a carreira e a garantia de seus membros; nacionalidade, cidadania, direitos individuais, políticos e eleitorais, planos plurianuais, diretrizes orçamentárias e orçamentos.

O STF também decidiu que matéria tributária, seja referente à outorga de qualquer subsídio, isenção ou crédito presumido, redução da base de cálculo, concessão de anistia ou remissão em matéria tributária, só pode ser deferida mediante lei específica, sendo vedado ao Poder Legislativo conferir ao chefe do Executivo a prerrogativa extraordinária de dispor, normativamente, sobre tais categorias temáticas, sob pena de ofensa ao postulado nuclear da separação de poderes e de transgressão ao princípio da reserva constitucional de competência legislativa.[8]

5.5 Espécies de leis delegadas

A partir da análise do art. 68, é possível se constatar a existência de duas espécies de leis delegadas:

a) lei delegada, fruto de delegação própria, típica, pura ou simples: nesse caso a resolução que autoriza a edição da lei delegada não determina a sua apreciação pelo Congresso Nacional antes da sua publicação;
b) lei delegada, fruto de delegação imprópria, atípica ou condicionada: nessa situação, com respaldo no art. 68, § 3º, a resolução do Congresso Nacional determina a análise do projeto da lei delegada antes que ela seja editada pelo Presidente da República. Ressalte-se que a deliberação deverá ser realizada em votação única, que poderá rejeitar ou aprovar o projeto, vedada a possibilidade de emendas.

5.6 Decretos Legislativos e Resoluções

Os decretos legislativos e as resoluções são atos normativos primários, pois retiram seu fundamento jurídico de validade diretamente da Constituição, à semelhança dos demais já analisados. O procedimento de elaboração das duas espécies normativas consta dos Regimentos Internos das duas Casas Legislativas,

8 STF, ADI 1.247-MC/PA, Plenário, Rel. Min. Celso de Mello, j. 17.08.95, *DJ* 08.09.95.

não estando previsto na Constituição de 1988. Outro aspecto comum às duas normas é a não submissão à sanção ou veto do Presidente da República.

Os decretos legislativos cuidam das matérias destinadas ao Congresso Nacional, na forma do art. 49, como, por exemplo: autorizar referendo e convocar plebiscito, autorizar o Presidente da República a declarar guerra, a celebrar a paz, a permitir que forças estrangeiras transitem pelo território nacional ou nele permaneçam temporariamente, ressalvados os casos previstos em lei complementar etc. São promulgados pelo presidente do Senado Federal, que determinará também a sua publicação.

Por sua vez, as resoluções tratam de matéria de competência interna do Congresso Nacional, ou ainda das Casas isoladamente consideradas (sobre os assuntos dos arts. 51 e 52 da CF, de competência da Câmara dos Deputados e do Senado Federal). As resoluções do Congresso são promulgadas pelo presidente do Congresso Nacional e, as das Casas isoladas, pelos seus respectivos presidentes.

Normalmente os Decretos Legislativos são bicamerais e as Resoluções unicamerais, entretanto é possível que a Resolução seja bicameral, como na forma do art. 68, § 2º, da CF.

5.7 Medidas Provisórias

5.7.1 Natureza jurídica e base legal

A medida provisória (MP) é uma espécie normativa primária, com "força" de lei ordinária, pois encontra seu fundamento de validade na própria Constituição Federal. Contudo, é também norma precária, pois se não for convertida em lei ordinária pelo Congresso Nacional, deixará de produzir os seus efeitos jurídicos. Encontra proteção constitucional no art. 62, que sofreu profunda reforma pela EC nº 32/2001 (promulgada em 11.09.2001).

Ressalte-se que essa espécie normativa estreou no constitucionalismo pátrio em 1988, para substituir o antigo decreto-lei,[9] que inexiste perante a atual ordem jurídica.

5.7.2 Os antigos decretos-leis. Características principais

Sob a égide das Constituições anteriores, a espécie normativa adotada pelo Executivo era denominada decreto-lei, que poderia ser editado em razão

9 Talvez para substituir a imagem repressora e autoritária que o decreto-lei assumiu durante a ditadura militar no país.

de urgência **ou** de interesse público relevante. Em caso de ausência de manifestação do Congresso Nacional, o Decreto era aprovado tacitamente por decurso de prazo. A sua rejeição não acarretava a nulidade dos atos praticados durante a sua vigência e a norma somente podia ser aprovada ou rejeitada em sua totalidade, não permitindo, portanto, alterações pelos parlamentares. Analisaremos ao longo das observações seguintes as diferenças entre a medida provisória e o antigo decreto-lei.

5.7.3 *Autoridade competente*

Em caso de "relevância e urgência" somente o Presidente da República no âmbito federal, poderá editar a MP, devendo submetê-la de imediato ao Congresso Nacional.

5.7.4 *Medidas provisórias nos Estados e Municípios*

Em nome da autonomia, nada impede que os Estados adotem as suas próprias medidas provisórias, de acordo com a jurisprudência dominante,[10] desde que haja previsão nas respectivas Constituições estaduais. Com relação

10 Em conclusão de julgamento, o Tribunal, por maioria, julgou improcedente pedido formulado em ação direta ajuizada pelo Partido dos Trabalhadores – PT na qual se objetivava a declaração da inconstitucionalidade do art. 51 da Constituição do Estado de Santa Catarina ('Art. 51. Em caso de relevância e urgência, o Governador do Estado poderá adotar medidas provisórias, com força de lei, devendo submetê-las de imediato a Assembleia Legislativa, que, estando em recesso, será convocada extraordinariamente no prazo de cinco dias.')" v. *Informativos* 316 e 433 (STF, ADI 2391/SC; Plenário, *DJ* 16.03.2007, Rel.ª Min.ª Ellen Gracie, j. 16.08.2006).

E ainda:

"(...) constitucionalidade da adoção de medida provisória pelos Estados-membros, desde que esse instrumento esteja expressamente previsto na Constituição Estadual e que sejam observados os princípios e as limitações estabelecidos pela Constituição Federal. Asseverou-se, ainda, que a Constituição Federal, apesar de não ter expressamente autorizado os Estados-membros a adotarem medidas provisórias, bem indicou essa possibilidade ao prever, no § 2º do seu art. 25, a competência de referidos entes federativos para explorar diretamente, ou por concessão, os serviços locais de gás canalizado, porquanto vedou, nesse dispositivo, a edição de medida provisória para sua regulamentação. Ou seja: seria incoerente dirigir essa restrição ao Presidente da República em dispositivo que trata somente de atividade exclusiva de outros partícipes da Federação que não a União, ou ainda, impor uma proibição específica quanto à utilização pelos Estados-membros de instrumento legislativo cuja instituição lhes fosse vedada. Vencido o Min. Carlos Britto que julgava procedente o pedido, por considerar que a medida provisória consiste em medida excepcional restritiva de um princípio sensível que, por isso, deve ser interpretada restritivamente, não se estendendo ao processo legislativo nem dos Estados-membros nem dos Municípios,

ao assunto, o próprio texto constitucional dá ensejo a essa possibilidade, na forma do art. 25, § 2º, a saber: "Cabe aos Estados explorar diretamente, ou mediante concessão, os serviços locais de gás canalizado, na forma da lei, **vedada a edição de medida provisória para a sua regulamentação**". De nossa parte, também não vemos empecilho constitucional à adoção das MPs pelos Municípios, desde que haja disposição na Constituição do Estado e em sua Lei orgânica nesse sentido.

5.7.5 *Pressupostos constitucionais*

De acordo com o art. 62, as MPs devem ser editadas em razão de relevância e urgência, que não configuram conceitos jurídicos indeterminados, pois estão sujeitos, ainda que excepcionalmente, ao controle do Poder Judiciário, tendo em vista que compõem a própria estrutura constitucional que disciplina as medidas provisórias, qualificando-se como requisitos legitimadores e juridicamente condicionantes do exercício, pelo Chefe do Poder Executivo, da competência normativa primária que lhe foi outorgada, extraordinariamente, pela Constituição da República. Esse entendimento objetiva evitar os abusos institucionais, que infelizmente estão presentes em nosso país, dado o número avassalador de medidas provisórias editadas pelos Presidentes da República desde 1988.[11]

5.7.6 *Limitações materiais explícitas*

As medidas provisórias não podem tratar da matéria relacionada nos arts. 62, § 1º, 246, 73 (do ADCT) e 25, § 2º. Senão, vejamos.

Com base no art. 62, § 1º, é vedada a edição de medida provisória sobre matéria relativa à: a) nacionalidade, cidadania, direitos políticos, partidos políticos e direito eleitoral; b) direito penal, processual penal e processual civil; c) organização do Poder Judiciário e do Ministério Público, a carreira e a garantia de seus membros; d) planos plurianuais, diretrizes orçamentárias, orçamento e créditos adicionais e suplementares, ressalvado o previsto no art. 167, § 3º, II, (que trata das hipóteses de calamidade pública); e) que vise à detenção ou sequestro de bens, de poupança popular ou qualquer outro ativo financeiro; f) reservada à lei complementar; g) já disciplinada em projeto de lei aprovado pelo Congresso Nacional e pendente de sanção ou veto do Presidente da República.

---

senão por meio de expressa previsão constitucional, sob pena de ofensa ao princípio da separação dos poderes" (STF, ADI 2391/SC, Rel.ª Min.ª Ellen Gracie, j. 16.8.2006).

11 STF, ADI 2.213-MC/DF, Plenário, Rel. Min. Celso de Mello, j. 04.04.2002, *DJ* 23.04.2004.

De acordo com o art. 73 do ADCT também não é possível a edição de medidas provisórias acerca do Fundo Social de Emergência, tampouco com relação a artigo da Constituição Federal cuja redação tenha sido alterada mediante emenda constitucional promulgada entre 1º de janeiro de 1995 até a data da promulgação da EC nº 32/2001, que ocorreu no dia 11 de setembro (art. 246).

De acordo com o art. 25, § 2º, a medida provisória estadual também não pode dispor sobre serviços locais de gás canalizado.

5.7.7 *Limitações materiais implícitas*

Em nome da separação e harmonia entre os poderes, também não se permite a edição de medidas provisórias acerca de matéria de competência exclusiva do Congresso Nacional (art. 49), privativa da Câmara dos Deputados (art. 51), tampouco privativa do Senado Federal (art. 52).

No julgamento da ADI 471712, o STF decidiu que é inconstitucional a edição de MP que importe em diminuição da proteção ao meio ambiente equilibrado, especialmente em se tratando de diminuição ou supressão de unidades de conservação, com consequências potencialmente danosas e graves ao ecossistema protegido, fixando a tese de que a proteção ao meio ambiente é um limite material implícito à edição de medida provisória, ainda que não conste expressamente do elenco das limitações previstas no art. 62, § 1º, da CF. A redução ou supressão de unidade de conservação somente é permitida mediante lei em sentido formal. A medida provisória possui força de lei, mas o art. 225, § 1º, III, da CF exige lei em sentido estrito[13].

5.7.8 *Medidas provisórias e matéria tributária*

De acordo com o art. 62, § 2º, da CF é permitida a edição de medida provisória sobre matéria tributária, sendo que as que impliquem instituição ou

---

12 ADI 4717/DF, STF. Rel. Min. Cármen Lúcia, julgado em 5/4/2018.

13 Art. 225. Todos têm direito ao meio ambiente ecologicamente equilibrado, bem de uso comum do povo e essencial à sadia qualidade de vida, impondo-se ao Poder Público e à coletividade o dever de defendê-lo e preservá- lo para as presentes e futuras gerações.

§ 1º Para assegurar a efetividade desse direito, incumbe ao Poder Público:

(...)

III - definir, em todas as unidades da Federação, espaços territoriais e seus componentes a serem especialmente protegidos, sendo a alteração e a supressão permitidas somente através de lei, vedada qualquer utilização que comprometa a integridade dos atributos que justifiquem sua proteção.

majoração de impostos só produzirão efeitos no exercício financeiro seguinte **se houverem sido convertidas em lei até o último dia daquele em que foi editada**.

Os impostos previstos nos arts. 153, I, II, IV, V, e 154, II, quais sejam: importação de produtos estrangeiros; exportação, para o exterior, de produtos nacionais ou nacionalizados; produtos industrializados; operações de crédito, câmbio e seguro, ou relativas a títulos ou valores mobiliários; ou ainda na iminência ou no caso de guerra externa, os chamados de impostos extraordinários, não precisam obedecer à regra acima.

5.7.9 *Casa iniciadora do processo de conversão e prazo de vigência*

A Câmara dos Deputados, na forma do art. 62, § 8º, será a Casa Legislativa a primeiro deliberar sobres as MPs, obedecendo à regra geral do processo legislativo ordinário. Importante destacar que o art. 62 não cuidou minuciosamente do processo de conversão da MP em lei ordinária, por ser desnecessário, haja vista se assemelhar com o próprio trâmite de formação da lei ordinária.

Ressalta-se ainda que antes do início do processo de conversão da MP pelas Casas Legislativas, na forma do art. 62, § 5º e § 9º, haverá juízo prévio sobre o atendimento de seus pressupostos constitucionais, que será realizado por uma comissão mista de deputados e senadores. Podemos concluir, então, que há um controle político repressivo de constitucionalidade da medida provisória.

Quanto ao prazo de vigência da MP, se fizermos uma leitura do art. 62, § 3º e § 7º, podemos deduzir que ela produzirá efeitos jurídicos inicialmente por 60 dias, e se nesse período ela não for objeto de deliberação, será prorrogada automaticamente por igual período. Entretanto, o prazo máximo de produção de efeitos jurídicos não é, ao que parece à primeira vista, de 120 dias, isto porque, por exemplo, o art. 62, § 4º, afirma que o prazo dos referidos parágrafos não conta durante o recesso parlamentar, restando a sua contagem suspensa durante esse período.

5.7.10 *Trancamento de pauta*

A Constituição trata, no art. 62, § 6º, de um verdadeiro controle político no processo de deliberação da medida provisória. Se a MP não for examinada dentro de 45 (quarenta e cinco) dias contados da sua edição, entrará em regime de urgência, "trancando" a pauta da Casa Legislativa onde estiver tramitando. Com isso, os membros do Congresso Nacional são pressionados para deliberar rapidamente sobre o assunto, em prevalência à qualquer outra matéria ordinária.

Importante destacar que os 45 (quarenta e cinco) dias são contados uma única vez. Caso o prazo tenha se esgotado na Câmara, que é a casa iniciadora, a MP aprovada pelos Deputados já entra trancando a pauta dos Senadores e, se precisar retornar à Casa iniciadora, também a pauta desta Casa ficará, por sua vez, trancada.

O regime de urgência, ora analisado, foi objeto de recente apreciação pelo Supremo Tribunal Federal em sede de Mandado de Segurança, tendo a Corte restringido a interpretação do mencionado art. 62, § 6º da CF, dando-lhe interpretação conforme à Constituição sem redução de texto, fixando o seguinte entendimento e afastando qualquer outra possibilidade interpretativa:

> "[...] o regime de urgência previsto em tal dispositivo constitucional – que impõe o sobrestamento das deliberações legislativas das Casas do Congresso Nacional – refere-se, tão somente, àquelas matérias que se mostram passíveis de regramento por medida provisória, excluídos, em consequência, do bloqueio imposto pelo mencionado § 6º do art. 62 da Lei Fundamental, as propostas de emenda à Constituição e os projetos de lei complementar, de decreto legislativo, de resolução e, até mesmo, tratando-se de projetos de lei ordinária, aqueles que veiculem temas pré-excluídos do âmbito de incidência das medidas provisórias (CF, art. 62, § 1º, I, II e IV) [...]".[14]

Ressalte-se que, no que tange a inclusão, pelo Congresso Nacional, no processo de conversão da MP de emendas parlamentares que não guardam pertinência temática com a norma, o Supremo Tribunal Federal já se posicionou no sentido de tal procedimento ser antidemocrático, configurando como uma prática que desobedece a Constituição Federal, passando a denominá-la de "Contrabando Legislativo", já que o Poder Legislativo não pode pretender incluir na lei de conversão matéria estranha a tratada pela respectiva medida provisória.[15]

5.7.11 *Conversão de medida provisória em lei ordinária, com ou sem alterações*

De acordo com o art. 62, § 12, aprovado projeto de lei de conversão alterando o texto original da medida provisória, esta manter-se-á integralmente em vigor até que seja sancionado ou vetado o projeto. Desse dispositivo, é possível extrair que se o projeto sofrer alterações, será remetido ao Presidente para que tome ciência das mesmas e manifeste-se a favor ou contra. Se, entretanto, não houver alterações, despicienda se torna a sua manifestação, tendo que vista que já conhece o teor integral do texto da lei ordinária, fruto da medida provisória de sua autoria.

14 STF: MS 27931, DF. Rel. Min. Celso de Mello. Plenário, 29.6.2017.

15 ADI 5127, Relator(a): Min. ROSA WEBER, Relator(a) p/ Acórdão: Min. EDSON FACHIN, Tribunal Pleno, julgado em 15/10/2015, PROCESSO ELETRÔNICO DJe-094 DIVULG 10-05-2016 PUBLIC 11-05-2016.

Observa-se, também, que não há possibilidade de "retirada" da MP pelo Presidente da República, da apreciação do Congresso Nacional, sendo passível, entretanto, de ab-rogação mediante diploma de igual ou superior hierarquia. Com isso, a revogação da MP por outra MP apenas suspende a eficácia da norma ab-rogada, que voltará a vigorar pelo tempo que lhe reste para apreciação, caso caduque, ou seja rejeitada a MP ab-rogante. Consequentemente, o ato revocatório não subtrai do Congresso Nacional o exame da matéria contida na MP revogada.[16]

5.7.12 Rejeição tácita (ou por decurso de prazo) ou expressa

Nenhuma medida provisória será convertida em lei ordinária em razão do decurso de prazo. Ela poderá ser rejeitada expressamente, por qualquer uma das Casas, ou ainda, após findo o prazo de produção de seus efeitos jurídicos, sem que haja deliberação expressa, favorável ou contrária a ela, a MP será, também, considerada rejeitada.

5.7.13 Reedição

Com base no art. 62, § 10, da CF é vedada a reedição, na mesma sessão legislativa, de medida provisória que tenha sido rejeitada ou que tenha perdido sua eficácia por decurso de prazo. Daí se insere que o art. 67, que permite eventual reapresentação de projeto de lei rejeitado na mesma sessão legislativa, não se aplica no caso de rejeição de MP.

5.7.14 MP e decreto legislativo

O que acontece com as relações jurídicas formadas durante a produção de efeitos jurídicos da MP com a sua rejeição? Sobre o assunto, da exegese constitucional é possível se extrair duas conclusões:

a) Se o Congresso Nacional editar o decreto legislativo anunciado no art. 62, § 3º, dentro dos 60 (sessenta) dias seguintes contados da rejeição, a MP perde os seus efeitos desde a origem (*ex tunc*) e o decreto tratará das relações jurídicas, como se a MP jamais tivesse existido.

b) Se o Congresso Nacional não editar o referido decreto no prazo acima, as relações jurídicas constituídas e decorrentes de atos praticados durante a

16 STF, ADI 2.984-MC/DF; Plenário, Rel.ª Min.ª Ellen Gracie, j. 04.09.2003, *DJ* 14.05.2004.

vigência da MP conservar-se-ão por ela regidas (art. 62, § 11). Daí pode-se dizer que a rejeição produziu efeitos ultrativos (*ex nunc*).

5.7.15 MPs anteriores à EC nº 32/2001

De acordo com o art. 2º da EC nº 32/2001, as medidas provisórias editadas em data anterior à da publicação da referida emenda (11.09.2001), que, como já dissemos, alterou substancialmente o tratamento constitucional das MPs, continuam em vigor até que medida provisória ulterior as revogue explicitamente ou até deliberação definitiva do Congresso Nacional.

5.7.16 Notas sobre MP no direito comparado

A criação da MP no Brasil teve como influência direta o ordenamento jurídico italiano.[17] Importante ressaltar que a Itália e diversos países europeus adotam o sistema de governo parlamentarista, e neste o chefe de Governo só governa enquanto tiver confiança do Legislativo. Ou seja, o Legislativo pode derrubar o primeiro ministro, o que por si só já representa um controle aos eventuais abusos, e, com isso, se o chefe de Governo exorbitar dos limites constitucionais, perderá a confiança do Legislativo e deixará de governar.

No Brasil, que adota o sistema presidencialista, como não há necessidade da confiança do Legislativo para o Executivo governar, o uso abusivo de medidas provisórias não reflete sanção ao Presidente da República. Pode-se dizer, com isso, que temos um instituto típico de um país parlamentarista, que é a Itália, para vigorar num país presidencialista, que é o Brasil. Então é clara a distorção na forma de sua utilização.

Ressalte-se que da leitura dos textos constitucionais de alguns outros países, é possível se extrair as seguintes conclusões:

- **Alemanha**: o instituto é denominado estado de necessidade legislativa e o chefe de Governo só pode avocar a edição da norma quando, por

---

17 O art. 62 da CF se inspirou no art. 77 da Constituição italiana de 1947, como podemos verificar do transcrito abaixo:

Art. 77. *"Il Governo non può, senza delegazione delle Camere [76], emanare decreti che abbiano valore di legge ordinaria. Quando, in casi straordinari di necessità e di urgenza, il Governo adotta, sotto la sua responsabilità, provvedimenti provvisori con forza di legge, deve il giorno stesso presentarli per la conversione alle Camere che, anche se sciolte, sono appositamente convocate e si riuniscono entro cinque giorni [612, 622].*

I decreti perdono efficacia sin dall'inizio, se non sono convertiti in legge entro sessanta giorni dalla loro pubblicazione. Le Camere possono tuttavia regolare con legge i rapporti giuridici sorti sulla base dei decreti non convertiti".

exemplo, o Congresso tiver rejeitado projeto de lei para o qual o Governo solicitou tramitação urgente;

- **Portugal**: os decretos-leis são editados sem qualquer requisito de urgência ou necessidade, entretanto, deve-se respeitar as matérias de competência do Legislativo;
- **Espanha**: denomina-se disposição legislativa provisória e pode ser baixada em caso de extraordinária e urgente necessidade. Não pode tratar de direitos fundamentais e nem eleitorais;
- **França**: os decretos-leis de urgência são editados em caso de perigo para a independência do país ou para a própria integridade do território.

5.7.17 *Medida provisória e controle de constitucionalidade*

É possível que uma medida provisória seja objeto tanto de controle difuso, quanto de controle concentrado de constitucionalidade? Sim, porque é um ato normativo primário e deve obediência aos limites determinados pela Constituição.

De acordo com a orientação jurisprudencial, algumas conclusões podem ser feitas sobre as ações de controle concentrado e a MP:

a) se, no curso de uma ADI ou ADC, a MP é convertida em lei ordinária com alterações substanciais ou é rejeitada por uma das Casas do Congresso Nacional, a ação perde o objeto e a sentença determina a extinção de julgamento da ação sem resolução do mérito;
b) se, entretanto, no curso das referidas ações, a MP é convertida em lei ordinária sem alterações ou com alterações não substanciais, será necessário apenas o aditamento à peça inicial, sem prejuízo do regular prosseguimento da ação.

Importante ressaltar que, segundo orientação do STF, os requisitos constitucionais legitimadores da edição de medidas provisórias – relevância e urgência – podem ser apreciados, em caráter excepcional, pelo Poder Judiciário, ou seja, a espécie normativa pode ser declarada inconstitucional por não respeitar a relevância (critério relacionado ao tema, objeto da MP) e/ou a urgência (circunstância excepcional que legitima a edição da espécie normativa).[18]

18 STF, ADI 2736/DF, rel. Min. Cezar Peluso, 08.09.2010.

Capítulo

24

O PODER EXECUTIVO

1. FORMA E SISTEMA DE GOVERNO

Antes de analisarmos a estrutura do Poder Executivo brasileiro, é importante relembrarmos a classificação sobre forma e sistema de governo, que influenciarão as características do Executivo nacional.

1.1 Formas de Governo

A forma de governo pretende analisar de que maneira se dá a instituição do exercício do poder na sociedade e a verdadeira relação entre governantes e governados. Divide-se, em regra geral, na forma republicana e na monárquica.

a) República: a instituição do poder se dá por meio de eleições e por um período certo de tempo. O Governo representa seu povo e tem o dever de prestar contas. Ex.: Brasil, Estados Unidos, Argentina e Alemanha.
b) Monarquia: nesta forma de governo a instituição do poder se dá pela hereditariedade, o mandato é vitalício e o monarca não representa o povo (e sim a linhagem de alguma família). Não há necessidade de prestar contas. Ex.: Inglaterra, Bélgica, Holanda e Espanha.

1.2 Sistemas de Governo

O sistema de governo pretende analisar como se opera o relacionamento entre os Poderes, especialmente o Legislativo e o Executivo, no exercício das funções governamentais. Manifesta-se, via de regra, pelos sistemas presidencialista e parlamentarista.

a) Presidencialista: o Presidente exerce o Poder Executivo em toda sua inteireza, acumulando as funções de Chefe de Estado e de Chefe de Governo. Nestes sistemas, o órgão do Legislativo não está sujeito à dissolução, eis que os seus membros são eleitos pelo povo para um mandato fixo (é o sistema típico das Repúblicas).

b) Parlamentarismo: há uma dualidade no Poder Executivo: a chefia de Estado é exercida pelo monarca ou pelo Presidente e a chefia de Governo é exercida, em regra, pelo Primeiro Ministro, que governa com a confiança do Legislativo (é o sistema típico das monarquias, embora atualmente seja muito adotado nas Repúblicas da Europa).

2. ESTRUTURA DO PODER EXECUTIVO FEDERAL. CHEFIA DE ESTADO E DE GOVERNO

De acordo com o art. 76 da CF, o Poder Executivo Federal é exercido pelo Presidente da República, auxiliado pelos Ministros de Estado, uma opção clara pelo sistema presidencialista de governo. No país, a chefia de Estado e a de Governo clássicas estão reunidas no executivo monocrático, ou seja, nas mãos presidenciais.

Segundo Manoel Gonçalves Filho[1] por chefia de Estado entende-se, em última análise, a representação tanto externa quanto interna da unidade do Estado. O titular dessa chefia é quem simboliza, aos olhos do estrangeiro, o Estado, aos olhos do cidadão, a unidade nacional, o passado, o presente e o futuro comuns. Personalizando a permanência e a integridade do Estado, é o guardião dos interesses perenes, dos valores tradicionais.

Por chefia do Governo entende-se a liderança na política nacional, pela orientação das decisões gerais e pela direção da máquina administrativa. É o chefe do Governo o guia da nação em busca de um alto destino, como protetor de sua estrutura política. A ele compete a primeira palavra na determinação e na condução da política nacional.

1 FERREIRA FILHO, Manoel Gonçalves. *Curso de Direito Constitucional*. 34. ed., rev. e atual. São Paulo: Saraiva, 2008, p. 224-225.

2.1 Atribuições do Chefe do Executivo Federal

O art. 84 da CF traz o quadro exemplificativo de atribuições do Chefe do Executivo Federal, as quais dividimos em cinco categorias, de acordo com as lições de Uadi Lammmêgo Bulos:[2]

- **chefia de Estado:** art. 84, VII, VIII, XIV, XV, XVI, primeira parte, XVIII, segunda parte, XIX, XX, XXI, XXII;
- **chefia de Governo:** art. 84, I, III, IV, V, IX, X, XI, XII, XIII, XVIII, primeira parte, XXIII, XXIV e XXVII;
- **chefia da Administração Federal:** art. 84, II, VI, XVI, segunda parte, XXIV e XXV;
- **exercício de outras atribuições constitucionais:** art. 84, XVII;
- **delegação de atribuições constitucionais:** parágrafo único do art. 84.

3. REQUISITOS PARA A PRESIDÊNCIA E VICE-PRESIDÊNCIA DA REPÚBLICA

Para que alguém possa ser eleito para a Presidência, devem ser preenchidos os requisitos de elegibilidade do art. 14, § 3º, quais sejam: a) a nacionalidade brasileira originária (art. 12, § 3º); b) o pleno exercício dos direitos políticos; c) o alistamento eleitoral; d) o domicílio eleitoral na circunscrição (esse requisito é satisfeito se o candidato comprovar residir em qualquer local do país por pelo menos um ano antes das eleições; e) a filiação partidária; f) a idade mínima de trinta e cinco anos.

4. AS ELEIÇÕES PRESIDENCIAIS

O Presidente da República e o Vice-Presidente são eleitos conjuntamente, em mesma chapa (pois não se permite candidatura autônoma no país), através do sufrágio universal e pelo voto direto e secreto. A eleição, de acordo com o art. 77, obedece ao princípio majoritário de maioria absoluta ou de dois turnos, não se computando os votos em branco e os nulos, em razão de haver a possibilidade de realização de dois turnos de votação, se nenhum candidato alcançar a maioria absoluta no primeiro turno. De acordo com o art. 77, § 1º, a eleição do Presidente da República importará a do Vice-Presidente com ele registrado.

---

2 BULOS, Uadi Lammêgo. *Constituição Federal Anotada*. 8. ed., rev. e atual. São Paulo: Saraiva, 2008, p. 906.

Se entre o primeiro turno e o segundo turno ocorrer morte, desistência ou impedimento legal de candidato, convocar-se-á, entre os remanescentes, o de maior votação (art. 77, § 4º). Em caso de empate, a idade será o critério de desempate, privilegiando-se o mais "experiente", na forma do art. 77, § 5º.

4.1 As Eleições para o Executivo Estadual, Distrital e Municipal

As regras acima mencionadas do art. 77 se aplicam na inteireza para as eleições de governadores de Estados e do Distrito Federal. Entretanto, quanto às eleições para o Executivo municipal, na forma do art. 29, II, extraímos as seguintes regras: a) prefeitos de Municípios com mais de 200 mil eleitores obedecem às mesmas regras do art. 77, enquanto que; b) prefeitos de Municípios com 200 mil eleitores ou número inferior são eleitos pelo sistema eleitoral majoritário simples ou comum, ou seja, não há segundo turno.

5. A POSSE DO PRESIDENTE E DO VICE

De acordo com o art. 78 da CF, o Presidente e o Vice-presidente da República tomarão posse em sessão do Congresso Nacional (no dia 1º de janeiro), prestando o compromisso de manter, defender e cumprir a Constituição, observar as leis, promover o bem geral do povo brasileiro, sustentar a União, a integridade e a independência do Brasil. De acordo com o parágrafo único do referido dispositivo, se, entretanto, decorridos dez dias da data fixada para a posse, o Presidente ou o Vice-presidente, salvo motivo de força maior, não tiver assumido o cargo, este será declarado vago, configurando-se uma das hipóteses de perda de cargo.

6. REELEIÇÃO, DESINCOMPATIBILIZAÇÃO E INELEGIBILIDADE REFLEXA

Como já analisamos no capítulo referente aos direitos políticos, é permitida uma reeleição para o titular do Executivo (art. 14, § 5º), desnecessária a desincompatibilização nesse caso (art. 14, § 6º), e a família do titular do Executivo não podem se eleger no território sob a sua direção (art. 14, § 7º), que é, para o Executivo federal, o país inteiro.

7. IMPEDIMENTO E VACÂNCIA DO PRESIDENTE E DO VICE-PRESIDENTE

No caso de impedimento do Presidente da República, serão chamados sucessivamente para ocupar, **temporariamente**, o exercício da Presidência da República: o Vice-Presidente, o Presidente da Câmara dos Deputados, o

Presidente do Senado Federal e o Presidente do Supremo Tribunal Federal, nessa ordem, de acordo com o art. 80, da CF.

Em caso de vacância (definitivo) do cargo de Presidente da República, caberá ao Vice suceder-lhe, assumindo o mandato no restante do tempo para o seu término,

Com isso, podemos concluir que há rol de substitutos do Presidente, mas não de sucessores.

Entretanto, de acordo com o art. 81, vagando os cargos de Presidente e de Vice, deverão ser realizadas novas eleições, obedecidos os prazos e requisitos abaixo listados:

- **eleição direta**: no prazo de noventa dias de aberta a última vaga, quando a vacância se der nos dois primeiros anos do mandato presidencial;
- **eleição Indireta**: pelo Congresso Nacional, no prazo de trinta dias de aberta a última vaga, quando a vacância se der nos dois últimos anos do mandato presidencial.

Ressalte-se que, em ambos os casos, os recém-eleitos assumirão o cargo apenas para cumprir o tempo que restou do mandato de seus antecessores, na forma do art. 81, § 2º, da CF.

8. PERDA DE CARGO

Torna-se vaga a presidência: a) por ocasião da morte; b) por incapacidade civil absoluta de seu titular; c) pela decisão que condenar o Presidente da República nos processos por crime comum ou de responsabilidade; d) pela ausência do País por mais de quinze dias, sem permissão do Congresso (na forma do art. 83); e) por não haver, salvo força maior, dentro de dez dias da data fixada para a posse, assumido cargo (de acordo com o art. 78, parágrafo único); f) por renúncia.

9. PRERROGATIVAS E RESPONSABILIDADES DO PRESIDENTE DA REPÚBLICA

9.1 Imunidades Formais

As imunidades formais se dividem entre a prisão e o processo, senão vejamos:

a) quanto à prisão, o art. 86, § 3º, afirma que enquanto não sobrevier sentença condenatória, nas infrações comuns, o Presidente da República não estará sujeito a prisão. Ressalte-se que esse dispositivo constitucional não trata de qualquer prisão, mas apenas da prisão penal. Então, podemos extrair deste artigo a seguinte regra geral: não haverá prisão **criminal** (cautelar) do Presidente da República, não existindo empecilho jurídico, portanto, para a realização de prisão civil;

b) quanto ao processo, o art. 86, *caput*, dispõe que compete à Câmara dos Deputados a realização de juízo de admissibilidade das acusações criminais e políticas contra o Presidente da República, considerando-se aprovadas por pelo menos 2/3 dos votos favoráveis dos Deputados. Essa imunidade configura uma blindagem contra o processo, seja criminal ou político do Presidente da República.

9.2 Prerrogativa de Foro

Em razão de crime de responsabilidade, quem efetua o *impeachment* do Presidente da República é o Senado Federal, na forma do art. 52, I, e parágrafo único. Em razão de crime comum, o julgamento será realizado pelo STF, com base no art. 102, I, *b*. Ressaltemos, entretanto, que nem o Senado e nem o STF têm autorização para iniciar o julgamento contra o Presidente da República se não houver o juízo de admissibilidade da Câmara dos Deputados favorável ao referido julgamento.

Observe-se que a prerrogativa de foro prevista em nossa Constituição é apenas política e criminal. Não há prerrogativas de foro para o julgamento em sede de ação trabalhista, divórcio, adoção etc.

9.3 Os Crimes de Responsabilidade

De acordo com o rol exemplificativo do art. 85, de eventuais infrações político-administrativas que podem ser cometidas pelo Presidente da República, levando-o ao *impeachment* pelo Senado Federal, temos as que atentam contra a Constituição Federal e, especialmente, contra: I – a existência da União; II – o livre-exercício do Poder Legislativo, do Poder Judiciário, do Ministério Público e dos Poderes constitucionais das unidades da Federação; III – o exercício dos direitos políticos, individuais e sociais; IV – a segurança interna do País; V – a probidade na administração; VI – a lei orçamentária; VII – o cumprimento das leis e das decisões judiciais. A Lei nº 1.079/50 ainda acrescenta alguns tipos de infrações político-administrativas.

O julgamento do Presidente da República por crime de responsabilidade, mais conhecido como *impeachment,* configura sanção de índole político-administrativa, destinada a operar, de modo legítimo, a destituição constitucional do

Presidente da República, além de inabilitá-lo, temporariamente, pelo período de oito anos, para o exercício de qualquer cargo, emprego ou função pública, seja de natureza eletiva ou de nomeação. São essas as fases que devem ser realizadas para essa finalidade:

a) denúncia formalizada para apresentação dos fatos, permitida a qualquer cidadão brasileiro (no gozo de seus direitos políticos), oferecida na Câmara dos Deputados;
b) recebimento formal da denúncia pela Câmara;
c) exame pela Câmara, cujo critério é meramente político: aprecia a gravidade dos fatos alegados e o valor das provas oferecidas e declara a acusação procedente ou improcedente;
d) parecer da Câmara dos Deputados;
e) discussão e votação, art. 51, I, CF;
f) deslocamento da peça para o Senado Federal, que se transforma em um tribunal político de julgamento, sob a administração do presidente do STF, momento em que o Presidente da República é suspenso de suas funções, só retornando a elas se for absolvido, ou corrido o prazo de 180 dias e o julgamento não tiver sido concluído.

9.4 Suspensão das Funções

De acordo com o art. 86, § 1º e § 2º, o Presidente ficará suspenso de suas funções: nas infrações penais comuns, se recebida a denúncia ou queixa-crime pelo Supremo Tribunal Federal; nos crimes de responsabilidade, após a instauração do processo pelo Senado Federal. Se decorrido o prazo de cento e oitenta dias e o julgamento não estiver concluído, cessará o afastamento do Presidente, sem prejuízo do regular prosseguimento do processo.

9.5 Cláusula de Irresponsabilidade Penal Relativa

> Art. 86. (...)
>
> § 4º O Presidente da República, na vigência de seu mandato, não pode ser responsabilizado por atos estranhos ao exercício de suas funções.

Qual o alcance dessa denominada cláusula de irresponsabilidade penal relativa? Primeiramente, só se aplica a situações penais e deve ser analisada de forma restrita. De acordo com o art. 86, § 4º, o STF só poderá julgar o Presidente da República por crime relacionado ao exercício das funções presidenciais. Com isso, não haverá processo criminal contra o Presidente da República durante o seu mandato por crime ocorrido antes da diplomação ou durante o mandato, mas sem relação com as funções presidenciais.[3]

Pode-se concluir que o Chefe do Executivo da União não dispõe de imunidade, quer em face de ações judiciais que visem a definir-lhe a responsabilidade civil, quer, ainda, em virtude de procedimentos destinados a apurar a sua responsabilidade tributária.

---

3 Acerca do assunto, confira jurisprudência do STF:

"A cláusula de imunidade penal temporária, instituída, em caráter extraordinário, pelo art. 86, § 4º, da Constituição Federal, impede que o Presidente da República, durante a vigência de seu mandato, sofra persecução penal, por atos que se revelarem estranhos ao exercício das funções inerentes ao ofício presidencial. Doutrina. Precedentes. – Tratando-se, no entanto, de atos praticados *in officio* ou *propter officium*, e desde que possuam qualificação penal, tornar-se-á constitucionalmente lícito instaurar, contra o Presidente da República, mesmo na vigência de seu mandato, a pertinente persecução penal, uma vez exercido, positivamente, pela Câmara dos Deputados, o controle prévio de admissibilidade da acusação penal (CF, art. 86, *caput*, c/c o art. 51, I)" (STF, Inq. 1418/RS, Decisão Monocrática, DJ 08.11.2001, Rel. Min. Celso de Mello, j. 31.10.2001, *DJ* 06.11.2003).

"O art. 86, § 4º, da Constituição, ao outorgar privilegio de ordem político-funcional ao Presidente da República, excluiu-o, durante a vigência de seu mandato – e por atos estranhos ao seu exercício –, da possibilidade de ser ele submetido, no plano judicial, a qualquer ação persecutória do Estado. A cláusula de exclusão inscrita nesse preceito da Carta Federal, ao inibir a atividade do Poder Público, em sede judicial, alcança as infrações penais comuns praticadas em momento anterior ao da investidura no cargo de chefe do Poder Executivo da União, bem assim aquelas praticadas na vigência do mandato, desde que estranhas ao oficio presidencial. – A norma consubstanciada no art. 86, § 4º, da Constituição, reclama e impõe, em função de seu caráter excepcional, exegese estrita, do que deriva a sua inaplicabilidade a situações jurídicas de ordem extrapenal. O Presidente da República não dispõe de imunidade, quer em face de ações judiciais que visem a definir-lhe a responsabilidade civil, quer em função de processos instaurados por suposta prática de infrações político-administrativas, quer, ainda, em virtude de procedimentos destinados a apurar, para efeitos estritamente fiscais, a sua responsabilidade tributária. – A Constituição do Brasil não consagrou, na regra positivada em seu art. 86, par. 4º, o princípio da irresponsabilidade penal absoluta do Presidente da República. O chefe de Estado, nos ilícitos penais praticados *in officio* ou cometidos *propter officium*, poderá, ainda que vigente o mandato presidencial, sofrer a *persecutio criminis*, desde que obtida, previamente, a necessária autorização da Câmara dos Deputados. – A circunstância de os fatos apontados como delituosos não terem ocorrido na vigência do mandato presidencial afasta, na hipótese, a competência penal originária do Supremo Tribunal Federal, impondo-se, em consequência, a devolução dos autos ao Tribunal de origem, para as providências investigatórias que julgar cabíveis" (STF, Inq 672 QO/DF, Plenário, Rel. Min. Celso de Mello, j. 16.09.92, *DJ* 16.04.93).

9.6 Prerrogativas de Governadores e Prefeitos

Segundo a jurisprudência do STF, a imunidade formal quanto à prisão e a cláusula de irresponsabilidade penal relativa são **exclusivas** do chefe de Estado, que é o Presidente da República. Ademais, o princípio republicano determina a responsabilidade do agente político.

No que tange a imunidade formal processual, o Supremo Tribunal Federal, em julgado proferido em 2017[4], entendeu que tal cláusula não pode ser reproduzida pelas Constituições Estaduais e Leis Orgânicas Municipais para os chefes de Governo estaduais e municipais, tendo em vista que a competência para tratar sobre o tema é da União, de acordo com o art. 22, I da CF, não havendo mais a necessidade de autorização da Assembleia Legislativa ou da Câmara Municipal para instauração de processo judicial contra governadores e prefeitos.

Sobre o tema, preceitua a súmula vinculante 46 da Corte que: "A definição dos crimes de responsabilidade e o estabelecimento das respectivas normas de processo e julgamento são da competência legislativa privativa da União".

Ressalve-se que por crime comum os Governadores são julgados perante o STJ, na forma do art. 105, I, *a*, da CF, e os prefeitos pelos Tribunais de Justiça, de acordo com o art. 29, X, da CF.

Em relação especificamente aos Governadores e, também, aos conselheiros de Tribunais de Contas, o Superior Tribunal de Justiça, aplicando o princípio da simetria, com base na decisão do STF que restringiu o foro por prerrogativa de função de senadores e deputados federais aos crimes cometidos durante o exercício do mandato e em razão da função pública, decidiu recentemente que o foro por prerrogativa de função daquelas autoridades também ficará restrito a fatos ocorridos durante o exercício do cargo e em razão deste.[5]

10. OS MINISTROS DE ESTADO

A tarefa dos Ministros é a de chefiar departamentos básicos da Administração Pública, conduzindo os trabalhos das grandes seções especializadas da máquina estatal – os Ministérios.

---

4 ADI 4764, Relator(a): Min. CELSO DE MELLO, Relator(a) p/ Acórdão: Min. ROBERTO BARROSO, Tribunal Pleno, julgado em 04/05/2017, PROCESSO ELETRÔNICO DJe-178 DIVULG 14-08-2017 PUBLIC 15-08-2017).

5 Nesse sentido o STJ: AgRg na AÇÃO PENAL Nº 866- DF (2013/0258052-5). Relator: Min. Luis Felipe Salomão. JULGADO: 06/06/2018. QO na AÇÃO PENAL Nº 857- DF (2015/0280261-9). Relator: Min. Mauro Campbell Marques. JULGADO: 16/05/2018).

Seu papel político é, em geral, o de auxiliares graduados do chefe do Governo, a quem devem assessorar e aconselhar. Podem ser, todavia, cotitulares do poder governamental, o que sucede quando este cabe a um órgão coletivo, caso em que não há chefe do Governo, mas apenas um Primeiro-Ministro, porta-voz do órgão coletivo.

No caso brasileiro, a nomeação, porém, só pode recair em pessoas que preencham os seguintes requisitos: ser nacional; estar no gozo dos direitos políticos e ter mais de vinte e um anos.

De acordo com o art. 87 da CF, devem realizar, entre outras, as seguintes tarefas: referendar os atos presidenciais, expedir instruções para a boa execução das leis, decretos e regulamentos etc. Incumbe-lhes, também, sob pena de crime de responsabilidade, a obrigação de comparecer ao Congresso Nacional sempre que para tanto convocados (embora possam lá comparecer espontaneamente também). Devem, outrossim, apresentar ao Presidente relatório anual dos trabalhos realizados em seu Ministério.

11. ÓRGÃOS DE APOIO AO PRESIDENTE DA REPÚBLICA

Conta hoje o Presidente da República com dois órgãos superiores de consulta. O Conselho da República e o Conselho de Defesa Nacional, ambos com composições e competências definidas na Lei Maior, e cuja organização e funcionamento foram deixados para serem regulados pela lei ordinária.

11.1 O Conselho da República

Na forma do art. 89, o Conselho da República é órgão superior de consulta do Presidente da República, e dele participam: I – o Vice-Presidente da República; II – o Presidente da Câmara dos Deputados; III – o Presidente do Senado Federal; IV – os líderes da maioria e da minoria na Câmara dos Deputados; V – os líderes da maioria e da minoria no Senado Federal; VI – o Ministro da Justiça; VII – seis cidadãos brasileiros natos, com mais de trinta e cinco anos de idade, sendo dois nomeados pelo Presidente da República, dois eleitos pelo Senado Federal e dois eleitos pela Câmara dos Deputados, todos com mandato de três anos, vedada a recondução.

O art. 90 menciona as atribuições não exaustivas do aludido Conselho, que são, em resumo, a de pronunciar-se sobre: intervenção federal, estado de defesa e estado de sítio, questões relevantes para a estabilidade das instituições democráticas.

11.2 O Conselho da Defesa Nacional

Suas atribuições, definidas no § 1º do art. 91, são as de opinar em matérias ligadas à defesa do território nacional, tais como: declaração de guerra, celebração da paz, decretação de estado de sítio, de defesa e intervenção federal, uso efetivo de áreas indispensáveis à segurança do território nacional, especialmente na faixa de fronteira e nas relacionadas com a preservação e a exploração dos recursos naturais de qualquer tipo etc.

Segundo previsão no dispositivo em apreço, são membros do Conselho de Defesa Nacional: o Vice-Presidente da República, os presidentes da Câmara dos Deputados e do Senado Federal e os Ministros da Justiça, da Defesa, das Relações Exteriores e do Planejamento, bem como os Comandantes da Marinha, do Exército e da Aeronáutica.

Capítulo

25

O PODER JUDICIÁRIO

1. FUNÇÕES TÍPICAS E ATÍPICAS

A função típica do Poder Judiciário é a de exercer a atividade jurisdicional, pela qual substitui a vontade das partes solucionando os conflitos que lhes são apresentados, com a aplicação do Direito.

Ao lado da sua atividade típica, o Judiciário, como as demais funções do Estado, possui outras atribuições, denominadas atípicas, de natureza administrativa e legislativa. Como exemplos, poderíamos mencionar a concessão de férias para os seus membros e a elaboração de seus regimentos internos, na forma do art. 96, I, *a*, da CF.

2. ESTRUTURA E ÓRGÃOS DO PODER JUDICIÁRIO

A estrutura do Estado é estabelecida com base na forma federativa, que admite duas ordens de organização: Federal e Estadual. Portanto, coexistem a Justiça Federal, que tem as competências previstas expressamente na Constituição, e a Justiça Estadual, cabendo-lhe a competência residual.

Quanto à competência disposta na Constituição Federal, o Judiciário estrutura-se em dois âmbitos: comum e especializado. Portanto, a Justiça Federal pode ser: comum ou especializada (Justiça do Trabalho, Eleitoral e Militar). Já na Justiça Estadual há somente a Justiça Militar especializada.

São órgãos do Poder Judiciário, na forma do art. 92, I a VII, da CF:

a) o Supremo Tribunal Federal;
b) o Superior Tribunal de Justiça;
c) os Tribunais Regionais Federais e Juízes Federais;
d) os Tribunais e Juízes do Trabalho;
e) os Tribunais e Juízes Eleitorais;
f) os Tribunais e Juízes Militares;
g) os Tribunais e Juízes dos Estados e do Distrito Federal e Territórios;
h) o Conselho Nacional de Justiça; e,
i) o Tribunal Superior do Trabalho.

O Supremo Tribunal Federal e os Tribunais Superiores têm sede na Capital Federal e jurisdição em todo o território nacional (art. 92, § 1º e § 2º). O Conselho Nacional de Justiça também tem sede em Brasília, mas é desprovido de atividade jurisdicional.

2.1 O Supremo Tribunal Federal (Arts. 101 e ss.)

O Supremo Tribunal Federal (STF) é o órgão de cúpula do Poder Judiciário, guardião da Constituição, e decide em última instância os litígios intersubjetivos.

A Corte é composta por onze ministros, divididos em duas Turmas, que se encontram no mesmo plano hierárquico. O Presidente da República escolhe livremente o candidato, que será sabatinado pelo Senado Federal, devendo ser aprovado pela maioria absoluta de seus membros (art. 52, III, "a", e art. 101, parágrafo único, CF).

São requisitos para a escolha dos ministros do STF: idade superior a trinta e cinco e inferior a sessenta e cinco anos; ser brasileiro nato (art. 12, § 3º, IV); ser cidadão (no gozo dos direitos políticos); ter notável saber jurídico e reputação ilibada.

Suas competências originárias e recursais estão definidas nos arts. 102 e 103 da Constituição Federal.

2.2 O Superior Tribunal de Justiça (Arts. 104 e ss.)

O Superior Tribunal de Justiça (STJ) é a última instância do Judiciário em matéria de leis federais. O Superior Tribunal é formado por, no mínimo, trinta e três ministros escolhidos pelo Chefe do Poder Executivo, porém não livremente, pois obrigatoriamente deverão ser: 1/3 de juízes dos TRFs (Tribunais Regionais Federais); 1/3 de desembargadores dos Tribunais de Justiça Estaduais (indicados em lista tríplice elaborada pelo próprio Tribunal); 1/3 divididos da seguinte maneira: 1/6 de advogados e 1/6 de membros do Ministério Público Federal, Estaduais, Distrital e dos Territórios.

São requisitos para o cargo de ministro do STJ: idade de 35 a 65 anos; ser brasileiro nato ou naturalizado; ter notável saber jurídico e reputação ilibada. De acordo com o art. 104, parágrafo único, a nomeação ocorrerá depois de aprovada a escolha pela maioria absoluta do Senado Federal.

As competências originárias do Tribunal estãodescritas no art. 105, I, da CF e as recursais, que abrangem o recurso ordinário e o recurso especial, estão dispostas, respectivamente, nos incisos II e III do art. 105 da Constituição.

2.3 A Justiça Federal Comum (Arts. 106 e ss.)

A Justiça Federal Comum é composta pelos Tribunais Regionais Federais e pelos juízes federais. A Justiça Federal se divide em seções judiciárias, uma em cada Estado da Federação (art. 110 da CF).

De acordo com o art. 107, os Tribunais Regionais Federais (TRFs)compõem-se de, no mínimo, sete juízes, recrutados, quando possível, na respectiva região e nomeados pelo Presidente da República entre brasileiros com mais de trinta e menos de sessenta e cinco anos, sendo: 1/5 entre advogados com mais de dez anos de efetiva atividade profissional e membros do Ministério Público Federal com mais de dez anos de carreira e, os demais, mediante promoção de juízes federais com mais de cinco anos de exercício, por antiguidade e merecimento, alternadamente.

As competências originárias e recursais dos TRFs estão previstas no art. 108, I e II, e as atribuições dos juízes federais estão dispostas no art. 109, I a XI, da CF.

A criação de quatro novos Tribunais Regionais Federais (TRFs) pela Emenda Constitucional (EC) 73/2013 está sendo questionada por meio da Ação Direta de Inconstitucionalidade (ADI) 5017, ajuizada no Supremo Tribunal Federal (STF), pendente de decisão final até o momento.

2.4 A Justiça Federal do Trabalho (Arts. 111 e ss.)

São órgãos da Justiça do Trabalho: o Tribunal Superior do Trabalho, os Tribunais Regionais do Trabalho e os juízes do trabalho.

Consoante o art. 111-A, o Tribunal Superior do Trabalho compor-se-á de vinte e sete ministros, escolhidos entre brasileiros com mais de trinta e cinco e menos de sessenta e cinco anos, nomeados pelo Presidente da República após aprovação pela maioria absoluta do Senado Federal, sendo: 1/5 dentre advogados com mais de dez anos de efetiva atividade profissional e membros do Ministério Público do Trabalho com mais de dez anos de efetivo exercício, observado o disposto no art. 94; e, os demais, dentre juízes dos Tribunais Regionais do Trabalho, oriundos da magistratura de carreira, indicados pelo próprio Tribunal Superior.

De acordo com o art. 115, os Tribunais Regionais do Trabalho compõem-se de, no mínimo, sete juízes, recrutados, quando possível, na respectiva região, e nomeados pelo Presidente da República entre brasileiros com mais de trinta e menos de sessenta e cinco anos, sendo: 1/5 entre advogados com mais de dez anos de efetiva atividade profissional e membros do Ministério Público do Trabalho com mais de dez anos de efetivo exercício, observado o disposto no art. 94; e os demais, mediante promoção de juízes do trabalho por antiguidade e merecimento, alternadamente.

Ressalte-se que, nas Varas do Trabalho, a jurisdição será exercida por um juiz singular, conforme dispõe o art. 116.

As competências da Justiça do Trabalho, dispostas no art. 114, foram ampliadas pela EC nº 45/2004. De acordo com a reforma, é atribuição da Justiça Trabalhista o julgamento de todas as causas que envolvam relação de trabalho, não estando sujeita à edição de lei. A expressão "relação de trabalho" deve ser entendida em sentido amplo, abrangendo todo trabalhador prestador de serviços, independentemente de subordinação.

Anteriormente, competia à Justiça do Trabalho processar e julgar ações oriundas apenas da relação de emprego, que é espécie de relação de trabalho, e controvérsias da relação de trabalho dispostas em lei.

A EC nº 45/2004 determinou uma mudança de competência, mas não alterou as leis de regência dos contratos. Com isso, a Justiça do Trabalho não se limita à aplicação da CLT, devendo aplicar as regras de Direito Civil quando for cabível.

A Justiça do Trabalho continua não tendo competência para julgar: crimes do trabalho[1] e de funcionários públicos (estatutários).[2]

---

1 "Competência criminal. Justiça do Trabalho. Ações penais. Processo e julgamento. Jurisdição penal genérica. Inexistência. Interpretação conforme dada ao art. 114, I, IV e IX, da CF, acrescidos pela EC nº 45/2004. Ação direta de inconstitucionalidade. Liminar deferida, com efeito, *ex tunc*. O disposto no art. 114, I, IV e IX, da Constituição da República, acrescidos pela Emenda Constitucional nº 45, não atribui à Justiça do Trabalho competência para processar e julgar ações penais" (ADI 3.684-MC/DF, Plenário, Rel. Min. Cezar Peluso, j. 1º.02.2007, *DJ* 03.08.2007).

2 Nesse sentido: "Servidor Público. Conversão do regime celetista em regime estatutário. Superveniência da Lei nº 8.112/90, que instituiu o regime jurídico único. Consequente ces-

2.5 A Justiça Federal Eleitoral (Arts. 118 e ss.)

A Justiça Eleitoral possui os seguintes órgãos: o Tribunal Superior Eleitoral, os Tribunais Regionais Eleitorais, os juízes eleitorais e as Juntas Eleitorais.

O Tribunal Superior Eleitoral, na forma do art. 119, compor-se-á, no mínimo, de sete membros, escolhidos mediante eleição, pelo voto secreto: três juízes entre os Ministros do Supremo Tribunal Federal; dois juízes entre os Ministros do Superior Tribunal de Justiça; e ainda, por nomeação do Presidente da República, dois juízes entre seis advogados de notável saber jurídico e idoneidade moral, indicados pelo Supremo Tribunal Federal.

Já os Tribunais Regionais Eleitorais, consoante o art. 120, § 1º, compor-se-ão: mediante eleição, pelo voto secreto: de dois juízes entre os desembargadores do Tribunal de Justiça; de dois juízes, entre juízes de direito, escolhidos pelo Tribunal de Justiça; de um juiz do Tribunal Regional Federal com sede na Capital do Estado ou no Distrito Federal, ou, não havendo, de juiz federal, escolhido, em qualquer caso, pelo Tribunal Regional Federal respectivo; por nomeação, pelo Presidente da República, de dois juízes entre seis advogados de notável saber jurídico e idoneidade moral, indicados pelo Tribunal de Justiça.

As competências da Justiça Eleitoral estão previstas no Código Eleitoral, Lei nº 4.737/65.

2.6 A Justiça Federal Militar (Arts. 122 e ss.)

A Justiça Militar se compõe dos seguintes órgãos: Superior Tribunal Militar, Tribunais Militares e juízes militares, ambos instituídos por lei.

Na forma do art. 123, O Superior Tribunal Militar compor-se-á de quinze ministros vitalícios, nomeados pelo Presidente da República, depois de aprovada a indicação pelo Senado Federal, sendo três entre oficiais-generais da Marinha, quatro entre oficiais-generais do Exército, três entre oficiais-generais da Aeronáutica, todos da ativa e do posto mais elevado da carreira, e cinco entre civis.

Os ministros civis serão escolhidos pelo Presidente da República entre brasileiros maiores de trinta e cinco anos, sendo: três entre advogados de notório saber jurídico e conduta ilibada, com mais de dez anos de efetiva atividade

---

sação da competência da Justiça do Trabalho. Reconhecimento da competência da Justiça comum para julgar controvérsias surgidas após a edição da Lei nº 8.112/90. Precedentes. Recurso de agravo improvido" (AI 400.991, AgR/RS, Segunda Turma, *DJE* 18.05.2007, Rel. Min. Celso de Mello, j. 03.04.2007, *DJ* 29.06.2007).

profissional; dois, por escolha paritária, entre juízes auditores e membros do Ministério Público da Justiça Militar.

A Justiça Militar é a competente para processar e julgar os crimes militares definidos em lei (art. 124), além das demais atribuições presentes na Lei nº 8.236/91.

2.7 A Justiça Estadual (Arts. 125 e 126)

De acordo com o art. 125, os Estados deverão organizar a sua Justiça, observando os princípios estabelecidos na Constituição Federal.

A competência dos Tribunais de Justiça será definida na Constituição do Estado (art. 125, § 1º), sendo a lei de organização judiciária de iniciativa do próprio tribunal.

A Justiça Estadual Militar está regulada no art. 125, §§ 3º, 4º e 5º, da CF.

2.8 O Conselho Nacional de Justiça

O Conselho Nacional de Justiça (CNJ) foi acrescentado ao rol de órgãos do Poder Judiciário pela EC nº 45/2004 e, de acordo com o art. 103-B, é composto por quinze membros com mandato de dois anos, admitida uma recondução, sendo:

I – O Presidente do Supremo Tribunal Federal;

II – um Ministro do Superior Tribunal de Justiça, indicado pelo respectivo tribunal;

III – um Ministro do Tribunal Superior do Trabalho, indicado pelo respectivo tribunal;

IV – um desembargador de Tribunal de Justiça, indicado pelo Supremo Tribunal Federal;

V – um juiz estadual, indicado pelo Supremo Tribunal Federal;

VI – um juiz de Tribunal Regional Federal, indicado pelo Superior Tribunal de Justiça;

VII – um juiz federal, indicado pelo Superior Tribunal de Justiça;

VIII – um juiz de Tribunal Regional do Trabalho, indicado pelo Tribunal Superior do Trabalho;

IX – um juiz do trabalho, indicado pelo Tribunal Superior do Trabalho;

X – um membro do Ministério Público da União, indicado pelo Procurador-Geral da República;

XI – um membro do Ministério Público estadual, escolhido pelo Procurador-Geral da República dentre os nomes indicados pelo órgão competente de cada instituição estadual;

XII – dois advogados, indicados pelo Conselho Federal da Ordem dos Advogados do Brasil;

XIII – dois cidadãos, de notável saber jurídico e reputação ilibada, indicados um pela Câmara dos Deputados e outro pelo Senado Federal.

O Conselho será presidido pelo Presidente do Supremo Tribunal Federal e os demais membros serão nomeados pelo Presidente da República, depois de aprovada a escolha pela maioria absoluta do Senado Federal.

Das suas atribuições constitucionais, presentes no art. 103-B, § 4º, observamos que o referido Conselho poderá, de ofício, ou mediante provocação, desconstituir ou rever os atos administrativos (mas não jurisdicionais) praticados por membros ou órgãos do Poder Judiciário, sem prejuízo da competência do Tribunal de Contas. Poderá, ainda, de acordo com a disposição constitucional em referência, avocar processos disciplinares em curso e rever (em favor ou contra o acusado) os processos disciplinares de juízes e membros de Tribunais julgados há menos de um ano.

O texto da Constituição também prevê a determinação de criação de ouvidorias de justiça pela União (art. 103-B, § 7º), as quais serão competentes para receber reclamações e denúncias de qualquer interessado contra membros ou órgãos do Poder Judiciário, ou contra seus serviços auxiliares. A ouvidoria representará diretamente ao Conselho e este se reportará a ela também sem necessidade de intermediação.

Como exemplo de atuação do Conselho Nacional de Justiça, podemos mencionar a Resolução nº 07/2005[3] (contra o nepotismo no âmbito de todos os órgãos do Poder Judiciário), que disciplina o exercício de cargos, empregos

---

3 Resolução nº 7/2005.

"Art. 1º É vedada a prática de nepotismo no âmbito de todos os órgãos do Poder Judiciário, sendo nulos os atos assim caracterizados.

Art. 2º Constituem práticas de nepotismo, entre outras:

I – o exercício de cargo de provimento em comissão ou de função gratificada, no âmbito da jurisdição de cada Tribunal ou Juízo, por cônjuge, companheiro ou parente em linha reta, colateral ou por afinidade, até o terceiro grau, inclusive, dos respectivos membros ou juízes vinculados;

II – o exercício, em Tribunais ou Juízos diversos, de cargos de provimento em comissão, ou de funções gratificadas, por cônjuges, companheiros ou parentes em linha reta, colateral ou por afinidade, até o terceiro grau, inclusive, de dois ou mais magistrados, ou de servidores investidos em cargos de direção ou de assessoramento, em circunstâncias que caracterizem

e funções por parentes, cônjuges e companheiros de magistrados e de servidores investidos em cargos de direção e assessoramento, no âmbito dos órgãos do Poder Judiciário, além de dar outras providências. Ressalte-se que o STF reconheceu o poder normativo do CNJ com o julgamento a favor da constitucionalidade da Resolução acerca do nepotismo.[4]

Sobre a importância do papel do Conselho Nacional de Justiça, afirma Luís Roberto Barroso[5]: *(...) a relação do Judiciário com a sociedade deve passar por*

---

ajuste para burlar a regra do inciso anterior mediante reciprocidade nas nomeações ou designações;

III – o exercício de cargo de provimento em comissão ou de função gratificada, no âmbito da jurisdição de cada Tribunal ou Juízo, por cônjuge, companheiro ou parente em linha reta, colateral ou por afinidade, até o terceiro grau, inclusive, de qualquer servidor investido em cargo de direção ou de assessoramento;

IV – a contratação por tempo determinado para atender a necessidade temporária de excepcional interesse público, de cônjuge, companheiro ou parente em linha reta, colateral ou por afinidade, até o terceiro grau, inclusive, dos respectivos membros ou juízes vinculados, bem como de qualquer servidor investido em cargo de direção ou de assessoramento;

V – a contratação, em casos excepcionais de dispensa ou inexigibilidade de licitação, de pessoa jurídica da qual sejam sócios cônjuge, companheiro ou parente em linha reta, colateral ou por afinidade, até o terceiro grau, inclusive, dos respectivos membros ou juízes vinculados, ou servidor investido em cargo de direção e de assessoramento. (...)"

4 "O Tribunal julgou procedente pedido formulado em ação declaratória de constitucionalidade proposta pela Associação dos Magistrados do Brasil-AMB para declarar a constitucionalidade da Resolução nº 07/2005, do Conselho Nacional de Justiça – CNJ – que veda o exercício de cargos, empregos e funções por parentes, cônjuges e companheiros de magistrados e de servidores investidos em cargos de direção e assessoramento, no âmbito do Poder Judiciário –, e emprestar interpretação conforme a Constituição a fim de deduzir a função de chefia do substantivo 'direção', constante dos incisos II, III, IV e V do art. 2º da aludida norma – v. *Informativo* 416. Inicialmente, o Tribunal acolheu questão de ordem suscitada pelo Min. Marco Aurélio no sentido de fazer constar a rejeição da preliminar de inadequação da ação declaratória, por ele sustentada, no julgamento da cautelar – ao fundamento de que não se trataria de questionamento de um ato normativo abstrato do CNJ – e em relação à qual restara vencido. No mérito, entendeu-se que a Resolução nº 07/2005 está em sintonia com os princípios constantes do art. 37, em especial os da impessoalidade, da eficiência, da igualdade e da moralidade, que são dotados de eficácia imediata, não havendo que se falar em ofensa à liberdade de nomeação e exoneração dos cargos em comissão e funções de confiança, visto que as restrições por ela impostas são as mesmas previstas na CF, as quais, extraídas dos citados princípios, vedam a prática do nepotismo. Afirmou-se, também, não estar a resolução examinada a violar nem o princípio da separação dos Poderes, nem o princípio federativo, porquanto o CNJ não usurpou o campo de atuação do Poder Legislativo, limitando-se a exercer as competências que lhe foram constitucionalmente reservadas. Vencidos, no ponto relativo à interpretação conforme, os Ministros Menezes Direito e Marco Aurélio, reputá-la desnecessária" (STF, ADC 12/DF, *DJ* 18.12.2009, Rel. Min. Carlos Britto, 20.08.2008, *Informativo* 516).

5 Barroso, Luiz Roberto. "O controle externo é favorável ao Judiciário". In:*Opinião.Folha de S.Paulo*, 15 de fevereiro de 2004, p.3.

um órgão de controle externo, na verdade misto, apto a promover a comunicação adequada entre as duas instâncias. Uma via de mão dupla, capaz de transmitir as expectativas dos cidadãos e de compreender as circunstâncias das instituições judiciais. Dentre outras funções, ao Conselho Nacional de Justiça caberia, sem interferir na atividade jurisdicional, planejar estrategicamente a instituição, reivindicar verbas e compromissos, apresentar relatórios estatísticos, zelar pela universalização do acesso à justiça e, quando for o caso, punir desvios de conduta.

O referido Conselho tem se tornado um importante órgão de fiscalização efetiva das atividades administrativas do Poder Judiciário, zelando, igualmente, pela garantia fundamental da razoável duração do processo, inserida por meio da EC nº 45/2004 ao art. 5º da CF,[6] como também pelos princípios da impessoalidade e moralidade que devem guiar a realização dos concursos públicos para magistrados no Brasil.

3. GARANTIAS CONSTITUCIONAIS DO PODER JUDICIÁRIO E DE SEUS INTEGRANTES

3.1 Garantias Orgânicas ou Institucionais

- **Capacidade de autogoverno**: identificada pela possibilidade de eleição de seus próprios órgãos, organização de sua estrutura administrativa interna e deliberação sobre assuntos próprios (art. 96, I).
- **Autonomia financeira**: com a possibilidade de elaborar sua própria proposta financeira, dentro dos limites da lei de diretrizes orçamentárias (art. 99 c/c art. 168).
- **Capacidade normativa:** cada Tribunal deve elaborar seu Regimento Interno (art. 96, I, *a*).
- **Inalterabilidade de sua organização**: a composição dos quadros dos tribunais só pode ser alterada mediante proposta dos próprios tribunais (art. 96, II).

3.2 Garantias da Magistratura (Art. 95)

- **Vitaliciedade:** o Juiz, após dois anos de exercício, só pode perder o cargo em virtude de sentença judicial transitada em julgado. Antes dos dois anos, estando o magistrado no período de estágio probatório, a perda

---

6 "Art. 5º, LXXVIII: a todos, no âmbito judicial e administrativo, são assegurados a razoável duração do processo e os meios que garantam a celeridade de sua tramitação."

do cargo pode operar-se por deliberação do Tribunal a que o juiz estiver vinculado.

- **Inamovibilidade:** esta garantia proíbe que os juízes sejam removidos do local em que se encontram, mesmo sob a forma de promoção, sem o seu consentimento, salvo motivo de interesse público (art. 93, VIII, e 95, II).

Antes da EC nº 45/2004 o motivo de interesse público era decidido pelo voto de 2/3 do respectivo Tribunal e com a reforma passou a ser deliberado pelo voto da maioria absoluta do mesmo Tribunal ou pelo CNJ.

- **Irredutibilidade de subsídio:** almeja garantir aos magistrados a necessária tranquilidade para o exercício do cargo, protegendo-os de perseguições governamentais de natureza econômica (art. 95, III, c/c art. 37, XV).

4. VEDAÇÕES – GARANTIAS DE IMPARCIALIDADE (ART. 95, PARÁGRAFO ÚNICO, I, II, III, IV E V, ALTERADO PELA EC Nº 45/2004)

De acordo com a Constituição Federal, aos juízes é vedado:

a) exercer, ainda que em disponibilidade, outro cargo ou função, salvo uma de magistério;[7]

b) receber, a qualquer título ou pretexto, custas ou participação em processo;

c) dedicar-se à atividade político-partidária, o que comprometeria a imparcialidade ínsita ao julgador;

d) receber, a qualquer título ou pretexto, auxílios ou contribuições de pessoas físicas, entidades públicas ou privadas, ressalvadas as exceções previstas em lei;

e) exercer a advocacia no juízo ou tribunal do qual se afastou, antes de decorridos **três anos** do afastamento do cargo por aposentadoria ou exoneração (a "quarentena").

---

7 "Poderá ocorrer e, certamente, ocorre que o exercício de mais de uma função no magistério não importe em lesão ao bem privilegiado pela CF – o exercício da magistratura. A questão é a compatibilização de horários, que se resolve caso a caso. A CF, evidentemente, privilegia o tempo da magistratura que não pode ser submetido ao tempo da função secundária – o magistério. Assim, em juízo preliminar, entendo deva ser suspensa a expressão 'único (a)' constante do art. 1º" (ADI 3.126-MC, Rel. Min. Gilmar Mendes, j. 17.02.2005, *DJ* 28.02.2005).

5. O PRINCÍPIO DA RESERVA DE PLENÁRIO

> Art. 97. Somente pelo voto da maioria absoluta de seus membros ou dos membros do respectivo órgão especial poderão os tribunais declarar a inconstitucionalidade de lei ou ato normativo do Poder Público.

O Princípio da Reserva de Plenário é aplicável aos controles difuso e concentrado de constitucionalidade e será estudado em capítulo próprio. A sua finalidade é evitar que órgãos fracionários apreciem pela primeira vez a pecha de inconstitucionalidade arguida em relação a um certo ato normativo. É condição de eficácia jurídica da própria declaração jurisdicional de inconstitucionalidade dos atos do Poder Público. A lei não é feita por um só homem, por isso não é cabível que apenas um voto, em meio a um colegiado de julgadores, declare a sua inconstitucionalidade.

6. O PRECATÓRIO

De acordo com o art. 100[8] da CF, o precatório é uma carta expedida pelos juízes da execução de sentença ao presidente do Tribunal em virtude

---

8 "Art. 100. À exceção dos créditos de natureza alimentícia, os pagamentos devidos pela Fazenda Federal, Estadual ou Municipal, em virtude de sentença judiciária, far-se-ão exclusivamente na ordem cronológica de apresentação dos precatórios e à conta dos créditos respectivos, proibida a designação de casos ou de pessoas nas dotações orçamentárias e nos créditos adicionais abertos para este fim.

§ 1º É obrigatória a inclusão, no orçamento das entidades de direito público, de verba necessária ao pagamento de seus débitos oriundos de sentenças transitadas em julgado, constantes de precatórios judiciários, apresentados até 1º de julho, fazendo-se o pagamento até o final do exercício seguinte, quando terão seus valores atualizados monetariamente.

§ 1º-A Os débitos de natureza alimentícia compreendem aqueles decorrentes de salários, vencimentos, proventos, pensões e suas complementações, benefícios previdenciários e indenizações por morte ou invalidez, fundadas na responsabilidade civil, em virtude de sentença transitada em julgado.

§ 2º As dotações orçamentárias e os créditos abertos serão consignados diretamente ao Poder Judiciário, cabendo ao Presidente do Tribunal que proferir a decisão exequenda determinar o pagamento segundo as possibilidades do depósito, e autorizar, a requerimento do credor, e exclusivamente para o caso de preterimento de seu direito de precedência, o sequestro da quantia necessária à satisfação do débito.

§ 3º O disposto no *caput* deste artigo, relativamente à expedição de precatórios, não se aplica aos pagamentos de obrigações definidas em lei como de pequeno valor que a Fazenda Federal, Estadual, Distrital ou Municipal deva fazer em virtude de sentença judicial transitada em julgado.

de a Fazenda Pública ter sido condenada ao pagamento de certa quantia.[9] É uma atividade de cunho administrativo. A partir daí, essas quantias serão incluídas no orçamento do exercício seguinte. A regra de parcelamento no pagamento de precatórios somente não se aplica, por expressa determinação constitucional, aos créditos definidos em lei como de pequeno valor, os de natureza alimentícia,[10] os de que trata o art. 33 do ADCT e de suas complementações e os que já tiverem seus recursos liberados ou depositados em Juízo.[11]

7. A JUSTIÇA ITINERANTE

A EC nº 45/2004 consagrou a prática da Justiça Itinerante, que já era realizada em alguns Estados, para: os Tribunais de Justiça (art. 125, § 7º), os Tribunais Regionais Federais (art. 107, § 2º) e os Tribunais Regionais do Trabalho (art. 115, § 1º).

A Justiça Itinerante, que auxilia o amplo acesso à justiça, deve ser instalada pelo próprio Tribunal e será exercida dentro dos limites territoriais da respectiva jurisdição, realizando audiências e demais funções da atividade judiciária, servindo-se de equipamentos públicos e comunitários.

---

§ 4º São vedados a expedição de precatório complementar ou suplementar de valor pago, bem como fracionamento, repartição ou quebra do valor da execução, a fim de que seu pagamento não se faça, em parte, na forma estabelecida no § 3º deste artigo e, em parte, mediante expedição de precatório.

§ 5º A lei poderá fixar valores distintos para o fim previsto no § 3º deste artigo, segundo as diferentes capacidades das entidades de direito público.

§ 6º O Presidente do Tribunal competente que, por ato comissivo ou omissivo, retardar ou tentar frustrar a liquidação regular de precatório incorrerá em crime de responsabilidade."

9. A Lei nº 14.057/2020 disciplinou o acordo com credores para pagamento com desconto de precatórios federais e o acordo terminativo de litígio contra a Fazenda Pública.

10 "A definição contida no § 1º- A do art. 100 da Constituição Federal, de crédito de natureza alimentícia, não é exaustiva. (...). Conforme o disposto nos arts. 22 e 23 da Lei nº 8.906/94, os honorários advocatícios incluídos na condenação pertencem ao advogado, consubstanciando prestação alimentícia cuja satisfação pela Fazenda ocorre via precatório, observada ordem especial restrita aos créditos de natureza alimentícia, ficando afastado o parcelamento previsto no art. 78 do Ato das Disposições Constitucionais Transitórias, presente a Emenda Constitucional nº 30, de 2000" (STF, RE 470.407/DF, Primeira Turma, Rel. Min. Marco Aurélio, j. 09.05.2006, *DJ* 13.10.2006).

11 "A exceção prevista no art. 100, *caput*, da Constituição, em favor dos créditos de natureza alimentícia, não dispensa a expedição de precatório, limitando-se a isentá-los da observância da ordem cronológica dos precatórios decorrentes de condenações de outra natureza" (Súmula nº 655, STF).

8. OS JUIZADOS ESPECIAIS E A JUSTIÇA DE PAZ

> Art. 98. A União, no Distrito Federal e nos Territórios, e os Estados criarão:
>
> I – juizados especiais, providos por juízes togados, ou togados e leigos, competentes para a conciliação, o julgamento e a execução de causas cíveis de menor complexidade e infrações penais de menor potencial ofensivo, mediante os procedimentos oral e sumaríssimo, permitidos, nas hipóteses previstas em lei, a transação e o julgamento de recursos por turmas de juízes de primeiro grau;
>
> II – justiça de paz, remunerada, composta de cidadãos eleitos pelo voto direto, universal e secreto, com mandato de quatro anos e competência para, na forma da lei, celebrar casamentos, verificar, de ofício ou em face de impugnação apresentada, o processo de habilitação e exercer atribuições conciliatórias, sem caráter jurisdicional, além de outras previstas na legislação.

Os Juizados Especiais foram previstos na CF com o objetivo de descongestionar o Poder Judiciário, permitindo que as causas cíveis e criminais de menor complexidade sejam submetidas a um procedimento mais simples, consagrando assim decisões judiciais mais rápidas e uma justiça mais efetiva. As Leis n°s 9.099/95 e 10.259/2001 cuidam dos Juizados Especiais cíveis e criminais em âmbito estadual e federal, respectivamente.

Os juízes de paz são juízes leigos que não gozam das garantias da magistratura e são eleitos para o exercício de atividades de menor envergadura, como a realização de casamentos, não praticando tarefas inerentes à jurisdição.

9. A REFORMA DO PODER JUDICIÁRIO. ALGUMAS ALTERAÇÕES. EMENDA CONSTITUCIONAL Nº 45/2004

Listamos abaixo alguns dos principais destaques relacionados à Reforma do Judiciário, instituída pela EC nº 45/2004:

a) inclusão, no art. 5º, do princípio da razoável duração do processo, no âmbito judicial e administrativo como garantia fundamental (art. 5º, LXXVIII);

b) a possibilidade de se criarem varas especializadas para a solução das questões agrárias (art. 126);

c) a "constitucionalização" dos tratados e convenções internacionais sobre direitos humanos desde que aprovados pelo quórum qualificado das emendas constitucionais (art. 5º, § 3º);

d) a submissão do Brasil à jurisdição do Tribunal Penal Internacional a cuja criação tenha manifestado adesão (art. 5º, § 4º);

e) a federalização de crimes contra direitos humanos, objetivando o deslocamento de competência para a Justiça Federal (art. 109, V-A e § 5º);

f) previsão do controle externo da Magistratura por meio do Conselho Nacional de Justiça (art. 92, I-A § 1º);

g) previsão do controle externo do Ministério Público por meio do Conselho Nacional do Ministério Público (art. 130-A);

h) ampliação de algumas regras mínimas a serem observadas na elaboração do Estatuto da Magistratura, todas no sentido de se dar maior produtividade e transparência à prestação jurisdicional, na busca da efetividade do processo (art. 93);

i) ampliação da garantia de imparcialidade dos órgãos jurisdicionais (art. 95, parágrafo único, IV e V);

j) a extinção dos Tribunais de Alçada, passando os seus membros a integrar os TJs dos respectivos Estados e uniformizando assim a nossa Justiça (art. 4º da EC nº 45/2004);

k) transferência de competência do STF para o STJ no tocante à homologação de sentenças estrangeiras e à concessão do *exequatur* às cartas rogatórias (art. 102, I, "h" (revogada); 105, I, "i");

l) criação da Súmula Vinculante do STF (art. 103-A);

m) a aprovação da nomeação de Ministro do STJ pelo quórum de maioria absoluta dos membros do Senado Federal (art. 104, parágrafo único);

n) ampliação da garantia de imparcialidade dos membros do MP (art. 128);

o) criação da repercussão geral em recurso extraordinário, na forma do art. 102, § 3º.

10. A SÚMULA VINCULANTE

> Art. 103-A. O Supremo Tribunal Federal poderá, de ofício ou por provocação, mediante decisão de dois terços dos seus membros, após reiteradas decisões sobre matéria constitucional, aprovar súmula que, a partir de sua publicação na imprensa oficial, terá efeito vinculante em relação aos demais órgãos do Poder Judiciário e à administração pública direta e indireta, nas esferas federal, estadual e municipal, bem como proceder à sua revisão ou cancelamento, na forma estabelecida em lei.

> § 1º A súmula terá por objetivo a validade, a interpretação e a eficácia de normas determinadas, acerca das quais haja controvérsia atual entre órgãos judiciários ou entre esses e a administração pública que acarrete grave insegurança jurídica e relevante multiplicação de processos sobre questão idêntica.
>
> § 2º Sem prejuízo do que vier a ser estabelecido em lei, a aprovação, revisão ou cancelamento de súmula poderá ser provocada por aqueles que podem propor a ação direta de inconstitucionalidade.
>
> § 3º Do ato administrativo ou decisão judicial que contrariar a súmula aplicável ou que indevidamente a aplicar, caberá reclamação ao Supremo Tribunal Federal que, julgando-a procedente, anulará o ato administrativo ou cassará a decisão judicial reclamada, e determinará que outra seja proferida com ou sem a aplicação da súmula, conforme o caso.

A súmula vinculante foi instituída pela EC nº 45/2004 como um instrumento de uniformização de jurisprudência do STF sobre matéria constitucional e aponta uma relação mais próxima do Direito brasileiro - construído pela influência do sistema romano-germânico, no qual a lei é a fonte formal de maior destaque nas decisões judiciais - com o Direito norte-americano de *common law*, que possui um sistema de precedentes mais destacado do que o da produção legislativa.

10.1 Órgão Competente para Edição da Súmula

De acordo com o art. 103-A, regulamentado pela Lei nº 11.417/2006, o único órgão competente no país para editar súmula de natureza vinculante é o Supremo Tribunal Federal, diante de seu papel de guardião da Constituição Federal que lhe foi determinado pelo constituinte originário, na forma do art. 102 da CF.

10.2 Requisitos para sua Utilização

Consoante os dispositivos legais em análise, podemos relacionar os seguintes requisitos necessários à edição da súmula: a) preexistência de reiteradas decisões em matéria constitucional; e b) controvérsia atual entre órgãos judiciários ou entre esses e a administração pública que acarrete grave insegurança jurídica e relevante multiplicação de processos sobre questão idêntica.

Em que pese não existir um número mínimo de decisões judiciais sobre a matéria constitucional sujeita à súmula, entendemos que o assunto deverá já estar amadurecido nos julgados da Corte, evitando-se assim que temas novos sejam objeto da uniformização de jurisprudência.

Ademais, a exigência de controvérsia atual sobre o tema é indispensável, pois se o assunto já estiver sedimentado pelas decisões judiciais e administrativas não haverá necessidade da pacificação de entendimento pelo STF por meio da súmula.

10.3 Do Procedimento

Além do STF, que poderá de ofício deflagrar a edição da súmula, de acordo com o art. 3º da Lei nº 11.417/2006, são legitimados a propor a edição, a revisão ou o cancelamento de enunciado de súmula vinculante:

> I – o Presidente da República;
>
> II – a Mesa do Senado Federal;
>
> III – a Mesa da Câmara dos Deputados;
>
> IV – o Procurador-Geral da República;
>
> V – o Conselho Federal da Ordem dos Advogados do Brasil;
>
> VI – o Defensor Público-Geral da União;
>
> VII – partido político com representação no Congresso Nacional;
>
> VIII – confederação sindical ou entidade de classe de âmbito nacional;
>
> IX – a Mesa de Assembleia Legislativa ou da Câmara Legislativa do Distrito Federal;
>
> X – o Governador de Estado ou do Distrito Federal;
>
> XI – os Tribunais Superiores, os Tribunais de Justiça de Estados ou do Distrito Federal e Territórios, os Tribunais Regionais Federais, os Tribunais Regionais do Trabalho, os Tribunais Regionais Eleitorais e os Tribunais Militares.

Ressalte-se que na forma do § 1º do dispositivo em análise, o Município poderá propor, incidentalmente no curso de processo em que seja parte, a edição, a revisão ou o cancelamento de enunciado de súmula vinculante, o que não autoriza a suspensão do processo.

De acordo com o art. 2º, § 2º, da Lei nº 11.417/2006, o procurador-geral da República, nas propostas que não houver formulado, manifestar-se-á previamente à edição, revisão ou cancelamento de enunciado de súmula vinculante.

A deliberação sobre a edição, cancelamento ou revisão da súmula dependerão de decisão tomada por 2/3 (dois terços) dos membros do Supremo Tribunal Federal, em sessão plenária.

A lei também previu a participação do *amicus curiae*, na forma do art. 3º, § 2º: "No procedimento de edição, revisão ou cancelamento de enunciado da súmula vinculante, o relator poderá admitir, por decisão irrecorrível, a manifestação de terceiros na questão, nos termos do Regimento Interno do Supremo Tribunal Federal".

Entendemos que os enunciados não vinculantes do STF podem se tornar obrigatórios, caso sejam submetidos aos requisitos presentes no art. 103-A da CF e da lei específica.

No julgamento da Arguição de Descumprimento de Preceito Fundamental 147[12], o STF destacou que a ADPF não é a via adequada para obtenção de interpretação, revisão ou cancelamento de enunciado de súmula vinculante.

A Corte já tratou do tema[13], sendo destacados pelos Ministros os seguintes critérios que devem ser observados para que se dê a revisão ou o cancelamento das súmulas vinculantes:

- É necessário que seja evidenciada a superação da jurisprudência da Corte no trato da matéria, devendo ser apresentadas decisões reiteradas do STF que demonstrem a necessidade de alteração ou cancelamento da súmula vinculante;

- Deve ter ocorrido alteração legislativa quanto ao tema ou modificação substantiva do contexto político, econômico ou social.

10.4 Dos Efeitos Obrigatórios e a Reclamação Constitucional

Consoante o art. 4º da Lei nº 11.417/2006, a súmula com efeito vinculante tem eficácia imediata, a partir de sua publicação em imprensa oficial, em relação aos demais órgãos do Poder Judiciário e à administração pública direta e indireta, nas esferas federal, estadual e municipal. Entretanto, o Supremo Tribunal Federal, por decisão de 2/3 (dois terços) dos seus membros, poderá restringir os efeitos vinculantes ou decidir que só tenha eficácia a partir de outro momento, tendo em vista razões de segurança jurídica ou de excepcional interesse público.

A reclamação constitucional, que será tratada em capítulo próprio, pode ser apresentada diretamente ao STF em caso de inobservância do conteúdo da súmula vinculante, de acordo com o art. 7º da Lei: "Da decisão judicial ou do ato administrativo que contrariar enunciado de súmula vinculante, negar-lhe vigência ou aplicá-lo indevidamente caberá reclamação ao Supremo Tribunal Federal, sem prejuízo dos recursos ou outros meios admissíveis de impugnação".

---

12 ADPF 147 AgR, Relator(a): Min. CÁRMEN LÚCIA, Tribunal Pleno, julgado em 24/03/2011, DJe-067 DIVULG 07-04-2011 PUBLIC 08-04-2011 EMENT VOL-02499-01 PP-00001.

13 Ver julgamento de propostas de revisão dos enunciados 11 e 25 do STF.

Com relação às decisões administrativas, entretanto, a lei trouxe a necessidade de um contencioso administrativo obrigatório, conforme dicção do § 1º do art. 7º: "Contra omissão ou ato da administração pública, o uso da reclamação só será admitido após esgotamento das vias administrativas".

Ao julgar procedente a reclamação, o Supremo Tribunal Federal anulará o ato administrativo ou cassará a decisão judicial impugnada, determinando que outra seja proferida com ou sem aplicação da súmula, conforme o caso.

10.5 Súmulas Vinculantes

Até o momento[14] o STF editou 58 súmulas vinculantes, abaixo transcritas:

SÚMULA VINCULANTE Nº 1

Ofende a garantia constitucional do ato jurídico perfeito a decisão que, sem ponderar as circunstâncias do caso concreto, desconsidera a validez e a eficácia de acordo constante de termo de adesão instituído pela lei complementar 110/2001.

SÚMULA VINCULANTE Nº 2

É inconstitucional a lei ou ato normativo estadual ou distrital que disponha sobre sistemas de consórcios e sorteios, inclusive bingos e loterias.

SÚMULA VINCULANTE Nº 3

Nos processos perante o Tribunal de Contas da União asseguram-se o contraditório e a ampla defesa quando da decisão puder resultar anulação ou revogação de ato administrativo que beneficie o interessado, excetuada a apreciação da legalidade do ato de concessão inicial de aposentadoria, reforma e pensão.

SÚMULA VINCULANTE Nº 4

Salvo nos casos previstos na constituição, o salário mínimo não pode ser usado como indexador de base de cálculo de vantagem de servidor público ou de empregado, nem ser substituído por decisão judicial.

---

14 Até o fechamento desta edição.

SÚMULA VINCULANTE Nº 5

A falta de defesa técnica por advogado no processo administrativo disciplinar não ofende a constituição.

SÚMULA VINCULANTE Nº 6

Não viola a constituição o estabelecimento de remuneração inferior ao salário mínimo para as praças prestadoras de serviço militar inicial.

SÚMULA VINCULANTE Nº 7

A norma do § 3º do art. 192 da Constituição, revogada pela Emenda Constitucional nº 40/2003, que limitava a taxa de juros reais a 12% ao ano, tinha sua aplicação condicionada à edição de lei complementar.

SÚMULA VINCULANTE Nº 8

São inconstitucionais o parágrafo único do art. 5º do Decreto-Lei nº 1.569/77 e os arts. 45 e 46 da Lei nº 8.212/91, que tratam de prescrição e decadência de crédito tributário.

SÚMULA VINCULANTE Nº 9

O disposto no art. 127 da Lei nº 7.210/84 (Lei de Execução Penal) foi recebido pela ordem constitucional vigente, e não se lhe aplica o limite temporal previsto no caput *do art. 58.*

SÚMULA VINCULANTE Nº 10

Viola a cláusula de reserva de plenário (CF, art. 97) a decisão de órgão fracionário de tribunal que, embora não declare expressamente a inconstitucionalidade de lei ou ato normativo do poder público, afasta sua incidência, no todo ou em parte.

SÚMULA VINCULANTE Nº 11

Só é lícito o uso de algemas em casos de resistência e de fundado receio de fuga ou de perigo à integridade física própria ou alheia, por parte do preso ou de terceiros, justificada a excepcionalidade por escrito, sob pena de responsabilidade disciplinar, civil e penal do agente ou da autoridade e de nulidade da prisão ou do ato processual a que se refere, sem prejuízo da responsabilidade civil do Estado.

SÚMULA VINCULANTE Nº 12

A cobrança de taxa de matrícula nas universidades públicas viola o disposto no art. 206, IV, da Constituição Federal.

SÚMULA VINCULANTE Nº 13

A nomeação de cônjuge, companheiro ou parente em linha reta, colateral ou por afinidade, até o terceiro grau, inclusive, da autoridade nomeante ou de servidor da mesma pessoa jurídica investido em cargo de direção, chefia ou assessoramento, para o exercício de cargo em comissão ou de confiança ou, ainda, de função gratificada na administração pública direta e indireta em qualquer dos Poderes da União, dos Estados, do Distrito Federal e dos Municípios, compreendido o ajuste mediante designações recíprocas, viola a Constituição Federal.

SÚMULA VINCULANTE Nº 14

É direito do defensor, no interesse do representado, ter acesso amplo aos elementos de prova que, já documentados em procedimento investigatório realizado por órgão com competência de polícia judiciária, digam respeito ao exercício do direito de defesa.

SÚMULA VINCULANTE Nº 15

O cálculo de gratificações e outras vantagens do servidor público não incide sobre o abono utilizado para se atingir o salário mínimo.

SÚMULA VINCULANTE Nº 16

Os arts. 7º, IV, e 39, § 3º (redação da EC nº 19/98), da Constituição, referem-se ao total da remuneração percebida pelo servidor público.

SÚMULA VINCULANTE Nº 17

Durante o período previsto no parágrafo 1º do art. 100 da Constituição, não incidem juros de mora sobre os precatórios que nele sejam pagos.

SÚMULA VINCULANTE Nº 18

A dissolução da sociedade ou do vínculo conjugal, no curso do mandato, não afasta a inelegibilidade prevista no § 7º do art. 14 da Constituição Federal.

SÚMULA VINCULANTE Nº 19

A taxa cobrada exclusivamente em razão dos serviços públicos de coleta, remoção e tratamento ou destinação de lixo ou resíduos provenientes de imóveis, não viola o art. 145, II, da Constituição Federal.

SÚMULA VINCULANTE Nº 20

A Gratificação de Desempenho de Atividade Técnico-Administrativa – GDATA, instituída pela Lei nº 10.404/2002, deve ser deferida aos inativos nos valores correspondentes a 37,5 (trinta e sete vírgula cinco) pontos no período de fevereiro a maio de 2002 e, nos termos do art. 5º, parágrafo único, da Lei nº 10.404/2002, no período de junho de 2002 até a conclusão dos efeitos do último ciclo de avaliação a que se refere o art. 1º da Medida Provisória nº 198/2004, a partir da qual passa a ser de 60 (sessenta) pontos.

SÚMULA VINCULANTE Nº 21

É inconstitucional a exigência de depósito ou arrolamento prévios de dinheiro ou bens para admissibilidade de recurso administrativo.

SÚMULA VINCULANTE Nº 22

A Justiça do Trabalho é competente para processar e julgar as ações de indenização por danos morais e patrimoniais decorrentes de acidente de trabalho propostas por empregado contra empregador, inclusive aquelas que ainda não possuíam sentença de mérito em primeiro grau quando da promulgação da Emenda Constitucional nº 45/2004.

SÚMULA VINCULANTE Nº 23

A Justiça do Trabalho é competente para processar e julgar ação possessória ajuizada em decorrência do exercício do direito de greve pelos trabalhadores da iniciativa privada.

SÚMULA VINCULANTE Nº 24

Não se tipifica crime material contra a ordem tributária, previsto no art. 1º, incisos I a IV, da Lei nº 8.137/90, antes do lançamento definitivo do tributo.

SÚMULA VINCULANTE Nº 25

É ilícita a prisão civil de depositário infiel, qualquer que seja a modalidade do depósito.

SÚMULA VINCULANTE Nº 26

Para efeito de progressão de regime no cumprimento de pena por crime hediondo, ou equiparado, o juízo da execução observará a inconstitucionalidade do art. 2º da Lei nº 8.072, de 25 de julho de 1990, sem prejuízo de avaliar se o condenado preenche, ou não, os requisitos objetivos e subjetivos do benefício, podendo determinar, para tal fim, de modo fundamentado, a realização de exame criminológico.

SÚMULA VINCULANTE Nº 27

Compete à Justiça estadual julgar causas entre consumidor e concessionária de serviço público de telefonia, quando a Anatel não seja litisconsorte passiva necessária, assistente, nem opoente.

SÚMULA VINCULANTE Nº 28

É inconstitucional a exigência de depósito prévio como requisito de admissibilidade de ação judicial na qual se pretenda discutir a exigibilidade de crédito tributário.

SÚMULA VINCULANTE Nº 29

É constitucional a adoção, no cálculo do valor de taxa, de um ou mais elementos da base de cálculo própria de determinado imposto, desde que não haja integral identidade entre uma base e outra.

SÚMULA VINCULANTE Nº 31

É inconstitucional a incidência do Imposto sobre Serviços de Qualquer Natureza – ISS sobre operações de locação de bens móveis.

SÚMULA VINCULANTE Nº 32

O ICMS não incide sobre alienação de salvados de sinistro pelas seguradoras.

SÚMULA VINCULANTE Nº 33

Aplicam-se ao servidor público, no que couber, as regras do regime geral da previdência social sobre aposentadoria especial de que trata o artigo 40, § 4º, inciso III da Constituição Federal, até a edição de lei complementar específica.

SÚMULA VINCULANTE Nº 34

A Gratificação de Desempenho de Atividade de Seguridade Social e do Trabalho - GDASST, instituída pela Lei 10.483/2002, deve ser estendida aos inativos no valor correspondente a 60 (sessenta) pontos, desde o advento da Medida Provisória 198/2004, convertida na Lei 10.971/2004, quando tais inativos façam jus à paridade constitucional (EC 20/1998, 41/2003 e 47/2005).

SÚMULA VINCULANTE Nº 35

A homologação da transação penal prevista no artigo 76 da Lei 9.099/1995 não faz coisa julgada material e, descumpridas suas cláusulas, retoma-se a situação anterior, possibilitando-se ao Ministério Público a continuidade da persecução penal mediante oferecimento de denúncia ou requisição de inquérito policial.

SÚMULA VINCULANTE Nº 36

Compete à Justiça Federal comum processar e julgar civil denunciado pelos crimes de falsificação e de uso de documento falso quando se tratar de falsificação da Caderneta de Inscrição e Registro (CIR) ou de Carteira de Habilitação de Amador (CHA), ainda que expedidas pela Marinha do Brasil.

SÚMULA VINCULANTE Nº 37

Não cabe ao Poder Judiciário, que não tem função legislativa, aumentar vencimentos de servidores públicos sob o fundamento de isonomia.

SÚMULA VINCULANTE Nº 38

É competente o Município para fixar o horário de funcionamento de estabelecimento comercial.

SÚMULA VINCULANTE Nº 39

Compete privativamente à União legislar sobre vencimentos dos membros das polícias civil e militar e do corpo de bombeiros militar do Distrito Federal.

SÚMULA VINCULANTE Nº 40

A contribuição confederativa de que trata o art. 8º, IV, da Constituição Federal, só é exigível dos filiados ao sindicato respectivo.

SÚMULA VINCULANTE Nº 41

O serviço de iluminação pública não pode ser remunerado mediante taxa.

SÚMULA VINCULANTE Nº 42

É inconstitucional a vinculação do reajuste de vencimentos de servidores estaduais ou municipais a índices federais de correção monetária.

SÚMULA VINCULANTE Nº 43

É inconstitucional toda modalidade de provimento que propicie ao servidor investir-se, sem prévia aprovação em concurso público destinado ao seu provimento, em cargo que não integra a carreira na qual anteriormente investido.

SÚMULA VINCULANTE Nº 44

Só por lei se pode sujeitar a exame psicotécnico a habilitação de candidato a cargo público.

SÚMULA VINCULANTE Nº 45

A competência constitucional do Tribunal do Júri prevalece sobre o foro por prerrogativa de função estabelecido exclusivamente pela constituição estadual.

SÚMULA VINCULANTE Nº 46

A definição dos crimes de responsabilidade e o estabelecimento das respectivas normas de processo e julgamento são da competência legislativa privativa da União.

SÚMULA VINCULANTE Nº 47

Os honorários advocatícios incluídos na condenação ou destacados do montante principal devido ao credor consubstanciam verba de natureza alimentar cuja satisfação ocorrerá com a expedição de precatório ou requisição de pequeno valor, observada ordem especial restrita aos créditos dessa natureza.

SÚMULA VINCULANTE Nº 48

Na entrada de mercadoria importada do exterior, é legítima a cobrança do ICMS por ocasião do desembaraço aduaneiro.

SÚMULA VINCULANTE Nº 49

Ofende o princípio da livre concorrência lei municipal que impede a instalação de estabelecimentos comerciais do mesmo ramo em determinada área.

SÚMULA VINCULANTE Nº 50

Norma legal que altera o prazo de recolhimento de obrigação tributária não se sujeita ao princípio da anterioridade.

SÚMULA VINCULANTE Nº 51

O reajuste de 28,86%, concedido aos servidores militares pelas Leis 8622/1993 e 8627/1993, estende-se aos servidores civis do poder executivo, observadas as eventuais compensações decorrentes dos reajustes diferenciados concedidos pelos mesmos diplomas legais.

SÚMULA VINCULANTE Nº 52

Ainda quando alugado a terceiros, permanece imune ao IPTU o imóvel pertencente a qualquer das entidades referidas pelo art. 150, VI, "c", da Constituição Federal, desde que o valor dos aluguéis seja aplicado nas atividades para as quais tais entidades foram constituídas.

SÚMULA VINCULANTE Nº 53

A competência da Justiça do Trabalho prevista no art. 114, VIII, da Constituição Federal alcança a execução de ofício das contribuições previdenciárias relativas ao objeto da condenação constante das sentenças que proferir e acordos por ela homologados.

SÚMULA VINCULANTE Nº 54

A medida provisória não apreciada pelo congresso nacional podia, até a Emenda Constitucional 32/2001, ser reeditada dentro do seu prazo de eficácia de trinta dias, mantidos os efeitos de lei desde a primeira edição.

SÚMULA VINCULANTE Nº 55

O direito ao auxílio-alimentação não se estende aos servidores inativos.

SÚMULA VINCULANTE Nº 56

A falta de estabelecimento penal adequado não autoriza a manutenção do condenado em regime prisional mais gravoso, devendo-se observar, nessa hipótese, os parâmetros fixados no RE 641.320/RS.

SÚMULA VINCULANTE 57

A imunidade tributária constante do art. 150, VI, d, da CF aplica-se à importação e comercialização, no mercado interno, do livro eletrônico (e-book) e dos suportes exclusivamente utilizados para fixá-los, como leitores de livros eletrônicos (e-readers), ainda que possuam funcionalidades acessórias.

SÚMULA VINCULANTE 58

Inexiste direito a crédito presumido de IPI relativamente à entrada de insumos isentos, sujeitos à alíquota zero ou não tributáveis, o que não contraria o princípio da não cumulatividade.

11. A REPERCUSSÃO GERAL EM RECURSO EXTRAORDINÁRIO

> Art. 102. (...)
>
> § 3º No recurso extraordinário o recorrente deverá demonstrar a repercussão geral das questões constitucionais discutidas no caso, nos termos da lei, a fim de que o Tribunal examine a admissão do recurso, somente podendo recusá-lo pela manifestação de dois terços de seus membros.

Com a reforma promovida pela EC nº 45/2004, além de fundamentar o recurso extraordinário em uma das hipóteses do art. 102, III, da CF, o recorrente deverá, com base no § 3º do art. 102, demonstrar a repercussão geral das questões constitucionais discutidas no caso, nos termos da lei, a fim de que o Tribunal examine a admissão do recurso, somente podendo recusá-lo pela manifestação de dois terços de seus membros.

Trata-se de novo requisito de admissibilidade do recurso, ou como dizem alguns doutrinadores, instrumento de filtragem recursal.

Esse instituto não se confunde com a antiga arguição de relevância, prevista na EC nº 01/69, que era apreciada em sessão secreta, dispensava fundamentação e se preocupava com a relevância e não com a transcendência da questão debatida, como pretende a inovação trazida pela reforma constitucional.

O citado parágrafo, previsto em uma norma constitucional de eficácia limitada, hoje está regulamentado no artigo 1.035 do CPC.[15]

---

15 Art. 1.035. O Supremo Tribunal Federal, em decisão irrecorrível, não conhecerá do recurso extraordinário quando a questão constitucional nele versada não tiver repercussão geral, nos termos deste artigo.

§ 1º Para efeito de repercussão geral, será considerada a existência ou não de questões relevantes do ponto de vista econômico, político, social ou jurídico que ultrapassem os interesses subjetivos do processo.

§ 2º O recorrente deverá demonstrar a existência de repercussão geral para apreciação exclusiva pelo Supremo Tribunal Federal.

§ 3º Haverá repercussão geral sempre que o recurso impugnar acórdão que:

I- contrarie súmula ou jurisprudência dominante do Supremo Tribunal Federal;

II- tenha sido proferido em julgamento de casos repetitivos;

II- (Revogado); (Redação dada pela Lei nº 13.256, de 2016) (Vigência)

III- tenha reconhecido a inconstitucionalidade de tratado ou de lei federal, nos termos do art. 97 da Constituição Federal .

§ 4º O relator poderá admitir, na análise da repercussão geral, a manifestação de terceiros, subscrita por procurador habilitado, nos termos do Regimento Interno do Supremo Tribunal Federal.

§ 5º Reconhecida a repercussão geral, o relator no Supremo Tribunal Federal determinará a suspensão do processamento de todos os processos pendentes, individuais ou coletivos, que versem sobre a questão e tramitem no território nacional.

§ 6º O interessado pode requerer, ao presidente ou ao vice-presidente do tribunal de origem, que exclua da decisão de sobrestamento e inadmita o recurso extraordinário que tenha sido interposto intempestivamente, tendo o recorrente o prazo de 5 (cinco) dias para manifestar-se sobre esse requerimento.

§ 7º Da decisão que indeferir o requerimento referido no § 6º caberá agravo, nos termos do art. 1.042.

§ 7º Da decisão que indeferir o requerimento referido no § 6º ou que aplicar entendimento firmado em regime de repercussão geral ou em julgamento de recursos repetitivos caberá agravo interno. (Redação dada pela Lei nº 13.256, de 2016) (Vigência)

Importante destacarmos que a preliminar da repercussão geral é ônus do recorrente e deverá ser feita na mesma petição do recurso, e que o órgão competente para apreciá-la é somente o Supremo Tribunal Federal.

Segundo afirma Luiz Guilherme Marinoni,[16] a repercussão geral é formada pelo binômio: relevância + transcendência, ou seja, a questão debatida deverá ser relevante dos pontos de vista econômico, político, social e/ou jurídico, além de transcender para além do interesse subjetivo das partes na causa. Presente o binômio, caracterizada estaria a repercussão geral da controvérsia e o Supremo deveria admitir o recurso e apreciá-lo no mérito.

Não há necessidade, imperioso destacar, que a controvérsia seja importante sob todos os ângulos da análise, basta que seja caracterizada a relevância em uma dessas perspectivas. Nesse sentido, entendemos que as questões tributárias, previdenciárias, as ações coletivas, relativas à educação e à saúde, pela sua própria natureza, deverão estar, em regra, incluídas na relevância da repercussão geral, mas de qualquer forma compete ao STF a aferição efetiva em cada caso concreto.[17]

---

§ 8º Negada a repercussão geral, o presidente ou o vice-presidente do tribunal de origem negará seguimento aos recursos extraordinários sobrestados na origem que versem sobre matéria idêntica.

§ 9º O recurso que tiver a repercussão geral reconhecida deverá ser julgado no prazo de 1 (um) ano e terá preferência sobre os demais feitos, ressalvados os que envolvam réu preso e os pedidos de habeas corpus.

§ 10. Não ocorrendo o julgamento no prazo de 1 (um) ano a contar do reconhecimento da repercussão geral, cessa, em todo o território nacional, a suspensão dos processos, que retomarão seu curso normal.

§ 10. (Revogado). (Redação dada pela Lei nº 13.256, de 2016)

§ 11. A súmula da decisão sobre a repercussão geral constará de ata, que será publicada no diário oficial e valerá como acórdão.

16 MARINONI, Luís Guilherme. *Repercussão Geral no Recurso Extraordinário*. 1. ed. São Paulo: Revista dos Tribunais, 2007.

17 A título de exemplo, são algumas das matérias com repercussão geral, de acordo com a jurisprudência do STF:

"IMUNIDADE. EXPORTAÇÕES. CONTRIBUIÇÃO SOCIAL SOBRE O LUCRO. Surge com repercussão geral definir o alcance de imunidade quanto à Contribuição Social sobre o Lucro no que a Corte de origem refutou a não incidência do tributo" (STF, RE 564.413/SC, Plenário, Rel. Min. Marco Aurélio, j. 12.12.2007,*DJ* 14.12.2007).

"DIREITO INTERTEMPORAL. APLICAÇÃO RETROATIVA DE LEIS SOBRE PLANOS DE SAÚDE. REPERCUSSÃO GERAL RECONHECIDA. Há repercussão geral na questão sobre a aplicação retroativa de leis sobre planos de saúde aos contratos firmados antes da sua vigência, à luz do art. 5º, inc. XXXVI, da Constituição da República" (STF, RE 578.801 RG/RS, Rel.ª Min.ª Cármen Lúcia, j. 16.10.2008, *DJ* 31.10.2008).

Capítulo

26

AS FUNÇÕES ESSENCIAIS À JUSTIÇA

As funções essenciais à justiça são fundamentais para que o Estado exerça a sua atividade jurisdicional típica. De acordo com os arts. 127 a 135 da CF, são representadas pelo Ministério Público, pela Advocacia Pública, pelo Profissional da Advocacia e pela Defensoria Pública, que serão estudados a seguir em tópicos separados.

1. MINISTÉRIO PÚBLICO

1.1 Origem

A origem exata do Ministério Público ainda é ponto controvertido na doutrina, mas segundo muitos estudiosos, a instituição é originária do direito francês, consubstanciada nos antigos procuradores do rei (*les gens du Roi*), tendo sido a Ordenação francesa de 25 de março de 1302, a norma que primeiro lhe fez referência.[1]

Inicialmente, os procuradores apenas defendiam os interesses privados do Rei junto aos Tribunais, posteriormente passaram a realizar atividades de acusador oficial, adquirindo, assim, maior autonomia que se consolidou após a Revolução Francesa de 1789.

---

1 GARCIA, Emerson. *Ministério Público* – Organização, Atribuições e Regime Jurídico. 3. ed. Rio de Janeiro: Lumen Juris, 2008, p. 9.

1.2 Surgimento do Ministério Público no Brasil

No Brasil, o Alvará de 7 de março de 1609 criou o Tribunal de Relação da Bahia, que fez alusão ao Procurador dos feitos da Coroa, Fazenda e Fisco e também ao Promotor de Justiça.

O Código de Processo Criminal de 1832 também fez referência ao Promotor da Ação Penal e o Decreto nº 5.618, de 2 de maio de 1874, foi a norma que primeiro empregou, no Brasil, a expressão "Ministério Público".

1.3 Evolução do Ministério Público nas Constituições Brasileiras

Para Uadi Lammêgo Bulos[2], a evolução do Ministério Público no Brasil aconteceu de forma lenta e gradativa, senão vejamos:

- **Constituição de 1824:** foi omissa a respeito da Instituição.
- **Constituição de 1891:** apenas afirmou que o Procurador-Geral da República seria escolhido pelo Presidente, entre os próprios Ministros do Supremo Tribunal Federal (art. 58, § 2º).
- **Constituição de 1934:** concebeu o Ministério Público como um dos órgãos de cooperação nas atividades governamentais (arts. 95 a 98).
- **Constituição de 1937:** estava previsto em artigos esparsos, prejudicados pelo regime ditatorial.
- **Constituição de 1946:** restaurou as atividades do Ministério Público, conferindo-lhe título próprio (arts. 125 a 128).
- **Constituição de 1967:** manteve as previsões anteriores acerca do Ministério Público, embora tenha incluído a instituição no Capítulo reservado ao Poder Judiciário (arts. 137 a 139).
- **EC nº 1/69:** inseriu o Ministério Público no capítulo relativo ao Poder Executivo (arts. 94 a 96).
- **Constituição de 1988:** nesta Constituição o Ministério Público encontrou o seu apogeu, recebendo capítulo específico, com atribuições próprias, princípios de independência e autonomia funcionais nunca antes consagrados na história constitucional do país.

2 Bulos, Uadi Lammêgo. *Direito Constitucional ao Alcance de Todos*. 1. ed. Saraiva, 2009, p. 520.

1.4 Princípios Institucionais

De acordo com o art. 127, § 1º, da CF, são princípios institucionais do Ministério Público a unidade, a indivisibilidade e a independência funcional.

O princípio da unidade indica que a instituição é una, ou seja, as atuações dos seus membros não devem ser concebidas na sua individualidade, mas como integrantes de um só organismo.

Por sua vez, o princípio da indivisibilidade está relacionado ao da unidade, permitindo assim, por exemplo, que um membro do Ministério Público substitua outro quando isso se fizer necessário, tendo em vista que os atos realizados devem ser imputados à instituição, e não ao agente que os praticou.

Pelo princípio da independência funcional, o Ministério Público não pode sofrer retaliações à atuação de seus membros. Para reforçar esse princípio a Constituição de 1988 considerou crime de responsabilidade do Presidente da República praticar atos atentatórios ao livre-exercício das atribuições do *Parquet* (art. 85, II).

1.5 Organização Constitucional do Ministério Público na CF

Na forma do art. 128 da CF, o Ministério Público abrange: I – o Ministério Público da União, que compreende: a) o Ministério Público Federal; b) o Ministério Público do Trabalho; c) o Ministério Público Militar; d) o Ministério Público do Distrito Federal e Territórios; II – os Ministérios Públicos dos Estados.

1.6 O Ministério Público da União

O Ministério Público da União engloba os Ministérios Públicos Federal, do Trabalho, Militar, do Distrito Federal e Territórios e é chefiado, na forma do art. 128, § 1º, pelo Procurador-Geral da República, nomeado pelo Presidente da República entre integrantes da carreira, maiores de trinta e cinco anos, após a aprovação de seu nome pela maioria absoluta dos membros do Senado Federal, para mandato de dois anos, permitida a recondução. Importante destacar que essa recondução deverá ser precedida de nova manifestação do Senado Federal.

Segundo o art. 128, § 2º, da CF, a destituição do Procurador-Geral da República, por iniciativa do Presidente da República, deverá ser precedida de autorização da maioria absoluta do Senado Federal.

1.7 Ministérios Públicos dos Estados

Na forma do art. 128, § 3º, da CF, os Ministérios Públicos dos Estados e o do Distrito Federal e Territórios formarão lista tríplice entre integrantes da carreira, na forma da lei respectiva, para escolha de seu Procurador-Geral, que será nomeado pelo chefe do Poder Executivo, para mandato de dois anos, permitida uma recondução.

Pela previsão na Constituição, não há previsão de aprovação do Procurador-Geral de Justiça dos Estados pela Assembleia Legislativa e compete ao Governador nomeá-lo entre a lista tríplice acima mencionada.

Os Procuradores-Gerais nos Estados e no Distrito Federal e Territórios poderão ser destituídos por deliberação da maioria absoluta do Poder Legislativo, na forma da lei complementar respectiva (art. 128, § 4º).

1.8 Funções Institucionais Constitucionais

As funções institucionais do Ministério Público estão regulamentadas no art. 129. São elas:

- promover, privativamente, a ação penal pública, na forma da lei;
- zelar pelo efetivo respeito dos Poderes Públicos e dos serviços de relevância pública aos direitos assegurados nesta Constituição, promovendo as medidas necessárias a sua garantia;
- promover o inquérito civil e a ação civil pública, para a proteção do patrimônio público e social, do meio ambiente e de outros interesses difusos e coletivos;
- promover a ação de inconstitucionalidade ou representação para fins de intervenção da União e dos Estados, nos casos previstos nesta Constituição;
- defender judicialmente os direitos e interesses das populações indígenas;
- expedir notificações nos procedimentos administrativos de sua competência, requisitando informações e documentos para instruí-los, na forma da lei complementar respectiva;
- exercer o controle externo da atividade policial, na forma da lei complementar mencionada no artigo anterior;
- requisitar diligências investigatórias e a instauração de inquérito policial, indicados os fundamentos jurídicos de suas manifestações processuais;

- exercer outras funções que lhe forem conferidas, desde que compatíveis com sua finalidade, sendo-lhe vedada a representação judicial e a consultoria jurídica de entidades públicas.

A legitimação do Ministério Público para as ações civis previstas neste artigo não impede a de terceiros, nas mesmas hipóteses, segundo o disposto na Constituição e na lei.

Ademais, as funções do Ministério Público só podem ser exercidas por integrantes da carreira, que deverão residir na comarca da respectiva lotação, salvo autorização do chefe da instituição.

O ingresso na carreira do Ministério Público far-se-á mediante concurso público de provas e títulos, assegurada a participação da Ordem dos Advogados do Brasil em sua realização, exigindo-se do bacharel em direito, no mínimo, três anos de atividade jurídica e observando-se, nas nomeações, a ordem de classificação.

1.9 Legislação Correlata

- **Lei nº 8.625/93:** lei nacional, também conhecida como Lei Orgânica Nacional do Ministério Público. Prevê normas gerais para a organização do Ministério Público dos Estados.
- **Lei Complementar nº 75/93:** lei federal, também denominada Lei Orgânica do Ministério Público da União.
- **Leis complementares estaduais:** são leis elaboradas pelos Estados-membros. No Estado do Rio de Janeiro, por exemplo, a Lei Complementar nº 106/2003 instituiu a Lei Orgânica do Ministério Público do Estado do Rio de Janeiro.

1.10 Conselho Nacional do Ministério Público

O Conselho Nacional do Ministério Público, à semelhança do Conselho Nacional de Justiça, foi criado pela EC nº 45/2004 com o objetivo de reforçar a fiscalização da atuação administrativa e financeira da instituição.

São características importantes relacionadas ao referido órgão:

- **Composição e nomeação**: o Conselho Nacional do Ministério Público compõe-se de quatorze membros nomeados pelo Presidente da República, depois de aprovada a escolha pela maioria absoluta do Senado Federal, para um mandato de dois anos, admitida uma recondução, sendo: o

Procurador-Geral da República, que o preside; quatro membros do Ministério Público da União, assegurada a representação de cada uma de suas carreiras; três membros do Ministério Público dos Estados; dois juízes, indicados um pelo Supremo Tribunal Federal e outro pelo Superior Tribunal de Justiça; dois advogados, indicados pelo Conselho Federal da Ordem dos Advogados do Brasil; dois cidadãos de notável saber jurídico e reputação ilibada, indicados um pela Câmara dos Deputados e outro pelo Senado Federal. Os membros do Conselho oriundos do Ministério Público serão indicados pelos respectivos Ministérios Públicos, na forma da lei.

- **Corregedor Geral**: o Conselho escolherá, em votação secreta, um Corregedor nacional, dentre os membros do Ministério Público que o integram, vedada a recondução, competindo-lhe, além das atribuições que lhe forem conferidas pela lei, as seguintes: receber reclamações e denúncias, de qualquer interessado, relativas aos membros do Ministério Público e dos seus serviços auxiliares; exercer funções executivas do Conselho, de inspeção e correição geral; requisitar e designar membros do Ministério Público, delegando-lhes atribuições, e requisitar servidores de órgãos do Ministério Público (art. 130-A, § 3º).
- **Competências do CNMP**: compete ao Conselho Nacional do Ministério Público o controle da atuação administrativa e financeira do Ministério Público e do cumprimento dos deveres funcionais de seus membros, cabendo-lhe (art. 130-A, § 2º): – zelar pela autonomia funcional e administrativa do Ministério Público, podendo expedir atos regulamentares, no âmbito de sua competência, ou recomendar providências; – zelar pela observância do art. 37 e apreciar, de ofício ou mediante provocação, a legalidade dos atos administrativos praticados por membros ou órgãos do Ministério Público da União e dos Estados, podendo desconstituí-los, revê-los ou fixar prazo para que se adotem as providências necessárias ao exato cumprimento da lei, sem prejuízo da competência dos Tribunais de Contas; – receber e conhecer das reclamações contra membros ou órgãos do Ministério Público da União ou dos Estados, inclusive contra seus serviços auxiliares, sem prejuízo da competência disciplinar e correicional da instituição, podendo avocar processos disciplinares em curso, determinar a remoção ou a disponibilidade e aplicar outras sanções administrativas, assegurada ampla defesa; – rever, de ofício ou mediante provocação, os processos disciplinares de membros do Ministério Público da União ou dos Estados julgados há menos de um ano; elaborar relatório anual, propondo as providências que julgar necessárias sobre a situação do

Ministério Público no País e as atividades do Conselho, o qual deve integrar a mensagem prevista no art. 84, XI.

- **Processo e julgamento de seus membros**: compete ao Senado Federal processar e julgar crimes de responsabilidade cometidos pelos Conselheiros do CNMP, enquanto cabe ao Supremo Tribunal Federal julgar ações ajuizadas contra o Conselho (arts. 52, II, e 102, I, *r*).
- **Criação de Ouvidorias**: leis da União e dos Estados criarão ouvidorias do Ministério Público, competentes para receber reclamações e denúncias de qualquer interessado contra membros ou órgãos do Ministério Público, inclusive contra seus serviços auxiliares, representando diretamente ao Conselho Nacional do Ministério Público (130-A, § 5º).
- **Presença da OAB:** o Presidente do Conselho Federal da Ordem dos Advogados do Brasil oficiará junto ao Conselho (130-A, § 4º).
- **Controle de constitucionalidade e resolução do CNMP:** segundo entendimento do STF[3], o Conselho Nacional do Ministério Público (CNMP) possui capacidade para a expedição de atos normativos autônomos (CF, art. 130-A, § 2º, I), desde que o conteúdo disciplinado na norma editada se insira no seu âmbito de atribuições constitucionais. Nesses casos, as resoluções do Conselho podem ser impugnadas no controle concentrado de constitucionalidade.

1.11 Decisões do STF Relativas ao Ministério Público

A – Atribuições

- *Ministério Público. Legitimidade ativa. Medida judicial para internação compulsória de pessoa vítima de alcoolismo. Ausência. O Ministério Público não tem legitimidade ativa* ad causam *para requerer a internação compulsória, para tratamento de saúde, de pessoa vítima de alcoolismo. Existindo Defensoria Pública organizada, tem ela competência para atuar nesses casos.*[4]
- *O direito à certidão traduz prerrogativa jurídica, de extração constitucional, destinada a viabilizar, em favor do indivíduo ou de uma determinada coletividade (como a dos segurados do sistema de previdência social), a defesa (individual ou coletiva) de direitos ou o esclarecimento de situações.*

3 **ADI 5.454**, rel. min. Alexandre de Moraes, j. 15-4-2020, P, DJE de 20-5-2020.

4 RE 496.718, Rel. p/ o ac. Min. Menezes Direito, j. 12.08.2008, Primeira Turma, *DJE* 31.10.2008.

A injusta recusa estatal em fornecer certidões, não obstante presentes os pressupostos legitimadores dessa pretensão, autorizará a utilização de instrumentos processuais adequados, como o mandado de segurança ou a própria ação civil pública. O Ministério Público tem legitimidade ativa para a defesa, em juízo, dos direitos e interesses individuais homogêneos, quando impregnados de relevante natureza social, como sucede com o direito de petição e o direito de obtenção de certidão em repartições públicas.[5]

- *Legitimidade para a causa. Ativa. Caracterização. Ministério Público. Ação civil pública. Demanda sobre contratos de financiamento firmados no âmbito do Sistema Financeiro da Habitação – SFH. Tutela de diretos ou interesses individuais homogêneos. Matéria de alto relevo social. Pertinência ao perfil institucional do Ministério Público. Inteligência dos arts. 127 e 129, III e IX, da CF. Precedentes. O Ministério público tem legitimação para ação civil pública em tutela de interesses individuais homogêneos dotados de alto relevo social, como os de mutuários em contratos de financiamento pelo SFH.*[6]
- *Ação civil pública promovida pelo Ministério Público contra Município para o fim de compeli-lo a incluir, no orçamento seguinte, percentual que completaria o mínimo de 25% de aplicação no ensino. CF, art. 212. Legitimidade ativa do Ministério Público e adequação da ação civil pública, dado que esta tem por objeto interesse social indisponível (CF, art. 6º, arts. 205 e ss., art. 212), de relevância notável, pelo qual o Ministério Público pode pugnar (CF, art. 127, art. 129, III).*[7]
- *O Ministério Público é parte legítima para ingressar em juízo com ação civil pública visando a compelir o Estado a fornecer medicamento indispensável à saúde de pessoa individualizada.*[8]
- *O Ministério Público é parte legítima para propor ação civil pública voltada a infirmar preço de passagem em transporte coletivo.*[9]

> **Súmula nº 643:** *O Ministério Público tem legitimidade para promover ação civil pública cujo fundamento seja a ilegalidade de reajuste de mensalidade escolares.*

---

5 RE 472.489-AgR, Rel. Min. Celso de Mello, j. 29.04.2008, Segunda Turma, *DJE* 29.08.2008.

6 RE 470.135-AgR-ED, Rel. Min. Cezar Peluso, j. 22.05.2007, Segunda Turma, *DJ* 29.06.2007.

7 RE 190.938, Rel. p/ o ac. Min. Gilmar Mendes, j. 14.03.2006, Segunda Turma, *DJE* 22.05.2009.

8 RE 407.902, Rel. Min. Marco Aurélio, j. 26.05.2009, Primeira Turma, *DJE* 28.08.2009.

9 RE 379.495, Rel. Min. Marco Aurélio, j. 11.10.2005, Primeira Turma, *DJ* 20.04.2006. No mesmo sentido: RE 228.177, Rel. Min. Gilmar Mendes, j. 17.11.2009, Segunda Turma, *DJE* 05.03.2010.

B – Ministério Público Junto ao Tribunal de Contas

Ministério Público junto ao TCU – Instituição que não integra o Ministério Público da União – taxatividade do rol inscrito no art. 128, I, da Constituição (...). O Ministério Público que atua perante o TCU qualifica-se como órgão de extração constitucional, eis que a sua existência jurídica resulta de expressa previsão normativa constante da Carta Política (art. 73, § 2º, I, e art. 130), sendo indiferente, para efeito de sua configuração jurídico-institucional, a circunstância de não constar do rol taxativo inscrito no art. 128, I, da Constituição, que define a estrutura orgânica do MPU.[10]

C – Exercício de atividade político partidária

Não há, efetivamente, direito adquirido do membro do Ministério Público a candidatar-se ao exercício de novo mandado político. O que socorre a recorrente é o direito atual – não adquirido no passado, mas atual – a concorrer a nova eleição e ser reeleita, afirmado pelo art. 14, § 5º, da CF. Não há contradição entre os preceitos contidos no § 5º do art. 14 e no art. 128, § 5º, II, e, *da CF. A interpretação do direito e da Constituição não se reduz a singelo exercício de leitura dos seus textos, compreendendo processo de contínua adaptação à realidade e a seus conflitos. A ausência de regras de transição para disciplinar situações fáticas não abrangidas por emenda constitucional demanda a análise de cada caso concreto à luz do direito enquanto totalidade. A exceção é o caso que não cabe no âmbito de normalidade abrangido pela norma geral. Ela está no direito, ainda que não se encontre nos textos normativos de direito positivo. Ao Judiciário, sempre que necessário, incumbe decidir regulando também essas situações de exceção. Ao fazê-lo não se afasta do ordenamento.*[11]

D – Conflito MPF e MP estadual

Segundo entendimento recente do STF, como os membros do Ministério Público integram um só órgão sob a direção única de um só Procurador-Geral, ressalvando-se, porém, que só existem unidade e indivisibilidade dentro de cada Ministério Público, inexistindo qualquer relação de hierarquia entre o Ministério Público Federal e os dos Estados, entre o de um Estado e o de outro, ou entre os diversos ramos do Ministério Público da União, a solução de conflitos de atribuições entre ramos diversos dos Ministérios Públicos pelo CNMP, nos termos do artigo 130-A, § 2º, e incisos I e II, da Constituição Federal e no exercício do

---

10 ADI 789, Rel. Min. Celso de Mello, j. 26.05.94, Plenário, *DJ* 19.12.94.

11 RE 597.994, Rel. p/ o ac. Min. Eros Grau, j. 04.06.2009, Plenário, *DJE* 28.08.2009.

controle da atuação administrativa do Parquet, é a mais adequada, pois reforça o mandamento constitucional que lhe atribuiu o controle da legalidade das ações administrativas dos membros e órgãos dos diversos ramos ministeriais, sem ingressar ou ferir a independência funcional[12].

E – Ministério Público e poder investigatório

O Ministério Público dispõe de competência para promover, por autoridade própria, investigações de natureza penal, desde que respeitados os direitos e garantias que assistem a qualquer indiciado ou a qualquer pessoa sob investigação do Estado, observadas, sempre, pelos agentes de tal órgão, as prerrogativas profissionais de que se acham investidos os advogados, sem prejuízo da possibilidade – sempre presente no Estado Democrático de Direito – do permanente controle jurisdicional dos atos praticados pelos promotores de justiça e procuradores da república. Com base nesse entendimento, a Turma indeferiu habeas corpus *em que se alegava a nulidade de ação penal promovida com fulcro em procedimento investigatório instaurado exclusivamente pelo Ministério Público e que culminara na condenação do paciente, delegado de polícia, pela prática do crime de tortura.*[13]

F – Membro do MP: nomeação para a magistratura e inexistência de direito adquirido a quintos

No mérito, considerou-se que o agravado não teria direito adquirido em continuar recebendo os quintos incorporados após a mudança de regime jurídico, tendo em conta a pacífica jurisprudência da Corte no sentido da inexistência de direito adquirido a regime jurídico. Asseverou-se que o agravado, ao ingressar no STJ, passara a ser regido por novo regime jurídico, diverso do da carreira do Ministério Público. Observou-se, ainda, não haver previsão dessa vantagem na Lei Orgânica da Magistratura – LOMAN (Lei Complementar nº 35/79), não existindo, assim, direito adquirido do recorrido de manter vantagem concedida antes do seu ingresso na magistratura. Não obstante, reconheceu-se que deveriam ser preservados os valores da incorporação por ele já percebidos, em respeito ao princípio da boa-fé. Vencido, em parte, também o Min. Marco Aurélio, que simplesmente reformava a decisão do STJ para restabelecer o acórdão proferido pelo Tribunal Regional Federal.[14]

---

12 **Pet 4.891**, rel. p/ o ac. min. Alexandre de Moraes, j. 16-6-2020, P, DJE de 6-8-2020.

13 HC nº 89.837/DF, Rel. Min. Celso de Mello, 20.10.2009.

14 AI 410.946 AgR/DF, Rel.ª Min.ª Ellen Gracie, 17.03.2010.

2. ADVOCACIA PÚBLICA

A Advocacia Pública é a instituição responsável pela defesa jurídica das pessoas políticas e as suas funções são desempenhadas pela Advocacia Geral da União e pelos Procuradores dos Estados e do Distrito Federal, organizados em carreira (arts. 131 e 132, CF).

A Constituição não prevê independência funcional ao advogado público, tendo em vista a sua atuação funcional estabelecida de forma "parcial" para a defesa dos interesses dos entes públicos.

2.1 Advocacia-Geral da União e das Procuradorias dos Estados e do Distrito Federal

A União é representada judicial e extrajudicialmente pela Advocacia-Geral da União, que tem como chefe o Advogado-Geral da União, de livre-nomeação pelo Presidente da República dentre cidadãos maiores de trinta e cinco anos, de notável saber jurídico e reputação ilibada. (CF, art. 131, §1º). Neste caso não há participação do Senado Federal na aprovação da indicação e o Advogado Geral não precisa ser membro da carreira.

O ingresso nas classes iniciais das carreiras da instituição de que trata este artigo far-se-á mediante concurso público de provas e títulos (art. 131, § 2º).

Na execução da dívida ativa de natureza tributária, a representação da União cabe à Procuradoria-Geral da Fazenda Nacional, observado o disposto em lei (art. 131, § 2º).

Já na forma do art. 132 os procuradores dos Estados e do Distrito Federal serão organizados em carreira, na qual o ingresso dependerá de concurso público de provas e títulos, com a participação da Ordem dos Advogados do Brasil em todas as suas fases e exercerão a representação judicial e a consultoria jurídica das respectivas unidades federadas.

Aos procuradores acima referidos é assegurada estabilidade após três anos de efetivo exercício, mediante avaliação de desempenho perante os órgãos próprios, após relatório circunstanciado das corregedorias (art. 132, parágrafo único).

Decisões do STF Relativas à Advocacia Pública

A – Ausência de mandato

Súmula nº 644: *Ao titular do cargo de Procurador de autarquia não se exige a apresentação de instrumento de mandato para representá-la em juízo.*

B – Nomeação e destituição do procurador-geral do Estado

O cargo de Procurador-Geral do Estado é de livre-nomeação e exoneração pelo Governador do Estado, que pode escolher o Procurador Geral entre membros da carreira ou não. Precedentes.[15]

A Constituição do Estado do Mato Grosso, ao condicionar a destituição do procurador-geral do Estado à autorização da Assembleia Legislativa, ofende o disposto no art. 84, XXV e art. 131, § 1º da CF. Compete ao Chefe do Executivo dispor sobre as matérias exclusivas de sua iniciativa, não podendo tal prerrogativa ser estendida ao procurador-geral do Estado.[16]

O procurador-geral do Estado exerce as atribuições, mutatis mutandis, *do Advogado-Geral da União, inclusive no que se refere à função de representar judicialmente o ente federativo a que está vinculado. Assim, não há que se falar em ausência de legitimidade do procurador-geral do Estado, independentemente de ser membro da carreira, na representação judicial do Estado.*[17]

C – Prerrogativa de Foro – procuradores do Estado

O Tribunal concluiu julgamento de ação direta ajuizada pelo Partido dos Trabalhadores – PT contra a alínea e *do inciso VIII do art. 46 da Constituição do Estado de Goiás, na redação dada pela EC nº 29/2001, que, ampliando as hipóteses de foro especial por prerrogativa de função, outorgou ao Tribunal de Justiça estadual competência para processar e julgar, originariamente, "os delegados de Polícia, os procuradores do Estado e da Assembleia Legislativa e os Defensores Públicos, ressalvadas as competências da Justiça Eleitoral e do Tribunal do Júri" – v.* Informativos *340 e 370. Por maioria, acompanhando a divergência iniciada pelo Min. Carlos Britto, julgou-se procedente, em parte, o pedido, e declarou-se a inconstitucionalidade da expressão "e os Delegados de Polícia", contida no dispositivo impugnado. Entendeu-se que somente em relação aos Delegados de Polícia haveria incompatibilidade entre a prerrogativa de foro conferida e a efetividade de outras regras constitucionais, tendo em conta, principalmente, a que trata do controle externo da atividade policial exercido pelo Ministério Público. Considerou-se, também, nos termos dos fundamentos do voto do Min. Gilmar Mendes, a necessidade de se garantir a determinadas categorias de agentes públicos, como a*

---

15 ADI 291, Rel. Min. Joaquim Barbosa, j. 07.04.2010, Plenário, *DJE* 10.09.2010. No mesmo sentido: ADI 2.682, Rel. Min. Gilmar Mendes, j. 12.02.2009, Plenário, *DJE* 19.06.2009. Em sentido contrário: ADI 2.581, Rel. p/ o ac. Min. Marco Aurélio, j. 16.08.2007, Plenário, *DJE* 15.08.2008.

16 ADI 291, Rel. Min. Joaquim Barbosa, j. 07.04.2010, Plenário, *DJE* 10.09.2010.

17 RE 446.800-ED, voto da Rel.ª Min.ª Cármen Lúcia, j. 08.09.2009, Primeira Turma, *DJE* 02.10.2009.

dos advogados públicos, maior independência e capacidade para resistir a eventuais pressões políticas, e, ainda, o disposto no § 1º do art. 125 da CF, que reservou às constituições estaduais a definição da competência dos respectivos tribunais. Vencidos, em parte, os Ministros Maurício Corrêa, relator, Joaquim Barbosa, Cezar Peluso e Carlos Velloso que julgavam o pedido integralmente procedente, e Marco Aurélio e Celso de Mello que o julgavam integralmente improcedente.[18]

D – Prerrogativa de Foro – Advogado-Geral da União

O Tribunal, por maioria, reconheceu a sua competência para conhecer e julgar queixa-crime contra o Advogado-Geral da União, tendo em vista a edição da Medida Provisória 2.049-22, de 28.08.2000, que transforma o mencionado cargo de natureza especial em cargo de ministro de Estado, atraindo, portanto, a incidência do art. 102, I, c, *da CF ("Art. 102. Compete ao Supremo Tribunal Federal, precipuamente, a guarda da Constituição, cabendo-lhe: I – processar e julgar, originariamente:... c) nas infrações penais comuns e nos crimes de responsabilidade, os Ministros de Estado,..."). Vencidos os Ministros Marco Aurélio e Celso de Mello que, considerando a decisão na Petição 2.084-DF, proferida em 08.08.2000, no sentido de que o Advogado-Geral da União, por não ser ministro de Estado, não dispunha de prerrogativa de foro penal perante o STF, entendiam casuística a nova edição da MP 2.049-22 e declaravam a inconstitucionalidade formal da mesma na parte em que incluiu o Advogado-Geral da União como ministro de Estado pela falta de urgência necessária à edição da Medida Provisória (expressão "e o Advogado-Geral da União", contida no parágrafo único do art. 13 e do art. 24-B da Lei nº 9.649/98). Prosseguindo no julgamento, o Tribunal, por maioria, vencido o Min. Marco Aurélio, concedeu habeas corpus de ofício ao querelado para o fim de rejeitar a queixa-crime, uma vez que a Associação Nacional dos Delegados de Polícia Federal – ADPF, autora da ação, não tem legitimidade ativa ad causam para promover, em sede penal, interpelação judicial em defesa da honra de seus filiados, dado o caráter personalíssimo do bem jurídico penalmente tutelado.*[19]

De acordo com o art. 52, II, da CF, a competência para julgar o Advogado-Geral da União nos crimes de responsabilidade é do Senado Federal e não do STF.

3. O PROFISSIONAL DA ADVOCACIA

A essencialidade da Advocacia é bem definida pelo art. 133 da CF: "O advogado é indispensável à administração da justiça, sendo inviolável por seus

18 ADI 2.587/GO, Rel. orig. Min. Maurício Corrêa, Rel. p/ acórdão Min. Carlos Britto, 1º.12.2004.

19 Inquérito (QO) 1.660-DF, Rel. Min. Sepúlveda Pertence, 06.09.2000.

atos e manifestações no exercício da profissão, nos limites da lei". Insta ressaltar que a inviolabilidade não é absoluta e pressupõe o exercício legítimo e regular da advocacia. De qualquer forma a Constituição não toleraria o "predomínio dos arbítrios".

A tarefa de definir a função do advogado é de grande complexidade, pois o seu mister envolve o destino das pessoas, a sua felicidade ou tristeza, o nascimento ou o fim de aspirações que vão muito além do patrocínio em juízo. Quem bem definiu a grandeza da advocacia foi Rui Barbosa em *Oração aos Moços,*[20] abaixo em parte retratada:

> *Legalidade e liberdade são as tábuas da vocação do advogado. Nelas se encerra, para ele, a síntese de todos os mandamentos. Não desertar a justiça, nem cortejá-la. Não lhe faltar com a fidelidade, nem lhe recusar o conselho. Não transfugir da legalidade para a violência, nem trocar a ordem pela anarquia. Não antepor os poderosos aos desvalidos, nem recusar patrocínio a estes contra aqueles. Não servir sem independência à justiça, nem quebrar da verdade ante o poder. Não colaborar em perseguições ou atentados, nem pleitear pela iniquidade ou imoralidade. Não se subtrair à defesa das causas impopulares, nem das perigosas, quando justas. Onde for apurável um grão, que seja, de verdadeiro direito, não regatear ao atribulado o consolo do amparo judicial. Não proceder, nas consultas, senão com a imparcialidade real do juiz nas sentenças. Não fazer da banca balcão, ou da ciência mercatura. Não ser baixo com os grandes, nem arrogante com os miseráveis. Servir aos opulentos com altivez e aos indigentes com caridade. Amar a pátria, estremecer o próximo, guardar fé em Deus, na verdade e no bem.*

3.1 Decisões do STF Relativas à Advocacia

A alegação de afronta ao sigilo profissional, tendo em vista que o paciente é advogado e teriam sido interceptadas ligações travadas com seus clientes, (...) não merece acolhida, já que os delitos que lhe foram imputados teriam sido cometidos justamente no exercício da advocacia. O simples fato de o paciente ser advogado não pode lhe conferir imunidade na eventual prática de delitos no exercício de sua profissão.[21]

---

20 Barbosa, Rui. *Oração aos Moços*. 9. ed. Rio de Janeiro: Companhia Forense de Artes Gráficas.

21 HC nº 96.909, Rel.ª Min.ª Ellen Gracie, j. 17.11.2009, Segunda Turma, *DJE* 11.12.2009.

Por não consubstanciar uma entidade da administração indireta, a OAB não está sujeita a controle da Administração, nem a qualquer das suas partes está vinculada. Essa não vinculação é formal e materialmente necessária. A OAB ocupa-se de atividades atinentes aos advogados, que exercem função constitucionalmente privilegiada, na medida em que são indispensáveis à administração da Justiça (art. 133 da CF). É entidade cuja finalidade é afeita a atribuições, interesses e seleção de advogados. Não há ordem de relação ou dependência entre a OAB e qualquer órgão público.[22]

4. DEFENSORIA PÚBLICA

Apesar do acesso igualitário à justiça ainda ser tão precário no país onde educação e informação são colocadas à margem de muitos, a prestação efetiva da atividade jurisdicional ficaria ainda mais comprometida se não houvesse a Defensoria Pública para defender os interesses dos mais necessitados.

E a Carta de 1988 enalteceu a atuação da instituição ao destacar no art. 134 a sua essencialidade à função jurisdicional do Estado.

Com a EC nº 45/2004 foram asseguradas às Defensorias Públicas Estaduais autonomia funcional e administrativa e a iniciativa de sua proposta orçamentária dentro dos limites estabelecidos na Lei de Diretrizes Orçamentárias e subordinação ao disposto no art. 99, § 2º.

4.1 Decisões do STF Relativas à Defensoria Pública

Por entender caracterizada a ofensa ao art. 134 da CF, que veda aos membros da Defensoria Pública o desempenho de atividades próprias da advocacia privada, o Tribunal julgou procedente pedido formulado em ação direta proposta pelo Procurador-Geral da República para declarar a inconstitucionalidade do art. 137 da Lei Complementar nº 65/2003, do Estado de Minas Gerais, que permite que os defensores públicos exerçam a advocacia fora de suas atribuições institucionais até que sejam fixados os subsídios dos membros da carreira. Afastou-se, ainda, o argumento de se inferir, da interpretação sistemática do art. 134 c/c o art. 135 e o § 4º do art. 39, da CF, que o exercício da advocacia pelos defensores públicos estaria proibido apenas após fixação dos respectivos subsídios, visto que tal assertiva conduziria à conclusão de que a vedação trazida pelo art. 134, texto normativo constitucional originário, teria sido relativizada com a EC nº 19/98, que introduziu o art. 135 e o § 4º do art. 39. Asseverou-se, ainda, a vigência

22 ADI 3.026, Rel. Min. Eros Grau, j. 08.06.2006, Plenário, *DJ* 29.09.2006.

da Lei Complementar nº 80/94 – que organiza a Defensoria Pública da União, do DF e dos Territórios e prescreve normas gerais para sua organização nos Estados-membros – que também prevê a aludida vedação.[23]

A EC nº 45/2004 outorgou expressamente autonomia funcional e administrativa às defensorias públicas estaduais, além da iniciativa para a propositura de seus orçamentos (art. 134, § 2º): donde, ser inconstitucional a norma local que estabelece a vinculação da Defensoria Pública à Secretaria de Estado. A norma de autonomia inscrita no art. 134, § 2º, da CF pela EC nº 45/2004 é de eficácia plena e aplicabilidade imediata, dado ser a Defensoria Pública um instrumento de efetivação dos direitos humanos. Defensoria Pública: vinculação à Secretaria de Justiça, por força da Lei Complementar estadual (PE) 20/98: revogação, dada a incompatibilidade com o novo texto constitucional. É da jurisprudência do Supremo Tribunal – malgrado o dissenso do Relator – que a antinomia entre norma ordinária anterior e a Constituição superveniente se resolve em mera revogação da primeira, a cuja declaração não se presta a ação direta. O mesmo raciocínio é aplicado quando, por força de emenda à Constituição, a lei ordinária ou complementar anterior se torna incompatível com o texto constitucional modificado: precedentes.[24]

A Defensoria Pública tem legitimidade para a propositura de ação civil pública em ordem a promover a tutela judicial de direitos difusos e coletivos de que sejam titulares, em tese, as pessoas necessitadas. Essa a conclusão do Plenário, que negou provimento a recurso extraordinário no qual discutida a legitimidade da Defensoria Pública para ajuizar ação civil pública em defesa de interesses difusos e coletivos. O Colegiado lembrou o RE 605.533/MG, com repercussão geral reconhecida, em que se debate a legitimidade ativa do Ministério Público para ajuizar ação civil pública com o objetivo de compelir entes federados a entregar medicamentos a pessoas necessitadas. Embora o mérito do recurso ainda estivesse pendente de julgamento, o STF não teria modificado entendimento segundo o qual o Ministério Público teria legitimidade para propositura de ações transindividuais na defesa de interesses sociais e de vulneráveis. Nesse sentido, também cabe lembrar dos demais legitimados para propor as ações civis públicas, os quais poderiam, na defesa dos interesses difusos, buscar a tutela dos direitos desse grupo de cidadãos. Concluiu que a imposição constitucional seria peremptória e teria por objetivo resguardar o cumprimento dos princípios da própria Constituição. Não haveria qualquer inconstitucionalidade no art. 5º, II,

---

23 ADI 3043/MG, Rel. Min. Eros Grau, 26.04.2006.

24 ADI 3.569, Rel. Min. Sepúlveda Pertence, j. 02.04.2007, Plenário, *DJ* 11.05.2007. No mesmo sentido: RE 599.620-AgR, Rel. Min. Eros Grau, j. 27.10.2009, Segunda Turma, *DJE* 20.11.2009.

da Lei da Ação Civil Pública, com as alterações trazidas pela Lei 11.448/2007, ou no art. 4º, VII e VIII, da Lei Orgânica da Defensoria Pública, alterado pela LC 132/2009. Dever-se-ia dar, entretanto, interpretação conforme à Constituição a esses dispositivos, visto que comprovados os requisitos exigidos para a caracterização da legitimidade ativa da Defensoria Pública. O Ministro Teori Zavascki acrescentou que essa legitimidade se estabeleceria mesmo nas hipóteses em que houvesse possíveis beneficiados não necessitados. Sucede que os direitos difusos e coletivos seriam transindividuais e indivisíveis. Assim, a satisfação do direito, mediante execução da sentença, conforme o caso, não poderia ser dividida ou individualizada. No que se refere a direitos individuais homogêneos, todavia, a sentença seria genérica, e as execuções individuais só poderiam ser feitas pelos necessitados conforme a lei. Portanto, eventual execução em benefício pessoal, no que coubesse, só poderia ser feita pelos necessitados. Vencido, em parte, o Ministro Marco Aurélio, que não conhecia do recurso. Ademais, entendia que não se deveria limitar a atuação da Defensoria Pública quanto à ação civil pública. RE 733433/MG, rel. Min. Dias Toffoli, 4.11.2015. (RE-733433).

4.2 A EC nº 69/2012 e a Defensoria Pública do Distrito Federal

A Emenda nº 69/2012 atribuiu ao Distrito Federal a responsabilidade de organizar e manter a sua própria Defensoria, competência anteriormente da União.

De acordo com o art. 2º da referida emenda, aplicam-se à Defensoria Pública do Distrito Federal os mesmos princípios e regras que, nos termos da Constituição Federal, regem as Defensorias Públicas dos Estados.

4.3. A EC nº 74/2013 e a autonomia da Defensoria Pública da União e do Distrito Federal

A EC 74/2013 incluiu o § 3º ao art. 134 da CF, conferindo autonomia funcional e administrativa para as Defensorias Públicas da União e do DF, e a iniciativa de suas propostas orçamentárias dentro dos limites estabelecidos na lei de diretrizes orçamentárias e subordinação ao disposto no art. 99, § 2º.

4.4. A EC nº 80/2014 – A "Defensoria Para Todos"

A Emenda Constitucional 80 de 2014, que decorreu da Proposta de Emenda à Constituição 247 de 2013, de autoria dos deputados federais Mauro Benevides, Alessandro Molon e André Moura, tendo ficada conhecida como a PEC "Defensoria Para Todos", deu novo contorno para a instituição da Defensoria Pública, que ganhou um forte perfil na Constituição Federal de 1988, nunca visto antes.

Além de trazer a obrigação de universalização do acesso à Justiça e necessidade de garantir a figura do defensor público em todas as unidades jurisdicionais no prazo máximo de oito anos, ainda contribuiu com a explicitação ampla do conceito e da missão da instituição, sua inserção em seção exclusiva no rol das funções essenciais à Justiça, inclusive com a explicitação dos seus princípios institucionais e também com a aplicação de parte do regramento jurídico do Poder Judiciário, no que couber, à Defensoria Pública, especialmente no que tange a iniciativa de lei.

Parte V

CONTROLE DE CONSTITUCIONALIDADE

Capítulo

27

TEORIA GERAL DO CONTROLE DE CONSTITUCIONALIDADE

1. INTRODUÇÃO

A Constituição escrita de um país não representa uma simples lei, de força cogente, dotada de impessoalidade e abstração, é a própria face do Estado, ou como já dissemos, o coração do ordenamento jurídico, cujas bases jurídicas fundamentam a validade das demais normas existentes no país.

Com isso, todos os atos estatais que contrariem diretamente ou indiretamente os dispositivos constitucionais devem ser objeto de fiscalização, cujo desiderato maior é retirar-lhes de circulação com a sua declaração de invalidade, em nome da supremacia constitucional.

A Constituição não pode se submeter aos caprichos dos poderes constituídos e nem ao império dos fatos e das circunstâncias, portanto, protegê-la em face dos eventuais abusos é defender o próprio Estado, a unidade do ordenamento jurídico e os direitos fundamentais do seu povo.

2. PRINCÍPIOS NORTEADORES

O controle de constitucionalidade encontra alicerce em três principais princípios, a seguir expostos:

2.1 Princípio da Rigidez Constitucional

Como já visto, a Constituição rígida é aquela que só pode ser alterada por um processo legislativo mais solene e dificultoso do que o existente para a elaboração das demais normas jurídicas e encontra seu núcleo no art. 60 da CF. Dessa rigidez é possível se observar a existência de uma verdadeira hierarquia entre as normas jurídicas, tendo em vista que as normas infraconstitucionais não podem alterar o texto da Constituição, justamente porque buscam fundamento jurídico de validade em seus postulados.

Com isso, é possível se observar uma clara distinção entre a obra do Constituinte e a do Legislador, tendo em vista que a segunda encontra o seu parâmetro de validade na primeira e não pode com isso ignorá-la, contrariando os seus fundamentos.

Clèmerson Merlin Clève pontua que não seria impensável, contudo, o controle de constitucionalidade nos Estados de organização constitucional flexível, no que tange ao processo legislativo de elaboração das demais normas jurídicas. Segundo o autor, uma vez estabelecido pela Constituição despida de rigidez, procedimento de criação das leis, qualquer violação desse procedimento consistirá em inconstitucionalidade.[1]

2.2 Princípio da Supremacia Constitucional

A supremacia material, de essência, ou conteúdo, está presente em qualquer tipo de ordenamento constitucional, flexível ou rígido, tendo em vista que a Constituição é a lei fundamental de um país e deve ser protegida para a própria manutenção das instituições. Entretanto, a supremacia formal, de estereótipo, a posição no topo da hierarquia das leis, está relacionada intimamente à rigidez constitucional, sendo um princípio importante para nortear a realização da fiscalização de constitucionalidade das normas infraconstitucionais.

2.3 Princípio da Presunção de Constitucionalidade das Leis

A "lei", produto do poder político estatal, goza de presunção relativa de que é constitucional, ou seja, de que respeitou completamente à Constituição nos seus aspectos formais e materiais, até que venha a ser declarada inconstitucional.

---

1 MERLIN CLÈVE, Clèmerson. *A Fiscalização Abstrata de Constitucionalidade no Direito Brasileiro*. São Paulo: Revista dos Tribunais, 1995, p. 26.

De acordo com a orientação jurisprudencial,[2] as únicas normas que gozam de presunção absoluta de constitucionalidade no Brasil (e com isso não podem sofrer declaração de inconstitucionalidade) são as constitucionais originárias, nascidas do Poder Constituinte Originário. Sobre esse tema, claras são as palavras de Jorge Miranda: *No interior da mesma Constituição originária, obra do mesmo poder constituinte (originário) não divisamos como possam surgir normas inconstitucionais. Nem vemos como órgãos de fiscalização instituídos por esse poder seriam competentes para apreciar e não aplicar, com base na Constituição, qualquer das suas normas. É um princípio de identidade ou de não contradição que o impede. Pode haver inconstitucionalidade por oposição entre normas constitucionais preexistentes e normas constitucionais supervenientes, na medida em que a validade destas decorre daquelas; não por oposição entre normas feitas ao mesmo tempo pela mesma autoridade jurídica. Pode haver inconstitucionalidade da revisão constitucional, porque a revisão funda-se, formal e materialmente, na Constituição; não pode haver inconstitucionalidade da Constituição.*[3]

No julgamento da ADI 815, o STF ainda afirmou que não adota a posição do jurista alemão Otto Bachof, para quem as normas constitucionais originárias poderiam ser declaradas inconstitucionais por violação ao direito natural.

3. CONCEITO

Controlar a constitucionalidade das leis consiste na verificação de sua compatibilidade material e formal para com a Constituição Federal. É pelo controle de constitucionalidade que se avalia se o conteúdo, a essência da norma (compatibilidade material) e/ou se o processo legislativo realizado para a sua elaboração (compatibilidade formal) estão de acordo com o que determina a Constituição.

4. TIPOS DE INCONSTITUCIONALIDADE

Podemos relacionar várias manifestações de inconstitucionalidades abaixo organizadas em grupos e desenvolvidas em seguida.

- **inconstitucionalidade material (ou nomoestática);**
- **inconstitucionalidade formal (ou nomodinâmica);**

---

2 STF, ADI 815/DF, Plenário, Min. Rel. Moreira Alves, j. 28.03.96, *DJ* 10.05.96.

3 Miranda, Jorge. *Manual de Direito Constitucional*. 2. ed. Coimbra: Editora Limitada, 1983. II, nº 72, p. 291.

- **inconstitucionalidade total;**
- **inconstitucionalidade parcial;**
- **inconstitucionalidade originária;**
- **inconstitucionalidade superveniente;**
- **inconstitucionalidade por ação;**
- **inconstitucionalidade por omissão.**

a) **Material:** quando a espécie normativa, no todo ou em parte, contraria o conteúdo da Constituição, ofendendo-lhe princípios (explícitos ou implícitos) ou regras (ex.: lei ordinária federal determina que todos os concursos públicos no Brasil durante dez anos só poderão ser realizados pelas mulheres; ofensa ao princípio da igualdade, prescrito no art. 5º, I). A doutrina ainda a denomina nomoestática pois o vício é de conteúdo e não envolve o dinamismo que existe no processo de elaboração das leis.

b) **Formal:** é a inconstitucionalidade observada no processo legislativo. Também é conhecida como nomodinâmica tendo em vista o processo complexo e dinâmico de criação de uma lei. Para parte da doutrina, divide-se em i) objetiva ou procedimental: também conhecida como vício de rito ou de procedimento. Caracteriza-se por uma desobediência do rito legislativo constitucional (ex.: projeto de lei complementar é aprovado com maioria simples, contrariando o disposto no art. 69); ii) subjetiva: também chamada vício de iniciativa ou de competência, quando um dos dois é desrespeitado (ex.: projeto de lei sobre criação de órgão público federal é apresentado pelo Supremo Tribunal Federal, em ofensa ao art. 61, § 1º, que afirma que a iniciativa é privativa do Presidente da República). Ou então, o Estado-membro cria um novo tipo penal, contrariando a competência da União prevista no art. 22, I, da CF. Segundo Luís Roberto Barroso,[4] a inconstitucionalidade formal pode ser dividida em i) orgânica: quando há vício de competência para elaboração da lei, por exemplo, lei estadual versa sobre matéria trabalhista ou penal violando assim o art. 22, I, da CF, e em ii) propriamente dita: quando houver ofensa nos atos que compõem o processo legislativo em si, incluindo a iniciativa.

---

4 Barroso, Luís Roberto. *O Controle de Constitucionalidade no Direito Brasileiro*. 4. ed. São Paulo: Saraiva, 2009, p. 27.

Insta ressaltar que o STF em reiteradas decisões tem confirmado que a sanção do Chefe do Executivo não supre o vício de iniciativa no oferecimento do projeto de lei.[5]

c) **Total:** o vício diz respeito a todo o ato normativo. Normalmente a inconstitucionalidade formal implica na declaração de inconstitucionalidade completa da norma, entretanto é possível se observar que o vício de forma pode eventualmente gerar uma inconstitucionalidade parcial, como por exemplo, um projeto de lei ordinária com trinta artigos, vinte e nove que tratam de matéria a ela destinada, mas um deles versa sobre assunto relativo à lei complementar.

d) **Parcial:** o vício refere-se a parte do ato normativo. Diante do princípio da parcelaridade, se apenas um trecho da norma estiver maculado pela inconstitucionalidade (formal ou material), apenas este deverá ser declarado inválido[6]. Com isso, podem ocorrer duas situações: i) nulidade parcial: se a parte que resta da norma for autônoma da parte impugnada, persistirá sua validade e se anulará apenas a parte impugnada; ii) nulidade total: se o restante da norma não for considerado inconstitucional em si, mas depender da parte inválida, toda a norma será considerada inválida.

e) **Originária:** a inconstitucionalidade é originária se o vício está presente em norma editada quando vigente a Constituição com a qual estará sendo controlada, ou seja, a origem do vício é contemporâneo à Constituição em face da qual o controle é exercido.

f) **Superveniente:** nessa situação, a norma nasce válida, mas se torna inválida supervenientemente à sua criação pela alteração da Constituição. No Brasil, a incompatibilidade da norma anterior com a chegada da nova Constituição pode ser resolvida pelo fenômeno da recepção/não recepção, em sede de controle de constitucionalidade difuso ou pela ação denominada arguição de descumprimento de preceito fundamental, que será objeto de análise posterior.

---

5 STF, AI 348800, Min. Rel, Celso de Mello, 05.10. 2009, *DJE* 19.10.2009.

6 Esse princípio foi consagrado na Questão de Ordem à ADI 319 QO/DF, Plenário, j. 03.03.93, DJ 30.04.93 (Rel. Min. Moreira Alves) trazendo os seguintes esclarecimentos: "(...) Ação que se julga procedente em parte, para declarar a inconstitucionalidade da expressão 'marco' contida no § 5. do art. 2. da Lei nº 8.039/90, e, parcialmente, o *caput* e o § 2º do art. 2º, bem como o art. 4º os três em todos os sentidos que não aquele segundo o qual de sua aplicação estão ressalvadas as hipóteses em que, no caso concreto, ocorra direito adquirido, ato jurídico perfeito e coisa julgada".

g) **Por ação**: isso ocorre quando o legislador elabora uma lei em desacordo com a Constituição. Neste caso, teremos a inconstitucionalidade por ação. O legislador deveria editar lei válida e elabora lei inválida, maculada por vício formal e/ou material.

h) **Por omissão:** aqui ocorre justamente o contrário da inconstitucionalidade por ação, o Poder Público, ao se manter silente face aos comandos positivos previstos na Constituição para a concretização de algumas de suas normas (de eficácia limitada dependentes de regulamentação), ocasiona uma inércia inconstitucional. Sobre o assunto, Canotilho ensina que: *o conceito de omissão legislativa não é um conceito naturalístico, reconduzível a um simples não fazer, a um simples conceito de negação. Omissão, em sentido jurídico-constitucional, significa não fazer aquilo a que, de forma concreta, se estava constitucionalmente obrigado.*[7] Destaque-se que a omissão pode ser total ou parcial. No primeiro caso, o dever constitucional de legislar não foi satisfeito de modo integral e na segunda hipótese, apenas parte da vontade constitucional fora satisfeita, ainda permanecendo a lacuna inconstitucional (ex.: art. 7º, IV, quando o texto destaca que o salário mínimo deverá ser fixado em lei, e capaz de atender as necessidades do trabalhador e de sua família - em que pese a edição da lei, o valor fixado para o salário mínimo não consegue atender à sua importante missão constitucional).

Barroso ainda destaca que a inconstitucionalidade parcial comporta a divisão em duas espécies: omissão relativa e a omissão parcial propriamente dita[8]. No primeiro caso, o autor faz referência à lei que exclui do seu âmbito de incidência determinada categoria que nele deveria estar abrigada, privando-a de um benefício, violando assim o princípio da igualdade. Na segunda hipótese o legislador atua de forma insuficiente, não atendendo por completo o comando constitucional (como exemplo, o salário mínimo).

5. MANIFESTAÇÕES DO CONTROLE DE CONSTITUCIONALIDADE

O controle de constitucionalidade pode ser observado sob diversos aspectos, a seguir analisados.

---

7 CANOTILHO, José Joaquim Gomes. *Direito Constitucional*. 5. ed. Coimbra: Almedina, p. 1.100.

8 Barroso, Luís Roberto. *O Controle de Constitucionalidade no Direito Brasileiro*. 4. ed. São Paulo: Saraiva, 2009, p. 37.

5.1 Com Relação ao Momento

a) **Preventivo (ou *a priori*)**: quando exercido sobre a norma durante o seu processo de elaboração com o intuito de evitar que entre em vigor norma violadora da Constituição. O objeto do controle é o "projeto de lei" ou a "proposta de emenda".

b) **Repressivo (ou *a posteriori*)**: quando exercido sobre a norma pronta, acabada, e visa à paralisação de sua eficácia. Seu objeto, por conseguinte, é a "lei" ou a "emenda", já promulgadas.

5.2 Quanto ao Órgão

a) **Político**: quando realizado por órgãos políticos como o Poder Legislativo e o Poder Executivo, em regra.

b) **Jurisdicional**: quando realizado apenas por quem presta jurisdição: só por juízes ou órgãos do Poder Judiciário.

Nesse ponto, é possível se observar com os exemplos a seguir apresentados, que o controle preventivo de constitucionalidade no Brasil é, em regra geral, político (realizado por quem participa do processo legislativo) e que o controle repressivo é também normalmente judicial (realizado pelo aplicador da lei). Senão vejamos:

- controle preventivo político realizado pela Comissão de Constituição e Justiça (CCJ) das Casas Legislativas. Todo projeto de lei passa pela CCJ antes de chegar a plenário para deliberação. Esta Comissão tem por função verificar a compatibilidade do projeto de lei para com a Constituição. Visa a corrigir ou a impedir a continuidade da tramitação de um projeto viciado, realizando, portanto, um controle preventivo;
- controle preventivo político exercido sobre o veto aposto a um projeto de lei pelo presidente da República. Se a motivação do veto for a indicação de uma inconstitucionalidade no projeto de lei, o presidente estará realizando um controle preventivo de constitucionalidade.

Entretanto, o STF vem permitindo controle preventivo judicial de constitucionalidade por meio de mandado de segurança impetrado por parlamentar em face de um processo legislativo que contrarie a CF.[9]

9 "O parlamentar tem legitimidade ativa para impetrar mandado de segurança com a finalidade de coibir atos praticados no processo de aprovação de leis e emendas constitucionais

Como exemplo, em dezembro 2016, tivemos o julgamento do Mandado de Segurança n. 34530, pelo Supremo Tribunal Federal, que teve a sua liminar deferida pelo Ministro Luiz Fux, para suspender atos referentes à tramitação do projeto de lei nº 4.850/2016, de iniciativa popular de combate à corrupção que estava tramitando perante o Senado Federal. O ministro entendeu que havia uma "multiplicidade de vícios" na tramitação do referido projeto, por isso a proposta legislativa deveria retornar à Câmara dos Deputados, ser reautuada e tramitar de acordo com o rito estabelecido para projetos de inciativa popular.

Em outubro de 2017, no julgamento do MS 34.562, em decisão de mérito, o STF avançou no tema, concedendo a ordem no mandado de segurança impetrado por Senadores da República que, contra ato do Presidente do Senado Federal, pretendiam que fosse determinada a análise imediata dos recursos apresentados nos termos do art. 58, §2º, I, da CF, para posterior submissão do projeto de lei a deliberação do Senado.

A impetração do referido mandado de segurança se deu em razão do ato do Presidente do Senado Federal, que determinou o envio do Projeto de Lei 79/2016 à sanção presidencial, sem que o plenário o tivesse apreciado, em clara afronta ao art. 58, § 2º, I da CF, já que ao dar seguimento ao processo legislativo, a autoridade reputada coatora, desconsiderou três recursos apresentados para levar a matéria ao plenário.

Esse julgamento representa uma possível virada do STF sobre controle preventivo judicial de constitucionalidade, na medida em que a Corte concedeu a ordem, ou seja, não entendeu se tratar de matéria *interna corporis*, mas analisou o vício de forma na tramitação do projeto de lei.

Ademais, apesar de o controle repressivo ser normalmente judicial e realizado por meio dos sistemas difuso e concentrado, a própria Constituição e a jurisprudência nos trazem exemplos de controle repressivo político, como nos casos a seguir expostos:

---

que não se compatibilizam com o processo legislativo constitucional. Legitimidade ativa do parlamentar, apenas. Precedentes do STF: MS 20.257/DF, Min. Moreira Alves (*leading case*), *RTJ* 99/1031; MS 21.642/ DF, Min. Celso de Mello, *RDA* 191/200; MS 21.303-AgR/ DF, Min. Octavio Gallotti, *RTJ* 139/783; MS 24.356/DF, Min. Carlos Velloso, *DJ* 12.09.2003" (STF, MS 24.642/DF, Plenário, Rel. Min. Carlos Velloso, j. 18.02.2004, *DJ* 18.06.2004). E, ainda: "DIREITO CONSTITUCIONAL. MANDADO DE SEGURANÇA. INTERESSE DE PARLAMENTAR À OBSERVÂNCIA DO DEVIDO PROCESSO LEGISLATIVO CONSTITUCIONAL. CONTROLE PREVENTIVO DE CONSTITUCIONALIDADE ADMITIDO. ANTEPROJETO DE LEI DE INICIATIVA POPULAR AUTUADO COMO PROJETO DE LEI DE INICIATIVA PARLAMENTAR. DESVIRTUAÇÃO DA ESSÊNCIA DO PROJETO. VIOLAÇÃO AOS ARTIGOS 14, III, E 61, § 2º, DA CONSTITUIÇÃO. VULNERAÇÃO DO PRINCÍPIO DEMOCRÁTICO. INCONSTITUCIONALIDADE FORMAL. MEDIDA LIMINAR DEFERIDA" (STF, MS 34.530/DF, Rel. Min. Luiz Fux)."

- a disposição do art. 49, V, que permite ao Congresso Nacional sustar os atos normativos do Poder Executivo que exorbitem do poder regulamentar ou dos limites de delegação legislativa;
- o art. 62, § 5º c/c § 9º, que determina a análise dos pressupostos constitucionais da medida provisória por uma comissão mista de deputados e senadores, antes que se inicie o processo de sua conversão em lei ordinária;
- o teor da Súmula nº 473 do STF, que dispõe que a Administração Pública pode anular seus próprios atos, quando eivados de vícios que os tornem ilegais, porque deles não se originam direitos; ou revogá-los por motivo de conveniência ou oportunidade (...);
- segundo a jurisprudência,[10] também é possível que o chefe do Executivo deixe de aplicar uma lei que entenda ser inconstitucional no ambiente da Administração Pública sobre o seu comando, sob a sua própria responsabilidade.

Também podemos citar como exemplo o controle realizado pelo Tribunal de Contas respaldado na Súmula nº 347 do STF: *O Tribunal de Contas, no exercício de suas atribuições, pode apreciar a constitucionalidade das leis e dos atos do Poder Público.*

6. NÃO HÁ DECLARAÇÃO DE INCONSTITUCIONALIDADE POR DERIVAÇÃO/ POR VIA REFLEXA /POR VIA OBLÍQUA/ OU INDIRETA

As normas infraconstitucionais primárias retiram seu fundamento jurídico de validade diretamente da Constituição (leis ordinárias, leis complementares, medidas provisórias etc.) e os atos normativos secundários buscam os seus fundamentos nos atos normativos primários, como, por exemplo, os decretos que visam regulamentar as leis, na forma do art. 84, IV, da CF. Entre esse decreto regulamentar e a Constituição existe a lei. É o exemplo dos atos administrativos *lato sensu*, como instruções normativas, portarias, circulares, que buscam a fonte principal nos atos normativos primários.

No ordenamento jurídico brasileiro, a norma que pode ser declarada inconstitucional ao contrariar à Constituição é a norma primária. O STF não

10 "Lei inconstitucional. Poder Executivo. Negativa de eficácia. O Poder Executivo deve negar execução a ato normativo que lhe pareça inconstitucional" (STJ, Resp 23.221. Rel. Min. Humberto Gomes de Barros, *DJ* 08.08.93).

permite que os atos normativos secundários sejam objeto de uma ação direta de inconstitucionalidade, porque não ofendem diretamente a Constituição.[11] Então, o juízo que deverá ser feito sobre eles é o de legalidade.

Os decretos do Chefe do Poder Executivo podem ser regulamentares ou autônomos. Na jurisprudência do STF, somente se admite a propositura de ação direta tendo por objeto decreto autônomo, aquele que inova autonomamente na ordem jurídica, e não o decreto que tenha por escopo regulamentar a lei. Isso porque o decreto regulamentar (art. 84, IV, da CF) não possui autonomia normativa, e se apenas fere a lei, sofrerá o controle de legalidade, e não o controle de constitucionalidade.

E se uma portaria contrariar a CF? Há duas alternativas: ou a portaria contraria o ato primário, e ela será ilegal, ou o ato primário contrariou a Constituição. Daí, com a declaração de inconstitucionalidade do ato primário, o ato secundário será arrastado junto com a sua norma criadora, deixando assim de produzir efeitos jurídicos.

7. O CONTROLE DE CONSTITUCIONALIDADE JUDICIAL

O controle de constitucionalidade é obrigatoriamente exercido pelo Poder Judiciário. Isto porque, ao interpretar uma norma para aplicá-la a um caso concreto, o juiz deverá analisá-la, observando o princípio da supremacia

---

11 "O Tribunal não conheceu de ação direta de inconstitucionalidade proposta pelo Partido Liberal contra o Provimento 758/2001, do Conselho Superior da Magistratura do Tribunal de Justiça de São Paulo, que autoriza o juiz de direito, responsável pelas atividades do Juizado a tomar conhecimento dos termos circunstanciados elaborados pelos policiais militares, desde que assinados concomitantemente por oficial da Polícia Militar, e da Resolução SSP 403/2001, prorrogada pela Resolução nº 517/2002, ambas do Secretário de Segurança Pública do Estado de São Paulo, que estabelece que, nas áreas que elenca, o termo circunstanciado de que trata o art. 69 da Lei nº 9.099/95, será elaborado pelo policial civil ou militar que primeiro tomar conhecimento da ocorrência, e exige que os termos circunstanciados feitos pela Polícia Militar sejam assinados também por oficial da Corporação. Entendeu-se que os atos normativos impugnados seriam atos secundários que se prestariam a interpretar norma contida no art. 69 da Lei nº 9.099/95" (STF, ADI 2862/SP, Plenário, *DJE* 09.05.2008, Rel.ª Min.ª Cármen Lúcia, 26.03.2008, *Informativo* 499).

E ainda:

"(...) Preliminarmente, não conheço da ação relativamente à Portaria nº 503, de 28.12.99, do Ministro das Minas e Energia. É que tem-se, no caso, ato normativo secundário, ato regulamentar, que, se vai além do conteúdo da lei, ou se afasta dos limites que esta lhe traça, incorre em ilegalidade e não em inconstitucionalidade, pelo que não está sujeito à jurisdição constitucional. É em tal sentido a jurisprudência do Supremo Tribunal Federal..." (STF, ADI 2586/DF; Plenário, Rel. Min. Carlos Velloso, j. 16.05.2002, *DJ* 01.08.2003).

constitucional. Isso significa que a cada interpretação de uma lei o juiz deve fazer o exame de sua compatibilidade para com a Constituição, pois só deverá aplicar uma norma válida.

O controle de constitucionalidade realizado por órgãos jurisdicionais é, via de regra, repressivo, e pode ser classificado:

7.1 Com Relação ao Órgão Competente para o Exercício

- **difuso ou aberto**: é aquele exercido por qualquer órgão jurisdicional. Todo e qualquer juiz exerce controle de constitucionalidade difuso. É chamado de difuso porque seu exercício ocorre de forma dispersa entre os órgãos do Poder Judiciário;
- **concentrado, reservado ou fechado**: é exercido por apenas um órgão jurisdicional. Chama-se concentrado porque não está disponível ao exercício por qualquer juiz. Se o parâmetro para o controle é a Constituição Federal, apenas o STF o exerce, caso o parâmetro seja a Constituição Estadual, apenas o TJ deverá realizá-lo.

7.2 Com Relação ao Modo de Exercício

- **incidental (de exceção ou de defesa):** o controle de constitucionalidade é incidental quando exercido no bojo da solução de um conflito de interesses, onde o que mais importa para as partes na relação jurídica é a sua composição. A discussão da inconstitucionalidade de uma lei ou ato normativo se desenvolverá perifericamente à questão principal da causa. Por isso diz-se que este controle ocorre incidentalmente, sendo arguida como questão prejudicial ao mérito;
- **principal (de ação ou direta)**: o que se pretende desde logo, é o exame de validade de uma norma. O autor da ação invocará o controle de constitucionalidade como a questão principal a ser decidida pelo Poder Judiciário. Desenvolve-se, em ambiente federal, por meio das ações propostas originariamente perante o Supremo Tribunal Federal.

No Brasil, a fiscalização difusa é suscitada incidentalmente e a concentrada é provocada, normalmente, por via de ação. Entretanto, de acordo com as lições de Clèmerson Merlin Clève,[12] não há correspondência necessária entre

12 MERLIN CLÈVE, Clèmerson. *A Fiscalização Abstrata de Constitucionalidade no Direito Brasileiro*. 1. ed. São Paulo: Revista dos Tribunais, 1995, p. 61.

a via incidental e a fiscalização difusa, ou entre a via de ação e a fiscalização concentrada em outros sistemas de controle de constitucionalidade. Na Áustria e na Alemanha, por exemplo, a questão de inconstitucionalidade suscitada por via incidental conduz a uma fiscalização concentrada pelas respectivas Cortes Constitucionais.

8. O CONTROLE DE CONSTITUCIONALIDADE NO DIREITO COMPARADO

O controle de constitucionalidade do Brasil recebeu influência norte-americana e europeia para fundamentar a base da fiscalização, onde coexistem os sistemas difuso e concentrado de constitucionalidade. Por isso, faremos em seguida a análise de alguns dos sistemas de controle nos países que colaboraram na consolidação do nosso modelo de fiscalização.

8.1 O Sistema Norte-americano (Controle concreto-difuso)

A partir do caso *Marbury x Madison,* em 1803, nos Estados Unidos, os juízes da Suprema Corte americana estabeleceram a competência do órgão para exercer o controle sobre atos, leis e decisões estaduais em face da Constituição, o que, segundo Barroso,[13] inaugurou o controle de constitucionalidade no constitucionalismo moderno, deixando assentado o princípio da supremacia da Constituição, da subordinação a ela de todos os Poderes estatais e da competência do Poder Judiciário como seu intérprete, podendo invalidar os atos que lhe sejam contrários.

Em apertada síntese, o famoso caso estadunidense pode ser assim apresentado:

Nas eleições presidenciais realizadas no final do século XVIII nos Estados Unidos, o presidente em exercício, John Adams, e seus aliados federalistas foram derrotados pela oposição republicana. O então presidente – ciente de que seu partido havia perdido não só a presidência, mas também muitos cargos nos Poderes Executivo e Legislativo – realizou uma manobra para conservar sua influência política através do Poder Judiciário nomeando uma série de juízes de paz em diferentes Estados norte-americanos. Entre as nomeações estava o ato de investidura de juiz de paz de William Marbury. Como os atos de investidura foram entregues a John Marshall (Secretário de Estado de Adams e presidente da Suprema Corte) no último dia do mandato de Adams, ele não

13 BARROSO, Luís Roberto. *O Controle de Constitucionalidade no Direito Brasileiro*. 4. ed., rev. e atual. São Paulo: Saraiva, 2009, p. 10.

conseguiu entregar todas as nomeações, dentre elas a de William Marbury. No dia seguinte, o Presidente recém-eleito, Thomas Jefferson, tomou posse e nomeou como seu Secretário de Estado James Madison, determinando a ele que cancelasse todos os atos de investidura não formalizados no dia anterior, pois ele trataria de nomear os novos juízes de paz. Madison, instruído pelo Presidente, cancela as nomeações. Entre os juízes nomeados, mas não empossados, estava William Marbury, que, contrariado com a medida inconstitucional, entra com ação (*writ of mandamus*) na Suprema Corte norte-americana com intuito de obter a nomeação no cargo que fora investido por Adams, dando início ao caso *Marbury v. Madison*.

O Presidente da Suprema Corte, John Marshall (o responsável pela não entrega da nomeação de Marbury), tentou reunir e organizar argumentos jurídicos suficientes para garantir que Marbury fosse nomeado como juiz de paz. Assim sendo, Marshall convenceu os demais juízes, defendendo a nomeação de Marbury sob três fatores: 1º) nenhum ato produzido no país pode violar o disposto na Constituição segundo anuncia o art. VI, § 2º, da Constituição de 1787; 2º) se um ato violar a Constituição, ele será nulo de pleno direito e não poderá mais produzir efeitos jurídicos; 3º) cabe ao poder judiciário a última palavra sobre a defesa da Constituição e a realização do controle de constitucionalidade das leis.

Esse modelo estadunidense influenciou o nascimento do controle difuso de constitucionalidade no Brasil em 1891.

8.2 O Sistema Constitucional Austríaco

A Áustria possui a Corte Constitucional mais antiga da Europa[14] e inspirou as outras Cortes lá instituídas. Segundo Louis Favoreu,[15] o controle concentrado preventivo de constitucionalidade foi instituído em 1925, e, em 1929, foi criado o controle repressivo. No primeiro caso, a atribuição da Corte é exercida em relação a projetos de lei ou de regulamentos ainda não votados pelas assembleias ou publicados pelas autoridades administrativas. O controle a *posteriori* foi criado principalmente para fazer respeitar as regras relativas à divisão das competências entre Federações e Landers (Estados). Nessa situação, o acesso à Corte Constitucional é permitido aos governos provinciais, aos

14 FAVOREU, Louis. *As Cortes Constitucionais*. São Paulo: Landy Editora, 2004, p. 41. O autor ainda lembra que a Corte austríaca tem um predecessor: O Tribunal do Império (*Reichsgericht*) criado pela Constituição de 21 de dezembro de 1867 e ao qual os cidadãos podiam apresentar recursos pela violação de seus direitos constitucionais garantidos.

15 FAVOREU, Louis. Ob. cit., p. 48.

parlamentares e aos indivíduos (desde que seus direitos tenham sido violados pela lei em questão).

Ressalte-se que o nascimento do controle concentrado de constitucionalidade no Brasil sofreu forte influência do modelo austríaco.

8.3 O Controle de Constitucionalidade na Alemanha

O Tribunal Constitucional Federal alemão exerce controle de constitucionalidade preventivo e repressivo. No primeiro caso, por exemplo, quando o Presidente da República se recusa a promulgar uma lei, outro órgão constitucional pode acionar o Tribunal Constitucional pedindo providências. O controle concentrado repressivo por via de ação pode ser acionado contra uma lei federal pelo governo de um *Land* (Estado) ou por um terço dos membros do *Bundestag* (Câmara dos Deputados).[16]

Na Alemanha, as pessoas que forem lesadas em seus direitos fundamentais, por meio de leis que desrespeitem a Constituição, podem apresentar também diretamente ao Tribunal Alemão o denominado recurso constitucional, desde que as vias normais tenham sido esgotadas previamente.[17]

8.4 O Controle de Constitucionalidade na Espanha

O Tribunal Constitucional espanhol realiza controle concentrado repressivo de constitucionalidade por meio de recurso de inconstitucionalidade proposto por deputados, senadores, pelos executivos colegiados das comunidades autônomas e, eventualmente, pelas suas assembleias e pelo Defensor do Povo. Pode também ser realizado por meio de remessa do juiz ordinário sobre a "questão de inconstitucionalidade" de uma lei para análise do Tribunal.[18]

8.5 O Controle de Constitucionalidade em Portugal

Em Portugal, o Tribunal Constitucional realiza controle preventivo e repressivo de constitucionalidade. O primeiro pode ser invocado contra as leis, a requerimento do Presidente da República, e, após 1989, contra as leis orgânicas, por iniciativa do próprio Presidente, do Primeiro Ministro ou de um quinto dos deputados. Já o controle repressivo pode ser exercido por via de ação ou por meio de remessa aos tribunais.[19]

---

16 FAVOREU, Louis. Ob. cit., p. 66-67.

17 FAVOREU, Louis. Ob. cit., p. 69.

18 FAVOREU, Louis. Ob. cit., p. 108.

19 FAVOREU, Louis. Ob. cit., p. 116.

O art. 283 da Constituição portuguesa ainda prevê a ação de inconstitucionalidade por omissão das medidas legislativas necessárias para tornar exequíveis as normas constitucionais.[20]

9. EVOLUÇÃO DO CONTROLE DE CONSTITUCIONALIDADE NO BRASIL

9.1 A Constituição de 1824

Não há registro no texto imperial brasileiro de controle de constitucionalidade jurisdicional, em decorrência da própria soberania do Parlamento e do papel constitucional atribuído ao Poder Moderador, que destinava ao Imperador o papel de solucionar os conflitos envolvendo os Poderes, e não ao Judiciário.[21]

9.2 A Constituição de 1891

Sob a influência do Direito norte-americano inaugurou-se o controle de constitucionalidade concreto-difuso no Brasil com a atribuição ao STF de preservação da Constituição Federal.[22]

Esse modelo ganhou reforço com a Lei Federal nº 221, de 20.11.1894, que organizou a Justiça Federal, e em seu art. 13, § 10, preceituava: "Os juízes e tribunais apreciarão a validade das leis e regulamentos e deixarão de aplicar aos casos ocorrentes as leis manifestamente inconstitucionais e os regulamentos manifestamente incompatíveis com as leis ou com a Constituição".

---

20 Art. 283 da Constituição Portuguesa de 1976 (Inconstitucionalidade por omissão)
"1. A requerimento do Presidente da República, do Provedor de Justiça ou, com fundamento em violação de direitos das regiões autónomas, dos presidentes das Assembleias Legislativas das regiões autónomas, o Tribunal Constitucional aprecia e verifica o não cumprimento da Constituição por omissão das medidas legislativas necessárias para tornar exequíveis as normas constitucionais".

21 MERLIN CLÈVE, Clèmerson. *A Fiscalização Abstrata de Constitucionalidade no Direito Brasileiro*. 1. ed. São Paulo: Revista dos Tribunais, 1995, p. 64.

22 Constituição de 1891: "Art 59. Ao Supremo Tribunal Federal compete:
(...)
§ 1º Das sentenças das Justiças dos Estados, em última instância, haverá recurso para o Supremo Tribunal Federal:
(...)
b) quando se contestar a validade de leis ou de atos dos Governos dos Estados em face da Constituição, ou das leis federais, e a decisão do Tribunal do Estado considerar válidos esses atos, ou essas leis impugnadas".

9.3 A Constituição de 1934

O texto constitucional de 1934 apresentou importantes inovações no controle de constitucionalidade brasileiro. Senão vejamos:

a) estabeleceu, na forma do art. 179[23] o princípio da reserva de plenário, determinando que a decisão de inconstitucionalidade somente pudesse ser declarada por decisão da maioria absoluta dos membros do tribunal;

b) atribuiu ao Senado Federal, na forma dos arts. 91, IV e 96,[24] a competência para suspender a execução de lei declarada inconstitucional pelo Poder Judiciário;

c) e ainda instituiu a Representação Interventiva, privativa do procurador-geral da República e sujeita à competência originária do STF, na forma do art. 12, § 2º.[25]

9.4 A Constituição de 1937

Não identificamos avanços no controle de constitucionalidade na Constituição autoritária de 1937, mantendo-se o modelo de controle concreto-difuso presente na Constituição de 1891. Reproduziu, igualmente, a exigência do princípio da reserva de plenário, já presente na Constituição de 1934, mas não cuidou da Representação Interventiva, tampouco da participação do Senado no processo de suspensão da eficácia da lei declarada inconstitucional pelo Poder Judiciário.

---

23 Art 179 da Constituição de 1934: "Só por maioria absoluta de votos da totalidade dos seus Juízes, poderão os Tribunais declarar a inconstitucionalidade de lei ou ato do Poder Público".

24 Art. 91, IV, da Constituição de 1934: "Compete ao Senado Federal: IV – suspender a execução, no todo ou em parte, de qualquer lei ou ato, deliberação ou regulamento, quando hajam sido declarados inconstitucionais pelo Poder Judiciário". E ainda nesse sentido, assim dispõe o art. 96: "Quando a Corte Suprema declarar inconstitucional qualquer dispositivo de lei ou ato governamental, o Procurado Geral da República comunicará a decisão ao Senado Federal para os fins do art. 91, nº IV, e bem assim à autoridade legislativa ou executiva, de que tenha emanado a lei ou o ato".

25 Art 12. da Constituição de 1934: "A União não intervirá em negócios peculiares aos Estados, salvo:

(...) V – para assegurar a observância dos princípios constitucionais especificados nas letras *a* a *h*, do art. 7º, nº I, e a execução das leis federais;

(...) § 2º Ocorrendo o primeiro caso do nº V, a intervenção só se efetuará depois que a Corte Suprema, mediante provocação do Procurador-Geral da República, tomar conhecimento da lei que a tenha decretado e lhe declarar a constitucionalidade".

Em face do autoritarismo do regime, é possível identificarmos certa diminuição da participação do Poder Judiciário no controle de constitucionalidade, de acordo com o art. 96, parágrafo único, que assim dispõe: "No caso de ser declarada a inconstitucionalidade de uma lei que, a juízo do Presidente da República, seja necessária ao bem-estar do povo, à promoção ou defesa de interesse nacional de alta monta, poderá o Presidente da República submetê-la novamente ao exame do Parlamento: se este a confirmar por dois terços de votos em cada uma das Câmaras, ficará sem efeito a decisão do Tribunal".

9.5 A Constituição de 1946

Em face do "reencontro" com a democracia, o texto constitucional de 1946 extinguiu a disposição do art. 96 da Constituição anterior; manteve o modelo de controle da Constituição de 1891 e também recuperou as novidades trazidas pela Constituição de 1934, não previstas na Carta de 1937.

9.6 A Emenda Constitucional nº 16/65

A reforma constitucional de 1965 marcou o nascimento no Brasil da fiscalização abstrata de constitucionalidade de atos normativos federais e estaduais, com a instituição da Representação de Inconstitucionalidade, encaminhada pelo procurador-geral da República ao Supremo Tribunal Federal, de acordo com a alteração feita ao art. 101, I, "k", do texto da Constituição de 1946.

De acordo com Clèmerson Merlin Clève, a Representação Interventiva realizava uma fiscalização concreta (solução de um conflito federativo) de constitucionalidade, embora exercida por via de ação direta; enquanto que a Representação de Inconstitucionalidade trouxe a fiscalização abstrata de constitucionalidade das leis, porque nesse caso, a análise principal está centralizada na compatibilidade da norma objeto do controle com a Constituição Federal.[26]

9.7 A Constituição de 1967

O texto de 1967 deu guarida constitucional originária à Representação de Inconstitucionalidade, mantendo o sistema difuso de 1891, com as inovações trazidas pelos textos constitucionais que a substituíram.

---

26 MERLIN CLÈVE, Clèmerson. *A Fiscalização Abstrata de Constitucionalidade no Direito Brasileiro*. 1. ed. São Paulo: Revista dos Tribunais, 1995, p. 71.

9.8 A Constituição de 1988

O controle de constitucionalidade no Brasil ganhou inegável reforço na Constituição de 1988. O sistema difuso se associa a um sistema de controle concentrado de constitucionalidade que recebeu nesse texto constitucional mais três importantes ações, a saber: ação direta de inconstitucionalidade por omissão (art.103, § 2º); ação declaratória de constitucionalidade (art. 102, I, "a", introduzida por meio da EC nº 3/93) e a arguição de descumprimento de preceito fundamental (art. 102, § 1º), que, em conjunto com a ação direta de inconstitucionalidade (presente no ordenamento jurídico desde a EC nº 16/65), formam o arcabouço principal de proteção constitucional no controle abstrato das leis e asseguram a supremacia da Constituição.

Ressalte-se ainda que a Constituição de 1988 ampliou significativamente o rol dos legitimados ativos para a propositura das ações diretas, em que pese a autorrestrição do STF na exigência de pertinência temática para os legitimados ativos que não são considerados "universais" (os do art. 103, IV, V e IX). Além do que, a EC nº 45/2004 atribuiu efeitos vinculantes às decisões de mérito da ação direta de inconstitucionalidade (art. 102, § 2º).

O controle de constitucionalidade sob a perspectiva da Constituição de 1988 será objeto da nossa atenção nos capítulos seguintes.

Capítulo

28

CONTROLE DE CONSTITUCIONALIDADE DIFUSO

1. DESENVOLVIMENTO DO CONTROLE DIFUSO DE CONSTITUCIONALIDADE

Como já visto, o controle incidental pode ser provocado por qualquer pessoa, no bojo de qualquer ação (em regra), perante qualquer juízo. Daí possuir a característica de ser difuso, ou seja, pode ser proposto perante qualquer órgão jurisdicional. Também pode ser realizado de ofício pelo julgador, posto que antes de aplicar uma norma para solucionar um caso concreto, deve-se examiná-la antes, à luz do princípio da supremacia constitucional. Ressalte-se, como já analisado, que é o sistema mais antigo de controle de constitucionalidade no Brasil, presente no ordenamento pátrio desde a Constituição de 1891.

Na relação jurídica submetida ao juízo competente, pode estar sendo invocada a aplicação de uma norma violadora da Constituição, hipótese em que o julgador, antes de dizer qual o melhor direito naquele processo, terá que passar necessariamente pelo exame de constitucionalidade da norma aplicável ao caso. Daí que o exame de validade da norma será feito antes da decisão final que será proferida no julgamento do caso concreto, tendo em vista que o controle de constitucionalidade pode interferir diretamente na decisão dessa causa.

A inconstitucionalidade de uma norma pode ser discutida em qualquer tipo de ação, exceto na ação declaratória incidental prevista nos arts. 5º e 325, do Código de Processo Civil. É que nesta ação o pedido principal pode misturar-se com o da declaração de inconstitucionalidade, e, com isso, o juiz singular ou o órgão fracionário (Câmara, seção ou turma) competente para julgá-la poderá usurpar função do STF (via concentrada). Assim, cabe o controle em *habeas corpus*, *habeas data*, mandado de segurança, ação de investigação de paternidade, ação de alimentos, ação de cobrança, de obrigação de fazer, de execução etc. É cabível também o controle na ação popular e na ação civil pública de acordo com a posição hodierna do STF sobre esta questão.[1]

Importante destacar que o controle de constitucionalidade nas ações coletivas deve ser feito de forma incidental, ou seja, não como pedido da causa, sob pena de usurpação de competência do Supremo Tribunal Federal (102, I, *a*).

Quando se diz que o controle cabe perante qualquer juízo, deve ser levada em conta a regra de competência para a propositura da ação. Destarte, pode ser proposta perante juízo singular ou coletivo, criminal ou cível, ou seja, perante o juízo competente para o julgamento daquela causa onde o exame de validade da norma poderá ser invocado em qualquer fase do processo.

Além disso, a discussão da validade da norma pode ser suscitada por qualquer pessoa que figure ou interfira na relação jurídica, seja em que qualidade for: autor, réu, terceiro interessado, membro do Ministério Público, que atue como fiscal da lei naquela causa ou como autor da ação. O juiz também pode, de ofício, reconhecer a inconstitucionalidade da lei nas causas oferecidas para seu julgamento, salvo o STF, em sede de recurso extraordinário, tendo em vista a necessidade de prequestionamento como requisito de admissibilidade do recurso.

2. O PRINCÍPIO DA RESERVA DE PLENÁRIO (OU DO *FULL BENCH*)

De acordo com o art. 97 da CF, uma norma só pode ser declarada inconstitucional pela maioria absoluta dos membros do tribunal ou de seu

---

1 Nesse sentido: "É legítima a utilização da ação civil pública como instrumento de fiscalização incidental de constitucionalidade, pela via difusa, de quaisquer leis ou atos do Poder Público, desde que a controvérsia constitucional não se identifique como objeto único da demanda, mas simples questão prejudicial, indispensável à resolução do litígio principal. Com base nesse entendimento, o Tribunal desproveu recurso extraordinário interposto pelo Distrito Federal, contra acórdão do STJ, em que se pretendia fosse julgado improcedente o pedido formulado em ação civil pública ajuizada pelo Ministério Público do Distrito Federal, fundada na inconstitucionalidade da Lei distrital 754/1994, que regulamenta a ocupação de espaços em logradouros públicos no DF, ou fosse restabelecido o acórdão do Tribunal de Justiça do Distrito Federal e Territórios que, acolhendo a preliminar de ilegitimidade ativa do Ministério Público para a ação, extinguira o processo sem julgamento de mérito"... (STF, RE 424993/DF, Plenário, DJ 19.10.2007, Rel. Min. Joaquim Barbosa, j. 12.09.2007, *Inf.* 479). Seguindo o mesmo entendimento, STF, RE 438.328 AgR/DF, Segunda Turma, Min. Rel. Eros Grau, j. 24.06.2008, *DJ* 15.08.2008.

órgão especial. Eis o seu texto: "Somente pelo voto da maioria absoluta de seus membros ou dos membros do respectivo órgão especial poderão os tribunais declarar a inconstitucionalidade de lei ou ato normativo do Poder Público".[2]

Esse dispositivo atende ao princípio da presunção de constitucionalidade das leis que deve orientar o intérprete, pois toda norma deve ser interpretada de forma a se respeitar a vontade de seu criador (o Poder Legislativo). Assim, para que uma lei seja declarada inválida em decisão de órgão colegiado, a Constituição exige que a questão seja examinada por um grupo de juízes. Há presunção de que uma decisão tomada pela maioria estará menos exposta a erros.

Por maioria absoluta entende-se o primeiro número inteiro após a metade dos integrantes do órgão julgador. No caso, pode ser a maioria dos integrantes do Tribunal ou de seu órgão especial. O art. 93, XI, da CF, autoriza que sejam criados órgãos especiais nos tribunais cuja composição ultrapasse vinte e cinco julgadores. Os órgãos especiais, quando criados, exercerão a competência do órgão pleno, de acordo com a previsão nos regimentos internos dos respectivos Tribunais.

O princípio da reserva de plenário deve ser respeitado tanto no controle difuso quanto no concentrado.

A observância da cláusula da reserva de plenário não é necessária na hipótese de reconhecimento da constitucionalidade (princípio da presunção de constitucionalidade das leis), inclusive em se tratando de interpretação conforme, e não se aplica às decisões de juízes singulares, das turmas recursais dos juizados especiais, nem ao caso de não recepção de normas anteriores à Constituição.

O princípio ora analisado não se aplica à Turma Recursal de Juizado Especial, tendo em vista que apesar de ser órgão colegiado, não possui status de Tribunal.

2.1 Reserva de Plenário nos Tribunais (Arts. 948 a 950 do CPC)

Quando a discussão da inconstitucionalidade da lei é colocada para exame de órgão fracionário do Tribunal (turmas, seções ou câmaras, por exemplo),

---

2 "Não há necessidade de pedido das partes para que haja o deslocamento do incidente de inconstitucionalidade para o Pleno do tribunal. Isso porque é dever de ofício do órgão fracionário esse envio, uma vez que não pode declarar expressamente a inconstitucionalidade de lei ou ato normativo do poder público, nem afastar sua incidência, no todo ou em parte" (STF, Rcl 12.275 AgR, rel. min. Ricardo Lewandowski, j. 22-5-2014, P, DJE de 18-6-2014).

deve-se observar os arts. 948 a 950 do CPC, quando três caminhos podem se abrir:

a) se o órgão fracionário entender que a norma questionada é válida, prossegue no julgamento do mérito da causa, conforme dispõe o art. 949, I do CPC;
b) se o órgão fracionário concordar com a inconstitucionalidade suscitada não pode declará-la (em princípio). Deve promover a cisão do julgamento e remeter ao órgão pleno ou ao órgão especial do tribunal o exame da inconstitucionalidade (art. 949, II do CPC). Nessa hipótese, o órgão pleno ou especial do tribunal examina tão somente se existe a inconstitucionalidade alegada e, lavrando acórdão, devolve-o ao órgão fracionário para a continuidade do julgamento, com a apreciação do mérito;
c) se o órgão fracionário entender que a norma invocada para a solução do caso concreto é inválida e se esta invalidade já tiver sido declarada pelo órgão pleno ou especial daquele tribunal ou pelo órgão pleno do STF em outra causa, pode aplicar o entendimento de qualquer destas Cortes e julgar imediatamente o mérito da causa. Ou seja, por medida de economia e celeridade processuais, pode ocorrer de o órgão fracionário julgar diretamente o mérito da causa fundado em decisão anterior de inconstitucionalidade daquela mesma norma. É o que autoriza o art. 949, parágrafo único, do CPC.

Importante ressaltar que o STF, relativizando o princípio em análise, já entendeu[3] ser possível o julgamento de recurso extraordinário por decisão monocrática do relator nas hipóteses oriundas de ação de controle concentrado de constitucionalidade em âmbito estadual, em se tratando de dispositivo de reprodução obrigatória, quando a decisão impugnada refletir pacífica jurisprudência da Corte sobre o tema.

Podemos concluir que o órgão fracionário não pode examinar e declarar a inconstitucionalidade de uma norma que ainda não tenha sido submetida ao órgão pleno ou ao órgão especial do tribunal ou do STF (princípio da reserva de plenário), sob pena de ofensa ao art. 97 da CF.

Para evitar a burla ao princípio de reserva de plenário pelos órgãos fracionários (decisão "escamoteada" de inconstitucionalidade da lei), o STF editou a Súmula Vinculante nº 10, que assim afirma: *Viola a cláusula de reserva de*

3 RE 376440 ED/DF, rel. Min. Dias Toffoli, 18.9.2014 (Informativo 759).

plenário (CF, art. 97) a decisão de órgão fracionário de tribunal que, embora não declare expressamente a inconstitucionalidade de lei ou ato normativo do Poder Público, afasta sua incidência, no todo ou em parte.

3. EFEITOS DA DECISÃO NA VIA DIFUSA. A PARTICIPAÇÃO DO SENADO FEDERAL

Encerrado o exame da causa que tenha passado pela verificação incidental da constitucionalidade de uma norma operam-se os seguintes efeitos: a decisão pela inconstitucionalidade da norma tomada como causa de pedir, ou seja, como questão prejudicial, produz efeitos apenas em relação a quem for parte naquela causa, retroagindo no tempo para proteger a relação jurídica no momento em que a lei imputada inconstitucional provocou a lesão ao direito e não faz coisa julgada (efeitos entre as partes, *ex tunc* e naquele caso).

É possível, entretanto, que essa decisão *inter partes* seja estendida para toda a sociedade se houver a suspensão da norma pelo Senado Federal, na forma do art. 52, X, da CF (se a decisão houver chegado ao STF), cuja participação no controle difuso está presente desde 1934, como já tratamos, quando ainda não existia o controle concentrado abstrato. Nessa conta, o Senado Federal pode editar uma resolução que determinará a suspensão da eficácia da norma declarada inconstitucional por decisão definitiva do STF.

Com tal competência atribuída ao Senado Federal buscou-se um modo de pacificação das relações jurídicas fundado na impossibilidade de aplicação, por qualquer pessoa, daquela norma declarada inconstitucional por decisão definitiva do STF. Se a eficácia da norma vier a ser suspensa, o Senado Federal exerceu o poder de estender, *erga omnes*, os efeitos produzidos no processo subjetivo, ou seja, a lei (das esferas federal, estadual ou municipal) não poderá ser aplicada por mais ninguém, ainda que a resolução não produza os efeitos vinculantes, característicos do controle concentrado de constitucionalidade.

Quando o STF declara a inconstitucionalidade incidental de uma lei ou ato normativo, ele tem o dever de informar ao Senado Federal, conforme determina o RISTF (Regimento Interno do Supremo Tribunal Federal), abrindo-se-lhe a oportunidade de executar a competência descrita no art. 52, X, da CF.[4]

4 Art. 178 do RISTF: "Declarada, incidentalmente, a inconstitucionalidade, na forma prevista nos arts. 176 e 177, far-se-á comunicação, logo após a decisão, à autoridade ou órgão interessado, bem como, depois do trânsito em julgado, ao Senado Federal, para os efeitos do art. 42, VII, da Constituição".

Não obstante, pode o próprio Senado, de ofício, através de sua Comissão de Constituição e Justiça, tomando conhecimento da decisão do STF pelos órgãos de publicidade, deflagrar o processo legislativo de edição da resolução cujo objeto será a suspensão da norma declarada inconstitucional. Esta resolução, uma vez editada, é irrevogável, por tratar-se de ato político que irá conferir efeito *erga omnes* à declaração de inconstitucionalidade incidental.

Ressalte-se que em nome da separação de poderes, o Senado Federal não é obrigado a suspender a execução da norma declarada inconstitucional pela via difusa, tampouco foi fixado prazo para agir, muito menos sanção para o caso de sua inércia.

Sobre os efeitos produzidos em relação ao tempo, duas são as correntes doutrinárias:

a) Para a primeira corrente,[5] os efeitos da inconstitucionalidade devem operar *ex nunc*. A resolução só pode produzir efeitos do momento de sua publicação em diante. Isso significa que o efeito da resolução em relação ao tempo é produzido de maneira diferente daquele verificado para quem é parte (*ex tunc*) na causa onde houve a declaração incidental. Funda-se esta corrente no fato de que a suspensão da norma é uma faculdade do Senado Federal, não é uma obrigatoriedade. Portanto, se ele pode decidir não suspender, caso suspenda, a decisão só valerá dali por diante. Esta corrente é a majoritária na doutrina, a qual também compartilhamos.
b) A segunda corrente[6] diz que os efeitos têm que ser *ex tunc*, sob pena de se violar o princípio da igualdade entre as pessoas. Não se pode determinar efeitos diferentes para quem é parte e para quem não é. Esta corrente foi adotada pelo STF em causa julgada em 1968.[7]

Qual a extensão da suspensão da execução da norma declarada inconstitucional na via difusa? Se o art. 52, X, diz: "... suspender a execução no todo ou em parte..." significa que o Senado Federal pode escolher qual

5 Nesse sentido, AFONSO DA SILVA, José. *Aplicabilidade das Normas Constitucionais*. 7. ed. São Paulo: Malheiros, 2007, p. 162 e ainda SLAIBI FILHO, Nagib. *Direito Constitucional*. 2. ed. Rio de Janeiro: Forense, 2006, p. 200.

6 Nesse sentido, MERLIN CLÈVE, Clèmerson. *A Fiscalização Abstrata de Constitucionalidade no Direito Brasileiro*. 1. ed. São Paulo: Revista dos Tribunais, 1995, p. 96 e ainda: MENDES, Gilmar Ferreira. *Controle de Constitucionalidade*. Aspectos jurídicos e políticos. Rio de Janeiro: Saraiva, 1990, p. 211.

7 STF, MS nº 17.976, Rel. Min. Amaral Santos, j. 13.09.68, *DJ* 26.09.69.

a parte da norma declarada inconstitucional que irá suspender ou está obrigado à suspensão integral do que foi declarado inconstitucional por decisão judicial?

a) A primeira corrente[8] diz que o Senado Federal pode escolher suspender apenas parte do que foi declarado inconstitucional pelo STF. Pela teoria dos poderes implícitos, quem pode o mais pode o menos. Assim, se o SF pode escolher não suspender a norma (o mais) e esta continuar a ser aplicada por todos, com mais razão poderá escolher a parte que pretende suspender daquilo que foi declarado inválido pelo STF.

b) A segunda corrente,[9] da qual compartilhamos, sustenta que o Senado Federal pode, no máximo, escolher entre suspender ou não a norma declarada inconstitucional, porém, se decidir pela suspensão, está vinculado ao conteúdo do que foi declarado inconstitucional pelo STF. Não sendo assim, o SF estaria fazendo novo julgamento acerca da inconstitucionalidade já declarada e este poder não lhe foi atribuído pelo art. 52, X, da CF. A única interpretação possível para a expressão "no todo ou em parte" é no sentido de que o STF pode fazer declaração parcial ou total da inconstitucionalidade da lei ou ato normativo. Do contrário, o SF estaria usurpando função do STF, de acordo com o próprio entendimento da Corte.[10]

Ademais, no que tange a expressão "lei", mencionada no art. 52, X da CF, entendemos poder ser interpretada extensivamente, de modo a abranger todos os atos normativos federais, estaduais e municipais, desde que declarados, expressamente, inconstitucionais.

Por fim, a decisão de inconstitucionalidade na via difusa não faz coisa julgada material e não admite ação rescisória por essa razão, exceto se não tiver sido observado o princípio da reserva de plenário.

---

8 MERLIN CLÈVE, Clèmerson. *A Fiscalização Abstrata de Constitucionalidade no Direito Brasileiro*. 1. ed. São Paulo: Revista dos Tribunais, 1995, p. 95 e, ainda, PEÑA DE MORAES, Guilherme. *Curso de Direito Constitucional*. Rio de Janeiro: Lumen Juris, 2008, p. 162-163.

9 AFONSO DA SILVA, José. *Comentário Contextual à Constituição*. São Paulo: Malheiros, 2005, p. 415 e ainda, E SILVA NETO. Manoel Jorge. *Curso de Direito Constitucional*. 3. ed. Rio de Janeiro: Lumen Juris, 2008, p. 201-202.

10 STF, MS nº 16.512/ DF, Min. Rel. Oswaldo Trigueiro, j. 25.05.96, Plenário, Rel. Min. Amaral Santos, j. 16.05.66, *DJ* 31.08.66.

4. A "ABSTRATIZAÇÃO", "ABSTRATIVIZAÇÃO" OU "OBJETIVIZAÇÃO" DO CONTROLE DIFUSO DE CONSTITUCIONALIDADE

Como analisamos, o controle incidental de constitucionalidade poderá produzir efeitos subjetivos *erga omnes* se a norma for suspensa por resolução do Senado Federal, na forma do art. 52, X da CF, caso contrário, a decisão do STF no controle concreto produzirá apenas efeitos *inter partes*.

Entretanto, recentemente, alguns ministros do STF se manifestaram de maneira a defender a extensão de efeitos *erga omnes* às decisões da Corte no controle concreto, ainda que sem a participação do Senado Federal, no caso que será a seguir analisado.

No julgamento do *HC* nº 82.959-SP, o STF declarou incidentalmente a inconstitucionalidade do § 1º do art. 2º da Lei nº 8.072/90 (Lei de Crimes Hediondos), que vedava a progressão de regime aos condenados pela prática de crimes hediondos. Tendo em vista esse julgado no caso concreto, foi ajuizada perante a Corte uma reclamação (Rcl. 4.335) contra decisões do Juiz de Direito da Vara de Execuções Penais da Comarca de Rio Branco – AC, pelas quais indeferira pedido de progressão de regime em favor de condenados a penas de reclusão em regime integralmente fechado, em decorrência da disposição da referida Lei de Crimes Hediondos.

O Relator da reclamação (cujo julgamento foi concluído em 2014), Min. Gilmar Ferreira Mendes, afirmou, que de acordo com a doutrina tradicional, a suspensão da execução pelo Senado do ato declarado inconstitucional pelo STF seria ato político que empresta eficácia *erga omnes* às decisões definitivas sobre inconstitucionalidade proferidas em caso concreto. Asseverou, no entanto, que a amplitude conferida ao controle abstrato de normas e a possibilidade de se suspender, liminarmente, a eficácia de leis ou atos normativos, com eficácia geral, no contexto da CF, concorreram para infirmar a crença na própria justificativa do instituto da suspensão da execução do ato pelo Senado, inspirado numa concepção de separação de poderes que hoje estaria ultrapassada. Ressaltou, ademais, que ao alargar, de forma significativa, o rol de entes e órgãos legitimados a provocar o STF, no processo de controle abstrato de normas, o constituinte restringiu a amplitude do controle difuso de constitucionalidade. **Com isso, reputou ser legítimo entender que, atualmente, a fórmula relativa à suspensão de execução da lei pelo Senado há de ter simples efeito de publicidade, ou seja, se o STF, em sede de controle incidental, declarar, definitivamente, que a lei é inconstitucional, essa decisão terá efeitos gerais, fazendo-se a comunicação àquela Casa legislativa para que publique a decisão no Diário do Congresso. Concluiu, assim, que as**

decisões proferidas pelo juízo reclamado do Acre desrespeitaram a eficácia *erga omnes* que deve ser atribuída à decisão do STF no HCnº 82.959/SP.[11]

O Min. Eros Grau, em voto-vista, também julgou procedente a reclamação, no sentido de que o art. 52, X, no quadro de uma verdadeira mutação constitucional, atribui ao Senado Federal competência apenas para dar publicidade à suspensão da execução de lei declarada inconstitucional, no todo ou em parte, por decisão definitiva do Supremo Tribunal Federal, haja vista que essa decisão contém força normativa suficiente para suspender a execução da lei.

Porém, os citados ministros foram vencidos, pois a maioria decidiu por não adotar a teoria da abstrativização do controle difuso, não tendo ficado configurada, portanto, a mutação constitucional do art. 52, X da CF.

O Min. Teori Zavascki, também em voto-vista, apresentou importantes argumentos, com solução distinta da acima elencada, que merecem destaque:

1. Há outras formas de ampliação da eficácia subjetiva das decisões da Corte, não sendo a resolução do Senado Federal a única, e que, inclusive, tem incidência restrita à hipótese de decisões do STF que declaram, expressamente, a inconstitucionalidade de preceitos normativos;
2. Ou seja, depois da Constituição de 1934 foram sendo introduzidas modificações no sistema constitucional brasileiro que trouxeram a eficácia subjetiva universal para outros institutos, como o próprio sistema concentrado de constitucionalidade, que pode afirmar ou negar a constitucionalidade de determinada norma, sempre com efeitos erga omnes e vinculantes e, posteriormente, com a EC 45/2004, a criação das súmulas vinculantes e a instituição da repercussão geral como novo requisito de admissibilidade do recurso extraordinário;
3. Dessa forma, verifica-se que essa ampliação da eficácia subjetiva das decisões da Corte está se universalizando em razão dos institutos mencionados, e não apenas da resolução editada pelo Senado Federal na hipótese do art. 52, X da CF, o que dá às decisões dos tribunais superiores, em especial ao STF, racionalidade e efetividade;
4. Em conclusão, o Ministro, considerando o caso concreto e o seu enquadramento à situação jurídica àquela época– a Reclamação foi distribuída em 04.04.2006 – entendeu que a mesma não seria cabível (em razão da necessidade de se observar o disposto no art. 52, X);

---

11 Fonte: *Informativos* STF nºs 454 e 463.

5. Entretanto, em razão da edição da súmula vinculante 26 do STF, no curso do julgamento, cujo descumprimento ensejaria, por si só, o ajuizamento de Reclamação Constitucional perante a Corte, deve-se considerar tal fato superveniente como o bastante para se conhecer da mesma e deferir tal o pedido.

Com todo respeito às decisões dos eminentes Ministros Gilmar Mendes e Eros Grau, que tiveram os seus votos vencidos, e de parte da doutrina favorável à tese, discordamos dessa tendência de abstratização do controle difuso de constitucionalidade, bem como da argumentação sediada em suposta "mutação constitucional", de acordo com as razões a seguir expostas:

a) O constituinte originário adotou um sistema repressivo híbrido de controle de constitucionalidade no país. Em sede de controle concentrado abstrato, as decisões do STF produzem eficácia contra todos e efeito vinculante, relativa aos demais órgãos do Judiciário e até à Administração Pública direta e indireta, nos exatos termos do art. 102, § 2º, da Constituição Federal, entretanto, na via incidental, o texto constitucional é cristalino em afirmar a necessidade da resolução do Senado Federal, na forma do art. 52, X, para que a decisão ganhe proporções *erga omnes*. As decisões ora em análise contrariam, em decorrência, a própria vontade da Constituição Federal;
b) A mutação constitucional, sob pena de se tornar inconstitucional, deve respeitar as cláusulas pétreas e a essência do texto da própria Constituição. No caso em análise, encontramos duplo desrespeito: à separação de poderes, que é cláusula pétrea, na forma do art. 60, § 4º, III, e à própria dicção do mencionado art. 52;
c) Em acurada pesquisa sobre o tema, Carlos Victor Nascimento[12] detectou que não é prática reiterada do Senado Federal deixar de expedir resoluções suspendendo eficácia de lei ou ato normativo declarado inconstitucional. Em sua pesquisa, apurou que dos 372.961 recursos extraordinários constantes na base de dados do STF, de 1989 a 2009, 97.130 foram providos, total ou parcialmente, quer seja de forma monocrática, por Turma ou Plenário, e 5.192 foram não providos. Desses

12 Em sua laureada monografia de final de curso intitulada: "Mutação constitucional do controle difuso no Brasil? Uma análise do papel do Senado Federal diante do art. 52, X, da Constituição". In: Coleção Jovem Jurista, v. 1. Rio de Janeiro: Escola de Direito da Fundação Getulio Vargas, 2010, p. 151-202.

97.130 REs, identificaram-se apenas **165 REs** em que houve comunicação ao Senado, conforme determina o regimento interno da Corte. **Desses 165 recursos, uma média de 136 tratavam da inconstitucionalidade da lei e, em 95 delas, o Senado expediu resolução suspendendo a eficácia da lei ou ato normativo declarado inconstitucional pelo plenário do STF, o que equivale a aproximadamente 70% das comunicações feitas, ou seja, a sua atuação não é obsoleta como defendem os Ministros Gilmar Mendes e Eros Grau, o que surpreende é o baixo número de comunicações feitas pelo STF ao Senado com base nos números analisados!;**

d) Ademais, a EC nº 45/2004 ainda trouxe para o STF a possibilidade de emissão de súmulas vinculantes nascidas de reiteradas decisões em casos concretos, permitindo a transcendência *erga omnes* da questão apreciada nos processos subjetivos.

Entendemos que ao defender o desaparecimento da atuação do Senado Federal no controle difuso de constitucionalidade colocaríamos em risco o salutar sistema de freios recíprocos entre os poderes (*checks and balances*), contribuindo para um excesso de participação do Judiciário na fiscalização de constitucionalidade das leis do país (o "governo de juízes"?) e uma concentração da tarefa de interpretação constitucional, o que seria contrário às próprias instituições democráticas.

Em sentido contrário, entretanto, Luís Roberto Barroso sustenta que a decisão da Corte, em controle incidental ou abstrato, deve produzir os mesmos efeitos, tendo o mesmo alcance, pois não haveria mais lógica razoável em manter essa distinção, já que com a criação da ação direta e inconstitucionalidade pela Emenda Constitucional 16 de 1965, a competência atribuída ao Senado Federal pelo art. 52, X da CF, instituída em 1934, se tornou um anacronismo.[13]

---

13 Barroso. Luís Roberto. O Controle de Constitucionalidade no Direito Brasileiro. 8ª edição. Saraiva.

Capítulo

29

VISÃO GERAL DO CONTROLE DE CONSTITUCIONALIDADE CONCENTRADO

1. INTRODUÇÃO

Esse controle[1] é realizado pela via de ação direta porque as ações são propostas diretamente para exame da constitucionalidade da norma, diferente do controle incidental, em que a inconstitucionalidade é analisada como questão acessória ao mérito. Tomando-se por parâmetro a Constituição Federal, somente um órgão jurisdicional pode exercê-lo: o Supremo Tribunal Federal. Daí ser chamado de controle concentrado (fechado ou reservado). Se o parâmetro para o controle é a Constituição Estadual (ou a Lei Orgânica do Distrito Federal), o órgão jurisdicional que irá exercê-lo é o Tribunal de Justiça local.

2. CARACTERÍSTICAS DO CONTROLE CONCENTRADO

- **É abstrato**: enfoca a norma do modo como está prevista, ou seja, em abstrato (em tese), não considerada dentro de um caso concreto (com a ressalva da ADI Interventiva Federal).
- **É principal**, ou seja, o controle de constitucionalidade está no pedido da causa e não como questão prejudicial.

1 A ADI interventiva federal será analisada no capítulo 27, por possuir natureza distinta das demais ações do controle concentrado de constitucionalidade brasileiro.

- **É direto**, posto que o que se pretende, diretamente, é o exame da constitucionalidade da norma.
- **É concentrado** porque apenas um órgão jurisdicional o exerce.
- **É objetivo**, porque não discute direito subjetivo violado, caso concreto ou lide. Não há partes diretamente interessadas no resultado da ação, e sim autores meramente formais, que ocupam o polo ativo da relação jurídica que se formará em face da norma, em tese, violadora da Constituição, posto que a jurisdição constitucional tem que ser provocada. Também não há possibilidade de desistência da ação e de intervenção de terceiros.

2.1 Espécies de Ações da Via Direta

- **Ação Direta de Inconstitucionalidade - ADI** (art. 102, I, *a*, da CF e Lei nº 9.868/99).
- **Ação Declaratória de Constitucionalidade - ADC** (art. 102, I, *a*, da CF e Lei nº 9.868/99).
- **Ação Direta de Inconstitucionalidade por Omissão - ADO** (art. 103, § 2º, da CF e Lei nº 9.868/99).
- **Arguição de Descumprimento de Preceito Fundamental - ADPF** (art. 102, § 1º, da CF e Lei nº 9.882/99).

2.2 Ato Normativo Passível de Controle Abstrato de Constitucionalidade via ADI e ADC

Quais são as espécies de leis ou atos normativos que se submetem ao controle de constitucionalidade pela via de ação direta? O ato normativo deve gozar das seguintes características:

- **generalidade**;
- **abstração**;
- **primariedade ou autonomia**;
- **ser oriundo do Poder Público**.

Ser genérico significa estar passível de aplicação a todos, indistintamente. A norma que não é genérica é singular. Exemplo: a norma que define crime de responsabilidade do Presidente da República é singular, pois apenas quem estiver investido neste cargo será alcançado.

A norma é abstrata quando estabelecida para regular situações que não estão concebidas ainda. Ao contrário disso, a norma é concreta quando possui finalidade claramente indicada no sentido de regular um caso, uma hipótese, como por exemplo, uma lei que cria uma empresa pública.

Importante destacar que a lei orçamentária, reconhecida como de efeitos concretos, vem sendo analisada pelo STF, como presente na Ementa abaixo:

Controle abstrato de constitucionalidade de normas orçamentárias. ***Revisão de jurisprudência.*** *O Supremo Tribunal Federal deve exercer sua função precípua de fiscalização da constitucionalidade das leis e dos atos normativos quando houver um tema ou uma controvérsia constitucional suscitada em abstrato, independente do caráter geral ou específico, concreto ou abstrato de seu objeto. Possibilidade de submissão das normas orçamentárias ao controle abstrato de constitucionalidade.*[2] (grifamos)

A norma é primária ou autônoma quando retira seu fundamento de validade da Constituição, ou seja, é norma que se encontra imediatamente abaixo da Constituição. Em outras palavras, pode-se dizer que não há uma interposta norma entre esta que sofre controle e a Constituição. Um decreto regulamentar, por exemplo, não é ato primário, é ato secundário, pois deve observar a lei. Esta, por sua vez, deve guardar respeito à Constituição. No caso, o decreto é secundário porque seu fundamento de validade é a lei e a lei é primária porque seu fundamento de validade é a Constituição.

2.3 Legitimação Ativa e Passiva

Com o advento da Emenda Constitucional nº 45/2004, as regras da legitimação ativa para a propositura da ADI, ADC, ADO e ADPF passaram a ser idênticas. Houve alteração do art. 103 para incluir a possibilidade de provocação do STF pelos órgãos do Distrito Federal, conforme já era previsto na Lei nº 9.868/99. Em relação à ADPF, a Lei nº 9.882/99 dispõe que são seus autores os mesmos legitimados para a ADI. Portanto, de acordo com o novo texto do art. 103 da CF e art. 2º, I, da Lei nº 9.882/99, podem propor a ação direta de inconstitucionalidade (que pode ser por ação ou por omissão), a ação declaratória de constitucionalidade e a arguição de descumprimento de preceito fundamental, os seguintes órgãos, entidades ou pessoas:

2 STF, ADI 4048 MC/DF, Plenário, Rel. Min. Gilmar Mendes, j. 14.05.2008.

> I – o Presidente da República;
>
> II – a Mesa do Senado Federal;
>
> III – a Mesa da Câmara dos Deputados;
>
> IV – a Mesa de Assembleia Legislativa ou da Câmara Legislativa;
>
> V – o Governador de Estado ou do Distrito Federal;
>
> VI – o Procurador-Geral da República;
>
> VII – o Conselho Federal da Ordem dos Advogados do Brasil;
>
> VIII – partido político com representação no Congresso Nacional;
>
> IX – confederação sindical ou entidade de classe de âmbito nacional.

Tais legitimados ativos são capazes de provocar a jurisdição constitucional em seus próprios nomes, porém para defender interesse que é de todos, qual seja, a proteção da Constituição da República Federativa do Brasil. É a chamada legitimação extraordinária, apresentada em rol taxativo no art. 103, I a IX, da CF.[3]

Tão logo foi promulgada a Constituição de 1988, a Suprema Corte brasileira passou a fazer interpretação restritiva da legitimação para agir, procedendo a uma classificação dos autores destas ações em dois grupos, o dos **legitimados universais e o dos legitimados especiais**, exigindo destes últimos demonstração do interesse de agir.

Do primeiro grupo, denominado de universal, não se exige a demonstração do interesse de agir ou a pertinência temática (relação de adequação que deve existir entre o ato normativo impugnado e os interesses defendidos pelo legitimado), posto que do exercício de suas próprias competências decorre a responsabilidade pela preservação da Constituição. Isso significa que eles podem propor ação para exame da constitucionalidade de qualquer lei ou ato normativo. São eles:

- o Presidente da República;
- a Mesa do Senado Federal;

3 "Os legitimados para propor arguição de descumprimento de preceito fundamental se encontram definidos, em *numerus clausus*, no art. 103 da Constituição da República, nos termos do disposto no art. 2º, I, da Lei nº 9.882/1999. Impossibilidade de ampliação do rol exaustivo inscrito na CF. Idoneidade da decisão de não conhecimento da ADPF" (ADPF 75-AgR, Rel. Min. Ricardo Lewandowski, j. 03.05.2006, Plenário, *DJ* 02.06.2006.)

- a Mesa da Câmara dos Deputados;
- o Procurador-Geral da República;
- o Conselho Federal da Ordem dos Advogados do Brasil;
- partido político com representação no Congresso Nacional (desde que tenha representação em pelo menos uma das Casas legislativas e que a ação seja proposta por seu Diretório Nacional).

Segundo o STF,[4] a perda da representatividade do partido no curso do julgamento, não prejudica o prosseguimento da ação, tendo em vista que o momento de aferição sobre a existência ou não da representação é quando da propositura da ação. Ademais as ações do controle versam sobre matéria de ordem pública e interesse não disponível.

Do segundo grupo – os especiais – é exigida a pertinência temática. De acordo com a jurisprudência do STF,[5] precisam demonstrar interesse de agir para que a ação seja conhecida, os legitimados do art. 103, IV, V e IX, da CF. Em outras palavras, somente poderão ser autores destas ações se comprovarem que a norma impugnada interfere de alguma forma nos interesses da unidade federativa à qual pertençam ou do grupo de pessoas que representam. Assim, para que o Governador do Estado da Bahia, por exemplo, possa ser legitimado para uma ADI proposta contra ato normativo editado pelo Estado do Rio

---

4 "Retomando o julgamento de mérito de ação direta ajuizada pelo Partido Social Trabalhista-PST contra o art. 99 e § 1º da Lei nº 9.610/98 – que preveem um único escritório central para a arrecadação e distribuição de direitos autorais decorrentes de execução pública musical –, o Tribunal, apreciando questão de ordem suscitada pelo Min. Sepúlveda Pertence, que pedira vista do processo na Sessão Plenária de 19.06.2002, decidiu que, embora tenha havido, na nova legislatura, a perda de representação parlamentar no Congresso Nacional do autor da ação (o que, em tese, extingue a legitimação do partido político para prosseguir, perante o STF, no polo ativo do processo de controle normativo abstrato), é de se determinar o prosseguimento da ação ante a peculiaridade de que, no início do julgamento da ação, o Partido ainda estava devidamente representado no Congresso Nacional" (STF, ADI [QO] 2.054-DF, Min. Rel. para acórdão: Sepúlveda Pertence, Plenário, *DJ* 17.10.2003).

5 "(...) A jurisprudência do STF erigiu o vínculo da pertinência temática à condição objetiva de requisito qualificador da própria legitimidade ativa *ad causam* do Autor, somente naquelas hipóteses de ação direta ajuizada por confederações sindicais, por entidades de classe no âmbito nacional, por Mesas das Assembleias Legislativas estaduais ou da Câmara Legislativa do Distrito Federal, e, finalmente, por Governadores dos Estados-membros e do Distrito Federal"(...) (STF, ADI 1096 MC/RS, Plenário, Rel. Min. Celso de Mello, j. 16.03.95, *DJ* 22.09.95).

de Janeiro terá que comprovar a influência desta norma fluminense sobre os interesses baianos, sob pena de a ação não ser conhecida.

São legitimados especiais:

- a Mesa de Assembleia Legislativa e a Câmara Legislativa do Distrito Federal;
- o Governador de Estado e do Distrito Federal;[6]
- confederação sindical[7] ou entidades de classe de âmbito nacional.[8]

As Confederações Sindicais devem ser formadas de acordo com o art. 535, da CLT: "As Confederações organizar-se-ão com o mínimo de 3 (três) federações e terão sede na Capital da República".

Já as entidades de classe de âmbito nacional devem ser criadas de acordo com o art. 8º, da Lei nº 9.096/95, ou seja, devem ter representantes em pelo menos nove estados da Federação. Em jurisprudência clássica, o STF havia firmado entendimento no sentido de que essas organizações coletivas precisavam ter na sua base de composição apenas pessoas naturais, mas em decisões

---

6 "Descabe confundir a legitimidade para a propositura da ação direta de inconstitucionalidade com a capacidade postulatória. Quanto ao governador do Estado, cuja assinatura é dispensável na inicial, tem-na o procurador-geral do Estado" (STF, ADI 2.906, rel. min. Marco Aurélio, j. 1º-6-2011, P, DJE de 29-6-2011).

7 "O Supremo Tribunal Federal, em inúmeros julgamentos, tem entendido que apenas as confederações sindicais têm legitimidade ativa para requerer ação direta de inconstitucionalidade (CF, art. 103, IX), excluídas as federações sindicais e os sindicatos nacionais" (ADI 1.599-MC, Rel. Min. Maurício Corrêa, j. 26.02.1998, *DJ* 18.05.2001) "Preliminarmente, não tenho como legitimadas à ação as Federações sindicais autoras (Federação Nacional dos Estivadores, Federação Nacional dos Conferentes e Consertadores de Carga e Descarga Vigias Portuários – Trabalhadores de Bloco e Arrumadores, e Federação dos Portuários). Cuida-se de entidades sindicais que não atendem ao requisito do inciso IX do art. 103 da Constituição, porque seu nível não é de Confederação sindical. São entidades sindicais de segundo grau. Nesse sentido, as decisões do Plenário nas ADINs nºs 433-DF, 853-6-DF, 868-4-DF (...)" (ADI 929-MC/DF, Min. Rel. Néri da Silveira, Plenário, j. 13.10.93, *DJ* 20.06.97).

8 "ADIn: legitimidade ativa: 'entidade de classe de âmbito nacional' (art. 103, IX, CF): compreensão da 'associação de associações' de classe. Ao julgar, a ADIn 3153-AgR, 12.08.2004, o plenário do Supremo Tribunal abandonou o entendimento que excluía as entidades de classe de segundo grau – as chamadas 'associações de associações' – do rol dos legitimados à ação direta. ADIn: pertinência temática. Presença da relação de pertinência temática, pois o pagamento da contribuição criada pela norma impugnada incide sobre as empresas cujos interesses, a teor do seu ato constitutivo, a requerente se destina a defender" (ADI 15/DF, Plenário, Rel. Min. Sepúlveda Pertence, j. 14.06.2007, *DJ* 31.08.2007).

plenárias mais recentes[9] a Corte decidiu que as "associações de associações" (ou associações de segundo grau, formadas por pessoas jurídicas) de âmbito nacional possuem legitimidade para propor ação direta de inconstitucionalidade, desde que os interesses que unem os seus componentes (pessoas naturais ou jurídicas) sejam homogêneos, ou seja, de uma classe ou categoria específica.[10]

Em decisão recente em sede de medida cautelar na ADPF 527, o STF entendeu que a Associação Brasileira de Gays, Lésbicas e Transgêneros seria legitimada ativa à propositura das ações do controle concentrado de

---

9 "Ação direta de inconstitucionalidade: legitimação ativa: 'entidade de classe de âmbito nacional': compreensão da 'associação de associações' de classe: revisão da jurisprudência do Supremo Tribunal. O conceito de entidade de classe é dado pelo objetivo institucional classista, pouco importando que a eles diretamente se filiem os membros da respectiva categoria social ou agremiações que os congreguem, com a mesma finalidade, em âmbito territorial mais restrito. É entidade de classe de âmbito nacional – como tal legitimada à propositura da ação direta de inconstitucionalidade (CF, art. 103, IX) – aquela na qual se congregam associações regionais correspondentes a cada unidade da Federação, a fim de perseguirem, em todo o País, o mesmo objetivo institucional de defesa dos interesses de uma determinada classe. Nesse sentido, altera o Supremo Tribunal sua jurisprudência, de modo a admitir a legitimação das 'associações de associações de classe', de âmbito nacional, para a ação direta de inconstitucionalidade**"** (ADI 3.153-AgR, Rel. Min. Sepúlveda Pertence, j. 12.08.2004, Plenário, *DJ* 09.09.2005). No mesmo sentido: ADI 2.797/DF; Plenário e ADI 2.860, Rel. Min. Sepúlveda Pertence, j. 15.09.2005, Plenário, *DJ* 19.12.2006.

E ainda:

"ADIn: legitimidade ativa: 'entidade de classe de âmbito nacional' (art. 103, IX, CF): compreensão da 'associação de associações' de classe. Ao julgar, a ADIn 3153-AgR, 12-8-04, Pertence, Inf STF 356, o plenário do Supremo Tribunal abandonou o entendimento que excluía as entidades de classe de segundo grau-- as chamadas 'associações de associações'-- do rol dos legitimados à ação direta. ADIn: pertinência temática. Presença da relação de pertinência temática, pois o pagamento da contribuição criada pela norma impugnada incide sobre as empresas cujos interesses, a teor do seu ato constitutivo, a requerente se destina a defender." (STF, ADI 15, rel. min. Sepúlveda Pertence, julgamento em 14-6-2007, Plenário, DJ de 31-8-2007.)

10 Daí porque a CUT não está legitimada para o ajuizamento da ação: "Central Única dos Trabalhadores (CUT). Falta de legitimação ativa. Sendo que a autora constituída por pessoas jurídicas de natureza vária, e que representam categorias profissionais diversas, não se enquadra ela na expressão – entidade de classe de âmbito nacional –, a que alude o art. 103 da Constituição, contrapondo-se às confederações sindicais, porquanto não é uma entidade que congregue os integrantes de uma determinada atividade ou categoria profissional ou econômica, e que, portanto, represente, em âmbito nacional, uma classe. Por outro lado, não é a autora – e nem ela própria se enquadra nesta qualificação – uma confederação sindical, tipo de associação sindical de grau superior devidamente previsto em lei (CLT, arts. 533 e 535), o qual ocupa o cimo da hierarquia de nossa estrutura sindical e ao qual inequivocamente alude a primeira parte do inciso IX do art. 103 da Constituição" (ADI 271, Rel. Min. Moreira Alves, *DJ* 06.09.2001). No mesmo sentido: ADI 1.442, Rel. Min. Celso de Mello, j. 03.11.2004, Plenário, *DJ* 29.04.2005.

constitucionalidade, tendo o Ministro Luís Roberto Barroso sustentado a superação parcial da jurisprudência da Corte sobre a matéria, para conhecer, como entidade de classe, para fins do art. 103, IX da CF: "o conjunto de pessoas ligadas por uma mesma atividade econômica, profissional ou pela defesa de interesses de grupos vulneráveis e/ou minoritários cujos membros as integrem"[11], afastando, portanto, o argumento de falta de legitimidade ativa por não se enquadrar no conceito de entidade de classe de âmbito nacional, que dependeria da demonstração de que a associação defende os interesses de uma categoria profissional ou econômica.

Nesse julgamento a Corte Constitucional afirmou o direito de transexuais de cumprir pena em estabelecimento prisional compatível com identidade de gênero. Em sua decisão, o Ministro Luís Roberto Barroso ressaltou a incidência do direito à dignidade da pessoa humana, à autonomia, à liberdade, à igualdade, à saúde, vedação à tortura e ao tratamento degradante e desumano.

No que tange a legitimidade passiva, sustenta o Ministro Luís Roberto Barroso[12] que seriam legitimados passivos os órgãos ou autoridades responsáveis pela lei ou pelo ato normativo questionado na referida ação. Entretanto, não concordamos com tal posicionamento, pois as ações do controle concentrado de constitucionalidade inauguram um processo objetivo, em que não há partes diretamente interessadas no resultado da ação, e sim autores meramente formais, que ocupam o polo ativo da relação jurídica que se formará em face da norma, em tese, violadora da CF, que figurará no polo passivo da ação.

2.4 Capacidade Postulatória

Não se exige de todos os legitimados ativos que constituam advogados para a propositura das ações do sistema concentrado. O STF entende que a capacidade postulatória já foi conferida aos mesmos pela própria Constituição,[13] exceto no caso dos partidos políticos, das confederações sindicais e

---

11 ADPF 527, STF. Relator: Min. Luís Roberto Barroso. DJE nº 142, divulgado em 28/06/2019.

12 Barroso, Luis Roberto. O controle de Constitucionalidade no direito brasileiro. 8. ed. Saraiva.

13 "(...) O Governador de Estado e as demais autoridades e entidades referidas no art. 103, incisos I a VII, da Constituição Federal, além de ativamente legitimados à instauração do controle concentrado de constitucionalidade das leis e atos normativos federais e estaduais, mediante ajuizamento da ação direta perante o Supremo Tribunal Federal, possuem capacidade processual plena e dispõem *ex vi*, da própria norma constitucional, de capacidade

das entidades de classe. Estes têm que estar representados por procuradores devidamente constituídos nos autos, na forma do art. 3º, parágrafo único, da Lei nº 9.868/99.

2.5 O Procurador-geral da República

Na forma do art. 103, § 1º, da CF: "O Procurador-Geral da República deverá ser previamente ouvido nas ações de inconstitucionalidade e em todos os processos de competência do Supremo Tribunal Federal".[14]

Quando atua na qualidade de fiscal na ação em que ele mesmo tenha sido o autor, o procurador-geral da República não tem vínculo com a postura inicialmente tomada quando da propositura da ação. Ele pode, inclusive, no curso da ação, mudar de opinião e pugnar pela improcedência de seu pedido.

2.6 O Advogado-geral da União

No controle de constitucionalidade abstrato, o AGU exerce função atípica. De acordo com os art. 103, § 3º, da CF, ele tem a missão de fazer a defesa da norma impugnada: "Quando o Supremo Tribunal Federal apreciar a inconstitucionalidade, em tese, de norma legal ou ato normativo, citará, previamente, o Advogado-Geral da União, que defenderá o ato ou texto impugnado".

Segundo precedente da Corte, *incumbe ao Advogado-Geral da União a defesa do ato ou texto impugnado na ação direta de inconstitucionalidade, não lhe cabendo emissão de simples parecer, a ponto de vir a concluir pela pecha de inconstitucionalidade.*[15]

---

postulatória (...)" (STF, ADI 127 MC QO/AL, Plenário, Min. Rel. Celso de Mello, j. 20.11.89, *DJ* 04.12.92).

14 "Ausência de legitimidade do MPT para atuar perante a Suprema Corte. Atribuição privativa do PGR. (...) Incumbe ao PGR exercer as funções do Ministério Público junto ao STF, nos termos do art. 46 da LC 75/1993. Existência de precedentes do Tribunal em casos análogos. O exercício das atribuições do MPT se circunscreve aos órgãos da Justiça do Trabalho, consoante se infere dos arts. 83, 90, 107 e 110 da LC 75/1993. Agravo regimental interposto pelo MPT contra decisão proferida em reclamação ajuizada nesta Casa. Processo que não está sujeito à competência da Justiça do Trabalho, mas sim do próprio STF, motivo por que não pode o MPT nele atuar, sob pena de usurpação de atribuição conferida privativamente ao PGR" (STF, Rcl 4.453 MC-AgR-AgR e Rcl 4.801 MC-AgR, rel. min. Ellen Gracie, j. 4-3-2009, P, DJE de 27-3-2009 = Rcl 7.318 AgR, rel. min. Dias Toffoli, j. 23-5-2012, P, DJE de 26-10-2012. Vide Rcl 7.101, rel. min. Cármen Lúcia, j. 24-2-2011, P, DJE de 9-8-2011).

15 STF, ADI 4.983, rel. min. Marco Aurélio, j. 6-10-2016, P, DJE de 27-4-2017.

Nessa função atua como curador da presunção de constitucionalidade da norma. Este papel conferido ao AGU é novidade da Constituição de 1988 e teve por fim trazer equilíbrio para a relação jurídica estabelecida no controle abstrato das normas, uma vez que não se fala em réu ou em contestação neste processo, classificado de objetivo. Assim, não cabe ao AGU optar entre fazer ou não a defesa da norma. Ele cumpre tarefa indeclinável.[16]

Segundo a jurisprudência tradicional do STF,[17] só existiria uma única oportunidade em que o AGU não teria que fazer a defesa da norma impugnada: é o caso de a lei impugnada pelo sistema concentrado já ter sido declarada inconstitucional pelo STF reiteradas vezes pela via incidental. Nesta hipótese, não se justifica que a ação seja remetida ao AGU para fazer a defesa da norma, posto que o STF já terá pronunciamento a respeito.

O STF relativizou ainda mais a interpretação acerca da atuação do AGU, no sentido de que o § 3º do art. 103 da CF concede à AGU o direito de manifestação, haja vista que exigir dela defesa em favor do ato impugnado em alguns casos em que o interesse da União coincide com o interesse do autor, implicaria retirar-lhe sua função primordial que é a defender os interesses da União (CF, art. 131). Além disso, a Corte destacou que há um problema de ordem prática, qual seja, a falta de competência do órgão para impor-lhe qualquer sanção quando assim não procedesse, em razão da inexistência de previsão constitucional para tanto.[18]

O AGU não atuará na ADC, pois o autor da ação já fará a defesa da norma e pedirá a declaração de sua compatibilidade com a Constituição e poderá atuar na ADO, de acordo com o art.12-E, § 2º, da Lei nº 9.868/99. Na ADPF ele poderá atuar dependendo da hipótese: se o objeto da ação for ato normativo e seu julgamento puder resultar em declaração de inconstitucionalidade, o AGU será chamado a intervir, observadas, nos mais, a relativização da sua atuação exposta acima.

---

16 "Ação direta de inconstitucionalidade. Preliminar: exigência de defesa do ato ou texto impugnado pelo Advogado Geral da União. (...) A Constituição exige que o Advogado Geral da União, ou quem desempenha tais funções, faça a defesa do ato impugnado em ação direta de inconstitucionalidade. Inadmissibilidade de ataque à norma por quem está no exercício das funções previstas no § 3º do art. 103" (STF, ADI 242/RJ, Plenário, j. 20.10.1994, Rel. Min. Paulo Brossard, *DJ* 23.03.2001).

17 "O *munus* a que se refere o imperativo constitucional (CF, art. 103, § 3º) deve ser entendido com temperamentos. O Advogado-Geral da União não está obrigado a defender tese jurídica se sobre ela esta Corte já fixou entendimento pela sua inconstitucionalidade" (STF, ADI 1.616/PE, Plenário, Rel. Min. Maurício Corrêa, j. 24.05.2001, *DJ* 24.08.2001).

18 STF, ADI 3.916/DF, Rel. Min. Eros Grau, j. 07.10.2009.

2.7 O *Amicus Curiae*

A palavra em latim *amicus* significa *amigo*, enquanto *amici* representa o plural. Portanto, *amici* são as várias entidades representativas dos interesses da sociedade que em nome desta se manifestam num feito judicial, e *amicus curiae* na tradução literal da expressão denota *amigo da corte*.

O a*micus curiae* está previsto no art. 7º, § 2º, da Lei nº 9.868/99 e no art. 6º da Lei nº 9.882/99 e tem função importante no controle concentrado: a de levar ao conhecimento do STF informações que a sociedade possui sobre a norma que está sofrendo controle e suas repercussões práticas. Trata-se de instrumento de democratização da jurisdição constitucional, uma vez que o cidadão comum não goza de legitimidade para a propositura das ações do sistema concentrado. O instituto, de origem norte-americana (onde é denominado de *friend of the court*), é um colaborador da justiça, que poderá levar ao juiz argumentos, pontos de vista e informações técnicas, contribuindo na formação do convencimento da Corte sobre a constitucionalidade/inconstitucionalidade de uma lei.

Em regra, o pedido de "colaboração" é feito por órgãos ou entidades representativas da sociedade que tenham interesse na decisão judicial e formulado, nos termos da lei, diretamente ao relator da ação, no prazo de 30 dias previsto no art. 6º, parágrafo único, da Lei nº 9.868/99.[19] O STF firmou entendimento que a possibilidade de apresentação do pedido de intervenção do *amicus curiae* está limitada à data da remessa dos autos à mesa para julgamento.[20]

Para Gustavo Binenbojm, a decisão de admitir ou não o *amicus curiae* é da competência do relator, a quem caberá aquilatar, de um lado, a relevância da matéria em discussão, e, de outro lado, a representatividadc dos postulantes, para admitir ou não a manifestação do órgão ou entidade postulante. Na análise do binômio relevância-representatividade, deverá levar em conta a magnitude dos efeitos da decisão a ser proferida nos setores diretamente afetados ou para a sociedade como um todo, bem como se o órgão ou entidade

---

19 "(...) No entanto, especialmente diante da relevância do caso ou, ainda, em face da notória contribuição que a manifestação possa trazer para o julgamento da causa, é possível cogitar de hipóteses de admissão de *amicus curiae*, ainda que fora desse prazo. Necessário é ressaltar, contudo, que essa possibilidade não é unânime na jurisprudência do STF (...)" (STF, ADI 2548/PR, Plenário, essa ADI não trata do *Amicus Curiae*. Rel. Min. Gilmar Mendes, j. 10.11.2006, *DJ* 15.06.2007).

20 STF, ADI 4071 AgR/DF, Rel. Min. Menezes Direito, j. 22.04.2009.

postulante congrega dentre seus afiliados porção significativa (quantitativa ou qualitativamente) dos membros do(s) grupo(s) social(is) afetado(s).[21]

As organizações coletivas, desde que autorizadas pelo relator, poderão oferecer memorandos, perícias, pesquisas técnicas e sustentação oral para a defesa de suas opiniões. É, sem dúvida, uma bela fonte de democratização das decisões judiciais e o STF tem permitido a participação de vários colaboradores em processos distintos.[22] Não cabe recurso da decisão que aceita a sua atuação, mas é possível a interposição de agravo regimental da que nega a sua participação.

O Supremo entendia não serem cabíveis embargos de declaração interpostos por terceiros estranhos à relação processual nos processos objetivos de controle de constitucionalidade, nesses incluídos os que ingressam no feito na qualidade de *amicus curiae*.[23]

Entretanto, o Código de Processo Civil, passou a permitir, expressamente, a possibilidade de o *amicus curiae* opor embargos de declaração e até mesmo apresentar recurso na hipótese de decisão que julga o incidente de resolução de demandas repetitivas, conforme dispõe o art. 138, §§ 1º e 3º.

2.8 Características para o Julgamento das Ações

As Leis nºˢ 9.868/99 e 9.882/99 estabelecem, de forma clara, o rito para o julgamento das ações. Tratando-se de processo objetivo de acordo com as seguintes características:

- não existe possibilidade de desistência do pedido, uma vez que a proteção da Constituição é matéria de ordem pública e, mesmo que o autor não tenha mais interesse na ação, seu curso prosseguirá até o julgamento final (art. 5º da Lei nº 9.869/99);

---

21 BINENBOJM, Gustavo. "A Dimensão do *Amicus Curiae* no Processo Constitucional Brasileiro: Requisitos, poderes processuais e aplicabilidade no âmbito estadual." Disponível em: <http://www.egov.ufsc.br/portal/sites/default/files/anexos/15196-15197-1-PB.pdf>. Acesso em: 8 dez. 2010.

22 Para lembrar alguns dos *amicus curiae* aceitos pelo STF: Conectas Direitos Humanos e Centro de Direitos Humanos (CDH), Movimento em Prol da Vida (Movitae) e Instituto de Bioética, Direitos Humanos e Gênero (Anis), todas na ADI 3.510 (Lei de Biossegurança); Associação dos Magistrados Catarinenses (ADI 2.130); Associação dos Notários e Registradores do Brasil (Anoreg), na ADI 3.878, Federação Nacional de Entidades de Oficiais Militares Estaduais (Feneme), na ADI 2.862. Ver: <www.stf.jus.br>.

23 STF, ADI 3615 ED/ PB, Rel.ª Min.ª Cármen Lúcia, 17.03.2008.

- não se admite litisconsórcio (art. 6º da Lei nº 9.868/99), exceto entre os próprios legitimados do art. 103, I a IX, da CF, segundo a jurisprudência do STF;
- não cabe intervenção de terceiros (art. 7º da Lei nº 9.868/99). Registre-se que o *amicus curiae* atuará como colaborador neste processo objetivo, caso a sua participação seja deferida pelo relator da ação;
- não há dilação probatória, ou seja, não há fase instrutória como no processo comum (art. 9º da Lei nº 9.868/99);
- não cabe recurso da decisão final nesta ação, exceto embargos de declaração, e reclamação (art. 26 da Lei nº 9.868/99);
- se houver revogação intercorrente da norma impugnada a ação perde o objeto e é extinta sem julgamento do mérito;
- não cabe ação rescisória (art. 26 da Lei nº 9.868/99 e art. 12 da Lei nº 9.882/99);
- o art. 97 da CF deve ser observado para a declaração de inconstitucionalidade. Para iniciar o julgamento da ação a lei exige que estejam presentes, no mínimo, oito ministros do STF. Aberta a sessão, a decisão deverá ser tomada pela maioria absoluta de seus membros, ou seja, no mínimo seis ministros (art. 23 da Lei nº 9.868/99).

Capítulo

30

AS AÇÕES DO CONTROLE CONCENTRADO

1. AÇÃO DIRETA DE INCONSTITUCIONALIDADE GENÉRICA (ADI)

1.1 Competência

Se o conflito tem como objeto lei ou ato normativo federal ou estadual que contraria a CF, a competência é do STF, conforme previsão no art. 102, I, "a". Se o conflito é sobre a constitucionalidade de uma lei ou de ato normativo estadual ou municipal frente a uma Constituição Estadual, cabe ao Tribunal de Justiça de cada Estado, na forma do art. 125, § 2º. Em ambos os casos deve ser respeitado o princípio da reserva de plenário do art. 97 da CF.

1.2 Objeto

Segundo Clèmerson Merlin Clève,[1] podem ser objeto de uma ação direta de inconstitucionalidade: as emendas constitucionais, atos normativos formalmente legislativos (leis complementares, leis ordinárias, medidas provisórias, leis delegadas, decretos legislativos etc.), tratados internacionais, desde que integrem o ordenamento jurídico atual, leis distritais que tenham como tema

1 CLÈVE, Clèmerson Merlin. *A fiscalização Abstrata da Constitucionalidade no Direito Brasileiro*. 2. ed. São Paulo: Revista dos Tribunais, 2000.

matéria de competência estadual. Ressalte-se que não cabe ADI de lei ou ato normativo anterior à CF, nem de lei ou ato municipal em face da CF.

Enunciados de súmulas,[2] que expressam apenas a consolidação dos julgamentos uniformes dos tribunais, desprovidos de força normativa, também não podem ser objeto da ação.

Atos normativos privados, como convenções de condomínios, ou ainda convenções coletivas de trabalho, igualmente, não são dotados de generalidade e abstratividade para ser objeto da ADI.

As leis de efeitos concretos, apesar de serem leis em sentido formal, tendo em vista que são aprovadas por autoridades competentes, não são leis em sentido material, pois possuem destinatários específicos e por isso, de acordo com a jurisprudência clássica do STF, não podem ser questionadas em sede de ADI, salvo, de acordo com jurisprudência já destacada, as leis orçamentárias[3] e também as leis estaduais que criam Municípios.

Como a ação realiza controle repressivo de constitucionalidade, projetos de leis e propostas de emenda não podem ser objeto da ADI.

1.3 Legitimidade Ativa

Como já tratamos, na forma do art. 103, I a IX, da CF, temos os legitimados universais (art. 103, I, II, III, VI, VII, VIII), que pela posição institucional

---

2 Em nossa opinião, nem as súmulas vinculantes poderiam ser objeto da ação, tendo em vista receberem mecanismo próprio de revisão e cancelamento previsto no art. 103-A da CF.

3 "Leis com efeitos concretos, assim atos administrativos em sentido material: não se admite o seu controle em abstrato, ou no controle concentrado de constitucionalidade. II. – Lei de diretrizes orçamentárias, que tem objeto determinado e destinatários certos, assim sem generalidade abstrata, é lei de efeitos concretos, que não está sujeita à fiscalização jurisdicional no controle concentrado. III. – Precedentes do Supremo Tribunal Federal. IV. – Ação direta de inconstitucionalidade não conhecida" (STF, ADI-MC 2484, Min. Rel. Carlos Velloso, j. 19.12.2001, *DJ* 14.11.2003).

Em julgado posterior, a Corte se manifestou em sentido oposto:

"Controle abstrato de constitucionalidade de normas orçamentárias. Revisão de jurisprudência. O Supremo Tribunal Federal deve exercer sua função precípua de fiscalização da constitucionalidade das leis e dos atos normativos quando houver um tema ou uma controvérsia constitucional suscitada em abstrato, independente do caráter geral ou específico, concreto ou abstrato de seu objeto. Possibilidade de submissão das normas orçamentárias ao controle abstrato de constitucionalidade. (...) Medida cautelar deferida. Suspensão da vigência da Lei nº 11.658/2008, desde a sua publicação, ocorrida em 22 de abril de 2008" (STF, ADI 4.048-MC, Rel. Min. Gilmar Mendes, j. 14.05.2008, *DJE* 22.08.2008).

que ocupam não precisam comprovar outro interesse além da confirmação da constitucionalidade ou inconstitucionalidade da norma, e os legitimados especiais (art. 103, IV, V, IX), aos quais se faz necessária a demonstração da relação entre o objeto da ação e o interesse que representam, ou seja, deve haver pertinência temática.

1.4 Concessão de Medidas Cautelares

Na forma do art. 11 da Lei nº 9.868/99 é possível a concessão de medidas liminares, de eficácia geral, produzindo, via de regra, efeitos temporais *ex nunc* (ultrativos) e excepcionalmente *ex tunc* (retroativos). O dispositivo em análise também prevê a possibilidade do efeito repristinatório, a saber: se a lei cuja suspensão se pede em caráter liminar for revogadora de outra, a concessão da cautelar opera a retomada da eficácia daquela que, em tese, havia sido revogada. Esse fenômeno acontece automaticamente, exceto se o tribunal quiser excluir o efeito repristinatório da lei revogada pela suspensão liminar da norma revogadora, de acordo com o art. 11, § 2º, da Lei nº 9.868/99.

Exemplo: a lei X foi revogada pela lei Y. A lei Y está sofrendo ADI e o autor da ação requer a concessão da suspensão de sua eficácia em caráter liminar. Se o STF defere esse pedido e suspende a lei Y até o julgamento final dessa ação, a lei X, que havia sido revogada, volta a produzir efeitos. Isto porque, a rigor, se a decisão liminar for confirmada no julgamento definitivo da ADI onde se declare, *ex tunc,* a inconstitucionalidade da lei Y, resultará que a lei X nunca fora efetivamente revogada. Daí que ela volta a produzir seus efeitos.

1.5 Eficácia da Decisão Definitiva

A publicação da decisão já faz com que a norma inconstitucional perca a sua força sem a participação do Senado Federal, que só se faz presente no controle difuso. Com a nova redação dada pela Emenda nº 45/2004 ao art. 102, § 2º, as decisões definitivas de mérito proferidas pelo STF terão efeito vinculante aos demais órgãos do Poder Judiciário e à Administração Pública, direta ou indireta, das esferas federal, estadual, distrital e municipal. Ressalte-se que os efeitos vinculantes não atingem a atividade típica legislativa, em nome da separação entre os poderes.

Quanto aos efeitos temporais, em regra geral, a decretação de nulidade tem efeitos *ex tunc* (retroativos), entretanto, o art. 27 da Lei nº 9.868/99 prevê que o STF poderá decidir que a norma deixará de produzir efeitos jurídicos: a partir do trânsito em julgado da decisão (efeito *ex nunc*) ou posteriormente ao acórdão (eficácia *pro futuro* ou prospectivos). Para que isso ocorra, são necessários os seguintes requisitos; a) razões de segurança jurídica ou relevante interesse social; b) deliberação pela maioria de 2/3 dos membros do STF. É a chamada modulação temporal dos efeitos da sentença.

Ademais, a decisão de inconstitucionalidade faz coisa julgada material impedindo que seja feita qualquer nova análise acerca da lei objeto da ação.

Como já dissemos, não cabe recurso contra as decisões de mérito em sede de controle concentrado, mas os embargos declaratórios são permitidos, mas, não para fins de modulação de efeitos, sem que tenha havido pedido nesse sentido antes do julgamento da ação.

Entretanto, a Corte vem relativizando a sua jurisprudência, permitindo os embargos para a finalidade acima, em razão da segurança jurídica e do interesse público que se apresentou no caso analisado.[4]

Importante ressaltar que se o autor, na petição inicial, pleiteara modulação dos efeitos da decisão e o Supremo não modular, caberá o pedido da modulação em sede de embargos de declaração. Contudo, não cabe ao autor embargar com pedido originário de modulação temporal.

---

4 "Em conclusão de julgamento, o Tribunal, por maioria, acolheu embargos de declaração para modular os efeitos de decisão proferida em ação direta de inconstitucionalidade. Esclareceu-se que o acórdão embargado tem eficácia a partir da data de sua publicação (21.08.2009). Na espécie, o Supremo declarara a inconstitucionalidade da Lei distrital nº 3.642/2005, que dispõe sobre a Comissão Permanente de Disciplina da Polícia Civil do Distrito Federal – v. *Informativos* 542 e 591. Reconheceu-se, de início, a jurisprudência da Corte, no sentido de inadmitir embargos de declaração. Entendeu-se que, no caso, entretanto, a declaração não deveria ser retroativa, por estarem configurados os requisitos exigidos pela Lei nº 9.868/99 para a modulação temporal dos efeitos da declaração de inconstitucionalidade, tendo em conta a necessidade de preservação de situações jurídicas formadas com base na lei distrital. Mencionou-se, no ponto, que a declaração de inconstitucionalidade com efeitos *ex tunc* acarretaria, dentre outros, a nulidade de todos os atos praticados pela Comissão Permanente de Disciplina da Polícia Civil do Distrito Federal, durante os quatro anos de aplicação da lei declarada inconstitucional, possibilitando que policiais civis que cometeram infrações gravíssimas, puníveis inclusive com a demissão, fossem reintegrados. Vencidos os Ministros Marco Aurélio e Celso de Mello que não acolhiam os declaratórios, por não vislumbrar os pressupostos de embargabilidade, e rejeitavam a modulação dos efeitos. ADI 3601 ED/DF, Rel. Min. Dias Toffoli, 09.09.2010 (ADI-3601)."

1.6 Modulação de Efeitos e Suspensão de Julgamento

Segundo nova construção jurisprudencial do STF, é possível falarmos em suspensão de julgamento para fins de obtenção do quórum necessário para a modulação temporal quando este não for obtido no julgamento do mérito da ação. Senão, vejamos:

> *Em seguida, deliberou-se sobre o pleito de aplicação do art. 27 da Lei nº 9.868/99 formulado pelo requerente. Ressaltou-se que o sistema pátrio comporta a modulação de efeitos, sem que isso signifique violação ao texto constitucional. Asseverou-se que a sua adoção decorreria da ponderação entre o Estado de Direito na sua expressão legalidade e na sua vertente segurança jurídica.* ***Aduziu-se que o procedimento da modulação seria bifásico, escalonado e progressivo: o julgamento que se faz sobre o mérito da constitucionalidade e aquele referente à modulação de efeitos. Explicitou-se, nesse sentido, que ocorreriam duas apreciações autônomas e distintas, sendo que a segunda – a qual envolveria a questão da modulação – tem como pressuposto a declaração prévia de inconstitucionalidade. Assim, reafirmou-se a possibilidade da suspensão de julgamento para se colher os votos de Ministros ausentes, quando não alcançado, na assentada, o quórum a que alude o referido art. 27 da Lei nº 9.868/99.*** *Divergiu, no ponto, o Min. Marco Aurélio. Entretanto, no caso dos autos, em razão de também terem votado contra a incidência do referido dispositivo legal os Ministros Joaquim Barbosa e Cezar Peluso, Presidente, constatou-se a inviabilidade da modulação, ante a ausência de quórum. ADI 3.462/PA, Rel.ª Min.ª Cármen Lúcia, 15.09.2010.* (Grifamos)

1.7 Da Ambivalência da ADI e da ADC

Vale lembrar que a ADI e a ADC possuem caráter dúplice ou fungível, conforme dispõem os arts. 23 e 24 da Lei nº 9.868/99:

> Art. 23. Efetuado o julgamento, proclamar-se-á a constitucionalidade ou a inconstitucionalidade da disposição ou da norma impugnada se num ou noutro sentido se tiverem manifestado pelo menos seis Ministros, quer se trate de ação direta de inconstitucionalidade ou de ação declaratória de constitucionalidade.
>
> Parágrafo único. Se não for alcançada a maioria necessária à declaração de constitucionalidade ou de inconstitucionalidade, estando ausentes Ministros em número que possa influir no julgamento, este será suspenso a fim de aguardar-se o comparecimento dos Ministros ausentes, até que se atinja o número necessário para prolação da decisão num ou noutro sentido.

Art. 24. Proclamada a constitucionalidade, julgar-se-á improcedente a ação direta ou procedente eventual ação declaratória; e, proclamada a inconstitucionalidade, julgar-se-á procedente a ação direta ou improcedente eventual ação declaratória.

A ambivalência (ou, ainda, a natureza fungível ou dúplice) traduz-se na possibilidade de, em sede de ADI, o STF julgar improcedente o pedido e declarar a constitucionalidade da norma, sem que tal tenha sido requerido pelo autor da ação. No sentido oposto, o STF pode julgar improcedente o pedido na ADC e declarar a inconstitucionalidade da norma. Ou seja, se um autor está propondo uma ADI pedindo que a lei seja declarada inconstitucional e o STF discordar entendendo que a lei é válida, nesta mesma ação ele julga improcedente o pedido de inconstitucionalidade e declara a lei constitucional. Esse é o caráter dúplice que a lei conferiu às duas ações, aliás, em atenção à jurisprudência do STF (é a chamada legalização da jurisprudência), por medida de economia processual.

1.8 Diferenças entre ADI e ADC

ADI	ADC
Cabe de ato normativo federal ou estadual.	Cabe de ato normativo federal, apenas.
Finalidade: paralisar a aplicação de uma norma que contém um vício. Impedir a aplicação de uma norma violadora da CF.	Finalidade: afastar a insegurança jurídica gerada por decisões contraditórias sobre a validade de uma mesma norma.
Não é necessária a demonstração do interesse de agir.	A demonstração do interesse de agir é exigência expressa da Lei nº 9.868/99, ou seja, o legitimado terá que anexar prova junto com a inicial acerca da contradição entre decisões judiciais sobre o ato normativo objeto da ação (art. 14, III).
Medida cautelar: a liminar suspenderá a lei, que, em tese, é inconstitucional. A liminar é concedida por prazo indeterminado.	Medida cautelar: a liminar suspenderá todas as causas judicializadas que dependam da aplicação daquela norma até o julgamento da ADC no mérito. A eficácia da liminar só dura por cento e oitenta dias segundo o art. 21, parágrafo único, da Lei nº 9.868/99.

1.9 Modalidades de Decisão na ADI e na ADC

Quanto às modalidades e aos efeitos da decisão, o capítulo IV da Lei nº 9.868/99 reuniu as principais decisões do julgamento das duas ações, que podem ser assim destacadas:

- **declaração de inconstitucionalidade;**
- **declaração de constitucionalidade;**
- **interpretação conforme a Constituição;**
- **decisão parcial de Inconstitucionalidade sem redução de texto.**

Inicialmente, deve ser relembrado que, nem sempre o texto da norma traduz de forma completa o seu conteúdo e que o exame de sua validade pode ser feito sem que o seu texto seja atingido. Como regra, quando uma lei é declarada inconstitucional, seu texto é afetado, pois ficará paralisado quanto à produção de efeitos. Entretanto, pode ocorrer de o controle de constitucionalidade resolver a compatibilidade da norma para com a Constituição sem que tenha que paralisar a eficácia da norma ou mesmo atingir o seu texto, em nome do princípio da presunção de constitucionalidade das leis.

As decisões referentes à constitucionalidade ou à inconstitucionalidade das leis já foram analisadas quando tratamos da natureza ambivalente das duas ações.

Na forma do art. 28, parágrafo único, da Lei nº 9.868/99, é possível se extrair ainda as duas modalidades de decisões acima mencionadas: "A declaração de constitucionalidade ou de inconstitucionalidade, inclusive **a interpretação conforme a Constituição** e a **declaração parcial de inconstitucionalidade sem redução de texto**, têm eficácia contra todos e efeito vinculante em relação aos órgãos do Poder Judiciário e à Administração Pública federal, estadual e municipal" (grifamos).

1.10 A interpretação conforme à Constituição

Como um mesmo texto comporta, muitas vezes, plúrimas interpretações, se dentre elas houver pelo menos uma que esteja em conformidade com a Constituição, o STF deverá afastar as interpretações que não se compatibilizam com a Carta Magna e declarar qual a correta interpretação da norma.[5]

5 "Em matéria de inconstitucionalidade de lei ou de ato normativo, admite-se, para resguardar, dos sentidos que eles podem ter por via de interpretação, o que for constitucionalmente

Nessa hipótese, o STF estará buscando resguardar a eficácia da norma em respeito ao princípio da legitimidade democrática do legislador e da presunção de constitucionalidade da lei. A decisão da Corte aproveita a lei e o seu texto não é afetado, sendo a interpretação do texto vinculado ao entendimento dos ministros. Se o fato acontecer em sede de ADI, a ação será julgada improcedente. Se o caso é de ADC, a ação será julgada procedente com a delimitação da interpretação possível, ou seja, o ato normativo será constitucional desde que interpretado da forma declarada conforme à Constituição.

Como não há declaração de inconstitucionalidade da lei, o princípio da reserva de plenário não precisa ser observado.

1.11 A declaração parcial de inconstitucionalidade sem redução de texto

Pode acontecer de uma lei ser incompatível com a Constituição se aplicada a uma determinada hipótese. Fora desta hipótese, a lei é válida. Neste caso, a interpretação da lei é única. Não existem diversas possibilidades de interpretação para a norma como na modalidade de decisão acima comentada.[6]

Na declaração de inconstitucionalidade sem redução de texto, o STF examinará as diversas hipóteses em que a lei admite aplicação e declarará a sua nulidade se aplicada naquela onde ocorra a violação da Constituição. No caso, não existe dúvida quanto à correta interpretação da norma. O que ocorre é que esta mesma interpretação exercida sobre uma determinada situação pode acarretar a violação da Constituição.

---

legitimo – é a denominada interpretação conforme a Constituição" (STF, ADI 221-MC/DF, Plenário, voto do Min. Moreira Alves, j. 29.03.90, *DJ* 22.10.93). ADI 1344 MC/ES, Plenário.

6 "Mostra-se, pois, cabível, a todas as luzes, a declaração de inconstitucionalidade parcial ou sem redução de texto, por meio da qual o Supremo Tribunal Federal tem excluído expressamente determinadas hipóteses de aplicação da norma sem alteração expressa do texto de lei, como ocorreu nas ADINs 491 (*RTJ* 137/90), 393 (*DJ* 18.03.94, p. 5.165-6); 111 (*DJ* 06.05.94, p. 10.485) e 1.089. Tanto é assim que, conforme observa Gilmar Ferreira Mendes (*Jurisdição Constitucional*, Saraiva, 1996, p. 276-277), a declaração parcial de inconstitucionalidade sem redução de texto, assemelhada, em sede de controle concentrado, à interpretação conforme a Constituição, acabou por ganhar autonomia como técnica de decisão, no âmbito da jurisprudência do Supremo Tribunal Federal: 'Assim, se se pretende realçar que determinada aplicação do texto normativo é inconstitucional, dispõe o Tribunal da declaração de inconstitucionalidade sem redução de texto, que, além de mostrar-se tecnicamente adequada para essas situações, tem a virtude de ser dotada de maior clareza e segurança jurídica expressa na parte dispositiva da decisão (a lei X é inconstitucional se aplicável a tal hipótese; a lei Y é inconstitucional se autorizativa da cobrança do tributo em determinado exercício financeiro)" (STF, ADI 1.600-MC/UF, Plenário, Rel. Min. Sydney Sanches, j. 27.08.97, *DJ* 06.02.98).

Desse modo, o STF declara nula a aplicação da norma naquela hipótese em que haveria a ofensa à Constituição, mas não afasta a continuidade da sua aplicação nas demais hipóteses. O texto da norma não é atingido. Há necessidade de observância do princípio da reserva do plenário.

Na modalidade de "interpretação conforme" o controle se esgota na verificação, em abstrato, das interpretações possíveis para a lei e termina por indicar a única capaz de salvá-la, ou a única capaz de mantê-la compatível com a Constituição. Na declaração parcial de nulidade sem redução de texto, a inconstitucionalidade só existe parcialmente, isto é, somente naquela hipótese de aplicação apontada pelo STF. O controle permanece sendo exercido em abstrato, porém a operação mental que se faz avança para além da interpretação para ensejar o exame da norma numa eventual aplicação prática. Isso significa que a decisão do STF não modificará o texto da norma (por isso é chamada "sem redução de texto"), o que será afetada é uma de suas aplicações. Tal modalidade redunda na procedência da arguição de inconstitucionalidade, diferente da outra situação.

2. AÇÃO DIRETA DE INCONSTITUCIONALIDADE POR OMISSÃO (ADO)

2.1 Introdução

Como já visto em capítulo específico, algumas normas presentes no texto da CF, classificadas como normas de eficácia limitada, dependem de regulamentação futura para que possam produzir seus efeitos jurídicos máximos.

A existência de normas dependentes de regulamentação não é uma peculiaridade da atual Constituição. É sabido que todos os textos constitucionais anteriores foram revogados completamente antes que efetivamente tivessem produzido seus efeitos completos e não se desejava o mesmo fim para a Constituição cidadã.

Diante dessa realidade, o constituinte de 1988 buscou inspiração na Carta portuguesa de 1976 para introduzir na realidade nacional a ação direta de inconstitucionalidade por omissão, consagrando que não é inconstitucional apenas a norma que contraria o texto da Constituição, mas também, a inexistência da norma anunciada para que a Constituição possa se tornar real para o seu povo.[7]

---

7 Sobre o assunto, lúcidas são as palavras do Ministro Celso de Mello:

"O desrespeito à Constituição tanto pode ocorrer mediante ação estatal quanto mediante inércia governamental. A situação de inconstitucionalidade pode derivar de um

Recentemente a ADO ganhou reforço com a edição da Lei nº 12.063/2009 que acrescentou normas processuais relativas a ação na Lei nº 9.868/99.

2.2 Competência

O sistema concentrado, como o próprio nome diz, "concentra" a competência em um órgão jurisdicional apenas. No caso, o Supremo Tribunal Federal, que é o guardião da Constituição, possui atribuição exclusiva para, no plano federal, processar e julgar a ADO.

2.3 Objeto

O fundamento da impugnação em sede de ADO, de acordo com o art. 103, § 2º, é o comportamento omissivo por parte do Poder Público. Pressupõe:

1. não cumprimento, pelo Poder Público competente para legislar naquele caso, da determinação de editar certa e determinada norma. Sendo assim, há o descumprimento de uma **ordem constitucional específica**;
2. a norma constitucional a ser regulamentada ter **eficácia limitada**.

Ressalte-se que na hipótese da Constituição atribuir mera faculdade de editar a norma ao legislador, ou determinar a realização de uma política pública específica, não cabe qualquer controle judicial por meio de ADO.

2.4 Legitimação Ativa

Os mesmos da ADI genérica, ou seja, os relacionados no art. 103, I a IX, aplicando-se, inclusive, as mesmas considerações tecidas sobre os legitimados universais e especiais.

---

comportamento ativo do Poder Público, que age ou edita normas em desacordo com o que dispõe a Constituição, ofendendo-lhe, assim, os preceitos e os princípios que nela se acham consignados. Essa conduta estatal, que importa em um *facere* (atuação positiva), gera a inconstitucionalidade por ação. Se o Estado deixar de adotar as medidas necessárias à realização concreta dos preceitos da Constituição, em ordem a torná-los efetivos, operantes e exequíveis, abstendo-se, em consequência, de cumprir o dever de prestação que a Constituição lhe impôs, incidirá em violação negativa do texto constitucional. Desse *non facere* ou *non praestare*, resultará a inconstitucionalidade por omissão, que pode ser total, quando é nenhuma a providência adotada, ou parcial, quando é insuficiente a medida efetivada pelo Poder Público" (STF, ADI 1.458 MC/DF, Plenário, *DJ* 20.09.1996, Rel. Min. Celso de Mello, j. 23.05.96, *DJ* 29.09.96).

2.5 Concessão de Medidas Cautelares

Não se admitia a concessão de medidas liminares em sede de ADO, haja vista que o STF, de acordo com a posição clássica, não pode atuar como legislador positivo.[8]

Entretanto, com a nova previsão da Lei nº 9.868/99, é pacífica a possibilidade de concessão de cautelar (muito embora não temos exemplos de decisões cautelares para relacionar), senão vejamos nos dispositivos abaixo transcritos:

> Art. 12-F. Em caso de excepcional urgência e relevância da matéria, o Tribunal, por decisão da maioria absoluta de seus membros, observado o disposto no art. 22, poderá conceder medida cautelar, após a audiência dos órgãos ou autoridades responsáveis pela omissão inconstitucional, que deverão pronunciar-se no prazo de 5 (cinco) dias.
>
> § 1º A medida cautelar poderá consistir na suspensão da aplicação da lei ou do ato normativo questionado, no caso de omissão parcial, bem como na suspensão de processos judiciais ou de procedimentos administrativos, ou ainda em outra providência a ser fixada pelo Tribunal.
>
> § 2º O relator, julgando indispensável, ouvirá o Procurador-Geral da República, no prazo de 3 (três) dias.
>
> § 3º No julgamento do pedido de medida cautelar, será facultada sustentação oral aos representantes judiciais do requerente e das autoridades ou

---

8 "Desrespeito à Constituição. Modalidades de comportamentos inconstitucionais do Poder Público. (...) Salário-mínimo. Satisfação das necessidades vitais básicas. Garantia de preservação de seu poder aquisitivo. (...) Salário-mínimo. Valor insuficiente. Situação de inconstitucionalidade por omissão parcial. **(...) Inconstitucionalidade por omissão. Descabimento de medida cautelar. A jurisprudência do Supremo Tribunal Federal firmou-se no sentido de proclamar incabível a medida liminar nos casos de ação direta de inconstitucionalidade por omissão (*RTJ* 133/569, Rel. Min. Marco Aurélio; ADIn 267-DF, Rel. Min. Celso de Mello), eis que não se pode pretender que mero provimento cautelar antecipe efeitos positivos inalcançáveis pela própria decisão final emanada do STF**. A procedência da ação direta de inconstitucionalidade por omissão, importando em reconhecimento judicial do estado de inércia do Poder Público, confere ao Supremo Tribunal Federal, unicamente, o poder de cientificar o legislador inadimplente, para que este adote as medidas necessárias à concretização do texto constitucional. Não assiste ao Supremo Tribunal Federal, contudo, em face dos próprios limites fixados pela Carta Política em tema de inconstitucionalidade por omissão (CF, art. 103, § 2º), a prerrogativa de expedir provimentos normativos com o objetivo de suprir a inatividade do órgão legislativo inadimplente. Impossibilidade de conversão da ação direta de inconstitucionalidade, por violação positiva da Constituição, em ação de inconstitucionalidade por omissão (violação negativa da Constituição)" (STF, ADI 1.439/DF, Plenário, Rel. Min. Celso de Mello, j. 22.05.96, *DJ* 30.05.2003) (grifamos).

órgãos responsáveis pela omissão inconstitucional, na forma estabelecida no Regimento do Tribunal.

Art.12-G. Concedida a medida cautelar, o Supremo Tribunal Federal fará publicar, em seção especial do Diário Oficial da União e do Diário da Justiça da União, a parte dispositiva da decisão no prazo de 10 (dez) dias, devendo solicitar as informações à autoridade ou ao órgão responsável pela omissão inconstitucional, observando-se, no que couber, o procedimento estabelecido na Seção I do Capítulo II desta Lei.

2.6 Omissão Total e Omissão Parcial

O descumprimento do dever de agir para emprestar eficácia à norma constitucional pode ser absoluto ou relativo (total ou parcial). A omissão pode se apresentar em graus distintos. Às vezes a atuação do responsável pelo suprimento da omissão pode ser insuficiente ao atendimento da finalidade constitucional. Pode o legislador excluir do âmbito de incidência da norma uma determinada categoria ou situação fática.

Exemplo de omissão total: o art. 192, § 3º, da CF exigia a edição de lei que fixasse a taxa real de juros não superiores a 12% ao ano. Esta lei nunca foi editada e o dispositivo foi revogado por uma emenda constitucional.

Também é exemplo de omissão total a não edição, até os dias atuais, de norma que regulamente o exercício do direito de greve do servidor público previsto no art. 37, VII, da CF.

Podemos citar como exemplo de omissão parcial: a lei que define o valor do salário mínimo que, como se sabe, não atende, integralmente, ao que dispõe o art. 7º, IV, da CF. Embora o legislador tenha atuado positivamente e elaborado a lei, esta não define o valor do salário mínimo em montante que permita ao trabalhador o acesso às necessidades básicas relacionadas no dispositivo constitucional. O valor definido está aquém do devido. A omissão é parcial e pode ser discutida em sede de controle abstrato.

2.7 Efeitos da Decisão Definitiva

A omissão inconstitucional pode recair sobre normas de conteúdo legislativo e normas tipicamente regulamentares de elaboração administrativa.

No primeiro caso, o STF deverá dar ciência ao Poder omisso para editar a norma faltante e se a omissão for administrativa, o órgão administrativo deverá adotar as medidas cabíveis no prazo de 30 dias.

Importante observarmos que apesar de adotar posição clássica de emissão de provimento declaratório de inconstitucionalidade por omissão, em nome da separação de poderes, recentemente o STF se manifestou por meio de sentença mais concretista, que diante de sua importância, merece a transcrição longa a seguir: *Ação direta de inconstitucionalidade por omissão. Inatividade do legislador quanto ao dever de elaborar a lei complementar a que se refere o § 4º do art. 18 da Constituição Federal, na redação dada pela Emenda Constitucional nº 15/96. Ação julgada procedente. A Emenda Constitucional nº 15, que alterou a redação do § 4º do art. 18 da Constituição, foi publicada no dia 13 de setembro de 1996. Passados mais de 10 (dez) anos, não foi editada a lei complementar federal definidora do período dentro do qual poderão tramitar os procedimentos tendentes à criação, incorporação, desmembramento e fusão de municípios. Existência de notório lapso temporal a demonstrar a inatividade do legislador em relação ao cumprimento de inequívoco dever constitucional de legislar, decorrente do comando do art. 18, § 4º, da Constituição. Apesar de existirem no Congresso Nacional diversos projetos de lei apresentados visando à regulamentação do art. 18, § 4º, da Constituição, é possível constatar a omissão inconstitucional quanto à efetiva deliberação e aprovação da lei complementar em referência. As peculiaridades da atividade parlamentar que afetam, inexoravelmente, o processo legislativo, não justificam uma conduta manifestamente negligente ou desidiosa das Casas Legislativas, conduta esta que pode pôr em risco a própria ordem constitucional. A* inertia deliberandi *das Casas Legislativas pode ser objeto da ação direta de inconstitucionalidade por omissão. A omissão legislativa em relação à regulamentação do art. 18, § 4º, da Constituição, acabou dando ensejo à conformação e à consolidação de estados de inconstitucionalidade que não podem ser ignorados pelo legislador na elaboração da lei complementar federal.* ***Ação julgada procedente para declarar o estado de mora em que se encontra o Congresso Nacional, a fim de que, em prazo razoável de 18 (dezoito) meses, adote ele todas as providências legislativas necessárias ao cumprimento do dever constitucional imposto pelo art. 18, § 4º, da Constituição, devendo ser contempladas as situações imperfeitas decorrentes do estado de inconstitucionalidade gerado pela omissão. Não se trata de impor um prazo para a atuação legislativa do Congresso Nacional, mas apenas da fixação de um parâmetro temporal razoável, tendo em vista o prazo de 24 meses determinado pelo Tribunal nas ADI nº 2.240, 3.316, 3.489 e 3.689 para que as leis estaduais que criam municípios ou alteram seus limites territoriais continuem vigendo, até que a lei complementar federal seja promulgada contemplando as realidades desses municípios***[9] (grifou-se).

9 STF, ADI 3.682, Rel. Min. Gilmar Mendes, j. 09.05.2007, *DJ* 06.09.2007.

2.8 Diferenças entre ADO e MI

A ação direta de inconstitucionalidade por omissão, à semelhança do mandado de injunção, é fruto da Constituição de 1988 e foi idealizada pelo constituinte para combater, a seu modo, a doença da inefetividade das normas constitucionais, que assola o constitucionalismo brasileiro desde a sua origem.

Entretanto, as ações guardam grandes diferenças, que já foram expostas no capítulo relativo ao Mandado de Injunção.

3. AÇÃO DECLARATÓRIA DE CONSTITUCIONALIDADE (ADC)

3.1 Introdução

A ação declaratória de constitucionalidade surgiu com a promulgação da EC nº 03/93, que alterou a redação do então art. 102, I, *a*, contemplando-a ao lado da ação direta de inconstitucionalidade, com propósito contrário ao dela e com o objeto mais restrito.

A finalidade da ação é a de obter do STF uma decisão de cunho declaratório, quanto à constitucionalidade de determinada lei ou ato normativo federal sobre o qual existiam sérias divergências jurisprudenciais,[10] de acordo com o art. 14, III, da Lei nº 9.868/99, afastando-se, dessa maneira, a insegurança jurídica gerada pela emissão de decisões judiciais contraditórias a respeito de lei ou ato normativo federal, que têm a seu favor a "presunção de constitucionalidade".

Não tem, portanto, como propósito, transformar a presunção relativa de constitucionalidade em absoluta, haja vista que mudanças substanciais na

---

10 "O ajuizamento da ação declaratória de constitucionalidade, que faz instaurar processo objetivo de controle normativo abstrato, supõe a existência de efetiva controvérsia judicial em torno da legitimidade constitucional de determinada lei ou ato normativo federal. Sem a observância desse pressuposto de admissibilidade, torna-se inviável a instauração do processo de fiscalização normativa *in abstracto*, pois a inexistência de pronunciamentos judiciais antagônicos culminaria por converter, a ação declaratória de constitucionalidade, em um inadmissível instrumento de consulta sobre a validade constitucional de determinada lei ou ato normativo federal, descaracterizando, por completo, a própria natureza jurisdicional que qualifica a atividade desenvolvida pelo Supremo Tribunal Federal. O Supremo Tribunal Federal firmou orientação que exige a comprovação liminar, pelo autor da ação declaratória de constitucionalidade, da ocorrência, 'em proporções relevantes', de dissídio judicial, cuja existência – precisamente em função do antagonismo interpretativo que dele resulta – faça instaurar, ante a elevada incidência de decisões que consagram teses conflitantes, verdadeiro estado de insegurança jurídica, capaz de gerar um cenário de perplexidade social e de provocar grave incerteza quanto à validade constitucional de determinada lei ou ato normativo federal" (STF, ADC 8-MC/DF, Plenário, Rel. Min. Celso de Mello, j. 13.10.99, *DJ* 04.04.2003).

ordem jurídica ou social podem levar o STF a declarar a inconstitucionalidade de lei confirmada constitucional em sede de ADC.

3.2 Competência

Cabe apenas ao Supremo Tribunal Federal, dentro de sua competência originária (art. 102, I, *a*, última parte), processá-la e julgá-la.

3.3 Legitimação Ativa

A legitimação ativa inicial da ADC permitia apenas que o Presidente da República, o Procurador-Geral da República, A Mesa da Câmara dos Deputados e a Mesa do Senado Federal pudessem ajuizar a ação. Com a redação dada pela Emenda nº 45/2004 se tornou mais abrangente e, desde então, os legitimados são os mesmos da ADI genérica, ou seja, os relacionados no art. 103, I a IX, aplicando-se, inclusive, as mesmas considerações tecidas sobre os legitimados universais e especiais.

3.4 Objeto

O objeto da ADC é lei ou ato normativo primário federal, que pode ser também analisado em sede de ADI, excluídos os de âmbito estadual. Destarte, indispensável a demonstração do interesse de agir por meio de decisões que apresentem as controvérsias judiciais acerca da constitucionalidade da norma.

3.5 Concessão de Medidas Cautelares

Na forma do art. 21 da Lei nº 9.868/99, é admissível, em sede de ADC, a concessão de liminares, dotadas de efeitos vinculantes. A concessão de liminar pode levar à suspensão do julgamento dos processos que tratem da norma objeto da ação até o julgamento definitivo da ADC. Caso este não ocorra em até 180 dias, cessarão os efeitos da liminar.

3.6 Efeitos da Decisão Definitiva

Diante da natureza jurídica ambivalente da ADC e da ADI, os efeitos jurídicos da decisão definitiva da ADC são muito parecidos com os produzidos pela sentença da ADI. Sobre a possibilidade da modulação temporal na decisão que declara a inconstitucionalidade da lei, aplicamos as mesmas regras já analisadas na ADI. Quanto a modulação em caso de decisão que confirma a constitucionalidade da lei, entendemos que eventuais razões de segurança jurídica e interesse público também podem autorizar a realização da modulação, embora, via de regra, não seja adotada em razão do princípio da presunção de constitucionalidade das leis.

4. ARGUIÇÃO DE DESCUMPRIMENTO DE PRECEITO FUNDAMENTAL (ADPF)

4.1 Introdução

Segundo Gilmar Ferreira Mendes, as mudanças ocorridas com o controle de constitucionalidade brasileiro com o advento da nova Constituição não conseguiram suprir algumas lacunas ainda existentes quanto à análise: do direito pré-constitucional, da controvérsia constitucional sobre normas revogadas e ainda, sobre o controle de constitucionalidade do direito municipal face à Constituição Federal.[11]

Dentro desse panorama, nasceu a arguição de descumprimento de preceito fundamental (ADPF), prevista no art. 102, § 1º, da CF. O referido dispositivo, entretanto, determinava a elaboração de uma norma regulamentando a nova ação, o que só foi feito em 1999, com a edição da Lei nº 9.882. Com isso, a ADPF ficou no completo "limbo jurídico" durante praticamente 11 anos!

Ressalte-se que o Conselho Federal da OAB propôs uma ADI (2.231) em face da Lei nº 9.882/99, aumentando as incertezas jurídicas acerca da nova ação do controle concentrado de constitucionalidade. Em dezembro de 2001, o Ministro Néri da Silveira deferiu, em parte, a medida liminar pleiteada com relação ao inciso I do parágrafo único do art. 1º, para excluir, de sua aplicação, controvérsia constitucional concretamente já posta em juízo, bem como deferiu na totalidade, liminar para suspender o § 3º do art. 5º da mesma lei, sendo em ambos os casos o deferimento com eficácia *ex nunc* e até o final do julgamento da ADI,[12] sendo o julgamento interrompido com o pedido de vista do Ministro Sepúlveda Pertence. Ressalte-se que a referida ADI está conclusa para julgamento desde agosto de 2004, quando foi renovado o pedido de vista.

---

11 MENDES, Gilmar Ferreira; COELHO, Inocêncio Mártires; BRANCO, Paulo Gustavo Gonet. *Curso de Direito Constitucional*. 5. ed., rev. e atual., São Paulo: Saraiva, 2010, p. 1.305.

12 Voto do Min. Néri da Silveira na ADI 2231, da qual era relator, *DJ* 17.12.2001, julgamento pendente.

4.2 ADPF Preventiva e Repressiva

De acordo com o art. 1º, *caput*, da Lei nº 9.882/99, a ADPF tem por objetivo **evitar** ou **reparar** lesão a preceito fundamental, resultante de ato do poder público, nascendo assim as modalidades "preventiva" e "repressiva" de arguição. Seu objeto não pode ser, entretanto, projetos de leis, tampouco, propostas de emenda, tendo em vista que é ação do controle repressivo de constitucionalidade.[13]

4.3 Arguição Direta (Autônoma) e Arguição Indireta (Incidental)

Conforme dispõe a dicção do art. 1º, *caput*, da Lei nº 9.882/99, a ADPF pode ser proposta diretamente ao STF, numa manifestação do controle concentrado abstrato, tal como ocorre na ADI. Mas, consoante o art. 1º, inciso I, é possível se deduzir uma arguição incidental, no corpo de um processo subjetivo, formando um controle concentradoconcreto de constitucionalidade. Nessa última hipótese, verificamos uma cisão funcional de competência, entre a questão constitucional e o mérito, que serão resolvidas por órgãos judiciais de instâncias diferentes.

A grande problemática que envolve a ADPF incidental é a ausência de legitimidade popular para o seu ajuizamento, ou seja, os legitimados ativos do art. 103, I a IX, podem ajuizar tanto a principal quanto a incidental e normalmente preferem o ajuizamento da primeira que é dirigida diretamente ao STF.

4.4 Que é Preceito Fundamental?

O parâmetro de proteção da ADPF, ao contrário da ADI é mais restrito, afinal é uma arguição de descumprimento de uma porção constitucional limitada:

---

13 "A arguição de descumprimento de preceito fundamental foi concebida pela Lei 9.882/99 para servir como um instrumento de integração entre os modelos difuso e concentrado de controle de constitucionalidade, viabilizando que atos estatais antes insuscetíveis de apreciação direta pelo Supremo Tribunal Federal, tais como normas pré-constitucionais ou mesmo decisões judiciais atentatórias a cláusulas fundamentais da ordem constitucional, viessem a figurar como objeto de controle em processo objetivo. A despeito da maior extensão alcançada pela vertente objetiva da jurisdição constitucional com a criação da nova espécie de ação constitucional, a Lei 9.882/99 exigiu que os atos impugnáveis por meio dela encerrassem um tipo de lesão constitucional qualificada, simultaneamente, pela sua (a)relevância (porque em contravenção direta com paradigma constitucional de importância fundamental) e (b) difícil reversibilidade (porque ausente técnica processual subsidiária capaz de fazer cessar a alegada lesão com igual eficácia.)" (STF, ADPF 127, rel. min. Teori Zavascki, decisão monocrática, julgamento em 25-2-2014, DJE de 28-2-2014.)

os preceitos fundamentais. Ainda que a Lei nº 9.882/99 não tenha definido exatamente o conceito de preceito fundamental, de acordo com o STF,[14] configuraria o rol não exaustivo de preceitos fundamentais: os direitos e garantias fundamentais (art. 5º a 17), as cláusulas pétreas (art. 60, § 4º) e os princípios constitucionais sensíveis (art. 34, VII). Uadi Lammêgo Bulos[15] ainda acrescenta ao rol já exposto de preceitos fundamentais os relativos aos princípios fundamentais (arts. 1º e 2º) e os que regem a Administração Pública (art. 37, *caput*).

4.5 Competência

Cabe apenas ao Supremo Tribunal Federal, dentro de sua competência originária no art. 102, § 1º, da CF, processá-la e julgá-la.

4.6 Cláusula de Subsidiariedade

O art. 4º, § 1º, da Lei nº 9.882/99 apresenta o caráter residual da ADPF quando afirma que só será admitida quando inexistir outro meio eficaz para sanar a lesão a preceito fundamental.[16]

Sobre o assunto, assim se manifestou o STF: *À primeira vista, poderia parecer que somente na hipótese de absoluta inexistência de qualquer outro meio eficaz para afastar a eventual lesão poder-se-ia manejar, de forma útil, a arguição de descumprimento de preceito fundamental. É fácil ver que uma leitura excessivamente literal dessa disposição, que tenta introduzir entre nós o princípio da subsidiariedade vigente no direito alemão (recurso constitucional) e no direito espanhol (recurso de amparo), acabaria por retirar desse instituto qualquer significado prático. De uma perspectiva estritamente subjetiva, a ação somente poderia ser proposta se já se tivesse verificado a exaustão de todos os meios eficazes de afastar a lesão no âmbito judicial.* ***Uma leitura mais cuidadosa há de revelar, porém, que na análise sobre a eficácia da proteção de preceito fundamental nesse processo deve predominar um enfoque objetivo ou***

14 ADPF 33/PA, Plenário. Min. Rel. Gilmar Mendes, j. 07.12.2005, *DJ* 27.10.2006.

15 LAMMÊGO BULOS, Uadi. *Constituição Federal Anotada*. 8. ed., rev. e atual. São Paulo: Saraiva, 2008, p. 1.030.

16 "A circunstancia de não ter obtido êxito nos requerimentos de medida liminar em duas instâncias do Judiciário estadual não é suficiente para afastar o requisito da subsidiariedade. A arguição de descumprimento de preceito fundamental será subsidiaria e, portanto, cabível se não houver outro meio eficaz de sanar a lesividade, não estando a eficácia da medida judicial utilizada condicionada à sua procedência." (STF, ADPF 228, rel. min. Cármen Lúcia, decisão monocrática, julgamento em 8-8-2011, DJE de 12-8-2011.)

de proteção da ordem constitucional objetiva. Em outros termos, o princípio da subsidiariedade – inexistência de outro meio eficaz de sanar a lesão –, contido no § 1º do art. 4º da Lei nº 9.882/99, há de ser compreendido no contexto da ordem constitucional global.[17]

Com isso, podemos concluir que quando couber alguma das ações do controle concentrado federal para afastar a lesividade (ADI, por exemplo), não caberá ADPF.

Importante ressaltar que a jurisprudência do Supremo Tribunal Federal admite o conhecimento de ADPF como ação direta de inconstitucionalidade genérica, em razão de seu caráter subsidiário[18].

Em reforço ao caráter subsidiário da ação, o STF decidiu que se lei municipal violar ao mesmo tempo norma da Constituição Federal e da Constituição do Estado (norma de observância obrigatória), a lei deverá ser objeto de uma Representação de Inconstitucionalidade, com base no art. 125, § 2º, e não da ADPF, não podendo a Corte conhecer da ação de forma originária, mas apenas em se tratando de recurso extraordinário.[19]

4.7 Objeto

Podem ser questionados em sede de ADPF, de acordo com o art. 1º da Lei nº 9.882/99: leis ou atos normativos, primários ou secundários, das esferas federal, estadual, distrital e municipal, direito pré-constitucional e ainda "atos do Poder Público não normativos", estes últimos ainda pendentes de definição na própria jurisprudência do STF.[20]

Se analisarmos a natureza residual da ação, descartamos do seu objeto leis ou atos normativos primários federais e estaduais pois estes serão objeto de uma ADI caso violem preceitos fundamentais e não de ADPF.

---

17 STF, ADPF 76/TO, Decisão monocrática, j. 13.02.2006; DJ 20.02.2006, Min. Rel. Gilmar Mendes, decisão publicada no *DJU* 13.02.2006. Ver *Informativo* 417.

18 ADPF 72 QO, Rel. Min. Ellen Gracie, Tribunal Pleno, j. 01/06/2005, DJ 02.12.2005.

19 STF, ADPF 100, Min. Rel. Celso de Mello, *Inf.* 532.

20 Apesar de não existir uma definição exata acerca do rol de atos que podem ser questionados por meio da ADPF, é possível extrair as seguintes conclusões: Os Enunciados das Súmulas do Supremo não podem ser concebidos como atos do Poder Público lesivos a preceito fundamental (ver ADPF 80, Rel. Min. Eros Grau, 12.6.2006, *Informativo* 431) e, ainda, que o veto do Presidente da República pode ser apreciado em sede de ADPF (ver ADPF 45 MC/DF, *DJ* 04.05.2004; *Info* 345, Rel. Min. Celso de Mello, 29.04.2004, *Informativo* 345).

4.8 Legitimidade Ativa

De acordo com o art. 103, I a IX, da CF c/c art. 2º da Lei nº 9.882/99, os legitimados para a propositura da ADPF são os mesmos que podem ajuizar as demais ações do controle concentrado abstrato federal, vedada a propositura por cidadão, de acordo com o entendimento do STF.[21]

4.9 Concessão de Medidas Cautelares

Conforme dispõe o art. 5º da Lei nº 9.882/99, o STF, por decisão da maioria absoluta de seus membros, poderá deferir pedido de medida liminar na arguição de descumprimento de preceito fundamental. E ainda acrescenta o § 3º (cuja constitucionalidade está sendo questionada pela ADI nº 2.231), "a liminar poderá consistir na determinação de que juízes e tribunais suspendam o andamento de processo ou os efeitos de decisões judiciais, ou de qualquer outra medida que apresente relação com a matéria objeto da arguição de descumprimento de preceito fundamental, salvo se decorrentes da coisa julgada".

4.10 Efeitos da Decisão Definitiva

A decisão definitiva da ADPF, na forma dos art. 10 e 11 da Lei nº 9.882/99 produz efeitos subjetivos *erga omnes* e efeitos vinculantes aos demais órgãos do Poder Público. Quanto aos efeitos temporais, em regra geral, as decisões determinam a produção de efeitos retroativos (*ex tunc*), sendo que, na forma do art. 11, o STF pode, por motivos de segurança jurídica ou de excepcional

---

21 "Ação proposta por particular. Ausência de legitimidade. Somente podem propor ADPF os legitimados para a ação direta de inconstitucionalidade (art. 2º, I, da Lei nº 9.882/99)" (STF, ADPF 11, Rel. Min. Sydney Sanches, *DJ* 05.08.2005). E, ainda: "O argüente, pessoa natural, bacharel em Direito não inscrito nos quadros da Ordem dos Advogados do Brasil, diz estar legitimado para propor a ação, tendo em conta a inconstitucionalidade do veto presidencial ao inciso II do artigo 2º da Lei 9.882/1999. (...) Surge o duplo defeito formal. O primeiro faz-se ligado à legitimação para a propositura da ação. Podem propor a arguição de descumprimento de preceito fundamental os legitimados para a ação direta de inconstitucionalidade-- artigo 2º da Lei 9.882/99-- e entre estes, consoante o artigo 103 da Carta Federal, não estão incluídos os cidadãos. O segundo obstáculo diz respeito à capacidade postulatória. Tem-na o bacharel em Direito inscrito na Ordem dos Advogados do Brasil." (STF, ADPF 163, rel. min. Marco Aurélio, decisão monocrática, julgamento em 4-2-2009, DJE de 11-2-2009.)

interesse social, por maioria de 2/3 de seus membros, restringir os efeitos da declaração de inconstitucionalidade de lei ou ato normativo em processo de ADPF ou decidir que esta decisão só tenha eficácia a partir do seu trânsito em julgado ou em qualquer outro momento futuro. É a chamada modulação temporal dos efeitos da sentença, já analisada na ADI.

Capítulo

31

QUESTÕES RELEVANTES NO CONTROLE DE CONSTITUCIONALIDADE

1. A RECLAMAÇÃO CONSTITUCIONAL

Se a decisão do STF produz efeito vinculante significa dizer que o seu descumprimento possibilita a interposição da reclamação perante o Tribunal, na forma do art. 102, I, *l*, a fim de que seja garantida a autoridade de sua decisão ou a sua competência. Da mesma maneira, qualquer desrespeito ao rol constitucional de suas atribuições previstas no art. 102, I a III, pode ser levado ao conhecimento da Corte por meio da reclamação, com base no dispositivo mencionado. Como já visto também, descumprimento de súmulas vinculantes também podem ensejar a apresentação de uma Reclamação diretamente ao STF.

O art. 13 da Lei nº 9.882/99 também reforça o instituto da reclamação: "Caberá reclamação contra o descumprimento da decisão proferida pelo Supremo Tribunal Federal, na forma do seu Regimento Interno".

O Código de Processo Civil, em seu capítulo IX, também trata da Reclamação Constitucional entre os artigos 988 e 993.

Mas qual é a natureza jurídica da Reclamação? O assunto ainda é controvertido na doutrina, conforme bem sintetizou o Ministro do STF, Celso de Mello, na Rcl. nº 336,[1] mas entendemos, com apoio em abalizada

1 "A reclamação, qualquer que seja a qualificação que se lhe dê – ação (Pontes de Miranda, *Comentários ao Código de Processo Civil*, tomo v/384, Forense), recurso ou sucedâneo recursal (Moacyr Amaral Santos, *RTJ* 56/546-548; Alcides de Mendonça Lima, *O Poder Judiciário e a*

doutrina,[2] que se trata de uma verdadeira ação autônoma de impugnação de decisão judicial e administrativa violadora das decisões ou competência do STF.

Até 2002 a jurisprudência do STF indicava que a reclamação, em sede de controle de constitucionalidade, só poderia ser proposta pelos legitimados do art. 103, I a IX, da CF. De 2002 para cá a Corte[3] mudou o seu entendimento anterior para admitir que qualquer pessoa que esteja sofrendo prejuízo pela não observância do efeito vinculante possa provocar o STF por meio da reclamação.

Ressalte-se, que na forma da Súmula nº 734 do STF, não caberá reclamação contra decisão judicial transitada em julgado.

1.1 Decisões importantes do STF sobre a Reclamação Constitucional

Inicial. Reclamação. Documentos. A inicial deve vir acompanhada de documento essencial, no que indispensável à compreensão da controvérsia. [Rcl 15.316 AgR, rel. min. Marco Aurélio, j. 25-2-2014, 1ª T, DJE de 27-3-2014.]

Não é a reclamação constitucional a via adequada para a parte questionar eventual demora na apreciação de recursos interpostos pela via ordinária. [Rcl 10.090 AgR, rel. min. Dias Toffoli, j. 19-6-2013, P, DJE de 24-9-2013.]

É inepta a petição inicial de reclamação que não identifica com precisão quais seriam os atos contrários à autoridade do STF, nem que indique analiticamente como os atos reclamados poderiam violar a autoridade dos precedentes invocados. [Rcl 9.732 AgR, rel. min. Joaquim Barbosa, j. 20-6-2012, P, DJE de 8-3-2013.]

A reclamação não é sucedâneo ou substitutivo de recurso próprio para conferir eficácia à jurisdição invocada nos autos de recursos interpostos da

---

Nova Constituição, p. 80, 1989, Aide), remédio incomum (Orosimbo Nonato, apud Cordeiro de Mello, *O Processo no Supremo Tribunal Federal*, vol.1/280), incidente processual (Moniz de Aragão, *A Correição Parcial*, p. 110, 1969) (...) configura, modernamente, instrumento de extração constitucional, inobstante a origem pretoriana de sua criação (*RTJ* 112/504, destinado a viabilizar, na concretização de sua dupla função de ordem político-jurídica, a preservação da competência e a garantia da autoridade das decisões do STF (CF, art. 102, I, *l*) e do STJ (CF, art. 105, I, *f*) (...)." (j. 19.12.90, *DJU* 15.03.91).

2 Nesse sentido, PONTES DE MIRANDA. *Comentários ao Código de Processo Civil*. Rio de Janeiro: Forense. t. v.

3 Um dos julgados importantes que demonstram essa evolução jurisprudencial pode ser visto na Rcl. nº 1.880/QO/AgRg/SP, Plenário, 23.05.2002, Rel. Min. Maurício Corrêa, *DJU* 19.03.2004.

decisão de mérito e da decisão em execução provisória. [Rcl 6.327 AgR, rel. min. Ricardo Lewandowski, j. 2-3-2011, P, DJE de 1º-4-2011.]

A ação constitucional da reclamação não admite pedido de caráter preventivo. [Rcl 4.058 AgR, rel. min. Cezar Peluso, j. 17-2-2010, P, DJE de 9-4-2010.]

Inexiste ofensa à autoridade de súmula vinculante quando o ato de que se reclama é anterior à decisão emanada da Corte Suprema. [Rcl 6.449 AgR, rel. min. Eros Grau, j. 25-11-2009, P, DJE de 11-12-2009.]

2. NATUREZA DO ATO INCONSTITUCIONAL

O ato normativo inconstitucional é um ato nulo ou anulável?

Em regra, o ato inconstitucional é nulo. Nulo é o que nunca existiu. Se o ato normativo for nulo significa que não produziu efeitos, segundo a teoria clássica da nulidade.

Com o advento da Lei nº 9.868/99,[4] essa teoria foi relativizada ao se dar ao Supremo Tribunal Federal o poder de trabalhar com os efeitos da decisão no tempo e tornar o ato inconstitucional anulável. Se o ato inconstitucional é anulável, enquanto não tenha sido declarado inválido pode ter produzido efeitos. Portanto, se o STF toma uma decisão declaratória de inconstitucionalidade com efeitos *ex nunc* o ato é anulável. Em consequência, é possível a declaração de inconstitucionalidade sem pronúncia de nulidade.

Com isso, são efeitos no tempo que uma decisão em ADI ou ADC pode produzir:

- **Regra** – ***ex tunc***: ato nulo.
- **Exceção** – ***ex nunc ou prospectivo***: ato anulável.

3. CONTROLE DE CONSTITUCIONALIDADE CONCENTRADO ABSTRATO ESTADUAL

A EC nº 16/65 foi responsável pela criação da Representação de Inconstitucionalidade nos Estados, mas, à época, a ação só poderia ter como objeto

4 "Art. 27. Ao declarar a inconstitucionalidade de lei ou ato normativo, e tendo em vista razões de segurança jurídica ou de excepcional interesse social, poderá o Supremo Tribunal Federal, por maioria de dois terços de seus membros, restringir os efeitos daquela declaração ou decidir que ela só tenha eficácia a partir de seu trânsito em julgado ou de outro momento que venha a ser fixado."

lei ou ato normativo municipal que violasse a Constituição do Estado. A atual Constituição Federal ampliou o objeto da ação e no art. 125, § 2º, dispõe que a Representação de Inconstitucionalidade (que pode ser chamada de ADI ou RI estadual) pode ser proposta em face de **lei ou ato normativo estadual ou municipal.**

Importante destacar que a criação da ação é obrigatória e que será proposta perante o Tribunal de Justiça do próprio Estado, tendo por parâmetro a Constituição Estadual (e não federal). Se o Tribunal estadual declarar a inconstitucionalidade de uma lei estadual ou municipal, no âmbito da RI com base na Constituição Federal, estará, claramente, usurpando competência do STF, que é o único órgão responsável pelo controle concentrado federal (art. 102, I, *a*, CF).

Ainda no que diz respeito ao parâmetro do controle estadual, o STF já decidiu que toda a Constituição do Estado, inclusive as normas de observância obrigatória ao modelo federal, servem como base do controle estadual.[5]

Embora não tenha sido incluída previsão para a criação, em âmbito estadual, da ação direta de inconstitucionalidade por omissão, da ação declaratória de constitucionalidade, muito menos da Arguição de Descumprimento de Preceito Fundamental, o STF entende que nada impede esta inovação pelas Constituições Estaduais, em nome do princípio da simetria.[6]

No que tange à legitimidade ativa das ações estaduais, a Constituição Federal fez apenas uma recomendação: que a legitimação para agir não seja atribuída a apenas um órgão ou entidade. Quis o constituinte originário que a jurisdição constitucional estadual fosse exercida democraticamente, como ocorreu com a fixação da legitimação prevista no art. 103, I a IX. Antes da

5 Julgamento de destaque do STF sobre o tema: EMENTA: Reclamação com fundamento na preservação da competência do Supremo Tribunal Federal. Ação direta de inconstitucionalidade proposta perante Tribunal de Justiça na qual se impugna lei municipal sob a alegação de ofensa a dispositivos constitucionais estaduais que reproduzem dispositivos constitucionais federais de observância obrigatória pelos Estados. Eficácia jurídica desses dispositivos constitucionais estaduais. Jurisdição constitucional dos Estados-membros. – Admissão da propositura da ação direta de inconstitucionalidade perante o Tribunal de Justiça local, com possibilidade de recurso extraordinário se a interpretação da norma constitucional estadual, que reproduz a norma constitucional federal de observância obrigatória pelos Estados, contrariar o sentido e o alcance desta. Reclamação conhecida, mas julgada improcedente. (STF, RCl 383, Rel. Min. Moreira Alves, DJ 21.05.93).

6 Como exemplo, o art. 162 da Constituição do Estado do Rio de Janeiro prevê a RI e a ADO como ações do controle concentrado abstrato estadual.

Constituição de 1988 apenas o procurador-geral da República era legitimado para o controle abstrato da constitucionalidade das normas.

Em muitas situações pode ocorrer de o ato normativo estadual ser objeto, ao mesmo tempo, de ADI perante o STF e de representação de inconstitucionalidade perante o Tribunal de Justiça estadual, quando a norma do Estado viola tanto a Constituição Federal quanto a Carta Estadual no dispositivo que reproduz norma de observância obrigatória. Neste caso, a representação de inconstitucionalidade estadual fica suspensa até o julgamento final da ADI proposta perante o STF, a fim de evitar decisões contraditórias.[7]

Também é importante destacar que a decisão tomada no âmbito estadual pode ser objeto de recurso ao STF desde que haja na decisão do Tribunal de Justiça alguma ofensa à Constituição Federal. Nesse caso, a Suprema Corte brasileira terá a palavra final sobre a validade do ato normativo estadual. O veículo que levará ao conhecimento do STF a decisão do Tribunal de Justiça será o recurso extraordinário, previsto no art. 102, III, da CF. Nesse caso, se julgado procedente, o recurso extraordinário produzirá, excepcionalmente, efeitos *erga omnes* (sem a necessidade de atuação do Senado Federal), pois

7 A instauração do processo de fiscalização normativa abstrata, perante o Supremo Tribunal Federal, em que se postule a invalidação de legislação editada por Estado-membro, questionada em face da Constituição da República (CF, art. 102, I, "a"), qualifica-se como causa de suspensão prejudicial do processo de controle concentrado de constitucionalidade, que, promovido perante o Tribunal de Justiça local (CF, art. 125, § 2º), tenha, por objeto de impugnação, os mesmos atos normativos emanados do Estado-membro, contestados, porém, em face da Constituição estadual, como sucede na espécie.Tal entendimento, no entanto, há de ser observado sempre que tal impugnação – deduzida perante a Corte Judiciária local – invocar, como parâmetro de controle, princípios inscritos na Carta Política local impregnados de predominante coeficiente de federalidade, tal como ocorre com os postulados de reprodução necessária constantes da própria Constituição da República (RTJ 147/404 – RTJ 152/371-373, v.g.).Isso significa, portanto, que, em ocorrendo hipótese caracterizadora de *simultaneus processus*, impor-se-á a paralisação do processo de fiscalização concentrada em curso perante o Tribunal de Justiça local, até que esta Suprema Corte julgue a ação direta, que, ajuizada com apoio no art. 102, I, a, da Constituição da República, tenha por objeto o mesmo diploma normativo local, embora contestado em face da Carta Federal. Cabe assinalar, neste ponto, por relevante, que esse entendimento acha-se consagrado na jurisprudência do Supremo Tribunal Federal, cuja orientação, no tema, tem sido reafirmada em sucessivas decisões que proclamam, em situações como a destes autos, a necessidade de suspensão prejudicial do processo de fiscalização normativa abstrata instaurado perante Tribunal de Justiça local (CF, art. 125, § 2º), se houver, em tramitação simultânea no Supremo, processo de controle concentrado em que se questione a constitucionalidade do mesmo diploma normativo, também contestado na ação direta ajuizada no âmbito local. STF, ADI 4138, MIn. Rel. Celso de Mello. DJE 17.12.2009.

no processo de origem não havia partes, tendo em vista se tratar de uma ação do controle abstrato.

A atuação do *amicus curiae*, prevista no art. 7º, § 2º, da Lei nº 9.868/99, também é perfeitamente admitida no controle estadual, desde que preencham o requisito da pertinência temática, dada a natureza democrática do instituto.

Tendo em vista que não há lei regulamentando o controle no plano estadual, muitos Tribunais aplicam, por analogia, ao controle de constitucionalidade estadual as mesmas normas relativas ao controle de constitucionalidade federal. Por exemplo, o Tribunal de Justiça pode modular os efeitos temporais de uma declaração de inconstitucionalidade mediante a aplicação do art. 27 da Lei nº 9.868/99.

Ressalte-se que não é possível controlar a constitucionalidade de emenda à Constituição Estadual em face da Constituição Estadual. Isto porque, ambas são produto de um mesmo poder: o constituinte derivado decorrente (art. 11 do ADCT). Isto significa que a emenda à Constituição Estadual apenas poderá ser objeto de controle abstrato perante a Constituição Federal, em julgamento a ser realizado pelo STF.

O princípio da reserva de plenário, presente no art. 97 da CF, também deve ser respeitado no plano do controle estadual.

Eventualmente, é permitido que o Tribunal de Justiça considere inconstitucional a própria norma da Constituição do Estado que serviu como parâmetro para o ajuizamento da RI, seja de ofício ou por provocação. Neste caso, é como se a norma estadual fosse analisada na parte do fundamento da decisão e não na parte dispositiva, sendo cabível da decisão a interposição do recurso extraordinário ao STF.[8]

4. CONTROLE DE CONSTITUCIONALIDADE CONCENTRADO ABSTRATO DISTRITAL E MUNICIPAL

Segundo a orientação do STF, a Lei Orgânica do Distrito Federal possui natureza de Constituição Estadual, sendo parâmetro para o controle de constitucionalidade abstrato de normas distritais. O controle de constitucionalidade distrital está presente na Lei nº 11.697/2008,[9] que prevê a existência de três ações: a ação direta de inconstitucionalidade (ADI), a ação declaratória

---

8 STF, Rcl 526, Rel. Min. Moreira Alves, *DJ* 04.04.97.

9 "Art. 8º Compete ao Tribunal de Justiça:

I – processar e julgar originariamente:

(...)

de constitucionalidade (ADC) e a ação direta de inconstitucionalidade por omissão (ADO).

O órgão competente para realizar o controle é o Tribunal de Justiça do Distrito Federal e Territórios e aplicam-se ao controle distrital as mesmas regras do controle estadual, apenas atentando-se para o fato de que o Distrito Federal tem competência administrativa e legislativa híbrida, ou seja, os órgãos do Distrito Federal podem editar normas no exercício de competência de Estado-membro e de Município (art. 32, § 1º, da CF).

Podem propor a ação direta de inconstitucionalidade, na forma do art. 8º, § 2º, Lei nº 11.697/2008: o Governador do Distrito Federal; a Mesa da Câmara Legislativa do Distrito Federal; o Procurador-Geral de Justiça; a Ordem dos Advogados do Brasil, Seção do Distrito Federal; as entidades sindicais ou de classe, de atuação no Distrito Federal, demonstrando que a pretensão por elas deduzida guarda relação de pertinência direta com os seus objetivos institucionais e os partidos políticos com representação na Câmara Legislativa.

Já a ADC pode ser ajuizada pelo: Governador do Distrito Federal; pela Mesa da Câmara Legislativa do Distrito Federal e pelo ProcuradorGeral de Justiça, conforme dispõe o art. 8º, § 2º, da Lei nº 11.697/2008.

O Procurador-Geral de Justiça será sempre ouvido nas ações diretas de constitucionalidade ou de inconstitucionalidade e aplicam-se, no que couber, ao processo e julgamento da ação direta de inconstitucionalidade de lei ou ato normativo do Distrito Federal, em face da sua Lei Orgânica, as normas sobre o processo e o julgamento da ação direta de inconstitucionalidade perante o Supremo Tribunal Federal.

Já com relação ao Município, não existe controle de constitucionalidade em face de Lei Orgânica Municipal. Entende a doutrina que a Lei Orgânica não tem natureza de Constituição, que não há relação de hierarquia entre ela e as demais leis municipais, admitindo-se, apenas, o controle de legalidade dessas normas, realizado no sistema difuso.

---

n) a ação direta de inconstitucionalidade de lei ou ato normativo do Distrito Federal em face de sua Lei Orgânica;

o) a ação declaratória de constitucionalidade de lei ou ato normativo do Distrito Federal em face de sua Lei Orgânica;

(...)"

§ 4º (...)

II – declarada a inconstitucionalidade por omissão de medida para tornar efetiva norma da Lei Orgânica do Distrito Federal, a decisão será comunicada ao Poder competente para adoção das providências necessárias e, tratando-se de órgão administrativo, para fazê-lo em 30 (trinta) dias; (...).

5. ADI INTERVENTIVA FEDERAL (OU REPRESENTAÇÃO DE INCONSTITUCIONALIDADE INTERVENTIVA) E ADI INTERVENTIVA ESTADUAL

Como podemos verificar da análise das ações já estudadas, o Brasil adota um modelo difuso-concreto e concentrado-abstrato de controle de constitucionalidade. Na primeira situação, todos os juízes e Tribunais podem aplicar ou deixar de aplicar leis inconstitucionais no julgamento dos casos concretos submetidos à sua análise e, na segunda hipótese, o STF analisa a lei ou a falta da lei em teses, ou seja, sem um conflito real a ser resolvido.

Bem, apesar de ser a mais antiga das ações do controle concentrado (1934), a Ação Direta Interventiva Federal ou Representação de Inconstitucionalidade Interventiva (RI interventiva federal) é uma ação que visa a manter a proteção do pacto federativo adotado pelo país e não faz, portanto, uma análise em abstrato da norma. A ação analisa um conflito entre a União e um Estado ou entre a União e o Distrito Federal (no caso de RI interventiva federal); ou ainda, um conflito entre um Estado e um Município (RI interventiva estadual).

A base constitucional da RI interventiva federal é formada pelo art. 34, VI - prover a execução de lei federal, ordem ou decisão judicial (primeira parte), pelo art. 34, VII, ambos combinados com o art. 36, III, da CF, nas hipóteses a seguir analisadas, que só podem ser propostas, exclusivamente pelo Procurador-Geral da República.

No caso do art. 34, VI, na hipótese de descumprimento de lei federal por parte de Estados ou pelo Distrito Federal, o Procurador-Geral da República deverá ajuizar a ação diretamente ao STF. Por sua vez, caso os Estados ou o Distrito Federal descumpram os princípios constitucionais sensíveis: a) forma republicana, sistema representativo e regime democrático; b) direitos da pessoa humana; c) autonomia municipal; d) prestação de contas da administração pública, direta e indireta. e) aplicação do mínimo exigido da receita resultante de impostos estaduais, compreendida a proveniente de transferências, na manutenção e desenvolvimento do ensino e nas ações e serviços públicos de saúde, também caberá ao Procurador-Geral da República ajuizar a ação diretamente ao STF.

No âmbito infraconstitucional, a presente ação foi regulamentada recentemente pela Lei nº 12.562/2011, que dispõe sobre os aspectos procedimentais principais da mesma, a seguir indicados:

a) a petição inicial deverá conter: I - a indicação do princípio constitucional que se considera violado ou, se for o caso de recusa à aplicação de lei federal, das disposições questionadas; II - a indicação do ato normativo, do ato administrativo, do ato concreto ou da omissão questionados; III - a prova da violação do princípio constitucional ou da recusa de execução de lei federal; IV - o pedido, com suas especificações. (art. 3º da lei);

b) a decisão de indeferimento da petição inicial caberá agravo, no prazo de 5 (cinco) dias. (art. 4º, parágrafo único);

c) o Supremo Tribunal Federal, por decisão da maioria absoluta de seus membros, poderá deferir pedido de medida liminar na representação interventiva. A liminar poderá consistir na determinação de que se suspenda o andamento de processo ou os efeitos de decisões judiciais ou administrativas ou de qualquer outra medida que apresente relação com a matéria objeto da representação interventiva. (art. 5º da lei);

d) apreciado o pedido de liminar ou, logo após recebida a petição inicial, se não houver pedido de liminar, o relator solicitará as informações às autoridades responsáveis pela prática do ato questionado, que as prestarão em até 10 (dez) dias. (art. 6º da lei);

e) decorrido o prazo para prestação das informações, serão ouvidos, sucessivamente, o Advogado-Geral da União e o Procurador-Geral da República, que deverão manifestar-se, cada qual, no prazo de 10 (dez) dias. (art. 6º § 1º, da lei);

f) a decisão sobre a representação interventiva somente será tomada se presentes na sessão pelo menos 8 (oito) Ministros. (art. 9º da lei);

g) realizado o julgamento, proclamar-se-á a procedência ou improcedência do pedido formulado na representação interventiva se num ou noutro sentido se tiverem manifestado pelo menos 6 (seis) Ministros. (art. 10 da lei);

h) julgada a ação, far-se-á a comunicação às autoridades ou aos órgãos responsáveis pela prática dos atos questionados, e, se a decisão final for pela procedência do pedido formulado na representação interventiva, o Presidente do Supremo Tribunal Federal, publicado o acórdão, levá-lo-á ao conhecimento do Presidente da República para, no prazo improrrogável de até 15 (quinze) dias, dar cumprimento aos §§ 1º e 3º do art. 36 da Constituição Federal. (art. 11 da lei);

i) Segundo prevê o art. 12, a decisão que julgar procedente ou improcedente o pedido da representação interventiva é irrecorrível, sendo insuscetível de impugnação por ação rescisória.

Percebe-se do exposto que a RI interventiva federal é a única das ações do controle concentrado que não possui legitimidade ativa plural.

O STF não tem tradição no julgamento favorável da RI interventiva federal, talvez em nome do próprio pacto federativo e um dos exemplos de não provimento da ação foi o caso envolvendo corrupção no Distrito Federal, amplamente noticiado pela imprensa, a seguir transcrito:

> O Tribunal, por maioria, julgou improcedente pedido de intervenção federal no Distrito Federal, formulado pelo Procurador-Geral da República, por alegada violação aos princípios republicano e democrático, bem como ao sistema representativo (CF, art. 34, II, *a*). Na espécie, o pedido de intervenção federal teria como *causa petendi*, em suma, a alegação da existência de esquema de corrupção que envolveria o ex-Governador do DF, alguns Deputados Distritais e suplentes, investigados pelo STJ, e cujo concerto estaria promovendo a desmoralização das instituições públicas e comprometendo a higidez do Estado Federal. Tais fatos revelariam conspícua crise institucional hábil a colocar em risco as atribuições político-constitucionais dos Poderes Executivo e Legislativo e provocar instabilidade da ordem constitucional brasileira. Preliminarmente, a Corte, por maioria, rejeitou requerimento do Procurador-Geral da República no sentido de adiar o julgamento da causa para a primeira data do mês de agosto em que a Corte estivesse com sua composição plena. Ao salientar a ansiedade da população por uma resposta pronta da Corte quanto ao pedido de intervenção e a proximidade do início formal do período eleitoral, reputou-se estar-se diante de questão importante que demandaria decisão o mais célere possível. Vencidos, no ponto, os Ministros Marco Aurélio e Celso de Mello que deferiam o adiamento, por considerarem que a análise da matéria recomendaria a presença do quórum completo dos integrantes do Tribunal. IF 5179/DF, rel. Min. Cezar Peluso, 30.6.2010. (IF-5179)

Quanto à RI interventiva estadual, a sua previsão constitucional se encontra no art. 35, IV, da CF, a seguir transcrito: O Estado não intervirá em seus Municípios, exceto quando (...) IV - o Tribunal de Justiça der provimento a representação para assegurar a observância de princípios indicados na Constituição Estadual, ou para prover a execução de lei, de ordem ou de decisão judicial.

Em nome do princípio da simetria, a legitimidade ativa para a propositura da ação é do Procurador Geral de Justiça e ela será julgada pelo Tribunal de Justiça do próprio Estado. Importante destacar que a ação é regulamentada pelas Constituições Estaduais.

6. A CONSTITUCIONALIDADE SUPERVENIENTE

Com o advento de nova Carta Constitucional ou até mesmo diante de uma emenda à Constituição, uma determinada norma infraconstitucional, que originariamente era incompatível com a Constituição, pode ser constitucionalizada, em razão do novo parâmetro. Esse mesmo episódio também pode ter origem no processo de mudança informal do texto constitucional, ou seja, na mutação constitucional, conforme preceitua Marcelo Novelino[10].

Tal fenômeno não é contemplado pelo sistema jurídico brasileiro, como, inclusive, já decidiu o STF[11], tendo em vista que em nosso sistema foi adotada a teoria segundo a qual a lei inconstitucional equivale a um ato nulo, por se tratar de um vício de origem insuperável, e, dessa forma, o novo parâmetro adotado não tem o condão de convalidar a norma.

Nos sistemas que reputam a norma inconstitucional como sendo um ato anulável, ao contrário, é possível se admitir a constitucionalidade superveniente da mesma, se inexistia decretação anterior de sua inconstitucionalidade.

7. AS DECISÕES MANIPULATIVAS: ADITIVAS E SUBSTITUTIVAS

Podemos considerar que as decisões manipulativas, que consistem em uma técnica de decisão, proferidas pelo Supremo Tribunal Federal, são responsáveis por inserir conteúdos inéditos nas leis, que não poderiam ser retirados de seus respectivos programas normativos, de modo a compatibilizá-las com a Carta Constitucional.

As decisões manipulativas aditivas têm incidência diante de omissões parciais normativas, pois são responsáveis por operar verdadeiras adições, ampliando o âmbito de incidência, já que estaremos diante de uma norma inconstitucional em razão da omissão parcial, que será adequada à Constituição Federal através dessa adição e ampliação do âmbito de incidência da norma.

Nessa hipótese, a Corte acaba por adotar comportamento positivo, acrescentando conteúdo às normas, como o fez no julgamento da ADPF 54, onde firmou entendimento que preceitua ser inconstitucional a interpretação segundo a qual a interrupção da gravidez de feto anencéfalo é conduta tipificada nos

---

10 NOVELINO, Marcelo. Curso de Direito Constitucional. Bahia: Juspodivm. 14ª ed.

11 STF, RE 346.084/PR. DJ. 01.09.06.

artigos 124, 126 e 128, incisos I e II, do Código Penal, incluindo uma nova hipótese de excludente de ilicitude ao CP, tendo sustentado o relator à época, Min. Marco Aurélio Mello, que "[...] *nesse contexto, a interrupção da gestação de feto anencefálico não configura crime contra a vida – revela-se conduta atípica*".[12]

No que tange as decisões manipulativas substitutivas, – ao invés de sanarem uma omissão, o que se dá nas decisões aditivas – são elas responsáveis por afastar uma determinada norma para substituí-la por outra diversa. Nessa técnica de decisão, a Corte atua criativamente, optando por desconsiderar o elencado pelo Poder Legislativo, elegendo solução que entende ser a mais adequada para a hipótese analisada.

Portanto, não recaem em hipóteses de omissão, mas sim na própria norma existente e declarada inconstitucional, visando a sua substituição, o que já ocorreu no caso analisado pelo STF, quando do julgamento da ADI 4424[13], onde se entendeu pela inconstitucionalidade da norma questionada, dando interpretação conforme aos artigos 12, inciso I, e 16, ambos da Lei nº 11.340/2006, para assentar a natureza incondicionada da ação penal em caso de crime de lesão, pouco importando a extensão desta, praticado contra a mulher no ambiente doméstico, afastando, dessa forma, o cabimento da ação penal condicionada à representação, que foi estabelecida pelo legislador na Lei 9.099/95.

8. COLETÂNEA DE JURISPRUDÊNCIA SOBRE ALGUNS TEMAS DO CONTROLE DE CONSTITUCIONALIDADE

8.1 A Questão da "Lei Ainda Constitucional" (STF, Inf. 272)

...enquanto o Estado de São Paulo não instituir e organizar a Defensoria Pública local, tal como previsto na Constituição da República (art. 134), subsistirá, íntegra, na condição de norma ainda constitucional – que configura um transitório estágio intermediário, situado "entre os estados de plena constitucionalidade ou de absoluta inconstitucionalidade", a regra inscrita no art. 68 do CPP, mesmo que sujeita, em face de modificações supervenientes das circunstâncias de fato, a um processo de progressiva inconstitucionalização... ("Transcrições", RE 341.717-SP).

O julgado acima analisa a possibilidade de reconhecimento de um estágio transitório entre a constitucionalidade e a inconstitucionalidade de uma lei. O caso em destaque trata da possibilidade de propositura da Ação Civil *Ex*

---

12 STF, ADPF 54/DF. Julgamento em 12.04.2012.

13 STF, ADI4424/DF. Julgamento em 09.02.2012.

Delicto pelo Ministério Público, de acordo com o art. 68 do CPP, enquanto não houver a criação e a instituição da Defensoria Pública local.

8.2 ADI – Transcendência dos Motivos Determinantes (STF, Inf. 379). Admissibilidade

O litígio jurídico-constitucional suscitado em sede de controle abstrato (ADI 2.868/PI), examinado na perspectiva do pleito ora formulado pelo Estado de Sergipe, parece introduzir a possibilidade de discussão, no âmbito deste processo reclamatório, do denominado efeito transcendente dos motivos determinantes da decisão declaratória de constitucionalidade proferida no julgamento plenário da já referida ADI 2.868/PI, Rel. p/ o acórdão Min. Joaquim Barbosa. Cabe registrar, neste ponto, por relevante, que o Plenário do Supremo Tribunal Federal, no exame final da Rcl 1.987/DF, Rel. Min. Maurício Correa, expressamente admitiu a possibilidade de reconhecer-se, em nosso sistema jurídico, a existência do fenômeno da "transcendência dos motivos que embasaram a decisão" proferida por esta Corte, em processo de fiscalização normativa abstrata, em ordem a proclamar que o efeito vinculante refere-se, também, à própria ratio decidendi, *projetando-se, em consequência, para além da parte dispositiva do julgamento* in abstracto *de constitucionalidade ou de inconstitucionalidade. Essa visão do fenômeno da transcendência parece refletir a preocupação que a doutrina vem externando a propósito dessa específica questão, consistente no reconhecimento de que a eficácia vinculante não só concerne à parte dispositiva, mas refere-se, também, aos próprios fundamentos determinantes do julgado que o Supremo Tribunal Federal venha a proferir em sede de controle abstrato, especialmente quando consubstanciar declaração de inconstitucionalidade (Rcl. 2.986 MC/SE).*

O Supremo Tribunal Federal entendeu nesse julgado que os efeitos vinculantes das decisões proferidas em ação direta de inconstitucionalidade apresentam eficácia que transcende ao caso singular, não se limitando à parte dispositiva da decisão, de modo a se aplicar às razões determinantes da decisão proferida na ADI. Na prática, os fundamentos da decisão do STF – a *ratio decidendi* – em sede de ADI vinculam o Poder Judiciário e a Administração Pública à sua observância.

Com isso, no caso concreto, o indivíduo prejudicado não precisará recorrer às vias processuais tradicionais até chegar ao Supremo, pois, com base na teoria da *transcendência dos motivos determinantes*, poderá diretamente requerer ao STF a manutenção da autoridade de seu julgado através do instituto processual da *reclamação*, com base no art. 102, I, *l*.

8.3 ADI – Transcendência dos Motivos Determinantes Inadmissibilidade (Posição mais adotada atualmente pelo STF)

> *A 1ª Turma desproveu agravo regimental interposto de decisão do Min. Marco Aurélio, que negara seguimento a reclamação, da qual relator, por considerar descaber emprestar-lhe contornos próprios ao incidente de uniformização, o que ocorreria caso admitida a teoria da transcendência dos motivos determinantes. Na espécie, o reclamante noticiava ter, na qualidade de prefeito, prestado contas à Câmara Municipal, que as aprovara. No entanto, estas foram rejeitadas, pelo tribunal de contas, com aplicação de multa. Na reclamação, alegava-se inobservância aos acórdãos proferidos nas Ações Diretas de Inconstitucionalidade 3.715 MC/TO (DJU de 25.8.2006), 1.779/PE (DJU de 14.9.2001) e 849/MT (DJU de 23.4.99). Arguia ter o STF proclamado, nas aludidas decisões, que, no tocante aos chefes do Poder Executivo, os tribunais de contas sempre emitiriam pareceres prévios, nunca podendo apreciar as contas. O Colegiado salientou que a reclamação seria medida excepcional e pressuporia a usurpação da competência do Supremo ou o desrespeito a decisão por ele proferida. Consignou-se que se estaria a articular com a teoria da transcendência dos motivos.* O relator assinalou que a Corte não teria admitido a adequação da reclamação pela teoria em comento. O Min. Luiz Fux observou que o reclamante faria analogia com decisão proferida em relação a Estado-membro distinto daquele em questão. *(Rcl 11.477) Grifamos.*
>
> AGRAVO REGIMENTAL. RECLAMAÇÃO. SUPRESSÃO PELA FIOCRUZ DE ADICIONAL DE INSALUBRIDADE SEM OBSERVÂNCIA DO CONTRADITÓRIO E DA AMPLA DEFESA. VIOLAÇÃO DA SÚMULA VINCULANTE 3. NÃO OCORRÊNCIA. APLICABILIDADE DA TEORIA DA TRANSCENDÊNCIA DOS MOTIVOS DETERMINANTES REJEITADA PELO SUPREMO. AGRAVO DESPROVIDO. I – Só é possível verificar se houve ou não descumprimento da Súmula Vinculante 3 nos processos em curso no Tribunal de Contas da União, uma vez que o enunciado, com força vinculante, apenas àquela Corte se dirige. II – **Este Supremo Tribunal, por ocasião do julgamento da Rcl 3.014/SP, Rel. Min. Ayres Britto, rejeitou a aplicação da chamada "teoria da transcendência dos motivos determinantes".** III – Agravo a que se nega provimento (Rcl 9778 AgR, Relator(a): Min. RICARDO LEWANDOWSKI, Tribunal Pleno, julgado em 26/10/2011, DJe-215 DIVULG 10-11-2011 PUBLIC 11-11-2011 EMENT VOL-02624-01 PP-00019). *Grifamos.*

Assim, conforme claro nas decisões acima, a jurisprudência mais atual da Corte é no sentido da não adoção da transcendência dos motivos determinantes em reclamações com esse fundamento.

8.4 Inconstitucionalidade por Arrastamento ou por Atração, Sequencial ou por Reverberação Normativa

O Tribunal iniciou julgamento de ação direta de inconstitucionalidade ajuizada pelo Governador do Distrito Federal contra a Lei distrital 3.228/2003, que obriga as distribuidoras de combustíveis locais a colocar lacres eletrônicos nos tanques dos postos de combustíveis que exibam sua marca e dá outras providências. A Min.ª Cármen Lúcia, relatora, julgou procedente o pedido, registrando que as normas dos arts. 1º e 2º determinam a declaração de inconstitucionalidade das demais por arrastamento, por se tornarem ineficazes, quando não inexequíveis, sem aqueles dispositivos, no que foi acompanhada pelos Ministros Ricardo Lewandowski e Joaquim Barbosa (STF, ADI 3.236/DF, Rel.ª Min.ª Cármen Lúcia, 17.09.2007, *Inf.* 480).

Em conclusão, o Tribunal conheceu em parte de ação direta ajuizada pelo Procurador-Geral da República e, na parte conhecida, julgou procedente o pedido formulado para declarar a inconstitucionalidade do inciso II do § 1º do art. 82, do ADCT da Constituição do Estado de Minas Gerais, bem como, por arrastamento, dos §§ 4º, 5º e 6º do mesmo art. 82, os quais foram acrescentados pela Emenda Constitucional estadual 70/2005. Os dispositivos impugnados criaram a Universidade do Estado de Minas Gerais e estabeleceram outras providências (ADCT da Constituição do Estado de Minas Gerais: Art. 81. Fica criada a Universidade do Estado de Minas Gerais, sob a forma de autarquia, que terá sua reitoria na Capital e suas unidades localizadas nas diversas regiões do Estado. V. Informativo 268.[14]

Nestas decisões, há uma relação de dependência, um liame, uma conexão, que faz com que dispositivos, além dos originariamente imputados inconstitucionais, sejam declarados incompatíveis com a Constituição, configurando uma exceção ao princípio da congruência ou da adstrição em sede de processo civil.

Também é possível se observar a inconstitucionalidade por arrastamento ou por atração quando a lei objeto do controle concentrado fundamenta a validade de uma série de atos secundários, como os decretos, por exemplo. Nesses casos, ao declarar a inconstitucionalidade da lei, a Corte pode reconhecer, "por arrastamento", a invalidade das normas que dela se originavam.

8.5 A Inconstitucionalidade "Chapada"

Esta expressão vem sendo utilizada pelos Ministros quando se referem a uma inconstitucionalidade mais do que evidente, flagrante, não existindo

14 STF, ADI 2501/MG, Rel. Min. Joaquim Barbosa, 04.09.2008, *Inf.* 518.

nenhuma dúvida sobre o vício, seja ele formal ou material. Podemos observar a expressão na transcrição abaixo: ... *Em voto-vista proferido em 2 de fevereiro deste ano (2007), Eros Grau entendeu que a lei impugnada padece de "**inconstitucionalidade chapada**", acentuando a violação à regra da licitação e ao princípio da igualdade...*[15]

8.6 A "Fossilização da Constituição"

Como já foi explicado, a declaração de constitucionalidade ou de inconstitucionalidade, inclusive a interpretação conforme a Constituição e a declaração parcial de inconstitucionalidade sem redução de texto, têm eficácia contra todos e efeito vinculante em relação aos órgãos do Poder Judiciário e à Administração Pública federal, estadual e municipal. Está visto, pois, que nosso ordenamento não estendeu ao legislador os efeitos vinculantes da decisão de inconstitucionalidade, sob pena de uma verdadeira fossilização da Constituição, conforme o STF manifestou de acordo com a transcrição abaixo:

... *Já se demonstrou alhures, com abundância de argumentos, que, como fruto de exegese de textos similares ou análogos, a proibição de reprodução de norma idêntica à que foi declarada inconstitucional não pode inspirar-se nalgum princípio processual geral que iniba renovação do comportamento subjacente a ato concreto anulado ou tido por ilegal, o que, sob a autoridade da res iudicata, conviria apenas a processos de índole subjetiva. Ademais, o postulado da segurança jurídica acabaria, contra uma correta interpretação constitucional sistemático-teleológica, sacrificando, em relação às leis futuras, a própria justiça da decisão. Por outro lado, tal concepção comprometeria a relação de equilíbrio entre o tribunal constitucional e o legislador, reduzindo este a papel subalterno perante o poder incontrolável daquele, com evidente prejuízo do espaço democrático-representativo da legitimidade política do órgão legislativo. E, como razão de não menor tomo, a proibição erigiria mais um fator de resistência conducente ao inconcebível* ***fenômeno da fossilização da Constituição****: "A consequência é particularmente grave: as Constituições, enquanto planos normativos voltados para o futuro, não podem de maneira nenhuma perder a sua flexibilidade e abertura. Naturalmente e na medida do possível, convém salvaguardar a continuidade dos* standards *jurisprudenciais: alterações de rota, decisões* overruling *demasiado repentinas e brutais contrastam com a própria noção de jurisdição. A percepção da continuidade como um valor não deve, porém, significar uma visão petrificada da jurisprudência..."* (grifamos).[16]

---

15 STF, RE 461.366, Min. Rel. Marco Aurélio, *DJE* 29.08.2008.

16 STF, Rcl 2617, Min. Rel, Cezar Peluso, DJ 17.06.2004.

ANEXOS

LEI Nº 9.868, DE 10 DE NOVEMBRO DE 1999

Dispõe sobre o processo e julgamento da ação direta de inconstitucionalidade e da ação declaratória de constitucionalidade perante o Supremo Tribunal Federal.

O PRESIDENTE DA REPÚBLICA. Faço saber que o Congresso Nacional decreta e eu sanciono a seguinte Lei:

CAPÍTULO I
DA AÇÃO DIRETA DE INCONSTITUCIONALIDADE E DA AÇÃO DECLARATÓRIA DE CONSTITUCIONALIDADE

Art. 1º Esta Lei dispõe sobre o processo e julgamento da ação direta de inconstitucionalidade e da ação declaratória de constitucionalidade perante o Supremo Tribunal Federal.

CAPÍTULO II
DA AÇÃO DIRETA DE INCONSTITUCIONALIDADE

Seção I
Da Admissibilidade e do Procedimento da Ação Direta de Inconstitucionalidade

Art. 2º Podem propor a ação direta de inconstitucionalidade: (*Vide* art. 103 da Constituição Federal)

I – o Presidente da República;

II – a Mesa do Senado Federal;

III – a Mesa da Câmara dos Deputados;

IV – a Mesa de Assembleia Legislativa ou a Mesa da Câmara Legislativa do Distrito Federal;

V – o Governador de Estado ou o Governador do Distrito Federal;

VI – o Procurador-Geral da República;

VII – o Conselho Federal da Ordem dos Advogados do Brasil;

VIII – partido político com representação no Congresso Nacional;

IX – confederação sindical ou entidade de classe de âmbito nacional.

Parágrafo único. (VETADO)

Art. 3º A petição indicará:

I – o dispositivo da lei ou do ato normativo impugnado e os fundamentos jurídicos do pedido em relação a cada uma das impugnações;

II – o pedido, com suas especificações.

Parágrafo único. A petição inicial, acompanhada de instrumento de procuração, quando subscrita por advogado, será apresentada em duas vias, devendo conter cópias da lei ou do ato normativo impugnado e dos documentos necessários para comprovar a impugnação.

Art. 4º A petição inicial inepta, não fundamentada e a manifestamente improcedente serão liminarmente indeferidas pelo relator.

Parágrafo único. Cabe agravo da decisão que indeferir a petição inicial.

Art. 5º Proposta a ação direta, não se admitirá desistência.

Parágrafo único. (VETADO)

Art. 6º O relator pedirá informações aos órgãos ou às autoridades das quais emanou a lei ou o ato normativo impugnado.

Parágrafo único. As informações serão prestadas no prazo de trinta dias contado do recebimento do pedido.

Art. 7º Não se admitirá intervenção de terceiros no processo de ação direta de inconstitucionalidade.

§ 1º (VETADO)

§ 2º O relator, considerando a relevância da matéria e a representatividade dos postulantes, poderá, por despacho irrecorrível, admitir, observado o prazo fixado no parágrafo anterior, a manifestação de outros órgãos ou entidades.

Art. 8º Decorrido o prazo das informações, serão ouvidos, sucessivamente, o Advogado-Geral da União e o Procurador-Geral da República, que deverão manifestar-se, cada qual, no prazo de quinze dias.

Art. 9º Vencidos os prazos do artigo anterior, o relator lançará o relatório, com cópia a todos os Ministros, e pedirá dia para julgamento.

§ 1º Em caso de necessidade de esclarecimento de matéria ou circunstância de fato ou de notória insuficiência das informações existentes nos autos, poderá o relator requisitar informações adicionais, designar perito ou comissão de peritos para que emita parecer sobre a questão, ou fixar data para, em audiência pública, ouvir depoimentos de pessoas com experiência e autoridade na matéria.

§ 2º O relator poderá, ainda, solicitar informações aos Tribunais Superiores, aos Tribunais federais e aos Tribunais estaduais acerca da aplicação da norma impugnada no âmbito de sua jurisdição.

§ 3º As informações, perícias e audiências a que se referem os parágrafos anteriores serão realizadas no prazo de trinta dias, contado da solicitação do relator.

Seção II
Da Medida Cautelar em Ação Direta de Inconstitucionalidade

Art. 10. Salvo no período de recesso, a medida cautelar na ação direta será concedida por decisão da maioria absoluta dos membros do Tribunal, observado o disposto no art. 22, após a audiência dos órgãos ou autoridades dos quais emanou a lei ou ato normativo impugnado, que deverão pronunciar-se no prazo de cinco dias.

§ 1º O relator, julgando indispensável, ouvirá o Advogado-Geral da União e o Procurador-Geral da República, no prazo de três dias.

§ 2º No julgamento do pedido de medida cautelar, será facultada sustentação oral aos representantes judiciais do requerente e das autoridades ou órgãos responsáveis pela expedição do ato, na forma estabelecida no Regimento do Tribunal.

§ 3º Em caso de excepcional urgência, o Tribunal poderá deferir a medida cautelar sem a audiência dos órgãos ou das autoridades das quais emanou a lei ou o ato normativo impugnado.

Art. 11. Concedida a medida cautelar, o Supremo Tribunal Federal fará publicar em seção especial do Diário Oficial da União e do Diário da Justiça da União a parte dispositiva da decisão, no prazo de dez dias, devendo solicitar as informações à autoridade da qual tiver emanado o ato, observando-se, no que couber, o procedimento estabelecido na Seção I deste Capítulo.

§ 1º A medida cautelar, dotada de eficácia contra todos, será concedida com efeito ex nunc, salvo se o Tribunal entender que deva conceder-lhe eficácia retroativa.

§ 2º A concessão da medida cautelar torna aplicável a legislação anterior acaso existente, salvo expressa manifestação em sentido contrário.

Art. 12. Havendo pedido de medida cautelar, o relator, em face da relevância da matéria e de seu especial significado para a ordem social e a segurança jurídica, poderá, após a prestação das informações, no prazo de dez dias, e a manifestação do Advogado-Geral da União e do Procurador-Geral da República, sucessivamente, no prazo de cinco dias, submeter o processo diretamente ao Tribunal, que terá a faculdade de julgar definitivamente a ação.

Capítulo II-A
(Incluído pela Lei nº 12.063, de 2009)
Da Ação Direta de Inconstitucionalidade por Omissão

Seção I
(Incluído pela Lei nº 12.063, de 2009)
Da Admissibilidade e do Procedimento da Ação Direta de Inconstitucionalidade por Omissão

Art. 12-A. Podem propor a ação direta de inconstitucionalidade por omissão os legitimados à propositura da ação direta de inconstitucionalidade e da ação declaratória de constitucionalidade. (Incluído pela Lei nº 12.063, de 2009)

Art. 12-B. A petição indicará: (Incluído pela Lei nº 12.063, de 2009)

I – a omissão inconstitucional total ou parcial quanto ao cumprimento de dever constitucional de legislar ou quanto à adoção de providência de índole administrativa; (Incluído pela Lei nº 12.063, de 2009)

II – o pedido, com suas especificações. (Incluído pela Lei nº 12.063, de 2009)

Parágrafo único. A petição inicial, acompanhada de instrumento de procuração, se for o caso, será apresentada em 2 (duas) vias, devendo conter cópias dos documentos necessários para comprovar a alegação de omissão. (Incluído pela Lei nº 12.063, de 2009)

Art. 12-C. A petição inicial inepta, não fundamentada, e a manifestamente improcedente serão liminarmente indeferidas pelo relator. (Incluído pela Lei nº 12.063, de 2009)

Parágrafo único. Cabe agravo da decisão que indeferir a petição inicial. (Incluído pela Lei nº 12.063, de 2009)

Art. 12-D. Proposta a ação direta de inconstitucionalidade por omissão, não se admitirá desistência. (Incluído pela Lei nº 12.063, de 2009)

Art. 12-E. Aplicam-se ao procedimento da ação direta de inconstitucionalidade por omissão, no que couber, as disposições constantes da Seção I do Capítulo II desta Lei. (Incluído pela Lei nº 12.063, de 2009)

§ 1º Os demais titulares referidos no art. 2º desta Lei poderão manifestar-se, por escrito, sobre o objeto da ação e pedir a juntada de documentos reputados úteis para o exame da matéria, no prazo das informações, bem como apresentar memoriais. (Incluído pela Lei nº 12.063, de 2009)

§ 2º O relator poderá solicitar a manifestação do Advogado-Geral da União, que deverá ser encaminhada no prazo de 15 (quinze) dias. (Incluído pela Lei nº 12.063, de 2009)

§ 3º O Procurador-Geral da República, nas ações em que não for autor, terá vista do processo, por 15 (quinze) dias, após o decurso do prazo para informações. (Incluído pela Lei nº 12.063, de 2009)

Seção II
(Incluído pela Lei nº 12.063, de 2009)
Da Medida Cautelar em Ação Direta de Inconstitucionalidade por Omissão

Art. 12-F. Em caso de excepcional urgência e relevância da matéria, o Tribunal, por decisão da maioria absoluta de seus membros, observado o disposto no art. 22, poderá conceder medida cautelar, após a audiência dos órgãos ou autoridades responsáveis pela omissão inconstitucional, que deverão pronunciar-se no prazo de 5 (cinco) dias. (Incluído pela Lei nº 12.063, de 2009)

§ 1º A medida cautelar poderá consistir na suspensão da aplicação da lei ou do ato normativo questionado, no caso de omissão parcial, bem como na suspensão de processos judiciais ou de procedimentos administrativos, ou ainda em outra providência a ser fixada pelo Tribunal. (Incluído pela Lei nº 12.063, de 2009)

§ 2º O relator, julgando indispensável, ouvirá o Procurador-Geral da República, no prazo de 3 (três) dias. (Incluído pela Lei nº 12.063, de 2009)

§ 3º No julgamento do pedido de medida cautelar, será facultada sustentação oral aos representantes judiciais do requerente e das autoridades ou órgãos responsáveis pela omissão inconstitucional, na forma estabelecida no Regimento do Tribunal. (Incluído pela Lei nº 12.063, de 2009)

Art.12-G. Concedida a medida cautelar, o Supremo Tribunal Federal fará publicar, em seção especial do Diário Oficial da União e do Diário da Justiça da União, a parte dispositiva da decisão no prazo de 10 (dez) dias, devendo solicitar as informações à autoridade ou ao órgão responsável pela omissão inconstitucional, observando-se, no que couber, o procedimento estabelecido na Seção I do Capítulo II desta Lei. (Incluído pela Lei nº 12.063, de 2009)

Seção III
(Incluído pela Lei nº 12.063, de 2009)
Da Decisão na Ação Direta de Inconstitucionalidade por Omissão

Art. 12-H. Declarada a inconstitucionalidade por omissão, com observância do disposto no art. 22, será dada ciência ao Poder competente para a adoção das providências necessárias. (Incluído pela Lei nº 12.063, de 2009)

§ 1º Em caso de omissão imputável a órgão administrativo, as providências deverão ser adotadas no prazo de 30 (trinta) dias, ou em prazo razoável a ser estipulado excepcionalmente pelo Tribunal, tendo em vista as circunstâncias específicas do caso e o interesse público envolvido. (Incluído pela Lei nº 12.063, de 2009)

§ 2º Aplica-se à decisão da ação direta de inconstitucionalidade por omissão, no que couber, o disposto no Capítulo IV desta Lei. (Incluído pela Lei nº 12.063, de 2009)

CAPÍTULO III
DA AÇÃO DECLARATÓRIA DE CONSTITUCIONALIDADE

Seção I
Da Admissibilidade e do Procedimento da Ação Declaratória de Constitucionalidade

Art. 13. Podem propor a ação declaratória de constitucionalidade de lei ou ato normativo federal:

I - o Presidente da República;

II - a Mesa da Câmara dos Deputados;

III - a Mesa do Senado Federal;

IV - o Procurador-Geral da República.

Art. 14. A petição inicial indicará:

I – o dispositivo da lei ou do ato normativo questionado e os fundamentos jurídicos do pedido;

II – o pedido, com suas especificações;

III – a existência de controvérsia judicial relevante sobre a aplicação da disposição objeto da ação declaratória.

Parágrafo único. A petição inicial, acompanhada de instrumento de procuração, quando subscrita por advogado, será apresentada em duas vias, devendo conter cópias do ato normativo questionado e dos documentos necessários para comprovar a procedência do pedido de declaração de constitucionalidade.

Art. 15. A petição inicial inepta, não fundamentada e a manifestamente improcedente serão liminarmente indeferidas pelo relator.

Parágrafo único. Cabe agravo da decisão que indeferir a petição inicial.

Art. 16. Proposta a ação declaratória, não se admitirá desistência.

Art. 17. (VETADO)

Art. 18. Não se admitirá intervenção de terceiros no processo de ação declaratória de constitucionalidade.

§ 1º (VETADO)

§ 2º (VETADO)

Art. 19. Decorrido o prazo do artigo anterior, será aberta vista ao Procurador-Geral da República, que deverá pronunciar-se no prazo de quinze dias.

Art. 20. Vencido o prazo do artigo anterior, o relator lançará o relatório, com cópia a todos os Ministros, e pedirá dia para julgamento.

§ 1º Em caso de necessidade de esclarecimento de matéria ou circunstância de fato ou de notória insuficiência das informações existentes nos autos, poderá o relator requisitar informações adicionais, designar perito ou comissão de peritos para que emita parecer sobre a questão ou fixar data para, em audiência pública, ouvir depoimentos de pessoas com experiência e autoridade na matéria.

§ 2º O relator poderá solicitar, ainda, informações aos Tribunais Superiores, aos Tribunais federais e aos Tribunais estaduais acerca da aplicação da norma questionada no âmbito de sua jurisdição.

§ 3º As informações, perícias e audiências a que se referem os parágrafos anteriores serão realizadas no prazo de trinta dias, contado da solicitação do relator.

Seção II

Da Medida Cautelar em Ação Declaratória de Constitucionalidade

Art. 21. O Supremo Tribunal Federal, por decisão da maioria absoluta de seus membros, poderá deferir pedido de medida cautelar na ação declaratória de constitucionalidade, consistente na determinação de que os juízes e os Tribunais suspendam o julgamento dos processos que envolvam a aplicação da lei ou do ato normativo objeto da ação até seu julgamento definitivo.

Parágrafo único. Concedida a medida cautelar, o Supremo Tribunal Federal fará publicar em seção especial do Diário Oficial da União a parte dispositiva da decisão, no prazo de dez dias, devendo o Tribunal proceder ao julgamento da ação no prazo de cento e oitenta dias, sob pena de perda de sua eficácia.

CAPÍTULO IV
DA DECISÃO NA AÇÃO DIRETA DE INCONSTITUCIONALIDADE E NA AÇÃO DECLARATÓRIA DE CONSTITUCIONALIDADE

Art. 22. A decisão sobre a constitucionalidade ou a inconstitucionalidade da lei ou do ato normativo somente será tomada se presentes na sessão pelo menos oito Ministros.

Art. 23. Efetuado o julgamento, proclamar-se-á a constitucionalidade ou a inconstitucionalidade da disposição ou da norma impugnada se num ou noutro sentido se tiverem manifestado pelo menos seis Ministros, quer se trate de ação direta de inconstitucionalidade ou de ação declaratória de constitucionalidade.

Parágrafo único. Se não for alcançada a maioria necessária à declaração de constitucionalidade ou de inconstitucionalidade, estando ausentes Ministros em número que possa influir no julgamento, este será suspenso a fim de aguardar-se o comparecimento dos Ministros ausentes, até que se atinja o número necessário para prolação da decisão num ou noutro sentido.

Art. 24. Proclamada a constitucionalidade, julgar-se-á improcedente a ação direta ou procedente eventual ação declaratória; e, proclamada a inconstitucionalidade, julgar-se-á procedente a ação direta ou improcedente eventual ação declaratória.

Art. 25. Julgada a ação, far-se-á a comunicação à autoridade ou ao órgão responsável pela expedição do ato.

Art. 26. A decisão que declara a constitucionalidade ou a inconstitucionalidade da lei ou do ato normativo em ação direta ou em ação declaratória é irrecorrível, ressalvada a interposição de embargos declaratórios, não podendo, igualmente, ser objeto de ação rescisória.

Art. 27. Ao declarar a inconstitucionalidade de lei ou ato normativo, e tendo em vista razões de segurança jurídica ou de excepcional interesse social, poderá o Supremo Tribunal Federal, por maioria de dois terços de seus membros, restringir os efeitos daquela declaração ou decidir que ela só tenha eficácia a partir de seu trânsito em julgado ou de outro momento que venha a ser fixado.

Art. 28. Dentro do prazo de dez dias após o trânsito em julgado da decisão, o Supremo Tribunal Federal fará publicar em seção especial do Diário da Justiça e do Diário Oficial da União a parte dispositiva do acórdão.

Parágrafo único. A declaração de constitucionalidade ou de inconstitucionalidade, inclusive a interpretação conforme a Constituição e a declaração parcial de inconstitucionalidade sem redução de texto, têm eficácia contra todos e efeito vinculante em relação aos órgãos do Poder Judiciário e à Administração Pública federal, estadual e municipal.

CAPÍTULO V
DAS DISPOSIÇÕES GERAIS E FINAIS

Art. 29. O art. 482 do Código de Processo Civil fica acrescido dos seguintes parágrafos:

"Art. 482...

§ 1º O Ministério Público e as pessoas jurídicas de direito público responsáveis pela edição do ato questionado, se assim o requererem, poderão manifestar-se no incidente de inconstitucionalidade, observados os prazos e condições fixados no Regimento Interno do Tribunal.

§ 2º Os titulares do direito de propositura referidos no art. 103 da Constituição poderão manifestar-se, por escrito, sobre a questão constitucional objeto de apreciação pelo órgão especial ou pelo Pleno do Tribunal, no prazo fixado em Regimento, sendo-lhes assegurado o direito de apresentar memoriais ou de pedir a juntada de documentos.

§ 3º O relator, considerando a relevância da matéria e a representatividade dos postulantes, poderá admitir, por despacho irrecorrível, a manifestação de outros órgãos ou entidades."

Art. 30. O art. 8º da Lei nº 8.185, de 14 de maio de 1991, passa a vigorar acrescido dos seguintes dispositivos:

"Art.8º...

I -...

....

n) a ação direta de inconstitucionalidade de lei ou ato normativo do Distrito Federal em face da sua Lei Orgânica;

....

§ 3º São partes legítimas para propor a ação direta de inconstitucionalidade:

I - o Governador do Distrito Federal;

II - a Mesa da Câmara Legislativa;

III - o Procurador-Geral de Justiça;

IV - a Ordem dos Advogados do Brasil, seção do Distrito Federal;

V - as entidades sindicais ou de classe, de atuação no Distrito Federal, demonstrando que a pretensão por elas deduzida guarda relação de pertinência direta com os seus objetivos institucionais;

VI - os partidos políticos com representação na Câmara Legislativa.

§ 4º Aplicam-se ao processo e julgamento da ação direta de Inconstitucionalidade perante o Tribunal de Justiça do Distrito Federal e Territórios as seguintes disposições:

I – o Procurador-Geral de Justiça será sempre ouvido nas ações diretas de constitucionalidade ou de inconstitucionalidade;

II – declarada a inconstitucionalidade por omissão de medida para tornar efetiva norma da Lei Orgânica do Distrito Federal, a decisão será comunicada ao Poder competente para adoção das providências necessárias, e, tratando-se de órgão administrativo, para fazê-lo em trinta dias;

III – somente pelo voto da maioria absoluta de seus membros ou de seu órgão especial, poderá o Tribunal de Justiça declarar a inconstitucionalidade de lei ou de ato normativo do Distrito Federal ou suspender a sua vigência em decisão de medida cautelar.

§ 5º Aplicam-se, no que couber, ao processo de julgamento da ação direta de inconstitucionalidade de lei ou ato normativo do Distrito Federal em face da sua Lei Orgânica as normas sobre o processo e o julgamento da ação direta de inconstitucionalidade perante o Supremo Tribunal Federal.

Art. 31. Esta Lei entra em vigor na data de sua publicação.

Brasília, 10 de novembro de 1999; 178º da Independência e 111º da República.

FERNANDO HENRIQUE CARDOSO

José Carlos Dias

Este texto não substitui o publicado no *DOU* de 11.11.1999

LEI Nº 9.882, DE 3 DE DEZEMBRO DE 1999

Dispõe sobre o processo e julgamento da arguição de descumprimento de preceito fundamental, nos termos do § 1º do art. 102 da Constituição Federal.

O PRESIDENTE DA REPÚBLICA. Faço saber que o Congresso Nacional decreta e eu sanciono a seguinte Lei:

Art. 1º A arguição prevista no § 1º do art. 102 da Constituição Federal será proposta perante o Supremo Tribunal Federal, e terá por objeto evitar ou reparar lesão a preceito fundamental, resultante de ato do Poder Público.

Parágrafo único. Caberá também arguição de descumprimento de preceito fundamental:

I – quando for relevante o fundamento da controvérsia constitucional sobre lei ou ato normativo federal, estadual ou municipal, incluídos os anteriores à Constituição;

II – (VETADO)

Art. 2º Podem propor arguição de descumprimento de preceito fundamental:

I – os legitimados para a ação direta de inconstitucionalidade;

II – (VETADO)

§ 1º Na hipótese do inciso II, faculta-se ao interessado, mediante representação, solicitar a propositura de arguição de descumprimento de preceito fundamental ao

Procurador-Geral da República, que, examinando os fundamentos jurídicos do pedido, decidirá do cabimento do seu ingresso em juízo.

§ 2º (VETADO)

Art. 3º A petição inicial deverá conter:

I – a indicação do preceito fundamental que se considera violado;

II – a indicação do ato questionado;

III – a prova da violação do preceito fundamental;

IV – o pedido, com suas especificações;

V – se for o caso, a comprovação da existência de controvérsia judicial relevante sobre a aplicação do preceito fundamental que se considera violado.

Parágrafo único. A petição inicial, acompanhada de instrumento de mandato, se for o caso, será apresentada em duas vias, devendo conter cópias do ato questionado e dos documentos necessários para comprovar a impugnação.

Art. 4º A petição inicial será indeferida liminarmente, pelo relator, quando não for o caso de arguição de descumprimento de preceito fundamental, faltar algum dos requisitos prescritos nesta Lei ou for inepta.

§ 1º Não será admitida arguição de descumprimento de preceito fundamental quando houver qualquer outro meio eficaz de sanar a lesividade.

§ 2º Da decisão de indeferimento da petição inicial caberá agravo, no prazo de cinco dias.

Art. 5º O Supremo Tribunal Federal, por decisão da maioria absoluta de seus membros, poderá deferir pedido de medida liminar na arguição de descumprimento de preceito fundamental.

§ 1º Em caso de extrema urgência ou perigo de lesão grave, ou ainda, em período de recesso, poderá o relator conceder a liminar, ad referendum do Tribunal Pleno.

§ 2º O relator poderá ouvir os órgãos ou autoridades responsáveis pelo ato questionado, bem como o Advogado-Geral da União ou o Procurador-Geral da República, no prazo comum de cinco dias.

§ 3º A liminar poderá consistir na determinação de que juízes e tribunais suspendam o andamento de processo ou os efeitos de decisões judiciais, ou de qualquer outra medida que apresente relação com a matéria objeto da arguição de descumprimento de preceito fundamental, salvo se decorrentes da coisa julgada.

§ 4º (VETADO)

Art. 6º Apreciado o pedido de liminar, o relator solicitará as informações às autoridades responsáveis pela prática do ato questionado, no prazo de dez dias.

§ 1º Se entender necessário, poderá o relator ouvir as partes nos processos que ensejaram a arguição, requisitar informações adicionais, designar perito ou comissão de peritos para que emita parecer sobre a questão, ou ainda, fixar data para declarações, em audiência pública, de pessoas com experiência e autoridade na matéria.

§ 2º Poderão ser autorizadas, a critério do relator, sustentação oral e juntada de memoriais, por requerimento dos interessados no processo.

Art. 7º Decorrido o prazo das informações, o relator lançará o relatório, com cópia a todos os ministros, e pedirá dia para julgamento.

Parágrafo único. O Ministério Público, nas arguições que não houver formulado, terá vista do processo, por cinco dias, após o decurso do prazo para informações.

Art. 8º A decisão sobre a arguição de descumprimento de preceito fundamental somente será tomada se presentes na sessão pelo menos dois terços dos Ministros.

§ 1º (VETADO)

§ 2º (VETADO)

Art. 9º (VETADO)

Art. 10. Julgada a ação, far-se-á comunicação às autoridades ou órgãos responsáveis pela prática dos atos questionados, fixando-se as condições e o modo de interpretação e aplicação do preceito fundamental.

§ 1º O presidente do Tribunal determinará o imediato cumprimento da decisão, lavrando-se o acórdão posteriormente.

§ 2º Dentro do prazo de dez dias contado a partir do trânsito em julgado da decisão, sua parte dispositiva será publicada em seção especial do Diário da Justiça e do Diário Oficial da União.

§ 3º A decisão terá eficácia contra todos e efeito vinculante relativamente aos demais órgãos do Poder Público.

Art. 11. Ao declarar a inconstitucionalidade de lei ou ato normativo, no processo de arguição de descumprimento de preceito fundamental, e tendo em vista razões de segurança jurídica ou de excepcional interesse social, poderá o Supremo Tribunal Federal, por maioria de dois terços de seus membros, restringir os efeitos daquela declaração ou decidir que ela só tenha eficácia a partir de seu trânsito em julgado ou de outro momento que venha a ser fixado.

Art. 12. A decisão que julgar procedente ou improcedente o pedido em arguição de descumprimento de preceito fundamental é irrecorrível, não podendo ser objeto de ação rescisória.

Art. 13. Caberá reclamação contra o descumprimento da decisão proferida pelo Supremo Tribunal Federal, na forma do seu Regimento Interno.

Art. 14. Esta Lei entra em vigor na data de sua publicação.

Brasília, 3 de dezembro de 1999; 178º da Independência e 111º da República.

FERNANDO HENRIQUE CARDOSO

José Carlos Dias

Este texto não substitui o publicado no *DOU* de 06.12.1999.

BIBLIOGRAFIA

AGAMBEN, Giorgio. *Estado de Exceção*. Tradução de Iraci D. Poleti. Boitempo Editorial, 2004.

ALEXY, Robert. *La Institucionalización de la Justicia*. Granada: Editorial Comares, 2005.

BARCELLOS, Ana Paula de. *A Eficácia Jurídica dos Princípios Constitucionais*. O princípio da dignidade da pessoa humana. Rio de Janeiro: Renovar, 2002.

_________. *Constitucionalização das Políticas Públicas em Matéria de Direitos Fundamentais*: o controle político-social e o controle jurídico no espaço democrático. A Constitucionalização do direito, fundamentos teóricos e aplicações específicas. Rio de Janeiro: Lumen Juris, 2007.

BARROS, Suzana de Toledo. *O Princípio da Proporcionalidade e o Controle de Constitucionalidade das Leis Restritivas de Direitos Fundamentais.* 3. ed. Brasília: Brasília Jurídica, 2003.

BARROSO, Luís Roberto. *O Direito Constitucional e a Efetividade de suas Normas* – Limites e possibilidades da Constituição Brasileira. 8. ed. Rio de Janeiro, São Paulo e Recife: Renovar, 2006.

_________. "O controle externo é favorável ao Judiciário." In: *Opinião*. Folha de São Paulo, 15 de fevereiro de 2004, p. 3.

_________. *Interpretação e Aplicação da Constituição*. 6. ed. Rio de Janeiro: Saraiva, 2004.

_________. *O Controle de Constitucionalidade no Direito Brasileiro*. 8. ed. S. Paulo: Saraiva, 2019.

BASTOS, Celso Ribeiro. *Comentários à Constituição do Brasil*. 1. ed. São Paulo: Saraiva, 1989. v. II.

BINENBOJM, Gustavo. *Teoria do Direito Administrativo*: direitos fundamentais, democracia e constitucionalização. Rio de Janeiro: Renovar, 2006.

BOBBIO, Norberto. *A era dos Direitos*. Rio de Janeiro: Campus, 1992.

_________. *O Futuro da Democracia*. São Paulo: Editora Paz e Terra, 2006.

BONAVIDES, Paulo. *Curso de Direito Constitucional*. 18. ed. São Paulo: Malheiros, 2006.

BULOS, Uadi Lammêgo. ***Constituição Federal Anotada***. 5. ed. São Paulo: Saraiva, 2003.

BULYGIN, Eugênio; ALCHOURRON, Carlos E. *Analisis lógico y derecho*. Madrid: Centro de Estudios Constitucionais, 1991.

CANOTILHO, J.J. Gomes. *Direito Constitucional e Teoria da Constituição*. 6. ed. Coimbra: Livraria Almedina, 2002.

CARBONELL, Miguel. (Comp.). *Neoconstitucionalismo(s)*.Madrid: Trotta, 2003.

CARVALHO, L.G.Grandinetti de. *Processo Penal e Constituição*. 4. ed. Rio de janeiro: Lumen Juris, 2006.

CLÈVE, Clèmerson Merlin. "Estado Constitucional, neoconstitucionalismo e tributação." Texto resultante da degravação de conferência proferida no XVIII Congresso Brasileiro de Direito Tributário, promovido pelo Instituto Geraldo Ataliba – Idepe, sem data.

_________. *A Fiscalização Abstrata de Constitucionalidade no direito brasileiro*. 1. ed. São Paulo: Revista dos Tribunais, 1995.

COURTIS, Christian. "Los derechos sociales en perspectiva: la cara jurídica de la política social." In: CARBONELL, Miguel (Ed.). *Teoría del Neoconstitucionalismo*. Madrid: Trotta, 2007.

DWORKIN, Ronald. *Levando os Direitos a Sério*. São Paulo: Martins Fontes, 2002.

FAVOREU, Louis. *As Cortes Constitucionais*. São Paulo: Landy Editora, 2004.

FERRAZ, Anna Cândida da Cunha. ***Processos Informais de Mudança da Constituição***: mutações constitucionais e mutações inconstitucionais. São Paulo: Max Limonad, 1986.

FERREIRA, José Pinto. *Comentários à Constituição Brasileira*. 1. ed. São Paulo: Saraiva, 1989. v. I.

FERREIRA FILHO, Manoel Gonçalves. "Significação e Alcance das Cláusulas Pétreas." In: *Revista de Direito Administrativo*, nº 202, 1995.

_________. *Curso de Direito Constitucional*. 34. ed. São Paulo: Saraiva, 2008.

GUASTINI, "La Constitucionalización del ordenamiento jurídico: el caso italiano." In: CARBONELL, Miguel (Comp.). *Neoconstitucionalismo(s)*. Madrid: Trotta, 2003.

HART, Herbert. *O Conceito de Direito*. Tradução de A. Ribeiro Mendes. Lisboa: Fundação Calouste Gulbenkian, 2005.

HABERMAS, Jurgen. "La Constelación posnacional y el futuro de la democracia." In: *La Constelación Posnacional*. Barcelona: Paidós, 2000.

HESSE, Konrad. *A Força Normativa da Constituição*. Tradução de Gilmar Ferreira Mendes. Porto Alegre: Sérgio Antônio Fabris Editor, 1991.

HORTA, Raul Machado. "Constituição e Direito Adquirido." In: *Revista Trimestral de Direito Público,* nº 1, p. 60, 1993.

_________. "Forma simétrica e assimétrica do federalismo no Estado Moderno." In: *Revista do Tribunal de Contas do Estado de Minas Gerais*, ed. nº 1, de 1998, ano XVI.

JORGE NETO, Nagibe de Melo. *O Controle Jurisdicional das Políticas Públicas*. Salvador-Bahia: Ed. Juspodivm, 2008.

KAGI, Werner. *La Constitución como Ordenamento Jurídico Fundamental del Estado*. Dykinson, Madrid, 2005.

KELSEN, Hans. *A Justiça e o Direito Natural*. Tradução de João Baptista Machado. Coimbra: Armenio Amodo, 1963.

_________. *Teoria Pura do Direito*. 5. ed. Trad. João Baptista Machado. São Paulo: Martins Fontes, 1996.

LASSALE, Ferdinand. *A Essência da Constituição*. 6. ed. Rio de Janeiro, Lumen Juris, 2001.

LOCKE, John. *Segundo Tratado do Governo Civil*. São Paulo: Ed. Vozes, 2001.

LOEWENSTEIN, Karl. *Teoria de la Constitucion*. Barcelona: Editorial Ariel, 1976.

MACHADO HORTA, Raul. "Permanência e Mudança na Constituição." *In: Revista Brasileira de Estudos Políticos*, vol. 74/74, p. 260 a 262, jan./jul. de 1992.

MAGALHÃES, José Luiz Quadros. "O território do Estado no Direito Comparado: novas reflexões." *Jus Navigandi*, Teresina, ano 6, nº 58, ago. 2002.

MARINONI, Luís Guilherme. *Repercussão Geral no Recurso Extraordinário*. 1. ed. São Paulo: Revista dos Tribunais, 2007.

MEIRELLES, Hely Lopes. *Mandado de Segurança*. 13. ed. São Paulo: Revista dos Tribunais, 1989.

MENDES, Gilmar Ferreira; COELHO, Inocêncio Mártires e BRANCO, Paulo Gustavo Gonet. *Controle de Constitucionalidade*. Aspectos jurídicos e políticos. Rio de Janeiro, Saraiva: 1990.

_________. *Curso de Direito Constitucional*. 2. ed. São Paulo: Saraiva, 2008.

MIRANDA, Pontes. *Comentários à Constituição de 1946*. vol. I, arts. 1º – 14. 2. ed., rev. e aum. São Paulo, 1953.

_________. *Comentários ao Código de Processo Civil*. Rio de Janeiro: Forense. t. v, 1993.

MIRANDA, Jorge. *Manual de Direito Constitucional*. 4. ed. Coimbra, 1990. v. I.

MONTESQUIEU. *Do Espírito das Leis*. 1. ed. São Paulo: Difusão Europeia do Livro, 1962.

MORAES, Alexandre de. *Direitos Humanos Fundamentais*. 6. ed. São Paulo: Atlas, 2005.

_________. *Curso de Direito Constitucional*. 23. ed. São Paulo: Atlas, 2008.

MORAES, Maria Celina Bodin de. *Danos à Pessoa Humana*: uma leitura civil constitucional dos danos morais. São Paulo/Rio de Janeiro: Renovar, 2003.

_________. "O princípio da solidariedade." In: M. M. PEIXINHO, M. M.; GUERRA, I. F.; NASCIMENTO FILHO, F. (Orgs.). *Os Princípios da Constituição de 1988*. Rio de Janeiro: Lumen Juris, 2001, p. 167 e ss.

_________. "O Conceito da Dignidade Humana: Substrato Axiológico e Conteúdo Normativo." In: I. Sarlet (Org.), *Constituição, Direitos Fundamentais e Direito Privado*. Porto Alegre: Livraria do Advogado, 2003, p. 105 e ss.

NINO, Carlos Santiago. *Ética y Derechos Humanos*. Buenos Aires: Atlas, 1984, p. 24.

PEIXINHO, Manoel Messias; GUERRA, Isabella Franco; NASCIMENTO FILHO, Firly. *Os princípios da Constituição de 1988*. 2. ed. Rio de Janeiro: Lumen Juris, 2006.

PEÑA DE MORAES, Guilherme. *Curso de Direito Constitucional*. 1. ed. Rio de Janeiro: Lumen Juris, 2008.

PIOVESAN, Flávia. *Direitos Humanos e o Direito Constitucional Internacional*. 7. ed. São Paulo: Saraiva, 2006.

RAMOS TAVARES, André. *Curso de Direito Constitucional*. 5. ed. São Paulo: Saraiva, 2007.

RIBEIRO BASTOS, Celso; BRITO, Carlos Ayres de. *Interpretação e Aplicabilidade das Normas Constitucionais*. São Paulo: Saraiva, 1982.

SAMPAIO, Nelson de Souza. *O Poder de Reforma Constitucional,* Salvador: Livraria Progresso, 1954.

SANTOS, Boaventura de Souza."Por uma concepção multicultural de direitos humanos." In: _________ (Org.). *Reconhecer para Libertar:* os caminhos do cosmopolitismo cultural. Rio de Janeiro: Civilização Brasileira, 2003, p. 429-461.

SARLET, Ingo. "Os Direitos Fundamentais Sociais como 'Cláusulas Pétreas'." *Cadernos de Direito*; Cadernos do Curso de Mestrado em Direito da Universidade Metodista de Piracicaba, v. 3, nº 5, dezembro de 2003.

SARLET, Ingo. *Dignidade da Pessoa Humana e Direito Fundamentais na Constituição de 1988.* 6. ed. Porto Alegre: Livraria do Advogado, 2008.

_________. e TIMM, Luciano Bennetti. *Direitos Fundamentais, Orçamento e Reserva do Possível.* Porto Alegre: Livraria do Advogado, 2008.

SCHMITT, Carl. *Teoria de la Constitución.* Madrid: Alianza Editorial, 1992.

SILVA, José Afonso da. *Curso de Direito Constitucional Positivo*. 23. ed. São Paulo: Malheiros, 2004.

_________. *Ação Popular Constitucional, Doutrina e Processo*. 2. ed. São Paulo: Malheiros, 2007.

_________. *Aplicabilidade das Normas Constitucionais.* 7. ed. São Paulo: Malheiros, 2007.

_________. *Comentário Contextual à Constituição.* São Paulo: Malheiros, 2005.

_________. "Reforma constitucional e direito adquirido." In: *Revista de Direito Administrativo*, nº 213, 1998.

SILVA, José Afonso da Luís Virgílio. "O proporcional e o razoável." In: *Revista dos Tribunais* 798, (2002) 23-50.

SILVA NETO, Manoel Jorge e. *Curso de Direito Constitucional.* 3. ed. Rio de Janeiro: Lumen Juris, 2008.

_________. "O conteúdo essencial dos direitos fundamentais e a eficácia das normas constitucionais", p. 326-327, 2005, mimeografado.

SLAIBI FILHO, Nagib. *Direito Constitucional*, 2. ed., Rio de janeiro, Forense, 2006.

SLERCA, Eduardo. *Os Princípios da Razoabilidade e da Proporcionalidade,* Rio de Janeiro: Lumen Juris, 2002.

STRECK, Lenio. "A resposta hermenêutica à discricionariedade positivista em tempo de pós-positivismo." In: *Teoria do Direito Neoconstitucional.* São Paulo: Ed. Método, 2008, p. 285-315.

TORRES, Ricardo Lôbo. "O mínimo existencial e os direitos fundamentais." In: *Revista de Direito Administrativo,* nº 177, p. 20-49, 1989.

ZABREBESLKY, Gustavo. *El derecho Dúctil. Ley, Derechos y Justicia.* Madrid: Trota, 1995.

ZIMMERMANN, Augusto. *Teoria Geral do Federalismo Democrático.* 2. ed. Rio de Janeiro: Lumen Juris, 2005.